D1691143

NomosKommentar

Hans-Joachim Driehaus (Hrsg.)

Verfassung von Berlin

Taschenkommentar

2. Auflage

Prof. Dr. Hans-Joachim Driehaus, Vorsitzender Richter am Bundesverwaltungsgericht | **Uwe Kärgel**, Rechtsanwalt und Notar | **Dr. Andreas Korbmacher**, Vorsitzender Richter am Oberverwaltungsgericht Berlin-Brandenburg | **Dr. Petra Michaelis-Merzbach**, Vorsitzende Richterin am Verwaltungsgericht Berlin

Nomos

Die Deutsche Bibliothek – CIP-Einheitsaufnahme

Die Deutsche Bibliothek verzeichnet diese Publikation in
der Deutschen Nationalbibliografie; detaillierte bibliografische
Daten sind im Internet über http://dnb.ddb.de abrufbar.

ISBN 3-8329-1444-7

2. Auflage 2005
© Nomos Verlagsgesellschaft, Baden-Baden 2005. Printed in Germany. Alle Rechte, auch die des Nachdrucks von Auszügen, der fotomechanischen Wiedergabe und der Übersetzung, vorbehalten.

Inhaltsübersicht

Geleitwort 7

Vorwort 9

Bearbeiterverzeichnis 13

Abkürzungsverzeichnis 15

Literaturverzeichnis 23

Kommentar

Vorspruch			25
I.	Die Grundlagen	Art. 1-5	30
II.	Grundrechte, Staatsziele	Art. 6-37	47
III.	Die Volksvertretung	Art. 38-54	200
IV.	Die Regierung	Art. 55-58	277
V.	Die Gesetzgebung	Art. 59-65	296
VI.	Die Verwaltung	Art. 66-77	320
VII.	Die Rechtspflege	Art. 78-84	347
VIII.	Das Finanzwesen	Art. 85-95	397
IX.	Übergangs- und Schlussbestimmungen	Art. 96-101	441

Stichwortverzeichnis 457

Geleitwort

Berlin, bis 1945 als Hauptstadt Preußens und des Deutschen Reiches nur eine Kommune, ist nach Ende des 2. Weltkriegs eher unfreiwillig zum Stadtstaat geworden. Inmitten der sowjetischen Besatzungszone gelegen und von den vier Siegermächten gemeinsam besetzt und verwaltet, musste die Stadt, wollte sie in Selbständigkeit überleben, stadtstaatliche Züge annehmen. Die Vorläufige Verfassung von 1946 und die Verfassung von 1948, von der letzten gesamtberliner Stadtverordnetenversammlung beschlossen, aber von den Alliierten nicht genehmigt, sind Schritte auf diesem Weg. 1948 wurde die Stadt geteilt. Das neue Westberliner Parlament, mit dem politischen Anspruch, das ganze Berlin zu vertreten, beschloss zum 1. September 1950 eine neue Verfassung, die das westliche Berlin endgültig zum Stadtstaat machte. Aus der Stadtverordnetenversammlung wurde das Abgeordnetenhaus, aus dem Magistrat der Senat. Ostberlin, jetzt Hauptstadt der DDR, blieb Kommune. Ob das westliche Berlin ein Land der Bundesrepublik mit allerdings besonderem Status war, wie es das Bundesverfassungsgericht judiziert hatte (BVerfGE 7, 1), blieb bis zuletzt streitig. Der Einigungsvertrag hat die Frage obsolet werden lassen. Die 23 Bezirke von Berlin, so bestimmt er in seinem Art. 1, bilden das Land Berlin. Damit war es aber nicht getan. Am 3. Oktober 1990, dem Tag der Wiedervereinigung, gab es in Berlin zwei Verfassungen: Für die zwölf westberliner Bezirke nach wie vor die Verfassung vom 1. September 1950, für die elf ostberliner Bezirke eine am 23. Juli 1990 von der Stadtverordnetenversammlung beschlossene Verfassung, die erste freiheitliche Verfassung auf dem Boden der frei gewordenen DDR. Das im Dezember 1990 gewählte erste gesamtberliner Abgeordnetenhaus erstreckte dann die Verfassung vom 1. September 1950, zuvor dem Ereignis angepasst und mit einem Überarbeitungsauftrag versehen, auf ganz Berlin. Erst damit war die Stadt staatsrechtlich wiedervereinigt, wie ich als Abgeordneter dieses ersten gesamtberliner Abgeordnetenhauses in der konstituierenden Sitzung am 11. Januar 1991 in der Nikolaikirche formuliert habe. Das Abgeordnetenhaus ist dem Überarbeitungsauftrag zügig nachgekommen. Eine von ihm eingesetzte Enquête-Kommission, der ich zunächst als Abgeordneter und dann als Präsident des Verfassungsgerichtshofs angehört habe, hat eine Vorlage erarbeitet, aus der die jetzt geltende Verfassung vom 23. November 1995 hervorgegangen ist. Sie ist in einer Volksabstimmung angenommen worden und hat damit eine Legitimation, die kaum eine andere deutsche Verfassung aufweisen kann.
Eine solche Verfassung zu kommentieren, ist reizvoll. Wenn dies von Personen geschieht, die mit der Verfassung intensiv gearbeitet haben –

Geleitwort

Prof. Dr. Driehaus hat dem Verfassungsgerichtshof acht Jahre als Richter angehört und Frau Dr. Michaelis-Merzbach und Herr Dr. Korbmacher waren über mehrere Jahre Wissenschaftliche Mitarbeiter des Verfassungsgerichtshofs, während Herr Kärgel die Verfassungsentwicklung in vielfältiger Funktion begleitet hat –, dann kann man der Kommentierung mit großer Erwartung entgegensehen. Ich bin sicher, dass der Kommentar, den ich mit guten Wünschen begleite, bald einen festen Platz in der Verfassungswirklichkeit des Landes Berlin einnehmen wird.

Die guten Wünsche, die ich 2002 dem Kommentar mit auf den Weg gegeben habe, sind in Erfüllung gegangen. Mit Selbstverständlichkeit nimmt man den »Driehaus« zur Hand, wann immer die Landesverfassung gefragt ist. Diese Fragen werden zahlreicher werden, je mehr Berlin und Brandenburg auf dem noch steinigen Weg fortschreiten, der zu dem gemeinsamen Land Berlin-Brandenburg führen soll, das die Verfassung von Berlin in Art. 97 und die Verfassung des Landes Brandenburg in Art. 116 im Blick haben. Mit Hilfe von Staatsverträgen werden zunehmend gemeinsame Institutionen geschaffen – in diesem Jahr ein gemeinsames Oberverwaltungsgericht in Berlin und ein gemeinsames Landessozialgericht in Potsdam –, die den Boden für das gemeinsame Land bereiten sollen. Sie sind an der Landesverfassung zu messen. Der Kommentar wird, dessen bin ich mir sicher, hierbei von großem Nutzen sein, ein »sicherer Kompass auf noch unruhiger See«.

Berlin, im April 2005   Prof. Dr. *Klaus Finkelnburg*
Präsident des Verfassungsgerichtshofs
des Landes Berlin a.D.

Vorwort

Das Verfassungsrecht des Landes Berlin ist in den 90er Jahren des vergangenen Jahrhunderts in zuvor nicht zu erahnender Weise in Bewegung geraten. Die Verfassung von Berlin aus dem Jahre 1950 war zwar eine gelebte Verfassung namentlich in ihren organisationsrechtlichen Teilen. Sie konnte aber kaum die Gerichte beschäftigen. Ein Landesverfassungsgericht war von ihr vorgesehen, wurde aber angesichts der besonderen Rechtslage Berlins im geteilten Deutschland nicht errichtet.
Die 90er Jahre brachten dem Land im Zuge der Verwirklichung der deutschen Staats- und Rechtseinheit zunächst – im Oktober 1990 – die Verfassungseinheit. Im März 1992 wurde der Verfassungsgerichtshof unter seinem ersten Präsidenten, Klaus Finkelnburg, errichtet. Alsbald wurde vor allem von Bürgern dort Rechtsschutz gesucht, schon im ersten Jahr des Bestehens aber auch von Verfassungsorganen und ihren Teilen. Im Jahre 1995 wurde die Verfassung von 1950 in vielen Teilen verändert und durch Volksabstimmung angenommen. Ihr Grundrechtsteil wurde etwa ergänzt und komplettiert durch die Aufnahme der »Allgemeinen Handlungsfreiheit« (Art. 7 VvB), womit an das Verständnis des Art. 2 I GG gedacht war, welches das Bundesverfassungsgericht in ständiger Rechtsprechung seit dem so genannten Elfes-Urteil (BVerfGE 6, 32) praktiziert: lückenloser Grundrechtsschutz, im Ergebnis ein Individualanspruch aller Grundrechtsträger auf Einforderung des Grundsatzes rechtsstaatlicher Verhältnismäßigkeit ihnen gegenüber. Im Zuge dieser Änderungen dachte man eigentlich schon an ein bevorstehendes Ende jener Verfassung und an eine gemeinsame Verfassungsgebung mit Brandenburg aufgrund einer Fusion dieser Länder nach Art. 118 a GG.
Das Votum der Bürger Brandenburgs widersetzte sich der staatsrechtlichen Liaison des schwarzen Bären mit dem roten Adler im Mai 1996. Weitere Berliner Verfassungsänderungen wurden im Anschluss auf den Weg gebracht. Sie betrafen vor allem die Volksvertretung und die bezirkliche Gliederung, dies in Kraft getreten zu Beginn des Jahres 2001 mit dem Ergebnis einer Vereinigung u.a. auch von Bezirken, die bis 1990 durch die innerdeutsche Grenze, nicht nur durch Bezirksgrenzen voneinander getrennt gewesen waren. Mittlerweile ist die Frage der »Neugliederung« des Berlin-Brandenburgischen Raumes wieder in Bewegung geraten, ist schon wieder eine praktische Zukunftsfrage. Doch wird die Vorbereitung einer erneuten Antwort durch das Volk noch einige Zeit in Anspruch nehmen.
Die Kommentierung der Verfassung von Berlin ist eine wissenschaftliche Herausforderung und vor allem für die gerichtliche Praxis und die in der Verfassung von Berlin mit Rechten und Pflichten ausgestatteten

Vorwort

Akteure des Rechtslebens ein Desiderat – ungeachtet schon vorliegender Kommentierungsleistungen in auch äußerer Kommentarform, teils auch in Monographien und Aufsätzen. Das Bundesverfassungsgericht traf im Oktober 1997 eine Entscheidung (BVerfGE 96, 345), die grundlegende Bedeutung für die mögliche Rolle der Landesverfassungsgerichte in der bundesstaatlichen Ordnung hat und ihnen das Potenzial verschaffte, »mehr« zu sein als lediglich Staatsgerichtshöfe. Mit dieser Entscheidung wurde ein heftiger Streit zwar nicht in allen Einzelheiten beigelegt, aber doch prinzipiell befriedet, der in den Jahren zuvor verfassungspolitisch wie auch rechtswissenschaftlich ausgetragen worden war und zu dessen Ausbruch der Verfassungsgerichtshof des Landes Berlin wesentlich beigetragen hatte. Schon in seinem Gründungsjahr war der Verfassungsgerichtshof im Einklang mit Teilen der Literatur, in teilweiser Abweichung aber von der Spruchpraxis anderer Landesverfassungsgerichte zu der Einschätzung gelangt, auf Verfassungsbeschwerde der Bürger hin die Anwendung von Bundesrecht seitens der Berliner Gerichte am Maßstab der Berliner Grundrechte überprüfen zu können (LVerfGE 1, 44; eingehender 1993 in LVerfGE 1, 169). Zu einem entsprechenden Ergebnis gelangte in der Folge auch der Sächsische Verfassungsgerichtshof (NJW 1996, 1736), sodann bestätigt durch den erwähnten Beschluss des Bundesverfassungsgerichts. Dessen Sichtweise schlossen sich weitere Landesverfassungsgerichte an (vgl. nur Brandenburg LVerfGE 8, 82). Verfassungsgerichtliche Grundrechtsrechtsprechung ist im Bundesstaat nun nicht mehr, wie früher, de facto allein Bundessache. Die bundesstaatliche Architektur der Verfassungsgerichtsbarkeit ist umgestaltet worden, wenn auch angesichts vorhandener Divergenzen bei den normativen Ausgangspunkten, aber auch im Verständnis und in der Handhabung bundesrechtlicher Vorgaben noch nicht gänzlich konsolidiert. Immerhin ist auf dem Felde der Grundrechtsrechtsprechung zu den drängenden Fragen des Verhältnisses europäischer zu nationalen Spruchkörpern mit individualrechtschützenden Funktionen diejenige nach der bundesstaatlichen Kooperation der Verfassungsgerichte getreten (und grundsätzlich bereits beantwortet worden).
Nicht in einem förmlichen Sinne, aber der Sache nach, hat es das Bundesverfassungsgericht also dem Verfassungsgerichtshof des Landes Berlin ermöglicht, an seiner bereits 1992 eingeschlagenen Linie, seither fortgeführt und ausdifferenziert, in ständiger Rechtsprechung festzuhalten. Die Grundrechtsjudikatur dominiert deshalb zahlenmäßig deutlich und steht gewichtig neben der vor allem Organstreitverfahren betreffenden organisationsrechtlichen Judikatur. Der Verfassungsgerichtshof ist insoweit aber nicht allein Grundrechtsgericht für Berliner Grundrechte. Zwar können Verletzungen von Grundrechten, welche das Grundgesetz verbürgt, vor dem Verfassungsgerichtshof nicht geltend gemacht werden. Doch trägt die Zuständigkeit eines Landesverfassungsgerichts nur

soweit, wie es das Bundesrecht gestattet. Von anderem abgesehen: Es geht darum, ob ein Bundesgrundrecht und ein Landesgrundrecht einen bestimmten Gegenstand im gleichen Sinn und mit gleichem Inhalt regeln – so hat es das Bundesverfassungsgericht in der Entscheidung von 1997 formuliert. »Inhaltsgleichheit« der Grundrechte muss festgestellt werden. Diese Qualität weist ein Landesgrundrecht, so das Bundesverfassungsgericht, nur auf, wenn es im zu entscheidenden Fall zu dem selben Ergebnis wie die entsprechende grundgesetzliche Verbürgung führt. Nur in diesem Fall ist die Landesverfassung zulässiger Prüfungsmaßstab. Und bei der Prüfung dieser Vorfrage sieht das Bundesverfassungsgericht die Landesverfassungsgerichte als an seine, die Karlsruher Grundrechtsjudikatur zum Grundgesetz gebunden an.
Sind mit diesen Weichenstellungen auch weiterhin noch manche – teils auch eher akademische – Streitfragen verbunden, kann überdies auch fraglich sein, ob mit der postulierten Bindung und der an sie anknüpfenden Vorlagepflicht der Landesverfassungsgerichte gemäß Art. 100 III GG tatsächlich eine jegliche Divergenz vermeidende bundesrechtliche Kuratel errichtet ist, so ist doch jedenfalls sicher, dass (auch) der Verfassungsgerichtshof des Landes Berlin zu den Gerichten gehört (und von bundesrechtswegen gehören darf), deren Hauptaufgabe die Beschäftigung mit dem Grundgesetz ist. Denn in jedem (im Übrigen zulässigen) Verfahren der Verfassungsbeschwerde ist wegen der gebotenen »Vorfrage« der Blick auch auf die Grundrechte des Grundgesetzes zu richten. Es betrifft dies eine Anzahl von Verfahren, die in Berlin jährlich erheblich höher liegt als in jedem anderen der deutschen Länder.
Eine Kommentierung der Verfassung von Berlin hat vor solchen Hintergründen nicht nur lokale Bedeutung. Das wissenschaftliche Gespräch über die Landesverfassung und die Aufbereitung der Spruchpraxis im Land für die Rechtsanwender sind Teil auch des Bemühens um das rechte Verständnis der grundgesetzlichen Grundrechte. Sie zeigen mit der Interpretation der organisationsrechtlichen Teile der Verfassung dem Rechtsgespräch im Bundesstaat überdies das hiesige Verständnis teils auch auf Bundesebene und in anderen Ländern anzutreffender Rechtssätze und Institute auf, schließlich – bei Abweichungen der Rechtslage – dienen sie der innerbundesstaatlichen Rechtsvergleichung. Das Autorenkollektiv um Hans-Joachim Driehaus hat überwiegend im Verfassungsgerichtshof gewirkt, Petra Michaelis-Merzbach hat seine Spruchpraxis bereits in einer viel beachteten Monographie wissenschaftlich durchleuchtet (Rechtspflege und Verfassung von Berlin, 1998). Auch aus diesem Grund ist das vorliegende Werk in besonderem Maße durch die praktische Arbeit des Verfassungsgerichtshofs geprägt, ohne sich indessen auf die Wiedergabe seiner Judikatur zu beschränken oder auf deren kritische Analyse zu verzichten. Der Erfolg der ersten Auflage, die sich als unentbehrlich erwies für alle, die mit der Aus-

Vorwort

legung der Verfassung von Berlin befasst sind, belegt die Angemessenheit dieses Konzepts.

Berlin, im April 2005
Universitätsprofessor Dr. *Philip Kunig*
Freie Universität Berlin
Richter des Verfassungsgerichtshofs
des Landes Berlin a.D.

Bearbeiterverzeichnis

Vorspruch	Driehaus
Art. 1-39	Driehaus
Art. 40-53	Korbmacher
Art. 54	Driehaus
Art. 55-58	Kärgel
Art. 59-84	Michaelis-Merzbach
Art. 85-95	Korbmacher
Art. 96-101	Driehaus

Vorbemerkungen zu einzelnen Abschnitten der Verfassung von Berlin stammen von den Bearbeitern des jeweils ersten Abschnittsartikels.

Abkürzungsverzeichnis

aA	anderer Ansicht
aaO	am angegebenen Ort
Abg.	Abgeordneter
ABl	Amtsblatt
Abs.	Absatz
AbstO	Verordnung zur Durchführung des Gesetzes über Volksinitiative, Volksbegehren und Volksentscheid (Abstimmungsordnung)
aF	alter Fassung
AG	Amtsgericht
AGBauGB	Gesetz zur Ausführung des Baugesetzbuchs
ähnl.	ähnlich
allg.	allgemein
Alt.	Alternative
anwaltl.	anwaltlich
AöR	Archiv des öffentlichen Rechts
ArbGG	Arbeitsgerichtsgesetz
Art.	Artikel
ASOG	Allgemeines Sicherheits- und Ordnungsgesetz
ausf.	ausführlich
AuslG	Ausländergesetz
AvB	Abgeordnetenhaus von Berlin
AvBDrs	Drucksache des Abgeordnetenhauses von Berlin
AZG	Allgemeines Zuständigkeitsgesetz
B.	Beschluss
BAG	Bundesarbeitsgericht
BAGE	Entscheidungen des Bundesarbeitsgerichts
BAMG	Bezirksamtsmitgliedergesetz
BauGB	Baugesetzbuch
BayVBl	Bayerische Verwaltungsblätter
BayVerf	Verfassung des Freistaates Bayern
BayVerfGH	Bayerischer Verfassungsgerichtshof
BbgVerf	Verfassung des Landes Brandenburg
BbgVerfG	Verfassungsgericht des Landes Brandenburg
BDSG	Bundesdatenschutzgesetz
beachtl.	beachtlich
bedenkl.	bedenklich
BerlBG	Berliner Betriebegesetz
BerlHG	Berliner Hochschulgesetz
berufl.	beruflich
betriebl.	betrieblich
bezügl.	bezüglich
BezVG	Bezirksverwaltungsgesetz
BFH	Bundesfinanzhof
BFHE	Entscheidungen des Bundesfinanzhofs
BGB	Bürgerliches Gesetzbuch

Abkürzungsverzeichnis

BGBl	Bundesgesetzblatt
BGH	Bundesgerichtshof
BGHSt	Entscheidungen des Bundesgerichtshofs in Strafsachen
BGHZ	Entscheidungen des Bundesgerichtshofs in Zivilsachen
BHO	Bundeshaushaltsordnung
BlnDSG	Gesetz zum Schutz personenbezogener Daten in der Berliner Verwaltung (Datenschutzgesetz)
Bm	Bürgermeister
BPräs	Bundespräsident
BR	Bundesrat
BReg	Bundesregierung
BremStGH	Staatsgerichtshof der Freien Hansestadt Bremen
BremV	Landesverfassung der Freien Hansestadt Bremen
BRiG	Berliner Richtergesetz
BRRG	Beamtenrechtsrahmengesetz
BT	Bundestag
BTDrs	Bundestagsdrucksache
bürgerl.-rechtl.	bürgerlich-rechtlich
BVerfG	Bundesverfassungsgericht
BVerfGG	Gesetz über das Bundesverfassungsgericht
BVerwG	Bundesverwaltungsgericht
BVerwGE	Entscheidungen des Bundesverwaltungsgerichts
BVV	Bezirksverordnetenversammlung
BWG	Bundeswahlgesetz
BzA	Bezirksamt/Bezirksämter
BzBm	Bezirksbürgermeister
BzStR	Bezirksstadtrat
bzw.	beziehungsweise
DBl.	Dienstblatt des Senats von Berlin
DDR	Deutsche Demokratische Republik
deutl.	deutlich
dh	das heißt
DNA-IFG	DNA-Identitätsfeststellungsgesetz
DÖD	Der Öffentliche Dienst
DÖV	Die öffentliche Verwaltung
DRiG	Deutsches Richtergesetz
DRiZ	Deutsche Richterzeitung
DVBl	Deutsches Verwaltungsblatt
DVO	Durchführungsverordnung
E	Entscheidungen des Bundesverfassungsgerichts
EGGVG	Einführungsgesetz zum Gerichtsverfassungsgesetz
EGStGB	Einführungsgesetz zum Strafgesetzbuch
EGV	Vertrag zur Gründung der Europäischen Gemeinschaft
ehel.	ehelich
einschl.	einschließlich
EMRK	Europäische Konvention zum Schutze der Menschenrechte und Grundfreiheiten
erforderl.	erforderlich
erhebl.	erheblich
ersichtl.	ersichtlich

Abkürzungsverzeichnis

EuGH	Europäischer Gerichtshof
EuGRZ	Europäische Grundrechte-Zeitschrift
EV	Einigungsvertrag
f(f.)	folgend(e)
FamRZ	Zeitschrift für das gesamte Familienrecht
FGO	Finanzgerichtsordnung
förml.	förmlich
fragl.	fraglich
FraktG	Fraktionsgesetz
freiheitl.	freiheitlich
friedl.	friedlich
FS	Festschrift
G.	Gesetz
GE	Das Grundeigentum
geänd.	geändert
gemeindl.	gemeindlich
gesellschaftl.	gesellschaftlich
gesetzl.	gesetzlich
GG	Grundgesetz für die Bundesrepublik Deutschland
ggf.	gegebenenfalls
GO	Geschäftsordnung
GOAvB	Geschäftsordnung des Abgeordnetenhauses von Berlin
GOBT	Geschäftsordnung des Deutschen Bundestages
GORdB	Geschäftsordnung des Rates der Bürgermeister
GOSvB	Geschäftsordnung des Senats von Berlin
grundrechtl.	grundrechtlich
grundsätzl.	grundsätzlich
GVBl	Gesetz- und Verordnungsblatt für Berlin
GVG	Gerichtsverfassungsgesetz
Halbs.	Halbsatz
HbgVerfG	Verfassungsgericht der Freien und Hansestadt Hamburg
HessStGH	Hessischer Staatsgerichtshof
HessV	Verfassung des Landes Hessen
HG	Haushaltsgesetz
HGrG	Gesetz über die Grundsätze des Haushaltsrechts des Bundes und der Länder (Haushaltsgrundsätzegesetz)
hinsichtl.	hinsichtlich
hM	herrschende Meinung
hoheitl.	hoheitlich
HP	Haushaltsplan
HStR	Handbuch des Staatsrechts der Bundesrepublik Deutschland
HundeVO	Verordnung über das Halten von Hunden in Berlin
idF	in der Fassung
inhaltl.	inhaltlich
insb.	insbesondere
iS	im Sinne
iSd	im Sinne des
iVm	in Verbindung mit
jährl.	jährlich
JR	Juristische Rundschau

Abkürzungsverzeichnis

KG	Kammergericht
kirchl.	kirchlich
krit.	kritisch
LAbfG	Landesabfallgesetz
LAbgG	Landesabgeordnetengesetz
LBG	Landesbeamtengesetz
LGG	Landesgleichstellungsgesetz
LHO	Landeshaushaltsordnung
LKV	Landes- und Kommunalverwaltung
LRH	Landesrechnungshof
LV	Landesverfassung(en)
LVerfG MV	Landesverfassungsgericht Mecklenburg-Vorpommern
LVerfGE	Entscheidungen der Verfassungsgerichte der Länder
LWahlG	Landeswahlgesetz
LWahlO	Landeswahlordnung
maßgebl.	maßgeblich
MdA	Mitglied des Abgeordnetenhauses von Berlin
MdB	Mitglied des Deutschen Bundestages
MeldeG	Meldegesetz
menschl.	menschlich
MfS	Ministerium für Staatssicherheit
mögl.	möglich
mündl.	mündlich
MVV	Verfassung des Landes Mecklenburg-Vorpommern
mwN	mit weiteren Nachweisen
nachträgl.	nachträglich
namentl.	namentlich
NdsStGH	Niedersächsischer Staatsgerichtshof
NJW	Neue Juristische Wochenschrift
Nr.	Nummer
NStZ-RR	Neue Zeitschrift für Stafrecht – Rechtsprechungs-Report
NVwZ	Neue Zeitschrift für Verwaltungsrecht
NVwZ-RR	Neue Zeitschrift für Verwaltungsrecht – Rechtsprechungs-Report
NWVBl	Nordrhein-Westfälische Verwaltungsblätter
NWVerfGH	Verfassungsgerichtshof Nordrhein-Westfalen
NZM	Neue Zeitschrift für Mietrecht
offensichtl.	offensichtlich
öffentl.	öffentlich
öffentl.-rechtl.	öffentlich-rechtlich
OLG	Oberlandesgericht
ordentl.	ordentlich
örtl.	örtlich
OVG	Oberverwaltungsgericht
OVGE	Entscheidungssammlung des Oberverwaltungsgerichts
Parl.	Parlament
parl.	parlamentarisch
PartG	Parteiengesetz
persönl.	persönlich

Abkürzungsverzeichnis

PetG	Gesetz über die Behandlung von Petitionen an das Abgeordnetenhaus von Berlin (Petitionsgesetz)
polizeil.	polizeilich
Pr.	Preußisch
PrAvB	Präsident des Abgeordnetenhauses von Berlin
PrGS	Preußische Gesetzessammlung
PUAG	Gesetz zur Regelung des Rechts der Untersuchungsausschüsse des Deutschen Bundestages (Untersuchungsausschussgesetz)
räuml.	räumlich
RBm	Regierender Bürgermeister
RdB	Rat der Bürgermeister
rechtl.	rechtlich
rechtsstaatl.	rechtsstaatlich
RHG	Gesetz über den Rechnungshof von Berlin
RhPfVerfGH	Verfassungsgerichtshof des Landes Rheinland-Pfalz
richterl.	richterlich
Richtl.AvB	Richtlinien des Abgeordnetenhauses von Berlin
Rn.	Randnummer(n)
Rspr.	Rechtsprechung
RVO	Rechtsverordnung
S.	Satz oder Seite(n)
s.	siehe
SaarV	Verfassung des Saarlandes
sachl.	sachlich
SachsAnhV	Verfassung des Landes Sachsen-Anhalt
SächsV	Verfassung des Freistaates Sachsen
SächsVerfGH	Verfassungsgerichtshof des Freistaats Sachsen
schließl.	schließlich
schriftl.	schriftlich
SchwbG	Schwerbehindertengesetz
SED	Sozialistische Einheitspartei Deutschlands
SenG	Senatorengesetz
sog.	so genannt
st. Rspr.	ständige Rechtsprechung
staatl.	staatlich
StabG	Gesetz zur Förderung der Stabilität und des Wachstums der Wirtschaft
steuerl.	steuerlich
StGB	Strafgesetzbuch
StGH	Staatsgerichtshof
StPO	Strafprozessordnung
str.	streitig
StV	Strafverteidiger
StVollzG	Strafvollzugsgesetz
SvB	Senat von Berlin
tatsächl.	tatsächlich
ThürV	Verfassung des Freistaats Thüringen
ThürVBl	Thüringer Verwaltungsblätter
ThürVerfGH	Thüringer Verfassungsgerichtshof
u.	und

Abkürzungsverzeichnis

U.	Urteil
u.a.	unter anderem
UA	Untersuchungsausschuss
UAG	Untersuchungsausschussgesetz
übl.	üblich
UNHCR	United Nations High Commissioner for Refugees
unterschiedl.	unterschiedlich
ursächl.	ursächlich
usw.	und so weiter
u.U.	unter Umständen
v.	vom
v.H.	vom Hundert
verbindl.	verbindlich
VereinsG	Vereinsgesetz
VerfG	Verfassungsgericht
VerfGH	Verfassungsgerichtshof
VerfGHG	Gesetz über den Verfassungsgerichtshof
VerkG	Gesetz über die Verkündung von Gesetzen und Rechtsverordnungen
vermutl.	vermutlich
VersG	Versammlungsgesetz
VG	Verwaltungsgericht
VGG	Verwaltungsreform-Grundsätze-Gesetz
vgl.	vergleiche
VInG	Gesetz über Volksinitiative, Volksbegehren und Volksentscheid
VO	Verordnung
VOBl	Verordnungsblatt
vornehml.	vornehmlich
VPrAVB	Vizepräsident des Abgeordnetenhauses von Berlin
VvB 1950	Verfassung von Berlin v. 1. 9. 1950
VvB	Verfassung von Berlin v. 23. 11. 1995
VwGO	Verwaltungsgerichtsordnung
VwVfG	Verwaltungsverfahrensgesetz
VwVfG Bln	Gesetz über das Verfahren der Berliner Verwaltung
WaffG	Waffengesetz
WEG	Wohnungseigentumsgesetz
wesentl.	wesentlich
wirtschaftl.	wirtschaftlich
WiStG	Wirtschaftsstrafgesetz
wörtl.	wörtlich
WRV	Weimarer Reichsverfassung
z.B.	zum Beispiel
z.T.	zum Teil
ZBR	Zeitschrift für Beamtenrecht
zeitl.	zeitlich
ZMR	Zeitschrift für Miet- und Raumrecht
ZPO	Zivilprozessordnung
zusätzl.	zusätzlich

Abkürzungsverzeichnis

ZustKat AZG Anlage zum Allgemeinen Zuständigkeitsgesetz – Allgemeiner Zuständigkeitskatalog
ZustKat Ord Anlage zum Allgemeinen Sicherheits- und Ordnungsgesetz – Zuständigkeitskatalog Ordnungsaufgaben

Literaturverzeichnis (ohne Zeitschriftenaufsätze)

Achterberg, Parlamentsrecht, 1984
Bonner Kommentar, Kommentar zum Bonner Grundgesetz, 1950 ff.
Böckenförde, Die Organisationsgewalt im Bereich der Regierung, 1964
Deutelmoser, Die Rechtsstellung der Bezirke in den Stadtstaaten Berlin und Hamburg, 2000
Drath, Die Gewaltenteilung im heutigen deutschen Staatsrecht, in: Zur heutigen Problematik der Gewaltentrennung, hrsg. von Rausch, 1969
Dreier, Grundgesetz, Kommentar, Band I 1996; Band II 1998
Dreier, Grundrechtsschutz durch Landesverfassungsgerichte, Schriftenreihe der Jur. Gesellschaft zu Berlin, Heft 163, 2000
Dürr/Korbmacher, Baurecht für Berlin, 2. Aufl. 2001
Feuchte, Verfassung des Landes Baden-Württemberg, Kommentar, 1987
Grawert, Verwaltungsabkommen zwischen Bund und Ländern in der Bundesrepublik Deutschland, 1967
Hennecke, Öffentliches Finanzwesen, Finanzverfassung, 2. Aufl. 2000
Hoffmann-Riem, Zum Gewährleistungsgehalt der Petitionsfreiheit, in: Osterloh u.a., Festschrift für Peter Selmer zum 70. Geburtstag, 2004, S. 93 ff.
Huster, Der Grundsatz der religiös-weltanschaulichen Neutralität des Staates – Gehalt und Grenzen, Schriftenreihe der Jur. Gesellschaft zu Berlin, Heft 176, 2004
Isensee/Kirchhof, Handbuch des Staatsrechts der Bundesrepublik Deutschland, Band II, 2. Aufl. 1998; Band IV 1990; Band VII 1992
Jarass/Pieroth, Grundgesetz für die Bundesrepublik Deutschland, Kommentar, 7. Aufl. 2004
Kärgel, Bedarf der Regierende Bürgermeister von Berlin einer in der Verfassung verankerten Richtlinienkompetenz? in: Birk/Kunig/Sailer, Festschrift für Hans-Joachim Driehaus zum 65. Geburtstag, 2005
Köhler, Die Rechtsstellung der Parlamentspräsidenten in den Ländern der Bundesrepublik Deutschland und ihre Aufgaben im parlamentarischen Geschäftsgang, 2000
Kunig, Der Rechtsstaat, in: Badura/Dreier, Festschrift 50 Jahre Bundesverfassungsgericht, 2001, Band II, S. 421 ff.
von Mangoldt/Klein/Starck, Grundgesetz, Kommentar, 4. Aufl., Band 2 2000; Band 3 2001
Maunz/Dürig, Grundgesetz, 1958 ff.
Michaelis-Merzbach, Rechtspflege und Verfassung von Berlin, 1999
Michaelis-Merzbach, Der unabhängige Richter, in: Birk/Kunig/Sailer, Festschrift für Hans-Joachim Driehaus zum 65. Geburtstag, 2005
von Münch/Kunig, Grundgesetz-Kommentar, Band 1, 5. Aufl. 2003; Band 2, 5. Aufl. 2001; Band 3, 5. Aufl. 2003
Mudra, Verfassung von Berlin vom 22. Oktober 1995, Kommentar, 2000
Musil/Kirchner, Das Recht der Berliner Verwaltung, 2002
Pestalozza, Verfassungsprozeßrecht, 3. Aufl. 1991
Pfennig/Neumann, Verfassung von Berlin, Kommentar, 3. Aufl. 2000
Piduch, Bundeshaushaltsrecht, Kommentar, Stand: Oktober 2000
Sachs, Grundgesetz, Kommentar, 3. Aufl. 2003

Literaturverzeichnis

Schlaich, Das Bundesverfassungsgericht – Stellung, Verfahren, Entscheidungen, 4. Aufl. 1997

Schneider/Zeh, Parlamentsrecht und Parlamentspraxis, 1989

Schreiber, Handbuch des Wahlrechts zum Deutschen Bundestag, 6. Aufl. 1998

Seifert/Hömig, Grundgesetz für die Bundesrepublik Deutschland, Taschenkommentar, 7. Aufl. 2003

Sodan, Überprüfbarkeit landesgerichtlicher Anwendung materiellen Bundesrechts auf Grund einer Landesverfassungsbeschwerde, in: NVwZ – Sonderheft zum 70. Geburtstag von Professor Dr. Klaus Finkelnburg, 2005

Steiner, Von den Grundrechten im Sport zur Staatszielbestimmung »Sportförderung«, in: Burmeister u.a., Festschrift für Klaus Stern zum 65. Geburtstag, 1997, S. 309 ff.

Stern, Das Staatsrecht der Bundesrepublik Deutschland, Band 2 1980

Weinzen, Berlin und seine Finanzen, 3. Aufl. 2000 (Weinzen I)

Weinzen, Berlin und seine Schulden, 2003 (Weinzen II)

Wilke, Bauleitplanung in der Bundeshauptstadt, in: Planung, Festschrift für Werner Hoppe zum 70. Geburtstag, 2000, S. 385 ff.

Wilke, Der Verfassungsgerichtshof Berlins, in: Bürger – Richter – Staat, Festschrift für Horst Sendler, 1991, S. 139 ff.

Wilke, Die Verfassungsentwicklung in Berlin: Vom Ende der Teilung zum Aufstieg zur Bundeshauptstadt, in: Jahrbuch des öffentlichen Rechts der Gegenwart, Band 51 (2003), S. 193 ff.

Wille, Der Berliner Verfassungsgerichtshof, 1993

Zivier, Verfassung und Verwaltung von Berlin, 3. Aufl. 1998

Verfassung von Berlin

vom 23. November 1995
(GVBl S. 779), zuletzt geändert durch Gesetz vom 1. September 2004
(GVBl S. 367)

Verkündungsformel

Das Abgeordnetenhaus von Berlin hat am 8. Juni 1995 folgende Verfassung beschlossen, der die Bevölkerung Berlins in der Volksabstimmung am 22. Oktober 1995 zugestimmt hat:

Vorspruch

In dem Willen,

> **Freiheit und Recht jedes einzelnen zu schützen, Gemeinschaft und Wirtschaft demokratisch zu ordnen und dem Geist des sozialen Fortschritts und des Friedens zu dienen,**

hat sich Berlin, die Hauptstadt des vereinten Deutschlands, diese Verfassung gegeben:

Ebenso wie das GG und andere Landesverfassungen beginnt die VvB mit einem »Vorspruch« (einer Präambel). Er ist **Teil der VvB** und nimmt an ihrer Rechtsqualität teil. Dem Vorspruch kommt zunächst politische, überdies aber auch rechtl. Bedeutung zu (vgl. dazu etwa E 5, 127 f.). 1

Der Vorspruch bekennt sich mit seinen zentralen Anliegen zum freiheitl. demokratischen Rechtsstaat und enthält in dieser Richtung eine **Festschreibung** von Aufgaben und Staatszielen. Die Organe des Landes Berlin sind verpflichtet, diese Aufgaben zu erfüllen und Ziele zu verwirklichen und alles zu unterlassen, was dies erschwert oder verhindert. Allerdings steht die Entscheidung darüber, auf welchem Wege und mit welchen Mitteln die jeweiligen Aufgaben erfüllt und Ziele verwirklicht oder einer Erfüllung bzw. Verwirklichung jedenfalls näher gebracht werden sollen, im politischen Ermessen der jeweiligen Staatsorgane. 2

Aus dem Vorspruch lassen sich keine unmittelbaren rechtl. Folgen ableiten. Er leistet in erster Linie einen Beitrag zur Auslegung anderer Vorschriften der VvB (vgl. etwa SächsVerfGH LKV 97, 286), enthält aber **keine subjektiven Rechte**. Auch das Rechtsstaatsprinzip, zu dem 3 sich die VvB sinngemäß im Vorspruch und nach ihrer Gesamtkonzeption bekennt, ist kein mit der Verfassungsbeschwerde rügefähiges individuelles Recht, sondern entfaltet Rechtsansprüche des einzelnen nur im Zusammenhang mit anderen, subjektiven Rechten (LVerfGE 1, 81).

4   Nach dem Wortlaut des Vorspruchs hat sich »Berlin« die VvB gegeben. Diese Formulierung stellt keine Missachtung der Deutschen mit Wohnsitz in Berlin, dh des – nach Art. 2 – Trägers der öffentl. Gewalt dar. Denn in der Volksabstimmung vom 22.10.1995 haben mehr als die Hälfte, nämlich 75,1 v.H. der mit gültigen Stimmen an der Abstimmung Teilnehmenden, der VvB zugestimmt (vgl. Bekanntmachung v. 28.11.95, GVBl S. 719), so dass sich der Sache nach der auf Berlin beschränkte Teil des deutschen Volkes als der **berufene Souverän** kraft seiner verfassungsgebenden Gewalt die VvB gegeben hat. Angesichts dessen ist der Ausdruck »Berlin« in erster Linie als – ohnedies in Art. 1 I festgeschriebener – Hinweis darauf zu verstehen, dass Berlin auch nach der Vereinigung des westl. Teils mit dem östl. Teil ein Land geblieben ist (vgl. so ausdrückl. Art. 1 II des Einigungsvertrags vom 31.8.90 – BGBl II S. 889), das im Bundesstaat eine eigene Staatsqualität besitzt und dessen Staatsvolk deshalb verfassungsgebende Gewalt hat. Dies zu betonen mag der Verfassungsgeber sich gerade deshalb veranlasst gesehen haben, weil es ihm im Übrigen daran gelegen war, schon im Vorspruch – wie später in Art. 1 I – deutl. zu machen, dass Berlin zugleich eine Stadt ist, und zwar nicht irgendeine Stadt, sondern die »Hauptstadt des vereinten Deutschlands« (vgl. zur Verfassungsentwicklung in Berlin vom Ende der Teilung zum Aufstieg zur Bundeshauptstadt Wilke in: Jahrbuch des öffentl. Rechts der Gegenwart, Bd. 51, S. 193 ff). Diese letztere Aussage begründet keine Garantie zugunsten Berlins, sondern knüpft an an die Regelung in Art. 2 des Einigungsvertrags, wonach Berlin Hauptstadt Deutschlands ist, sowie den Beschluss des BT über den Sitz von BReg und BT vom 20.6.1991 (BTDrs. 12/815).

5   Wenn der Vorspruch zum Ausdruck bringt, dass die Verfassungsgebung »in dem Willen« erfolgte, bestimmte Aufgaben und Ziele kundzutun, kommt ihm substantielle Bedeutung lediglich zu, soweit nicht die VvB an anderer Stelle die jeweiligen Aufgaben und Ziele einer konkreteren Regelung unterworfen hat. Das trifft indes weitgehend zu. Insoweit handelt es sich also um »Wiederholungen« von an anderer Stelle der VvB konkreter geregelten Aufgaben und Zielen, die deutl. machen, dass diese Bereiche des staatl. Lebens dem Verfassungsgeber besonders wichtig waren.

6   Die staatl. Aufgabe, »Freiheit und Recht jedes einzelnen zu schützen«, ist in erster Linie in den in Abschnitt II der VvB aufgeführten Grundrechten geregelt. Mit der demokratischen Ordnung der Gemeinschaft befassen sich vor allem die Art. 2 und 3, mit der demokratischen Ordnung der Wirtschaft die Art. 24 und 25. Der »Geist des sozialen Fort-

schritts« und damit das **Sozialstaatsprinzip** ist in Art. 22 verankert. Die Verpflichtung, dem »Geist . . . des Friedens zu dienen«, kann namentl. Art. 30 I entnommen werden. Einzig das in seinen fundamentalen Elementen vom Homogenitätsgebot (Art. 28 I 1 GG) geforderte, im Vorspruch sinngemäß enthaltene Bekenntnis zum Rechtsstaat (vgl. zur Rechtsstaatlichkeit als Wesensmerkmal des GG und deren Einzelausprägungen Kunig in: Badura/Dreier, FS 50 Jahre BVerfG, S. 421 ff.) und damit zum Rechtsstaatsprinzip (vgl. Rn. 3) findet in einzelnen dieser Elemente keine konkretere Regelung in einer bestimmten Vorschrift der VvB, so dass für die Inanspruchnahme dieser rechtsstaatlichen Einzelgehalte jeweils auf den Vorspruch zurückgegriffen werden muss.

Das – im GG im Kern in Art. 20 III angesiedelte – Rechtsstaatsprinzip 7 wird durch eine Reihe von Regelungen der VvB maßgebl. mitgeprägt. Als solche **Elemente des Rechtsstaatsprinzips**, die diesem für ihren Geltungsbereich als Spezialregelungen vorgehen, sind etwa zu nennen: Die Menschenwürdegarantie (Art. 6), der Anspruch auf rechtl. Gehör (Art. 15 I) und die Rechtsweggarantie (Art. 15 IV), das Verbot von Ausnahmegerichten und die Garantie des gesetzl. Richters (Art. 15 V), ferner die Gewaltenteilung (Art. 3 I) und die Grundrechtsbindung (Art. 36 I), der Grundsatz des Vorbehalts des Gesetzes (Art. 59 I, vgl. VerfGH, B.v. 15.11.01 – 95/00), die Anforderungen an das Zustandekommen von Gesetzen (Art. 60) und an Verordnungsermächtigungen (Art. 64 I 2), das Rechtsprechungsmonopol der Gerichte und die Unabhängigkeit der Richter (Art. 79 I) sowie die Zuständigkeiten des Verfassungsgerichtshofs (Art. 84 II). Unmittelbar aus dem Vorspruch herzuleiten und von der verfassungsgerichtl. Rechtsprechung anerkannt sind folgende rechtsstaatl. Einzelgehalte des Rechtsstaatsprinzips: Gebot der materiellen Gerechtigkeit (u.a. E 20, 331) und der Rechtssicherheit mit Rückwirkungsverbot und Vertrauensschutz (VerfGH, B.v. 6.5.98 – 80/96) sowie Grundsätze der Verhältnismäßigkeit (E 19, 48 f.) und der Bestimmtheit von Gesetzen (VerfGH, B.v. 25.3.99 – 35/97).

Beim Widerstreit zwischen den Anforderungen der Gerechtigkeit im 8 Einzelfall und der Rechtssicherheit, die beide tragende Prinzipien der Rechtsstaatlichkeit darstellen und somit Verfassungsrang haben, ist im Ergebnis dem Gesetzgeber die Entscheidungsbefugnis darüber zuzubilligen, welchem Prinzip er den Vorzug geben will (von Münch/Kunig, Art. 20 Rn. 30). Durch die Eröffnung etwa des strafrechtl. Wiederaufnahmeverfahrens hat er um der materiellen Gerechtigkeit willen gestattet, das Prinzip der Rechtssicherheit zu durchbrechen (VerfGH, B.v. 30.8.02 – 93/01). **Rückwirkend** belastende Gesetze sind – außer im Strafrecht (vgl. Art. 15 Rn. 14) – nicht schlechthin unzulässig. Dabei ist zu unterscheiden zwischen echter Rückwirkung, dh einer Rückbewirkung von Rechtsfolgen, bei der in bereits abgeschlossene Sachverhalte regelnd eingegriffen wird, und unechter Rückwirkung, dh einer tatbestandl. Rückanknüpfung, bei der auf einen noch nicht abgeschlossenen Tatbestand für die Zukunft eingewirkt wird (zusammenfassend E 25, 89 f.). Eine echte Rückwirkung wird regelmäßig durch den Grundsatz der Rechtssicherheit verboten, doch kann dieses Verbot ausnahmsweise durchbrochen werden, wenn »zwingende Gründe des gemeinen Wohls oder ein nicht – oder nicht mehr – vorhandenes schutzwürdiges Vertrauen des einzelnen eine Durchbrechung« gestatten (E 72, 258). Eine unechte Rückwirkung ist regelmäßig verfassungsrechtl. zulässig, doch können sich aus dem Grundsatz des Vertrauensschutzes und dem Verhältnismäßigkeitsprinzip Grenzen ergeben. So muss beispielsweise bei der Einführung oder Herabsetzung einer Altersgrenze für Prüfingenieure für Baustatik und damit bei der nachträgl. Beeinträchtigung des Werts einer in der Vergangenheit begründeten Rechtsposition den Betroffenen unter dem Gesichtspunkt des Vertrauensschutzes sowie des Verhältnismäßigkeitsprinzips ein angemessener Zeitraum zugestanden werden, um sich auf die neue Rechtslage einstellen zu können; bei der Ausgestaltung einer solchen Übergangsregelung steht dem Gesetzgeber ein weiter Spielraum zur Verfügung (VerfGH, B.v. 6.5.98 – 80/96).

9 Elemente des auf das Rechtsstaatsprinzip zurückgehenden, in seiner Bedeutung insbesondere für die verfassungsgerichtl. Praxis nicht hoch genug einzuschätzen **Verhältnismäßigkeitsgrundsatzes** sind Eignung, Erforderlichkeit und Proportionalität (Sachs, Art. 20 Rn. 149), dh Verhältnismäßigkeit im engeren Sinne. Ausgerichtet sind diese drei Kriterien auf den mit einer gesetzl. Einschränkung verfolgten Zweck oder genauer: auf die zur Erreichung dieses Zwecks im Gesetz angeordneten Maßnahmen. Eignung ist gegeben, wenn durch diese Maßnahmen die Erreichung des Zwecks gefördert werden kann (E 67, 173). Erforderlichkeit bedeutet, dass zur Erreichung dieses Zwecks jeweils nur der geringstmögl. Eingriff, nur das jeweils mildeste Mittel eingesetzt werden darf. Proportionalität setzt voraus, dass Beeinträchtigungen nicht außer Verhältnis zu dem angestrebten Zweck stehen, dass sie bei einer Gesamtbewertung angemessen (E 93, 237 f.) und (deshalb) für die Betroffenen zumutbar sind (E 92, 274). Bei der Beurteilung der Eignung und Erforderlichkeit des gewählten Mittels zur Erreichung der angestrebten Ziele sowie bei der in diesem Zusammenhang vorzunehmenden Einschätzung und Prognose der dem Einzelnen und der Allgemeinheit drohenden Gefahren steht dem Gesetzgeber ein Beurteilungsspielraum zu, der vom Verfassungsgericht nur in begrenztem Umfang überprüft werden kann (E 90, 173). Jedenfalls muss bei der vorzunehmenden Gesamtabwägung zwischen der Schwere des Eingriffs und dem Gewicht sowie der Dringlichkeit der ihn rechtfertigenden Gründe die Grenze der Zumutbarkeit für die Adressaten der gesetzl. Einschränkung gewahrt sei; die Maßnahme darf sie nicht übermäßig belasten (Übermaßverbot oder Verhältnismäßigkeit i.e.S.).

Das **Bestimmtheitsgebot** zwingt den Gesetzgeber nicht, den Tatbestand mit genau erfassbaren Maßstäben zu umschreiben. Der Gesetzgeber ist jedoch gehalten, seine Vorschriften so bestimmt zu fassen, wie dies nach der Eigenart der zu ordnenden Lebenssachverhalte mit Rücksicht auf den Normzweck mögl. ist. Die Notwendigkeit der Auslegung einer gesetzl. Begriffsbestimmung nimmt ihr nicht die Bestimmtheit, die der Rechtsstaat von einem Gesetz fordert. Es genügt, wenn die Betroffenen die Rechtslage erkennen und ihr Verhalten danach einrichten können (VerfGH, B.v. 15.3.99 – 35/97).

Abschnitt I. Die Grundlagen

Art. 1 [Status]

(1) Berlin ist ein deutsches Land und zugleich eine Stadt.
(2) Berlin ist ein Land der Bundesrepublik Deutschland.
(3) Grundgesetz und Gesetze der Bundesrepublik Deutschland sind für Berlin bindend.

1 Mit Art. 1 beginnt der erste, mit »Die Grundlagen« überschriebene Abschnitt der VvB. Dieser Abschnitt enthält Bestimmungen über den Status von Berlin (Art. 1), den Träger der öffentl. Gewalt (Art. 2), das Gewaltenteilungsprinzip (Art. 3), das Gebiet Berlins (Art. 4) sowie Flagge, Wappen und Siegel Berlins (Art. 5).

Absatz 1: Berlin als Land und Stadtgemeinde

2 Die Gebietskörperschaft Berlin ist mit der durch das Pr. Gesetz vom 27.4.1920 (PrGS S. 23) gebildeten Stadtgemeinde Berlin identisch; ihre Grenzen werden bestimmt durch dieses Gesetz iVm den Maßgaben zu Art. 1 im Protokoll zum Einigungsvertrag vom 31.8.1990 (BGBl II S. 889 – EV –). Spätestens mit der Auflösung des Landes Preußen, zu dem die Stadtgemeinde Berlin zuvor formal-juristisch gehörte, durch das Kontrollratsgesetz Nr. 46 vom 25.2.1947 (VOBl S. 68) erlangte Berlin den Status eines **deutschen Landes** (ebenso Zivier, S. 84): Dieses Gesetz legte fest, dass sich die ehemaligen preußischen Landesteile entweder zu neuen eigenen Ländern – wie z.B. Niedersachsen – oder als Teile anderer Länder formieren konnten. Da Brandenburg Teil der sowjetischen Zone und später der DDR war, konnte die Stadtgemeinde Berlin als eigene Besatzungszone nicht Teil des Landes Brandenburg sein. Die staatl. Befugnisse des Deutschen Reiches und des Landes Preußen gingen deshalb auf die Stadtgemeinde Berlin über, die dadurch den Status eines Landes erwarb (vgl. Sendler JR 85, 442). Angesichts dessen bezeichnete die VvB vom 22.4.1948 Berlin folgerichtig als ein »deutsches Land und zugleich eine deutsche Stadt«. Die Teilung Berlins im Juni 1948 beendete die aufgezeigte Entwicklung. Berlin (Ost) war, wie vor 1945, wieder eine Kommune und zwar »Hauptstadt der DDR«; Berlin (West) hielt in der VvB vom 1.9.1950 daran fest, »Land der Bundesrepublik« zu sein (Art. 1). Grundlage für die Wiederherstellung der Einheit dieser beiden unterschiedl. Gebietskörperschaften ist der Beitritt der DDR zur Bundesrepublik Deutschland und der ihn begleitende Einigungsvertrag, der in Art. 1 II bestimmt, die (seinerzeit 12 West-Berliner

und 11 Ost-Berliner, also insgesamt) 23 »Bezirke von Berlin bilden das Land Berlin« (vgl. zu dieser Entwicklung Finkelnburg LKV 91, 6).

Im Zusammenhang mit der Wiedervereinigung ist entsprechend Art. 5 EV durch die Einfügung des Art. 118 a in das GG ein Weg eröffnet worden, die Länder Berlin und Brandenburg in einem gegenüber den Anforderungen des Art. 29 GG vereinfachten Verfahren zu einem Bundesland zu **vereinigen**. Daran knüpft Art. 97 an (vgl. dazu Art. 97 Rn. 1 ff.). Dem Neugliederungsvertrag vom 27.4.1995, nach dem Berlin eine – mit einer Reihe von Sonderrechten ausgestattete – Stadtgemeinde des neuen Bundeslandes Brandenburg werden sollte, ist zwar von den Landesparlamenten in Berlin und Brandenburg mit der jeweils geforderten Zweidrittelmehrheit zugestimmt worden. Die am 5.5.1996 durchgeführte Volksabstimmung führte indes nur in Berlin zu einer Annahme, in Brandenburg aber zu einer Ablehnung (vgl. zur Ergebnisfeststellung LVerfGE 6, 11 f.). Damit sind die Fusionsbemühungen sowie eine Veränderung des Status von Berlin zunächst gescheitert.

Aus Abs. 1 iVm Art. 3 II ergibt sich, dass es sich bei Berlin um eine einheitl. Gebietskörperschaft handelt, die die Aufgaben eines Landes ebenso wie die einer Gemeinde wahrnimmt (Stadtstaat). Staat (Land) und Gemeinde (Stadt) sind in Berlin also keine unterschiedl. Rechtssubjekte; Landesverwaltung und Stadtverwaltung werden von den gleichen Organen und den gleichen Behörden durchgeführt. In Berlin werden – wie § 1 AZG klarstellt – staatl. und gemeindl. Tätigkeit nicht voneinander getrennt, und zwar weder aktenmäßig noch sonst wie. Durch Abs. 1 hat sich der Verfassungsgeber für eine **Einheitsgemeinde** entschieden (VerfGH, B.v. 14.2.05 – 77/03); diese Entscheidung verbietet die Errichtung rechtsfähiger Gemeinden in Berlin (vgl. Deutelmoser LKV 99, 350). Das ist bundesverfassungsrechtl. nicht zu beanstanden; das GG und namentl. Art. 28 II 1 GG begründen keine Verpflichtung Berlins, Gemeinden zu schaffen. Auch aus bundesverfassungsrechtl. Sicht ist Berlin nicht nur Bundesland, sondern überdies Gemeinde und damit Träger der Rechtsstellung aus Art. 28 II 1 GG, dh Träger des Rechts auf kommunale Selbstverwaltung (vgl. im Einzelnen Remmert LKV 04,341). Die Bezirke in Berlin scheiden damit als Träger dieses Rechts aus (LVerfGE 1,37).

Der Status von Berlin als Stadtstaat beeinflusst namentl. den Aufbau seiner Verwaltung (vgl. im einzelnen Sendler JR 85, 441 ff.). Anders als in den Flächenstaaten gibt es in Berlin unterhalb der Landesebene **keine mittelbare Landesverwaltung durch Gemeinden**; die Berliner Verwaltung ist deshalb nicht – wie in den Flächenstaaten – dreistufig, sondern nur zweistufig – Bezirksverwaltung und Hauptverwaltung – aufgebaut. An die Stelle von Gemeindeordnungen, die in den Flächenstaaten den Aufbau und die Zuständigkeiten der Verwaltung mitbestimmen, tritt in Berlin »ein differenziertes Geflecht von Rechtsvorschriften, die diese

Funktion erfüllen« (Müller-Thuns/Schubert LKV 99, 213): Dieses Geflecht wird außer durch insb. die Art. 66 ff. vor allem durch Bestimmungen des BezVG, des AZG nebst Anlage sowie des ASOG nebst Anlage gebildet. Allerdings verleihen einzelne dieser Regelungen dem Grundsatz der Stadtstaatlichkeit eine kommunalrechtl. Prägung. Denn nach Art. 66 II erfüllen die Bezirke ihre Aufgaben nach den Grundsätzen der Selbstverwaltung (vgl. dazu Art. 66 Rn. 2); sie sind nach § 2 I BezVG Selbstverwaltungseinheiten Berlins ohne Rechtspersönlichkeit.

Absatz 2: Berlin als Land der Bundesrepublik Deutschland

6   Abs. 2 kommt heute keine nennenswerte Bedeutung mehr zu. Seine Aufnahme in die VvB ist **historisch** zu verstehen. Vor der Wiedervereinigung war es ein Anliegen der Bevölkerung im freien (West-)Berlin zu bekennen, im demokratischen Teil Deutschlands, also der Bundesrepublik, leben zu wollen. Seit der Wiedervereinigung ist Berlin mit seinen seinerzeit 23 Bezirken gemäß Art. 1 II EV ein Land der Bundesrepublik Deutschland; die durch Art. 4 EV neugefasste Präambel des GG weist in ihrem Abs. 2 die Zugehörigkeit des Landes Berlin zur (nunmehr um die neuen Länder erweiterten) Bundesrepublik aus.

7   Berlin hat kraft seiner Stellung als voll integrierter Teil der Bundesrepublik Deutschland alle Rechte und Pflichten eines **Bundeslandes**. Diese Rechte und Pflichten sind in erster Linie durch die in Art. 30 GG enthaltene Grundregel über die Zuständigkeitsverteilung zwischen Bund und Ländern bestimmt. Danach ist die Ausübung der staatl. Befugnisse und die Erfüllung der staatl. Aufgaben Sache der Länder, soweit das GG keine andere Regelung trifft oder zulässt (vgl. zu Bedeutung und Regelungsgehalt des Art. 30 GG im Einzelnen Sachs, Art. 30 Rn. 2 ff.). Diese Grundentscheidung, die für die bundesstaatl. Struktur der Bundesrepublik von zentraler Bedeutung ist, wird in Art. 70 I GG für den Bereich der Gesetzgebung und in Art. 83 GG für den verwaltungsmäßigen Vollzug des Bundesrechts wiederholt und bestätigt. Auch Art. 92 GG, der die rechtsprechende Gewalt des Bundes auf die im GG vorgesehenen Bundesgerichte beschränkt, kann in diesem Sinne verstanden werden (BVerwGE 22, 307).

Absatz 3: Geltung von GG und Bundesgesetzen in Berlin

8   Abs. 3, wonach das GG und die Gesetze der Bundesrepublik Deutschland für Berlin verbindl. sind, kommt allenfalls **klarstellende** Bedeutung zu. Seit dem 3.10.1990 ist Art. 1 II EV wirksam und bilden dementsprechend die Berliner Bezirke das Land Berlin als Teil der Bundesrepublik (vgl. Rn. 6); seitdem gelten Grundgesetz und Bundesgesetze auch im wiedervereinigten Berlin (vgl. Finkelnburg LKV 91, 7). Abs. 3 wie-

derholt die sich aus Art. 1 III GG bzw. Art. 20 III GG ergebende Bindung der Organe des Landes Berlin an die bundesrechtl. Grundrechte und die Bundesgesetze, begründet aber keine Rechte des einzelnen Bürgers, die dieser mit der Verfassungsbeschwerde vor dem VerfGH geltend machen könnte (LVerfGE 1, 151).

Art. 2 [Träger der öffentlichen Gewalt]

Träger der öffentlichen Gewalt ist die Gesamtheit der Deutschen, die in Berlin ihren Wohnsitz haben. Sie üben nach dieser Verfassung ihren Willen unmittelbar durch Wahl zu der Volksvertretung und durch Abstimmung, mittelbar durch die Volksvertretung aus. Die Vorschriften dieser Verfassung, die auch anderen Einwohnern Berlins eine Beteiligung an der staatlichen Willensbildung einräumen, bleiben unberührt.

1 In inhaltl. Übereinstimmung mit Art. 20 II 1 GG bestimmt S. 1, dass die Gesamtheit der Deutschen mit Wohnsitz in Berlin Träger der öffentl. Gewalt ist; sie bilden das »Volk« in Berlin, von dem alle Staatsgewalt ausgeht. S. 1 formuliert – wie Art. 20 II 1 GG – das Grundprinzip der demokratischen Staatsform, näml. die sog. **Volkssouveränität**, das Letztbestimmungsrecht des Volkes. Die VvB verzichtet darauf, zu definieren, wer »Deutscher« ist. Aus dem Zusammenhang mit Art. 1 II und dem Prinzip der Volkssouveränität ergibt sich jedoch, dass mit »Deutschen« hier – wie etwa in Art. 38 I – das Staatsvolk der Bundesrepublik Deutschland mit Wohnsitz in Berlin gemeint ist. Dieses Staatsvolk wird von den deutschen Staatsangehörigen iS des Staatsangehörigkeitsgesetzes idF vom 15.7.1999 (BGBl I S. 1618) und ihnen nach Art. 116 I GG gleichgestellten Personen gebildet (vgl. E 83, 50 f.), dh Personen, die als Flüchtlinge oder Vertriebene deutscher Volkszugehörigkeit oder als deren Ehegatten oder Abkömmlinge in dem Gebiet des Deutschen Reiches nach dem Stand vom 31.12.1937 Aufnahme gefunden haben. Mit »Wohnsitz« ist hier – wie in Art. 39 II – der sog. wahlrechtl. iS von melderechtl. Wohnsitz gemeint, hier wie dort geht es um die Ausübung der Staatsgewalt durch Wahlen (vgl. dazu Art. 38 Rn. 5 und Art. 39 Rn. 3).

2 Nach S. 2 üben die Deutschen mit Wohnsitz in Berlin ihren Willen unmittelbar durch Wahl zu der Volksvertretung und durch Abstimmung, mittelbar durch die Volksvertretung aus. In diesem Zusammenhang ist unter »Deutsche mit Wohnsitz in Berlin« einzig der wahlberechtigte Teil der Deutschen mit Wohnsitz in Berlin zu verstehen; das ergibt sich zweifelsfrei aus dem Hinweis auf die »Wahl zu der Volksvertretung«, an der gemäß Art. 39 II ledigl. alle Deutschen teilzunehmen berechtigt sind, die am Tage der Wahl das 18. Lebensjahr vollendet und seit mindestens 3 Monaten in Berlin ihren Wohnsitz haben. S. 2 spricht von »der« bzw. »die« Volksvertretung, benutzt also mit Blick auf den Begriff »Volksvertretung« jeweils die Einzahl, und macht dadurch deutl., dass es in Berlin nur **eine Volksvertretung** iS der VvB gibt, näml. das AvB. Das wird bestätigt durch Art. 3 I, wo ebenfalls der Begriff »Volksvertretung« nur in der Einzahl benutzt wird, und durch Art. 38 I, wo von dem AvB als der von den wahlberechtigten Deutschen

gewählten Volksvertretung die Rede ist. Das rechtfertigt die Annahme, die BVV seien keine Volksvertretungen iS der VvB, zumal sie in der VvB in den Art. 69 ff. und damit im Rahmen der Verwaltung behandelt werden (VerfGH JR 96, 54).

Außer durch Wahlen zum AvB übt der wahlberechtigte Teil der Bevölkerung Berlins seinen Willen unmittelbar noch durch **Abstimmung** aus. Mit Abstimmung ist eine Mehrheitsentscheidung der zum AvB Wahlberechtigten gemeint (vgl. auch Art. 62 IV). Sie ist in der VvB vor allem bei einem Volksentscheid über Gesetzentwürfe und über die vorzeitige Beendigung der Wahlperiode (Art. 63 I und III) vorgesehen, bei einer Vereinigung mit dem Land Brandenburg (Art. 97 III) sowie bei einer Verfassungsänderung, die die Art. 62 f. betrifft (Art. 100 S. 2). Auch die Beteiligung an einem Volksbegehren, das gemäß Art. 62 f. Voraussetzung für einen Volksentscheid und damit ein erfolgreiches Volksgesetzgebungsverfahren ist, ist unmittelbare Ausübung der Staatsgewalt iS des S. 2 und damit den Wahlberechtigten vorbehalten. Dagegen steht die Teilnahme an einer Volksinitiative nach Art. 61 allen (volljährigen) Einwohnern Berlins offen; sie begründet ledigl. eine Befassungspflicht des AvB und stellt damit noch keine Ausübung von Staatsgewalt dar (vgl. Art. 61 Rn. 1). 3

S. 2 beinhaltet nicht nur eine Aussage mit objektiv-rechtl. Gehalt, sondern verbürgt zugleich das **subjektive Recht** der wahlberechtigten Deutschen mit Wohnsitz in Berlin, sich an einer Wahl zur AvB oder einer Abstimmung (Volksabstimmung) zu beteiligen. Dieses Recht schließt das Recht auf Freiheit der Wahl und der Abstimmung ein (VerfGH LKV 96, 334). Das ergibt sich zwar nicht schon aus dem Wortlaut der VvB (vgl. Art. 39 I). Das Recht auf Freiheit der Wahl folgt indes in einem demokratischen Staat bereits aus dem Begriff der »Wahl« (vgl. in diesem Zusammenhang E 47, 283). Dieses Recht ist als ungeschriebenes demokratisches Verfassungsrecht auch auf sonstige politische Abstimmungen anzuwenden (ebenso zum Bundesrecht E 49, 19). Insoweit verlangt das Recht nicht nur, dass der einzelne sich an der Abstimmung ohne Zwang oder sonstige unzulässige Beeinträchtigung beteiligen kann (vgl. dazu E 66, 380), sondern überdies, dass der Abstimmende die Möglichkeit haben muss, sich mit den Abstimmungsvorschlägen rechtzeitig vertraut zu machen (VerfGH LKV 96, 334). 4

Mit dem 2. Halbs. des S. 2, nach dem das wahlberechtigte Volk mit Wohnsitz in Berlin die Staatsgewalt mittelbar durch das AvB wahrnimmt, bekennt sich die VvB zur **repräsentativen (mittelbaren) Demokratie**, in der das Volk »die öffentl. Gewalt« in erster Linie mittelbar durch die von ihm gewählte Volksvertretung ausübt. Dabei geht dieser Halbsatz – wie namentl. Art. 3 I verdeutl. – davon aus, dass die öffentl. Gewalt (Staatsgewalt) insoweit wahrgenommen wird außer durch die Volksvertretung als Organ der Gesetzgebung durch Organe 5 der vollziehenden Gewalt (Regierung sowie Verwaltung) und der richterl. Gewalt (Gerichte). Auch diese Organe müssen grundsätzl. von der durch das Volk gewählten Volksvertretung legitimiert sein, weil nur so das Volk in Berlin seine Staatsgewalt mittelbar durch die Volksvertretung ausüben kann. Dementsprechend wird der SvB insgesamt vom AvB gewählt (Art. 56 I und II) und erfolgen alle Einstellungen, Versetzungen und Entlassungen im öffentl. Dienst Berlins gemäß Art. 77 I 1 durch den in dieser Weise legitimierten SvB. Mit Blick auf Bezirke überträgt allerdings Art. 77 I 2 dieses Recht auf die Bezirksämter und begründet damit eine beschränkte Ausnahme vom S. 2 2. Halbs. Die Präsidenten der oberen Landesgerichte werden ebenfalls unmittelbar vom AvB gewählt (Art. 82 II). Für die übrigen Richter gilt die Regelung des Art. 77 I 1; bei ihrer Berufung und Beförderung wirkt überdies gemäß § 2 I 1 BRiG ein vom AvB gewählter Richterwahlausschuss mit.

6 Nach S. 3 bleiben Vorschriften der VvB unberührt, die auch »anderen Einwohnern Berlins«, dh selbst dem über den Kreis der Wahlberechtigten hinausgehenden Teil der Berliner Bevölkerung, eine Beteiligung an der staatl. Willensbildung einräumen. Eine solche Mitwirkungsmöglichkeit dieses Bevölkerungsteils wird vor allem durch Art. 70 I 2 eröffnet. Anknüpfend an Art. 28 I 3 GG sind danach für die Wahlen zur BVV wahlberechtigt und wählbar »unter den gleichen Voraussetzungen wie Deutsche auch Personen, die die Staatsangehörigkeit eines Mitgliedstaates der Europäischen Union besitzen« (vgl. dazu Art. 70 Rn. 3). Noch weitergehend ermögl. Art. 61 sogar volljährigen Einwohnern Berlins, die nicht Staatsangehörige eines Mitgliedstaates der EU sind und damit auch **Staatenlosen**, eine Mitwirkung an einer Volksinitiative (vgl. Rn. 3). Kraft einfachen Rechts können gemäß § 40 BezVG die zur BVV Wahlberechtigten an Bürgerbegehren teilnehmen und lässt § 20 BezVG eine Mitwirkung von – ebenfalls über den Kreis der Staatsangehörigen von Mitgliedstaaten der EU hinausgehend – Ausländern an der Arbeit der Ausschüsse der BVV als Bürgerdeputierte zu.

Art. 3 [Gewaltenteilung]

(1) Die gesetzgebende Gewalt wird durch Abstimmungen und durch die Volksvertretung ausgeübt. Die vollziehende Gewalt liegt in den Händen der Regierung und der Verwaltung, die richterliche Gewalt in den Händen unabhängiger Gerichte.

(2) Volksvertretung, Regierung und Verwaltung einschließlich der Bezirksverwaltungen nehmen die Aufgaben Berlins als Gemeinde, Gemeindeverband und Land wahr.

Art. 3 enthält zwei unterschiedl. Bestimmungen. Sein Abs. 1 verhält sich zu dem schon von Art. 2 vorausgesetzten Prinzip der **Gewaltenteilung**, dh der Ausübung der Staatsgewalt durch besondere Organe der Gesetzgebung (Legislative), der vollziehenden Gewalt (Exekutive) und der Rechtsprechung (Judikative). Insoweit genügt er einer sich aus dem Homogenitätsgebot des Art. 28 I 1 GG ergebenden Forderung und entspricht der Regelung des Art. 20 II 2 GG. Abs. 2 knüpft an Art. 1 I und damit an die Besonderheiten eines Stadtstaates an. 1

Absatz 1: Gewaltenteilung

Abs. 1 bestätigt nicht nur den Grundsatz, dass die öffentl. Gewalt (Staatsgewalt) durch besondere Organe der Gesetzgebung, vollziehenden Gewalt und Rechtsprechung ausgeübt wird, sondern – und insoweit geht er über Art. 2 hinaus – verbürgt die grundsätzl. Beibehaltung dieses auf die Aufteilung der Staatsfunktionen auf verschiedene Organe ausgerichteten Grundsatzes. Einer ausdrückl. Anordnung in der VvB bedurfte dieser Grundsatz nicht, weil er »als grundlegendes Prinzip der freiheitl. demokratischen Grundordnung« (E 2, 13) zum Wesen des Rechtsstaats gehört und damit als ungeschriebene Norm des **organisatorischen Staatsrechts** Geltung beansprucht. Er hat ausschließl. objektiv-rechtl. Gehalt, dessen Einhaltung nicht mit der Verfassungsbeschwerde eingefordert werden kann (VerfGH, B.v. 31.7.98 – 52/98). 2

Allerdings will die VvB den auf der Dreiteilungslehre von u.a. Montesquieu (vgl. zur Lehre von Montesquieu im einzelnen etwa Drath in: Rausch, Zur heutigen Problematik der Gewaltentrennung, S. 21 ff.) beruhenden Grundsatz der Gewaltenteilung nicht als ein Gebot der konsequenten und radikalen Aufteilung der Staatsfunktionen und deren organisatorische Zuweisung an verschiedene, voneinander völlig unabhängige und isolierte Organe verstanden wissen. Anderenfalls müsste sie – was sie nicht tut – u.a. eine Inkompatibilität zwischen den Mitgliedschaften im AvB und im SvB anordnen oder dürfte sie – was sie in Art. 64 tut – den SvB nicht ermächtigen, Rechtsverordnungen zu erlassen. Vielmehr soll durch den Gewaltenteilungsgrundsatz im Interesse 3 der Verhinderung einer unerwünschten Machtkonzentration einerseits und der Verwirklichung der Teilhabe vieler an der Macht andererseits ledigl. eine wechselseitige **Verschränkung, Kontrolle und Hemmung** der jeweiligen Gewalten erreicht und damit deren gleichgewichtige Zusammenarbeit erzwungen werden (vgl. dazu etwa von Münch/Kunig, Art. 20 Rn. 39 ff.); die Staatsgewalt soll so auf die verschiedenen Staatsorgane verteilt werden, dass zwischen ihnen ein Zustand der **Balance** besteht. Solange das von der VvB gewollte Gewaltengleichgewicht grundsätzl. gewährleistet ist, kann von verfassungsgemäßer Gewaltenteilung gesprochen werden. Im Ergebnis kommt es daher darauf an, dass sozusagen ein »Ausgleich im Ganzen« sichergestellt ist. Die Grenze zulässiger Gewaltenüberschneidung liegt dort, wo sich durch sie eine Gewichtsverschiebung innerhalb des Staatsgefüges ergibt (vgl. E 8, 171; sog. Balancetheorie).

4 Abs. 1 weist grundsätzl. die **gesetzgebende Gewalt** (Legislative), dh die Rechtsetzung iS der Art. 59 ff., zum einen den wahlberechtigten Deutschen mit Wohnsitz in Berlin (Art. 62 f.; sog. Volksgesetzgebungsverfahren) und zum anderen dem AvB (Art. 59 f.) zu. Die **vollziehende Gewalt** (Exekutive) liegt danach in den Händen der Regierung (SvB) und der – ihr nachgeordneten – Verwaltung; dieser Unterscheidung entsprechend ist in den Art. 55 ff. die Regierung und in den Art. 66 ff. die Verwaltung geregelt. Die der Regierung nachgeordnete Verwaltung ist grundsätzl. zweistufig aufgebaut (vgl. Art. 1 Rn. 5). Die obere Stufe wird durch die dem SvB unterstellte Hauptverwaltung gebildet (Art. 67 I). Die allgemeine untere Verwaltungsebene ist die Bezirksverwaltung (Art. 66 II und 67 II). Alle Formen öffentl. Verwaltung müssen einer dieser beiden Stufen zugeordnet werden. Das gilt auch für die mittelbare Staatsverwaltung durch Körperschaften, Anstalten und Stiftungen des Landes Berlin. Hierzu zählen u.a. die Rechtsanwalts-, Notar- und Ärztekammern sowie Universitäten.

5 Mit Blick auf die **richterl. Gewalt** ordnet Abs. 1 S. 2 in Übereinstimmung mit Art. 92 GG an, sie liege in den Händen **unabhängiger** Gerichte. Diese landesrechtl. Vorgabe konkretisiert Art. 79 I mit seiner Aussage, die richterl. Gewalt werde durch unabhängige, nur dem Gesetz unterworfene Gerichte im Namen des Volkes ausgeübt (vgl. dazu im Einzelnen Michaelis-Merzbach, S. 66 f.). Dadurch wird zugleich zum Ausdruck gebracht, dass nur die Gerichte, nicht aber auch die Legislative oder Exekutive eine Rechtsprechungstätigkeit wahrnehmen dürfen. Bei der richterl. Gewalt, die die Legislative und die Exekutive in Streitfällen zu überprüfen hat (vgl. u.a. Art. 84), ist die Unabhängigkeit und Neutralität von besonderer Bedeutung. Dieser Gesichtspunkt wird durch Abs. 1 S. 2 ausdrückl. hervorgehoben. Daraus folgt – erstens –, dass die Gerichte selbständig, vor allem organisatorisch hinreichend von den Verwaltungsbehörden getrennt sein müssen, und – zweitens –, dass die

richterl. **Neutralität** nicht durch eine mit dem Grundsatz der Gewaltenteilung unvereinbare persönl. Verbindung zwischen Ämtern der Rechtspflege und der Exekutive oder Legislative in Frage gestellt werden darf (LVerfGE 10, 44). Aus dem Gebot der Ämtertrennung und dem damit verbundenen grundsätzl. Verbot der Aufgabenvermischung ergibt sich allerdings nicht, dass Gerichte keine Aufgaben wahrnehmen dürfen, die ihnen weder durch Richtervorbehalte noch durch Rechtsweggarantien übertragen sind. Der Gesetzgeber ist grundsätzl. nicht gehindert, Aufgaben, die nicht ohne weiteres zu typischen Aufgaben der Gerichte gehören, den Richtern anzuvertrauen (vgl. E 64, 179); so kann er den Gerichtsbehörden Aufgaben zur verwaltungsmäßigen Erledigung wegen eines Sachbezugs zur Justiz zuordnen (sog. Justizverwaltungsaufgaben). In einem solchen Fall sind die Richter keine verfassungsunmittelbaren Organe der Rechtsprechung, sondern weisungsabhängige Amtswalter der vollziehenden Gewalt. Die sich aus dem Gewaltenteilungsgrundsatz für einen solchen »Rollenwechsel« von Organen der dritten Gewalt ergebende Grenze wird durch die Übertragung der Wahrnehmung der Dienstaufsicht über die Notare im Kammergerichtsbezirk auf den Präsidenten des Kammergerichts nicht überschritten (LVerfGE 10, 44).

Absatz 2: Wahrnehmung der Aufgaben Berlins

Abs. 2 steht im sachl. Zusammenhang mit Art. 1 I, wonach Berlin ein deutsches Land und zugleich eine Stadt, dh ein **Stadtstaat** ist, der demzufolge sowohl staatl. als auch gemeindl. Aufgaben zu erfüllen hat. Der Hinweis in Abs. 2 auf Aufgaben Berlins als Gemeindeverband rechtfertigt nicht die Annahme, die Bezirke hätten die Stellung selbständiger Gemeinden und die Gesamtstadt die eines Gemeindeverbandes (Pfennig/Neumann, Art. 3 Rn. 10). Vielmehr ist dieser Hinweis einzig historisch zu verstehen: Nach dem Zusammenschluss von Berlin mit mehreren Städten und Landgemeinden durch das Pr. Gesetz vom 27.4.1920 (PrGS S. 23) musste Berlin auch die Aufgaben aus dem Aufgabenkreis einer früheren Provinz (als Gemeindeverband) übernehmen; Berlin wurde nach diesem Gesetz Einheitsgemeinde und Stadtkreis mit gleichzeitiger Stellung einer Provinz (Mudra S. 29). Mit dem zu den tragenden Wesensmerkmalen der VvB gehörenden Grundsatz der Einheitsgemeinde (vgl. dazu LVerfGE 1, 37) ist die Vorstellung, Berlin könne heute noch als ein Gemeindeverband etwa iS des Art. 28 II 2 GG zu qualifizieren sein, nicht vereinbar. 6

Die Aufgaben des Stadtstaates Berlin werden nach Abs. 2 nicht von der deutschen Bevölkerung Berlins, dem Träger der öffentl. Gewalt, sondern vom AvB, dem SvB sowie der Verwaltung einschließl. der Bezirksverwaltungen wahrgenommen. Die staatl. und gemeindl. Aufga- 7 ben werden mithin von den gleichen Organen (und gleichen Behörden) durchgeführt; die staatl. und gemeindl. Tätigkeit wird – wie § 1 AZG klarstellt – nicht voneinander getrennt, und zwar weder aktenmäßig noch sonst wie (vgl. Art. 1 Rn. 4). Im Rahmen der zweistufig gegliederten Verwaltung (vgl. dazu Sendler JR 85, 444) obliegt dem SvB mit der Hauptverwaltung die Wahrnehmung von Aufgaben gesamtstädtischer Bedeutung (Art. 67 I), während den Bezirken die Durchführung aller anderen Aufgaben der Verwaltung auferlegt ist (Art. 67 II 1), und zwar in erster Linie die örtl. Verwaltungsaufgaben (Art. 66 II 2).

Art. 4 [Gebiet]

(1) Berlin gliedert sich in zwölf Bezirke. Diese umfassen die bisherigen Bezirke
1. Mitte, Tiergarten und Wedding,
2. Friedrichshain und Kreuzberg,
3. Prenzlauer Berg, Weißensee und Pankow,
4. Charlottenburg und Wilmersdorf,
5. Spandau,
6. Zehlendorf und Steglitz,
7. Schöneberg und Tempelhof,
8. Neukölln,
9. Treptow und Köpenick,
10. Marzahn und Hellersdorf,
11. Lichtenberg und Hohenschönhausen,
12. Reinickendorf

(2) Jede Änderung seines Gebietes bedarf der Zustimmung der Volksvertretung. Eine Änderung der Grenzen der Bezirke kann nur durch Gesetz vorgenommen werden. Für Grenzänderungen von geringerer Bedeutung, denen die beteiligten Bezirke zustimmen, kann durch Gesetz Abweichendes bestimmt werden.

Durch das Gesetz vom 3.4.1998 (GVBl S. 82) hat Art. 4 eine neue Fassung erhalten. Die Anzahl der seinerzeit 23 Bezirke wurde auf **zwölf** Bezirke **verringert**. Die neuen Bezirke wurden gemäß dem durch das Gesetz vom 3.4.1998 in die VvB eingefügten Art. 99 a mit Wirkung vom 1.1.2001 gebildet; ihre Namensgebung überlässt die VvB den neuen Bezirken. Einzelheiten wurden durch das Gebietsreformgesetz vom 10.6.1998 (GVBl S. 131) geregelt; darunter auch die notwendigen Änderungen des BezVG. Eine gegen die gesetzl. Regelungen zur Verringerung der Bezirke von einer BVV angestrengte Organklage war unzulässig, weil eine BVV im Organstreitverfahren gemäß Art. 84 II Nr. 1 nicht beteiligtenfähig ist (VerfGH LKV 99, 102). 1

Absatz 1: Bezirksgliederung

Nach Abs. 1 gliedert sich Berlin in zwölf Bezirke, die gebietsmäßig die 23 früheren Bezirke umfassen. Abs. 1 schreibt diese Anzahl der Bezirke in Berlin verbindl. fest. Die Änderung dieser Anzahl ist nur durch eine Verfassungsänderung mögl. (ebenso u.a. Mudra, S. 30; dagegen macht § 1 II BezVG die Änderung der Zahl der Bezirke ledigl. von einem einfachen Gesetz abhängig). Ungeachtet des Umstands, dass die VvB keine dem Art. 79 I 1 GG entsprechende Bestimmung enthält, kann eine solche Verfassungsänderung nur durch eine ausdrückl. Änderung des 2

Wortlauts des Abs. 1, dh durch ein **verfassungsänderndes,** nicht auch durch ein sog. verfassungsdurchbrechendes Gesetz erfolgen (vgl. Art. 100 Rn. 1).

3   Die VvB enthält keine Aussagen zum **Staatsgebiet** Berlins und seinen Außengrenzen. Diese Außengrenzen ergeben sich jedoch aus dem Protokoll zu Art. 1 EV (vgl. Art. 1 Rn. 2): Auszugehen ist von den Festsetzungen im Pr. Gesetz vom 27.4.1920 (PrGS S. 23) über die Bildung der Stadtgemeinde Berlin sowie von Gebietserweiterungen zwischen 1920 und 1945; die VvB 1950 hat diesen Gebietsstand in ihren Art. 4 I mit den Worten aufgenommen, Berlin umfasse »das Gebiet der bisherigen Gebietskörperschaft Groß-Berlin«. Zwischen 1945 und 1990 sind von den Alliierten bzw. von der DDR und dem SvB als Bevollmächtigte der Alliierten einige Gebietsänderungen vorgenommen worden, die durch die Regelungen im Protokoll zum Einigungsvertrag sanktioniert worden sind. Außerdem stellt dieses Protokoll im Raum von Staaken den ursprünglichen Gebietsstand wieder her, der durch einseitige Maßnahmen der sowjetischen Besatzungsmacht und später der DDR gemindert worden war. Zu Berlin gehören danach u.a. auch die seinerzeitigen britischen Interessengebiete im Bereich des Flughafens Gatow, kleinere Gebietsteile z.B. im Gebiet von Steinstücken und Eiskeller sowie Gebietsteile, die in Neubauprojekte an den Grenzen von Hellersdorf, Marzahn und Hohenschönhausen von Brandenburg aus einbezogen worden sind (vgl. zur Kompetenz der Vertragspartner des Einigungsvertrags zu den Regelungen über die Außengrenzen Berlins und deren Inhalt im Einzelnen Zivier, S. 92 ff.). Nicht zum Berliner Staatsgebiet gehören Grundstücke außerhalb der Landesgrenzen, die privatrechtl. Eigentum des Landes Berlin sind.

Absatz 2:   Änderungen der Gebiets- und Bezirksgrenzen

4   S. 1 verhält sich zu einer **Änderung des Staatsgebiets** von Berlin, die – und das liegt in der Natur der Sache – mit einer gleichzeitigen Veränderung des Staatsgebiets von Brandenburg einhergehen muss. Unter einer derartigen Gebietsänderung dürfte eine Maßnahme **unterhalb** der Schwelle einer Neugliederung zu verstehen sein, also eine sonstige Gebietsänderung iS des Art. 29 VII GG. Von dieser Bestimmung iVm dem Ausführungsgesetz vom 30.7.1979 (BGBl I S. 1325 – AusfG –) werden Gebietsänderungen erfasst, die wegen ihrer Geringfügigkeit nicht dem aufwendigen Verfahren einer Neugliederungsmaßnahme nach Maßgabe des Art. 29 I bis VI und VIII GG unterliegen, wobei eine Geringfügigkeit anzunehmen ist, wenn das Gebiet, dessen Landeszugehörigkeit geändert werden soll, nicht mehr als 50 000 Einwohner hat. Derartige Gebietsänderungen können in erster Linie durch Staatsverträge zwischen den beteiligten Ländern (vgl. die Zusammenstellung der-

artiger Staatsverträge in von Münch/Kunig, Art. 29 nach Rn. 60), aber auch durch Bundesgesetz mit Zustimmung des Bundesrates erfolgen. Während eine Neugliederung im Bereich Berlin/Brandenburg nach der Spezialregelung des Art. 118 a GG iVm der ihn ergänzenden Bestimmung des Art. 97 durchzuführen ist, gelten für eine Gebietsänderung – mangels einer bundesrechtl. Sonderreglung für den Raum Berlin/Brandenburg – Art. 29 VII GG iVm Art. 4 I 1, bedarf eine – selbst minimale – in erster Linie durch den Abschluss eines Staatsvertrages vorzunehmende Gebietsänderung nach Art. 29 VII GG – aus der Sicht Berlins sozusagen innerstaatl. – gemäß S. 1 der Zustimmung »der Volksvertretung«, dh des AvB (vgl. Art. 2 Rn. 2). Zwar ist weder durch Bundes- noch durch Landesrecht ausdrückl. eine Beteiligung der auf Berliner Seite betroffenen Bezirke vorgesehen, doch dürfte deren Anhörung nach Art. 66 II geboten sein (Zivier, S. 96).

Die von S. 1 geforderte Zustimmung des AvB hat in Form eines förml. **5** Gesetzes zu erfolgen. Das ergibt sich zwar nicht unmittelbar aus S. 1, wird aber aus einer Gesamtschau deutlich: Der Begriff »**Zustimmung**« wird in der VvB an verschiedenen Stellen verwandt (vgl. außer in Abs. 2 insb. in Art. 50 I 4, 57 III, 96 S. 2 und 97 II). Soweit er – wie hier und in Art. 50 I 4 – im Zusammenhang mit Staatsverträgen benutzt wird, dürfte die Form eines Zustimmungsgesetzes verlangt sein (vgl. Art. 50 Rn. 6). Das liegt bei der Zustimmung nach S. 1 schon deshalb nahe, weil sie gemäß § 2 I AusfG ohnehin zu veröffentl. ist. Im Übrigen spricht dafür die sachl. Nähe zu Art. 59 II 1 GG, der auf Bundesebene für die Zustimmung das Erfordernis eines förml. Parlamentsgesetzes begründet u.a. bei politischen Verträgen; Gebietsänderungsverträge dürften näml. ebenfalls – wenn auch auf Landesebene – politische Verträge sein, zumal sie nicht zuletzt Hoheitsbefugnisse für den vom Vertrag betroffenen Gebietsteil übertragen. Angesichts dieser Bedeutung von Gebietsänderungsverträgen für ein Gebiet von doch immerhin bis zu 50.000 Einwohnern streitet schließl. der in Art. 59 I zum Ausdruck kommende Gesichtspunkt, dass besonders wesentl. Maßnahmen der Entscheidung des Gesetzgebers vorbehalten bleiben sollen, für eine Zustimmung in Form eines Parlamentsgesetzes.

Nach S. 2 bedarf eine Änderung der **Grenzen der Bezirke** zueinander – **6** anders als die Änderung der Außengrenzen Berlins (vgl. dazu Rn. 4) – ledigl. eines (einfachen) Gesetzes. Da die Grenzen der Bezirke nicht in der VvB festgeschrieben sind, schützt diese die bestehenden Grenzen – anders als die Anzahl der Bezirke (vgl. Rn. 2) – nicht. Nach S. 3 ist für Grenzänderungen von geringerer Bedeutung sogar ein Änderungsgesetz entbehrl., wenn ein anderes Gesetz ein sozusagen einfacheres Verfahren erlaubt und die beteiligten Bezirke zustimmen. Ein derartiges anderes Gesetz ist das BezVG; es gestattet in § 1 II, dass Grenzänderungen von geringerer Bedeutung durch Rechtsverordnung des SvB vorgenommen werden können. Über die Zustimmung der beteiligten Bezirke entscheiden die jeweiligen BVV (§ 12 II Nr. 5 BezVG).

Art. 5 [Flagge, Wappen, Siegel]

Berlin führt Flagge, Wappen und Siegel mit dem Bären, die Flagge mit den Farben Weiß-Rot.

Das GG enthält in Art. 22 ledigl. eine Aussage zur Bundesflagge, nicht aber eine Aussage über die staatl. Symbole der Länder. Dementsprechend ordnet Art. 5 verbindl. an, dass Berlin nicht nur eine Flagge, sondern überdies Wappen und Siegel führt. Hinsichtl. der Ausgestaltung beschränkt sich Art. 5 auf **zwei Vorgaben**: Flagge, Wappen und Siegel sind mit dem Bären zu führen, die Flagge überdies mit den Farben Weiß-Rot. Sonstige Einzelheiten zur Ausgestaltung von Flagge, Wappen und Siegel überlässt die VvB dem einfachen Gesetzgeber. Er hat von dieser Befugnis durch Erlass des Gesetzes über die Hoheitszeichen des Landes Berlin vom 13.5.1954 (GVBl S. 289 – HohZG –) Gebrauch gemacht; entsprechend der in § 5 I dieses Gesetzes enthaltenen Ermächtigung hat der SvB die Landessiegelverordnung vom 28.10.1954 (GVBl S. 622) und die Beflaggungsverordnung (zuletzt) vom 24.2.2003 (GVBl S. 121) erlassen; letztere legt fest, wann und wie die öffentl. Gebäude sowie die Verkehrsmittel der Berliner Verkehrsbetriebe zu beflaggen sind. 1

Art. 5 setzt das Recht des (Stadt-)Staates voraus, sich zu seiner **Selbstdarstellung** Symbole der in Rede stehenden Art zu bedienen (vgl. E 81, 293). Während das Flaggenwesen erst im 17. Jahrh in der Seefahrt entstand und sich in Berlin die Flagge, ein mit den Farben Weiß und Rot und dem schwarzen Bären versehenes Tuch, erst im 19. Jahrh entwickelte, handelt es sich bei der Führung von Wappen und Siegeln um ein altes Recht namentl. der Städte (Pfennig/Neumann, Art. 5 Rn. 1). Das Wappen, ein schildförmiges, farbiges, graphisch festgelegtes Symbol, dient dazu, äußerl. zu kennzeichnen, wem das fragl. Gebäude oder die betreffende Einrichtung gehört bzw. von wem sie genutzt wird. Das Siegel ist Abdruck eines Stempels; es ist dazu bestimmt, Urkunden und sonstige wichtige schriftl. Willenserklärungen feierl. zu beurkunden, ihnen äußerl. vor allem die Gültigkeit zu bestätigen. Mit Freiheitsstrafe bis zu 3 Jahren oder mit Geldstrafe wird gemäß § 90 a I Nr. 2 StGB bestraft, wer Flagge oder Wappen Berlins verunglimpft. Ebenso wird nach § 90 a II StGB bestraft, wer eine öffentl. gezeigte Flagge Berlins oder ein von einer Behörde öffentl. angebrachtes Wappen Berlins entfernt, zerstört, beschädigt, unbrauchbar oder unkenntlich macht oder beschimpfenden Unfug daran verübt; der Versuch ist strafbar. 2

Warum Berlin in Flagge, Wappen und Siegel den **Bären** führt, ist unklar; vermutl. wählten die Menschen seinerzeit den Bären, weil der Wortklang im Namen »Bär(lin)« sie an dieses Tier erinnerte (vgl. etwa Mudra, S. 32). Nach § 2 I HohZG zeigt die Landesflagge die Farben 3

Rot-Weiß-Rot in drei Längsstreifen; die beiden äußeren Streifen nehmen je ein Fünftel, der mittlere Streifen nimmt drei Fünftel der Flaggenbreite ein; der mittlere Streifen ist mit der etwas nach der Stange hin verschobenen Wappenfigur (ohne Schildumrahmung) belegt. Das Landeswappen zeigt gemäß § 1 I HohZG in silbernem (weißen) Schilde einen aufgerichteten schwarzen Bären mit roter Zunge und roten Krallen (Wappentier); auf dem Schild ruht eine goldene fünfblättrige Laubkrone, deren Stirnreif aus Mauerwerk mit einem Tor in der Mitte ausgestaltet ist. Die Landessiegel zeigen das Landeswappen (§ 3 I HohZG); das große Landessiegel umgeben von einem Laubkranz, das kleine mit einer die Siegel führenden Stelle bezeichnenden Umschrift; wer das große und wer das kleine Landessiegel führt, ist im einzelnen in der Landessiegelverordnung geregelt.

Abschnitt II. Grundrechte, Staatsziele

Vorbemerkungen

Bereits die Überschrift des Abschnitts II macht deutlich, dass er außer Grundrechten insb. auch Staatsziele enthält; überdies sind in den Abschnitt II Regelungen von **unterschiedl. verfassungsrechtl. Bedeutung** wie institutionelle Garantien (vgl. etwa Art. 15 IV 1 – Vorhaltung einer Gerichtsbarkeit), Verbotsnormen (vgl. u.a. Art. 24 – Missbrauch wirtschaftl. Macht) und sonstige Rechtsnormen (vgl. z.B. Art. 35 II – Festlegung des 1. Mai als gesetzl. Feiertag) aufgenommen. Leider hat es der Verfassungsgeber versäumt, in diese verschiedensten Bestimmungen eine Ordnung und Systematik zu bringen (vgl. zu anderen »handwerkl.« Schwächen des Abschnitts II Pestalozza LKV 95, 347).
Im Übrigen haben einzelne Normen im Abschnitt II verfassungsrechtl. eine mehrfache Bedeutung; so ist z.B. Art. 12 I – ebenso wie Art. 6 I GG – sowohl **Institutsgarantie** (Ehe und Familie) als auch **subjektives Grundrecht** auf Schutz vor störenden Eingriffen des Staates (Abwehrrecht) und darüber hinaus verfassungsrechtl. Wertentscheidung (vgl. E 24, 135). Andere Bestimmungen wie etwa Art. 13 enthalten neben einem subjektiven Grundrecht und einer verfassungsrechtl. Wertentscheidung einen verfassungsrechtl. Gesetzesauftrag. Die damit angesprochenen Begriffe entstammen weitestgehend nicht der Gesetzessprache und werden teilweise unterschiedl. gebraucht; sie sind deshalb als »Vorgabe« für die folgenden Ausführungen vorab zu behandeln.

Grundrechte sind einerseits subjektive öffentl. Rechte des Einzelnen (Individualgrundrechte) und andererseits Grundelemente objektiver Ordnung des staatl. Gemeinwesens. Soweit es um die Grundrechte als **subjektive öffentl. Rechte** geht, sind drei Ausformungen zu unterscheiden: Als Menschenrechte sind die Grundrechte in erster Linie **Abwehrrechte** (status negativus), die die Freiheitsrechte des Einzelnen gegen die staatl. Gewalt sichern (E 7, 204). Diese Garantie des Schutzes der Freiheitssphäre ist zugleich die Voraussetzung für seine freie Mitwirkung und Mitgestaltung im staatl. Gemeinwesen; insofern sind die Grundrechte **Mitwirkungsrechte** (status activus), die – wie etwa Art. 7, 14, 19 und 26 – die rechtl. Möglichkeit eröffnen, am geistigen, wirtschaftl. und sozialen Leben der Gemeinschaft teilzunehmen und Einfluss auszuüben (E 20, 98). Überdies sind Grundrechte als subjektive öffentl. Rechte auch sog. »derivative« **Teilhaberechte** (Leistungsgrundrechte) iS eines Rechts auf Teilhabe an bestehenden staatl. Leistungssystemen; z.B. garantiert Art. 20 I iVm Art. 10 I (vgl. Art. 20 Rn. 2) ebenso wie Art. 12 I iVm Art. 3 I GG den gleichen Zugang zu den

Universitäten (vgl. E 43, 313 ff.). Dagegen verneint die hM die Möglichkeit einer »Umdeutung« der Grundrechte in sog. »originäre« Teilhaberechte, die einen Anspruch auf staatl. Leistung auch für den Fall einräumen, dass entsprechende Leistungssysteme (noch) nicht bestehen (vgl. Seifert/Hömig, Vor Art. 1 ff. Rn. 5).

Grundrechte sind auch Grundelemente der **objektiven Wertordnung**, »die als verfassungsrechtl. Grundentscheidung für alle Bereiche des Rechts gilt und Richtlinien und Impulse für Gesetzgebung, Verwaltung und Rechtsprechung gibt« (E 39, 41). Diese objektiv-rechtl. Komponente der Grundrechte wird z.b. durch Begriffe wie »objektive Wertentscheidung«, »wertentscheidende Grundsatznorm« usw. gekennzeichnet; für sie wird im Folgenden der Begriff »**verfassungsrechtl. Wertentscheidung**« verwandt. Zum Bereich der Grundrechte in ihrer objektivrechtl. Bedeutung zählt auch deren **institutionelle Seite**; insoweit wird unterschieden zwischen Institutsgarantien, dh Gewährleistungen privatrechtl. gestalteter Lebensbereiche wie z.B. Ehe und Eigentum, und institutionellen Garantien, dh Gewährleistungen öffentl.-rechtl. Einrichtungen wie z.B. deutsche Gerichtsbarkeit und gesetzl. Feiertage (vgl. zu dieser Unterscheidung von Münch/Kunig, Vor Art. 1-19 Rn. 23); durch diese Gewährleistungen wird die Existenz des jeweiligen Instituts garantiert und der Verfügungsgewalt des Gesetzgebers entzogen. Ferner sind als Verfassungsnormen von objektiv-rechtl. Bedeutung Gesetzesaufträge zu nennen, im Bereich der Grundrechte u.a. Art. 13 (Gleichstellung von ehel. und nichtehel. Kindern durch Gesetzgebung).

3 Grundrechte sind von ihrer Entstehung her in erster Linie Abwehrrechte des Einzelnen gegen den Staat, in seiner Lebensgestaltung nicht durch Verbote beeinträchtigt zu werden (vgl. Rn. 2). Verfassungsrechtl. lautet die jeweilige **Ausgangsfrage** nicht »Ist ein bestimmtes Handeln des Bürgers erlaubt?«, sondern »Ist ein staatliches Verbot gerechtfertigt?«. Zu prüfen ist dann nacheinander, ob ein solches Verbot den Schutzbereich eines oder mehrerer Grundrechte der jeweiligen Adressaten berührt und ob bzw. inwieweit es durch einen Rechtsvorbehalt oder ein Rechtsgut von Verfassungsrang gerechtfertigt ist. Ergibt sich im Einzelfall, dass sowohl ein Verzicht auf ein gesetzl. Verbot als auch dieses Verbot selbst einen Eingriff in ein Rechtsgut von Verfassungsrang darstellt (wie es möglicherweise für ein gesetzl. Verbot der Präimplantationsdiagnostik zutreffen könnte, vgl. dazu etwa Benda NJW 01, 2147, Sendler NJW 01, 2148, und Faßbender NJW 01, 2745), ist regelmäßig eine Abwägung nach Maßgabe des Grundsatzes der Verhältnismäßigkeit (vgl. dazu Vorspr Rn. 9) vorzunehmen und zu fragen, ob ein lückenloses Verbot geeignet, erforderl. und angemessen (zumutbar) wäre oder ob nicht z.B. als milderes Mittel ein grundsätzl. Verbot mit Ausnahmen für besondere Fälle in Betracht kommen kann.

Neben bzw. zwischen den Grundrechten stehen im Abschnitt II die **4**
Staatsziele. Sie sind enthalten in »Verfassungsnormen mit rechtl. bindender Wirkung, die der Staatstätigkeit die fortdauernde Beachtung oder Erfüllung bestimmter Aufgaben – sachl. umschriebener Ziele – vorschreiben. Sie umreißen ein bestimmtes Programm der Staatstätigkeit und sind dadurch eine Richtlinie oder Direktive für das staatl. Handeln, auch für die Auslegung von Gesetzen und sonstigen Rechtsvorschriften« (BTDrs 12/6000, S. 77). Staatszielbestimmungen bieten sich verfassungspolitisch an, wenn den Staatsorganen die Verwirklichung eines bestimmten Wertes auferlegt werden soll, ohne dass den Bürgern ein entsprechendes Individualgrundrecht gewährt werden soll (vgl. zur Bedeutung landesverfassungsrechtl. Staatsziele im Bundesstaat Jutzi ThürVBl 95, 25). Deshalb sind sie insb. von subjektiv-öffentl. sozialen Grundrechten zu unterscheiden, die einklagbare, individuelle Rechtspositionen verschaffen. Der Verfassungsgeber des Landes Berlin hat von der Begründung solcher einklagbaren sozialen Grundrechte **abgesehen**. Das leuchtet ein, weil der Staat mit der Erfüllung derartiger Grundrechte überfordert wäre und sie sich wohl überhaupt allenfalls »unter den Bedingungen einer zentralen Verwaltungswirtschaft und damit ›um den Preis der Freiheit‹ einführen ließen« (BTDrs 12/6000, S. 77). Indes ist einzuräumen, dass es dem Verfassungsgeber in Berlin nicht gelungen ist, durch die von ihm gewählten Formulierungen (»Recht auf Arbeit« – Art. 18 S. 1, »Recht auf angemessenen Wohnraum« – Art. 28 I 1) jeden Anschein einer individuellen Einklagbarkeit zu vermeiden.

Die Unterscheidung zwischen (Landes-)Grundrechten einerseits und **5**
namentl. Staatszielen andererseits ist vor allem deshalb von Bedeutung, weil nur diese Grundrechte an der durch Art. 36 I begründeten Verbindlichkeit teilnehmen und sich einzig aus ihnen verfassungsrechtl. relevante subjektiv-öffentl. (Individual-)Rechte herleiten lassen, die mit der Verfassungsbeschwerde verfolgt werden können; »die Einhaltung objektiv-rechtl. Verfassungsverbürgungen (kann) mit der Verfassungsbeschwerde ... nicht eingefordert werden« (LVerfGE 1, 103).

Art. 142 GG sichert den Bestand der Landesgrundrechte, soweit sie mit den im GG enthaltenen Grundrechten übereinstimmen. Eine solche **Übereinstimmung** ist gegeben, wenn Grundrechte inhaltsgleich sowohl im GG als auch in einer Landesverfassung garantiert sind; weder ihr Geltungsbereich noch ihre Schranken dürfen einander widersprechen (E 96, 365). Übereinstimmung besteht aber ferner, wenn Landesgrundrechte gegenüber dem GG einen geringeren Schutz verbürgen, sofern das engere Grundrecht als Mindestgarantie zu verstehen ist und deshalb nicht den Normbefehl enthält, einen weitergehenden Schutz zu unterlassen (E 96, 365, u. VerfGH JR 96, 147), und überdies ganz überwiegend auch, wenn das Landesgrundrecht einen weitergehenden Grundrechtsschutz gewährleistet (vgl. im Einzelnen Dreier, Grundrechtsschutz durch Landesverfassungsgerichte, S. 21 f.). Eine Bestandsgarantie bedeutet dies jedoch nicht, weil landesverfassungsrechtl. Gewährleistungen, die nicht inhaltsgleich mit Bundesgrundrechten sind, sondern mehr oder weniger Schutz als diese gewähren, nach Art. 31 GG durch entgegenstehendes einfaches Bundesrecht verdrängt werden können (E 96, 365 f.).

6 Soweit Landesgrundrechte gemäß Art. 142 GG in Kraft bleiben und auch im konkreten Fall nicht durch Bundesrecht verdrängt werden, beanspruchen sie Beachtung durch die **Gerichte** des jeweiligen Landes auch dann, wenn deren Entscheidungen in einem bundesrechtl. geregelten Verfahren ergehen. Das gilt nicht nur, wenn das betreffende Gericht Verfahrensrecht des Bundes, sondern überdies, wenn es materielles Bundesrecht anwendet; in dem einen (E 96, 363) wie dem anderen Fall ist das zuständige Landesverfassungsgericht beispielsweise im Rahmen einer Verfassungsbeschwerde nicht gehindert, die Anwendung des Bundesrechts durch ein Gericht des Landes auf die Einhaltung der mit dem Grundgesetz inhaltsgleichen Individualgrundrechte des Landesverfassungsrechts zu prüfen (vgl. zu letzterem im Einzelnen Sodan in NVwZ – Sonderheft zum 70. Geburtstag v. Prof. Dr. Finkelnburg am 7.5.2005, S. 8 ff.).

Dementsprechend nimmt der VerfGH in st. Rspr. an, Entscheidungen Berliner Gerichte seien am Maßstab von in der VvB verbürgten Individualgrundrechten zu messen, die inhaltl. mit den Grundrechten des GG übereinstimmen, und zwar selbst dann, wenn diese Gerichte materielles Bundesrecht anwenden (LVerfGE 1, 148); die Verletzung solcher Grundrechte sei gleichermaßen bundes- wie landesverfassungswidrig (LVerfGE 1, 179). Dagegen kann der VerfGH nicht Maßnahmen der Gerichte des Landes Berlin auf Grundrechtsverstöße überprüfen, welche inhaltl. Gegenstand bundesgerichtl. Entscheidungen gewesen sind (LVerfGE 1, 180); denn jede Überprüfung einer von einem Bundesgericht bereits kontrollierten und bestätigten Entscheidung stellt sich materiell als Kontrolle der Bundesstaatsgewalt dar und ist daher unzulässig (VerfG NVwZ 04,1486). Ferner kann der VerfGH weder die Gültigkeit von Akten der Bundesgesetzgebung noch die Einhaltung von Grundrechten des GG überprüfen, die in der VvB keine Entsprechung finden (LVerfGE 1, 180).

7 Eine **uneingeschränkte Wirkung** entfalten die Landesgrundrechte auf dem Gebiet des Landesrechts: Verwaltung und Gerichte des Landes haben sie bei der Anwendung von Landesrecht zu beachten, das AvB ist an sie bei seiner Gesetzgebung gebunden. Insb. besteht ein unmittelbarer Zusammenhang zwischen ihnen und der Tätigkeit des VerfGH. Soweit die Landesverfassung subjektiv-öffentl. Grundrechte enthält, ist der VerfGH zuständig zu prüfen, ob im Einzelfall die Grundrechte eingehalten worden sind, und zwar in erster Linie im Rahmen einer Verfassungs-

beschwerde. Ist dagegen in eine Vorschrift der VvB einzig ein Staatsziel oder eine Institutsgarantie aufgenommen, fehlt es an einem zugunsten des Bürgers begründeten, rügefähigen Individualgrundrecht und kann deshalb eine gleichwohl eingelegte Verfassungsbeschwerde keinen Erfolg haben.

Die (Landes-)Grundrechte wirken grundsätzl. unmittelbar in erster Linie im Verhältnis Staat – Bürger. In den Rechtsbeziehungen der Bürger untereinander kann sich regelmäßig niemand unmittelbar auf Grundrechte berufen, so dass regelmäßig nur von einer **mittelbaren Drittwirkung** der Grundrechte ausgegangen werden kann; eine Ausnahme insoweit gilt für die in Art. 6 verbürgte Menschenwürde (vgl. Art. 6 Rn. 1). Im Privatrechtsverkehr entfalten die Grundrechte ihre Wirkungskraft vielmehr als verfassungsrechtl. Wertentscheidungen, und zwar durch das Medium der Vorschriften, die das jeweilige Rechtsgebiet unmittelbar beherrschen (E 103,100). Der Staat hat auch insoweit die Grundrechte des Einzelnen zu schützen und vor Verletzung durch andere zu bewahren. Den Gerichten obliegt es, diesen grundrechtl. Schutz durch Auslegung und Anwendung des einfachen Rechts – z.B. der §§ 823 Abs. 1, 824, 1004 BGB – zu gewähren und im Einzelfall zu konkretisieren. Unmittelbar anwendbar sind die Grundrechte indes, wenn der Staat sich bei der Erfüllung öffentl. Aufgaben der Formen des Privatrechts bedient (etwa durch Abschluss eines zivilrechtl. Vertrags). Staatl. Organe können sich nicht durch die »Flucht in das Privatrecht« der Grundrechtsbindung entziehen (BGHZ 29, 80). Dies gilt selbst dann, wenn zur Erfüllung hoheitl. Aufgaben Private (sog. Beliehene) eingeschaltet werden (vgl. E 10, 327). 8

Grundrechtsfähig sind alle natürl. Personen. Dazu, wer im Übrigen grundrechtsfähig ist, äußert sich die VvB nicht ausdrückl. Grundsätzl. sind juristische Personen des öffentl. Rechts nicht Träger von materiellen Grundrechten, da die öffentl. Gewalt im Allgemeinen nicht zugleich Adressatin und Trägerin von Grundrechten sein kann (VerfGH DVBl 01, 560). Doch gilt eine Ausnahme von diesem Grundsatz, wenn die juristische Person des öffentl. Rechts solche Aufgaben wahrnimmt, die ihrerseits unmittelbar Grundrechtsschutz genießen, wie dies für Universitäten sowie die Studentenschaft als rechtsfähiger Teilkörperschaft der Universität hinsichtl. der Freiheit von Forschung und Lehre der Fall ist (vgl. LVerfGE 2, 48 f.). Im Übrigen sind als grundrechtsfähig jedenfalls juristische Personen und nichtrechtsfähige Gebilde anzusehen, die nach dem in der VvB zum Ausdruck kommenden Willen des Landesverfassungsgebers sich auf die Einhaltung von Individualrechten, wie etwa das Grundrecht auf Gleichbehandlung (Art. 10 I), sollen berufen können (LVerfGE 1, 16), dh Träger eines solchen Grundrechts sind. Die Grundrechtsfähigkeit (und damit verbunden die Parteifähigkeit im Verfassungsbeschwerdeverfahren) von Handels- und ihr ähnlichen Partner- 9 schaftsgesellschaften ist entsprechend dem Grundgedanken des Art. 19 III GG anzunehmen, wenn sich der staatl. Eingriff auf das gesamthänderisch gebundene Gesellschaftsvermögen oder das von der Gesellschaft betriebene Geschäft bezieht; so kann eine solche Gesellschaft Trägerin der Grundrechte aus Art. 7 und 28 II sein, zumal der in der letzteren Bestimmung verwandte Begriff »Wohnung« auch Arbeits-, Betriebs- und Gesellschaftsräume umfasst. Darüber hinaus kann sich etwa eine Partnerschaftsgesellschaft auf Art. 15 I berufen (VerfGH, B.v.23.8.04 – 129/03). Ob im Einzelfall juristische Personen und nichtrechtsfähige Gebilde als Träger eines Grundrechts in Betracht kommen, lässt sich nur nach Maßgabe des jeweiligen Grundrechts selbst beurteilen. Während das beispielsweise mit Blick auf das durch Art. 34 gewährleistete Petitionsrecht ohne weiteres zu bejahen ist, dürfte es für das durch Art. 33 geschützte Recht auf informationelle Selbstbestimmung zu verneinen sein. Aus dem Wesen der Grundrechte ergibt sich, dass im Prinzip der Grundrechtsschutz vom Alter des Grundrechtsträgers unabhängig ist (vgl. etwa E 24, 144). Als höchstpersönl. Rechte können Grundrechte nicht auf andere Personen zur eigenen Wahrnehmung übertragen werden (vgl. E 16, 158).

10 In einigen Grundrechtsnormen wird das Grundrecht nur unter bestimmten Voraussetzungen als schützenswert erachtet, z.B. in Art. 26 S. 1 das Recht sich zu versammeln nur unter der Voraussetzung, dies »friedlich und unbewaffnet« zu tun; etwas ähnl. steht bei Art. 14 I (»innerhalb der Gesetze«), Art. 19 I (»im Rahmen der geltenden Gesetze«) sowie bei Art. 23 I 2 (gesetzl. Inhalts- und Schrankenbestimmung des Eigentums) in Rede. Nur innerhalb des dadurch bezeichneten **Schutzbereichs** der einschlägigen Grundrechtsnorm ist das jeweilige Grundrecht gewährleistet. Überdies finden sich in Art. 8 I 3, 12 IV, 26 S. 2 und 33 S. 2 ausdrückl. **Gesetzesvorbehalte**; die Zulässigkeit von den Schutzbereich einer Grundrechtsnorm berührenden Eingriffen des Staates kann sich aus von solchen Gesetzesvorbehalten gedeckten Einschränkungen ergeben. Allerdings gewährt ein Gesetzesvorbehalt dem Landesgesetzgeber keinen unbeschränkten Freiraum zum Erlass grundrechtseinschränkender Gesetze. Insoweit hat er vielmehr zum einen die Vorgabe des Art. 36 II und zum anderen den Grundsatz der Verhältnismäßigkeit zu beachten, wonach die im Gesetz angeordneten Maßnahmen zur Erreichung des angestrebten Ziels geeignet und – unter dem Gesichtspunkt des geringstmögl. Eingriffs – erforderl. sowie für den Betroffenen zumutbar sein müssen (vgl. Vorspr Rn. 9). Auch soweit Grundrechte (wie z.B. Art. 21 und Art. 29 I 1 u. 2) nicht unter einem Gesetzesvorbehalt stehen, gelten für sie **verfassungsimmanente Grundrechtsschranken** in dem Sinne, dass kollidierende Grundrechte Dritter und andere mit Verfassungsrang ausgestattete Rechtswerte ausnahmsweise auch »uneingeschränkte« Grundrechte in einzelnen Beziehungen begrenzen können (E 28, 261).

Allg. Grundrechtsnormen wie vor allem die Menschenwürde des Art. 6, **11** die allg. Handlungsfreiheit des Art. 7 (vgl. LVerfGE 5, 12) und der Gleichheitssatz des Art. 10 I treten hinter die speziellen Grundrechtsnormen z.B. die Meinungsfreiheit (Art. 14 I u. 2), die Versammlungs- und Vereinsfreiheit (Art. 26 u. 27) sowie den Datenschutz (Art. 33) zurück (**Grundrechtskonkurrenz**). Hat jede Norm eine spezifische Bedeutung (z.B. Art. 10 I und Art. 12 I), ist die Norm anwendbar, die die stärkere sachl. Beziehung zu dem zu prüfenden Sachverhalt hat (E 64, 238 f.); doch kann die andere Norm als grundlegende Wertentscheidung bei der Auslegung der primär anwendbaren Bedeutung haben (E 13, 296 ff.).

Wenn Grundrechte verschiedener Grundrechtsträger aufeinanderstoßen **12** (**Grundrechtskollision**), muss eine Güterabwägung im Einzelfall erfolgen (E 30, 195). Dabei ist festzustellen, welche Verfassungsbestimmung für die konkret zu entscheidende Frage das höhere Gewicht hat (E 28, 261). Ausgangspunkt ist dabei nicht die völlige Verdrängung einer der beiden miteinander kollidierenden Grundrechte, sondern der Versuch, einen schonenden Ausgleich zwischen ihnen dergestalt zu finden, dass jedes von ihnen zu möglichst optimaler Wirksamkeit gelangen kann (von Münch/Kunig, Vor Art. 1-19, Rn. 47).

Anders als das GG hat die VvB die sog. **Verfahrensgrundrechte** (z.B. **13** Anspruch auf rechtl. Gehör und auf den gesetzl. Richter) räuml. mit den materiellen Grundrechten zusammengefasst. Sie sind zum Teil in den Art. 8 II und III sowie im Übrigen in den Art. 15 aufgenommen.

Neben den Grundrechten kennt die VvB nur wenige **Grundpflichten**, **14** dh verfassungsrechtl. festgelegte Pflichten des Bürgers gegenüber dem Staat. Zu nennen sind hier vor allem die Pflege und Erziehung als Elternpflicht (Art. 12 II), die Pflicht zur Mithilfe bei der Überwindung öffentl. Notstände (Art. 17) sowie die Treue zur Verfassung, von der auch die Freiheit der Lehre nicht entbindet (Art. 21 S. 2).

Art. 6 [Schutz der Menschenwürde]

Die Würde des Menschen ist unantastbar. Sie zu achten und zu schützen ist Verpflichtung aller staatlichen Gewalt.

1 Die von der VvB verbürgte Würde des Menschen ist der oberste Wert im verfassungsrechtl. Wertesystem und gehört zu den tragenden Konstitutionsprinzipien. Das Gebot, die Würde des Menschen zu achten und zu schützen, begründet ein mit der Verfassungsbeschwerde rügefähiges **individuelles Grundrecht** gegen die öffentl. Gewalt auf Schutz und Wahrung der Menschenwürde (LVerfGE 1, 62), so dass sich für die VvB nicht die Frage stellt, ob in Art. 6 ledigl. eine Norm objektiven Rechts zu sehen ist (vgl. dazu Seifert/Hömig, Art. 1 Rn. 9). Art. 6 schützt gegen Angriffe auf die Menschenwürde durch den Staat selbst und durch andere (AvBDrs 12/4370, S. 27); er hat also unmittelbare Drittwirkung. Satz 2 verpflichtet den Staat, die Menschenwürde auch gegen Angriffe von Privatpersonen zu schützen.

2 Art. 6 ist wortgleich mit Art. 1 I GG. Zwar kennt die VvB – anders als das GG (vgl. Art. 79 Abs. 3) – keine Unabänderlichkeitserklärung (Ewigkeitsgarantie), doch hat das keinen Einfluss auf den Inhalt des Art. 6; die zu Art. 1 I GG **entwickelten Grundsätze** gelten deshalb vollauf auch für Art. 6 (vgl. zu den Tatbestandsmerkmalen der Menschenwürdegarantie im Einzelnen Schmidt-Jortzig DÖV 01, 927 ff.). Danach ist die Würde des Menschen nicht verwirkbar und nicht verzichtbar, über sie kann nicht verfügt werden (E 45, 229). Die Menschenwürde gilt absolut und ist in ihrer subjektiv-rechtl. Ausprägung mit keinem Einzelgrundrecht abwägungsfähig, sie setzt z.B. der Meinungsfreiheit auch im Wettbewerbsrecht eine absolute Grenze (E 107,281). Sie verlangt, dass der Mensch als selbstverantwortl. Persönlichkeit mit Eigenwert anerkannt wird (E 45, 228). Jeder Eingriff in den **Kernbereich** der Menschenwürde ist verfassungswidrig (vgl. auch Rn.11)

3 Mit dem BVerfG lässt sich als Kern der Menschenwürde der »soziale Wert und Achtungsanspruch« (E 87,228) jedes Menschen ausmachen; daraus folgt, dass **Träger** der Menschenwürde nur ein **Mensch** sein kann, unabhängig von Eigenschaften, Leistungen und sozialem Status (E 87, 228). Rechtsträger ist ein Ausländer (E 50, 175) ebenso wie ein minderjähriges Kind (E 57, 382) und ein verurteilter Straftäter (E 72, 115); auf die Achtung der Menschenwürde kann sich selbst berufen, wer seinerseits schwerer Straftaten beschuldigt ist, die in unerträgl. Weise gegen die Wertordnung der Verfassung verstoßen (LVerfGE 1, 64). Da Träger der Menschenwürde nur ein Mensch sein kann, ergibt sich, dass die Subjektqualität erst nach Vollendung der Geburt eintritt (vgl. Ipsen DVBl 04,1384 mwN); die Vereinbarkeit der Straflosigkeit einer Abtreibung nach Beratung mit dem GG (vgl. E 88,203) setzt notwendig vor-

aus, dass dem Embryo keine Grundrechtssubjektivität zukommt. In diesem Zusammenhang ist die Menschenwürde folglich nicht als subjektives Recht, sondern als objektiver Wertmaßstab zu berücksichtigen. In dieser objektiv-rechtl. Dimension ist die Menschenwürde anders als in ihrer subjektiv-rechtl. Ausprägung nicht unabwägbar.

Der Begriff der Menschwürde ist ein unbestimmter Rechtsbegriff; der Gewährleistungsgehalt dieses auf Wertungen verweisenden Begriffs bedarf der Konkretisierung. Dies geschieht in der Rspr. in Ansehung des einzelnen Sachverhalts mit dem Blick auf den zur Beurteilung stehenden jeweiligen Lebensbereich und unter Herausbildung von Fallgruppen und Regelbeispielen (vgl. BayVerfGH BayVBl 82,50). Dabei wird der Begriff der Menschenwürde häufig vom **Verletzungsvorgang** her beschrieben (von Münch/Kunig, Art. 1 Rn. 22). Anknüpfend an die Erfahrungen in der Zeit des Nationalsozialismus standen in der Rspr. zunächst Erscheinungen wie Misshandlung, Verfolgung und Diskriminierung im Zentrum der Überlegungen. Es ging insb., wie das BVerfG in einer seiner ersten Entscheidungen formulierte, um den Schutz »vor Erniedrigung, Brandmarkung, Verfolgung, Ächtung usw.« (E 1, 204). Später wurde die Menschenwürdegarantie im Hinblick auf neue Gefährdungen maßgebend, so in den 1980er-Jahren für den Missbrauch der Erhebung und Verwertung von Daten (vgl. E 65,1). Im Zusammenhang mit der Aufarbeitung des Unrechts aus der DDR wurde die Verletzung von Grundsätzen der Menschlichkeit u.a. bei der Beschaffung und Weitergabe von Informationen zum Gegenstand der Rspr. (vgl. E 93, 243). Gegenwärtig bestimmen insb. Fragen des Schutzes der personalen Identität und der psychisch-sozialen Integrität die Auseinandersetzungen über den Menschenwürdegehalt. 4

Die Rspr. hat wiederholt betont, der Mensch dürfe keiner Behandlung ausgesetzt werden, die ihn zum bloßen Objekt degradiert und seine Subjektqualität prinzipiell in Frage stellt (VerfGH, B.v. 12.1.94 – 134/93); deshalb ist die Menschenwürde z.B. verletzt, wenn ein Mensch durch hoheitliche Maßnahmen zum bloßen Objekt etwa von Strafverfahren und Untersuchungshaft gemacht wird (LVerfGE 13,68). Die damit bezeichnete Grenze ist u.a. überschritten, wenn ein Strafverfahren fortgesetzt wird, obwohl nach den tatrichterl. Feststellungen davon auszugehen ist, dass der Angeklagte infolge schwerer und unheilbarer Erkrankung mit an Sicherheit grenzender Wahrscheinlichkeit das Ende des Strafverfahrens nicht erleben wird (LVerfGE 1, 64). Selbst ein Straftäter darf nicht unter Verletzung seines verfassungsrechtl. geschützten sozialen Wert- und Achtungsanspruchs behandelt und dadurch zum bloßen Objekt der Verbrechensbekämpfung und Strafvollstreckung gemacht werden (E 72,116). Allerdings sind der Leistungskraft dieser **Objektformel** Grenzen gesetzt (vgl. E 30,25). Der Mensch ist nicht selten bloßes Objekt nicht nur der Verhältnisse und der gesellschaftl. Entwick- 5 lung, sondern auch des Rechts, dem er sich zu fügen hat. Die Menschenwürde wird nicht schon dadurch verletzt, dass jemand zum Adressaten von Maßnahmen der Strafverfolgung wird, wohl aber dann, wenn seine Behandlung durch die öffentl. Gewalt die Achtung des Werts vermissen lässt, der jedem Menschen um seiner selbst willen zukommt (vgl. VerfGH, B.v. 12.12.03 – 36/03). Solche Maßnahmen dürfen auch nicht im Interesse der Effektivität der Strafrechtspflege und der Wahrheitserforschung vorgenommen werden. Dabei führt ein **heimliches** Vorgehen des Staates an sich noch nicht zu einer Verletzung des absolut geschützten Achtungsanspruchs. Wird jemand zum Objekt einer Beobachtung, geht damit nicht zwingend eine Missachtung seines Werts als Mensch einher. Bei Beobachtungen ist aber ein unantastbarer Kernbereich privater Lebensgestaltung zu wahren (vgl. zu dessen Garantie etwa E 80,373). Würde der Staat in ihn eindringen, verletzte dies die jedem Menschen unantastbar gewährte Freiheit zur Entfaltung in den ihn betreffenden höchstpersönlichen Angelegenheiten. Selbst überwiegende Interessen der Allgemeinheit können einen Eingriff in diesen absolut geschützten Kernbereich privater Lebensgestaltung nicht rechtfertigen (E 34,245)

6 Art 6 schützt die Würde des Menschen, wie er sich in seiner Individualität selbst begreift und seiner Selbst bewusst wird (E 49, 298). Zwar kommt es danach in der Regel entscheidend darauf an, was der Betroffene selbst empfindet, doch schützt Art. 6 nicht eine übertriebene Empfindlichkeit; die Menschenwürdeverbürgung markiert ledigl. eine **Tabugrenze** (von Münch/Kunig, Art. 1 Rn. 23). Deshalb ist keine Verletzung der Menschenwürde z.B. die Strafverfolgung eines Beschuldigten in hohem Lebensalter (LVerfGE 1, 191), die Ladung zum Verkehrsunterricht (E 22, 28) und der Friedhofszwang für Urnen (E 50, 262 ff.). Eine Ausweitung des Schutzes der Menschenwürde auf einen »Schutz vor sich selbst« dürfte grundsätzl. dem Ziel der Unantastbarkeit der Menschenwürde, die freie Entscheidung über die eigene Person zu ermöglichen, widersprechen und der Bedeutung der eigenen Empfindungen des Betroffenen für den Inhalt der Menschenwürde nicht gerecht werden (Seifert/Hömig, Art. 1 Rn. 4). Ein Schutz gegen den Willen des Betroffenen dürfte regelmäßig nicht erforderl. sein (E 61, 137 f.), so dass Art. 6 keine Grundlage für das Verbot z.B. von Peep-Shows hergeben dürfte (Pfennig/Neumann, Art. 6 Rn. 18).

7 Als typische Fälle der Verletzung der Menschenwürde sind Folter, Sklaverei, Ausrottung ethnischer, nationaler, rassischer oder religiöser Gruppen, Vernichtung sog. lebensunwerten Lebens und Menschenversuche anzusehen. Im Übrigen haben – wie gesagt (Rn. 4) – Rspr. und Lehre zahlreiche **Fallgruppen** und **Einzelfälle** der Verletzung der Menschwürde entwickelt (vgl. etwa die Übersicht bei von Münch/Kunig, Art. 1 Rn. 36). Die Unzulässigkeit der Herabwürdigung des Menschen zum

bloßen Objekt staatl. Handelns verbietet, den Menschen zwangsweise in seiner gesamten Persönlichkeit zu registrieren und zu katalogisieren (E 27, 6). Eine verhängte Strafe darf grundsätzl. die Schuld des Täters nicht übersteigen und nicht ledigl. deswegen ausgesprochen werden, um andere abzuschrecken (BVerwGE 43, 83); grausame, unmenschl. und erniedrigende Strafen sind verboten (E 45, 228). Als Sanktion für schwerste Tötungsdelikte verstößt die lebenslange Freiheitsstrafe zwar nicht gegen die Menschenwürde, ihr Vollzug muss aber sicherstellen, dass der Verurteilte eine konkrete und grundsätzl. auch realisierbare Chance hat, zu einem späteren Zeitpunkt seine Freiheit wiederzuerlangen (E 45, 227 ff.). Eine strafrechtl. Ahndung bei fehlender Schuld ist unzulässig (E 80, 120).

Art. 6 soll jedenfalls die Mindestvoraussetzungen für ein menschenwürdiges Dasein sichern (vgl. E 40, 133); das umfaßt bei verurteilten Straftätern das Gebot zu deren Resozialisierung (E 35, 235 ff.). Aus Art. 6 folgt zwar ein **Anspruch** auf eigenverantwortl. Lebensgestaltung und damit ein Recht auf **Belassung eines Existenzminimums** ebenso wie ein Anspruch auf menschenwürdige Unterkunft (LVerfGE 4, 64), nicht aber auch ein Anspruch auf Innehabung einer bestimmten Wohnung. Ebenfalls gebietet Art. 6 nicht, den weiteren illegalen Aufenthalt eines vollziehbar ausreisepflichtigen Ausländers in Deutschland durch staatl. Leistungen zu ermöglichen und zu fördern (VerfGH, B.v. 25.1.01 – 148/ 00). Dagegen setzt Art. 6 der Besteuerung dadurch Grenzen, dass er dem Staat aufgibt, dem Steuerpflichtigen ein steuerfreies Einkommen in dem Umfang zu belassen, der zur Schaffung der Mindestvoraussetzungen für ein menschenwürdiges Dasein benötigt wird (vgl. E 82, 85). Überdies ist z.B. der ernährungsbedingte Mehrbedarf eines leukämiekranken Sozialhilfeempfängers zum Schutz der Menschenwürde zu befriedigen (vgl. Sachs, Art. 1 Rn. 26). Grundsätzl. sichern die gesetzl. Pfändungsgrenzen die Menschenwürde (LVerfGE 4, 64). **8**

Besondere praktische Bedeutung kommt Art. 6 in seiner Verbindung mit Art. 7 zu oder genauer: dem durch Art. 7 iVm Art. 6 grundrechtl. geschützten **allg. Persönlichkeitsrecht**. Das aus diesen beiden Landesgrundrechten folgende allg. Persönlichkeitsrecht schützt den persönl. Lebensbereich und die Erhaltung seiner Grundbedingungen; es umfasst insb. das Recht auf Achtung der Privat- und Intimsphäre (VerfGH StV 99, 297). Zwar steht nicht der gesamte Bereich des privaten Lebens unter dem unbedingten Schutz des allg. Persönlichkeitsrechts, doch ist zu betonen, dass absolut geschützt und damit der Einwirkung der öffentl. Gewalt schlechthin entzogen ein **Kernbereich** privater Lebensgestaltung ist (VerfGH NJW 04, 593). Das allg. Persönlichkeitsrecht ergänzt als »unbenanntes« Freiheitsrecht die speziellen (»benannten«) Freiheitsrechte (vgl. E 72, 170). Seine Herleitung aus Art. 7 und Art. 6 bedeutet nicht, dass hier zwei Grundrechte kumulativ zur Anwendung kämen. **9**

Das allg. Persönlichkeitsrecht als subjektives Recht ergibt sich aus Art. 7; bei der Bestimmung von Inhalt und Reichweite des allg. Persönlichkeitsrechts ist Art. 6 sozusagen als Grundnorm zu beachten (vgl. E 27, 351). Diese (Mit-)Prägung durch Art. 6 macht deutl., dass auch das allg. Persönlichkeitsrecht keine Differenzierung nach Staatsangehörigkeit und Lebensalter verträgt, also auch Ausländern und Minderjährigen (E 47, 72 f.) zusteht, und es grundsätzl. nichts für juristische Personen hergibt (vgl. Jarass/Pieroth, Art. 2 Rn. 37).

10 Das allg. Persönlichkeitsrecht ist in erster Linie **Abwehrrecht**, schützt also vor Eingriffen des Staates, beispielsweise vor einer ungerechtfertigten Beschlagnahme, die der Verwertung von Kassetten im Strafverfahren dient (VerfGH StV 99, 297 f.); es kann aber auch Anspruchsgrundlage für Auskünfte (etwa auf Erlangung von Kenntnissen über die eigene Abstammung) sein (E 82, 48 ff.). Der Schutz ist umso intensiver, je näher die gefährdeten Rechtsgüter der Intimsphäre des Betroffenen stehen, die als unantastbarer Bereich privater Lebensgestaltung gegenüber aller staatl. Gewalt Achtung und Schutz beansprucht (E 89, 82 f.) Anders als bei der bundesrechtl. Verbürgung durch Art. 1 I GG iVm Art. 2 I GG erfasst die Gewährleistung durch Art. 6 iVm Art. 7 als Schutzgut nicht auch das Recht auf Selbstbestimmung im Bereich der Offenbarung von persönl. Lebenssachverhalten (sog. Recht auf informationelle Selbstbestimmung). Denn diese Komponente des allg. Persönlichkeitsrechts ist durch die landesverfassungsrechtl. Spezialvorschrift des Art. 33 geschützt (VerfGH,B.v. 28.5.2004 – 81/02). Zu den Schutzgütern des Art. 6 iVm Art. 7 zählt mithin neben der Privat- und Intimsphäre vor allem die persönl. Ehre sowie das Verfügungsrecht über die Darstellung der eigenen Person einschließ. des Rechts am eigenen Bild und am gesprochenen Wort. Das letztere Recht schließt z.B. das Recht ein, selbst über die Auswahl der Personen zu bestimmen, die Kenntnis vom Inhalt eines Telefongesprächs erhalten sollen; es schützt davor, dass Gespräche heimlich aufgenommen und ohne Einwilligung des Sprechenden oder gar gegen dessen Willen etwa in Zivilprozessen verwertet werden (vgl. E 106, 40).

11 Das allg. Persönlichkeitsrecht beruht letztlich auf dem Gedanken der **Selbstbestimmung**. Der Einzelne soll selbst darüber befinden dürfen, wie er sich gegenüber Dritten oder der Öffentlichkeit darstellen will, was seinen sozialen Geltungsanspruch ausmachen soll und ob oder inwieweit Dritte über seine Persönlichkeit dadurch verfügen können, dass sie diese zum Gegenstand öffentl. Erörterung machen (vgl. E 63,142). Indem das allg. Persönlichkeitsrecht selbst den sozialen Geltungsanspruch, dh die soziale Anerkennung schützt, umfasst es auch den Schutz vor Äußerungen, die geeignet sind, sich **abträglich** auf das Bild der Persönlichkeit in der Öffentlichkeit auszuwirken. Derartige Äußerungen gefährden die von Art. 7 gewährleistete freie Entfaltung der Per-

sönlichkeit, weil sie das Ansehen des Einzelnen schmälern, seine sozialen Kontakte schwächen und infolgedessen sein Selbstwertgefühl untergraben können (VerfGH, B.v.7.12.04 – 163/04). Allerdings reicht der Schutz dieses Grundrechts nicht so weit, dass es dem Einzelnen einen Anspruch darauf verliehe, in der Öffentlichkeit nur so dargestellt zu werden, wie er sich selber sieht oder von anderen gesehen werden möchte. Jedenfalls wird er aber vor verfälschenden oder entstellenden Darstellungen seiner Person geschützt, die von nicht ganz unerheblicher Bedeutung für die Persönlichkeitsentfaltung sind (E 99, 193 f.).

Aus dem allg. Persönlichkeitsrecht folgt zugleich die **Pflicht des Staates**, den Einzelnen wirksam gegen Einwirkungen der Medien auf seine Individualsphäre zu schützen (E 97, 146). Dazu gehört, dass der von einer Darstellung in den Medien Betroffene die rechtl. gesicherte Möglichkeit hat, ihr mit seiner eigenen Darstellung entgegenzutreten; im anderen Fall wäre er zum bloßen Objekt öffentl. Erörterung herabgewürdigt. Dieser Pflicht ist das Land Berlin z.B. mit Blick auf die gemeinsame Rundfunkanstalt der Länder Berlin und Brandenburg durch die Begründung eines Anspruchs auf Veröffentlichung einer Gegendarstellung nach § 9 Abs. 1 des entsprechenden Staatsvertrags nachgekommen (VerfGH, B.v. 7.12.04 – 163/04). Auslegung und Anwendung dieser einfachrechtl. Vorschrift ist Sache der Zivilgerichte, die allerdings die von ihrer Entscheidung berührten Grundrechte interpretationsleitend beachten müssen, damit deren wertsetzender Gehalt auch auf der Rechtsanwendungsebene gewahrt wird. Es ist verfassungsrechtl. nicht zu beanstanden, dass nach der Rspr. der Fachgerichte (vgl. etwa BGHZ 132, 27) eine Geldentschädigung bei einer Verletzung des allg. Persönlichkeitsrechts voraussetzt, dass es sich um einen schwerwiegenden Eingriff handelt und die Beeinträchtigung nicht in anderer Weise befriedigend ausgeglichen werden kann (BVerfG NJW 04, 591).

Das allg. Persönlichkeitsrecht ist grundsätzl. **nicht vorbehaltlos** 12 gewährleistet. Es findet seine Grenze in den Rechten anderer (vgl. Art. 7), wie z.B. in dem Grundrecht der Meinungsfreiheit, insb. der Pressefreiheit (Jarass/Pieroth, Art. 1 Rn. 44 ff.). Ferner können Maßnahmen dieses Grundrecht nicht verletzen, die im überwiegenden Interesse der Allgemeinheit unter strikter Wahrung der **Verhältnismäßigkeit** getroffen werden (E 32, 379). Ein solches öffentl. Interesse besteht z.B. in den unabweisbaren Bedürfnissen einer wirksamen Strafverfolgung und in den Interessen an einer möglichst umfassenden Wahrheitsermittlung im Strafverfahren (E 77, 76), doch muss etwa die Beschlagnahme mögl. Beweismittel in einem angemessenen Verhältnis zur Schwere der Tat und zur Stärke des Tatverdachts stehen und für die Ermittlungen notwendig sein. Für diese Abwägung kommt es bei einer Beschlagnahme iS des § 94 StPO lediglich auf die potentielle Beweiseignung an (VerfGH, B.v. 12.12.03 – 86/03). Tagebuchaufzeichnungen eines

Beschuldigten sind in einem gegen ihn gerichteten Strafverfahren ebenfalls beschränkt beschlagnahme- und verwertbar, auch insoweit bedarf es zur Rechtfertigung überwiegender Gemeinwohlinteressen. Im Rahmen der danach erforderlichen Einzelfallprüfung ist zu klären, ob die Beschlagnahme und Verwertung der Aufzeichnungen für die Aufklärung der dem betroffenen Beschuldigten zur Last gelegten Straftat geeignet und erforderlich sind sowie, ob der dadurch bedingte Eingriff in die Privatsphäre des Beschuldigten zum strafrechtl. Aufklärungsziel – insb. zu der Schwere der dem Beschuldigten zur Last gelegten Straftat – nicht außer Verhältnis steht (VerfGH NJW 04, 593).Überdies kann das Informationsinteresse der Öffentlichkeit schutzwürdige Belange des Einzelnen zurücktreten lassen; je stärker dabei der private Charakter der Information ist, umso bedeutender und nachhaltiger muss das Gewicht der öffentl. Interessen sein, die das Eigeninteresse des Betroffenen zurückdrängen sollen (BGHZ 73, 128). Jedenfalls können Einschränkungen des allg. Persönlichkeitsrechts gerechtfertigt sein, wenn der Einzelne als in der Gemeinschaft lebender Bürger in Kommunikation mit anderen tritt, durch sein Verhalten auf andere einwirkt und dadurch die persönl. Sphäre seines Mitmenschen oder die Belange der Gemeinschaft berührt (E 35, 39). Allerdings ist – wie bereits gesagt (Rn. 5 und 9) – ein letzter »untastbarer Bereich privater Lebensgestaltung« Eingriffen jegl. Art schlechthin entzogen; selbst schwerwiegende Interessen der Allgemeinheit können Eingriffe in diesen Bereich nicht rechtfertigen, eine Abwägung nach Maßgabe des Verhältnismäßigkeitsgrundsatzes findet nicht statt (E 80, 373). Die Zuordnung eines Sachverhalts zu diesem unantastbaren Bereich privater Lebensgestaltung kann nicht abstrakt beschrieben, sondern jeweils nur unter Berücksichtigung des einzelnen Falles beurteilt werden (E 34, 248).

Art. 7 [Allgemeine Handlungsfreiheit]

Jeder hat das Recht auf freie Entfaltung seiner Persönlichkeit, soweit er nicht die Rechte anderer verletzt und nicht gegen die verfassungsmäßige Ordnung oder das Sittengesetz verstößt.

Art. 7 entspricht wörtlich Art. 2 I GG; er ist ersichtl. mit ihm inhaltsgleich. Art. 7 stellt ein mit der Verfassungsbeschwerde rügefähiges **Individualrecht** dar; er gewährleistet eine allg. Handlungsfreiheit und ist als Auffanggrundrecht (und nicht ledigl. als Persönlichkeitsschutz im engeren Sinne) ausgestaltet (LVerfGE 5, 12). Angesichts dessen kommt ein Verstoß gegen Art. 7 nur in Betracht, wenn der beanstandete Akt der öffentl. Gewalt nicht in den Schutzbereich eines anderen Grundrechts eingreift (VerfGH, B.v. 31.10.02 – 62/02); trifft das zu, ist für einen Rückgriff auf Art. 7 selbst dann kein Raum mehr, wenn das speziellere Grundrecht eine Beeinträchtigung deshalb hinnimmt, weil sie sich als rechtmäßige Schrankenziehung darstellt (VerfGH, B.v. 29.8.03 – 16/02). In Verbindung mit Art. 6 begründet Art. 7 das allg. Persönlichkeitsrecht (vgl. Art. 6 Rn. 7 f.). Während im Übrigen Art. 6 tendenziell die menschl. Persönlichkeit mehr aus einer statischen Perspektive schützt, erfasst Art. 7 den Menschen vor allem als handelnde Person (Seifert/Hömig, Art. 2 Rn. 3).

Als allg. Menschenrecht gewährleistet Art. 7 die freie Entfaltung der Persönlichkeit für **jedermann**; das schließt Ausländer (vgl. E 78, 196 f.) und Minderjährige (vgl. E 79, 63) ein. Art. 7 schützt ausschließl. lebende Menschen, da nur sie als handelnde Persönlichkeiten anzusehen sind (vgl. E 30, 194). Auch juristische Personen des Privatrechts können sich auf Art. 7 berufen (LVerfGE 5, 12); das gilt indes beispielsweise nicht für eine Universität, die zwar mit Blick auf die durch Art. 21 I geschützte Wissenschaftsfreiheit, nicht aber mit Blick auf die in Art. 7 gewährleistete allg. Handlungsfreiheit grundrechtsfähig ist (VerfGH LKV 01, 268).

Schutzgut des Art. 7 ist eine allg. Handlungsfreiheit im umfassenden Sinne (VerfGH, B.v. 5.3.04 – 30/02); das schließt jede Form des menschl. Handelns sowie die Freiheit ein, etwas zu unterlassen. Von Art. 7 erfasst ist u.a der im Rechtsstaatsprinzip begründete Grundsatz »nulla poena sine culpa«; die strafrechtl. oder strafrechtsähnl. Ahndung einer Tat ohne Schuld des Täters ist rechtswidrig und verletzt den Betroffenen in seinem Grundrecht aus Art. 7 (VerfGH NStZ-RR 00, 143 = StV 01, 324). Inhaltsgleich mit Art. 2 I GG gewährleistet Art. 7 iVm dem Rechtsstaatsprinzip, zu dem sich die VvB sinngemäß schon nach ihrem Vorspruch und ihrer Gesamtkonzeption bekennt (LVerfGE 8, 54 und Vorspr Rn. 3), ein **Grundrecht auf wirkungsvollen Rechtsschutz** (VerfGH, B.v. 30.8.02 – 93/01); in bürgerl.-rechtl. Streitigkeiten folgt daraus das Recht auf Justizgewährung (VerfGH, B.v. 27.9.02 – 64/02) und damit ein Anspruch, der nicht durch unzumutbare, sachl. nicht zu rechtfertigende Voraussetzungen für die Anrufung des Gerichts eingeschränkt werden darf (VerfGH NStZ-RR 01,337).

Zwar ist der Umfang des Schutzbereichs des Art. 7 und die zur allg. Handlungsfreiheit ergangene Rspr. kaum noch zu überschauen (vgl. im einzelnen den Überblick z.B. bei von Münch/Kunig, Art. 2 Rn. 30). Doch ergibt sich aus Art. 7 nicht ein subjektives Abwehrrecht gegenüber allen aus einem staatl. Handeln folgenden Belastungen. Vielmehr begründet er ein Recht zur Abwehr von Verwaltungsakten oder anderen Eingriffen in den persönl. Rechtskreis nur, soweit sie im Einzelfall rechtl. **erhebl.** Wirkungen auslösen (LVerfGE 5, 12); die Eingriffe müssen, soll Art. 7 verletzt sein, von derartigem Gewicht sein, dass der Betroffene in seiner Handlungsfreiheit ernstl. beeinträchtigt wird (vgl. E 23, 30). Eine derartige Beeinträchtigung liegt beispielsweise bei einer Straßenumbenennung nicht vor (LVerfGE 5, 12; vgl. zu dieser Entscheidung im Einzelnen Michaelis-Merzbach, S. 219 ff.).

4 Im Übrigen ist die allg. Handlungsfreiheit lediglich in den Schranken des zweiten Halbsatzes des Art. 7 gewährleistet, nämlich in den Grenzen der sog. **Schrankentrias**; die freie Entfaltung der Persönlichkeit ist nur soweit garantiert, wie nicht Rechte anderer verletzt werden und nicht gegen die verfassungsmäßige Ordnung oder das Sittengesetz verstoßen wird. Dabei spielt die zweite Schranke, wonach die Persönlichkeitsentfaltung nicht »gegen die verfassungsmäßige Ordnung« verstoßen darf, die entscheidende Rolle; sie verdrängt die erste und die dritte Schranke, dh die durch die »Rechte anderer« und das »Sittengesetz« begründeten Vorbehalte, im Ergebnis weitestgehend, so dass diese praktisch keine Rolle spielen (vgl. Jarass/Pieroth, Art. 3 Rn. 17 ff.).

5 Zentrale Bedeutung im Rahmen des Art. 7 kommt daher dem Merkmal »verfassungsmäßige Ordnung« zu. Dieser Begriff ist mit der »**verfassungsmäßigen Rechtsordnung**« gleichzusetzen, dh mit der Gesamtheit der Rechtsnormen, die formell und materiell den Anforderungen sowohl der Bundes- als auch – soweit sie mit dieser übereinstimmen iS des Art. 142 GG (vgl. dazu Vor Art. 6 Rn. 5) – der Landesverfassung einschl. ihrer Kompetenznormen genügen (vgl. E 6, 37 f.). Dazu zählen u.a. auch die Vorschriften des Gesetzes über Fachanwaltsbezeichnungen (VerfGH NVwZ 01, 910) und die Regelungen der Hundeverordnung Berlins (LVerfGE 12, 40). Das Grundrecht des Art. 7 steht somit nicht unter einem Gesetzesvorbehalt, sondern unterliegt einem Rechtsvorbehalt. Beschränkungen der allg. Handlungsfreiheit aufgrund von formell und materiell verfassungsmäßigen Vorschriften verletzen daher Art. 7 nicht; einbezogen sind insoweit Außenrechtssätze aller Kategorien, also Parlamentsgesetze, Rechtsverordnungen und Satzungen wie z.B. die Beitragsordnung der Ärztekammer (VerfGH, B.v. 21.3.03 – 2/03) sowie

deren Auslegung durch den Richter (vgl. E 74, 152). Auch gebietet die allg. Handlungsfreiheit nicht, einen Verkehrsteilnehmer von der Obliegenheit freizustellen, regelmäßig in kürzeren Abständen nachzuprüfen, ob sich die zunächst durch die Erlaubnis zum **Parken** gekennzeichnete Verkehrsrechtslage durch das Aufstellen eines Halteverbotsschilds zugunsten eines Umzugsunternehmens verändert hat; dem korrespondiert die verfassungsrechtl. nicht zu beanstandende Pflicht, für finanzielle Folgen eines nachträgl. verkehrswidrig gewordenen Parkens einzustehen (VerfGH, B.v. 5.3.04 – 30/02).

Zu einem »Leerlauf« des grundrechtl. Schutzes der allg. Handlungsfreiheit führt die Weite des Rechtsvorbehalts »verfassungsmäßige Rechtsordnung« indes nicht. Denn dem jeweiligen Gesetzgeber sind vor allem durch den aus dem Rechtsstaatsprinzip abgeleiteten **Verhältnismäßigkeitsgrundsatz** materielle Grenzen gesetzt. Danach muss – sollen Einschränkungen der allg. Handlungsfreiheit gerechtfertigt sein – das gewählte Mittel zur Erreichung des angestrebten Ziels geeignet und erforderl. sein und darf der Eingriff in den grundsätzl. Freiheitsanspruch des Bürgers nicht außer Verhältnis zu dem angestrebten Zweck stehen (VerfGH DVBl 01, 1586). Darüber hinaus schützt die Wesensgehaltsgarantie des Art. 36 II auch für das Grundrecht der freien Entfaltung der Persönlichkeit einen schlechthin unantastbaren Kernbereich privater Lebensgestaltung (vgl. E 34, 245 f.), wozu jedoch beispielsweise nicht der Umgang mit Drogen gerechnet werden kann (vgl. E 90, 171). **6**

Art. 8 [Recht auf Leben; Freiheit der Person]

(1) Jeder hat das Recht auf Leben und körperliche Unversehrtheit. Die Freiheit der Person ist unverletzlich. In diese Rechte darf nur aufgrund eines Gesetzes eingegriffen werden.
(2) Jeder Verhaftete oder Festgenommene ist binnen 24 Stunden darüber in Kenntnis zu setzen, von welcher Stelle und aus welchem Grunde die Entziehung der Freiheit angeordnet wurde. Die nächsten Angehörigen haben das Recht auf Auskunft über die Freiheitsentziehung. Auf Verlangen des Verhafteten oder Festgenommenen ist auch anderen Personen unverzüglich von der Verhaftung oder Festnahme Kenntnis zu geben.
(3) Jeder Verhaftete oder Festgenommene ist binnen 48 Stunden dem zuständigen Richter zur Entscheidung über die Haft oder die Festnahme vorzuführen.

1 Art. 8 I entspricht wörtl. dem Art. 2 II GG; er ist ersichtl. mit ihm inhaltsgleich (VerfGH, B.v. 26.10.00 – 102/00). Art. 8 I enthält – wie Art. 2 II GG – **drei Grundrechte**, näml. das Recht auf Leben (Abs. 1 S. 1), das Recht auf körperl. Unversehrtheit (Abs. 1 S. 1) und das Recht auf Freiheit der Person (Abs. 1 S. 2). Für alle drei Grundrechte enthält Art. 8 I 3 einen ausdrückl. Gesetzesvorbehalt.

2 Art. 8 II und III zählen zu den justizbezogenen Grundrechten; sie enthalten Bestimmungen für den Fall der **Freiheitsentziehung**. Anders als der Grundgesetzgeber (vgl. Art. 104 GG) hat mithin der Berliner Verfassungsgeber die von ihm für erforderl. gehaltenen Garantien bei Freiheitsentziehungen im räuml. Zusammenhang mit der Freiheit der Person geregelt. Diese Verbürgungen sind nicht vollauf inhaltsgleich mit denen in Art. 104 GG. Soweit die VvB hinter den bundesrechtl. Garantien zurückbleibt, kann sich der Betroffene – allerdings nur mit einer Verfassungsbeschwerde an das BVerfG – unmittelbar auf die Grundrechte des GG berufen; soweit die VvB – wie etwa in Art. 8 II 1 – weitergehende Grundrechte gewährleistet, sind diese von der vollziehenden und rechtsprechenden Gewalt des Landes Berlin ebenfalls zu beachten; ihre etwaige Verletzung kann mit der Verfassungsbeschwerde zum VerfGH verfolgt werden.

Absatz 1: Recht auf Leben und körperliche Unversehrtheit, Freiheit der Person

3 Die in Abs. 1 enthaltenen subjektiven Grundrechte schützen in ihrem klassischen Gehalt nur vor gezielten staatl. Eingriffen. Nach der Rspr. des VerfGH (LVerfGE 4, 43 f.) erschöpfen sich namentl. die Grundrechte auf Leben und körperl. Unversehrtheit jedoch nicht in subjektiven

Abwehrrechten gegenüber solchen Eingriffen. Aus ihnen ist vielmehr auch eine Pflicht des Staates und seiner Organe herzuleiten, sich **schützend** und **fördernd** vor diese Rechtsgüter zu stellen und sie insb. vor rechtswidrigen Eingriffen anderer zu bewahren (VerfGH DVBl 01, 1586); die Verletzung dieser Pflicht kann von dem Betroffenen mit der Verfassungsbeschwerde geltend gemacht werden. Bei der Erfüllung dieser staatl. Schutzpflicht kommt dem Gesetz- bzw. Verordnungsgeber – namentl. wenn dessen Unterlassen in Frage steht – ein weiter Einschätzungs-, Wertungs- und Gestaltungsspielraum zu (VerfGH, B.v. 5.3.04 – 183/01).

Das **Recht auf Leben** stellt innerhalb der verfassungsmäßigen Ordnung »einen Höchstwert dar« (E 49, 53). Abs. 1 S. 1 begründet zu allererst ein subjektives Recht, es gewährleistet das individuelle Leben des einzelnen Grundrechtsträgers. Grundrechtsträger ist nur der **geborene Mensch**, nicht der Embryo oder Fötus (vgl. Ipsen DVBl 04, 1385). Das folgt zwingend aus der Vereinbarkeit der Straflosigkeit der Abtreibung nach Beratung mit dem GG; dementsprechend ist das BVerfG in keiner seiner Entscheidungen von einer Grundrechtssubjektivität des werdenden Lebens ausgegangen (vgl. nur E 88, 203). Freilich erwächst dem Staat aus dem objektiven Wert des Lebens eine Schutzpflicht auch gegenüber dem werdenden Leben. Durch diese staatl. Pflicht geschütztes Leben beginnt nach hM mit der Verschmelzung von Ei- und Samenzelle (Konzeption), nicht erst mit der Nidation (Einnistung des befruchteten Eies in der Gebärmutter), so dass auch extrakorporale Befruchtung Leben zur Entstehung bringt (vgl. etwa Sachs, Art. 2 Rn. 145). 4

Angesichts dieser Schutzverantwortlichkeit des Staates hat der Gesetzgeber den Schwangerschaftsabbruch grundsätzl. zu verbieten und die grundsätzl. Pflicht zum Austragen des Kindes festzulegen. Allerdings hat er andererseits damit kollidierende Rechtsgüter zu beachten, nämlich – ausgehend vom Anspruch der schwangeren Frau auf Schutz und Achtung ihrer Menschenwürde (Art. 6) – vor allem ihr Recht auf Leben und körperl. Unversehrtheit (Art. 8 I 1) sowie ihr allg. Persönlichkeitsrecht (Art. 6 iVm Art. 7). Den Vorgaben der Rspr. des BVerfG (E 39, 44; 88, 252 ff.) folgend hat der Bundesgesetzgeber zum Ausgleich dieser Kollision das Konzept einer **Fristenregelung mit Beratungspflicht** entwickelt, nach dem der Schwangerschaftsabbruch in den ersten zwölf Wochen nach der Empfängnis grundsätzl. straffrei bleibt, aber bei Vorliegen von Ausnahmetatbeständen strafbar ist. Der Schwangerschaftsabbruch bleibt grundsätzl. Unrecht und demzufolge verboten, doch wird für die Frühphase der Schwangerschaft davon ausgegangen, dass durch Bestrafung ein wirksamer Lebensschutz nicht zu erreichen ist, sondern eine Beratung nach Maßgabe des Schwangerschaftskonfliktgesetzes v. 27.9.92 (BGBl I S. 1389; geänd. duch G.v. 21.8.95 , BGBl. I S. 1050) 5 hierfür die bessere Möglichkeit bietet (von Münch/Kunig, Art. 2 Rn. 58a).

6 Das Recht auf »Leben« beinhaltet kein Verfügungsrecht des Einzelnen über sein Leben, begründet also kein Recht auf **Selbsttötung**, so dass eine Selbsttötung insb. durch polizeil. Einschreiten verhindert werden darf. Regelmäßig besteht dazu sogar eine entsprechende staatl. Verpflichtung; das steht der Annahme entgegen, der Staat könne berechtigt sein, gesetzl. eine Tötung auf Verlangen zuzulassen (sog. aktive Sterbehilfe). Überdies kann Abs. 1 S. 1 weder das Verbot einer gesetzl. geregelten Zwangsernährung noch ein Anspruch auf Sterbehilfe für unheilbar Kranke entnommen werden.

7 Durch das Grundrecht auf **körperl. Unversehrtheit** sind alle lebenden Menschen in ihrer körperl. Integrität geschützt. Dieses Grundrecht gewährleistet die konkrete Körperlichkeit des Menschen und ergänzt damit den Schutz der Integrität der geist.-sittl. Persönlichkeit (Art. 7 iVm Art. 6) und der körperl. Existenz (Recht auf Leben). Das BVerfG hat offengelassen, ob das Recht auf körperl. Unversehrtheit Schutz lediglich in biologisch-physiologischer Hinsicht begründet oder sich darüber hinaus auch auf den geistig-seelischen Bereich, also das psychische Wohlergehen erstreckt (E 56, 73 f.). Jedenfalls dürfte die psychische Integrität insoweit geschützt sein, als durch Einwirkungen auf die Psyche körperl. Effekte und namentl. Schmerzen hervorgerufen werden; Abs. 1 S. 1 schützt vor nicht körperl. Einwirkungen, die ihrer Wirkung nach körperl. Eingriffen gleichzusetzen sind (VerfGH, B.v. 21.3.05 – 67/03), gewährleistet aber nicht das bloße Wohlbefinden (Jarass/Pieroth, Art. 2 Rn. 53).

8 Nach der Rspr. des BVerfG (E 17, 115) und des BVerwG (BVerwGE 46, 7) ist es nicht Sinn des Grundrechtsschutzes, die Menschen auch vor solchen Beeinträchtigungen der Körpersphäre (wie etwa Hirnstromuntersuchung bzw. Anordnung über Länge und Tragweite des Haupthaares bei Soldaten) zu schützen, die **unwesentl.** sind; bei ihnen ist ein Eingriff in die körperl. Unversehrtheit zu verneinen. Bei nicht körperl. Einwirkungen lässt sich ebenfalls von einem den Schutzbereich des Art. 1 S. 1 berührenden Eingriff erst sprechen, wenn die Wirkung nicht nur Bagatelle oder alltägl. Lästigkeit ist (vgl. von Münch/Kunig, Art. 2 Rn. 66). Das Vorliegen eines nur nach Maßgabe des Abs. 1 S. 3 zulässigen Eingriffs ist hingegen u.a. bejaht worden bei der zwangsweisen Veränderung der Haar- und Barttracht zum Zwecke der Gegenüberstellung mit Zeugen (E 47, 248) und bei Zwangsheilung gegen den erklärten Willen des Patienten (BGHSt 11, 113 f.). Bei Erfüllung der Schutzpflicht des Staates für die körperl. Unversehrtheit kommt dem Gesetzgeber und der vollziehenden Gewalt ein weiter Einschätzungs-, Wertungs- und Gestaltungsbereich zu (E 79, 202). Geboten ist Gefahrenvorsorge einschl. des Umweltschutzes durch staatl. Maßnahmen aller Art. Dies können etwa

sein Lärmschutzmaßnahmen für Flugplatz- und Straßenanlieger (E 56, 73 ff.; 79, 201 f.) sowie Schutz vor schädl. Folgen der Nachtarbeit (E 85, 209 f.; vgl. zu Einzelfällen zum Gewährleistungsumfang z.B. Sachs Art. 2 Rn. 182 ff.).

S. 2 des Abs. 1 schützt mit **der Freiheit der Person** die körperl. Bewegungsfreiheit jeden Ort aufzusuchen und zu verlassen, also das Recht, »seinen Körper dorthin zu tragen, wohin er mag« (VerfGH, B.v. 29.8.03 – 54/03); in einem weiteren Sinne dienen auch die Abs. 2 und 3 dem Schutz dieses Rechts, indem sie Verfahrensregeln für den Fall eines erfolgten Eingriffs in die Freiheit der Person vorgeben. Die Freiheit der Person nimmt als Basis der Entfaltungsmöglichkeiten des Menschen einen hohen Rang unter den Grundrechten ein (LVerfGE 9, 43); sie darf nur aus besonders gewichtigen Gründen und unter strengen formellen Gewährleistungen eingeschränkt werden (VerfGH, B.v. 7.12.04 – 55/04). Dieses Grundrecht ist ein reines Menschenrecht, das juristischen Personen nicht zustatten kommen kann (vgl. von Münch/Kunig, Art. 2 Rn. 73). Eingriffe in die Freiheit der Person stellen Verhaftung und Festnahme (E 35, 190), polizeil. Verwahrung (BVerwGE 45, 56), Durchsuchung und ähnl. Maßnahmen dar. 9

Nach der Rspr. des VerfGH erfordert die freiheitssichernde Funktion des Abs. 1 S. 2 auch im Verfahrensrecht Beachtung (VerfGH, B.v. 15.11.01 – 129/01). Das Grundrecht auf Freiheit der Person iVm dem Rechtsstaatsprinzip begründet namentl. in Strafverfahren ein verfassungsrechtl. **Beschleunigungsgebot**, das sowohl vor als auch nach Erlass eines Strafurteils Geltung beansprucht (LVerfGE 8, 58). Insb. eine von den Strafverfolgungsorganen zu verantwortende erhebliche Verfahrensverzögerung verletzt diesen Anspruch. Ob eine **rechtsstaatswidrige** Verzögerung vorliegt, ist anhand einer Gesamtwürdigung der besonderen Umstände des Einzelfalls festzustellen. Dabei kommt es auf die Dauer der von den Justizorganen verursachten Verfahrensverzögerung, die Gesamtdauer des Verfahrens, die Schwere des Tatvorwurfs, den Umfang und die Schwierigkeit des Verfahrensgegenstandes sowie das Ausmaß der mit der Dauer des schwebenden Verfahrens für den Betroffenen verbundenen besonderen Belastungen an (VerfGH, B.v. 21.3.03 – 183/02). Die verfassungsrechtl. gebotenen Folgen aus einer rechtsstaatswidrigen Verfahrensverzögerung ergeben sich aus dem Straf- und Strafprozessrecht unter Berücksichtigung sämtl. Umstände des Einzelfalls; dies kann von einer Einstellung des Verfahrens und einer Beschränkung der Strafverfolgung über eine Beendigung des Verfahrens durch das Absehen von Strafe oder eine Verwarnung mit Strafvorbehalt bis hin zu einer Berücksichtigung bei der Strafzumessung reichen (vgl. BVerfG NJW 03, 2225). Im Verfahren über die Aussetzung des Restes einer Freiheitsstrafe zur Bewährung kommt eine Verletzung des verfassungsrechtl. Beschleunigungsgebots in Betracht, wenn 10 das Freiheitsrecht nach den Umständen des Einzelfalls gerade durch eine sachwidrige Verzögerung der Entscheidung unangemessen weiter beschränkt wird; daran fehlt es, wenn der Inhaftierte während der Zeit der Verzögerung der von ihm begehrten Entscheidung z.b. wegen einer negativen Stellungnahme der Justizvollzugsanstalt ohnehin nicht mit einer positiven Entscheidung über seinen Antrag rechnen konnte (VerfGH, B.v. 30.8.02 – 87/02).

Ebenfalls im Freiheitsgrundrecht hat seine Wurzeln der Anspruch des Beschuldigten auf ein **faires**, rechtsstaatl. Verfahren (LVerfGE 9, 44). Im Übrigen ergeben sich aus diesem Grundrecht iVm dem Rechtsstaatsprinzip Mindesterfordernisse für eine zuverlässige **Wahrheitserforschung**, die nicht nur im strafprozessualen Hauptverfahren, sondern auch in dem seiner Sicherung dienenden Verfahren über Verhängung und Fortdauer einer Untersuchungshaft (LVerfGE 1, 189) einschl. des Verfahrens über die Strafaussetzung zur Bewährung (VerfGH, B.v. 13.6.02 – 63/01) sowie im Vollstreckungsverfahren (VerfGH, B.v. 28.6.01 – 63 A/01) zu beachten sind; sie setzen u.a. Maßstäbe für die Aufklärung des Sachverhalts und damit für eine hinreichende tatsächl. Grundlage richterl. Entscheidungen. Denn es ist unverzichtbare Voraussetzung rechtsstaatl. Verfahrens, dass Entscheidungen, die den Entzug der persönl. Freiheit betreffen, auf zureichender richterl. Sachaufklärung beruhen und eine in tatsächl. Hinsicht genügende Grundlage haben, die der Bedeutung der Freiheitsgarantie entspricht. Diese Anforderungen verlangen Beachtung z.B. auch bei gerichtl. Entscheidungen zur Verlängerung einer Sicherungshaft über sechs Monate hinaus gemäß § 57 III 2 AuslG (VerfGH, B.v. 7.12.04 – 55/04).

11 Nach S. 3 des Abs. 1 sind Eingriffe in die drei durch die S. 1 und 2 verbürgten Grundrechte nur **aufgrund eines Gesetzes** verfassungsrechtl. zulässig; ein Gesetz in diesem Sinne ist ausschließl. das förml. Gesetz (VerfGH, B.v. 15.11.01 – 129/01). Ein solches Gesetz hat die Grenze des Art. 36 II und allg. wie bei der Anwendung im Einzelfall die Verfassungsgrundsätze der Verhältnismäßigkeit und des Übermaßverbots zu beachten (vgl. E 52, 175). Eingriffe in die körperl. Unversehrtheit, vor allem aber solche in das Leben, können von vornherein nur höchst ausnahmsweise zulässig sein; bei diesen Grundrechten ist den Anforderungen des Verhältnismäßigkeitsgrundsatzes nur außerordentl. schwer zu genügen (vgl. von Münch/Kunig, Art. 2 Rn. 85 mit einigen Einzelbeispielen). Etwas anders gilt hinsichtlich des Freiheitsgrundrechts. Insoweit darf allerdings z.B. die Einschließung eines Beschuldigten in einer Justizanstalt angesichts des hohen Ranges dieses Grundrechts lediglich. dann aufgrund eines Gesetzes angeordnet und aufrechterhalten werden, wenn überwiegende Belange des Gemeinwohls dies zwingend gebieten. Diese Einschränkung fordert für eine Untersuchungshaft auch die in Art. 9 II statuierte Unschuldsvermutung (vgl. dazu § 9 Rn. 2 f.). Zu den

Belangen des Gemeinwohls, gegenüber denen der Freiheitsanspruch eines Beschuldigten u.U. zurückzutreten hat, gehören die unabweisbaren Bedürfnisse einer wirksamen Strafrechtspflege, die als Teil des Rechtsstaatsprinzips ihrerseits Verfassungsrang einnimmt. Sie beinhaltet namentl. die Bekämpfung, Aufklärung und gerechte Ahndung schwerer Straftaten (LVerfGE 1, 187).

Mit Blick auf Anordnung und Vollzug einer **Untersuchungshaft** muss dem Grundsatz der **Verhältnismäßigkeit** in besonderer Weise Rechnung getragen werden; er setzt auch unabhängig von der zu erwartenden Strafe vor allem der Dauer der Freiheitsbeschränkung Grenzen (LVerfGE 1, 53). Der Eingriff in die Freiheit der Person ist vor einer Verurteilung nur hinzunehmen, wenn und soweit einerseits wegen zwingenden, auf konkrete Anhaltspunkte gestützten Tatverdachts begründete Zweifel an der Unschuld des Verdächtigen bestehen und andererseits der legitime Anspruch der staatl. Gemeinschaft auf vollständige Aufklärung der Tat und rasche Bestrafung des Täters nicht anders gesichert werden kann als dadurch, dass der Verdächtige vorläufig in Haft genommen wird; eine dringenden Tatverdacht und Fluchtgefahr als Voraussetzungen eines Haftbefehls bejahende Prognose kann vom VerfGH nicht im Einzelnen, sondern nur darauf überprüft werden, ob sie für den unbefangenen Betrachter offensichtl unrichtig ist (VerfGH, B.v. 16.5.02 – 134/01). Das Gewicht des Freiheitsgrundrechts gegenüber dem öffentl. Interesse verstärkt sich mit zunehmender Haftdauer, so dass im Einzelfall von einem bestimmten Zeitpunkt an eine weitere Fortsetzung der Untersuchungshaft nicht mehr mit dem Verhältnismäßigkeitsgrundsatz vereinbar und deshalb verfassungswidrig sein kann (VerfGH, B.v. 13.6.03 – 23/03). 12

Im Übrigen gebietet das in Abs. 1 Satz 2 angelegte Beschleunigungsgebot in Haftsachen (vgl. Rn. 10), einen Angeklagten nur so lange unter dem psychischen und physischen Druck eines **Haftbefehls** zu belassen, wie dies der legitime Anspruch des Staates auf vollständige Aufklärung der Tat und rasche Bestrafung des Täters erfordert (VerfGH, B.v. 11.7.03 – 81/01). Das gilt selbst dann, wenn ein Haftbefehl gegen einen ausländischen Tatverdächtigen an seinem Wohnsitz im Heimatstaat nicht vollstreckt werden kann. Auch dann ist der Fortbestand des Haftbefehls mit einer Beeinträchtigung der persönl. Freiheit verbunden, weil der Betroffene bei Verlassen seines Heimatstaates mit einer Festnahme rechnen muss, so dass der Fortbestand des Haftbefehls nur für einen nach den Umständen des Einzelfalls angemessenen Zeitraum als unvermeidbar hinzunehmen ist, seiner Dauer sind durch den Grundsatz der Verhältnismäßigkeit Grenzen gesetzt (VerfGH, B.v. 13.12.01 – 138/01). Die Verfolgung anderer als Strafverfolgungszwecke durch die Untersuchungshaft ist grundsätzl. unzulässig; namentl. darf sie nicht nach Art 13 einer Strafe einen Rechtsgüterschutz vorwegnehmen, dem das materielle Strafrecht dienen soll (VerfGH NStZ-RR 99, 317).

Absätze 2 und 3: Regeln für den Fall der Freiheitsentziehung

14 Die Abs. 2 und 3 stehen in einem engen sachl. Zusammenhang mit Art. 104 GG; die Regeln der Abs. 2 und 3 gelten neben denen des Art. 104 GG. Die vollziehende und die rechtsprechende Gewalt des Landes Berlin haben deshalb alle diese Regeln anzuwenden, gleichgültig, ob sie bundes- oder landesrechtl. Regeln sind. Schon deshalb dürfen beispielsweise auch in Berlin festgehaltene Personen weder seelisch noch körperl. misshandelt werden (Art. 104 I 2 GG). Während sich im Übrigen die Regeln der Abs. 2 und 3 ausschließl. zu Konstellationen verhalten, in denen eine Freiheitsentziehung bereits erfolgt ist, schafft Art. 104 I 1 GG – weitergehend – besondere formelle Vorkehrungen zum Schutz gegen Beschränkungen des Grundrechts der Freiheit der Person, wobei unter einer **Freiheitsbeschränkung** jede ohne oder gegen den Willen des Betroffenen erfolgende Beeinträchtigung der körperl. Bewegungsfreiheit zu verstehen ist (E 94, 198). Diese Vorkehrungen dürften sich jedoch landesverfassungsrechtl. inhaltsgleich auch aus Abs. 1 S. 2 und 3 ergeben.

15 Abs. 2 und 3 stellen Regeln für Freiheitsentziehungen als Spezialfall der Freiheitsbeschränkung auf; **Freiheitsentziehung** bedeutet Festhalten des Betroffenen auf eng umgrenztem Raum ohne oder gegen dessen Willen über einen nicht unbeachtl., etwa eine oder 2 Stunden dauernden Zeitraum hinaus. Freiheitsentziehungen sind beispielsweise alle Formen der Haft (Untersuchungshaft, Abschiebehaft, Zwangshaft als Beugemittel, Strafhaft) sowie die Sicherungsverwahrung und Unterbringung in geschlossenen Anstalten, der Strafarrest und der Polizeigewahrsam, nicht aber das Anhalten und Festhalten zur Identitätsfeststellung sowie die zwangsweise Vorführung oder Verbringung zur Blutentnahme. Träger der durch Abs. 2 und 3 verbürgten Individualrechte sind alle Verhafteten, dh aufgrund eines Haftbefehls des Richters in Haft genommenen Personen (vgl. dazu § 114 StPO), und ferner alle Festgenommenen, dh etwa nach Maßgabe des § 127 StPO (vorläufig) in Gewahrsam genommenen Personen. Anders als Art. 104 GG (vgl. Abs. 2 S. 1 einerseits sowie Abs. 2 S. 2 und 3 andererseits) differenzieren Abs. 2 und 3 mithin nicht zwischen einer Freiheitsentziehung durch den Richter (Verhaftung) und einer (vorläufigen) Freiheitsentziehung durch die Exekutive (Festnahme).

16 Nach Abs. 2 S. 1 ist jeder Verhaftete oder Festgenommene binnen 24 Stunden darüber in **Kenntnis** zu setzen, von welcher Stelle und aus welchem Grunde die Freiheitsentziehung angeordnet wurde, und er ist nach Abs. 3 binnen 48 Stunden dem zuständigen **Richter** zur Entscheidung

über die Haft oder Festnahme vorzuführen. Demgegenüber ist nach Art. 104 III 1 GG nur jeder wegen des Verdachts einer strafbaren Handlung vorläufig Festgenommene bis spätestens am Tage nach der Festnahme, also binnen eines ggf. 24 Stunden übersteigenden Zeitraums, dem Richter vorzuführen, der ihm die Gründe der Festnahme mitzuteilen, ihn zu vernehmen und ihm Gelegenheit zu Einwendungen zu geben hat. Nur für diesen speziellen Personenkreis hat der Richter gemäß Art. 104 III 2 GG unverzügl. entweder einen mit Gründen versehenen schriftl. Haftbefehl zu erlassen oder die Freilassung anzuordnen.

Nach Abs. 2 S. 2 haben die nächsten Angehörigen das **Recht auf Auskunft** über die Freiheitsentziehung; also auch über eine Freiheitsentziehung durch die Exekutive. Diese Bestimmung bleibt insoweit hinter der Verbürgung des Art. 104 III GG zurück, als sie – anders als Art. 104 III GG – den zu informierenden Personenkreis auf die »nächsten« Angehörigen beschränkt und keine zeitl. Vorgabe (»unverzüglich«) macht; insoweit ist also einzig die Gewährleistung des Art. 104 III GG maßgebend. Dagegen geht Abs. 2 S. 2 insoweit noch über die Anforderung des Art. 104 III GG hinaus, als die letztere Bestimmung eine Auskunftspflicht ausschließl. für richterl. Entscheidungen begründet, so dass sich die Verpflichtung zur Auskunftserteilung von Berliner Behörden über Freiheitsentziehungen durch die Exekutive einzig auf Abs. 2 S. 2 stützt. Entsprechendes gilt mit Blick auf den Personenkreis, dem auf Verlangen des Verhafteten oder Festgenommenen unverzügl. Kenntnis von der Verhaftung oder Festnahme zu geben ist. Während Art. 104 IV GG diesen Kreis auf »eine Person« (seines Vertrauens) beschränkt, lässt Abs. 2 S. 3 nunmehr einen größeren Kreis von Personen zu. 17

Art. 104 II 3 GG setzt eine absolute Grenze für den **Polizeigewahrsam**, indem er bestimmt, dass die Polizei aus eigener Machtvollkommenheit, dh von sich aus, niemanden länger als bis zum Ende des Tages (24.00 Uhr) nach dem Ergreifen in eigenem Gewahrsam halten darf. Der Schutzzweck dieser Norm legt die Annahme nahe, vom Begriff »Polizei« seien erfasst nicht nur die Vollzugspolizei, sondern auch alle Ordnungsbehörden (materieller Polizeibegriff; ebenso von Münch/Kunig, Art. 104 Rn. 24). Ist eine richterl. Entscheidung über die Freiheitsentziehung (Art. 104 II 2 GG) nicht innerhalb der Frist des S. 3 des Art. 104 II GG mögl., ist der in Gewahrsam genommene freizulassen. 18

Art. 9 [Unschuldsvermutung]

(1) Ein Beschuldigter kann sich in jeder Lage des Verfahrens des Beistandes eines Verteidigers bedienen.
(2) Ein Beschuldigter gilt nicht als schuldig, solange er nicht von einem Gericht verurteilt ist.

1 Das von Abs. 1 verbürgte Individualgrundrecht auf **Wahl eines Verteidigers** wird inhaltsgleich vom Rechtsstaatsprinzip des GG garantiert. Dieses Rechtsstaatsprinzip gewährleistet iVm dem allg. Freiheitsrecht (Art. 2 I GG) einem Beschuldigten das Recht auf ein rechtsstaatl. faires Verfahren (vgl. auch § 8 Rn. 10); dieses Recht umfasst das Recht eines Beschuldigten, sich in jeder Lage des Verfahrens eines Verteidigers seines Vertrauens zu bedienen. Das durch Abs. 1 garantierte Recht auf einen Verteidiger gilt nur im Bereich von Kriminal-, Ordnungs- und Disziplinarstrafverfahren, nicht dagegen für allg. Verwaltungsverfahren (Michaelis-Merzbach, S. 118). § 137 I 1 StPO verwirklicht das Rechtsstaatsprinzip des GG im Strafverfahren (E 66, 319); sein Wortlaut deckt sich mit Abs. 1.

2 Das von Abs. 2 gewährleistete Grundrecht der **Unschuldsvermutung** ist eine besondere Ausprägung des Rechtsstaatsprinzips, dessen Verletzung den Betroffenen zugleich in seinem Grundrecht aus Art. 2 II GG verletzt (vgl. E 82,114 f.); die Unschuldsvermutung ist im Übrigen kraft Art. 6 II EMRK Bestandteil des positiven Rechts in der Bundesrepublik. Angesichts dieser inhaltl. Identität ist der VerfGH berechtigt, Entscheidungen Berliner Gerichte am Maßstab dieses Individualgrundrechts zu messen (VerfGH, B.v. 14.1.03 – 88/02). Die Unschuldsvermutung als verfassungsrechtl. Prinzip soll sicherstellen, dass keine Strafe ohne Schuld verhängt und der Strafanspruch des Staates nur in einem justizförmig geordneten Verfahren durchgesetzt werden darf, das eine wirksame Sicherung der Grundrechte des Beschuldigten gewährleistet (LVerfGE 2, 29). Sie gilt deshalb ausschließl. im Bereich von Kriminal-, Ordnungs- und Disziplinarstrafverfahren (LVerfGE 3, 98). Die Unschuldsvermutung enthält keine in allen Einzelheiten bestimmten Ge- und Verbote; ihre Auswirkungen auf das Verfahrensrecht bedürfen vielmehr je nach den sachl. Gegebenheiten der Konkretisierung durch den Gesetzgeber. Feststellungen zur Schuld des Angeklagten zu treffen, Schuld auszusprechen und Strafe zuzumessen ist den Strafgerichten allerdings erst erlaubt, wenn die Schuld des Angeklagten in dem mit rechtsstaatl. Verteidigungsgarantien ausgestatteten, bis zum prozessordnungsgemäßen Abschluss durchgeführten Strafverfahren nachgewiesen ist (E 82,115 f.). Maßgebl. ist insoweit die »**Schuldspruchreife**«, dh die Entscheidungsreife in der Schuldfrage: Hat das Gericht die Hauptverhandlung bis zu dieser Entscheidungsreife geführt und dabei die Über-

zeugung gewonnen, dass die Schuld des Angeklagten zwar feststeht, aber gering ist, ist es nicht gehindert, dies in den Gründen einer Einstellungsentscheidung auszusprechen und eine Auslagenentscheidung hierauf zu stützen (vgl. E 74, 374 ff.). Auch für die in §§ 45 III 1, 47 I 1 Nr. 3 JGG vorgesehene Erteilung einer Ermahnung ist die »Schuldspruchreife« des Verfahrens erforderl., und zwar selbst dann, wenn es anschließend eingestellt wird (VerfGH, B.v. 14.11.03 – 88/02).

Die Berücksichtigung und Bewertung von Verdachtsgründen – etwa bei der Auslagenentscheidung nach § 467 IV StPO – stellt keine durch die Unschuldsvermutung verbotene Schuldfeststellung oder -zuweisung dar; die Feststellung des Tatverdachts ist etwas substantiell anderes als eine Schuldfeststellung. Da z.B. die Ausweisung eines Ausländers nicht als Sanktion einer Straftat zu verstehen und auch nicht Bestandteil eines Strafverfahrens ist, sondern als Maßnahme dem Verwaltungsrecht zuzuordnen ist, unterliegt sie ebenfalls nicht den formellen und materiellen Anforderungen der Unschuldsvermutung (LVerfGE 2, 29). Selbst die nach Einstellung eines Strafverfahrens auf § 76 a III StGB gestützte Einziehung beschlagnahmter Gegenstände verstößt nicht gegen die Unschuldsvermutung, da es in einem solchen selbständigen Einziehungsverfahren nicht um den Vorwurf strafrechtl. Schuld, sondern um eine Sicherungsmaßnahme geht (LVerfGE 5, 76). Die weitere Speicherung und Verwendung in Strafermittlungsverfahren gewonnener **Daten** zur Verhütung oder Verfolgung künftiger Straftaten stehen der Unschuldsvermutung selbst dann nicht entgegen, wenn der Betroffene rechtskräftig freigesprochen worden ist, sofern die Verdachtsmomente dadurch nicht ausgeräumt sind; gleiches gilt, wenn das Strafverfahren aus anderen Gründen beendet worden ist (BVerfG NJW 02, 3231). Überdies schützt die Unschuldsvermutung nicht vor Nachteilen, die sich aus der Einleitung eines Ermittlungsverfahrens ergeben können (VerfGH, B.v. 20.11.96 – 98 A/96). 3

Stellt ein Gericht ein Privatklageverfahren nach § 383 III StPO ein und geht es in den Gründen des **Einstellungsbeschlusses** von der Schuld des Angeklagten aus, wird dadurch die Unschuldsvermutung nicht verletzt, sofern im Zeitpunkt der Einstellung die »Schuldspruchreife« eingetreten ist. Die Schuldspruchreife ist in diesem Zusammenhang anzunehmen, wenn das Gericht erkennbar alle für erforderl. gehaltenen Beweise erhoben, den Beteiligten seine aufgrund der Beweislage gewonnene Einschätzung zur Schuld des Angeklagten mitgeteilt und dieser seine ihm eröffnete Gelegenheit zur Stellungnahme durch einen ausführl. schriftl. Vortrag nutzt, ohne neue Beweisfragen oder sonstige Fragen, die eine neue Hauptverhandlung erfordert hätten, aufzuwerfen (VerfGH, B.v. 21.12.00 – 92/00). 4

Art. 10 [Gleichheit vor dem Gesetz]

(1) Alle Menschen sind vor dem Gesetz gleich.
(2) Niemand darf wegen seines Geschlechts, seiner Abstammung, seiner Rasse, seiner Sprache, seiner Heimat und Herkunft, seines Glaubens, seiner religiösen oder politischen Anschauungen oder seiner sexuellen Identität benachteiligt oder bevorzugt werden.
(3) Frauen und Männer sind gleichberechtigt. Das Land ist verpflichtet, die Gleichstellung und die gleichberechtigte Teilhabe von Frauen und Männern auf allen Gebieten des gesellschaftlichen Lebens herzustellen und zu sichern. Zum Ausgleich bestehender Ungleichheiten sind Maßnahmen zur Förderung zulässig.

1 Art. 10 enthält neben dem **allg. Gleichheitssatz** in Abs. 1 zwei von mehreren, auch anderswo (u.a. Art. 11, 13, 19 und 39) geregelten speziellen Gleichheitssätzen, näml. die Differenzierungsverbote in Abs. 2 und den Gleichberechtigungsgrundsatz in Abs. 3; ist einer der speziellen Gleichheitssätze einschlägig, bleibt kein Raum für eine Prüfung am Maßstab des Abs. 1. Überdies sind in Abs. 3 S. 2 ein Handlungsauftrag an den Gesetzgeber und in S. 3 eine Ermächtigung aufgenommen, zum Ausgleich bestehender Ungleichheiten Fördermaßnahmen durchzuführen.

2 Abs. 1 **entspricht** Art. 3 I GG, Abs. 2 Art. 3 III 1 GG und Abs. 3 S. 1 Art. 3 II 1 GG. Während die Regelung betreffend die materielle Gleichstellung der Geschlechter in Abs. 3 S. 2 und 3 möglicherweise über die Staatszielbestimmung in Art. 3 II 2 GG hinausgeht, kommt dem Umstand, dass in Abs. 3 S. 1 – anders als in Art. 3 II 1 GG – das weibl. Geschlecht vor dem männl. genannt ist, keine materielle Bedeutung zu; diese Vorgehensweise dürfte auf gesellschaftl. Konvention beruhen. Im Rahmen des Differenzierungsverbots nennt Abs. 2 – im Verhältnis zu Art. 3 III 1 GG – ein zusätzl. Merkmal, näml. die »sexuelle Identität«.

Absatz 1: Allg. Gleichheitssatz

3 Abs. 1 statuiert programmatisch die Gleichheit aller vor dem Gesetz, er verbürgt eine **umfassende Gleichheitsgarantie** für alle Menschen und ist inhaltsgleich mit Art. 3 I GG (LVerfGE 7, 14), so dass die zu dieser Bestimmung namentl. von der Rspr. des BVerfG entwickelten Grundsätze uneingeschränkt auch auf Abs. 1 anwendbar sind. Der Gleichheitssatz des Abs. 1 ist unmittelbar geltendes Recht; sein Schwerpunkt liegt in dem Anspruch, dass bei dem Willensbildungsprozess staatl. Organe der Grundsatz der Gleichbehandlung beachtet wird (vgl. von Münch/ Kunig, Art. 3 Rn. 2). Zugleich begründet er ein subjektives Recht auf

Art. 10 [Gleichheit vor dem Gesetz]

Gleichbehandlung – etwa ein Recht auf gleiche Teilhabe am Gemeingebrauch oder an der Benutzung z.B. einer Stadthalle sowie am Zugang zu Schulen, Universitäten usw. Ferner ist Abs. 1 Grundlage für die Abwehr ungerechtfertigter Ungleichbehandlungen (Abwehrrecht).

Abs. 1 gewährleistet ein allg. Menschenrecht; Grundrechtsträger sind alle natürl. Personen, also In- und Ausländer, sowie überdies juristische Personen des Privatrechts und nichtrechtsfähige Personengesellschaften (LVerfGE 1, 16). Für juristische Personen des öffentl. Rechts gilt Abs. 1 zwar nicht, so dass sie dessen Verletzung nicht mit der Verfassungsbeschwerde geltend machen können (vgl. E 75, 201), doch beansprucht der Gleichheitssatz objektiv als allg. Rechtsgrundsatz im Ergebnis Geltung auch für Beziehungen innerhalb des hoheitl. Staatsaufbaus (E 76, 139). Die praktische Bedeutung des Abs. 1 erstreckt sich nahezu auf alle Lebensbereiche. Zu nennen ist insb. seine Bedeutung für die Leistungsverwaltung, vor allem bei wirtschaftslenkenden Maßnahmen (z.B. Subventionen) und im Sozialbereich. Weitere Schwerpunkte liegen im Steuer- und Arbeitsrecht sowie beim Verwaltungshandeln (u.a. Selbstbindung der Verwaltung durch eine Flut von Erlassen). Der allg. Gleichheitssatz ist dementsprechend **bereichsspezifisch** anzuwenden (E 93, 134), die unter Federführung der BVerfG entwickelten Prüfungsmaßstäbe sind folgl. sachbereichsbezogen (vgl. zu diesen Maßstäben im Einzelnen u.a. Sachs, Art. 3 Rn. 134 ff., und Seifert/Hömig, Art. 3 Rn. 9 ff.). Aus Abs. 1 folgt mithin kein verfassungsrechtl. Gebot, ähnliche Sachverhalte in verschiedenen Sachbereichen mit anderen systematischen und sozialgeschichtl. Zusammenhängen gleich zu regeln (LVerfGE 13, 40).

Die Formulierung in Abs. 1, alle Menschen seien »vor dem Gesetz« gleich, könnte den Eindruck vermitteln, der Gleichheitssatz solle nur bei der Gesetzesanwendung durch Verwaltung und Rspr. gelten. Das trifft indes nicht zu. Im Hinblick auf Art. 1 III VvB, der die sich aus Art. 1 III GG bzw. Art. 20 III GG ergebende Bindung aller Organe des Landes Berlin und damit auch des Landesgesetzgebers u.a. an die Grundrechte wiederholt (LVerfGE 1, 151), wird allg. angenommen, dass Abs. 1 auch eine Rechtsetzungsgleichheit verlangt (VerfGH LKV 05, 212), dh die **Landesgesetzgebung** bindet. Das schließt den Verordnungsgeber sowie Tarifvertragspartner ein, soweit sie sich im normativen Bereich bewegen (E 55, 21). Allerdings ist der Landesgesetzgeber mit Rücksicht auf die föderale Struktur der Bundesrepublik nur gehalten, den Gleichheitssatz innerhalb des Geltungsbereichs der VvB zu wahren; die Verfassungsmäßigkeit eines Landesgesetzes kann daher unter dem Aspekt des Gleichheitssatzes nicht in Zweifel gezogen werden, wenn dieses von vergleichbaren Regelungen in anderen Bundesländern (LVerfGE 13,40) oder dem Bund (VerfGH ZBR 04, 275) abweicht.

6 Bei der **Bindung der Verwaltung** an Abs. 1 geht es z.B. um die Vollziehung der Gesetze ohne Ansehen der Person, um willkürfreie Handhabung und Förderung des Verwaltungsverfahrens, um »pflichtgemäße« Ermessensausübung (vgl. E 49, 184) und um Selbstbindung insb. durch Erlass und Anwendung allg. Verwaltungsvorschriften (E 40, 254). Mit Blick auf staatl. Vergabeverfahren verlangt Abs. 1 für die Ausgestaltung des Vergabeverfahrens, dass ein Mitbewerber die Vergabeentscheidung gerichtl., zumindest im Eilverfahren, überprüfen lassen kann, bevor durch Abschluss des Vertrags vollendete Tatsachen geschaffen werden (vgl. dazu und zur Bedeutung des Gleichheitssatzes für die Verwaltung im Einzelnen von Münch/Kunig, Art. 3 Rn. 36 ff.).

7 Die **Bindung der Rspr.** an Abs. 1 bedeutet vor allem **Rechtsanwendungsgleichheit** auch bei der Handhabung des Verfahrensrechts, das bestehende Recht ist ausnahmslos ohne Ansehen der Person zu verwirklichen; jeder wird in gleicher Weise durch die Normierungen des Rechts berechtigt und verpflichtet (E 66, 335 f.). Allerdings kann aus dem Recht auf Rechtsanwendungsgleichheit kein Anspruch auf Fortführung einer nicht mehr als richtig erkannten Rspr. abgeleitet werden (BVerfG NVwZ 05, 81). Überdies ist – wegen der Unabhängigkeit der Gerichte – mit der durch Abs. 1 verbürgten Rechtsanwendungsgleichheit vereinbar eine abweichende Auslegung derselben Norm durch verschiedene Gerichte (E 87, 278: konstitutionelle Ungleichheit).

In Verbindung mit dem Rechtsstaatsprinzip, das für den Rechtsschutz gegen Akte der öffentl. Gewalt in Art. 15 IV VvB besonders ausgeformt ist, und dem Sozialstaatsprinzip (Art. 22 I VvB) gebietet Abs. 1 u.a. eine weitgehende Angleichung der Situation von Bemittelten und Unbemittelten bei der Verwirklichung des Rechtsschutzes. Diesem Gebot wird durch das Institut der **Prozesskostenhilfe** (§ 114 ZPO) mit der Maßgabe genügt, dass das Tatbestandsmerkmal der hinreichenden Erfolgsaussicht als erfüllt anzusehen ist, wenn in der Hauptsache eine schwierige, bisher nicht geklärte Rechtsfrage zu beantworten ist (LVerfGE 3, 14). Indes dürfte es regelmäßig gegen Abs. 1 verstoßen, wenn ein Berufungsgericht die Berufung wegen grundsätzl. Bedeutung zulässt und gleichzeitig zum Nachteil der unbemittelten Partei die entscheidungserhebl. Rechtsfrage als nicht schwierig mit der Folge der Versagung von Prozesskostenhilfe ansieht (vgl. BVerfG NJW 04, 1789). Die gebotene Angleichung verlangt lediql. eine Gleichstellung mit einem Bemittelten, der seine Prozessaussichten vernünftig abwägt und dabei auch das Prozessrisiko berücksichtigt. Deshalb ist es mit dem verfassungsrechtl. Gleichheitsgebot vereinbar, die Gewährung von Prozesskostenhilfe von hinreichenden Erfolgsaussichten abhängig zu machen (VerfGH, B.v. 27.9.02 – 64/02). Allerdings überschreitet ein Fachgericht den ihm bei der Auslegung des Tatbestandsmerkmals »hinreichende Erfolgsaussichten« verfassungsrechtl. zukommenden Entscheidungsspielraum, wenn es die

Anforderungen an die Erfolgsaussicht der beabsichtigten Rechtsverfolgung überspannt und dadurch der Zweck der Prozesskostenhilfe, dem Unbemittelten den weitgehend gleichen Zugang zum Gericht zu ermöglichen, deutl. verfehlt wird (VerfGH, B.v. 29.8.03 – 133/03). Das ist nach Ansicht des BVerfG (NJW 03, 3190) etwa der Fall, wenn ein Gericht den Antrag auf Bewilligung von Prozesskostenhilfe allein mit der Begründung ablehnt, dass »die Berufung aus den Gründen des Urteils vom heutigen Tage keine hinreichende Aussicht auf Erfolg bietet«.

Gleichsam im Interesse einer gewissen Korrektur von Richtersprüchen begründet Abs. 1 inhaltsgleich mit Art. 3 I GG ein u.a. zugunsten eines am gerichtl. Verfahren Beteiligten wirkendes Willkürverbot, dessen Verletzung er mit der Verfassungsbeschwerde rügen kann. Allerdings stellt sich nicht schon jeder mögl. Rechtsanwendungsfehler durch ein Gericht als Verstoß gegen den Gleichbehandlungsgrundsatz des Abs. 1 in seiner materiellen Ausprägung als **Willkürverbot** dar, weil anderenfalls der VerfGH in die Rolle eines Rechtsmittelgerichts gedrängt würde. Zu einem solchen die Auslegung od Anwendung des einfachen Rechts betreffenden Fehler muss vielmehr – soll eine Verletzung des verfassungsrechtl. Willkürverbots anzunehmen sein – **hinzukommen**, dass die gerichtl. Entscheidung – ohne dass es auf subjektive Umstände oder ein Verschulden des Gerichts ankäme (LVerfGE 12, 38) – sachl. völlig unhaltbar und deshalb objektiv willkürlich ist, dh bei objektiver Würdigung der Gesamtumstände die Annahme geboten ist, die vom Gericht vertretene Rechtsauffassung sei »im Bereich des schlechthin Abwegigen anzusiedeln« (LVerfGE 2, 18; st. Rspr., u.a. LVerfGE 3, 6 f., u. 4, 61 f. sowie VerfGH NZM 01, 745 = GE 01, 846, und VerfGH, B.v. 19.1.05 – 120/04; vgl. zu dieser Willkürrechtsprechung im Einzelnen Michaelis-Merzbach, S. 238 ff.). Davon kann nicht gesprochen werden, wenn sich das Gericht eingehend mit der Rechtslage auseinandersetzt und seine Auffassung nicht jedes sachl. Grundes entbehrt. Eine solche eingehende Auseinandersetzung mit der Rechtslage ist verfassungsrechtl. insb. geboten, wenn ein Gericht von dem eindeutigen Wortlaut oder von der höchstrichterl. Auslegung einer Norm abweicht (VerfGH ZMR 01, 691 = GE 01, 1054). **8**

Der Inhalt des Gleichheitssatzes im Einzelnen erschließt sich letztl. erst aus den in der Rspr. des BVerfG entwickelten Vorgaben für die **Gesetzgebung**. Diese Rspr. ist gekennzeichnet von der Ersetzung der früheren – bis 1980 praktizierten – »Willkürformel« durch die sog. neue Formel (ab E 55, 88 ff.). Nach der Willkürformel wird der Gleichheitssatz als verletzt angesehen, »wenn sich ein vernünftiger, sich aus der Natur der Sache ergebender oder sonst wie einleuchtender Grund für die gesetzl. Differenzierung oder Gleichbehandlung nicht finden lässt« (E 1, 52). Nach der neuen Formel ist der Gleichheitssatz vor allem verletzt, »wenn **9** eine Gruppe von Normadressaten im Vergleich zu anderen Normadressaten anders behandelt wird, obwohl zwischen beiden Gruppen keine Unterschiede von solcher Art und solchem Gewicht bestehen, dass sie die ungleiche Behandlung rechtfertigen können« (E 55, 88). Reichte mithin früher irgendein sachl. (einleuchtender) Grund für eine unterschiedl. Behandlung aus, muss nunmehr von Fall zu Fall eine **Gewichtung** erfolgen, ob die tatsächl. Unterschiede die Ungleichbehandlung rechtfertigen. Ungleichbehandlungen und rechtfertigende Gründe müssen in einem angemessenen Verhältnis zueinander stehen (E 89, 377).

10 Im Ausgangspunkt gilt nach wie vor, dass die Anwendung des allg. Gleichheitssatzes den Vergleich von Lebensverhältnissen verlangt, die einander regelmäßig nicht in allen, sondern nur in einzelnen Elementen gleich sind. Grundsätzl. ist es Sache des Gesetzgebers, darüber zu entscheiden, welche von diesen Elementen er als maßgebend für eine Gleich- oder Ungleichbehandlung ansieht; es ist seine Sache, diejenigen Sachverhalte auszuwählen, an die er dieselbe Rechtsfolge knüpfen, die er mithin im Rechtssinn als gleich ansehen will (LVerfGE 12, 58). Bei der Überprüfung eines Gesetzes auf seine Vereinbarkeit mit dem Gleichheitssatz ist nicht zu untersuchen, ob der Gesetzgeber die zweckmäßigste oder gerechteste Lösung gefunden, sondern nur, ob er die verfassungsrechtl. **Grenzen seiner Gestaltungsfreiheit** überschritten hat (E 84, 359). Diese Grenzen sind je nach Regelungsgegenstand und Differenzierungsmerkmalen unterschiedl.; sie reichen vom bloßen Willkürverbot bis zu einer strengen Bindung an Verhältnismäßigkeitserfordernisse (LVerfGE 12, 58). Das Maß der Bindungen, denen der Gesetzgeber unterliegt, ist abhängig namentl. vom Grad der Gleich- bzw. Ungleichbehandlung; je gravierender sie ist, umso engeren Bindungen unterliegt der Gestzgeber bzw. desto schwerwiegender müssen die Gründe für eine Ungleichbehandlung sein (VerfGH LKV 05, 212). Angesichts des Umstandes, dass der allg. Gleichheitssatz in erster Linie eine ungerechtfertigte Verschiedenbehandlung von Personen verhindern soll, unterliegt der Gesetzgeber bei einer Ungleichbehandlung von Personengruppen regelmäßig einer strengen Bindung (LVerfGE 9, 53). Diese Bindung ist jedoch nicht auf personenbezogene Differenzierungen beschränkt. Sie gilt vielmehr auch, wenn eine Ungleichbehandlung von Sachverhalten mittelbar eine Ungleichbehandlung von Personengruppen bewirkt (E 89, 22). Bei ledigl. verhaltensbezogenen Unterscheidungen hängt das Maß der Bindung vor allem davon ab, inwieweit die Betroffenen in der Lage sind, durch ihr Verhalten die Verwirklichung der Merkmale zu beeinflussen, nach denen unterschieden wird (E 55, 89). Dem Gestaltungsspielraum des Gesetzgebers sind überdies umso engere Grenzen gezogen, je stärker sich die Ungleichbehandlung von Personen oder Sachverhalten auf die Ausübung grundrechtl. geschützter Freihei-

ten nachteilig auswirken kann (vgl. zur Entwicklung des Gleichheitssatzes in der Rspr. des BVerfG von Münch/Kunig, Art. 3 Rn 14).
Ungleichbehandlungen sind in denjenigen Fällen, in denen Personengruppen verschieden behandelt werden oder die sich auf die Wahrnehmung von Grundrechten nachteilig auswirken, grundsätzl. nur dann mit dem Gleichheitssatz vereinbar, wenn für die Differenzierung Gründe von solcher Art und solchem Gewicht bestehen, dass sie die ungleichen Rechtsfolgen rechtfertigen können. Außerhalb des damit gekennzeichneten Bereichs lässt der Gleichheitssatz dem Gesetzgeber jedoch weitgehende Freiheit, Lebenssachverhalte je nach dem Regelungszusammenhang verschieden zu behandeln. Die Grenze bildet insoweit das Willkürverbot (vgl. im Einzelnen VerfGH LKV 05, 212). Der **unterschiedl. Weite** des gesetzgeberischen Gestaltungsspielraums entspricht eine abgestufte Kontrolldichte bei der verfassungsgerichtl. Prüfung. Angesichts des weiten Entscheidungs- und Gestaltungsspielraums des Gesetzgebers z.B. im Bereich der Gebühren und ähnl. Entgelten ist es unter Beachtung selbst des Äquivalenzprinzips, einer gebührenrechtl. Ausprägung des Verfassungsgrundsatzes der Verhältnismäßigkeit, mit dem Gleichheitssatz des Abs. 1 vereinbar, wenn der Gesetzgeber im **Straßenreinigungsrecht** anstelle des Frontmetermaßstabs den Grundflächenmaßstab festlegt, die Höhe der Straßenreinigungsentgelte von der jeweiligen Reinigungsstufe einer Straße abhängig macht sowie neben den Anliegern auch die Hinterlieger einer Straße zu den Straßenreinigungsentgelten heranzieht; auch eine gesetzl. Regelung, die zu einer geringeren Entgeltbelastung eines Eckgrundstücks gegenüber einem vergleichbar großen Mittelgrundstück führt, weil bei Grundstükken, die an mehreren öffentl. Straßen in unterschiedl. Reinigungsklassen angrenzen, die Grundstücksfläche jeweils mit dem Anteil angesetzt wird, der sich aus dem Verhältnis der Grundstücksbreiten ergibt, leuchtet ein und verstößt nicht gegen den Gleichheitssatz (VerfGH GE 03,1076).

11

Nach Ansicht des VerfGH war z.B. Art. 1 des Gesetzes v. 23.9.90 (BGBl II 885) iVm mit Regelungen des (Einigungs-)Vertrags v. 31.8.90, wonach sich die aus der Bundesgebührenordnung für Rechtsanwälte ergebenden Gebühren bei einer Tätigkeit von Rechtsanwälten um 20 v.H. ermäßigen, die ihre Kanzlei im Beitrittsgebiet eingerichtet haben, jedenfalls im Zeitpunkt seiner Entscheidung (1995) noch mit dem Gleichheitssatz vereinbar (LVerfGE 3, 108), zumal seinerzeit in Zivilprozessen vor den Land- und Familiengerichten in den alten Bundesländern nur dort zugelassene Rechtsanwälte, in den fünf neuen Ländern aber jeder Rechtsanwalt auftreten konnte. Das änderte sich indes mit dem Inkrafttreten des Gesetzes zur Neuordnung des Berufsrechts der Rechtsanwälte am 1.1.2000 und seither ist die anfängl. Rechtfertigung für die Gebührenermäßigungsregelung entfallen (E 107,133). Die Auflistung unwiderlegl. als gefährl. geltender Hunde in § 3 I HundeVO, für die außerhalb des eingefriedeten Besitztums in § 4 HundeVO ein Leinen- und Maulkorbzwang angeordnet ist, ist mit dem Gleichheitssatz vereinbar, da sie auf hinreichend sachbezogenen, nach Art und Gewicht vertretbaren Gründen beruht (LVerfGE 12, 57). Im Ergebnis Entsprechendes gilt für die Auflösung des Freiwilligen Feuerwehrdienstes (VerfGH LKV 05, 212).

12 Eine gewisse Ergänzung erfährt die sog. neue Formel durch den Grundsatz der **Typisierung**, der es dem Gesetzgeber namentl. bei der Ordnung von Massenerscheinungen (z.B. im Abgaben- und Sozialrecht) sowie in Fällen, in denen die Verwaltungspraktikabilität es fordert (E 82, 101 f.), gestattet, Rechtsfolgen an ein typisches Erscheinungsbild des Regelungsgegenstandes anzuknüpfen. Danach genügt es, Regelfälle eines Sachbereichs zu erfassen und sie als typische Fälle gleichartig zu behandeln. Geschieht dies, können Betroffene, die auf der Grundlage der gesetzl. Regelung ungleich behandelt werden, weil die Umstände ihres Einzelfalls nicht denen der Typenfälle entsprechen, nicht mit Erfolg geltend machen, die Regelung sei mit dem Gleichheitssatz nicht vereinbar (BVerwGE 58, 243). Die Rechtfertigung von Ungleichbehandlungen durch den Grundsatz der Typisierung setzt allerdings voraus, dass die dadurch eintretenden Härten und Ungerechtigkeiten nur eine verhältnismäßig kleine Zahl von Betroffenen (nicht mehr als 10 v.H. – BVerwGE 68, 41) berühren und der Verstoß gegen den Gleichheitssatz nicht sehr intensiv ist (E 100, 90).

Absatz 2:   Differenzierungsverbote

13 Abs. 2 deckt sich – bis auf ganz wenige Randbereiche (vgl. Rn. 2) – mit Art. 3 III 1 GG, ist also insoweit inhaltsgleich, so dass auch für Abs. 2 insb. die Rspr. des BVerfG zu Art. 3 III 1 GG einschlägig ist. Die in Abs. 2 genannten Merkmale dürfen nicht als Anknüpfungspunkt für differenzierende Regelungen herangezogen werden. Aus der Art der einzelnen Merkmale folgt, dass ganz überwiegend natürl. Personen den Schutz des Abs. 2 genießen. Abs. 2 untersagt Benachteiligungen und Bevorzugungen »**wegen**« dieser Merkmale, dh diese Merkmale müssen ursächl. für eine Ungleichbehandlung sein (kausaler Zusammenhang – E 59, 157). Dagegen ist es unerhebl., ob eine Maßnahme auf eine nach Abs. 2 verbotene Ungleichbehandlung »angelegt« ist, sie diese also bezweckt hat, oder ob in erster Linie andere Ziele verfolgt werden (E 85, 206). Es kommt nicht darauf an, ob neben den Merkmalen des Abs. 2 auch andere Gründe für eine Maßnahme maßgebend waren, die zu einer Ungleichbehandlung führt; vielmehr reicht es aus, dass eines dieser Merkmale »in dem Motivbündel«, das die Maßnahme beeinflusst hat, enthalten ist (E 89, 288 f.). Nur ausnahmsweise können z.B. mit Blick

auf das Merkmal »Geschlecht« differenzierende Regelungen zulässig sein, näml. soweit sie zur Lösung von Problemen, die ihrer Natur nach nur entweder bei Männern oder bei Frauen auftreten können, zwingend erforderl. sind (E 85, 207; vgl. zur Rechtfertigung von Ungleichbehandlungen im Einzelnen Jarass/Pieroth, Art. 3 Rn. 76 ff.).

Der Erwähnung des **Merkmals** »Geschlecht« in Abs. 2 kommt neben 14 der Vorschrift des Abs. 3 S. 1 keine besondere Bedeutung zu; hier wie dort geht es um die Unterscheidung zwischen Frau und Mann. Die »Abstammung« bezeichnet die natürl. biologische Beziehungen eines Menschen zu seinen Vorfahren (E 9, 128). Der Begriff »Rasse« umfasst Gruppen mit bestimmten vererbbaren Eigenschaften; danach sind Diskriminierungen etwa von Farbigen, Mischlingen, Juden, Sinti und Roma usw. verboten (vgl. Jarass/Pieroth, Art. 3 Rn. 92). Durch die Aufnahme des Merkmals »Sprache« sollen Gruppen vor Diskriminierung aufgrund ihrer Muttersprache geschützt werden; bei der Festlegung des Deutschen als Gerichts- oder Schulsprache ist die Sprache nicht Anknüpfungspunkt für rechtl. Nachteile und entsprechende Entscheidungen sind deshalb nicht zu beanstanden; zwar verpflichtet Abs. 2 den Staat nicht zum Ausgleich sprachbedingter Erschwernisse für Ausländer, die im Tatsächlichen auftreten (E 64, 157), doch ergibt sich aus dem Gebot des fairen Verfahrens u.U. die Verpflichtung zur Gewährung etwa von Übersetzungshilfen (E 64, 145). Unter »Heimat« ist der örtl. Bereich zu verstehen, in dem man geboren oder ansässig ist; dieses Merkmal ist in erster Linie auf Flüchtlinge sowie Vertriebene anwendbar und gewinnt an Bedeutung durch die große Zahl der Über- und Umsiedler. »Herkunft« meint die von den Vorfahren, vor allem den Eltern hergeleitete soziale Verwurzelung (E 91, 148). Durch das Wort »Glauben« werden auch areligiöse und antireligiöse Anschauungen geschützt und nicht nur das Religionsbekenntnis, das seinerseits speziell nochmals von den »religiösen Anschauungen« erfasst wird (von Münch/Kunig, Art. 3 Rn. 101). »Politisch« sind die auf die Gestaltung von Staat und Gesellschaft bezügl. Anschauungen (Seifert/Hömig, Art. 3 Rn. 18). Die »sexuelle Identität« ist das geschlechtl. Selbstverständnis des Menschen und wohl vor allem mit Blick auf ein Verbot der Benachteiligung von Homosexuellen in Abs. 2 aufgenommen worden (Pfennig/Neumann, Art. 10 Rn. 16); indes bedarf es einer solchen Aufnahme nicht, weil ein ausreichender Schutz bereits durch Abs. 1 sowie durch Art. 7 iVm Art. 6 begründet ist (vgl. dazu auch BTDrs 12/6000, S. 54).

Absatz 3: Gleichberechtigungsgrundsatz

Abs. 3 S. 1 ist wortgleich mit Art. 3 II 1 GG, er ist wie dieser eine **spe-** 15 **zialgesetzl. Ausprägung** von Abs. 1 und Abs. 2. Er konkretisiert den allg. Gleichheitssatz und verbietet – wie Abs. 2 mit dem Abstellen auf das Merkmal »Geschlecht« –, dass der Geschlechtsunterschied als beachtl. Grund für eine Ungleichbehandlung herangezogen wird. Bereits aus der Formulierung »Frauen und Männer« ergibt sich, dass Abs. 3 S. 1 den Schutz sowohl der Frauen als auch der Männer bezweckt. Das Grundrecht der Gleichberechtigung enthält ein subjektives Recht und überdies eine verfassungsrechtl. Wertentscheidung, was insb. für mittelbar Betroffene von Bedeutung ist (vgl. Jarass/Pieroth, Art. 3 Rn. 67 a).

16 Gegen das durch Abs. 3 S. 1 angeordnete Gebot der Gleichbehandlung verstoßen alle staatl. Maßnahmen, durch die Frauen anders als Männer behandelt werden. Das kann dadurch geschehen, dass eine Maßnahme ausdrückl. auf das Geschlecht als Differenzierungsmerkmal abhebt (**direkte Ungleichbehandlung**). Jedoch liegt eine solche Ungleichbehandlung auch vor, wenn eine Maßnahme vom Geschlecht lediglich mit abhängt (vgl. Rn. 13). Erfasst wird überdies »eine geschlechtsneutral formulierte Regelung«, die »überwiegend Frauen trifft und dies auf natürl. und gesellschaftl. Unterschiede zwischen den Geschlechtern zurückzuführen ist« (E 97, 43 – sog. **indirekte Ungleichbehandlung**). Ausnahmen von dem durch Abs. 3 S. 1 begründeten – mangels eines ausdrückl. Gesetzesvorbehaltes sozusagen – absoluten Differenzierungsverbot können mit Blick auf unmittelbare Ungleichbehandlungen gerechtfertigt sein, soweit sie zur Lösung von Problemen, die ihrer Natur nach nur entweder bei Frauen oder Männern auftreten können, zwingend erforderl. sind (vgl. Rn. 13), und soweit sie durch Abs. 3 S. 3 (vgl. Rn. 17) oder durch sonstiges kollidierendes Verfassungsrecht legitimiert sind (E 92, 109); eine indirekte Ungleichbehandlung ist zulässig, wenn sie durch gewichtige objektive Gründe gerechtfertigt ist und somit nichts mit einer Diskriminierung wegen des Geschlechts zu tun hat (vgl. zu den Rechtfertigungsgründen im einzelnen u.a. von Münch/Kunig, Art 3 Rn. 87 ff., und Sachs, Art 3 Rn. 272 ff.).

17 Abs. 3 S. 2 verpflichtet das Land, die Gleichstellung und die gleichberechtigte Teilhabe von Frauen und Männern auf allen Gebieten des gesellschaftl. Lebens herzustellen und zu sichern. Diesem Auftrag dürfte der Landesgesetzgeber weitgehend durch den Erlass des Landesgleichstellungsgesetzes idF v. 6.9.2002 (GVBl S. 280) entsprochen haben. S. 3 des Abs. 3 lässt »zum Ausgleich bestehender Ungleichheiten« Maßnahmen zur Förderung der Gleichstellung zu. Der VerfGH hat offen gelassen, ob diese Norm ein einklagbares subjektives Recht für den Einzelnen auf bestimmtes staatl. Handeln schafft (LVerfGE 7, 8), doch dürfte dies zu verneinen sein. Denn dem Verfassungsgeber ist es offenbar in diesem Zusammenhang nicht darum gegangen, dem Einzelnen originäre Teilhabe- bzw. Leistungsansprüche gegen den Staat zu begründen und dem Staat eine verfassungsrechtl. Verpflichtung aufzuerlegen, sondern darum, ihn zu ermächtigen, durch bestimmte Förder-

maßnahmen bestehende (faktische) Ungleichheiten zu überwinden (AvBDrs 12, 4376, S. 28). Eine ganz andere Frage ist, ob diese Ermächtigung als besonderer **Rechtfertigungsgrund** für Ungleichbehandlungen iS des durch Abs. 2 und Abs. 3 S. 1 mit Blick auf Geschlechter aufgestellten Diskriminierungsverbots anzuerkennen ist. Diese Frage dürfte zu bejahen sein (ebenso Pfennig/Neumann, Art. 10 Rn. 26, und Zivier, S. 112). Deshalb dürfte z.B. eine gesetzl. Regelung nicht zu beanstanden sein, durch die ein höherer Anteil von Frauen bei berufl. Tätigkeiten erreicht oder gar erzwungen werden soll. Zu beachten ist indes, dass durch Abs. 3 S. 3 ein Ausgleich von bestehenden Ungleichheiten erzielt werden soll, was nicht schlechthin identisch ist mit einer paritätischen Besetzung berufl. Positionen. Verfassungsrechtl. legitim dürften deshalb nur Quoten als Hilfsmittel für die Bemessung desjenigen Anteils von Frauen sein, der sich bei diskriminierungsfreier Auswahl unter dem gleichermaßen qualifizierten Bewerberpotenzial ergeben würde (vgl. Sachs, Art. 3 Rn. 288).

Art. 11 [Gleichstellung Behinderter]

Menschen mit Behinderungen dürfen nicht benachteiligt werden. Das Land ist verpflichtet, für die gleichwertigen Lebensbedingungen von Menschen mit und ohne Behinderung zu sorgen.

1 Nach S. 1 dürfen Menschen mit Behinderungen nicht benachteiligt werden. S. 2 verpflichtet das Land, für gleichwertige Lebensbedingungen von Menschen mit und ohne Behinderung zu sorgen. Das mit Art. 3 III 2 GG inhaltl. übereinstimmende **Benachteiligungsverbot** in S. 1 will den Schutz des allg. Gleichheitssatzes nach Art. 10 I VvB für Behinderte verstärken und der staatl. Gewalt insoweit engere Grenzen vorgeben, als die Behinderung nicht als Anknüpfungspunkt für eine – benachteiligende – Ungleichbehandlung dienen darf (LVerfGE 8, 65); bevorzugende Ungleichbehandlungen mit dem Ziel einer Angleichung der Verhältnisse von Nichtbehinderten und Behinderten sind dagegen erlaubt (E 96, 302 f.). Indem die VvB das Benachteiligungsverbot in einem eigenen Art. im Anschluss an den allg. Gleichheitssatz festschreibt, betont sie dessen eigenständige Bedeutung, die sich daraus ergibt, dass Behinderung nicht nur ein bloßes Anderssein bezeichnet, sondern vielmehr eine Eigenschaft ist, die die Lebensführung für den Betroffenen auch bei einem gesellschaftl. Einstellungs- und Auffassungswandel gegenüber Behinderten grundsätzl. schwieriger macht (LVerfGE 8, 65). S. 1 gewährt ein subjektives grundrechtl. Abwehrrecht gegen staatl. Benachteiligungen, dessen Träger allein natürl. Personen sind (vgl. zu den Funktionen sowie zum Prüfungsaufbau und zum Gehalt des Behindertengrundrechts Beaucamp DVBl 02,997). Soweit wegen einer Behinderung die körperl. Fähigkeit zur Wahrnehmung eines Rechtes fehlt, darf dies allerdings berücksichtigt werden und sogar zur Verweigerung dieses Rechts führen (VerfGH, B.v. 21.3.05 – 10/04) – Maßgebend ist, ob die Ungleichbehandlung gerade an die Behinderung als solche anknüpft; deshalb stellt noch keine verbotene Benachteiligung dar die Kürzung von Haushaltsmitteln für einen Behindertenfahrdienst (Telebus) und die Einführung einer differenzierten Kostenbeteiligung der Nutzer (LVerfGE 8, 62).

2 Der Begriff »**Behinderung**« ist nicht eindeutig. Anknüpfend an die Definition im 3. Behindertenbericht der BReg (BTDrs 12/7148 S.2) ist nach Ansicht des BVerfG (E 96, 301) eine Behinderung die Auswirkung einer nicht nur vorübergehenden Funktionsbeeinträchtigung, die auf einem regelwidrigen körperlichen, geistigen oder seelischen Zustand beruht (vgl. zum verfassungsrechtl. Begriff der Behinderung Neumann NVwZ 03, 897). Eine Einschränkung auf schwer behinderte Menschen iS des früheren § 1 SchwbG ist vom Wortlaut des S. 1 nicht gedeckt (vgl. dazu Beaucamp aaO). Eine rechtl. Schlechterstellung von in die-

sem Sinne Behinderten ist nur zulässig, wenn zwingende Gründe dafür vorliegen (E 99, 357).

Durch die in S. 2 niedergelegte Verpflichtung des Landes zur Schaffung gleichwertiger Lebensbedingungen wird die Bedeutung des Verbots in S. 1 unterstrichen und gleichzeitig um einen staatl. **Förderungs- und Integrationsauftrag** ergänzt. Diesem Auftrag hat der Berliner Gesetzgeber durch den Erlass des Landesgleichberechtigungsgesetzes v. 17.5.99 (GVBl S. 178) entsprochen. Im Übrigen ist eine Benachteiligung iS des S. 1 nicht nur bei Regelungen und Maßnahmen gegeben, die die Situation des Behinderten wegen seiner Behinderung verschlechtern, indem ihm etwa der tatsächl. mögl. Zutritt zu öffentl. Einrichtungen verwehrt wird oder Leistungen, die grundsätzl. jedermann zustehen, verweigert werden. Vielmehr kann eine Benachteiligung auch bei einem Ausschluss von Entfaltungs- und Betätigungsmöglichkeiten durch die öffentl. Gewalt gegeben sein, wenn dieser nicht durch eine auf die Behinderung bezogene Förderungsmaßnahme hinlängl. kompensiert wird (LVerfGE 13, 41). 3

Der VerfGH (LVerfGE 8, 66) hat offen gelassen, ob sich aus der Bedeutung des S. 1 und dem Verfassungsauftrag des S. 2, zur faktischen Gleichstellung von Behinderten und Nichtbehinderten nicht nur beizutragen, sondern »zu sorgen«, unmittelbare Leistungsansprüche herleiten lassen. Das dürfte zu verneinen sein (ebenso Pfennig/Neumann, Art. 11 Rn. 3), weil es offenbar einzig Bestreben des Verfassungsgebers war, Politik und Verwaltung zu verpflichten, ihr Handeln so **auszurichten**, dass für Menschen mit Behinderungen gleichwertige Lebensbedingungen geschaffen werden (AvBDrs 12/4376 S. 28). Sähe man das anders, stünde ein – unterstellter – Leistungsanspruch unter dem Vorbehalt dessen, was vernünftigerweise vom Staat geleistet werden kann. Darüber hat in erster Linie der Gesetzgeber in eigener Verantwortung unter Berücksichtigung anderer Gemeinwohlbelange und der gesamtwirtschaftl. Leistungsfähigkeit zu entscheiden. Dieser muss Prioritäten setzen, die verschiedenen Belange koordinieren und in eine umfassende Planung einfügen. Er bleibt daher befugt, die nur begrenzt verfügbaren Mittel für andere wichtige Gemeinschaftsbelange einzusetzen. Bei notwendigen allg. Kürzungen darf er daher selbst z.B. für die Beförderung Behinderter weniger Mittel als bisher bereitstellen und gewährte Leistungen oder Leistungshöhen wieder ganz oder teilweise zurücknehmen; aus S. 2 lässt sich jedenfalls kein Anspruch auf unentgeltl. Benutzung eines Behindertenfahrzeugs herleiten (LVerfGE 8, 66). 4

Verfassung von Berlin

Art. 12 [Ehe, Familie, Kinder]

(1) Ehe und Familie stehen unter dem besonderen Schutz der staatlichen Ordnung.
(2) Andere auf Dauer angelegte Lebensgemeinschaften haben Anspruch auf Schutz vor Diskriminierung.
(3) Pflege und Erziehung der Kinder sind das natürliche Recht der Eltern und die zuvörderst ihnen obliegende Pflicht.
(4) Gegen den Willen der Erziehungsberechtigten dürfen Kinder nur aufgrund eines Gesetzes von der Familie getrennt werden, wenn die Erziehungsberechtigten ihrem Erziehungsauftrag nicht nachkommen.
(5) Wer in häuslicher Gemeinschaft Kinder erzieht oder für andere sorgt, verdient Förderung.
(6) Jede Mutter hat Anspruch auf den Schutz und die Fürsorge der Gemeinschaft.
(7) Frauen und Männern ist es zu ermöglichen, Kindererziehung und häusliche Pflegetätigkeit mit der Erwerbstätigkeit und der Teilnahme am öffentlichen Leben zu vereinbaren. Alleinerziehende Frauen und Männer, Frauen während der Schwangerschaft und nach der Geburt haben Anspruch auf besonderen Schutz im Arbeitsverhältnis.

1 Art. 12 enthält **Menschenrechte**, die allen natürl. Personen ohne Rücksicht auf ihre Staatsangehörigkeit zustehen; mit Vormund und Pfleger können auch juristische Personen Träger des Grundrechts aus Abs. 4 sein. Die Einzelregelungen des Art. 12 **decken sich** weitgehend mit denen des Art. 6 GG: Abs. 1 ist wort- und inhaltsgleich mit Art. 6 I GG, Abs. 3 mit Art. 6 II 1 GG und Abs. 6 mit Art. 6 IV. Abs. 4 entspricht – wenn auch bei der Formulierung der Voraussetzung für die Entziehung des Erziehungs- und Pflegerechts nicht wörtl. – dem Art. 6 III GG (VerfGH NJW 01, 3181). Im Übrigen hat der Berliner Verfassungsgeber davon abgesehen, eine dem Art. 6 II 2 GG entsprechende Vorschrift, nach der die staatl. Gemeinschaft über die Betätigung von Pflege- und Erziehungsrecht bzw. -pflicht der Eltern wacht, in die VvB aufzunehmen; er hielt diese Vorschrift offenbar für entbehrlich, da sich ein »Wächteramt des Staates« zum Wohl des Kindes schon deshalb ergibt, weil das Kind als Grundrechtsträger (Wesen mit eigener Menschenwürde und einem eigenen Recht auf Entfaltung seiner Persönlichkeit iS der Art. 6 und 7) Anspruch auf den Schutz des Staates hat (vgl. E 24, 144). Die in Art. 6 V GG enthaltene Gleichstellung nichtehel. Kinder hat der Berliner Verfassungsgeber in Art. 13 geregelt. In die Abs. 2, 5 und 7 hat er Bestimmungen aufgenommen, die keine ausdrückl. Entsprechung

Absatz 1: Schutz von Ehe und Familie

Abs. 1 enthält zunächst eine **Institutsgarantie**; Ehe und Familie als Institutionen in Staat und Gesellschaft werden in ihren wesentl. Grundzügen rechtl. garantiert. Überdies enthält Abs. 1 ein Freiheitsgrundrecht, dh ein Abwehrrecht gegen Eingriffe des Staates in die Privatsphäre von Ehe und Familie. Schließl. stellt Abs. 1 eine verfassungsrechtl. Wertentscheidung dar, die dem Staat aufgibt, Ehe und Familie zu schützen und zu fördern (vgl. zum Schutz von Ehe und Familie als Verfassungsentscheidung für eine vitale Gesellschaft Di Fabio NJW 03,993), und der u.a. im Haftvollzug besondere Bedeutung zukommt (VerfGH, B.v. 3.5.01 – 94/00). Bei der Wahrnehmung des damit dem Gesetzgeber auferlegten Auftrags bleibt ihm ein beachtl. Gestaltungsspielraum. Angesichts des hohen Ranges, der den Grundrechtsgütern Ehe und Familie im Verfassungsgefüge zukommt, ist Maßstab für eine verfassungsgerichtl. Kontrolle namentl. von Entscheidungen der zuständigen Organe im Bereich des Aufenthaltsrechts nicht deren offensichtl. Unhaltbarkeit, sondern deren Vertretbarkeit (VerfGH, B.v. 1.11.04 – 89/04). Abs. 1 vermittelt regelmäßig keine konkreten Leistungsansprüche, begründet aber ein Benachteiligungsverbot (vgl. Sachs, Art. 6 Rn. 31 f.).

»**Ehe**« iS des Abs. 1 ist die auf Dauer angelegte bürgerl.-rechtl. (Ein-) Ehe zwischen Mann und Frau (ebenso zu Art. 6 I GG E 105, 342; krit. dazu Möller DÖV 05,64), die in den rechtl. vorgesehenen Formen geschlossen wird und bei Vorliegen der gesetzl. Voraussetzungen geschieden werden kann, so dass die Ehegatten ihre Eheschließungsfreiheit wiedererlangen (E 31, 82 f.). Damit bleiben die nichtehel. oder eheähnl. Lebensgemeinschaften ebenso wie gleichgeschlechtl. Verbindungen aus dem Schutzbereich des Abs. 1 ausgespart. Geschützt wird das Verhalten von der Eheschließung über das ehel. Zusammenleben bis zur Ehescheidung, frei ist die Wahl des Ehepartners, des Zeitpunkts der Eheschließung sowie die Entscheidungen über den Ehe-/Familiennamen, den gemeinsamen Wohnort und das Ehegüterrecht. Indes kann Abs. 1 mit Blick auf die Institutsgarantie zugunsten der Ehe kein Verbot entnommen werden, z.B. gleichgeschl. Partnern die Möglichkeit einer rechtl. ähnl. ausgestalteten Partnerschaft zu eröffnen, wie es der Bundesgesetzgeber durch das Lebenspartnerschaftsgesetz v. 16.2.2001 (BGBl I S. 266) getan hat. Aus dem in Abs. 1 enthaltenen Gebot, der Ehe einen besonderen Schutz durch die staatl. Ordnung zu geben, lässt sich kein Gebot herleiten, andere Lebensformen gegenüber der Ehe zu benachteiligen (E 105, 348); das Förderungsgebot des Abs. 1 kann – wie der Verfassungsgeber in Abs. 2 deutl. gemacht hat – nicht als Benachteiligungsgebot für andere Lebensformen als die Ehe verstanden werden (vgl. zur Vereinbarkeit des Lebenspartnerschaftsgesetzes mit Art. 6 I GG auch Lindenberg/Micker DÖV 03, 707).

4 Der Begriff »**Familie**« knüpft an das bürgerl.-rechtl. Institut der Familie an; Familie ist die umfassende Gemeinschaft zwischen Eltern und Kindern (E 10, 66), seien diese ehel. oder nichtehel., minder- oder volljährig (E 57, 176), Adoptiv-, Stief- oder Pflegekinder (E 18, 105 f.). Schutzobjekt ist nicht die Generations-Großfamilie im alten Sinne, sondern die moderne Kleinfamilie (E 48, 339, vgl. zum besonderen Schutz der Familie in Art. 6 I GG Kirchhof AöR 04, 542). Auch der leibl., aber nicht rechtl. Vater (sog. biologischer Vater) bildet mit seinem Kind eine von Abs. 1 geschützte Familie, wenn zwischen ihm und dem Kind eine sozial-familiäre Beziehung besteht; es verstößt gegen Abs. 1, den so mit seinem Kind verbundenen biologischen Vater selbst dann vom Umgang mit dem Kind auszuschließen, wenn dieser dem Wohl des Kindes dient (E 108, 82 f.). Die Pflicht zur Förderung der Familie umfasst vor allem den wirtschaftl. Zusammenhang der Familie, insb. die Kinderbetreuung und die Vereinbarkeit von Familien- und Erwerbstätigkeit (E 88, 260). Abs. 1 auferlegt dem Staat eine allg. Pflicht zum Familienlastenausgleich. Bei der Entscheidung darüber, in welchem Umfang und in welcher Weise ein solcher Ausgleich vorzunehmen ist, steht dem Gesetzgeber aber eine Gestaltungsfreiheit zu. Er ist nicht verpflichtet, jegl. die Familie treffende finanzielle Belastung auszugleichen (E 23, 264); er darf eine unterschiedl. Förderungsbedürftigkeit berücksichtigen (E 17, 219 f.).

5 Das in Abs. 1 enthaltene Diskriminierungsverbot verbietet grundsätzl. jede Benachteiligung von Ehegatten gegenüber Ledigen und von Familienmitgliedern gegenüber Nicht-Familienzugehörigen (vgl. E 9, 242), soweit es sich – unter Anlegung strenger Maßstäbe (E 12, 69) – nicht bloß um unbeabsichtigte Nebenfolgen in Ausnahmefällen handelt (vgl. E 6, 77). Eine Verletzung des Grundrechts liegt regelmäßig vor, wenn sich bei dem Vergleich von Verheirateten mit Ledigen und Familienmitgliedern mit Nicht-Familienangehörigen **allein** aus dem Umstand des Verheiratetseins oder der Zugehörigkeit zu einer Familie nachteilige Rechtsfolgen ergeben (E 28, 347). Indes können Diskriminierungen durch »einleuchtende Sachgründe« (E 78, 130) bzw. besondere Rechtfertigungsgründe (E 13, 199) gerechtfertigt werden. So ist beispielsweise eine Begünstigung von Unverheirateten (etwa durch eine Ausbildungszulage) nicht ausgeschlossen, wenn dies mit üblicherweise nur bei ihnen vorliegenden Gründen (z.B. größerer Bedürftigkeit) gerechtfertigt werden kann (vgl. Seifert/Hömig, Art. 6 Rn. 11; s. zu Einzelfällen u.a. von Münch/Kunig, Art. 6 Rn. 44 ff.). Im Übrigen darf in das Recht auf Leben in ehel. und familiärer Gemeinschaft etwa zugunsten der Bedürfnisse einer wirksamen Strafrechtspflege eingegriffen werden, die als

Teil des Rechtsstaatsprinzips ihrerseits Verfassungsrang einnimmt und u.a. die Bekämpfung, Aufklärung und gerechte Ahndung schwerer Straftaten beinhaltet (VerfGH, B.v. 3.5.01 – 94/00).

Besondere praktische Bedeutung hat Abs. 1 im Bereich des **Aufenthaltsrechts**, wo dem Schutz von Ehe und Familie bei der Güterabwägung zwischen den privaten Interessen des Ausländers und den öffentl. Belangen des Staates ein hoher Rang zukommt. Zwar gewährt Abs. 1 nicht unmittelbar einen Anspruch auf Aufenthalt (VerfGH NVwZ-RR 01, 687) oder Nachzug eines Kindes nach Berlin (LVerfGE 7, 66); auch schützt er den ausländischen Ehepartner einer deutschen Staatsangehörigen nicht schlechthin vor einer Abschiebung (VerfGH, B.v. 21.12.00 – 70/00). Doch verpflichtet die in ihm enthaltene verfassungsrechtl. Wertentscheidung die Ausländerbehörde, bei der Entscheidung über aufenthaltsbeendende Maßnahmen das Interesse eines deutschen Ehepartners daran, seine Ehe als eine Lebensgemeinschaft gleichberechtigter Partner im Bundesgebiet fortzusetzen (VerfGH, B.v. 22.2.01 – 151/00), oder die familiäre Bindung des den weiteren Aufenthalt begehrenden Ausländers an Personen, die sich berechtigterweise im Bundesgebiet aufhalten, in einer dem Gewicht der jeweiligen Bindung entsprechenden Weise von Amts wegen zu berücksichtigen. Allerdings ist eine Anwendung des Abs. 1 in aufenthaltsrechtl. Hinsicht sachl. nur gerechtfertigt, wenn außer einer rechtl. auch eine tatsächl. – regelmäßig in der Pflege einer häusl. Gemeinschaft zum Ausdruck kommende – Verbundenheit zwischen Familienmitgliedern besteht oder (wieder) hergestellt werden soll (LVerfGE 7, 65). Trifft das zu, braucht der Betroffene es nicht hinzunehmen, unter unverhältnismäßiger Vernachlässigung dieser Verbundenheit daran gehindert zu werden, bei seinem im Bundesgebiet lebenden Ehepartner bzw. seinen Familienangehörigen Aufenthalt zu nehmen oder zu behalten.

Ist ein aufenthaltsberechtigter Ehepartner auf die Lebenshilfe des anderen Lebenspartners angewiesen und lässt sich diese Hilfe nur in der Bundesrepublik erbringen, drängt die Pflicht des Staates, die Ehe zu schützen, regelmäßig einwanderungspolitische Gründe zurück; dabei kommt es nicht darauf an, ob die Beistandsgemeinschaft als Hausgemeinschaft gelebt wird und ob tatsächl. Hilfe auch von einer anderen Person erbracht werden könnte (VerfGH, B.v. 1.11.04 – 89/04). Soweit eine Familie zwischen einem Elternteil und seinem einen weiteren Aufenthalt anstrebenden erwachsenen Kind über eine Begegnungsgemeinschaft hinausgehend als Beistandsgemeinschaft geführt wird, dh wenn ein Familienmitglied auf die Lebenshilfe des betreffenden erwachsenen Kindes angewiesen ist, diese Hilfe von ihm tatsächl. gewährt wird und sich nur in der Bundesrepublik erbringen lässt, oder soweit die Lebensgemeinschaft zwischen einem Ausländer und seinem tatsächl. von ihm Lebenshilfe erhaltenen (nichtehel.) Kind, für das er die Vaterschaft anerkannt hat, nur in der Bundesrepublik Deutschland stattfinden kann, weil dem deutschen Kind wegen dessen Beziehung zu seiner Mutter das Verlassen der Bundesrepublik Deutschland nicht zumutbar ist, drängt die Pflicht des Staates, die Familie zu schützen, ebenfalls einwanderungspolitische Belange regelmäßig zurück (VerfGH einerseits B.v. 21.12.00 – 138/00 – u. andererseits NVwZ-RR 01, 687); in solchen Fällen ist die Beziehung zwischen Eltern und Kindern ähnl. zu bewerten wie die Ehe eines deutsch verheirateten Ausländers. Generalpräventiv motivierte Ausweisungen kommen in diesen Fällen nur bei besonders schweren Straftaten in Betracht (E 51, 297 f.).

Absatz 2: Diskriminierungsverbot für andere Lebensgemeinschaften

7 Gemäß Abs. 2 haben andere als die von Abs. 1 geschützten Lebensgemeinschaften für den Fall, dass sie auf Dauer angelegt sind, Anspruch auf **Schutz vor Diskriminierung**. Von dieser verfassungsrechtl. Wertentscheidung werden vom Ansatz her erfasst alle nichtehel. Lebensgemeinschaften zwischen zwei Personen, seien es verschieden geschlechtl. Verbindungen wie etwa eheähnl. Lebensgemeinschaften, seien es gleichgeschlechtl. Verbindungen. Eine Ausnahme davon gilt für unverheiratete Paare, die mit ihren Kindern zusammenleben; denn sie werden vom Rechtsbegriff »Familie« umfasst und deshalb durch Abs. 1 geschützt. Ob im Übrigen unter Abs. 2 auch Dreiecksverhältnisse und Lebensgemeinschaften fallen, die nur auf politischer, religiöser oder weltanschaul. Übereinstimmung beruhen, ist eher zweifelhaft (vgl. Zivier, S. 113).

8 Mit der besonderen Erwähnung dieser anderen Lebensgemeinschaften bringt die VvB zum Ausdruck, dass die staatl. Ordnung auch andere persönl. Verbindungen zu **respektieren** hat. Damit werden diese jedoch nicht der Ehe gleichgestellt (vgl. AvBDrs 12/4874 S. 8), sondern es wird ledigl. ein an den Gleichbehandlungsgrundsatz (Art. 10 I) anknüpfendes Diskriminierungsverbot begründet (AvBDrs 12/4376, S. 79). Zwar ist eine Schlechterstellung gegenüber Ehe und Familie erlaubt; so kann ein Ausländer, der in Berlin in einer homosexuellen Partnerschaft lebt, aus Abs. 2 nicht einen Anspruch darauf herleiten, in aufenthaltsrechtl. Hinsicht wie ein mit einer deutschen Staatsangehörigen Verheirateter behandelt zu werden (VerfGH JR 98, 507). Doch dürfte Abs. 2 jedenfalls eine unterschiedl. Behandlung von homosexuellen und heterosexuellen nichtehel. Lebensgemeinschaften verbieten, sofern sie jeweils unter Abs. 2 fallen (vgl. LVerfGE 3, 13).

9 Durch das Merkmal »**auf Dauer**« hat der Verfassungsgeber die von ihm für schützenswert gehaltenen Lebensgemeinschaften von beliebigen, eher zufälligen Lebensgemeinschaften abgrenzen wollen. Indes ist

zweifelhaft, unter welcher Voraussetzung angenommen werden kann, dass eine Lebensgemeinschaft auf Dauer angelegt ist, und wie dies ggf. zu verifizieren ist.

Absatz 3: Elternrecht und -pflicht

Abs. 3 enthält zunächst eine Institutsgarantie, welche die Kindererziehung in der Familie unter den verfassungsrechtl. Schutz stellt, und überdies eine verfassungsrechtl. Wertentscheidung, er enthält im Verhältnis zum allg. Schutz der Familie durch Abs. 1 speziellere Regelungen. Gewährleistet wird der Vorrang der Eltern, ihre Eigenständigkeit und Selbstverantwortlichkeit bei der Pflege und Erziehung der Kinder; das schließt ihr Recht auf *Umgang* mit ihren Kindern ein. Zugleich gewährt Abs. 3 als Abwehrrecht den Eltern Schutz vor staatl. Eingriffen, soweit sie nicht durch Abs. 4 gedeckt sind. Er begründet jedoch keinen grundrechtl. Anspruch auf Nachzug oder Verbleib eines ausländischen Kindes in Berlin, insbes. dann nicht, wenn für keinen Elternteil durch die Versagung der Aufenthaltsgenehmigung oder die Ausweisung die Notwendigkeit besteht, eine Trennung von seinem Kind hinzunehmen (VerfGH, B.v. 28.5.04 – 71/03). Der Verfassungsgeber hat den Eltern ausdrückl. auch die Pflicht zur Kindeserziehung auferlegt und dadurch deutl. gemacht, dass Abs. 3 die Wahrnehmung der Elternverantwortung im **Interesse des Kindeswohls** gewährleistet (LVerfGE 7, 65). Das in diesem Sinne zu verstehende Grundrecht steht jedem Elternteil einzeln zu (E 47, 76). Träger dieses Rechts sind die Eltern ehel. Kinder und Adoptivkinder (E 24, 135); bei nichtehel. Kindern gilt dies nicht nur für die Mutter, sondern auch für den Vater (VerfGH, B.v. 21.3.05 – 67/03). Abs. 3 schützt auch den leibl., aber nicht rechtl. (sog. biologischen) Vater in seinem Interesse, die rechtl. Stellung als Vater einzunehmen; ihm ist verfahrensrechtl. die Möglichkeit zu eröffnen, die rechtl. Vaterposition zu erlangen, wenn dem der Schutz einer familiären Beziehung zwischen dem Kind und seinen rechtl. Eltern nicht entgegensteht (BVerfG NJW 03, 2151). Überdies begründet Abs. 3 die Berechtigung eines Elternteils, ggf. eine Pflichtenwahrnehmung des anderen Elternteils einzufordern (VerfGH FamRZ 04, 970). Ein Eingriff in das Elternrecht durch Sorgerechtsentzug stellt keinen Verstoß gegen Abs. 3 dar, wenn die familienrechtl. Ansprüche der Eltern gegenüber denjenigen der anderen Beteiligten, insb. des Kindes, abgewogen werden (VerfGH FamRZ 03, 1487); das Elternrecht findet seine Grenze in anderen kollidierenden Verfassungsgütern, vor allem den Grundrechten des Kindes (VerfGH, B.v. 21.3.05 – 67/03). Keine Grundrechtsträger sind Großeltern, Stiefeltern, Pflegeeltern und Vormünder (E 10, 328).

Den Eltern obliegt die Sorge für die »**Pflege und Erziehung**«, wobei »Pflege« mehr auf das körperl. Wohl und »Erziehung« mehr auf die geistig-seelische Entwicklung, Bildung und Ausbildung ausgerichtet sein dürfte. Eine genaue Differenzierung ist indes entbehrl., weil »Pflege und Erziehung« als einheitl. Begriff zu verstehen ist (Seifert/Hömig, Art. 6 Rn. 15). Von ihm umfasst ist neben der Befriedigung des Lebensbedarfs der Kinder u.a. die Bestimmung des Erziehungsziels und der Erziehungsmethoden, wobei die Schranken des Art. 7 sowie der staatl. Erziehungsauftrag in der Schule (Art. 7 I GG) allerdings Grenzen setzen. Es ist verfassungsrechtl. nicht zu beanstanden, dass ein nichteheliches Kind bei seiner Geburt grundsätzlich der Mutter und nicht dem Vater oder beiden Elternteilen gemeinsam zugeordnet wird (vgl. § 1626a II BGB); die gemeinsame Sorge (vgl. § 1626 a I Nr. 1 BGB) setzt im Kindeswohlinteresse bei beiden Elternteilen die Bereitschaft voraus, aus der Elternstellung nicht nur Rechte herleiten zu wollen, sondern auch Pflichten gegenüber dem Kind zu übernehmen, also Verantwortung für das Kind zu tragen (E 107, 173). Im Übrigen überdauert die Elternverantwortung eine Scheidung und ist unabhängig von der Übertragung der elterl. Sorge (E 64, 188); sie nimmt mit dem fortschreitenden Alter der Kinder ab und erlischt mit deren Volljährigkeit (E 59, 382). Durch Abs. 3 ausgelöste aufenthaltsrechtl. Schutzwirkungen greifen nicht über diejenigen des Abs. 1 hinaus; insb. gewährt Abs. 3 – wie Abs. 1 (vgl. Rn. 6) – keinen grundrechtl. Anspruch auf Nachzug eines Kindes in das Land Berlin (LVerfGE 7, 66). Entbindet eine Frau in U-Haft, ist die zuständige Behörde nach Maßgabe der Umstände des Einzelfalls gehalten, der Mutter die Gelegenheit zu eröffnen, die sich aus Art. 3 ergebenden Rechte und Pflichten möglichst weitgehend und vor allem während der ersten Monate nach der Geburt und damit in der Stillzeit erfahren und ausüben zu können; wenn eine junge Mutter ihr Kind stillen will und kann, ist das die wichtigste Form der Ausübung des Pflegerechts (VerfGH NJW 01, 3181).

Absatz 4: Trennung des Kindes von der Familie

12 Abs. 3 und 4 greifen insofern ineinander, als Abs. 3 den Eltern (einem Elternteil) das »natürliche« Recht auf Pflege des Kindes einräumt und Abs. 4 einen Eingriff in dieses Recht durch Trennung des Kindes vom Erziehungsberechtigten nur auf der Grundlage eines formellen Gesetzes und nur dann zulässt, wenn der Erziehungsberechtigte seinem Erziehungsauftrag nicht nachkommt. Trifft letzteres zu, begründet Abs. 4 einen staatl. Erziehungseinfluss wegen **Erziehungsversagens** (LVerfGE 7, 66), und zwar unabhängig davon, ob dieses Versagen verschuldet oder unverschuldet ist. Unter »Trennung« ist eine räuml. Entfernung aus der Familie zu verstehen. Sie ist aufgrund eines Gesetzes zulässig. Abs. 4 enthält ein Abwehrrecht gegen staatl. Maßnahmen, die ohne gesetzl. Grundlage oder ohne Erziehungsversagen vorgenommen werden sollen, und die Ermächtigung an den Gesetzgeber, bei Vorliegen eines solchen Versagens die Trennung zuzulassen (vgl. Sachs, Art. 6 Rn. 73). Erziehungsberechtigte sind die Inhaber der elterl. Sorge; das können u.a. auch der – nicht mit der Kindesmutter – verheiratete Vater, die Pflegeeltern, der Vormund und (in seinem Zuständigkeitsbereich) der Pfleger sein; mit den beiden letzteren kommen auch juristische Personen als Grundrechtsträger in Betracht (vgl. Rn. 1).

Absatz 5: Förderung von Kindeserziehung und Sorge für andere

Schon der Wortlaut des Abs. 5 macht deutlich, dass der Verfassungsgeber ihm geringere »Verbindlichkeitswirkung« beigemessen hat; denn anders als etwa in Abs. 6 hat er in Abs. 5 nicht von einem Anspruch des betreffenden Personenkreises gesprochen, sondern nur zum Ausdruck gebracht, dass seiner Ansicht nach derjenige, der in **häusl. Gemeinschaft** Kinder erzieht oder für andere sorgt, eine Förderung und Entlastung verdient (vgl. auch AvBDrs 12/4376, S. 29). Abs. 5 ist ohne Vorbild; er findet keine Entsprechung im GG und scheidet schon deshalb als Prüfungsmaßstab im Verfassungsbeschwerdeverfahren aus (VerfGH, B.v. 16.5.02 – 32/01). Mit Blick auf die Kindererziehung durch Eltern ist Abs. 5 ohne nennenswerte Bedeutung, weil Familien durch Abs. 1 und Abs. 3 bzw. die diesen entsprechenden Bestimmungen in anderen Verfassungen umfassender und wirkungsvoller geschützt werden. Doch geht der Anwendungsbereich des Abs. 5 darüber hinaus. Er tut es in personeller Hinsicht insoweit, als er über den Kreis der Familie alle Personen erfasst, die in häusl. Gemeinschaft die Erziehung von Kindern übernommen haben, und er tut es in sachl. Hinsicht dadurch, dass er in den Kreis der förderungswürdigen Personen alle Menschen einbezieht, die in häusl. Gemeinschaft für hilfsbedürftige Erwachsene iS von Volljährigen sorgen. Die Leistung dieser Personen sollte nach dem Willen des Verfassungsgebers eine ausdrückl. Anerkennung erfahren (AvBDrs 12/4874, S. 8), ohne dass ihnen schon bestimmte Individualrechte eingeräumt oder dem Gesetzgeber ein verbindl. Handlungsauftrag erteilt werden sollte. Abs. 5 dürfte deshalb als eine verfassungsrechtl. Wertentscheidung zu verstehen sein, die bei der Anwendung und Auslegung von Regelungen des Gesetz- und Verordnungsgebers zu beachten ist (weitergehend ohne Begründung Pfennig/ Neumann, Art. 12 Rn. 31).

Absatz 6: Schutz- und Fürsorgeanspruch der Mutter

Abs. 6 erfasst Schwangerschaft, Geburt, Stillzeit, nicht aber die gesamte Lebenszeit einer Mutter (vgl. BVerwGE 61, 84). Er ist darauf ausgerichtet, die bei Schwangerschaft und Mutterschaft entstehenden besonderen **Belastungen** jedenfalls teilweise auszugleichen (vgl. E 60, 74), und zwar ohne Rücksicht auf Familienstand und Alter der Mutter. Aus ihm ist daher kein allg. Gebot abzuleiten, kindererziehende Mütter z.B. im Versorgungsausgleich gegenüber »nichterziehenden« Vätern zu privilegieren (VerfGH,B.v. 16.5.02 – 32/01). Vielmehr enthält er zunächst einen bindenden (Schutz-)Auftrag an den Gesetzgeber, dem das geltende Mutterschutzrecht Rechnung trägt (vgl. E 85, 372). Darüber hinaus ist Abs. 6 – wie Abs. 1 und 5 – Ausdruck einer verfassungsrechtl. Wertentscheidung, die für den gesamten Bereich des privaten und öffentl. Rechts bei der Gesetzesanwendung und -auslegung verbindl. ist (vgl. E 32, 277). Dieser Ausstrahlungswirkung kann die Entscheidung eines Gerichts unzulässigerweise widersprechen, den Antrag einer schwangeren Angeklagten auf Abtrennung eines gegen sie und weitere Angeklagte anhängigen Verfahrens abzulehnen; Gründe der Prozessökonomie und die Furcht vor abweichenden Sachverhaltsfeststellungen haben gegenüber den verfassungsrechtl. Belangen der Schwangeren grundsätzl. keinen Vorrang (BVerfG,B.v. 8.6.04 – 2 BvR 785/04).

Überdies statuiert Abs. 6 für (werdende) Mütter ein echtes Individualgrundrecht, das eine nachteilige Behandlung wegen einer bestehenden Schwangerschaft oder Geburt verbietet (vgl. E 44, 215) und – abweichend von Art. 10 II und III 1 – **Bevorzugungen rechtfertigt**, sofern sie an die Mutterschaft anknüpfen. Anders als Art. 6 IV GG hat Abs. 6 jedenfalls insoweit keine besondere Bedeutung im Arbeitsrecht, als es um die Zeit »während der Schwangerschaft und nach der Geburt« (Abs. 7 S. 2) geht; denn insoweit geht Abs. 7 S. 2 als speziellere Vorschrift vor.

Absatz 7: Teilnahme am Erwerbsleben und Schutz im Arbeitsverhältnis

15 Abs. 7 findet im GG keine Entsprechung und scheidet deshalb als Prüfungsmaßstab im Verfassungsbeschwerdeverfahren aus (VerfGH, B.v. 16.5.02 – 32/01). Er besteht aus zwei verschiedenen Regelungen: S. 1 enthält den **Auftrag** (»ist zu ermöglichen«) an die Organe des Landes, auf die Vereinbarkeit von erzieherischen Pflichten sowie häusl. Pflegetätigkeit mit berufl. Interessen sowie Teilnahme am öffentl. Leben hinzuwirken (AvBDrs 12/4874 S. 7). Hinsichtl. der Kindeserziehung durch Eltern ergänzt S. 1 den Abs. 3; ferner ergänzt er – mit Blick auf eine Kindeserziehung durch andere als Eltern – den Abs. 5 und bezieht überdies Frauen und Männer in den Auftrag ein, die eine häusl. Pflegetätigkeit ausüben. Dem damit angesprochenen Personenkreis soll das Land durch geeignete, wenn auch vom Einzelnen nicht einklagbare Maßnahmen die Möglichkeit eröffnen, ihre letztl. in der einen oder anderen Weise der Allgemeinheit zugute kommende und deshalb begrüßenswerte Tätigkeit mit einer angemessenen Teilnahme einerseits am

Erwerbsleben und andererseits am öffentl. Leben in Übereinstimmung zu bringen. Das dürfte am ehesten durch finanzielle sowie arbeitsrechtl. Maßnahmen mögl. sein. Im Übrigen ist S. 1 eine Staatszielbestimmung und gibt eine Richtlinie bzw. Direktive für das staatl. Handeln.

In S. 2 ist die soziale Sicherung von alleinerziehenden Frauen und Männern sowie (werdenden) Müttern im Arbeitsverhältnis als **subjektives Recht** ausgestaltet (AvBDrs 12/4874 S. 7). Er geht im Rahmen seines zeitl. Anwendungsbereichs (während der Schwangerschaft und nach der Geburt) hinsichtl. der (werdenden) Mütter mit Blick auf das jeweilige Arbeitsverhältnis dem Abs. 6 vor (vgl. Rn. 14) und dehnt den von ihm begründeten Schutz auf – soweit noch nicht erfasst – alleinerziehende Frauen und ganz allg. auf alleinerziehende Männer aus. Da die VvB hier ausdrückl. auf »Frauen und Männer« abhebt, zählen zum Kreis der begünstigten Personen auch alleinerziehende Frauen und Männer, die nicht ein Elternteil sind. Als Grundrecht verbietet S. 2 nicht nur, diesen Personenkreis wegen der in ihm bezeichneten Merkmale im Rahmen eines Arbeitsverhältnisses zu benachteiligen, sondern rechtfertigt sogar, ihn insoweit – abweichend von Art. 10 II und III 1 – zu bevorzugen.   16

Art. 13 [Gleichstellung nichtehelicher Kinder]

Den nichtehelichen Kindern sind durch die Gesetzgebung die gleichen Bedingungen für ihre leibliche und seelische Entwicklung und ihre Stellung in der Gesellschaft zu schaffen wie den ehelichen Kindern.

1 Art.13 **entspricht** wörtl. Art. 6 V GG; er enthält wie dieser einen Auftrag an den Gesetzgeber, ein Grundrecht der nichtehel. Kinder – unabhängig von ihrer Staatsangehörigkeit und ohne Altersbegrenzung (E 44, 19) – und ist überdies Ausdruck einer verfassungsrechtl. Wertentscheidung, die Gerichte und Verwaltung im Rahmen der geltenden Gesetze bei der Ausübung des Ermessens bindet (E 8, 217). Er ist lex specialis zum Sozialstaatsprinzip (E 26, 61 f.), zu Art. 10 I und zum Merkmal »Abstammung« in Art. 10 II. Dem Gesetzesauftrag des Art. 6 V GG ist der Bundesgesetzgeber durch das Gesetz über die rechtl. Stellung der nichtehel. Kinder v. 19.8.69 (BGBl I S. 1243) nachgekommen; für den Landesgesetzgeber bleibt insoweit schwerl. noch Raum.

2 Art. 13 verlangt keine schematische Übertragung der für ehel. Kinder geltenden Regeln; eine unterschiedl. Ausgangslage kann es rechtfertigen oder sogar gebieten, das nichtehel. Kind anders und **günstiger** zu behandeln, um dem Verfassungsauftrag gerecht zu werden (E 25, 183). Jedenfalls darf niemand wegen seiner nichtehel. Geburt benachteiligt werden. Art. 13 kann durch direkte und indirekte Ungleichbehandlungen beeinträchtigt werden, dh sowohl durch Maßnahmen, die an die nichtehel. Geburt anknüpfen, als auch durch solche, die nicht auf die Nichtehelichkeit abheben, im Ergebnis aber zu einer regelmäßigen Schlechterstellung von nichtehel. Kindern führen (E 17, 153 f.). In jedem Fall bedarf eine ungleiche Behandlung nichtehel. Kinder, die sich als Benachteiligung gegenüber ehel. Kindern auswirkt, einer überzeugenden Begründung (E 84, 185). Der Umstand, dass ein nichtehel. Kind im Gegensatz zum ehel. Kind bei seiner Geburt nicht ohne weiteres einem Vater rechtl. zugeordnet und auch nicht davon ausgegangen werden kann, dass der Vater Sorge für das Kind tragen will oder durch Zusammenleben mit der Mutter eine Beziehung zum Kind aufbauen wird, rechtfertigt es, das Sorgerecht für das nichtehel. Kind anders auszugestalten als für das ehel. Kind, solange die einfachgesetzl. Regelung angemessene Rahmenbedingungen zur Realisierung der gemeinsamen Sorge schafft (E 107,169 ff.).

Art. 14 [Meinungs- und Informationsfreiheit]

(1) Jedermann hat das Recht, innerhalb der Gesetze seine Meinung frei und öffentlich zu äußern, solange er die durch die Verfassung gewährleistete Freiheit nicht bedroht oder verletzt.
(2) Jedermann hat das Recht, sich über die Meinung anderer, insbesondere auch anderer Völker, durch die Presse und Nachrichtenmittel aller Art zu unterrichten.
(3) Eine Zensur ist nicht statthaft.

Art.14 gewährt in Abs. 1 das individuelle Recht auf freie Meinungsäußerung (Meinungsäußerungsfreiheit), verbürgt in Abs. 2 das individuelle Recht, sich über die Meinung anderer durch Presse und Nachrichtenmittel aller Art frei zu informieren (Informationsfreiheit), und verbietet in Abs. 3 die Zensur. Vergleicht man dies mit dem Bundesrecht, fällt auf, dass die VvB Art. 5 I S. 1 und 3, nicht aber dessen S. 2 enthält. Es fehlt also eine gesonderte Verbürgung der **Pressefreiheit** sowie der Freiheit der Berichterstattung durch Rundfunk und Film. Zwar kann diese Lücke nicht durch eine Zusammenschau anderer, ausdrückl. in die VvB aufgenommener Grundrechte geschlossen werden, doch nimmt die Presse teil an der in Abs. 1 und 2 verbürgten Meinungsäußerungs- und Unterrichtungsfreiheit (LVerfGE 1, 102); der Schutzbereich des Grundrechts aus Abs. 1 schließt deshalb Meinungsäußerungen in der Presse ein (LVerfGE 1, 147). Träger des Grundrechts aus Abs. 1 ist jede Person, die die durch ihn geschützte Tätigkeit ausübt; das schließt Minderjährige, juristische Personen und Personenvereinigungen ein. Träger des Grundrechts aus Abs. 2 ist jede natürl. oder juristische Person, die sich informieren will. 1

Sowohl bei der Meinungsäußerungsfreiheit als auch bei der Informationsfreiheit handelt es sich in erster Linie um **Abwehrrechte**, geschützt ist zum einen das Äußern einer Meinung und zum anderen der Zugang zu Informationsquellen. Daneben tritt der objektive Bezug zum demokratischen Prinzip, dessen Funktionieren eine frei gebildete und möglichst gut informierte öffentl. Meinung voraussetzt (E 27, 81). Den beiden Grundrechten kommen objektiv-rechtl. Gehalte zu, die den Staat verpflichten, ihrer Bedeutung für den (auch) von der VvB vorausgesetzten Meinungsbildungsprozess Rechnung zu tragen (LVerfGE 1, 103); sie enthalten verfassungsrechtl. Wertentscheidungen, die in der gesamten Rechtsordnung zu beachten sind (vgl. E 7, 205 ff.). 2

Absatz 1: Meinungsäußerungsfreiheit

Abs. 1 verbürgt, seine Meinung frei und öffentl. zu äußern, Art. 5 I 1 1. Alt. GG demgegenüber die Freiheit, eine Meinung frei zu äußern und zu 3

verbreiten. Daraus ergibt sich indes kein Unterschied zwischen dem Bundes- und dem Landesrecht; der Grundrechtsschutz umfasst hier wie dort die kommunikative Entfaltung desjenigen, der sich äußern will, das Verbreiten steht deshalb im Mittelpunkt (LVerfGE 1, 102). Abs. 1 garantiert die Meinungsäußerungsfreiheit zwar – anders als Art. 5 II GG – nur »innerhalb der Gesetze«, der Schutzbereich des Abs. 1 ist mithin enger als der des Art. 5 I 1 1. Alt. GG, das Grundrecht des Abs. 1 ist im Ergebnis also in stärkerem Maße eingeschränkt als das entsprechende Bundesgrundrecht (LVerfGE 1, 148). Eine derartige schrankendivergente Parallelverbürgung von Grundrechten auf Bundes- und Landesebene steht jedoch, da das stärker eingeschränkte Landesgrundrecht iS einer (zusätzl.) Mindestgarantie auf der Ebene der Landesverfassung zu verstehen ist, der Annahme einer Übereinstimmung mit dem entsprechenden Bundesgrundrecht und damit der Anwendung durch den VerfGH nicht entgegen (vgl. Vor Art. 6 Rn. 5). Im Übrigen steht die Meinungsfreiheit gemäß Abs. 1 unter dem Vorbehalt, dass der Grundrechtsträger »die durch die Verfassung gewährleistete Freiheit nicht bedroht oder verletzt«. Damit dürfte Abs. 1 ledigl. den Vorbehalt kollidierenden Verfassungsrechts artikulieren (vgl. Vor Art. 6 Rn. 11); da Abs. 1 die Meinungsfreiheit ohnehin nur »innerhalb der Gesetze« verbürgt, dürfte diesem ausdrückl. Vorbehalt keine eigenständige Bedeutung zukommen (ebenso Pfennig/Neumann, Art. 14 Rn. 10).

4 Der Begriff der Meinung ist grundsätzl. weit zu verstehen (LVerfGE 10, 134). Er umfasst insb. **Werturteile**, also Äußerungen, die durch Elemente der Stellungnahme, des Dafürhaltens oder Meinens geprägt sind. So fällt z.B. die Äußerung eines Gutachters, ein Arzt stelle leichtfertig Atteste und Krankschreibungen aus, grundsätzl. in den Schutzbereich des Grundrechts auf Meinungsfreiheit (BVerfG NJW 03, 961). Der Grundrechtsschutz bezieht sich nicht nur auf den Inhalt der Äußerung, sondern auch auf ihre Form; selbst eine Aussage, die polemisch oder verletzend formuliert ist, wird vom Schutzbereich des Grundrechts erfasst (vgl. E 93, 289). Erst wenn bei einer Äußerung nicht mehr die Auseinandersetzung in der Sache, sondern die Herabsetzung der Person im Vordergrund steht, hat eine solche Äußerung als **Schmähkritik** regelmäßig hinter dem Persönlichkeitsrecht des Betroffenen zurückzutreten (LVerfGE 1, 149); jedoch darf der Begriff der Schmähkritik im Interesse der Meinungsfreiheit nicht weit ausgelegt werden, eine Meinung wird nicht schon wegen ihrer herabsetzenden Wirkung für Dritte zur Schmähkritik (VerfGH, B.v. 21.3.02 – 15/01), sondern erst dann, wenn ein Äußerung jenseits auch polemischer und überspitzter Kritik in der Herabsetzung der Person besteht (BVerfG NJW 03, 3760).Unter dem Gesichtspunkt der Meinungsfreiheit sind »**rhetorische** Fragen«, die nicht um einer Antwort willen geäußert werden, wie ein grundrechtl. geschütztes Werturteil (LVerfGE 10, 134) oder wie eine Tatsachenbe-

hauptung (vgl. dazu Rn. 5) zu behandeln, während **echte** Fragen Werturteilen gleichstehen; bei der Klärung, ob eine Äußerung eine wirkliche oder nur eine rhetorische Frage darstellt, ist im Interesse eines wirksamen Grundrechtsschutzes im Zweifel von einem weiten Fragebegriff auszugehen (BVerfG NJW 03, 660). Mit Blick auf ein Werturteil ist es unerhebl., ob es objektiv richtig oder falsch ist, ob es emotional oder rational begründet ist (vgl. E 30, 347), ob die Meinung »wertvoll« ist oder nicht (E 33, 14 f.) und welche Themen berührt werden, so dass selbst Wirtschaftswerbung von Abs. 1 erfasst werden kann (vgl. Sachs, Art. 5 Rn. 259). Als Beitrag zur geistigen Auseinandersetzung (E 42, 149) sind auch falsche und verwerfl. Meinungsäußerungen geschützt, sofern sie nicht die Grenze überschreiten, die durch das Merkmal »innerhalb der Gesetze« gezogen ist.

Vom Begriff der Meinung sind auch umfasst **Tatsachenbehauptungen**, »jedenfalls ... wenn sie Voraussetzung für die Bildung von Meinungen sind« (E 94, 7). Deren Schutz endet dort, wo sie nichts mehr zur Meinungsbildung beitragen können (E 90, 247). Vom Schutz des Abs. 1 ebenfalls nicht erfasst sind bewusst, unzweifelhaft und bewiesen unwahre Tatsachenbehauptungen wie etwa die Äußerung, im Dritten Reich habe es keine Judenverfolgung gegeben (vgl. E 90, 249 ff.). Entsprechendes gilt für die Wiedergabe fremder Äußerungen. Auch das unrichtige Zitat bzw. die Ausgabe einer eigenen Interpretation als Zitat eines anderen wird vom Grundrecht der Meinungsfreiheit nicht gedeckt (E 54, 219). Es ist verfassungsrechtl. nicht zu beanstanden, dass nach Auffassung der Fachgerichte (vgl. etwa BGH NJW 97, 1156) derjenige, der die Äußerung eines Dritten verbreitet, sich diese als eigene Äußerung zurechnen lassen muss, wenn es an einer eigenen und ernsthaften Distanzierung fehlt (BVerfG NJW 04, 590). 5

Die Einordnung einer Äußerung als Werturteil oder als Tatsachenbehauptung ist für die rechtl. Beurteilung von Eingriffen in das Grundrecht auf Meinungsfreiheit von **weichenstellender** Bedeutung (E 61, 7 f.). Führt eine Tatsachenbehauptung zu einer Rechtsverletzung, hängt die rechtl. Bewertung vom **Wahrheitsgehalt** der Äußerung ab (E 97, 403 f.). Bewusst unwahre Tatsachenbehauptungen genießen den Grundrechtsschutz überhaupt nicht (E 54, 219). Geht es um Tatsachenbehauptungen, deren Unwahrheit nicht von vornherein feststand oder deren Wahrheitsgehalt nicht erweislich ist, fallen diese zwar nicht aus dem Schutzbereich der Meinungsfreiheit heraus; ihnen kommt in der Abwägung aber regelmäßig ein geringeres Gewicht zu, weil an der Aufrechterhaltung und Verbreitung herabsetzender Tatsachenbehauptungen, die unwahr sind, kein schützenswertes Interesse besteht (E 94, 8). Die Einstandspflicht des Verbreitenden richtet sich in solchen Fällen insb. danach, ob er die gerade ihm obliegenden Sorgfaltspflichten eingehalten hat (BVerfG NJW 04, 589). Werturteile sind demgegenüber keinem 6

Wahrheitsbeweis zugänglich. Sie sind grundsätzl. frei und können nur unter besonderen Umständen beschränkt werden, so wenn sie sich als Schmähkritik darstellen (E 85,16 f.). Allerdings spielt bei **tatsachenhaltigen** Werturteilen die Wahrheit ebenfalls eine Rolle. Eine mit erwiesen unwahren Annahmen vermengte Meinung ist weniger schutzwürdig als eine auf zutreffende Annahmen gestützte (E 90, 253). Ist der Wahrheitsgehalt im Zeitpunkt der Äußerung ungewiss und hat der sich Äußernde die ihm obliegenden Sorgfaltspflichten eingehalten, kommen weder Bestrafung noch Schadensersatz in Betracht, wenn sich später die Unwahrheit der Äußerung herausstellt. Diese ist vielmehr als zum Äußerungszeitpunkt rechtmäßig anzusehen (E 99, 198). Geht es aber um die zukünftige Unterlassung einer Äußerung, fällt die Wahrheit ihres Tatsachenanteils in jedem Fall ins Gewicht. Es gibt jedenfalls kein verfassungsrechtl. anerkennenswertes Interesse, nach Feststellung der Unwahrheit an einer Behauptung festzuhalten (E 97, 149).

Absatz 2: Informationsfreiheit

7 Die durch Abs. 2 garantierte Informationsfreiheit stimmt **inhaltl.** mit der entsprechenden Gewährleistung in Art. 5 I 1 GG **überein** und ist insoweit Maßstab für eine landesverfassungsrechtl. Überprüfung der Anwendung u.a. materieller bundesrechtl. Vorschriften durch Entscheidungen der Berliner Gerichte (VerfGH NJW 02, 2166, vgl. auch Vor Art. 6 Rn. 6). Zwar garantiert Abs. 2 die Informationsfreiheit nur im Rahmen des allg. Gesetzesvorbehalts des Art. 36 II, während das entsprechende Bundesgrundrecht unter dem qualifizierten Einschränkungsvorbehalt des Art. 5 II GG steht (VerfGH ZMR 00, 740). Doch hindert die stärkere Einschränkung des Landesgrundrechts nicht die Annahme einer Übereinstimmung mit dem Bundesgrundrecht und die Anwendung durch den VerfGH (vgl. Rn. 3).

8 Abs. 2 gewährleistet die Unterrichtung über die Meinung anderer, insb. auch anderer Völker, durch die »Presse oder Nachrichtenmittel aller Art«. Dieser Begriff deckt sich inhaltl. mit dem Begriff »**allgemein zugängl. Quellen**« in Art. 5 I GG (VerfGH ZMR 00, 740). Geschützt wird daher nicht nur der Zugang u.a. zu inländischen Presseerzeugnissen und anderen Massenkommunikationsmitteln, sondern überdies der Bezug ausländischer Zeitungen und der Empfang ausländischer Hörfunk- und Fernsehprogramme, soweit das in der Bundesrepublik tatsächl. mögl. ist. Von dem dadurch gewährleisteten Schutz werden auch die Beschaffung und Nutzung der entsprechenden Anlagen erfasst; das schließt die Einrichtung einer Parabolantenne ein, die den Empfang über Satellit ausgestrahlter Programme ermöglicht (VerfGH ZMR 00, 740). Dagegen zählen nicht zu den »Nachrichtenmitteln« iS des Abs. 2 private oder betriebl. Aufzeichnungen, die nicht zur Veröffentlichung bestimmt

sind (vgl. E 66, 137) sowie Behördenvorgänge, so dass das Informationsgrundrecht eine Auskunftserteilung oder Gewährung von Akteneinsicht durch Behörden nicht umfasst (vgl. BVerwGE 47, 252). Indes hat der Gesetzgeber die Informationsrechte gegenüber den Behörden und sonstigen öffentl. Stellen (z.B. nicht rechtsfähigen Anstalten, Krankenhausbetrieben, Eigenbetrieben und Gerichten) des Landes Berlin durch das Informationsfreiheitsgesetz vom 15.6.99 (GVBl S. 561) einfachrechtl. geregelt.

Gewährleistet ist durch Abs. 2 sowohl die aktive Informationsbeschaffung als auch die schlichte Entgegennahme von Informationen (vgl. E 27, 82 f.). Ungehindert ist dieses Informationsrecht, wenn es frei ist von rechtl. oder tatsächl. Abschirmung, Hinderung, Lenkung, Registrierung oder auch nur Verzögerung (E 27, 98 f.). Ein Recht auf unentgelt. Unterrichtung oder Übermittlung einer bestimmten Information lässt sich aus der Informationsfreiheit nicht herleiten (von Münch/Kunig, Art. 5 Rn. 28). Der VerfGH hat offengelassen, ob die Unterrichtungsfreiheit des Abs. 2 geeignet ist, verfassungsrechtl. **Informationsansprüche** Presseangehöriger gegenüber dem Staat zu begründen, und angenommen, das sei jedenfalls zu verneinen mit Blick auf ein angestrebtes direktes Gespräch mit einem Untersuchungshäftling, weil eine Verweigerung eines solchen Gesprächs nicht die demokratische Aufgabe der Presse infrage stelle, und zwar selbst dann nicht, wenn es sich insoweit um eine Person handele, deren Wirken ein besonderes Interesse der Öffentlichkeit gefunden habe (LVerfGE 1, 104). Kollidieren das Informationsinteresse eines ausländischen Mieters an der Einrichtung und Nutzung einer Parabolantenne mit dem Eigentümerinteresse des Vermieters an der auch optisch ungeschmälerten Erhaltung seines Wohnhauses, hängt – da beide Interessen durch Grundrechte geschützt sind, von denen keines dem anderen generell vorgeht – die Entscheidung davon ab, welche Beeinträchtigung nach Maßgabe der Umstände des konkreten Einzelfalls schwerer wiegt (VerfGH ZMR 00, 740). Ist ein Kabelanschluss vorhanden, ist es im Regelfall verfassungsrechtl. nicht zu beanstanden, wenn ein überwiegendes Interesse des Vermieters angenommen wird, Störungen des äußeren Erscheinungsbildes des Hauses durch Parabolantennen zu vermeiden (VerfGH NJW 02, 2166). 9

Absatz 3: Zensurverbot

Das in Abs. 3 enthaltene Zensurverbot stellt eine absolute Eingriffsschranke, also kein zu den in Abs. 1 und 2 aufgeführten Freiheitsrechten hinzutretendes Grundrecht dar (vgl. Seifert/Hömig, Art. 5 Rn. 20). Mit Zensur ist die **Vorzensur** gemeint, dh ein präventives Verfahren, vor dessen Abschluss ein Werk nicht veröffentlicht werden darf (E 87, 230). Das Zensurverbot schützt nur Akte der Meinungsäußerung und Verbrei- 10 tung und damit Hersteller und Vertreiber, nicht aber Leser und Bezieher (vgl. E 27, 102). Keine Zensur ist z.B. die Vorkontrolle zu Zwecken der Filmförderung, da eine Aufführung des Films ohne Förderung nicht ausgeschlossen ist (E 33, 74), und die Kontrolle zu Zwecken des Jugendschutzes, wenn sie nur zu einer Verbreitungsbeschränkung führt (E 87, 230 f.).

Art. 15 [Gerichtsgrundrechte]

(1) Vor Gericht hat jedermann Anspruch auf rechtliches Gehör.
(2) Eine Tat kann nur bestraft werden, wenn die Strafbarkeit gesetzlich bestimmt war, bevor die Tat begangen wurde.
(3) Niemand darf wegen derselben Tat aufgrund der allgemeinen Strafgesetze mehrmals bestraft werden.
(4) Wird jemand durch die öffentliche Gewalt in seinen Rechten verletzt, so steht ihm der Rechtsweg offen. Soweit eine andere Zuständigkeit nicht begründet ist, ist der ordentliche Rechtsweg gegeben. Artikel 10 Abs. 2 Satz 2 des Grundgesetzes bleibt unberührt.
(5) Ausnahmegerichte sind unstatthaft. Niemand darf seinem gesetzlichen Richter entzogen werden.

Abs. 1 bis 3 stellen eine **Übernahme** des Art. 103 GG in das Landesverfassungsrecht dar; Abs. 4 entspricht der in Art. 19 IV GG geregelten Rechtsweggarantie. Abs. 5 wurde zur Vervollständigung aus Art. 101 I GG übernommen (AvBDrs 12/4376 S. 30). Alle fünf Absätze sind mit den entsprechenden Bestimmungen des GG inhaltsgleich. 1

Absatz 1: Anspruch auf rechtl. Gehör

Der Verfassungssatz des rechtl. Gehörs weist abwehr-, teilhabe-, leistungs- und organisationsrechtl. Gehalte auf (von Münch/Kunig, Art. 103 Rn. 2); er kann mit der Individualverfassungsbeschwerde verfolgt werden. Das Bundesverfassungsrecht gebietet, dass die fachgerichtl. Verfahrensordnungen Regelungen zur Prüfung gerichtl. Entscheidungen auf die Einhaltung des Anspruchs auf recht. Gehör enthalten (E 107, 410 ff.; vgl. dazu auch Rn. 19). Dementsprechend ist der Anspruch auf rechtl. Gehör grundsätzl. durch **einfach-rechtl.** Normen ausgestaltet (LVerfGE 1, 87), die – wie etwa § 139 Abs. 1 und § 278 III ZPO und anders als Abs. 1 – u.a. eine allg. Frage- und Aufklärungspflicht des Richters normieren (VerfGH, B.v. 21.2.00 – 40/98). Doch gibt Abs. 1 landesverfassungsrechtl. die wesentl. Strukturen des Gehörsrechts vor, die bei der Anwendung und Auslegung des einfachen Rechts zu beachten sind. Im Übrigen sind die Gestaltung des Verfahrens, die Festlegung und die Würdigung des Tatbestands, die Auslegung des einfachen Rechts und dessen Anwendung auf den Einzelfall Sache der dafür allg. zuständigen Gerichte und insoweit der Nachprüfung durch den VerfGH entzogen (LVerfGE 2, 13). Deshalb ist der Anspruch auf rechtl. Gehör nicht schon verletzt, wenn diese Gerichte zu einer unrichtigen Tatsachenfeststellung im Zusammenhang mit der ihnen obliegenden Tätigkeit der Sammlung, Feststellung und Bewertung der von den Parteien vorge- 2 tragenen Tatsachen kommen (LVerfGE 6, 82); Abs. 1 schützt nicht vor einer von der Ansicht des Beschwerdeführers abweichenden und möglicherweise sogar unzutreffenden Bewertung der Rechts- und Sachlage durch das Gericht (VerfGH, B.v. 14.11.03 – 45/01). Die Schwelle eines Grundrechtsverstoßes ist jedoch überschritten, wenn die Anwendung des einfach-rechtl. Verfahrensrechts grob fehlerhaft, also offenkundig unrichtig ist, oder es um die Gewährleistung eines Mindeststandards an Verfahrensbeteiligung geht, den nicht einmal der Gesetzgeber vorenthalten dürfte (VerfGH NVwZ-RR 95, 702).

3   Abs. 1 gewährt – erforderlichenfalls über die rechtl. Anforderungen des einfachen Rechts hinaus (vgl. E 60, 14) – jedermann vor Gericht Anspruch auf rechtl. Gehör. Das schließt nicht aus, Abs. 1 auch in dem Stadium zum Tragen kommen zu lassen, in dem es um die erstmalige **Anrufung** des Gerichts geht; insoweit überschneiden sich die Schutzbereiche von Abs. 1 und Abs. 4 S. 1 (vgl. dazu Michaelis-Merzbach, S. 96 f.). Deshalb kann das in Abs. 1 gewährleistete Grundrecht selbst durch die Versagung von Prozesskostenhilfe berührt sein, nämlich dann, wenn die wirtschaftl. schwache Partei nicht in der Lage wäre, sich – etwa wegen des im Verfahren vor dem Landgericht bereits für die Zustellung der Klage erforderlichen Gerichtskostenvorschusses sowie des Anwaltszwangs – Gehör zu verschaffen (VerfGH, B.v. 5.3.04 – 183/01); doch ist es verfassungsrechtl. unbedenkl., die Gewährung der Prozesskostenhilfe davon abhängig zu machen, dass die beabsichtigte Rechtsverfolgung oder Rechtsverteidigung hinreichende Aussicht auf Erfolg hat und nicht mutwillig erscheint (vgl. Art. 10 Rn. 7).

Durch Abs. 1 werden alle am Verfahren Beteiligten begünstigt, also über die Parteien hinaus u.a. Intervenienten und Beigeladene (vgl. E 89, 390 f.). Darauf, ob es sich um eine natürl. oder juristische Person handelt oder ob der Beteiligte rechtsfähig ist, kommt es nicht an (E 64, 11), selbst eine Gesellschaft bürgerl. Rechts kann die Verletzung von Gerichtsgrundrechten geltend machen (BVerfG NJW 02, 3533). Juristische Personen des öffentl. Rechts einschl. von ihnen beherrschte privatrechtl. Organisationen (VerfGH GE 05, 425) können sich in ihrer Eigenschaft als Prozesspartei ebenfalls auf Abs. 1 berufen, u.a. auch die Studentenschaft als Teilkörperschaft der Universität (LVerfGE 11, 92). Das gleiche gilt für Ausländer (E 64, 11).

4   Abs. 1 gewährleistet einen Anspruch auf rechtl. Gehör nicht vor Verwaltungsbehörden und der Staatsanwaltschaft (vgl. Jarass/Pieroth, Art. 103 Rn. 5), sondern in jedem Verfahren vor einem staatl. Berliner Gericht einschl. u.a. Verfahren der freiwilligen Gerichtsbarkeit (vgl. E 92, 183), Beschwerdeverfahren (vgl. E 19, 51) und Prozesskostenhilfeverfahren (vgl. E 20, 282); auch Beschlüsse im Rahmen strafprozessualer Beschlagnahmeentscheidungen sind vom Schutzbereich des Abs. 1 erfasst. Er gilt grundsätzl. selbst für das Verfahren des vorläufigen

Rechtsschutzes; nur wenn der Schutz gewichtiger Interessen die Überraschung eines Beteiligten unabweisbar erfordert – z.B. bei der einstweiligen Verfügung des Zivilprozesses –, ist es ausnahmsweise zulässig, ihn erst nach der Entscheidung anzuhören (LVerfGE 4, 70). Allerdings begründet Abs. 1 weder einen Anspruch auf ein Rechtsmittel gegen eine gerichtl. Entscheidung (VerfGH, B.v. 18.5.00 – 117/98) noch einen Anspruch auf eine bestimmte Verfahrensart, z.B. darauf, dass nur aufgrund mündl. Verhandlung entschieden werden darf (LVerfGE 10, 46 f.); auch die Einstellung eines Strafverfahrens ohne Zustimmung des Nebenklägers stellt keine Verletzung des Abs. 1 dar (VerfGH, B.v. 20.2.03 – 20/00). In der Praxis des VerfGH spielt der Anspruch auf rechtl. Gehör eine **herausragende** Rolle; es werden nicht nur die meisten Verfassungsbeschwerden auf einen Verstoß gegen diesen Anspruch gestützt, sondern ein solcher Verstoß ist auch der häufigste Grund für stattgebende Entscheidungen des VerfGH (vgl. Michaelis-Merzbach, S. 98 f.).

Der in Abs. 1 verbürgte Anspruch auf rechtl. Gehör ist eine Folgerung 5 aus dem Rechtsstaatsgedanken für das gerichtl. Verfahren (LVerfGE 3, 116). Der Einzelne soll nicht bloßes Objekt des Verfahrens sein, sondern er soll vor einer Entscheidung, die seine Rechte betrifft, Gelegenheit haben, Einfluss auf das Verfahren und sein Ergebnis nehmen zu können (VerfGH, B.v. 19.3.98 – 102/97). Deshalb beinhaltet das Grundrecht aus Abs. 1 das Recht auf Information, das Recht auf Äußerung, das Recht auf Berücksichtigung und verbietet die Beteiligten überraschende Entscheidungen. Diese **Einzelrechte** bedingen einander: Die Verfahrensbeteiligten müssen, um eine hinreichende Möglichkeit zur Äußerung zu haben, erkennen können, auf welche tatsächl. und rechtl. Gesichtspunkte es für die gerichtl. Entscheidung ankommen kann, sie müssen in diesem Sinne informiert sein. Die Informationspflicht des Gerichts macht nur Sinn, wenn die Verfahrensbeteiligten vor Erlass der Entscheidung Gelegenheit haben, sich hinreichend zu äußern, und das Gericht gehalten ist, deren Äußerungen zur Kenntnis zu nehmen und bei seiner Entscheidung zu berücksichtigen. Ohne eine nach den Umständen des Einzelfalls sachangemessene Möglichkeit zur Äußerung läuft das Recht auf Information leer und verfehlt den mit dem Verbot von Überraschungsentscheidungen verfolgten Zweck (VerfGH, B.v. 26.10.00 – 52/00). Hat ein erstinstanzl. Gericht einem Verfahrensbeteiligten z.B. keine hinreichende Möglichkeit zur Äußerung gegeben und hat sich ein zweitinstanzl. Verfahren angeschlossen, bestand in diesem Rahmen regelmäßig die Gelegenheit, eine entsprechende Stellungnahme nachzuholen, so dass der seinerzeitige Verstoß gegen Abs. 1 **geheilt** worden ist (VerfGH, B.v. 24.8.00 – 32/00).

Abs. 1 gewährleistet zunächst, dass jeder Beteiligte vollständig über den 6 Prozessstoff einschl. der entscheidungserhebl. Beweismittel informiert wird, ihm jedenfalls die Möglichkeit zu einer solchen **Information** eröffnet wird (LVerfGE 6, 21). Das Gericht ist zwar grundsätzl. weder zu einem Rechtsgespräch noch vor seiner Entscheidung zu einem Hinweis auf seine eigene Sachverhalts- und Beweiswürdigung sowie seine Rechtsauffassung verpflichtet (VerfGH, B.v. 29.1.04 – 123/00); auch ist dem Anspruch auf rechtl. Gehör keine allg. Frage- und Aufklärungspflicht des Richters zu entnehmen (VerfGH, B.v. 15.11.01 – 28/01). Selbst wenn die Rechtslage umstritten oder problematisch ist, ist ein Verfahrensbeteiligter grundsätzl. gehalten, alle vertretbaren rechtl. Gesichtspunkte von sich aus in Betracht zu ziehen und seinen Vortrag darauf einzustellen (LVerfGE 4, 69 f.). Gleichwohl kann ausnahmsweise seine Informationspflicht dem Gericht gebieten, auf eine Rechtsauffassung hinzuweisen, die es seiner Entscheidung zugrunde legen will, wenn auch ein gewissenhafter und kundiger Prozessbeteiligter nach dem Prozessverlauf nicht mit einem Abstellen auf gerade diesen rechtl. Gesichtspunkt zu rechnen braucht (VerfGH, B.v. 1.7.03 – 49/02). Das trifft z.B. zu, wenn ein Gericht einen rechtl. Hinweis zu einer entscheidungserhebl. Frage erteilt hat, an der geäußerten Rechtsansicht im Urteil aber nicht mehr festhalten möchte; weist ein Gericht in einer solchen Konstellation den entsprechenden Antrag zurück, ohne auf die Aufgabe seiner bisherigen Einschätzung der Sach- und Rechtslage hingewiesen zu haben, verletzt es Abs. 1 (VerfGH, B.v 29.5.04 – 166/01)

Im Übrigen muss das Gericht einem Beteiligten alle Äußerungen der anderen Beteiligten mitteilen (LVerfGE 1, 88), und alle einschlägigen Unterlagen zur Kenntnis bringen (LVerfGE 4, 65); von ihm in Bezug genommene frühere Entscheidungen müssen nur dann in ein laufendes Verfahren eingeführt worden sein, wenn es sich auf eigene tatsächl. Feststellungen aus früheren Verfahren berufen will (VerfGH, B.v. 29.8.01 – 56/01). Vom Anspruch auf rechtl. Gehör erfasst ist das Recht auf Akteneinsicht – auch durch einen Prozessbevollmächtigten (VerfGH, B.v. 28.8.00 – 104/98) –, nicht aber ein darüber hinausgehender Anspruch, eine sich in den Akten befindliche Orginalurkunde dauerhaft oder jedenfalls für einen längeren Zeitraum uneingeschränkt zur Verfügung zu haben. Ebenfalls erfasst ist die – ggf. von seinem gesundheitl. Befinden abhängige – Möglichkeit eines Angeklagten, der Hauptverhandlung folgen und dadurch seine Rechte in dieser geltend machen zu können (VerfGH, B.v. 25.3.99 – 86/98). Wird seitens der Staatsanwaltschaft die Akteneinsicht nach § 147 II StPO versagt, kann die gerichtl. Verpflichtung zur Gewähr rechtl. Gehörs dadurch erfüllt werden, dass dem Beschuldigten Kenntnis von dem Untersuchungsergebnis z.B. in Form der Bekanntgabe des wesentl. Inhalts maßgebl. Zeugenaussagen gegeben wird; daneben ist gegen die Versagung der Akteneinsicht die Eröffnung eines zusätzl. Rechtswegs über § 23 EGGVG verfassungsrechtl. nicht geboten (LVerfGE 1, 195). Ferner gehört zur Gewährung rechtl. Gehörs, dass die Parteien einem Sachverständigen Fragen stellen, Bedenken vortragen und um eine nähere Erklärung von Zweifelspunkten bitten können. Darauf, ob das Gericht selbst eine zusätzl. Erörterung oder Befragung für erforderl. erachtet, kommt es nicht an. Es stellt daher einen Verstoß gegen Abs. 1 dar, wenn das Gericht einen Antrag auf Erläuterung des Sachverständigengutachtens völlig übergeht oder ihm allein deshalb nicht nachkommt, weil das Gutachten ihm überzeugend und nicht weiter erörterungsbedürftig erscheint. Diese Grundsätze finden keine Anwendung auf amtl. Auskünfte des Auswärtigen Amtes und des UNHCR, die in Asylrechtsstreitigkeiten durch die Gerichte eingeholt und in die Verfahren eingeführt werden; sie stellen selbständige Beweismittel dar, die im Wege des Freibeweises verwertet werden können (LVerfGE 10, 88 f.).

Der Anspruch auf rechtl. Gehör erfordert, dass einer gerichtl. Entscheidung nur solche Tatsachen und Beweisergebnisse zugrundegelegt werden, zu denen sich die Beteiligten zuvor äußern konnten (VerfGH, B.v. 15.11.01 – 157/00); er verbürgt das Recht auf **Äußerung** grundsätzl. vor Erlass einer Entscheidung (VerfGH, B.v. 15.6.00 – 7/99). Der jeweilige Beteiligte muss sich im gerichtl. Verfahren mit tatsächl. und rechtl. Argumenten behaupten können (LVerfGE 6, 21). Einen Anspruch auf mündl. Verhandlung oder persönl. Anhörung begründet das Grundrecht nicht (VerfGH JR 98, 332). Allerdings stellt es einen Verstoß gegen Abs. 1 dar, wenn ein Gericht ohne vorherigen Hinweis Anforderungen an den Sachvortrag stellt oder auf rechtl. Gesichtspunkte abhebt, mit denen auch ein gewissenhafter und kundiger Prozessbeteiligter – selbst unter Berücksichtigung der Vielfalt vertretbarer Rechtsauffassungen – nach dem Prozessverlauf nicht zu rechnen brauchte (vgl. Rn. 6); eine solche Verfahrensweise kommt im Ergebnis der Verhinderung des Vortrags der Prozesspartei gleich (VerfGH, B.v. 25.1.01 – 148/00). In der bezeichneten Konstellation trifft das Gericht nicht nur eine Hinweispflicht, sondern überdies eine Nachweispflicht, bei deren Verletzung verbleibende Zweifel daran, dass die durch das Grundrecht auf rechtl. Gehör gebotenen Hinweise tatsächl. gegeben wurden und entsprechende Gelegenheit zur Äußerung bestand, zugunsten des betroffenen Grundrechtsträgers ausschlagen (LVerfGE 10, 81). Eine solche Hinweis- und ggf. Nachweispflicht obliegt etwa einem Berufungsgericht, wenn es der Beweiswürdigung des Erstgerichts nicht folgen will; ein Berufungsbeklagter darf darauf vertrauen, dass das Berufungsgericht ihn so rechtzeitig auf eine derartige Absicht hinweist, dass darauf noch vor dem Termin zur mündl. Verhandlung reagiert werden kann (BVerfG NJW 03, 2524). In diesem Zusammenhang sind zu nennen z.B. auch Normen über das Beweisverfahren, die namentl. den Grundsatz der Parteiöffentlichkeit der Beweisaufnahme umfassen. Nach § 357 I ZPO ist es der Partei gestattet, einer Zeugenvernehmung beizuwohnen; das Anwesenheits-

und Fragerecht bei der Zeugenvernehmung ist eines der wichtigsten Parteirechte und ein direkter Anwendungsfall des Abs. 1 (VerfGH GE 04, 1018). Das Recht der Parteien, an der Beweisaufnahme teilzunehmen und sich auf diese ggf. vorzubereiten, verpflichtet das Gericht, die Parteien von einer solchen rechtzeitig zu benachrichtigen; eine Verwertung des Ergebnisses einer unter Verletzung dieser Verpflichtung durchgeführten Beweisaufnahme stellt im Zivilprozess grundsätzl. einen Gehörsverstoß dar (VerfGH, B.v. 28.5.04 – 166/02).

Im Falle einer dem Gericht **angezeigten** Verspätung eines Verfahrensbeteiligten kann Abs. 1 es gebieten, eine nach Maßgabe der Umstände des Einzelfalls angemessene, auch erhebl. über 15 Minuten hinausgehende **Wartezeit** einzuhalten (LVerfGE 11, 44). Fehlt es an einer solchen Anzeige, ist es verfassungsrechtl. nicht zu beanstanden, wenn ein Gericht 15 Minuten nach Beginn der Hauptverhandlung eine Berufung bei zu diesem Zeitpunkt nicht weiter aufklärbarem Ausbleiben des Berufungsklägers verwirft; weist ein Gericht indes in einem solchen Fall einen mit dem Vorbringen, er habe es übl. Verkehr ausreichende Zeit für unvorhergesehene Verkehrsverzögerungen eingeplant zu haben, eingereichten Antrag auf Wiedereinsetzung in den vorherigen Stand zurück, überspannt es grundsätzl. die maßgebl. Anforderungen und verletzt damit Abs. 1 (VerfGH NJW 04, 1158).

Hat sich ein Prozessbeteiligter begründet weitere Äußerungen vorbehalten, muss das Gericht zur Erfüllung des Abs. 1 eine angemessene Frist abwarten; die Beurteilung dieser Angemessenheit richtet sich nach den Umständen des jeweiligen Einzelfalls. Hat das Gericht selbst eine solche Frist gesetzt, darf es vor Ablauf dieser Frist keine Entscheidung treffen (VerfGH, B.v. 24.8.00 – 104/98). Entscheidet das Gericht, ohne den Ablauf der Zeit abzuwarten, innerhalb der eine angekündigte Stellungnahme unter normalen Umständen eingehen kann, oder war der Zeitraum bis zum Ablauf der gesetzten Frist nicht angemessen, liegt darin ebenso eine Verletzung des Anspruchs auf rechtl. Gehör wie bei einer Entscheidung vor Ablauf einer gesetzten Frist (LVerfGE 3, 125). Ob die Dauer einer richterl. festgesetzten Frist angemessen ist, hängt ebenfalls von den Umständen des Einzelfalls ab. So ist bei eilbedürftigen Verfahren oder einfach gelagerten Sachverhalten eine kürzere Frist ausreichend. Bei erkennbar weniger eilbedürftigen Sachen oder schwierigen Sachverhalten bedarf es in der Regel einer längeren Frist.

8 Dem Äußerungsrecht der Beteiligten entspricht die Pflicht des Gerichts, deren Vorbringen zur Kenntnis zu nehmen und in seine Erwägungen einzubeziehen (LVerfGE 3, 116); das gilt nicht nur für das Hauptsacheverfahren, sondern grundsätzl. z.B. auch für das Verfahren des vorläufigen Rechtsschutzes (VerfGH, B.v. 21.2.00 – 40/99), und begründet u.a. namentl. die Verpflichtung, erhebl. Beweisanträge zu berücksichtigen (VerfGH, B.v. 29.1.04 – 123/00). Diese **Berücksichtigungs-**

pflicht gewährt indes keinen Schutz dagegen, dass das Gericht Vorbringen der Beteiligten aus Gründen des formellen oder materiellen Rechts ganz oder teilweise unberücksichtigt lässt (LVerfGE 7, 56); das gilt auch für Beweisangebote (VerfGH, B.v. 18.5.00 – 117/98) einschl. Anträgen auf Einholung eines Sachverständigengutachtens (VerfGH, B.v. 1.12.99 – 92/99). Die Nichtberücksichtigung z.B. eines Beweisangebotes ist verfassungsrechtl. nur zu beanstanden, wenn das Angebot erhebl. ist und die Zurückweisung im Prozessrecht keine Stütze findet (VerfGH, B.v. 12.12.03 – 39/03). So bestehen ggf. im Einzelfall keine Bedenken gegen die Entscheidung, mangels Deutschkenntnissen einer Person von deren Zeugenvernehmung abzusehen (VerfGH NJW 04, 1791). Abs. 1 ist nicht allein dadurch verletzt, dass das Instanzgericht bei der Beurteilung der Frage, ob ein Mietzins überhöht iS von § 5 WiStG ist, auf den einschlägigen Berliner Mietspiegel zurückgreift, statt ein kosten- und zeitaufwendiges Sachverständigengutachten einzuholen (LVerfGE 7, 55 f.).

Das Gericht muss sich in den Entscheidungsgründen nicht mit jedem Einzelvorbringen auseinandersetzen (VerfGH, B.v. 24.8.00 – 73/99). Vielmehr spricht grundsätzl. **eine Vermutung** dafür, dass es seiner Berücksichtigungspflicht nachgekommen ist (VerfGH, B.v. 22.5.01 – 57/98). Eine Verletzung dieser Pflicht kann daher vom VerfGH nur festgestellt werden, wenn sich dies aus den besonderen Umständen des einzelnen Falles eindeutig ergibt (LVerfGE 6, 82), dh wenn im Einzelfall besondere Umstände deutlich machen, dass tatsächl. Vorbringen von zentraler Bedeutung überhaupt nicht zur Kenntnis genommen oder bei der Entscheidung nicht erwogen worden ist (LVerfGE 13,59). Ein solcher Umstand liegt vor, wenn ein Gericht einen ausreichend substantiierten entscheidungserheblichen Vortrag bzw. ein solches Beweisangebot begründungslos übergeht (VerfGH, B.v. 6.7.04 – 184/03) oder wenn ein Gericht schon im Tatbestand seiner Entscheidung eine dem Vorbringen eines Beteiligten widersprechende Tatsache vermerkt und seine Entscheidung ohne weiteres auf diese Tatsache stützt (LVerfGE 6, 82). Überdies verpflichtet das Gebot zur Gewährung rechtl. Gehörs dann, wenn ein Gericht die Annahme einer unter Ankündigung neuer Beweisanträge zur Entkräftung der erstinstanzl. Feststellungen eingelegten Berufung gemäß § 313 II 1 StPO als offensichtl. unbegründet ablehnen will, dazu, auf dieses Vorbringen einzugehen; da das Merkmal »offensichtl.« insoweit nur erfüllt ist, wenn an der Richtigkeit der tatsächl. Feststellungen vernünftigerweise kein Zweifel bestehen kann, gebietet Abs. 1, dies zu **begründen** (VerfGH NVwZ-RR 05, 73). Eine Verpflichtung zur Erörterung eines Aspektes in den Gründen kann sich ferner durch die Schwere eines zur Überprüfung gestellten Grundrechtseingriffs ergeben (BVerfG NJW 04, 1519). Hingegen folgt aus Abs. 1 keine Verpflichtung des Gerichts, einen rechtswissenschaftl. Streitstand oder eine – vom Beschwerdeführer – nicht angeführte anderslautende Rspr. in den Urteilsgründen im Einzelnen darzustellen (VerfGH, B.v. 30.4.04 – 2/04).

9 Das Äußerungsrecht (Rn. 7) der Verfahrensbeteiligten soll durch das verfassungsrechtl. Verbot von **Überraschungsentscheidungen** sichergestellt werden (VerfGH, B.v. 26.10.00 – 52/00). Eine dieses Verbot verletzende Überraschungsentscheidung liegt nur vor, wenn das (Fach-)Gericht einen bis zu seiner Entscheidung nicht erörterten rechtl. oder tatsächl. Gesichtspunkt zur Grundlage seiner Entscheidung gemacht und damit dem Rechtsstreit eine Wendung gegeben hat, mit der der davon betroffene Verfahrensbeteiligte nach dem bis zu diesem Zeitpunkt gegebenen Verlauf des Verfahrens nicht zu rechnen brauchte (LVerfGE 7, 22).

Überraschungsentscheidungen sind Fälle enttäuschten prozessualen Vertrauens. Ob eine Überraschungsentscheidung anzunehmen ist, richtet sich folglich danach, was den Beteiligten in einer konkreten prozessualen Situation billigerweise an Vorausschau zugemutet werden konnte (VerfGH, B.v. 14.2.05 – 15/00). Weist das Gericht zur Vermeidung einer Überraschungsentscheidung im Rahmen der mündl. Verhandlung auf einen bisher nicht erörterten entscheidungserhebl. Gesichtspunkt hin, besteht für die betroffene Partei grundsätzl. Gelegenheit, ihr Vorbringen noch im Termin der neuen Sachlage anzupassen. Ist ein substanzieller Vortrag nur nach Einholung weiterer tatsächl. oder rechtl. Informationen mögl., muss ihr genügend Zeit zur Vorbereitung ihrer Stellungnahme gewährt werden. Abs. 1 kann es daher gebieten, dem Betroffenen eine angemessene Frist zur Ergänzung seines Vortrags einzuräumen; dies kann u.U. auch eine Vertagung oder Wiedereröffnung der mündl. Verhandlung erforderl. machen (VerfGH, B.v. 26.10.00 – 52/00). Jedoch begründet das Verbot von Überraschungsentscheidungen keinen Schutz dagegen, dass das Gericht bei der ihm obliegenden Würdigung und Feststellung des Sachverhalts zu einem anderen Ergebnis kommt als ein Prozessbeteiligter (VerfGH, B.v. 13.6.02 – 21/01), mithin einer von einer Partei vertretenen Rechtsansicht nicht folgt (VerfGH, B.v. 30.8.02 – 109/01).

10 Der Gesetzgeber darf das rechtl. Gehör im Interesse der Praktikabilität, der Vereinfachung, der Verfahrensbeschleunigung und der Prozesswirtschaftlichkeit durch **Präklusionsvorschriften** begrenzen (VerfGH, B.v. 22.2.01 – 87/98). Allerdings kann die ungerechtfertigte Zurückweisung tatsächl. Vorbringens als verspätet eine Verletzung des Grundrechts auf Gewährung rechtl. Gehörs darstellen. Dies ist insb. der Fall, wenn ein Gericht bei der Anwendung des § 296 II ZPO von der Auslegung, die diese Vorschrift durch die höchstrichterl. Rspr. erfahren hat, abweicht, ohne die Gründe hierfür und deren Vereinbarkeit mit Abs. 1 darzulegen (LVerfGE 3, 42). Das Recht auf **Wiedereinsetzung** in den vorigen

Stand dient unmittelbar der Verwirklichung der von Abs. 1 und 4 verbürgten Rechtsschutzgarantien; deshalb dürfen bei der Anwendung und Auslegung der für die Wiedereinsetzung maßgebl. prozessrechtl. Vorschriften die Anforderungen daran nicht überspannt werden, was der Betroffene veranlasst haben und vorbringen muss, um nach einer Fristversäumnis Wiedereinsetzung zu erhalten (VerfGH, B.v. 15.11.01 – 113/01; vgl. auch Rn. 21). Den Strafgerichten ist es danach regelmäßig verwehrt, dem Beschuldigten im Strafverfahren bei der Prüfung, ob ihn an einer Fristversäumnis gemäß § 44 I StPO ein Verschulden trifft, Versäumnisse seines Verteidigers zuzurechnen (VerfGH, B.v. 16.5.02 – 85/01). Zwar muss ein Betroffener – z.B. wenn er eine Zustellungsnachricht nicht erhalten haben will – in der Regel Einzelheiten vortragen und glaubhaft machen, aus denen sich ergeben kann, dass aufgrund konkreter Umstände ein Abhandenkommen des Benachrichtigungszettels als möglich erscheint. Doch dürfen ihm nicht etwa Verzögerungen der Briefbeförderung oder -zustellung durch die Deutsche Post AG angelastet werden. In seinem Verantwortungsbereich liegt es allein, das zu befördernde Schriftstück so rechtzeitig und ordnungsgemäß zur Post zu geben, dass es nach deren organisatorischen und betriebl. Vorkehrungen bei normalem Verlauf der Dinge den Empfänger fristgerecht erreichen kann (E 53, 28 f.). Auch durch die Versagung von **Prozesskostenhilfe** unter Beiordnung eines Verfahrensbevollmächtigten kann Abs. 1 berührt sein, näml. dann, wenn die wirtschaftl. schwache Partei nicht in der Lage wäre, sich Gehör zu verschaffen (LVerfGE 7, 14).

Eine Rüge der Verletzung des rechtl. Gehörs kann nur Erfolg haben, wenn die angefochtene gerichtl. Entscheidung auf einer Verletzung von Abs. 1 **beruht**, dh wenn nicht ausgeschlossen werden kann, dass die Anhörung des Beschwerdeführers das Gericht zu einer anderen Beurteilung des Sachverhalts oder in einem wesentl. Punkt zu einer anderen Würdigung veranlasst oder im ganzen zu einer anderen, ihm günstigeren Entscheidung geführt hätte (VerfGH NZM 01, 847). Im Hinblick darauf ist der Substantiierungspflicht (§ 50 VerfGHG) nur genügt, wenn der Beschwerdeführer innerhalb der Beschwerdefrist substantiiert darlegt, was er bei ausreichender Gewährung rechtl. Gehörs über sein bisheriges Vorbringen hinaus noch vorgetragen hätte und warum die angegriffene Entscheidung auf dem behaupteten Verstoß gegen Abs. 1 beruht (st. Rspr., u.a. LVerfGE 3, 6, u. B.v. 7.12.04 – 153/01) bzw. warum sie für ihn bei zusätzlichem Vortrag vorteilhafter hätte ausfallen können (VerfGH, B.v. 16.5.02 – 134/01). Ist eine Gehörsrüge auf die mangelnde Einführung einer bestimmten Erkenntnisquelle in das verwaltungsgerichtl. Verfahren gestützt und macht der Beschwerdeführer geltend, angesichts der mangelnden Kenntnis des Inhalts dieser Erkenntnisquelle sei er von Angaben darüber befreit, was er bei ausreichender Gewährung rechtl. Gehörs vorgetragen hätte, kann seine Rüge allenfalls Erfolg

11

haben, wenn er zugleich vorbringt, er habe seinerseits erfolglos das ihm Zumutbare unternommen, um sich Kenntnis vom Inhalt dieser Erkenntnisquelle zu verschaffen (VerfGH, B.v. 11.2.99 – 2/99). Denn der Betroffene einer Gehörsverletzung kann sich erfolgreich nur auf sie berufen, wenn er zuvor sämtl. verfahrensrechtl. eröffneten und nach Lage der Dinge taugl. Mittel (erfolglos) ausgeschöpft hat, um sich rechtl. Gehör zu verschaffen (LVerfGE 7, 21 f.).

Absatz 2: Bestimmtheit der Strafbarkeit

12 Das durch Abs. 2 geschützte, mit einer Verfassungsbeschwerde rügefähige Individualgrundrecht stimmt inhaltl. mit dem Grundrecht des Art. 103 II GG überein, nach dem eine Tat nur bestraft werden kann, wenn die Strafbarkeit gesetzl. bestimmt war, **bevor** die Tat begangen wurde (LVerfGE 4, 24). Mit »Bestrafung« und »Strafbarkeit« sind nicht nur Kriminalstrafen, sondern überdies die Ahndung von Ordnungswidrigkeiten sowie berufsgerichtl., ehrengerichtl. und staatl. Disziplinarstrafen (E 26, 203 f.) gemeint, nicht aber etwa Beugestrafen und Ordnungsstrafen in zivilgerichtl. Verfahren (E 84, 87 ff. oder die Kostenhaftung des Fahrzeughalters nach § 25 a StVG (VerfGH, B.v. 13.4.05 – 37/02). Zwar hat die Berliner Staatsgewalt Art. 103 II GG unmittelbar zu beachten, doch ist die landesverfassungsrechtl. Verbürgung des Grundsatzes »nulla poena sine lege« insoweit von Bedeutung, als die Länder in gewissem Umfang landesrechtl. Straftatbestände schaffen können (vgl. Art 2, 4 II bis IV EGStGB) und Ordnungswidrigkeitsbestimmungen in größerer Zahl in Landesgesetzen vorgesehen sind (vgl. dazu Michaelis-Merzbach, S. 122).

13 Das durch Abs. 2 begründete Gebot der **Gesetzesbestimmtheit** im Strafrecht verpflichtet den Landesgesetzgeber, die Voraussetzungen der Strafbarkeit so konkret zu umschreiben, dass Tragweite und Anwendungsbereich der Staftatbestände zu erkennen sind und sich durch Auslegung ermitteln lassen. Jeder soll vorhersehen können, welches Verhalten verboten und mit Strafe bedroht ist (VerfGH, B.v. 22.5.97 – 27/96). Somit enthält Abs. 2 eine Konkretisierung des allg. Gesetzesvorbehalts; eine Strafe kann nur aufgrund eines Gesetzes oder einer Rechtsverordnung verhängt werden, die auf einer hinreichend konkretisierten Ermächtigung beruht (E 75, 340 f.). Dabei werden an die inhaltl. Bestimmtheit strengere Anforderungen gestellt als dies durch das allg. rechtsstaatl. Bestimmtheitsgebot zutrifft (von Münch/Kunig, Art. 103 Rn. 27); allerdings sind dem Gesetzgeber Generalklauseln oder unbestimmte, wertausfüllende Begriffe, die in besonderem Maße richterl. Deutung verlangen, nicht von vornherein verfassungsrechtl. verwehrt (E 96, 97 f.). Aus Abs. 2 folgt auch, dass strafbegründende oder strafschär-

fende richterl. Rechtsfortbildung durch Analogie unzulässig ist (VerfGH, B.v. 22.5.97 – 27/96).

Das Grundrecht des Abs. 2 bewahrt den Bürger ferner sowohl davor, 14 dass ein bisher nicht strafbares Verhalten rückwirkend für strafbar erklärt wird, als auch davor, dass der Unrechtsgehalt einer von ihm begangenen Zuwiderhandlung gegen ein Strafgesetz bei seiner Verurteilung höher bewertet wird als zur Zeit der Tat; Abs. 2 schützt also sowohl vor einer rückwirkenden Strafbegründung als auch vor einer rückwirkenden Strafverschärfung (**strafrechtl. Rückwirkungsverbot**). Jedoch bestimmen Verjährungsvorschriften und alle damit zusammenhängenden Einzelregelungen ledigl., wie lange eine für strafbar erklärte Tat verfolgt werden kann, und lassen damit die Strafbarkeit einer Tat unberührt; sie unterliegen deshalb nicht dem Rückwirkungsverbot des Abs. 2 (LVerfGE 4, 24 f.).

Absatz 3: Verbot der Mehrfachbestrafung

Durch das in Abs. 3 inhaltsgleich mit Art. 103 III GG als Individualgrundrecht verankerte Verbot der Mehrfachbestrafung (»ne bis in idem«) soll der Bürger davor geschützt werden, wegen einer Tat, deretwegen er schon einmal zur Verantwortung gezogen worden ist, nochmals in einem neuen Verfahren verfolgt zu werden; Abs. 3 ist nicht nur als Verbot einer mehrfachen Bestrafung, sondern auch als Verbot einer mehrfachen Verfolgung zu verstehen (vgl. E 12, 66). Er verbietet es also, wegen »**derselben Tat**« eine verbrauchte Strafklage zu wiederholen (LVerfGE 4, 25). Mit dem Merkmal »derselben Tat« sind der durch eine zugelassene Anklage bezeichnete Lebenssachverhalt und das gesamte mit ihm eine natürl. Einheit bildende Verhalten des Angeklagten gemeint (vgl. E 23, 202). Eine Verurteilung im ordentl. Strafverfahren wegen einer bereits von einem Strafbefehl erfassten Tat hindert Abs. 3 allerdings nicht, wenn die Bestrafung unter einem nicht schon im Strafbefehl gewürdigten rechtl. Gesichtspunkt erfolgt, der eine erhöhte Strafbarkeit begründet (vgl. E 3, 251 ff.), und wenn dieser Gesichtspunkt im Strafbefehlsverfahren unberücksichtigt geblieben ist (vgl. E 65, 384 f.). 15

Abs. 3 untersagt eine aufgrund der »**allg. Gesetze**« ergehende Mehrfachbestrafung. Darunter sind nur Kriminalstrafgesetze zu verstehen, nicht auch Disziplinargesetze (vgl. E 21, 383 ff.) und andere berufsrechtl. Sanktionsregelungen (vgl. E 66, 357) sowie Vorschriften des Ordnungs- und des Polizeistrafrechts (vgl. E 27, 185) und Bestimmungen über die Anwendung von Beugemitteln (vgl. E 43, 105). Schadensersatzverfahren, Dienststrafverfahren, Ehrengerichtsverfahren, arbeitsgerichtl. Verfahren usw. nach einer Kriminalstrafe schließt Abs. 3 also nicht aus (vgl. Michaelis-Merzbach, S. 128); Bußgeld neben Kriminal- 16 strafe ist zulässig (E 21, 388). Nur Entscheidungen deutscher Gerichte, nicht aber solche ausländischer Spruchkörper lösen die Wirkung des Abs. 3 aus, wobei Gerichte der DDR (vgl. Art. 18 I EV) und der EuGH grundsätzl. keine ausländischen Gerichte sind (ebenso Pfennig/Neumann, Art. 15 Rn. 22).

Absatz 4: Rechtsweggarantie

17 Abs. 4 besteht – ebenso wie der wortgleiche Art. 19 IV GG – aus drei Sätzen. Der erste Satz enthält die sog. **Rechtsweggarantie**, sichert aber keinen bestimmten Rechtsweg. Als Auffangtatbestand sieht S. 2 die Zuständigkeit der ordentl. Gerichte vor, sofern keine andere Zuständigkeit begründet ist. Gemäß S. 3 bleibt Art. 10 II 2 GG unberührt; nach dieser Vorschrift kann das Briefgeheimnis sowie das Post- und Fernmeldegeheimnis unter bestimmten Voraussetzungen beschränkt werden und kann das beschränkende Gesetz anordnen, dass die Beschränkung dem Betroffenen nicht mitgeteilt wird und an die Stelle des Rechtsweges die Nachprüfung durch von der Volksvertretung bestellte Organe und Hilfsorgane tritt. Das alles bewegt sich einzig im bundesrechtl. Rechtsbereich und angesichts dessen ist Abs. 4 S. 3 überflüssig (ebenso Michaelis-Merzbach, S. 109).

18 Abs. 4 S. 1 beinhaltet sowohl ein Individualgrundrecht auf gerichtl. Rechtsschutz gegen Akte der öffentl. Gewalt als auch eine **institutionelle Garantie** in dem Sinne, dass eine Gerichtsbarkeit vorzuhalten ist, nicht aber auch ein Grundrecht auf inhaltl. richtige Rechtsanwendung (VerfGH, B.v. 26.10.00 – 116/00). Grundrechtsträger sind inländische und ausländische natürl. Personen sowie juristische Personen des Privatrechts, ferner nichtrechtsfähige Vereinigungen, soweit sie grundrechtsfähig sind (von Münch/Kunig, Art. 19 Rn. 51). Dagegen können sich juristische Personen des öffentl. Rechts grundsätzl. nicht auf Grundrechte (LVerfGE 3, 48 f.) und deshalb auch nicht auf Abs. 4 berufen, doch sind insoweit Ausnahmen anerkannt u.a. für Universitäten einschl. der Studentenschaft als Teilkörperschaft der Universität (LVerfGE 11,92) sowie für Kirchen und Religionsgemeinschaften (vgl. Sachs, Art. 19 Rn. 115).

19 »**Öffentl. Gewalt**« iS des Abs. 4 sind grundsätzl. nur Akte der deutschen öffentl. Gewalt, wobei selbst der Vollzug von Gemeinschaftsrecht durch deutsche Behörde Ausübung öffentl. Gewalt iS des Abs. 4 darstellt. Erfasst werden alle Akte der Exekutive einschl. Justizverwaltungsakte (vgl. E 28, 14 f.), Einstellungsverfügungen der Staatsanwaltschaft als Rechtspflegeorgan der Justiz (VerfGH NJW 04, 2728) und z.B. strafvollzugsbehördliche Akte in Gestalt der (Rück-)Verlegung in eine bestimmte Justizvollzugsanstalt (VerfGH, B.v. 29.1.04 – 205/03), nach der Rspr. des BVerfG nicht aber Gnadenentscheidungen (E 25,

357 ff.). Nicht zur öffentl. Gewalt iS des Abs. 4 gehört die rechtsprechende Gewalt (VerfGH, B.v. 13.12.01 – 138/01); auch ein Urteil in einem Zivilprozess ist folglich nicht am Maßstab des Abs. 4 S. 1 zu messen, zumal in zivilrechtl. Verfahren selbst kein Rechtsschutz gegen eine (behauptete) Rechtsverletzung durch die öffentl. Gewalt gewährt wird (VerfGH, B.v. 21.2.2002 – 74/98). Im Übrigen hat das BVerfG (E 107,401 ff.) erkannt, wenn nicht schon der Abs. 4 wortgleiche Art. 19 IV GG, so garantiere jedenfalls das aus dem Rechtsstaatsgebot herzuleitende Justizgewährleistungsgebot Rechtsschutz auch im Falle der Verletzung von Verfahrensgrundsätzen durch ein Gericht z.B. in Amtsgerichtsprozessen, in denen ungeachtet einer Missachtung etwa rechtl. Gehörs bei einem Streitwert unterhalb der Berufungsgrenze oder einem Beschwerdeausschluss eine fachgerichtl. Überprüfung nicht vorgesehen ist. Der Rechtsstaat fordere neben der (sozusagen nackten) Garantie dieser Rechte die Möglichkeit einer zumindest einmaligen fachgerichtl. Kontrolle ihrer Einhaltung. Aufgabe des Gesetzgebers sei es, das Rechtsschutzsystem so auszugestalten, dass diesen rechtsstaatl. Mindestanforderungen genügt werde (vgl. in diesem Zusammenhang u.a. Vosskuhle NJW 03,2193, Kley DVBl 03,1159, und Redeker NJW 03, 2956). Diese Aufgabe hat der Bundesgesetzgeber durch den Erlass des **Anhörungsrügengesetzes** vom 9.12.2004 (BGBl. I S. 3220) erfüllt (vgl. zur Anhörungsrüge nach § 152a VwGO Guckelberger NVwZ 05, 11). Gegen die Tätigkeit parlamentarischer Untersuchungsausschüsse kann Rechtsschutz nach Abs. 4 in Anspruch genommen werden (vgl. E 77, 52).

Die Rechtsschutzgarantie des Abs. 4 gilt nur, wenn durch die öffentl. **20** Gewalt **subjektive Rechte** verletzt werden, gleichgültig ob diese durch Verfassungsrecht, einfaches Recht oder Rechtsgeschäfte begründet worden sind; Abs. 4 setzt das Bestehen solcher Rechte voraus. Erfasst ist auch der Anspruch auf fehlerfreie Ermessensausübung (vgl. E 27, 308). Der durch Abs. 4 gewährte Anspruch hebt ledigl. – wie z.B. § 42 Abs. 2 VwGO – auf eine (behauptete) mögl. Rechtsverletzung ab; für die Annahme einer solchen Rechtsverletzung ist die Rspr. großzügig (vgl. etwa E 9, 198).

Abs. 4 überlässt die nähere Ausgestaltung des Rechtswegs den jeweils **21** geltenden Prozessordnungen und gewährleistet nicht, dass diese einen Instanzenzug zur Verfügung stellen (VerfGH, B.v. 21.2.00 – 33/99), er gewährleistet den Rechtsweg also nur im Rahmen der jeweiligen Prozessordnung. Auch ist es unbedenkl., die Anrufung des Gerichts von der Erfüllung bestimmter formaler Voraussetzungen, wie der Einhaltung einer Frist, abhängig zu machen (VerfGH LKV 98, 313). Allerdings darf der **Zugang zum Gericht** durch derartige Anforderungen nicht in unzumutbarer, sachl. nicht gerechtfertigter Weise erschwert werden (VerfGH NStZ-RR 01, 337). Das muss der Richter bei der Auslegung prozessualer Normen beachten und gilt nicht nur für den ersten Zugang zum Gericht, sondern auch für die Wahrnehmung aller etwa vorgesehenen Instanzen (LVerfGE 9, 76 f.). Diesem Verfassungsgebot entsprechend dürfen die Gerichte bei der Anwendung und Auslegung prozessrechtl. Vorschriften, die die Gewährung rechtl. Gehörs sichern sollen, keine überspannten Anforderungen stellen (E 25,166). Das trifft ebenso zu etwa für die Frage, ob ein Beschuldigter einen formwirksamen Einspruch nach § 410 StPO eingelegt hat (BVerfG NJW 02, 3534), sowie für die Prüfung, ob im Einzelfall **Wiedereinsetzung** in den vorigen Stand zu gewähren ist (VerfGH JR 99,188; vgl. auch Rn. 10). Insb. wenn der rechtsuchende Bürger bei der Wahrung von Fristen auf die eindeutige Rspr. eines obersten Bundesgerichts vertraut, darf ihm eine anders lautende, nachteilige Rspr. eines anderen Gerichts, das Verfahrensvorschriften strenger handhabt, nur vorgehalten werden, wenn er mit einer solchen rechnen musste (E 79, 376 f.). Auch widerspricht es rechtsstaatl. Verfahrensgestaltung, dem rechtsuchenden Bürger die Wiedereinsetzung in den vorigen Stand auf Grund zu hoher Anforderungen an die Sorgfaltspflichten seines Anwalts zu versagen; das kann etwa der Fall sein, wenn ein Wiedereinsetzungsantrag deshalb abgelehnt wird, weil der per Telefax übermittelte Berufungsschriftsatz anders als der zwei Tage nach Fristablauf eingegangene Orginalschriftsatz infolge eines Versehens des Büropersonals keine Unterschrift des bevollmächtigten Rechtsanwalts enthält (BVerfG NJW 04, 2583). Beruht eine Fristversäumnis auf Fehlern des Gerichts, sind die Anforderungen an eine Wiedereinsetzung mit besonderer Fairness zu handhaben (BVerfG DVBl 04, 1229).

Zwar ist es verfassungsrechtl. nicht zu beanstanden, dass ein weiteres Rechtsmittel nicht stattfindet, wenn sich die Klage eines Asylsuchenden z.B. als offensichtl. unbegründet erweist, doch gebietet Abs. 4 in einer solchen Konstellation, dass sich die offensichtl. Unbegründetheit der Klage klar und eindeutig aus den Entscheidungsgründen ergibt (LVerfGE 9, 77). Angesichts der Ausgestaltung des deutschen Verwaltungsprozessrechts und der verfassungsrechtl. Verfahrensgarantien stellt es keine prinzipielle Verkürzung des durch Abs. 4 gewährleisteten Rechtsschutzes oder eine generell unzumutbare Erschwerung des Zugangs zu Gerichten dar, wenn ein Ausländer darauf verwiesen wird, einen Rechtsschutz durch deutsche Gerichte vom Ausland aus zu betreiben (VerfGH, B.v. 28.6.01 – 79/00).

22 Abs. 4 garantiert nicht nur das formale Recht und die theoretische Möglichkeit, die Gerichte anzurufen, sondern er verbürgt auch die **Effektivität** des Rechtsschutzes (VerfGH, B.v. 31.10.02 – 66/02); er begründet einen substantiellen Anspruch des Bürgers auf eine tatsächl. wirksame gerichtl. Kontrolle, bevor vollendete Tatsachen eintreten, die den Rechtsschutz ins Leere laufen lassen (VerfGH, B.v. 30.4.04 – 36/02). Im

Übrigen gibt das Erfordernis effektiven Rechtsschutzes dem Betroffenen das Recht, in Fällen tiefgreifender, tatsächl. nicht mehr fortwirkender Grundrechtseingriffe auch dann die Berechtigung des Eingriffs gerichtl. klären zu lassen, wenn die direkte Belastung durch den angegriffenen Hoheitsakt sich nach dem Verfahrensablauf auf eine Zeitspanne beschränkt, in welcher der Betroffene die gerichtl. Entscheidung in der von der Prozessordnung gegebenen Instanz kaum erlangen kann (VerfGH, B.v. 2.4.04 – 7/03); demgemäß ist das Rechtsschutzbedürfnis bei **Durchsuchungen** stets auch zu bejahen, wenn die Durchsuchung bereits abgeschlossen ist (LVerfGE 10, 49).

Von Abs. 4 – wie von Art. 19 IV GG – ist der **vorläufige Rechtsschutz** im fachgerichtlichen Verfahren geprägt (VerfGH, B.v. 24.1.02 – 193A/01); er ist zu gewähren, wenn anders dem Antragsteller eine erhebliche, über Randbereiche hinausgehende Verletzung in seinen Grundrechten droht, die durch die Entscheidung in der Hauptsache nicht mehr beseitigt werden kann (vgl. E 46, 179). Abs. 4 verlangt daher, einen möglichst lückenlosen Schutz vor dem Eintritt namentl. endgültiger Folgen der sofortigen Vollziehung hoheitl. Maßnahmen zu bieten; vor diesem Hintergrund ist es verfassungsrechtl. z.B. geboten, § 92 Abs. 1 Nr. 1 AuslG dahingehend einschränkend auszulegen, dass eine Strafbarkeit eines Ausländers nach dieser Vorschrift entfällt, wenn dieser zwar weder im Besitz einer Aufenthaltsgenehmigung noch einer Duldung ist, jedoch etwa die Ausländerbehörde im Rahmen eines gerichtl. Verfahrens die Zusicherung gegenüber dem Gericht erteilt hat, die Abschiebung bis zur Entscheidung des Gerichts nicht zu vollziehen (VerfGH NJW 03, 2011). Abs. 4 gewährleistet vorläufigen Rechtsschutz auch gegen rechtsverletzende **Untätigkeit** öffentl. Gewalt, wenn es gilt, schwere und unzumutbare, anders nicht abwendbare Nachteile zu vermeiden; das kann im Rahmen des Strafvollzugs bei einem Begehren auf Verpflichtung zum Erlass einer von der Haftanstalt unterlassenen Maßnahme (§ 109 I 2 StVollzG) in Betracht kommen (VerfGH, B.v. 21.3.03 – 33/03). Von der Effektivität des Rechtsschutzes ist grundsätzl. auch der Anspruch des Individuums erfasst, dass ihm günstige gerichtl. Entscheidungen von den Behörden beachtet und in einem zumutbaren zeitl. Rahmen umgesetzt werden (LVerfGE 13,70).

Allerdings gewährleistet das Gebot des effektiven Rechtsschutzes nicht schlechthin die aufschiebende Wirkung der Rechtsbehelfe im Verwaltungsprozess (vgl. aber zur Verwehrung einstweiligen Rechtsschutzes durch Verweis auf zur Verfügung stehende Rechtsmittel in einem Bußgeldverfahren BVerfG NJW 03, 856). Überwiegende öffentl. Belange können es rechtfertigen, den Rechtsschutzanspruch des Betroffenen einstweilen zurückzustellen, um unaufschiebbare Maßnahmen im Interesse des allg. Wohls rechtzeitig in die Wege zu leiten. Der Rechtsschutzanspruch des Bürgers ist indes um so stärker und darf um so weniger zurückstehen, je schwerer die ihm auferlegte Belastung wiegt und je mehr die Maßnahmen der Verwaltung Unabänderliches bewirken (VerfGH, B.v. 8.6.94 – 72/93). Jedenfalls schreibt das Gebot des effektiven Rechtsschutzes nicht zwingend eine mündl. Verhandlung oder die persönl. Anwesenheit der Partei im gerichtl. Verfahren vor (VerfGH, B.v. 22.2.01 – 158/00; vgl. zum effektiven Rechtsschutz in Kindschaftssachen BVerfG NJW 04, 835).

23 Der Anspruch auf wirksame gerichtl. Kontrolle gewährleistet eine **vollständige Nachprüfung** der angefochtenen Maßnahme in tatsächl. und rechtl. Hinsicht durch das Gericht (E 28, 15 f.). Unbestimmte Rechtsbegriffe sind in vollem Umfang zu überprüfen (BVerwGE 24, 63). Jedoch kann der Gesetzgeber vom Grundsatz der vollen Nachprüfung durch die Gerichte Ausnahmen vorsehen, er kann eine reduzierte Kontrolldichte (vgl. zur Frage der Kontrolldichte im Einzelnen von Münch/Kunig, Art. 19 Rn. 65) im Falle der Einräumung von Gestaltungs-, Ermessens- und Beurteilungsspielräumen anordnen (E 61, 114 f.).

Wirksamer Rechtsschutz bedeutet schließl. Rechtsschutz innerhalb **angemessener Zeit**, doch lässt sich die Angemessenheit der Dauer des Verfahrens nicht generell, schon gar nicht statisch bestimmen, sondern nur nach den besonderen Umständen des Einzelfalls (LVerfGE 4, 78). Dabei sind vor allem die Bedeutung der Entscheidung für die Parteien und für vergleichbare Rechtsfälle (VerfGH, B.v.26.10.00 – 27/99 u. 44/99), die Schwierigkeit der Sachmaterie, das den Parteien zuzurechnende Verhalten sowie vom Gericht nicht oder nur beschränkt beeinflussbare Tätigkeiten Dritter, etwa von Sachverständigen, in Rechnung zu stellen (VerfGH, B.v. 29.1.04 – 25/00). Sofern der Arbeitsanfall die alsbaldige Bearbeitung und Terminierung sämtl. anstehender Fälle nicht zulässt, muss das Gericht hierfür eine zeitl. Reihenfolge festlegen. Diese Reihenfolge muss sich nicht dominierend aus den Eingangsdaten der Fälle ergeben; vielmehr begründet das Gebot des Abs. 4, zeitl. angemessenen Rechtsschutz zu gewähren, die Befugnis, ja sogar die Pflicht des Gerichts, bei der Terminierung neben dem zeitl. Eingang die vorbezeichneten weiteren Kriterien zu berücksichtigen. Dagegen ist der Gesichtspunkt der besonderen Belastung der Gerichte in den neuen Bundesländern nicht mehr von Gewicht; das Rechtsstaatsprinzip erfordert eine funktionsfähige Rspr., zu der eine angemessene Ausstattung der Gerichte gehört (BbgVerfG NVwZ 03,1379). Das aus Abs. 4 S.1 folgende Gebot der Gewährung von Rechtsschutz in angemessener Zeit gilt auch für das Prozesskostenhilfeverfahren (vgl. dazu BVerfG NVwZ 04, 334).

24 Durch Abs. 4 S. 2 ist der **ordentl. Rechtsweg** eröffnet, wenn weder durch das Verfassungs- noch durch das Gesetzesrecht eine Zuständigkeitsregelung begründet ist. Wegen des umfassenden Geltungsbereichs der die verschiedenen Rechtswege eröffnenden Generalklauseln (z.B.

§ 40 I VwGO) sowie einzelner Zuständigkeitsregelungen im materiellen Recht hat die subsidiäre Auffangzuständigkeit des S. 2 nur geringe praktische Bedeutung.

Absatz 5: Recht auf den gesetzl. Richter

Ausnahmegerichte, die nach S. 1 unzulässig sind, sind nur solche staatl. Gerichte, die in Abweichung von einer gesetzl. festgelegten Zuständigkeit besonders gebildet und mit der Entscheidung einzelner konkreter oder individuell bestimmter Fälle betraut werden (E 10, 212; vgl. zur Abgrenzung von Gerichten für besondere Sachgebiete, die nach Art. 101 II GG durch Gesetz errichtet werden dürfen, Michaelis-Merzbach, S. 112). Das Verbot des S. 1 ergibt sich der Sache nach auch aus S. 2, wonach niemand seinem **gesetzl. Richter** entzogen werden darf (vgl. Seifert/Hömig, Art. 101 Rn. 2). Dieser S. 2 garantiert die Institution des Richters im Rahmen der Zuständigkeitsordnung der deutschen Gerichtsbarkeit (institutionelle Garantie), ihm kommt im Gefüge der Vorschriften über die Rspr. eine ganz besondere Bedeutung zu (vgl. E 40, 361). Ob es sich beim Gebot des gesetzl. Richters überdies um ein Grundrecht (so LVerfGE 6, 65) oder ein grundrechtsähnl. bzw. grundrechtsgleiches Recht handelt, mag auf sich beruhen. Denn jedenfalls kann die Verletzung dieses Rechts mit der Verfassungsbeschwerde gerügt werden, und zwar sowohl von natürl. als auch von juristischen Personen des Privatrechts und des öffentl. Rechts einschl. von ihnen beherrschter privatrechtl. Organisationen (VerfGH GE 05, 425). 25

Das grundsätzl. auch im Rahmen der freiwilligen Gerichtsbarkeit geltende (VerfGH, B.v. 7.12.04 – 122/04) Gebot des S. 2 bedeutet zunächst, dass von Verfassungs wegen allg. Regelungen darüber bestehen müssen, welches Gericht, welcher Spruchkörper und welcher Richter zur Entscheidung eines Rechtsstreits berufen ist. Der Gesetzgeber hat die sachl., örtl. und instanzielle **Zuständigkeit** der Gerichte und ihrer Spruchkörper festzulegen; daneben müssen in jährl. aufzustellenden Geschäftsverteilungsplänen die innerhalb des Gerichts zuständigen Spruchkörper und für diese wiederum die entsprechenden Richter bestimmt werden (E 95, 328 f.). Das Gebot des S. 2 bedeutet überdies, dass im Einzelfall kein anderes Gericht entscheiden darf als dasjenige, das nach den allg. Normen der Gesetze und sonstigen Vorschriften dafür vorgesehen ist (LVerfGE 9, 63). Für die Annahme eines Verstoßes gegen S. 2 reicht indes nicht jede fehlerhafte Anwendung oder Nichtbeachtung einer einfach-gesetzl. Verfahrensvorschrift aus (VerfGH NVwZ 01, 910); nicht jede irrtüml. Überschreitung der einem Fachgericht zugewiesenen Zuständigkeit verletzt S. 2. Vielmehr ist die Grenze zur Verfassungswidrigkeit erst überschritten, wenn die fehlerhafte Auslegung und Anwendung einfach-gesetzl. Vorschriften über die gerichtl. 26

Zuständigkeit willkürl. ist (LVerfGE 9, 64). Dies ist insb. der Fall, wenn die die Zuständigkeitsverletzung begründende gerichtl. Entscheidung nicht mehr verständlich erscheint oder offensichtl. unhaltbar ist (VerfGH, B.v. 29.1.04 – 25/00), dh wenn z.B. die Ansicht eines Fachgerichts, es sei in einem bestimmten Einzelfall nach dem einschlägigen Verfahrensrecht zur Entscheidung berufen, »im Bereich des schlechthin Abwegigen anzusiedeln ist« (VerfGH, B.v. 28.5.04 – 71/03; vgl. zu dieser Bezeichnung der Willkürgrenze die st. Rspr. des VerfGH u.a. LVerfGE 2, 18 und 5, 60, sowie Art. 10 Rn. 7; s. zur Kritik an der Maßgeblichkeit der Willkürformel in diesem Zusammenhang von Münch/Kunig, Art. 101 Rn. 33).

27 Jedenfalls ist S. 2 z.B. nicht durch die Annahme verletzt, eine Entscheidung ergehe auch dann noch im vorbereitenden Verfahren iS des § 79a I FGO, wenn bereits zuvor von einem Senat in der Besetzung des § 5 III FGO eine mündl. Verhandlung durchgeführt worden ist (LVerfGE 6, 63). Entsprechendes gilt, wenn das KG durch eine Entscheidung im Beschlusswege nach § 522 II ZPO dem Berufungsführer die Möglichkeit eines Revisonsverfahrens bzw. einer Nichtzulassungsbeschwerde in der Annahme nimmt, diese Norm setze keine offensichtl. fehlenden Erfolgsaussichten der Berufung voraus und räume dem Berufungsgericht kein Ermessen hinsichtl. der zu wählenden Verfahrensart ein (VerfGH, B.v. 30.4.04 – 2/04). Dagegen soll nach Ansicht des VerfGH die Auffassung des OVG, es sei für die Entscheidung über die Beschwerde gegen eine im Rahmen eines einstweiligen Anordnungsverfahrens ergangene »**Zwischenverfügung**« des VG zuständig, bei dieser »Zwischenverfügung« handele es sich um eine beschwerdefähige und deshalb von ihm überprüfbare Entscheidung, willkürl. sein und deshalb S. 2 verletzen (LVerfGE 9, 64; vgl. dazu auch die dortigen Sondervoten). Ferner liegt nach Meinung des VerfGH eine objektiv willkürl. Verfahrensweise vor, wenn der Einzelrichter ohne jede die Zuweisung tragende Entscheidung der Kammer über eine Sache entscheidet, selbst wenn er irrig vom Vorliegen eines Übertragungsbeschlusses ausgeht (VerfGH, B.v. 29.1.04 – 25/00). Im Übrigen verbietet das Gebot, dass niemand seinem gesetzl. Richter entzogen werden darf, namentl. der Verwaltung, dort eine verbindl. Entscheidung zu treffen, wo die Zuständigkeit eines Richters gesetzl. begründet ist (VerfGH, B.v. 17.5.95 – 24/95).

28 Zwar umfasst das verfassungsmäßige Recht auf den gesetzl. Richter auch das Recht auf einen neutralen, unabhängigen Richter (VerfGH, B.v. 3.5.01 – 53/01). Gleichwohl ist die Frage, ob eine Partei eines Rechtsstreits zu Recht die **Befangenheit** eines Richters befürchtet und diesen deshalb ablehnen kann, grundsätzl. eine Frage der Auslegung und Anwendung der einfach-rechtl. Verfahrensvorschriften, die verfassungsrechtl. nur auf die Einhaltung der durch die Willkürgrenze gezoge-

nen Schranken überprüft werden kann (VerfGH NZM 00, 231). Willkürl. können Entscheidungen im Ablehnungsverfahren nur sein, wenn sie sich bei Anwendung und Auslegung etwa der maßgebl. Bestimmungen der StPO derart weit von dem verfassungsrechtl. Bild des gesetzl. Richters entfernen, dass sie nicht mehr verständl. erscheinen, offensichtl. unhaltbar oder schlechthin abwegig sind und sich der Schluss aufdrängt, dass sie auf sachfremden Erwägungen beruhen (VerfGH, B.v. 16.5.02 – 134/01). Ein verfassungsgerichtl. Eingreifen kommt deshalb nicht schon in Betracht, wenn die Rechtsanwendung oder das eingeschlagene Verfahren bei der Zurückweisung des Ablehnungsgesuches sozusagen einfache Fehler aufweisen (VerfGH, B.v. 21.2.02 – 74/98). Eine Auslegung der einfach-gesetzl. Ablehnungsregeln dahingehend, dass frühere, möglicherweise gesetzeswidrige oder ermessensfehlerhafte Entscheidungen eines abgelehnten Richters zum Nachteil des Ablehnenden die Besorgnis der Befangenheit nur dann rechtfertigen, wenn zugleich Anhaltspunkte dafür erkennbar sind, dass der Richter gegenüber der betroffenen Partei voreingenommen ist, ist mit S. 2 vereinbar; sie gewährleistet, dass der nach Gesetz und Geschäftsverteilungsplan an sich zuständige Richter nicht ohne triftigen Grund in einem Einzelfall von der Mitwirkung an der Entscheidung ausgeschlossen werden kann (VerfGH, B.v. 3.5.01 – 53/01). Unbedenklich ist ferner die Annahme, zulässigerweise abgelehnt werden könnten nur einzelne Richter, nicht dagegen der ganze Spruchkörper, auch nicht, wenn sämtl. Richter einzeln benannt werden, weil eine Ablehnung nur aus individuellen Gründen erfolgen könne (VerfGH, B.v. 6.12.02 – 120/02). Dagegen wäre eine als ausnahmslos geltender Grundsatz gemeinte Annahme nicht mit S. 2 vereinbar, ein Befangenheitsgesuch gegen einen Richter innerhalb eines bestimmten Verfahrens könne nicht auf Umstände gestützt werden, die sich in einem anderen Verfahren, in dem der abgelehnte Richter ebenfalls fungiert hat, ereignet haben sollen (VerfGH, B.v. 7.12.04 – 122/04).

Nach der st. Rspr. des VerfGH (u.a. LVerfGE 3, 103) kann es gegen die verfassungsrechtl. verbürgte Gewährleistung des gesetzl. Richters verstoßen, wenn ein Gericht die Verpflichtung zur **Vorlage** an ein anderes Gericht, insb. zur Einholung eines Rechtsentscheids in Wohnraummietsachen (§ 541 I 1 ZPO), außer acht lässt. Das ist aber nur der Fall, wenn sich dem entscheidenden Gericht die Notwendigkeit einer solchen Vorlage aufdrängen musste bzw. sich deren Unterlassung als unvertretbar und damit objektiv willkürl. erweist (LVerfGE 7, 54). Die Notwendigkeit zur Einholung eines Rechtsentscheids kann bestehen, wenn eine Mietberufungskammer des Landgerichts von einer Entscheidung des BGH oder eines OLG bzw. des KG abweichen will oder wenn sich eine Rechtsfrage von grundsätzl. Bedeutung stellt, die noch nicht durch eine gefestigte obergerichtl. Rechtsprechung geklärt ist (VerfGH, B.v. **29**

11.10.01 – 7/01). Voraussetzung für einen Vorlagezwang ist stets die **Entscheidungserheblichkeit** der in Rede stehenden Rechtsfrage (VerfGH, B.v. 7.12.04 – 73.00). Namentl. ist als objektiv willkürl. die Nichtvorlage bei einer entscheidungserhebl. Frage anzusehen, die in Landgerichtsurteilen und Kommentierungen offensichtl. unterschiedl. beantwortet wird (VerfGH GE 03, 662). Eine Vorlagepflicht besteht indes u.a. nicht mit Blick auf die Frage, in welchem Verhältnis die Überzeugungskraft des Mietspiegels und eines Sachverständigengutachtens bei der Ermittlung des ortsübl. Vergleichsmietzinses zueinander stehen, da dies keine Rechtsfrage iS des § 541 I 1 ZPO, sondern eine Wertungsfrage über die Auswahl der Beweismittel und deren Würdigung ist, die die richterl. Überzeugungsbildung betrifft und deshalb einem Rechtsentscheid nicht zugängl. ist (VerfGH, B.v. 19.3.98 – 98/97). Da der EuGH ebenfalls gesetzl. Richter iS des S. 2 ist, kann eine Verletzung dieser Bestimmung auch vorliegen, wenn ein Berliner Gericht seine Vorlagepflicht gemäß Art. 234 EVG außer acht lässt; jedoch besteht in Verfahren des einstweiligen Rechtsschutzes grundsätzl. keine Vorlagepflicht (VerfGH, B.v. 23.11.00 – 59/00).

Art. 16 [Post- und Fernmeldegeheimnis]

Das Briefgeheimnis sowie das Post- und Fernmeldegeheimnis sind unverletzlich.

Art. 16 entspricht wörtl. dem Art. 10 I GG. Obwohl er – anders als 1
Art. 10 GG in Abs. 2 – **keinen** Gesetzesvorbehalt enthält und mithin vom Ansatz her einen weitergehenden Schutz vermittelt als Art. 10 GG, ist die Bestimmung gültig, weil sie auch in ihrem weitergehenden Bereich nicht dem Grundrecht des Art. 10 GG widerspricht (vgl. Vor Art. 6 Rn. 5). Allerdings verdrängt einfaches, auf der Grundlage des Art. 10 II GG erlassenes Bundesrecht den Art. 16 insoweit, als dieses Bundesrecht keine Spielräume für die Berücksichtigung weitergehenden Landesrechts lässt (vgl. E 96, 365 f.). Das trifft grundsätzl. auf alle gesetzl. Beschränkungen des Bundesrechts zu, die es in großer Zahl gibt, und zwar vor allem auf dem Gebiet der Strafverfolgung und des Strafvollzugs (vgl. dazu im einzelnen von Münch/Kunig, Art. 10 Rn. 28 ff.).

Art. 16 begründet ein **Abwehrrecht** gegen die Öffnung von Briefen und 2
die Einsichtnahme in sie sowie gegen das Abhören, die Kenntnisnahme und das Aufzeichnen des Inhalts der Telekommunikation, aber auch gegen die Erfassung ihrer Umstände, die Auswertung des Inhalts und die Verwendung gewonnener Daten (vgl. E 100, 358 ff.). Er wiederholt den in Art. 10 I GG verwandten Begriff »unverletzlich«. Damit ist nicht gemeint, die in ihm angesprochenen Geheimnisse könnten tatsächl. nicht verletzt werden, sondern es sei der öffentl. Gewalt – vorbehaltl. der zulässigen Beschränkungen – verboten, in die der Privatsphäre zuzurechnenden Kommunikationswege des Brief-, Post- und Fernmeldeverkehrs einzudringen. Mithin gewährleistet Art. 16 die freie Entfaltung der Persönlichkeit durch einen privaten, vor den Augen der Öffentlichkeit **verborgenen Austausch** von Nachrichten, Gedanken und Meinungen (vgl. E 67, 171); im Ausmaß seines Schutzgehaltes verdrängt er das allg. Grundrecht aus Art. 7.

Das **Briefgeheimnis** schützt den briefl. Verkehr der Einzelnen unterein- 3
ander gegen eine Kenntnisnahme der öffentl. Gewalt von dem Inhalt des Briefes (E 33, 11), wobei vom Begriff »Brief« jede die mündl. Kommunikation ersetzende schriftl. Mitteilung in beliebiger Schrift- und Vervielfältigungsart und damit auch Postkarten, Telegramme, e-mails und Drucksachen erfasst werden (Jarass/Pieroth, Art. 10 Rn. 3). Das **Postgeheimnis** gewährleistet den Schutz für den durch Postdienstleistungserbringer vermittelten Verkehr ausschließl. gegenüber der öffentl. Gewalt (von Münch/Kunig, Art. 10 Rn. 9), es erstreckt sich auf alle einem Anbieter von Postdienstleistungen anvertrauten Sendungen und Mitteilungen wie Briefe, Pakete, Päckchen, Warenproben, Postanweisungen

usw. Es bezieht sich insb. auf den konkreten Inhalt der übermittelten Sendung und schützt vor der Offenbarung (Übermittlung, Weitergabe), wer mit wem durch den Dienstleistungsanbieter Briefe und Sendungen wechselt, vor der Öffnung verschlossener Sendungen und vor Nachforschungen nach ihrem Inhalt (vgl. E 67, 172).

Das **Fernmeldegeheimnis** sichert die Bürger und – nach ihrer Privatisierung auch – die Deutsche Post AG gegenüber staatl. Stellen; sein Schutz erstreckt sich auf die von Privaten betriebenen Telekommunikationsanlagen, es schützt den privaten und geschäftl. Fernmeldeverkehr vor Eingriffen der öffentl. Gewalt. Die öffentl.-rechtl. Rundfunkanstalten können sich zum Schutz der Vertraulichkeit der Informationsbeschaffung und der Redaktionsarbeit ebenfalls auf das Fernmeldegeheimnis berufen (vgl. E 107, 299). Erfasst werden etwa der Telefon-, Telefax-, Telegramm- und Fernschreibverkehr, aber auch Computernetze. Das Grundrecht ist im Hinblick auf zukünftige elektronische Übertragungsmöglichkeiten dynamisch (Pfennig/Neumann, Art. 16 Rn. 8); es umfasst jedenfalls sämtl. mit Hilfe der verfügbaren Telekommunikationstechniken erfolgenden Übermittlungen von Informationen. Auf die konkrete Übermittlungsart (etwa über Kabel oder Funk, durch analoge oder digitale Vermittlung) und Ausdrucksform (etwa Sprache, Bilder, Töne, Zeichen oder sonstige Daten) kommt es nicht an (E 106, 36). Der Schutz betrifft z.B. hinsichtl. geführter Telefongespräche nicht nur deren Inhalt, sondern auch die näheren Umstände des Fernmeldeverhältnisses; dazu gehört insb. die Tatsache, ob und wann zwischen Personen und Fernmeldeanschlüssen Fernmeldeverkehr stattgefunden hat oder versucht worden ist (E 67, 172). Entsprechendes gilt für die übrigen elektronischen Übertragungsmöglichkeiten. Indes ist der Schutzbereich des Art. 16 nicht betroffen, wenn etwa einer der Gesprächsteilnehmer einen Dritten aufgrund einer technischen Einrichtung mithören lässt; das Grundrecht des Fernmeldegeheimnisses schützt näml. nicht das Vertrauen der Kommunikationspartner untereinander, sondern die Vertraulichkeit der Nutzung des zur Nachrichtenübermittlung eingesetzten technischen Mediums (vgl. E 106, 37). Diese Nutzung soll in allem vertraul. mögl. sein. Darüber hinaus erstreckt sich der Schutz auf den anschließenden Informations- und Datenverarbeitungsprozess sowie den Gebrauch, der von den erlangten Kenntnissen gemacht wird (E 100, 359).

4 Bei den drei in Art. 16 enthaltenen Grundrechtsgarantien handelt es sich um **subjektive öffentl**. Rechte ohne unmittelbare Drittwirkung, dh gerichtet ausschließl. gegen den Staat. Grundrechtsträger sind alle natürl. Personen (Deutsche, Ausländer, Staatenlose) sowie private, nicht aber auch öffentl. juristische Personen. Die aus dem Sondervermögen hervorgegangenen Unternehmen (Deutsche Post AG, Deutsche Postbank AG, Deutsche Telekom AG) können sich wegen der erfolgten Auf-

gabenprivatisierung gegenüber staatl. Eingriffen auf Art. 16 berufen (vgl. Sachs, Art. 10 Rn. 11). Eingriffe namentl. in das Fernmeldegeheimnis können jedoch ausnahmsweise gerechtfertigt sein, wenn sie zur Verfolgung einer Straftat von erhebl. Bedeutung erforderl. sind, hinsichtl. der ein konkreter Tatverdacht besteht, und wenn eine hinreichend sichere Tatsachenbasis für die Annahme vorliegt, dass der durch eine entsprechende Anordnung Betroffene mit dem Beschuldigten über Telekommunikationsanlagen in Verbindung steht (E 107, 299; vgl. dazu auch Kugelmann NJW 03, 1777). Im Einzelfall ist auch ein Verzicht des Grundrechtsträgers auf die Wahrung der drei Geheimnisse mögl., allerdings nur mit Wirkung für den Verzichtenden selbst, nicht auch mit Wirkung für Dritte (vgl. E 85, 399, zur sog. Fangschaltung).

Art. 16 enthält zugleich einen **Auftrag** an den Staat, Schutzvorkehrungen gegen Grundrechtsverletzungen durch die privatrechtl. organisierten Erbringer von Post- und Telekommunikationsleistungen vorzusehen (vgl. Seifert/Hömig, Art. 10 Rn. 1). Da bereits der Bund dem entsprechenden Auftrag des GG durch Regelungen im Postneuordnungsgesetz v. 15.9.94 (BGBl I S. 2325 – vgl. Neufassung des § 5 I 1 PostG) und im StGB (vgl. Neufassung des § 206) sowie durch den Erlass des Telekommunikationsgesetzes v. 22.6.04 (BGBl I S. 1190) nachgekommen ist, bleibt insoweit für den Landesgesetzgeber schwerl. noch Raum.

Art. 17 [Freizügigkeit]

Das Recht der Freizügigkeit, insbesondere die freie Wahl des Wohnsitzes, des Berufes und des Arbeitsplatzes, ist gewährleistet, findet aber seine Grenzen in der Verpflichtung, bei Überwindung öffentlicher Notstände mitzuhelfen.

1 Die VvB verwendet den Begriff »Freizügigkeit« im Verhältnis zum gleichen Begriff in Art. 11 I GG in einem weiteren, gedanklich u.a. die auf EG-Ebene zunehmend bedeutsamer werdende Arbeitnehmerfreizügigkeit (vgl. dazu etwa Sachs, Art. 12 Rn. 7 a ff.) einschließenden Sinne. Dies wird deutlich durch die Angabe, zum Recht der Freizügigkeit iS des Art. 17 zählten außer der von Art. 11 I GG ebenfalls geschützten Wohnsitzfreiheit auch die von Art. 12 GG gewährleistete Berufs- und Arbeitsplatzfreiheit. Das Recht dieser **umfassenden Freizügigkeit** als Voraussetzung für die menschl. Selbstverwirklichung findet in allen seinen Einzelelementen landesrechtl. seine Grenze ausdrückl. nur »in der Verpflichtung, bei Überwindung öffentl. Notstände mitzuhelfen«. Mit der »Überwindung öffentl. Notstände« ist die Beseitigung der Folgen von Überschwemmungen und anderen Naturkatastrophen sowie von besonders schweren Unglücksfällen usw. gemeint. Da öffentl. Notstände dieser Art in der Praxis außerordentl. selten vorkommen, greift dieser Einschränkungsvorbehalt im Ergebnis kaum und bleibt mithin im Ergebnis mit der Folge hinter dem Einschränkungsvorbehalt des Art. 11 II GG und dem Regelungsvorbehalt des Art. 12 I 2 GG zurück, dass die Gewährleistungen des Art. 17 in der Sache über die der Art. 11 und 12 GG hinausgehen, insoweit also einen weitergehenden Schutz als das GG verbürgen. Hinsichtl. dieses weitergehenden Schutzes dürfte indes Art. 17 den entsprechenden Bundesgrundrechten widersprechen und deshalb hinter sie zurücktreten. Dementsprechend hat der VerfGH angenommen, in die durch Art. 17 verbürgte freie Wahl des Berufes dürfe der Landesgesetzgeber zum Schutz überragend wichtiger Gemeinschaftsgüter eingreifen (LVerfGE 5, 8; s. auch Rn. 12). Wird die durch Art. 17 verbürgte Berufsfreiheit zur Begehung von Straftaten missbraucht, rechtfertigt sich ein Berufsverbot gegen den Täter als Grundrechtsschranke zum Schutz der Allgemeinheit vor weiteren vom Täter drohenden Straftaten (VerfGH, B.v. 14.2.05 – 172/04).

2 Art. 17 verdeutlicht durch das Wort »insbesondere«, dass von ihm nicht nur die dort ausdrückl. genannten Elemente der Freizügigkeit, sondern überdies weitere Elemente wie etwa die freie Wahl des Aufenthaltes und die freie Wahl der Ausbildungsstätte gewährleistet werden. Gleichwohl lässt sich vor dem Hintergrund der Regelungen des GG verkürzend sagen, Art. 17 enthalte **zwei** unterschiedl. **Grundrechte**, nämlich das –

im GG in Art. 11 verbürgte – Recht auf Freizügigkeit (im engeren Sinne) und die – im GG in Art. 12 – garantierte Berufsfreiheit.

1. Freizügigkeit des Wohnsitzes

Hinsichtl. der Freizügigkeit im engeren Sinne, dh der freien Wahl von Aufenthalt und Wohnsitz, deckt sich der Schutzbereich des Art. 17 (dem beschränkten räuml. Anwendungsbereich einer landesrechtl. Bestimmung entsprechend zwar nicht räuml., aber doch) sachl. im wesentlichen mit demjenigen des Art. 11 I GG; Grundrechtsträger sind natürl. Personen und juristische Personen privaten Rechts (vgl. BVerwGE 96, 20). Allerdings beschränkt sich Art. 17 abweichend von Art. 11 I GG nicht auf den Schutz von Deutschen, sondern enthält ein Menschenrecht; insoweit muss er sich jedoch einfügen in die bundesstaatl. Ordnung (LVerfGE 2, 24). Während Art. 17 im Rahmen seines räuml. Anwendungsbereichs zugunsten Deutscher unter dem Blickwinkel der Freizügigkeit ein Individualgrundrecht begründet, das inhaltl. dem durch Art. 11 I GG verbürgten Grundrecht entspricht, besteht mit Blick auf Ausländer jedenfalls hinsichtl. des Anspruchs auf die Einhaltung des Grundsatzes der Verhältnismäßigkeit eine Identität des ihnen durch Art. 2 I GG einerseits und Art. 17 andererseits gewährleisteten Anspruchs mit der Folge, dass wegen dieser Identität Art. 17 insoweit als Prüfungsmaßstab in landesverfassungsrechtl. Verfassungsbeschwerdeverfahren erhalten bleibt (LVerfGE 2, 25). Art. 17 dient nach der st. Rspr. des VerfGH (u.a. LVerfGE 3, 54 ff.) als Grundlage der Überprüfung **ausländerrechtl. Maßnahmen**; das Recht auf Freizügigkeit verlangt in ausländerrechtl. Sachen die Einhaltung des Verhältnismäßigkeitsgrundsatzes und die Gewährung eines angemessenen und effektiven Rechtsschutzes. 3

Das in Art. 11 verbürgte Recht der Freizügigkeit gewährleistet vom Ansatz her jedem einzelnen, sich in Berlin frei zu bewegen und niederzulassen, Berlin aufzusuchen und es zu verlassen (LVerfGE 2, 79), dh das Recht, ungehindert durch die Staatsgewalt sowohl von einem Berliner Bezirk in den anderen zu ziehen, als auch innerhalb dieser Bezirke nach eigener Wahl Aufenthalt und Wohnsitz zu nehmen. Überdies begründet dieses Grundrecht sozusagen als Kehrseite der positiven Freizügigkeit das Recht, nicht ziehen zu müssen, das Recht, innerhalb Berlins dort zu bleiben, wo man ist (sog. negative Freizügigkeit). Geschützt wird in diesem Rahmen das Recht, den gegenwärtigen **Lebenskreis beizubehalten**, also beispielsweise einen bestimmten Berliner Bezirk nicht gegen seinen Willen verlassen zu müssen. Ohne Belang ist in diesem Zusammenhang, ob insoweit (auch) ein Zwang zum Ziehenmüssen über die Grenzen Berlins oder gar über die Grenzen der Bundesrepublik hinaus in Rede steht. Denn ein solcher Zwang berührt denknotwendig das 4 von Art. 17 geschützte Recht auf Beibehaltung des gegenwärtigen Lebenskreises, dh das Recht, in dem Berliner Bezirk zu bleiben, in dem man Aufenthalt und Wohnsitz genommen hat (LVerfGE 2, 24).

5 Eingriffe in den Schutzbereich des Art. 17 sind in erster Linie gegeben, wenn staatl. Handeln die Freizügigkeit unmittelbar beeinträchtigt (vgl. von Münch/Kunig, Art. 11 Rn. 19). Der VerfGH hat offengelassen, ob Art. 17 für gewisse Fälle auch Schutz vor der Ausübung eines in seiner Wirkung einem staatl. Zuzugsgebot gleichkommenden »ökonomischen Zwanges« durch den Staat gewährleistet. Jedenfalls hindere das Freizügigkeitsgrundrecht den Landesgesetzgeber innerhalb seines Kompetenzbereichs nicht prinzipiell daran, Einwohner des Landes im Ergebnis stärker zu belasten oder zu begünstigen als Bewohner anderer Länder der Bundesrepublik (LVerfGE 2, 79). Der aufgrund des Art. 17 bei der Überprüfung ausländerrechtl. Maßnahmen verfassungsrechtl. beachtl. Verhältnismäßigkeitsgrundsatz stellt besondere Anforderungen an die Ausübung des Ausweisungsermessens, wenn die Ausweisung eines straffällig gewordenen Ausländers allein generalpräventiven Zwecken dienen soll. Bei der generalpräventiven Aufenthaltsbeendigung ist vor allem sorgfältig das Gewicht der mit ihr verfolgten, im öffentl. Interesse liegenden Ziele zu ermitteln. Hierzu gehört sowohl für die Ausländerbehörde als auch für die Verwaltungsgerichte eine genaue Kenntnisnahme und Würdigung des der Aufenthaltsbeendigung zugrundeliegenden Tatgeschehens und seiner strafgerichtl. Bewertung (LVerfGE 3, 55).

2. Freiheit des Berufes

6 Mit Beschluss v. 28.6.01 (LVerfGE 12, 21 f.) hat der VerfGH seine zuvor st. Rspr. (vgl. etwa LVerfGE 9, 50 f.) aufgegeben, nach der Art. 17 zwar die Freiheit der Berufswahl, nicht aber stets auch diejenige der Berufsausübung schützt. Auf der Grundlage dieser geänderten Rspr. enthält Art. 17 – in Übereinstimmung mit der bundesrechtl. Gewährleistung in Art. 12 I 1 GG – ein **einheitl. Grundrecht** der Berufsfreiheit, das die Freiheit der Berufswahl und der Berufsausübung sowie die Wahl des Arbeitsplatzes einschl. der Ausbildungsstätte umfasst. Zwar ist Art. 17 – anders als Art. 12 I GG, der nur auf Deutsche abstellt – als Menschenrecht ausgestaltet. Da jedoch bundesrechtl. zugunsten der Ausländer Art. 2 I GG eingreift (E 78, 196 f.), besteht in der Sache insoweit ebenfalls eine weitestgehende Übereinstimmung zwischen Bundes- und Landesrecht (vgl. zur Verfassungsrspr. im Wandel am Beispiel der Berufsfreiheit Sodan NJW 03, 257).

7 Art. 17 ist lex specialis für das Gebiet des Berufsrechts und geht insoweit grundsätzl. Art. 7 vor. Er begründet ein **subjektives Abwehrrecht** gegen staatl. Eingriffe und überdies iVm dem allgemeinen Gleichheitssatz und dem Sozialstaatsprinzip einen Anspruch auf **Teilhabe** an staatl.

Leistungen (LVerfGE 7, 8), und zwar vor allem im Bereich von faktisch allein vom Staat betriebenen Einrichtungen; soweit es sich bei ihnen um öffentl. Ausbildungseinrichtungen wie u.a. Hochschulen handelt, gehen die Gewährleistungen aus den Art. 19 II (vgl. Art. 19 Rn. 8) und Art. 20 I (vgl. Art. 20 Rn. 4) vor. Jedoch enthält das Grundrecht auf freie Berufswahl keinen Anspruch auf Übernahme in den öffentl. Dienst bzw. Fortführung eines auf Probe begründeten Beamtenverhältnisses (VerfGH, B.v. 17.3.97 – 79/96). Auch geht die teilhaberechtl. Komponente des Art. 17 nicht soweit, dass der SvB und das AvB verpflichtet wären, dauerhafte Beschäftigungsmöglichkeiten zur Verfügung zu stellen. Dagegen vermittelt Art. 17 eine aus der Berufswahlfreiheit folgende **Schutzpflicht** des Staates: Zwar ist mit der Berufswahlfreiheit weder ein Anspruch auf Bereitstellung eines Arbeitsplatzes eigener Wahl noch eine Bestandsgarantie für den einzelnen Arbeitsplatz verbunden. Ebenso wenig verleiht das Grundrecht unmittelbaren Schutz gegen den Verlust eines Arbeitsplatzes und eine Kündigung. Doch verpflichtet das Grundrecht den Staat, durch entsprechende Vorschriften einen den Umständen des Einzelfalls sozial angemessenen Kündigungsschutz zu gewährleisten. Dieser Schutzpflicht hat der Staat durch die geltenden Kündigungsvorschriften hinreichend Rechnung getragen (LVerfGE 7, 32), so dass Art. 17 unter diesem Blickwinkel in erster Linie bei der Auslegung und Anwendung arbeitsrechtl. Kündigungsvorschriften zu beachten ist (LVerfGE 5, 35).

Der Begriff »**Beruf**« umfasst jede auf Dauer angelegte, wirtschaftl. **8** sinnvolle, erlaubte, in selbständiger oder unselbständiger Stellung ausgeübte Tätigkeit, die für den Grundrechtsträger Lebensaufgabe und damit auch Lebensgrundlage ist, er ist weit auszulegen (E 7, 397 ff.). Zum »Beruf« zählen nicht nur die Betätigungen, die sich in bestimmten, traditionell oder sogar rechtl. fixierten »Berufsbildern« darstellen, sondern auch andere erlaubtermaßen frei gewählte untypische Betätigungen, vorausgesetzt sie beschränken sich nicht auf einen einmaligen Erwerbsakt (vgl. zu den von der Rspr. als Beruf anerkannten Tätigkeiten von Münch/Kunig, Art. 12 Rn. 22); auch ein Zweitberuf fällt in den Schutzbereich des Grundrechts (vgl. BVerfG DVBl 04, 698). Art. 17 vermittelt den Einzelnen und juristischen Personen das Recht, jede erlaubte Arbeit, für die sie sich geeignet und legitimiert glauben, als »Beruf« zu ergreifen und zur Grundlage der Lebensführung zu machen (vgl. BVerwGE 96, 20). Insoweit entfaltet Art. 17 Schutzwirkungen gegenüber solchen Normen und Akten, die sich unmittelbar auf die Berufstätigkeit beziehen oder zumindest eine objektiv berufsregelnde Tendenz haben (vgl. E 95, 302); dazu rechnet z.B. eine berufsbezogene Eignungsprüfung als Voraussetzung für die Zulassung zum Beruf des Rechtsanwalts (VerfGH, B.v. 23.11.00 – 59/00).

Geschützt ist auch die »**Unternehmerfreiheit**« iS freier Gründung und Führung von Unternehmen (vgl. E 50, 363) einschl. der Außendarstellung der Grundrechtsträger, mit der den Nachfragern die erforderl. Informationen für die Inanspruchnahme der Dienste vermittelt werden (E 85, 256). An Art. 17 zu messen ist daher z.B. ein Verbot, erworbene Kenntnisse und Fähigkeiten, die in rechtmäßig erworbenen Titeln und Berufsbezeichnungen ihren Niederschlag gefunden haben, im Berufsleben zu benutzen (vgl. zum Führen mehrerer Facharztbezeichnungen E 106, 192, sowie zum Werberecht des Arztes Kleine-Cosack NJW 03, 868). Von Art. 17 überdies geschützt ist das Unternehmerverhalten im Wettbewerb (vgl. BVerwGE 89, 283). Das schließt die Werbung für die Inanspruchnahme von Diensten etwa der Angehörigen freier Berufe ein (vgl. zum Werberecht freiberufl. Tätiger BVerfG NJW 04, 3765); sachgerechte, nicht irreführende Informationen im rechtl. und geschäftl. Verkehr sind zulässig (vgl. BVerfG NJW 03, 2816), Verboten ist lediglich eine **berufswidrige Werbung**, dh eine Werbung, die nicht interessengerecht und sachangemessen informiert. Zulässig ist deshalb z.B. die Werbung eines Rechtsanwalts mit der Bezeichnung »Spezialist für Verkehrsrecht« im Briefkopf (BVerfG NJW 04, 2656). Grundsätzl. ist der Schutzbereich des Art. 17. selbst dann berührt, wenn die berufl. Entfaltungsmöglichkeiten eines Unternehmers durch negative staatl. Äußerungen staatl. Stellen über seine konkret angesprochenen Erzeugnisse oder Leistungen nachhaltig eingeschränkt werden, wie dies bei der Warnung der Öffentlichkeit vor bestimmten Produkten (E 87, 44) oder bei der Veröffentlichung von Warentests durch eine Behörde (s. BVerwG NJW 96, 3161) der Fall sein kann. Berufe im öffentl. Dienst werden von Art. 17 ebenfalls erfasst, doch trifft für diesen Bereich Art. 19 II vorrangige Regelungen. Ähnliches gilt für staatl. gebundene Berufe wie u.a. Notare und Bezirksschornsteinfegermeister (Seifert/Hömig, Art. 12 Rn. 4) sowie öffentl. bestellte Vermessungsingenieure und Prüfingenieure für Baustatik (VerfGH LKV 98, 351).

9 Die Berufswahlfreiheit erschöpft sich nicht im Eintritt in einen Beruf, sondern wirkt fort in der Entscheidung darüber, wie lange man diesen Beruf ausüben will (VerfGH LKV 98, 351). Vom Schutzbereich mit erfasst ist grundsätzl. das Recht, mehrere Berufe zu wählen und in ihnen gleichzeitig nebeneinander tätig zu sein; gewährleistet ist auch die Freiheit des Berufswechsels und die Freiheit, keinen Beruf zu ergreifen. Jedoch begründet Art. 17 kein »Recht auf Arbeit«, und zwar schon deshalb nicht, weil insoweit Art. 18 S. 1 als lex specialis anzusehen ist. Dagegen folgt aus der Berufswahlfreiheit als deren Konkretisierung die in Art. 17 noch ausdrücklich erwähnte Freiheit der **Wahl des Arbeitsplatzes**, dh der Stätte, an der der ausgewählte Beruf ausgeübt werden soll. Dieser Aspekt des Art. 17 schützt den Entschluss, den bisherigen Arbeitsplatz beizubehalten, aufzugeben oder zu wechseln, nicht aber

schützt er vor einem Verlust des Arbeitsplatzes durch Kündigung; insoweit begründet Art. 17 ledigl. bestimmte Schutzpflichten des Staates (vgl. Rn. 7). Aus Art. 17 ergibt sich nicht einmal eine Bestandsgarantie für Arbeitsplätze im öffentl. Dienst; er lässt die Organisationsgewalt des öffentl. Arbeitgebers unberührt (VerfGH, B.v. 29.1.04 – 143/00). Da Eingriffe in die freie Wahl des Arbeitsplatzes nahezu regelmäßig auch die Berufswahlfreiheit beeinträchtigen, kommt der freien Wahl des Arbeitsplatzes als solcher eine eher untergeordnete Bedeutung zu.

Vom weiten Begriff der Freizügigkeit in Art. 17 wird auch erfasst die Freiheit der **Wahl der Ausbildungsstätte** (vgl. Rn. 2). Sie schützt den Zugang zu Einrichtungen, die ein Bewerber besucht haben muss, um nach Ablegung der nur über diese Einrichtungen erreichbaren Prüfungen Berufe ergreifen oder öffentl. Ämter bekleiden zu können, die die durch die Prüfungen erlangte Qualifikation voraussetzen (BVerwGE 91, 32). Aus dem thematischen Zusammenhang innerhalb des Art. 17 folgt, dass der Begriff der Ausbildungsstätte nur berufsbezogene Einrichtungen umfasst, also solche, die – über die Vermittlung allgemeiner Schulbildung hinaus – der Ausbildung für Berufe dienen (E 33, 329 f.). Träger des Grundrechts auf Wahl der Ausbildungsstätte ist stets nur der Auszubildende. Geschützt sind der Eintritt in eine Ausbildungsstätte sowie die im Rahmen der Ausbildung notwendigen Tätigkeiten, insb. die Teilnahme am Unterricht sowie an Prüfungen (vgl. dazu und zur gerichtl. Kontrolle derartiger Prüfungen Jarass/Pieroth, Art. 12 Rn. 64 ff.). 10

Die sog. **Drei-Stufen-Theorie**, die vom BVerfG im Apothekenurteil (E 7, 377 ff.) für die zulässige Einschränkbarkeit der von Art. 12 I GG verbürgten Freiheiten durch Gesetz oder aufgrund eines Gesetzes entwickelt worden ist, ist auf die durch Art. 17 gewährleistete Berufsfreiheit übertragbar. Das gilt wegen der Einheitlichkeit des Grundrechts der Berufsfreiheit auch für Beschränkungen der im Art. 17 verbürgten Berufsausübungsfreiheit (VerfGH NVwZ-RR 02, 401), und es gilt ferner mit Blick auf die Freiheit der Wahl des Arbeitsplatzes (vgl. E 92, 151) sowie der Ausbildungsstätte (vgl. E 33, 336). Diese Drei-Stufen-Theorie ist das Ergebnis strikter Anwendung des Grundsatzes der Verhältnismäßigkeit bei dem vom Gemeinwohl her gebotenen Eingriffen in die Berufsfreiheit. Die Annahme ihrer Übertragbarkeit auf Art. 17 geht von der Einsicht aus, dass nach der Ordnung der VvB – wie nach der des GG – die freie menschl. Persönlichkeit der oberste Rechtswert ist, dass ihr deshalb auch bei der Berufswahl die größtmögliche Freiheit gewahrt bleiben muss und dass diese Freiheit nur soweit eingeschränkt werden darf, als es zum gemeinen Wohl unerlässlich ist (vgl. zur verfassungsgerichtl. Kontrolldichte bei der Berufsfreiheit Lorz NJW 02, 169). 11

Zur Freiheit der **Berufsausübung** gehört nicht nur die berufl. Praxis selbst, sondern auch jede Tätigkeit, die mit der Berufsausübung zusammenhängt und dieser dient. Sie schließt die Außendarstellung von selb- 12

ständig Berufstätigen ein, soweit sie auf die Förderung des berufl. Erfolges gerichtet ist. Staatl. Maßnahmen, die geschäftl. oder berufl. Werbung beschränken, sind Eingriffe in die Freiheit der Berufsausübung (E 94, 389). Gesetzl. Eingriffe in diese Freiheit sind zulässig, wenn sie durch hinreichende Gründe des Gemeinwohls gerechtfertigt werden. Die aus Gründen des Gemeinwohls unumgänglichen Beschränkungen des Grundrechts stehen unter dem Gebot der Verhältnismäßigkeit (E 54, 313); Eingriffe dürfen deshalb nicht weiter gehen, als es die sie rechtfertigenden Gemeinwohlbelange erfordern (E 101, 347); dh ein solcher Eingriff im Einzelfall ist mit Art. 17 nur vereinbar, wenn das gewählte Mittel zur Erreichung des verfolgten Zwecks geeignet sowie erforderl. ist und bei einer Gesamtabwägung zwischen der Schwere des Eingriffs und dem Gewicht der diesen rechtfertigenden Gründe die Grenze der Zumutbarkeit noch gewahrt ist (LVerfGE 12, 24). Dem Gesetzgeber steht bei der Beurteilung dessen, was er zur Verwirklichung des von ihm verfolgten Regelungsziels für geeignet und erfoderl. halten darf, ein weiter Einschätzungs- und Prognosespielraum zu (E 50, 332 ff.), der verfassungsrechtl. je nach der Eigenart des in Rede stehenden Sachbereichs, den Möglichkeiten, sich ein hinreichend sicheres Urteil zu bilden und der auf dem Spiel stehenden Rechtsgüter nur im begrenzten Umfang überprüft werden kann (E 90, 173). Den zu stellenden Anforderungen ist z.B. nicht genügt bei dem an Apotheken gerichteten Verbot, Impfstoffe an Ärzte zu versenden und hierfür zu werben (E 107, 186). Als zulässige Berufsausübungsregelungen hat der VerfGH dagegen das Gebot zum Führen berufl. Bezeichnungen (JR 96, 146), das Verbot der Züchtung bestimmter, besonders gefährlicher Hunderassen (DVBl 01, 1586), die Durchsuchung von Praxisräumen und Beschlagnahme von Patientenakten (LVerfGE 12, 25) sowie die Bemessung der Notargebühren in der Kostenordnung (LVerfGE 9, 51) angesehen (vgl. zu zulässigen Berufsausübungsregelungen im Einzelnen Seifert/Hömig, Art. 12 Rn. 13). Grundsätzl. greifen Vergütungsregelungen und hierauf gründende Entscheidungen, die auf die Einnahmen, welche durch eine berufl. Tätigkeit erzielt werden können, und damit auch auf die Existenzerhaltung von nicht unerhebl. Einfluss sind, in die Freiheit der Berufsausübung ein (E 47, 321). Gleichwohl ist etwa das der ärztl. Gebührenordnung zugrunde liegende Regelungskonzept verfassungsrechtl. nicht zu beanstanden (BVerfG NJW 04, 3173). Dagegen hat der VerfGH der Beitragsordnung der Ärztekammer schon eine objektiv berufsregelnde Tendenz abgesprochen (VerfGH, B.v. 21.3.03 – 2/03; vgl. aber auch LVerfGE 5, 16 f.; s. zur Bedeutung der geschützten anwaltl. Berufsausübung beim Sozietätswechsel von Rechtsanwälten E 108, 150 ff.).
Beschränkungen der Berufswahlfreiheit sind nur zulässig, soweit sie zum Schutz besonders wichtiger Gemeinschaftsgüter zwingend erforderlich sind; ist ein solcher Eingriff unumgängl., muss der Gesetzgeber

stets diejenige Form des Eingriffs wählen, die das Grundrecht am wenigstens beschränkt (E 7, 378). Wird in die Freiheit der Berufswahl durch Aufstellung bestimmter Voraussetzungen für die Aufnahme des Berufs eingegriffen, ist zwischen subjektiven und objektiven Voraussetzungen zu unterscheiden:

Subjektive Zulassungsvoraussetzungen liegen vor, wenn gesetzl. Vorschriften die Aufnahme einer berufl. Tätigkeit an subjektive, also von der Person des Berufsanwärters abhängige und für diesen (generell) erfüllbare Voraussetzungen binden (E 7, 406 f.). Zu ihnen zählen u.a. persönl. Kenntnisse, Ausbildung (Prüfungen), Fähigkeiten, Fertigkeiten, persönl. Charaktereigenschaften, ein bestimmtes Lebensalter usw. Sie sind mit der Berufsfreiheit vereinbar, wenn sie dem Schutz eines besonders wichtigen Gemeinschaftsgutes dienen und verhältnismäßig sind (VerfGH LKV 98, 352). Die vorgeschriebenen subjektiven Voraussetzungen müssen geeignet und erforderlich sein, sie dürfen ferner im Verhältnis zu dem angestrebten Zweck der ordnungsgemäßen Erfüllung der Berufstätigkeit nicht unzumutbar sein (E 7, 407). **Objektive** Zulassungsvoraussetzungen sind solche, die mit den persönl. Eigenschaften und Möglichkeiten des Berufsbewerbers nichts zu tun haben und auf deren Erfüllung er keinen Einfluss nehmen kann (E 7, 407). Bekannteste Beispiele hierfür sind gesetzl. Vorschriften, die ein Bedürfnis für die Berufszulassung (Bedürfnisprüfung) verlangen (vgl. zu subjektiven und objektiven Zulassungsvoraussetzungen sowie Beispielen dazu von Münch/Kunig, Art. 12 Rn. 53 ff.). An die Zulässigkeit derartiger objektiver Beschränkungen sind besonders strenge Anforderungen zu stellen; im allgemeinen wird nur die Abwehr nachweisbarer oder höchstwahrscheinlicher schwerer Gefahren für ein überragend wichtiges Gemeinschaftsgut diesen Eingriff in die freie Berufswahl legitimieren können (E 7, 408). Solche Gemeinschaftsgüter sind u.a. die Gesundheit der Bevölkerung (E 7, 414), Funktionsfähigkeit der Rechtspflege (E 87, 321), Erhaltung einer menschenwürdigen Umwelt (BVerwGE 62, 230) und Bekämpfung der Arbeitslosigkeit (E 21, 251).

Verfassung von Berlin

Art. 18 [Recht auf Arbeit]

Alle haben das Recht auf Arbeit. Dieses Recht zu schützen und zu fördern ist Aufgabe des Landes. Das Land trägt zur Schaffung und Erhaltung von Arbeitsplätzen bei und sichert im Rahmen des gesamtwirtschaftlichen Gleichgewichts einen hohen Beschäftigungsstand. Wenn Arbeit nicht nachgewiesen werden kann, besteht Anspruch auf Unterhalt aus öffentlichen Mitteln.

1 Zwar haben nach S. 1 »alle ... das Recht auf Arbeit«. Doch machen die dem als Grundrecht formulierten S. 1 folgenden S. 2 und 3, wonach es »Aufgabe des Landes« ist, »dieses Recht zu schützen und zu fördern« sowie »zur Schaffung und Erhaltung von Arbeitsplätzen beizutragen und im Rahmen des gesamtwirtschaftl. Gleichgewichts einen hohen Beschäftigungsstand zu sichern«, deutl., dass der Verfassungsgeber hier ledigl. ein **Staatsziel** beschreiben, nicht aber einklagbare Individualansprüche begründen wollte (LVerfGE 7, 8). Das wird durch die Entstehungsgeschichte bestätigt (AvBDrs 12/4376, S. 29). S. 1 gewährt mithin weder im Verhältnis zum Staat noch im Verhältnis zu dritten Personen ein subjektives Recht auf Arbeit (LVerfGE 7, 8); er gewährt kein mit der Verfassungsbeschwerde rügefähiges Recht (VerfGH NVwZ 01, 910); Entsprechendes gilt für S. 3 (VerfGH, B.v. 5.3.04 – 183/01).

2 S. 4 begründet ein sog. derivatives **Teilhaberecht**, dh ein Recht auf Teilhabe an den für den Fall der Arbeitslosigkeit bestehenden staatl. Leistungssystemen. Da die finanzielle Unterstützung Arbeitsloser dem Gebiet der öffentl. Fürsorge zuzurechnen ist, das gemäß Art. 74 I Nr. 7 GG Gegenstand der konkurrierenden Gesetzgebungskompetenz ist, und da der Bundesgesetzgeber durch den Erlass einschlägiger Vorschriften umfassend von seiner Gesetzgebungskompetenz Gebrauch gemacht hat, dürfte ein darüber hinausgehender Anspruch gegen das Land aus S. 4 nicht in Betracht kommen (ebenso Zivier, S. 124).

Art. 19 [Staatsbürgerliche Rechte; Zugang zu öffentlichen Ämtern]

(1) Niemand darf im Rahmen der geltenden Gesetze an der Wahrnehmung staatsbürgerlicher Rechte oder öffentlicher Ehrenämter gehindert werden, insbesondere nicht durch sein Arbeitsverhältnis.
(2) Der Zugang zu allen öffentlichen Ämtern steht jedem ohne Unterschied der Herkunft, des Geschlechts, der Partei und des religiösen Bekenntnisses offen, wenn er die nötige Eignung besitzt.

Art. 19 enthält zwei **unterschiedl. Grundrechte**: Abs. 1 gewährleistet 1 die ungehinderte Wahrnehmung staatsbürgerl. Rechte oder öffentl. Ehrenämter, wobei die Wahrnehmung öffentl. Ehrenämter als Unterfall der Wahrnehmung staatsbürgerl. Rechte zu verstehen ist. Dieses Grundrecht hat keine Parallele im GG. Abs. 2 gewährleistet in Übereinstimmung mit Art. 33 II GG den Zugang zu allen öffentl. Ämtern.

Absatz 1: Ungehinderte Wahrnehmung staatsbürgerl. Rechte

Abs. 1 begründet ein subjektives Abwehrrecht zugunsten natürl. Perso- 2 nen, und zwar sowohl Deutscher als auch Ausländer, soweit die Verfassung (z.B. Art. 61 I) oder andere Rechtsvorschriften (z.B. § 20 S. 2 BezVG) ihnen entsprechende Mitwirkungsrechte einräumen; dieses Grundrecht dient der Sicherung der **Teilnahme des Bürgers** an der Ausübung der staatl. Macht (LVerfGE 1, 71). Ungeachtet der weitergehenden Formulierung richtet sich das Verbot, niemanden an der Wahrnehmung staatsbürgerl. Rechte oder öffentl. Ehrenämter zu hindern, ausschließl. an in Berlin Ansässige, nicht an andere. Denn die Berliner Staatsgewalt ist beschränkt auf Personen und Arbeitsverhältnisse innerhalb ihres Hoheitsgebiets, so dass sie kein weiterreichendes Behinderungsverbot aussprechen kann. Die Frage, ob Abs. 1 auch nur die Wahrnehmung von staatsbürgerl. Rechten oder öffentl. Ehrenämtern in Berlin, also die ehrenamtl. Erfüllung öffentl. Aufgaben in Berlin schützen will, dürfte ebenfalls zu bejahen sein, so dass die Annahme nahe liegt, Abs. 1 enthalte keine über Berlin hinausgehenden Gewährleistungen.

Staatsbürgerl. Rechte sind alle Mitwirkungsbefugnisse in öffentl. 3 Angelegenheiten auf staatl. Ebene und im Rahmen anderer juristischer Personen des öffentl. Rechts. Es umfasst insb. das aktive und passive Wahlrecht, das Recht, sich an Abstimmungen, Bürgerinitiativen usw. zu beteiligen und öffentl. Funktionen wahrzunehmen. Öffentl. Ehrenämter iS des Abs. 1 werden zur Erfüllung öffentl., dh staatl. Aufgaben wahrgenommen. Abs. 1 schützt nicht Ehrenämter, die im privaten, nichtstaatl. Rahmen oder Auftrag ausgeübt werden. Staatl. Aufgaben sind wiederum nur die des Landes Berlin. Sie können die Exekutive (z.B. Ausschüsse der Verwaltung, Wahlvorstände), die richterl. Gewalt (z.B. Schöffen, Landesverfassungsrichter – vgl. § 3 III 1 VerfGHG) und den Bereich der Legislative (z.B. Satzungsorgane öffentl.-rechtl. Anstalten) betreffen. Vom Begriff »öffentl. Ehrenämter« erfasst werden auch die Bezirksverordneten, nicht aber die MdA; nur die ersteren üben ihr Mandat nach der Konzeption der VvB ehrenamtl. aus, nur sie erhalten eine Aufwandsentschädigung (vgl. Art. 69 iVm § 1 des Gesetzes über die Entschädigung der Mitglieder der Bezirksverordnetenversammlungen, der Bürgerdeputierten und sonstigen ehrenamtl. tätigen Personen v. 29.11.78 – GVBl S. 2214), während die MdA eine angemessene Entschädigung beziehen (vgl. Art. 53 iVm § 6 des Landesabgeordnetengesetzes v. 21.7.78 – GVBl S. 1497). Für die Bezirksverordneten begründet Abs. 1 ein Behinderungsverbot, das dem Verbot vergleichbar ist, das durch Art. 48 II GG ausgelöst wird. Zwar findet Art. 48 II GG seinem Wortlaut nach nur auf MdB Anwendung. Er gilt jedoch, vermittelt durch Art. 28 I 1 GG, auch für die Abgeordneten der Landesparlamente (vgl. im einzelnen v. Armin, Bonner Kommentar, Art. 48 Rn. 12) und damit auch die MdA. Angesichts dieses Schutzes der MdA kommt der Frage im Ergebnis keine besondere Bedeutung zu, ob es sich bei der Ausübung eines Mandats im AvB um die Wahrnehmung staatsbürgerl. Rechte handelt und deshalb der von Abs. 1 ausgelöste Schutz auch zugunsten der MdA wirkt.

4 Das Verbot richtet sich prinzipiell an jeden, von dem Behinderungen iS des Abs. 1 ausgehen können. Es gilt für den Gesetzgeber, die staatl. Hoheitsgewalt und für Privatpersonen, insbes. für Behinderungen, die aus Rechtsbeziehungen zwischen ihnen entstehen können. Soweit es Arbeitgeber betrifft, richtet es sich gleichermaßen gegen öffentl. und private; Abs. 1 kommt also **unmittelbare Drittwirkung** zu (Pfennig/Neumann, Art. 19 Rn. 4). Zwar regelt Abs. 1, soweit er private und öffentl. Arbeitgeber sowie sonstige Dienstberechtigte erfasst, Materien, für die gemäß Art. 74 Abs. 1 Nrn. 1 und 12 GG eine konkurrierende Gesetzgebungskompetenz besteht, doch ist nicht ersichtl., dass der Bund von ihr in einer den Erlass des Abs. 1 durch das Land ausschließenden Weise Gebrauch gemacht hat.

5 Abs. 1 verbietet grundsätzl. jeden unmittelbaren Druck, ein Amt nicht zu übernehmen oder nicht auszuüben, auch jede Erschwerung der Ausübung. Erforderl. ist, damit der Anwendungsbereich des Abs. 1 berührt wird, ein Verhalten, das die Übernahme oder Ausübung eines öffentl. Ehrenamtes erschweren oder unmögl. machen soll. Die mit dieser **Intention** gesetzte Erschwerung oder Verhinderung wird von Verfassungs wegen verboten, nicht aber eine in eine ganz andere Richtung zielende Handlung, die nur unvermeidlicherweise die tatsächl. Folge oder Wirkung der Beeinträchtigung der Freiheit hat, staatsbürgerl. Rechte oder öffentl. Ehrenämter wahrzunehmen (vgl. E 42, 329). Behinderun-

gen verbietet Abs. 1 nicht nur aus einem Arbeitsverhältnis, sondern auch aus anderen Rechtsverhältnissen wie z.B. Gesellschaftsverträgen; das Arbeitsverhältnis wird in Abs. 1 nur beispielhaft genannt. Dem Behinderungsverbot entsprechend hat der Landesgesetzgeber etwa in § 10 BezVG normiert, die Entlassung eines Beamten oder die Kündigung eines Angestellten oder Arbeiters wegen der Tätigkeit als Bezirksverordneter sei auch nach Beendigung der Mitgliedschaft in einer BVV unzulässig (vgl. zur entsprechenden Regelung für MdA § 2 III LAbgG). Der durch Abs. 1 begründete Schutz soll allein die Kündigung als Druckmittel gegen die Wahrnehmung öffentl. Ehrenämter ausschließen, nicht aber der Fortzahlung von Lohn und Gehalt dienen; Abs. 1 lässt sich kein Anspruch auf z.B. Erstattung des durch die Wahrnehmung staatsbürgerl. oder öffentl. Ehrenämter entstehenden Lohnausfalls herleiten. Nach Maßgabe der allg. Regeln für gegenseitige Verträge liegt es nicht fern, dass dann, wenn eine Seite ihre Leistung nicht oder nicht vollständig erbringen kann, die andere Seite von der Gegenleistung ganz oder teilweise frei wird (vgl. E 42, 328). Dem hat der Landesgesetzgeber durch Regelungen über Aufwandsentschädigungen namentl. für die ehrenamtl. tätigen Personen Rechnung getragen (vgl. G.v. 29.11.78 – GVBl S. 2214).

Abs. 1 enthält die Einschränkung »im Rahmen der geltenden Gesetze«. 6
Es ist zweifelhaft, welche Bewandtnis es mit dieser Einschränkung hat. Vermutl. steht sie an »falscher« Stelle; denn sie dürfte sich weder auf »niemand« noch auf »Wahrnehmung« beziehen, sondern dürfte ausgerichtet sein auf »staatsbürgerl. Rechte oder öffentl. Ehrenämter« und zum Ausdruck bringen sollen, dass Abs. 1 diese Rechte und Ehrenämter nicht schafft, sondern ihr Entstandensein »im Rahmen der geltenden Gesetze« **voraussetzt**. Im Übrigen steht das Grundrecht des Abs. 1 nicht unter einem besonderen Gesetzesvorbehalt, so dass es nur im Rahmen des allg. Vorbehalts gemäß Art. 36 II und durch kollidierendes Verfassungsrecht durch Gesetz eingeschränkt werden kann.

Absatz 2: Zugang zu öffentl. Ämtern

Abs. 2 enthält – ebenso wie Art. 33 II GG – als besonderes Gleichheits- 7
recht ein mit der Verfassungsbeschwerde rügefähiges **subjektives Recht**; er ist gegenüber dem allgemeinen Gleichheitssatz des Art. 10 I die speziellere Norm und verdrängt diesen. Angesichts der Tatsache, dass Art. 33 II (und III) GG nicht nur die Bundesstaatsgewalt, sondern auch die Landesstaatsgewalt bindet (vgl. E 39, 346 ff.), decken sich hinsichtl. der Landesstaatsgewalt die bundes- und die landesrechtl. Gewährleistungen weitgehend. Hier wie dort beinhaltet das subjektive Recht ein Recht auf Bewerbung sowie ein Recht auf sachgerechte Beurteilung. Während man das Bewerbungsrecht als Abwehrrecht anspre-

chen mag (Bewerbungen dürfen nicht von vornherein zurückgewiesen werden), ist das Beurteilungsrecht nicht nur Abwehrrecht, sondern auch Verfahrensgrundrecht und Anspruchsrecht (vgl. von Münch/Kunig, Art. 33 Rn. 32). Als Verfahrensrecht stellt es Anforderungen an die Eröffnung (Ausschreibung), die Durchführung (gleiche, am Leistungsprinzip orientierte Chancenbewertung) und den Abschluss des Verfahrens (Information des unterlegenen Bewerbers vor der Besetzung einer Beförderungsstelle, damit dieser vor Schaffung vollendeter Tatsachen wirksamen Rechtsschutz in Anspruch nehmen kann – sog. Konkurrentenklage). Zwar begründet Abs. 2 grundsätzl. keinen Anspruch auf Übertragung eines öffentl. Amtes, aber immerhin einen Anspruch auf sachgerechte Beurteilung im Rahmen diesbezügl. Entscheidungen und auf Schutz vor der Anlegung sachfremder Maßstäbe wie der Herkunft oder des Geschlechts, einer Parteizugehörigkeit oder eines religiösen Bekenntnisses (VerfGH, B.v. 17.3.97 – 79/96). Im Übrigen lässt sich aus Abs. 2 weder ein subjektives Recht auf die Einrichtung und Ausschreibung einer bestimmten Anzahl von Notarstellen noch eine Selbstbindung der Verwaltung gegenüber späteren potentiellen Bewerbern herleiten (VerfGH, B.v. 2.4.04 – 163/01).

8 Der Begriff »**öffentl. Amt**« ist weit auszulegen. Er umfasst alle Ämter der Verwaltung und Rechtsprechung sowie der sonstigen Körperschaften, Anstalten und Stiftungen des öffentl. Rechts sowie öffentl. Betriebe in privater Rechtsform, die von haupt- oder nebenamtl. Beamten, Angestellten, Arbeitern, Richtern oder ehrenamtl. Tätigen auszuüben sind. Eingeschlossen sind Ausbildungsplätze in Ausbildungsstätten, die – wie z.B. Fachhochschulen für öffentl. Verwaltung und Polizeischulen – ausschließl. auf den öffentl. Dienst vorbereiten. Ausgenommen sind indes solche Ämter, die durch demokratische Wahlen der Wahlbürger oder von diesen gewählte Wahlkörper besetzt werden, z.B. Mitglieder des Bezirksamtes (vgl. § 35 I BezVG). Abs. 2 gilt ferner nicht für Religionsgemeinschaften und politische Parteien. Er bezieht sich nicht nur auf Eingangsämter, sondern auch auf Beförderungsämter.

9 Anders als Art. 33 II GG erfasst Abs. 2 nicht nur jeden Deutschen, sondern darüber hinaus auch Ausländer; mit Blick auf die öffentl. Ämter im Land Berlin sind Grundrechtsträger alle natürl. Personen einschließl. der Ausländer. Doch rechtfertigt das nicht ohne weiteres die Annahme einer unterschiedl. bundes- und landesrechtl. Gewährleistung. Denn bundesrechtl. bietet Art. 3 I und III GG einen vergleichbaren verfassungsrechtl. Beurteilungsmaßstab. Auch die in Art. 33 II (und III) GG einerseits und Abs. 2 andererseits genannten zulässigen bzw. unzulässigen **Auswahlkriterien** unterscheiden sich lediglich. in der Formulierung, jedoch nicht in der Sache. In sachl. Übereinstimmung mit Art. 33 II GG schränkt Abs. 2 die Entscheidungsfreiheit der Einstellungsbehörde positiv dadurch ein, dass er die Eignung als allein zulässiges Beurteilungskriterium erklärt,

Art. 19 [Staatsbürgerliche Rechte; Zugang zu öffentl. Ämtern]

und negativ dadurch, dass er die Herkunft, das Geschlecht, die Parteizugehörigkeit und das religiöse Bekenntnis als unzulässige Auswahlkriterien bezeichnet.

Abs. 2 soll das Leistungsprinzip namentl. im öffentl. Dienst verwirklichen. Mit dem zulässigen Auslesekriterium »**Eignung**« hat die VvB einen Oberbegriff gewählt, der die Gesamtheit der Eigenschaften zusammenfasst, die das jeweilige Amt von seinem Inhaber fordert (vgl. Sachs, Art. 33 Rn. 27). Art. 33 II GG fächert diesen Oberbegriff auf in Eignung im engeren Sinne, die die ganze Person mit ihren körperl., seelischen und charakterl. Eigenschaften erfasst (E 92, 151), Befähigung, womit die für die dienstl. Verwendung wesentl. Fähigkeiten, Kenntnisse, Fertigkeiten einschl. entsprechender Vorbildung gemeint sind, und fachl. Leistung, die auf Fachwissen, Fachkönnen und besonders auf deren Nachweis durch bereits erbrachte Arbeitsergebnisse abhebt. Stellt sich auf der Grundlage dieser Kriterien die Eignung z.B. mehrerer Beamter als im wesentl. gleich dar, kann der Dienstherr die Bestenauslese nach weiteren sachgerechten Hilfskriterien vornehmen, zu denen Merkmale wie Dienst- und Lebensalter zählen, die wenigstens noch einen gewissen Bezug zum Leistungsgrundsatz aufweisen (Berufserfahrung – vgl. BVerwGE 80, 126).

Zur nötigen Eignung iS des Abs. 2 gehört u.a die **charakterl. Eignung**, dh. die Fähigkeit und innere Bereitschaft, die dienstl. Aufgaben nach den Grundsätzen der Verfassung wahrzunehmen, insb. die Freiheitsrechte des Bürgers zu wahren und rechtsstaatl. Regeln einzuhalten (LVerfGE 7, 32). Danach ist zwingende Einstellungsvoraussetzung, dass der Beamte die Gewähr dafür bietet, jederzeit für die freiheitl. demokratische Grundordnung des GG und der VvB einzutreten; der dies normierende § 9 I Nr. 2 LBG ist durch Abs. 2 legitimiert. Es ist deshalb eine von der VvB angeordnete Pflicht der Einstellungsbehörde, Anhaltspunkten für Zweifel an der Verfassungstreue und damit der charakterl. Eignung eines Bewerbers durch entsprechende Fragen nachzugehen (LVerfGE 7, 33). Während die politische Treuepflicht für jedes Beamtenverhältnis unabhängig von der wahrgenommenen Funktion unabdingbar ist, gilt für Arbeitnehmer die sog. Funktionstheorie, wonach das Maß der Loyalitätsverpflichtung von der jeweils ausgeübten Tätigkeit abhängt; mithin wird z.B. dem Lehrer (auch) im Angestelltenverhältnis eine gesteigerte politische Treuepflicht abverlangt, dem Hausmeister dagegen nicht (zusammenfassend BAG NJW 90, 1196). Gegen diese Pflicht verstößt z.B. das Eintreten für die Ziele einer als verfassungsfeindl. eingestuften, indes noch nicht verbotenen Partei (vgl. E 39, 359); daraus begründete Zweifel an der Verfassungstreue können die Ablehnung einer Ernennung rechtfertigen (Seifert/Hömig, Art. 33 Rn. 5). Zweifel an der Gewähr, sich jederzeit für die freiheitl. demokratische Grundordnung einzusetzen, können ferner durch Tätigkeiten in der früheren SED sowie den von ihr gelenkten Organisationen einschl. des MfS ausgelöst werden (LVerfGE 7, 34 f.); allerdings begründen die bloße Mitgliedschaft oder untergeordnete Mitarbeit in der SED oder in einer der von ihr gelenkten Parteien und Massenorganisationen solche Zweifel grundsätzl. nicht (Sachs, Art. 33 Rn. 36).

12 Abs. 2 verbietet als Auslesekriterien ausdrückl. Herkunft, Geschlecht, religiöses Bekenntnis und politische Partei. Zwar enthält sich Art. 33 II GG der Aufzählung derartiger unzulässiger Unterscheidungsmerkmale, doch gelten die drei ersten Kriterien bundesrechtl. kraft Art. 3 II und III GG sowie Art. 33 III GG auch im Rahmen des Art. 33 II GG. Überdies ist – weil nicht mit dem von Art. 33 II GG ebenso wie von Abs. 2 verfolgten **Leistungsgrundsatz** vereinbar – eine parteipolitisch motivierte Ämtervergabe selbst im Anwendungsbereich von Art. 33 II GG verfassungswidrig, soweit nicht – wie etwa bei den sog. politischen Beamten – der Nachweis geführt werden kann, erst die grundsätzl. Gleichgestimmtheit mit einer bestimmten Partei bedinge die persönl. Befähigung für die Wahrnehmung eines Amtes (von Münch/Kunig, Art. 33 Rn. 17). Im Bund wie im Land darf daher eine Parteizugehörigkeit für den Zugang zu öffentl. Ämtern ausschließl. im Zusammenhang mit der Eignung und einzig als negatives Auslesekriterium berücksichtigt werden (vgl. Rn. 11).

13 Im Einzelfall kann selbst eine Entscheidung der (Einstellungs-)Behörde, die nicht einzig an den Kriterien des Abs. 2 orientiert ist, die also bei (mindestens) zwei Bewerbern einem solchen den Vorzug gibt, der nach seiner Eignung im Hinblick auf das konkrete Amt seinem Mitbewerber (lediglich.) **gleichwertig** ist, verfassungsmäßig sein. Das trifft allerdings grundsätzl. nur zu, wenn sie gedeckt ist von einem von der Verfassung getragenen Grund, der eine solche (eingeschränkte) Durchbrechung des Leistungsprinzips rechtfertigt. Als derartige verfassungsrechtl. Gründe kommen einerseits das durch Art. 10 III 2 begründete Gebot der Herstellung einer Chancengleichheit von Frauen und Männern (Stichwort: Frauenquoten) und andererseits das Sozialstaatsgebot in Betracht, zu dem sich die VvB sinngemäß schon in ihrem Vorspruch und überdies in Art. 22 bekennt. Zwar hat der EuGH (NJW 95, 3109) erkannt, eine nach dem deutschen Verfassungsrecht rechtmäßige (vgl. im einzelnen BAGE 73, 269 ff.) Regelung sei mit dem Gemeinschaftsrecht unvereinbar, wenn Bewerberinnen bei gleicher Qualifikation in Bereichen, in denen Frauen unterrepräsentiert sind, automatisch Vorrang vor Bewerbern eingeräumt wird. Doch seien Quoten ohne Automatismus, aber mit einer sog. Öffnungsklausel, die in jedem Fall eine Einzelprüfung sicherstellt, mit dem Gemeinschaftsrecht vereinbar (EuGH NJW 97, 3429); dieser Anforderung dürfte § 8 I LGG genügen, der ausdrückl. auf die »Wahrung der Einzelfallgerechtigkeit« abhebt. Eine Durchbrechung des Leistungsprinzips erscheint auch in Fällen anerkannter Schwerbeschädigungen gerechtfertigt (vgl. Schmidt-Assmann NJW 80, 19). Als Ausprägung des Sozialstaatsprinzips gelten ferner Sonderregelungen für Angehörige der Streitkräfte, des Grenzschutzes und für Zivildienstleistende; ihre bevorzugte Behandlung in Fällen gleicher Eignung lässt sich wohl damit rechtfertigen, dass sie sich wegen ihnen abgeforderter oder von ihnen freiwillig erbrachter Leistungen im Dienst der Allgemeinheit in faktischer Chancenungleichheit befinden.

Art. 20 [Recht auf Bildung]

(1) Jeder Mensch hat das Recht auf Bildung. Das Land ermöglicht und fördert nach Maßgabe der Gesetze den Zugang eines jeden Menschen zu den öffentlichen Bildungseinrichtungen, insbesondere ist die berufliche Erstausbildung zu fördern.
(2) Das Land schützt und fördert das kulturelle Leben.

1 Die Besonderheit der Regelungsgegenstände Bildung und Kultur besteht vom Ansatz her darin, dass das GG sie nicht oder jedenfalls nicht erschöpfend regelt. Sie sind ein weitgehend **originärer Bereich** des Landes(verfassungs)rechts (AvBDrs 12/4376 S. 28). Zwar besteht eine gewisse sachl. Nähe zu der durch Art. 12 I 1 GG verbürgten freien Wahl der Ausbildungsstätte und dem durch Art. 33 II GG gewährleisteten Zugang zu Ausbildungsstätten, die ausschl. auf den öffentl. Dienst vorbereiten (vgl. Art. 19 Rn. 8). Doch ergibt sich aus dem Zusammenhang der Abs. 1 und 2, dass der Begriff »Bildung« hier nicht nur als Element der Berufsausbildung, sondern auch als darüber hinausgehender, eigenständiger kultureller Wert zu verstehen ist (vgl. ebenso Zivier, S. 123).

Absatz 1: Recht auf Bildung

2 S. 1 ist als subjektiv-öffentl. Recht, als **Teilhaberecht** ausgestaltet (AvBDrs 12/5224 S. 4). S. 2 konkretisiert den Inhalt dieses Rechts als Anspruch eines jeden Menschen auf Zugang (nicht zu privaten, sondern nur) zu den bestehenden öffentl. Bildungseinrichtungen im Land Berlin. Grundrechtsträger ist jede natürl. Person, also u.a. auch Ausländer. Abs. 1 begründet keinen einklagbaren Anspruch auf Bereitstellung neuer oder – etwa in der Ausstattung – Erweiterung bestehender öffentl. Bildungseinrichtungen. Er gewährleistet einen Zugangsanspruch ausschließl. »nach Maßgabe der Gesetze«, dh nach Maßgabe der einen (von Art. 10 I geforderten) gleichen Zugang regelnden rechtl. Bestimmungen. Damit rechtfertigt Abs. 1 z.B. im Hochschulbereich die Zulassungsbeschränkungen nach dem Hochschulzulassungsgesetz v. 29.5.00 (GVBl S. 327) sowie die auf dieser Grundlage ergangenen VO und trägt u.a. dem Umstand Rechnung, dass mit dem Recht auf Bildung ein bestimmtes Maß an Bildungsfähigkeit einhergeht.

3 S. 2 enthält – wie das Wort »fördert« deutl. macht – zugleich einen Handlungsauftrag an Legislative und Exekutive, **öffentl. Bildungseinrichtungen** – im Rahmen der bestehenden Finanzmöglichkeiten – zu erhalten und zu schaffen. Zu diesen Einrichtungen zählen neben den allgemeinbildenden Schulen und Hochschulen sowie u.a. den Berufsschulen auch Museen, Theater und vergleichbare Einrichtungen; deren Einbeziehung in S. 2 ist deshalb geboten, weil anderenfalls derartige kultu-

relle Einrichtungen nicht vom Teilhaberecht erfasst wären. Voraussetzung ist jeweils, dass Träger der Einrichtung eine juristische Person des öffentl. Rechts im Land Berlin ist, unabhängig davon, ob die jeweilige Einrichtung in öffentl.-rechtl. oder in privatrechtl. Form betrieben wird. Finanziert die öffentl. Hand die Bildungseinrichtung eines Privaten mit 50 v.H. oder mehr, gilt sie ebenfalls als öffentl., sofern sie ihrer Bestimmung nach für jedermann zugängl. ist. Aus Abs. 1 folgt die Obliegenheit des jeweiligen Trägers der öffentl. Bildungseinrichtung, das Entgelt für ihre Benutzung grundsätzl. so zu gestalten, dass diese Benutzung nicht für einen nennenswerten Teil der bildungswilligen Bevölkerung faktisch unmögl. ist.

Abs. 1 Satz 2 hebt in seinem letzten Satzteil besonders die Förderung 4 der berufl. **Erstausbildung** hervor. Betrachtet man den gesamten S. 2, liegt die Annahme nicht fern, diese Förderung beziehe sich ebenfalls (nur) auf öffentl. Bildungseinrichtungen, also auf die Erstausbildung im Rahmen öffentl. Bildungseinrichtungen in Berlin. Zwar kann in der Tat das Land Berlin unmittelbar Einfluss nehmen allenfalls auf öffentl. Ausbildungsstätten. Gleichwohl dürfte der Handlungsauftrag an das Land weiter zu verstehen sein und Bemühungen einschließen, z.B. durch finanzielle Unterstützungen auf eine hinreichende Anzahl von Ausbildungsplätzen außerhalb des öffentl. Dienstes hinzuwirken. Hinsichtl. öffentl. Ausbildungsstätten wird Abs. 1 mit Blick auf bestimmte Ausbildungsstätten durch die speziellere Norm des Art. 19 II (vgl. Art. 19 Rn. 8) verdrängt, geht aber andererseits als speziellere Norm der durch Art. 17 u.a. gewährleisteten freien Wahl der Ausbildungsstätte vor. Im Rahmen seines Anwendungsbereichs stimmt Abs. 1 sachl. weitgehend mit Art. 12 I 1 GG überein. Zwar erfasst er – anders als Art. 12 I 1 GG – auch Ausländer und gewährleistet in Bezug auf den Kreis der begünstigten Personen einen weitergehenden Schutz. Doch begründet das keinen Abs. 1 ausschließenden Widerspruch zu Art. 12 I 1 GG (vgl. Vor Art. 6 Rn. 5).

Absatz 2: Förderung und Schutz des kulturellen Lebens

Bei Abs. 2 handelt es sich um eine **Staatszielbestimmung**, die dem 5 Land die Kulturförderung sowie die Verpflichtung zum Schutz der kulturellen Vielfalt in Berlin aufgibt. Mit ihr hat der Verfassungsgeber ein Programm für die Staatstätigkeit umrissen und ein Gegengewicht gegen rein wirtschaftl. und fiskalische Gesichtspunkte gesetzt. Allerdings unterliegt die Entscheidung, welchem Ziel angesichts der begrenzten finanziellen Mittel der Vorrang eingeräumt wird, einem grundsätzl. gerichtl. nicht überprüfbaren politischen Ermessen.

Art. 21 [Freiheit von Kunst, Wissenschaft, Forschung, Lehre]

Kunst und Wissenschaft, Forschung und Lehre sind frei. Die Freiheit der Lehre entbindet nicht von der Treue zur Verfassung.

1 Die Kunst- und Wissenschaftsfreiheit hat der Berliner Verfassungsgesetzgeber »zur **Vervollständigung** des Grundrechtskatalogs ... aus dem Grundgesetz ... übernommen« (AvBDrs 12/4874, S. 8); Art. 21 entspricht seinem Wortlaut nach Art. 5 III GG. Anders als im GG stehen diese Grundrechte in der VvB jedoch nicht in einem räuml. Zusammenhang mit dem in Art. 5 I GG verbürgten Recht der freien Meinungsäußerung, sondern mit dem in Art. 20 gewährleisteten Recht auf Bildung. Daraus ergeben sich indes keine inhaltl. Unterschiede, so dass die zu Art. 5 III GG ergangene Rechtsprechung auch für Art. 21 einschlägig ist.

1. Kunstfreiheit

2 Die Kunst, die S. 1 in Übereinstimmung mit Art. 5 III 1 GG für frei erklärt, kann nicht generell definiert werden. Ungeachtet dieser Unmöglichkeit gebietet die verfassungsrechtl. Verbürgung der Kunstfreiheit, ihren Schutzbereich bei der konkreten Rechtsanwendung zu bestimmen (E 67, 225); es ist **verfassungsrechtl. geboten**, die Grundanforderungen an eine künstlerische Tätigkeit festzulegen. Das BVerfG hat mehrfach verdeutlicht, dass der Lebensbereich »Kunst« durch die vom Wesen der Kunst geprägten, ihr allein eigenen Strukturmerkmale zu bestimmen und eine wertende Einengung des Kunstbegriffs mit der umfassenden Freiheitsgarantie nicht zu vereinbaren ist (E 30, 191). Als Unterscheidungskriterien scheiden deshalb »gut« oder »schlecht«, »wertvoll« oder »wertlos«, »schön« oder »hässlich«, »richtig« oder »falsch« und ähnl. Bewertungsmuster aus; eine Niveaukontrolle liefe auf eine verfassungsrechtl. unstatthafte Inhaltskontrolle hinaus. Die Bestimmung des Schutzbereichs der Kunstfreiheitsgarantie im Einzelfall hat nach Ansicht des BVerfG vielmehr unter – nötigenfalls kombinierter – Heranziehung konsensfähiger Gesichtspunkte der zur Kunstdefinition entwickelten verschiedenen Lösungswege zu geschehen. In seiner Entscheidung zum »Anachronistischen Zug« (E 67, 225 ff.) nennt es drei Lösungsansätze. Zunächst verweist es auf die in der sog. Mephisto-Entscheidung entwickelte materiale, wertbezogene Begriffsbestimmung, nach der Kunst die freie schöpferische Gestaltung ist, in der Eindrücke, Erfahrungen und Erlebnisse des Künstlers durch das Medium einer bestimmten Formensprache zur unmittelbaren Anschauung gebracht werden (E 30, 189). Anschließend beschreibt es einen formalen, typologischen Ansatz, der als kritische Gegenposition zur materialen

Umschreibung aufzufassen ist und es genügen lässt, dass bei formaler, typologischer Betrachtung die Gattungsanforderungen eines bestimmten Werktyps erfüllt sind (z.B. Malen, Bildhauen, Dichten). Der dritte aufgezeigte sog. zeichentheoretische Lösungsansatz sieht das kennzeichnende Merkmal einer künstlerischen Äußerung darin, dass sie wegen der Mannigfaltigkeit ihrer Aussage ständig neue, weiterreichende Interpretationen zulässt; die die künstlerische Darstellung komponierenden »Zeichen« (jeder Art) reichen über ihre alltägl. Aussagefunktion hinaus und führen zu einer unerschöpflichen, vielstufigen Informationsvermittlung. Diese Lösungsansätze dürften tragfähige Gesichtspunkte enthalten, die in ihrer Gesamtheit im konkreten Einzelfall eine Entscheidung ermöglichen, ob ein Sachverhalt in den Schutzbereich des S. 1 fällt (vgl. BVerwGE 91, 214). Wird mit einem Kunstwerk ein religiöser, politischer oder sonstiger Zweck erfüllt, ändert das nichts am Charakter als Kunstwerk (E 67, 227 f.).

S. 1 schützt nicht nur den »Werkbereich« des künstlerischen Schaffens, 3 die eigentl. künstlerische Betätigung also, sondern auch den »Wirkbereich« der Darbietung und Verbreitung des Werks, in dem der Öffentlichkeit Zugang zu diesem verschafft wird (vgl. E 30, 188 f.). Die wirtschaftl. Verwertung eines Kunstwerks wird dagegen durch S. 1 nicht gewährleistet, ausgenommen vielleicht für den Fall, dass ohne eine wirtschaftl. Auswertung die freie künstlerische Betätigung praktisch nicht mehr möglich wäre (vgl. E 49,392). Die Kunstfreiheit ist in erster Linie **Abwehrrecht**. Daneben enthält das Grundrecht eine verfassungsrechtl. Wertentscheidung, die den Staat zur Pflege und Förderung der Kunst verpflichtet (E 30, 188); einen subjektiven Anspruch auf Förderung begründet die Kunstfreiheit indes nicht. Grundrechtsträger ist nicht nur derjenige, der das Kunstwerk herstellt, sondern auch die Person, die das Kunstwerk der Öffentlichkeit zugängl. macht, etwa ein Verleger (E 30, 191), ein Filmproduzent (BGHZ 130, 218) oder der Geschäftsführer eines Buchverlags (BGHSt 37, 62). Grundrechtsträger können auch ganz unterschiedl. strukturierte Personengemeinschaften sein wie etwa Autorenteams, Ensembles, Orchester sowie Fördervereine; selbst Organisationseinheiten des öffentl. Rechts wie staatl. Kunst- und Musikschulen, Museen und Theater können Träger der Kunstfreiheit sein.

Die Kunstfreiheit wird beeinträchtigt, wenn der Staat den Künstler im 4 Werk- oder im Wirkbereich (vgl. Rn. 3) behindert, etwa durch Verbote, strafrechtl. oder andere Sanktionen. Werden bestimmte Kunstrichtungen gefördert, andere dagegen nicht (Diskriminierung), kann darin ein Grundrechtseingriff liegen; eine Vergabe der Förderung durch unabhängige sachverständige Gremien wird der Kunstfreiheit am ehesten gerecht (Jarass/Pieroth, Art. 5 Rn. 89). S. 1 steht nicht der Anwendung von Vorschriften entgegen, die die Sondernutzung der Straße auch zwecks Ausübung der Kunst oder zwecks Aufstellung von Kunstgegenständen einer Erlaubnispflicht unterwerfen. Zwar zwingt die Kunstfreiheit nicht zur Qualifizierung von **Straßenkunst** (wie sie z.B. durch Musikanten, Pflastermaler und Aktionskünstler ausgeübt wird) als Gemeingebrauch, doch besteht – sofern die Kunstausübung nicht grundrechtl. geschützte Positionen Dritter beeinträchtigt – regelmäßig ein Rechtsanspruch auf die Sondererlaubnis (vgl. dazu sowie zur Erlaubnisfreiheit von »Spontankunst« BVerwGE 84, 72 ff.). Außer dem allg. Vorbehalt des Art. 36 II unterliegt die Kunstfreiheit nur dem Vorbehalt kollidierenden Verfassungsrechts; insoweit ist eine Abwägung zwischen der Kunstfreiheit und dem jeweiligen Verfassungsgut vorzunehmen (vgl. E 81, 292). So ist beispielsweise eine schwerwiegende Beeinträchtigung des Persönlichkeitsrechts nicht mehr durch die Freiheit der künstlerischen Betätigung gedeckt (E 75, 380).

2. Freiheit der Wissenschaft (Forschung und Lehre)

5   Die Begriffe »Forschung« und »Lehre« bezeichnen die wissenschaftl. Betätigungsfelder umfassend, so dass »**Wissenschaft**« der gemeinsame **Oberbegriff** ist; geschützt ist jeweils die wissenschaftl. Forschung und die wissenschaftl. Lehre. Forschung ist der »nach Inhalt und Form ... ernsthafte und planmäßige Versuch zur Ermittlung der Wahrheit«, eine »Tätigkeit mit dem Ziel, in methodischer, systematischer und nachprüfbarer Weise neue Erkenntnisse zu gewinnen«; Lehre ist die »wissenschaftl. fundierte Übermittlung der durch Forschung gewonnenen Erkenntnisse« (E 35, 113). Unter dem Blickwinkel der Forschung geschützt sind die auf sie ausgerichteten vorbereitenden, unterstützenden und organisatorischen Tätigkeiten einschl. der Gründung privater Forschungseinrichtungen und der Publikation von Forschungsergebnissen (Jarass/Pieroth, Art. 5 Rn. 96). Die wissenschaftl. Lehre erfasst die selbständige und von Weisungen freie Weitergabe der durch eigene oder fremde Forschung erlangten Ergebnisse; keine Lehre in diesem Sinne ist der Unterricht an allgemeinbildenden Schulen. In den Schutzbereich fällt u.a. die Bestimmung der Hochschullehrer über Inhalt, Methoden und Ablauf der Lehrveranstaltungen (E 55, 68) einschl. der sie abschließenden Prüfungen.

6   S. 1 sichert – ebenso wie Art. 5 III 1 GG – die Freiheit von Wissenschaft, Forschung und Lehre. Er begründet neben einem individuellen Freiheitsrecht (Abwehrrecht) für jeden, der in diesem Bereich tätig ist, ein Recht der **Hochschule** auf **Selbstverwaltung** in dem auf Wissenschaft, Forschung und Lehre unmittelbar bezogenen Bereich und enthält zugleich eine das Verhältnis der Wissenschaft zum Staat regelnde verfassungsrechtl. Wertentscheidung (LVerfGE 5, 44). Aus dieser Entscheidung ergeben sich für den Staat zwei Verpflichtungen: einmal die Wissenschaft und ihre Vermittlung »durch Bereitstellung von personel-

len, finanziellen und organisatorischen Mitteln zu ermöglichen und zu fördern«, also »funktionsfähige Institutionen für einen freien Wissenschaftsbetrieb zur Verfügung zu stellen«, und zum anderen »durch geeignete organisatorische Maßnahmen dafür zu sorgen, dass das Grundrecht der freien wissenschaftl. Betätigung soweit« als mögl. unangetastet bleibt (E 35, 114 f.). Damit verstärkt die verfassungsrechtl. Wertentscheidung die Geltungskraft der Wissenschaftsfreiheit in Richtung auf eine Teilhabeberechtigung. Doch stehen die durch S. 1 vermittelten Teilhaberechte – ebenso wie andere Teilhaberechte – von vornherein unter dem Vorbehalt des Möglichen iS dessen, was der Einzelne vernünftigerweise von der Gesellschaft beanspruchen darf. Deshalb lässt sich aus S. 1 z.B. nicht ohne weiteres ein Anspruch eines einzelnen Wissenschaftlers herleiten, seine wissenschaftl. Betätigung auf Dauer sicherzustellen (LVerfGE 7, 9). Die Wissenschaftsfreiheit steht nicht nur den Hochschullehrern, sondern z.B. auch wissenschaftl. tätigen Studenten zu (E 55, 67 f.), grundsätzl. – mangels eigenverantwortl. Tätigkeit – nicht aber Tutoren (BVerwGE 62, 51 f.).

Grundrechtsträger sind überdies juristische Personen, die Wissenschaft betreiben und organisieren. Das gilt für öffentl.-rechtl. Hochschulen und Fakultäten, ferner etwa für Privatuniversitäten. Als Teilkörperschaft der Universität ist auch die Studentenschaft Trägerin des Grundrechts aus S. 1 (LVerfGE 11, 92). Fachhochschulen werden von der Wissenschaftsfreiheit eher am Rande berührt (E 61, 244). Der einer Universität zukommende Grundrechtsschutz erstreckt sich auf die eigenverantwortl. und weisungsfreie Wahrnehmung derjenigen Tätigkeiten, die mit dem Sachbereich der Wissenschaft besonders eng zusammenhängen. In Angelegenheiten, die als »wissenschaftsrelevant« anzusehen sind, dh die Forschung und Lehre unmittelbar berühren, gewährleistet S. 1 der Hochschule ein Abwehrrecht gegen Eingriffe in die ihr verfassungsrechtl. garantierte akademische Selbstverwaltung. Zu den eigenverantwortl. wahrzunehmenden Aufgaben akademischer Selbstverwaltung gehören namentl. Entscheidungen der Hochschule, soweit es um den Forschung und Lehre unmittelbar betreffenden Bereich geht. Zu diesem Kernbereich akademischer Selbstverwaltung gehört u.a – als eines der bedeutendsten Privilegien – das den Universitäten durch den Staat verliehene Promotionsrecht. Daher sind die wissenschaftl. Hochschulen grundsätzl. berechtigt, in ihren Promotionsordnungen eigenverantwortl. die Promotionsvoraussetzungen sowie das Promotionsverfahren festzulegen; das Erfordernis einer staatl. Genehmigung der Promotionsordnungen hat ausschließl. den Charakter einer präventiven Rechtsaufsicht (VerfGH, U.v. 1.11.04 – 210/03). Zum Kernbereich zählt ferner z.B. Auswahl, Einstellung und (Weiter-)Beschäftigung von Hochschullehrern und ihren wissenschaftl. Mitarbeitern, nicht aber von für den Hochschulbetrieb erforderl. technischem und Verwaltungspersonal

(VerfGH LKV 01, 268). Zwar verstößt die Aufhebung eines Studiengangs und die damit einhergehende Veränderung des Fachbereichs bzw. der Fakultät einer Hochschule nicht schon um ihrer selbst Willen gegen die von S. 1 verbürgte Wissenschaftsfreiheit, so dass der Berliner Landesgesetzgeber grundsätzl. berechtigt ist, von ihm geschaffene Möglichkeiten wissenschaftl. Betätigung namentl. im Interesse einer Haushaltskonsolidierung einzuschränken. Doch begründet die Wissenschaftsfreiheit nach Ansicht des VerfGH (LVerfGE 5, 45 f.) ein Recht der Hochschule auf Teilhabe in Form der Mitwirkung an wissenschaftsrelevanten Organisationsentscheidungen des Berliner Landesgesetzgebers wie etwa der Aufhebung eines Studiengangs. Danach verlangt S. 1 bei einer durch Gesetz vorzunehmenden Aufhebung eines Studiengangs, dass der betreffenden Hochschule zuvor Gelegenheit gegeben worden ist, sich nach fundierter Vorbereitung unter Einschaltung der zuständigen Hochschulorgane zu der geplanten Maßnahme sachgerecht zu äußern und ihre Auffassung zur Geltung zu bringen (vgl. zu dieser Anforderung zu Recht kritisch Haug NVwZ 97, 754).

8 Die Wissenschaftsfreiheit bindet nicht nur den Staat im Verhältnis zu Hochschulen und Wissenschaftlern. Vielmehr kann sich auch der **einzelne Wissenschaftler** gegenüber der (staatl.) Universität auf S. 1 berufen. Dem Grundrecht der individuellen Forschungsfreiheit des Wissenschaftlers steht kein Grundrecht der Universität dergestalt gegenüber, dass sie berechtigt wäre, z.B. die Forschungsergebnisse eines Wissenschaftlers zu bewerten. Die Hochschulen haben die Wissenschaftsfreiheit der einzelnen Wissenschaftler insb. vor staatl. Eingriffen zu schützen und zur größtmögl. Entfaltung zu bringen. Eine Zuständigkeit für einen Eingriff in die Forschungsfreiheit, gestützt auf ein eigenes Recht der Hochschule oder des Fachbereichs aus S. 1, das der subjektiven Wissenschaftsfreiheit des einzelnen Hochschullehrers gleichgewichtig gegenüber stünde, kann es daher nicht geben (vgl. BVerwGE 102, 309; s. zu Einzelfällen aus dem Bereich der Wissenschaftsfreiheit u.a. von Münch/Kunig, Art. 5 Rn. 105).

9 Die Wissenschaftsfreiheit zählt zu den Freiheitsnormen der VvB ohne ausdrückl. Schrankenvorbehalt; sie ist zwar – abgesehen von dem allg. Vorbehalt des Art. 36 II – vorbehaltlos, aber **nicht grenzenlos**. Im Kernbereich der Wissenschaftsfreiheit ist die gesetzgeberische Gestaltungsfreiheit dahingehend begrenzt, dass Einschränkungen nur zum Schutz kollidierender verfassungsmäßiger Güter in Betracht kommen; Konflikte mit anderen Verfassungsgütern müssen durch eine verfassungsgemäße Auslegung gelöst werden, wobei die Wissenschaftsfreiheit gegenüber den mit ihr kollidierenden, gleichfalls verfassungsrechtl. geschützten Werten nicht schlechthin Vorrang genießt (VerfGH, U.v. 1.11.04 – 210/03). Ein Forscher darf sich deshalb bei seiner Tätigkeit, insb. bei etwaigen Versuchen, nicht über die Rechte seiner Mitbürger auf Leben,

Gesundheit oder Eigentum hinwegsetzen. Ebenso hat er die Wissenschaftsfreiheit anderer zu respektieren.

3. Treuepflicht der Hochschullehrer

Eine spezifische Schranke der Freiheit der Lehre statuiert – in Übereinstimmung mit Art. 5 III 2 GG – S. 2, der den Hochschullehrern eine **besondere Verfassungstreue** auferlegt. Diese Bindung ist Ausprägung der allg. beamtenrechtl. Loyalitätsverpflichtung gegenüber der freiheitl. demokratischen Grundordnung (E 39, 347), deckt sich aber inhaltl. nicht vollauf mit ihr. Zum einen unterliegt die Freiheit der Lehre iS der Äußerung von Wissenschaftsmeinungen und Vermitteln von Forschungsergebnissen nicht durchweg den Mäßigungs- und Neutralitätskriterien, denen die Beamtenschaft gemeinhin verpflichtet ist; Lehrfreiheit schließt das Recht zur Einseitigkeit, zur Akzentuierung und zur pointierten Positionierung ein (Sachs, Art. 5 Rn. 226). Zum anderen gilt die Treueklausel selbst für Hochschullehrer an privaten Universitäten; auch sie dürfen die Lehre nicht zum Kampf gegen die verfassungsrechtl. Grundordnung missbrauchen, auch ihnen sind böswillige, aggressive und verächtl. Angriffe auf die fundamentalen Wertvorstellungen und Prinzipien der freiheitl. demokratischen Grundordnung als Missbrauch der Lehrfreiheit untersagt. Besteht begründeter Anlass für die Annahme, dass ein Bewerber nach Berufung an eine Hochschule die Freiheit der Lehre zum Kampf gegen die freiheitl. demokratische Grundordnung missbrauchen wird, kann dies die Zurückweisung eines Berufungsvorschlags der Hochschule rechtfertigen (BVerwGE 52, 318).

Art. 22 [Soziale Sicherung]

(1) Das Land ist verpflichtet, im Rahmen seiner Kräfte die soziale Sicherung zu verwirklichen. Soziale Sicherung soll eine menschenwürdige und eigenverantwortliche Lebensgestaltung ermöglichen.
(2) Die Errichtung und Unterhaltung von Einrichtungen für die Beratung, Betreuung und Pflege im Alter, bei Krankheit, Behinderung, Invalidität und Pflegebedürftigkeit sowie für andere soziale und karitative Zwecke sind staatlich zu fördern, unabhängig von ihrer Trägerschaft.

1 Art. 22, der keine Entsprechung im Grundrechtsteil des GG findet (VerfGH, B.v. 11.7.03 – 70/03), dokumentiert das Bekenntnis der VvB zum **Sozialstaatsprinzip** und formuliert die sich daraus ergebende Verpflichtung des Landes ausführlicher. Jedoch begründet Art. 22 kein mit der Verfassungsbeschwerde rügefähiges subjektives Recht eines einzelnen Bürgers auf bestimmte staatl. Leistungen (LVerfGE 8, 68), sondern enthält eine Staatszielbestimmung, die – ebenso wie das in Art. 20 I und Art. 28 I 1 GG verankerte Sozialstaatsprinzip – ihre Wirkung namentl. bei der Anwendung und Auslegung subjektiver öffentl. Rechte entfaltet (LVerfGE 4, 64). Viele der von Art. 22 erfassten Materien (z.B. öffentl. Fürsorge, Arbeitslosenunterstützung) fallen in den Bereich der konkurrierenden Gesetzgebungskompetenz des Bundes (vgl. Art. 74 I Nrn. 7 und 12), von der er mit der Folge abschließend Gebrauch gemacht hat, dass für den Landesgesetzgeber insoweit kaum noch Raum verbleibt.

Absatz 1: Verpflichtung zur sozialen Sicherung

2 Abs. 1 S. 1 auferlegt dem Land die Pflicht zu einer – neben die Sicherung durch das Bundesrecht tretenden – sozialen »**Zusatzsicherung**« (AvBDrs 12/44376, S. 30), die indes durch die Worte »im Rahmen seiner Kräfte« bewusst begrenzt worden ist. S. 2 stellt klar, dass die staatl. Verpflichtung zur sozialen Sicherung über die bloße Abwendung von Not hinausgehend auf eine menschenwürdige und eigenverantwortl. Lebensgestaltung ausgerichtet ist, so dass z.B. Verwahranstalten und eine Reduzierung auf körperl. Pflege dem Auftrag der VvB nicht genügen. Die Staatszielbestimmung des Abs. 1 wird durch Abs. 2 präzisiert.

Absatz 2: Verpflichtung zur Förderung von sozialen Betreuungs- und Pflegeeinrichtungen

3 Abs. 2 verpflichtet das Land, für eine ausreichende Zahl und Qualität von sozialen Betreuungs- und Pflegeeinrichtungen Sorge zu tragen. Die Aufzählung der förderungswürdigen Aufgaben in Abs. 2 ist – wie der

Zusatz »sowie für andere soziale und karitative Zwecke« deutlich macht – nicht abschließend. Die Pflicht des Landes zur Förderung, dh in erster Linie zur **finanziellen Unterstützung** von Errichtung und Unterhaltung entsprechender Einrichtungen, besteht mit der Folge unabhängig von der Trägerschaft, dass nichtstaatl. ebenso wie staatl. Träger bei der Errichtung und dem laufenden Betrieb solcher Einrichtungen zu fördern sind (vgl. zum Begriff der Pflegebedürftigkeit BVerfG NJW 03, 3044).

Art. 23 [Eigentum, Enteignung]

(1) Das Eigentum wird gewährleistet. Sein Inhalt und seine Schranken ergeben sich aus den Gesetzen.
(2) Eine Enteignung kann nur zum Wohle der Allgemeinheit auf gesetzlicher Grundlage vorgenommen werden.

1   Art. 23 **bleibt** in mehrfacher Hinsicht hinter Art. 14 GG **zurück**. Zum einen gewährleistet Art. 23 – anders als Art. 14 GG – nicht auch das Erbrecht, so dass ein Bürger in Berlin die Verletzung des Erbrechts ledigl. mit einer Verfassungsbeschwerde an das BVerfG geltend machen kann. Zum anderen fehlt in Art. 23 eine dem Art. 14 II GG entsprechende ausdrückl. Klausel zur sog. Sozialpflichtigkeit des Eigentums (Allgemeinwohlklausel), doch kommt dem im Ergebnis keine Bedeutung zu, weil die Sozialpflichtigkeit des Eigentums der Eigentumsgewährleistung des Art. 23 I immanent ist (VerfGH ZMR 01, 694 = GE 01, 1054). Ferner unterscheidet sich der Einschränkungsvorbehalt für Enteignungen in Art. 23 II von dem des Art. 14 III GG. Während nach Art. 14 III 2 GG eine Enteignung »durch Gesetz oder aufgrund eines Gesetzes« erfolgen darf, ermächtigt Art. 23 II zur Enteignung ausschließl. »auf gesetzl. Grundlage« (sog. Administrativenteignung), lässt also eine Enteignung durch Gesetz (sog. Legalenteignung) nicht zu, so dass dem Berliner Landesgesetzgeber eine Legalenteignung verwehrt ist. Schließl. fehlt in Art. 23 II die in Art. 14 III 2 GG enthaltene sog. Junktimklausel, nach der ein Enteignungsgesetz zugleich Art und Ausmaß der Entschädigung regeln muss. Ein eine Administrativenteignung ermöglichendes Gesetz, das der Junktimklausel nicht entspricht, verstößt deshalb nicht gegen Art. 23, wohl aber gegen Art. 14 III 2 GG, so dass im Ergebnis auch landesrechtl. Enteignungsnormen den Anforderungen der Junktimklausel genügen müssen.

2   Zwar hat der VerfGH formal offen gelassen, ob das **Besitzrecht des Mieters** an der Wohnung – wie nach Maßgabe des Art. 14 GG (vgl. dazu grundlegend E 89, 5 ff.) – als Eigentum iS des Art. 23 anzusehen ist (vgl. LVerfGE 2, 12, und 5, 63, sowie 13, 51). Doch dürfte er sich materiell in einem dies bejahenden Sinne entschieden haben (vgl. etwa VerfGH GE 03, 384), wenn er wiederholt formuliert hat, »der Eigentumsbegriff des Art. 23 VvB ist identisch mit dem des Art. 14 GG« (VerfGH ZMR 01, 694 = GE 01, 1054, sowie B.v. 13.6.03 – 59/02); das Eigentumsgrundrecht des Art. 23 I 1 stimmt somit mit dem in Art. 14 I 1 GG verbürgten Grundrecht überein (ebenso VerfGH GE 01, 1332). Das hat u.a. zur Folge, dass es etwa bei einer Wohnraumkündigung nach Bundes- wie nach Landesverfassungsrecht innerhalb der Eigentumsgarantie zu einer grundrechtl. Kollisionslage kommt, die der Gesetzgeber einem angemessenen Ausgleich durch Herstellung praktischer Konkor-

danz zuzuführen hat; das hat er durch Vorschriften im Wohnraumkündigungsrecht getan (vgl. im Einzelnen von Mutius ZMR 03, 621). Im Übrigen ergibt sich aus der Identität des Eigentumsbegriffs in Art. 14 I 1 GG und Art. 23 I 1, dass – erstens – die namentl. vom BVerfG entwickelten Erkenntnisse und Grundsätze zu Art. 14 I 1 GG auf Art. 23 I 1 übertragbar sind und – zweitens – Gegenstand einer auf Art. 23 I 1 gestützten Verfassungsbeschwerde an den VerfGH auch auf Bundesrecht beruhende Entscheidungen Berliner Gerichte sein können (vgl. Vor Art. 6 Rn. 5 ff.). Allerdings begründet eine nach einfachem Recht möglicherweise fehlerhafte und den widerstreitenden Interessen der Beteiligten nicht hinreichend gerecht werdende gerichtl. Entscheidung über dem Art. 23 I unterfallende Ansprüche nicht in jedem Fall eine Verletzung des Eigentumsgrundrechts. Dieses ist vielmehr nur verletzt, wenn die gerichtl. Entscheidung auf einer grundsätzl. unrichtigen Anschauung von der Bedeutung und Reichweite des Grundrechts beruht (VerfGH GE 03, 384).

Absatz 1: Eigentumsgarantie

Die in S. 1 verbürgte Eigentumsgarantie hat eine **doppelte Bedeutung**: 3
Sie enthält in erster Linie ein subjektiv-öffentl. Abwehrrecht gegen staatl. Eingriffe und sie enthält darüber hinaus eine Institutsgarantie für das Privateigentum. Als Grundrecht soll sie dessen Träger »einen Freiraum im vermögensrechtl. Bereich« (E 24, 389) sichern und ihm dadurch eine eigenverantwortl. Gestaltung seines Lebens ermöglichen (VerfGH, B.v. 11.10.01 – 20/01); geschützt wird der konkrete Bestand an vermögenswerten Gütern in der Hand des Eigentümers vor ungerechtfertigten Eingriffen durch die öffentl. Gewalt (VerfGH, B.v. 9.5.03 – 150/01). Als Rechtsinstitut ist das Privateigentum durch Privatnützigkeit und die grundsätzl. Verfügungsbefugnis über das Eigentumsobjekt gekennzeichnet; die Institutsgarantie verbietet, dass diese Sachbereiche der Privatrechtsordnung entzogen werden, die zum elementaren Bestand grundrechtl. geschützter Betätigung im vermögensrechtl. Bereich gehören (E 24, 389). Das schließt indes die Schaffung von öffentl.-rechtl. Eigentum nicht schlechthin aus (vgl. im Übrigen zum Eigentum im Europäischen Recht und zum Eigentum im Einigungsvertrag Sachs, Art. 14 Rn. 20a und 187 ff.).

Träger des Eigentumsrechts sind alle (in- und ausländischen) natürl. 4
Personen sowie alle juristischen Personen des Privatrechts, ferner nichtrechtsfähige Personengesellschaften und Vereine, soweit sie in dem ihnen zugeordneten (gesamthänderisch gebundenen) Eigentum betroffen sind (E 4, 17). Auch die Gesellschaft bürgerlichen Rechts ist in Ansehung der Eigentumsgarantie grundrechtsfähig (BVerfG NJW 02, 3533; Bestätigung von LVerfGE 13, 42). Der Staat und juristische Per-

sonen des öffentl. Rechts können Eigentümer, in der Regel aber **nicht** Grundrechtsträger sein, da Grundrechte primär Rechte des Einzelnen gegen die öffentl. Gewalt sind; das gilt insb. mit Blick auf die freiheitssichernde Funktion des S. 1, der in erster Linie ausgerichtet ist auf den Schutz des Eigentums Privater (E 61, 109). Auch ein Wohnungsbauunternehmen, das als juristische Person des Privatrechts organisiert ist und in dem das Land Berlin aufgrund der Beteiligungsverhältnisse eine beherrschende Stellung einnimmt, ist grundsätzlich nicht Träger des Eigentumsrechts aus S. 1; dies gilt unabhängig davon, ob das Unternehmen im Bereich der Wahrnehmung öffentl. Aufgaben betroffen ist oder ob für die Beurteilung seiner Funktion die rein erwerbswirtschaftl. Unternehmenstätigkeit bestimmend ist. Denn auch bei einer wirtschaftl. Betätigung auf dem Gebiet des Privatrechts fehlt der erforderl. Bezug zum Freiheitsraum natürl. Personen, weil als – nach den Beteiligungsverhältnissen relevanter – Träger des Unternehmens nur das Land Berlin in Betracht kommt, welches selbst nicht Träger des Eigentumsrechts aus S. 1 ist (VerfGH GE 05, 425). Dagegen kommt S. 1 den öffentl.-rechtl. Religionsgemeinschaften und unter gewissen Voraussetzungen auch den öffentl.-rechtl. Berufsverbänden zugute (vgl. Jarass/Pieroth, Art. 14 Rn. 25).

5 Der Begriff des Eigentums in S. 1 (wie in Art. 14 I 1 GG) deckt sich inhaltl. nicht mit dem des bürgerl. Rechts. Ihm unterfallen im Bereich des Privatrechts grundsätzl. alle vermögenswerten Rechte, die dem Berechtigten von der Rechtsordnung in der Weise zugeordnet sind, dass er die damit verbundenen Befugnisse in eigenverantwortl. Weise zu seinem privaten Nutzen ausüben darf (LVerfGE 13, 51). Dazu zählen zunächst **privatrechtl. Vermögenswerte** wie z.B. das Grundeigentum und sonstige dingl. Rechte einschl. des Wohnungsrechts nach § 1093 BGB (VerfGH, B.v. 13.12.01 – 165/ 01), ferner Forderungen (E 68, 222) wie z.B. ein anwaltl. Honoraranspruch (VerfGH, B.v. 31.10.03 – 11/02) sowie das Eigentum an Mietwohnungen (LVerfGE 11,86); der letztere Gesichtspunkt macht deutlich, dass prinzipiell selbst der Anspruch des Wohnungseigentümers gegenüber dem Mieter auf Bezahlung des vereinbarten oder wirksam erhöhten Mietzinses dem Schutz des S. 1 unterfällt (VerfGH, B.v. 9.5.03 – 150/01) und diese Eigentumsposition es verbietet, die gerichtl. Durchsetzung des Anspruchs auf die gesetzl. zulässige Miete unzumutbar zu erschweren (VerfGH NZM 01, 1124). Überdies erfasst der Begriff des Eigentums iS des Abs. 1 u.a. Mitgliedschaftsrechte (z.B. Aktien – E 14, 276 f.), nach hM das Recht am eingerichteten und ausgeübten Gewerbebetrieb als Sach- und Rechtsgesamtheit (vgl. Seifert/Hömig, Art. 14 Rn. 3), Bergbau- und Fischereirechte (E 77, 136 bzw. E 70, 199), Rückübertragungsrechte nach dem Vermögensgesetz (E 95, 58) und das »geistige Eigentum«, dh die Verwertungsbefugnisse im Sinne des Urheberrechts (E 31, 259) usw. Unter den

Eigentumsbegriff fallen auch vermögenswerte subjektive Rechte **öffentl.-rechtl. Natur**, sofern sie dem Einzelnen eine Rechtsposition verschaffen, die derjenigen eines Eigentümers entspricht (E 18, 392). Das ist insb. dann der Fall, wenn sich das Recht als Äquivalent eigener Leistung bzw. eigenen Kapitalaufwands erweist (E 48, 413). Dementsprechend hat das BVerfG z.B. Versicherungsrenten und Rentenanwartschaften aus den gesetzl. Rentenversicherungen (vgl. etwa E 95, 160) sowie Ansprüche und Anwartschaften auf Arbeitslosengeld (E 94, 258) dem Eigentumsschutz unterstellt. Dagegen fallen nicht unter S. 1 Ansprüche, die der Staat in Erfüllung seiner Fürsorgepflicht einräumt, ohne dass der Einzelne eine den Eigentumsschutz rechtfertigende Leistung erbringt (vgl. zu den dem Eigentumsschutz unterfallenden Rechtspositionen im Einzelnen von Münch/Kunig, Art. 14 Rn. 11 ff., sowie Sachs, Art. 14 Rn. 21 ff.). Grundsätzl. erfasst S. 1 auch nicht das Vermögen als solches, also die gesamte wirtschaftl. Potenz eines Bürgers, er schützt das Vermögen des Einzelnen weder gegen Eingriffe durch Auferlegung öffentl.-rechtl. Geldleistungspflichten (VerfGH, B.v. 21.3.03 – 2/03) noch gegen die zivilrechtl. Verurteilung zur Zahlung eines Geldbetrags. Geldleistungspflichten solcher Art sind nicht mittels eines bestimmten Eigentumsobjektes zu erfüllen, sondern werden aus dem flukturierenden Vermögen bestritten (VerfGH, B.v. 29.8.03 – 16/03). Allerdings kommt ein Eingriff in das Grundrecht auf Eigentum in Betracht, wenn Geldleistungspflichten an den Bestand, die Nutzung oder die Verfügung über eine als Eigentum schutzwürdige Position anknüpfen wie es seinerzeit zutraf auf die mit der Genehmigung zur Zweckentfremdung von Wohnraum verknüpfte Abgabenpflicht des Eigentümers (VerfGH B.v. 15.11.01 – 95/00).

Mit S. 2, wonach sich **Inhalt und Schranken** des Eigentums aus den Gesetzen ergeben, hat die VvB dem Umstand Rechnung getragen, dass es keinen vorgegebenen absoluten und unverrückbaren Begriff des Eigentums gibt. Vielmehr obliegt es dem Gesetzgeber, Inhalt und Schranken des verfassungsrechtl. geschützten Eigentums und damit die konkrete Reichweite der Eigentumsgarantie iS des S. 2 zu bestimmen (VerfGH ZMR 01, 694 = GE 01, 1054), dh eine generelle und abstrakte **Festlegung** der mit dem Eigentum verbundenen Rechte und Pflichten gegenüber der öffentl. Gewalt, aber auch im Verhältnis zu Privatpersonen vorzunehmen (vgl. zu Entwicklungstendenzen der eigentumsrechtl. Inhalts- und Schrankenbestimmung Sellmann NVwZ 03, 1417). »Gesetz« in diesem Sinne ist nicht nur das förml. Gesetz, sondern jedes Gesetz im materiellen Sinne, also jeder gültige Rechtssatz (VerfGH, B.v. 16.12.93 – 114/93). Indes setzt die Eigentumsgewährleistung der Gestaltungsfreiheit des Gesetzgebers für die Inhalts- und Schrankenbestimmung (die Begriffe sind insoweit als Einheit zu verstehen – vgl. E 50, 339 f., und von Münch/Kunig, Art. 14 Rn. 51) Grenzen (E 14, 263),

6

die enger sind, soweit es um die Funktion des Eigentums als Element der Sicherung der persönl. Freiheit des Einzelnen geht (BVerfG NJW 94, 241 f.), und umso weiter, je mehr das Eigentumsobjekt in einem sozialen Bezug und einer sozialen Funktion steht (E 50, 340). Der Gesetzgeber hat daher die Aufgabe, zwischen der prinzipiellen Privatnützigkeit des Eigentums und den berechtigten Belangen der Allgemeinheit einen gerechten, namentl. einen verhältnismäßigen Ausgleich herzustellen (vgl. E 52, 29 f.). Eine Inhalts- und Schrankenbestimmung kann verfassungsmäßig oder (etwa wegen Verletzung des Verhältnismäßigkeitsgrundsatzes) verfassungswidrig sein, ohne deshalb ihren Charakter als Inhalts- und Schrankenbestimmung zu ändern bzw. in eine Enteignung umzuschlagen (E 52, 27 f.).

7 Von großer praktischer Bedeutung sind die Inhalts- und Schrankenbestimmungen vor allem mit Blick auf **Wohnraum** (vgl. zu Einzelfällen im Übrigen von Münch/Kunig, Art. 14 Rn. 66). So zählt zu den verfassungsrechtl. geschützten Rechtspositionen das Eigentum an Mietwohnungen (vgl. Rn. 5). Der verfassungsrechtl. Schutz dieser Eigentumsposition reicht indes nicht weiter als die mit ihr in zulässiger Weise verbundenen, gesetzl. definierten Befugnisse (VerfGH, B.v. 31.10.02 – 47/02). Die mietrechtl. Kündigungsvorschriften des BGB regeln generell und abstrakt die Verfügungsbefugnis des Eigentümers von vermietetem Wohnraum und bestimmen insoweit Inhalt und Schranken des Eigentums. Bei einer solchen Inhalts- und Schrankenbestimmung ist es Sache des Gesetzgebers, im Konflikt zwischen den vertragl. Rechten des Mieters und dem Eigentumsrecht des Vermieters die beiderseitigen Befugnisse abzugrenzen; dabei hat er namentl. der Sozialbindung des Eigentums Rechnung zu tragen, zu der das Gebot der Rücksichtnahme auf den Mieter gehört, der seinerseits der Nutzung des Eigentumsobjekts zu seiner Freiheitssicherung und verantwortlichen Lebensgestaltung bedarf (VerfGH GE 03, 452).

Die Eigentumsposition begründet dementsprechend ein Recht zum Ausschluss Dritter von der Nutzung des Wohnraums nur im Rahmen der gesetzl. Vorschriften über die Miete (VerfGH, B.v. 3.9.92 – 14/92); sie verbietet andererseits aber, die gerichtl. Durchsetzung des Anspruchs auf die gesetzl. zulässige Miete unzumutbar zu erschweren (vgl. Rn. 5). Gesetzl. Mietpreisbindungen, wie sie sich aus den Bestimmungen des Gesetzes zur Regelung der Miethöhe ergeben, schränken in verfassungsrechtl. zulässiger Weise die grundsätzl. Freiheit des Eigentümers ein, sein Eigentum durch Vermietung wirtschaftl. zu nutzen (VerfGH, B.v. 5.3.04 – 108/03). Sie bezwecken mit Blick auf die der Eigentumsgewährleistung immanente Sozialbindung des Eigentums (vgl. Rn. 1) und die hohe Bedeutung, die der Wohnung für den Einzelnen und die Familie zukommt, einen angemessenen Ausgleich zwischen den Interessen von Vermietern und Mietern (LVerfGE 11,86). Im Ergebnis entsprechendes galt für das (zuletzt) durch die 2. Zweckentfremdungsverbot-VO v. 15.3.94 (GVBl S. 91) begründete sog. Zweckentfremdungsverbot; der VerfGH hat es noch im Jahre 1996 für mit dem Eigentumsgrundrecht vereinbar gehalten (LVerfGE 5, 26 f.). Inzwischen ist die Auffassung des OVG Berlin, diese VO sei zum 1.9.00 außer Kraft getreten, weil in Berlin ein Ende der Wohnraummangellage insgesamt deutlich zu Tage getreten sei und das Verbot zum 1.9.00 offensichtlich entbehrlich geworden sei, vom BVerwG als bundesrechtl. nicht zu beanstanden qualifiziert worden (BVerwG, B.v. 13.3.03 – 5 B 253.02).

Die im Interesse der Allgemeinheit durch § 8 I 3 LAbfG den Eigentümern bebauter Grundstücke auferlegte Pflicht, die Aufstellung von getrennten Abfallbehältern zu dulden, verletzt nicht die Eigentumsgarantie (VerfGH, B.v. 29.8.95 – 147/93). Auch bei den Regelungen der aufgrund des § 39 h BBauG erlassenen Verordnung über die Erhaltung baul. Anlagen v. 24.6.1986 (GVBl S. 1048) handelt es sich um Vorschriften, die in verfassungsrechtl. nicht zu beanstandender Weise Inhalt und Schranken des Eigentums bestimmen (VerfGH, B.v. 16.12.93 – 114/93). Entsprechendes gilt für § 14 Nr. 1 WEG, der eine grundsätzl. verfassungsgemäße Bestimmung von Inhalt und Schranken des Wohnungs- bzw. Teileigentums normiert (VerfGH, B.v. 6.12.02 – 188/01).

Absatz 2: Enteignung

Abs. 2 ermächtigt – anders als Art. 14 III GG – ledigl. zur sog. **Administrativenteignung**, dh zur Enteignung durch Verwaltungsakt »auf gesetzl. Grundlage«; sie ist verfassungsrechtl. unbedenkl. nur bei Einhaltung der (zwar nicht von Abs. 2, aber von Art. 14 III 2 GG begründeten) Junktimklausel (vgl. Rn. 1). Eine Enteignung liegt vor bei durch einen gezielten hoheitl. Zugriff bewirkter vollständiger oder teilweiser **Entziehung** konkreter, von Abs. 1 S. 1 geschützter subjektiver Rechtspositionen zur Erfüllung öffentl. Aufgaben (vgl. E 52, 27). Durch das Merkmal der Entziehung unterscheidet sich die Enteignung von der gesetzl. Bestimmung von Inhalt und Schranken des Eigentums, die auf die Festlegung von Rechten und Pflichten hinsichtl. der von Abs. 1 S. 1 geschützten Rechtsgüter ausgerichtet ist (vgl. Rn. 6). Gesetzl. Grundlage für eine Administrativenteignung kann nur ein förml. Gesetz, dh ein Parlamentsgesetz sein (vgl. E 56, 261); Grundrechtseingriffe von der Tragweite einer Enteignung sind immer »wesentlich« und unterfallen daher dem Parlamentsvorbehalt (von Münch/Kunig, Art. 14 Rn. 76). 8

Eine Enteignung ist nur zum **Wohl der Allgemeinheit** zulässig; sie muss daher einen konkreten, auf das Allgemeinwohl ausgerichteten Zweck verfolgen (E 87, 246); bloße fiskalische Gründe reichen nicht aus (E 24, 407). Sie kommt nur in Betracht, wenn es zur Erfüllung einer bestimmten öffentl. Aufgabe unumgängl. erforderl. ist, den konkreten 9

Eigentumsgegenstand zu entziehen (E 38, 179 f.). Die Gemeinwohlgründe müssen im Enteignungsgesetz festgelegt sein (E 56, 261). Eine Enteignung für ein (nach den einschlägigen Vorschriften) rechtswidriges Vorhaben dient nie dem Wohl der Allgemeinheit (BVerwGE 77, 91); dabei sind alle Vorgaben des objektiven Rechts zu berücksichtigen (BVerwGE 72, 25 f.). Dem Wohl der Allgemeinheit kann auch eine Enteignung zugunsten privater Personen dienen (E 74, 286). Wird der Zweck der Enteignung nicht in angemessener Zeit realisiert, entfällt die legitimierende Wirkung des Abs. 2, so dass der frühere Eigentümer, gestützt auf Abs. 1, die Rückübertragung verlangen kann (vgl. E 38, 180 f.). Das gilt indes nur, wenn Abs. 1 bereits im Zeitpunkt der Enteignung anwendbar war, nicht also für Enteignungen in der früheren DDR (E 97, 98).

10 Generell muss die Enteignung dem Grundsatz der **Verhältnismäßigkeit** entsprechen (E 45, 335). Sie muss zum Wohl der Allgemeinheit objektiv erforderl., dh unumgängl. sein (E 38, 175); sie ist nur zulässig, wenn es keine andere rechtl. und wirtschaftl. vertretbare Lösung gibt, etwa durch die Einräumung dingl. oder obligatorischer Rechte (E 24, 405). So ist eine Enteignung für den Straßenbau ledigl. zulässig, wenn die Straße zur Bedarfsdeckung erforderl. ist (BVerwGE 98, 347). Schließl. müssen der Entzug des Eigentums und der verfolgte Zweck in einem angemessenen Verhältnis stehen, was deshalb meistens gegeben sein dürfte, weil der Entzug durch eine angemessene Entschädigung erhebl. gemildert wird (vgl. Jarass/Pieroth, Art. 14 Rn. 72). Zwar verhält sich Abs. 2 nicht dazu, ob das Gesetz, das Grundlage einer Administrativenteignung ist, eine Entschädigungsregelung enthalten muss, doch verlangt Art. 14 III 2 GG eine Regelung über Art und Ausmaß einer Entschädigung im Enteignungsgesetz (vgl. Rn. 1), so dass ein Landesgesetz, das dieser Anforderung nicht genügt, kraft Bundesverfassungsrechts nichtig ist (vgl. dazu E 58, 319), und zwar in seinem gesamten Umfang (vgl. E 24, 418). Durch die sog. Junktimklausel des Art. 14 III 2 GG soll der jeweilige Gesetzgeber dazu gezwungen werden, sich darüber Rechenschaft zu geben, ob der zur regelnde Sachverhalt einen Enteignungstatbestand darstellt und dass in diesem Falle Entschädigung geleistet werden muss, welche die öffentl. Haushalte belastet (E 46, 287). Als Art der Entschädigung kommen neben Geld auch Ersatzland oder Wertpapiere in Betracht, ihre Höhe ist unter gerechter Abwägung der Interessen der Allgemeinheit und der Beteiligten festzulegen (vgl. Art. 14 III 3 GG).

Art. 24 [Verbot des Missbrauchs wirtschaftlicher Macht]

Jeder Missbrauch wirtschaftlicher Macht ist widerrechtlich. Insbesondere stellen alle auf Produktions- und Marktbeherrschung gerichteten privaten Monopolorganisationen einen Missbrauch wirtschaftlicher Macht dar und sind verboten.

Art. 24 gewährt kein subjektives Recht (VerfGH B.v. 26.10.00 – 116/00). Bereits sein Wortlaut macht deutlich, dass diese Norm kein Recht begründet, sondern in seinem S. 1 einen Grundsatz ausdrückt, nach dem jeder Missbrauch wirtschaftl. Macht widerrechtlich ist (vgl. LVerfGE 1, 71), und in seinem S. 2 eine Verbotsnorm enthält. Was im einzelnen – außer der Gründung von »auf Produktions- und Marktbeherrschung gerichteten privaten Monopolorganisationen« – als Missbrauch wirtschaftl. Macht anzusehen ist, kann nur im Zusammenhang mit dem allg. Wirtschaftsverfassungsrecht beurteilt werden. Nachdem der Bundesgesetzgeber durch das aufgrund des Art. 74 I Nr. 16 GG erlassene Gesetz gegen **Wettbewerbsbeschränkungen** (gegenwärtig idF der Bekanntmachung v. 26.8.1998 – BGBl I S. 2546) die hier in Rede stehende Materie abschließend geregelt hat, ist dem Landesgesetzgeber ein Tätigwerden versperrt.

Art. 25 [Mitbestimmung]

Das Mitbestimmungsrecht der Arbeiter und Angestellten in Wirtschaft und Verwaltung ist durch Gesetz zu gewährleisten.

Art. 25 enthält einen Regelungsauftrag sowie – mit Blick auf das Mitbestimmungsrecht der Arbeiter und Angestellten – eine institutionelle Garantie (vgl. Zivier S. 126); durch diese Gewährleistung wird das Mitbestimmungsrecht der Arbeiter und Angestellten garantiert und der Verfügungsgewalt des Gesetzgebers entzogen. Den Regelungsauftrag kann der Berliner Landesgesetzgeber nur im Rahmen seiner Gesetzgebungskompetenz erfüllen. Da der Bundesgesetzgeber von seiner konkurrierenden Gesetzgebungskompetenz für die Mitbestimmung von Arbeitern und Angestellten in Betrieben und Unternehmen (Art. 74 I Nr. 12 GG) durch den Erlass namentl. des Betriebsverfassungsgesetzes idF vom 25.9.2001 (BGBl I S. 2518) sowie des Mitbestimmungsgesetzes v. 4.5.1976 (BGBl I S. 1153) erschöpfend Gebrauch gemacht hat, bleibt für den Landesgesetzgeber nur noch Raum für Regelungen betreffend die Mitbestimmung der Arbeiter und Angestellten im **öffentl. Dienst** des Landes Berlin. Diesen Raum hat er ausgeschöpft durch den Erlass des Personalvertretungsgesetzes idF vom 14.7.1994 (GVBl S. 337), das über den Art. 25 hinausgehend auch Beamte – außer u.a. Professoren – erfasst (vgl. § 3 PersVG).

Art. 26 [Versammlungsfreiheit]

Alle Männer und Frauen haben das Recht, sich zu gesetzlich zulässigen Zwecken friedlich und unbewaffnet zu versammeln. Für Versammlungen unter freiem Himmel kann dieses Recht durch Gesetz oder aufgrund eines Gesetzes beschränkt werden.

Art. 26 verbürgt – wie Art. 8 GG – das Grundrecht der Versammlungsfreiheit als Individualrecht; er beinhaltet ein **subjektives Abwehrrecht** und schützt eine spezifische Form kollektiver Willensbetätigung (Kommunikation). Zwar gewährt Art. 26 grundsätzl. keine Leistungsansprüche gegen den Staat (vgl. BVerwGE 72, 118), doch verpflichtet er ihn, z.B. eine rechtmäßige Versammlung vor Störungen Dritter zu schützen (vgl. Seifert/Hömig, Art. 8 Rn. 1). Art. 26 enthält objektiv-rechtl. eine verfassungsrechtl. Wertentscheidung; er gewährleistet ein Stück »ursprünglicher, ungebändigter, unmittelbarer Demokratie« (vgl. E 79, 344), er ist Ausdruck der demokratischen Ordnung. Während S. 2 wörtl. mit Art. 8 II GG übereinstimmt, unterscheidet sich S. 1 von Art. 8 I GG. 1

Der **Schutzbereich** des S. 1 ist insoweit weiter als der des Art. 8 I GG, als S. 1 die Versammlungsfreiheit nicht nur – wie Art. 8 I GG – für »alle Deutschen«, sondern für »alle Frauen und Männer« verbürgt. Somit können sich Ausländer mit Blick auf die Versammlungsfreiheit bundesverfassungsrechtl. nicht auf Art. 8 GG (sondern nur auf Art. 2 I GG), landesverfassungsrechtl. aber auf Art. 26 berufen. Dieser – gegenüber Art. 8 GG, aber im Ergebnis kaum gegenüber Art. 2 I GG – weitergehenden landesverfassungsrechtl. Gewährleistung kommt indes keine nennenswerte Bedeutung zu; sie läuft allenfalls theoretisch Gefahr, nach Art. 31 GG durch entgegenstehendes (sogar) einfaches Bundesrecht verdrängt zu werden (vgl. Vor Art. 6 Rn. 5), weil tatsächl. das einfache Bundesrecht in Gestalt des Versammlungsgesetzes idF vom 15.11.1978 (BGBl I S. 1790) das Versammlungsrecht jedermann einräumt (vgl. § 1 VersammlG). Träger des landesverfassungsrechtl. Grundrechts sind auch Minderjährige, sowie – über den Wortlaut des S. 1 hinausgehend – juristische Personen und Personenvereinigung des Privatrechts; letzteres gilt aber nur für die Ausübungsformen der Veranstaltung und Leitung, nicht auch für die Teilnahme. 2

Ebenso wie in Art. 8 I GG begrenzen in S. 1 die Gebote der Friedlichkeit und der Waffenlosigkeit von vornherein den Schutzbereich der Norm (vgl. Vor Art. 6 Rn. 10). Auf den ersten Blick scheint S. 1 diesen Schutzbereich noch weitergehend durch den Zusatz einzuschränken, Versammlungen seien lediglich »**zu gesetzlich zulässigen Zwecken**« gewährleistet. Mit diesem Zusatz hat es folgende Bewandtnis: Die Vorgängerregelung des Art. 26, nämlich der seinerzeitige Art. 18 VvB 3

1950, enthielt keine dem S. 2 – wie dem Art. 8 II GG – entsprechende, auf Versammlungen unter freiem Himmel abstellende Bestimmung; auch der Antrag, der Grundlage für die Neufassung der VvB war, sieht eine solche Bestimmung nicht vor (vgl. AvBDrs. 12/4874, S. 2). Vor diesem Hintergrund hielt der SvB in seiner Stellungnahme (vgl. AvBDrs. 12/5224, S. 4) die Aufnahme des in Rede stehenden Zusatzes mit Blick auf landesspezifische Verbote für Versammlungen unter freiem Himmel wie z.B. in § 2 des Berliner Bannmeilengesetzes v. 17.3.1983 (GVBl S. 482) und in § 4 des Gesetzes über die Sonn- und Feiertage v. 28.10.1954 (GVBl S. 615) für erforderl., weil er zu Recht annahm, ohne einen solchen Vorbehalt fehle es an einer landesverfassungsrechtl. Grundlage für diese Einschränkungen. Später hat sich der Landesverfassungsgeber jedoch entschlossen, den die Versammlungen unter freiem Himmel betreffenden Art. 8 II GG in den Art. 26 als S. 2 zu übernehmen, aber übersehen, dass dadurch der von ihm in Art. 26 S. 1 aufgenommene Zusatz »zu gesetzlich zulässigen Zwecken« überflüssig geworden ist. Angesichts dessen dürfte von einem offensichtl. Versehen des Landesverfassungsgebers auszugehen und ungeachtet des Wortlauts, der Versammlungen in geschlossenen Räumen auszuschließen könnte, anzunehmen sein, dass dem Zusatz neben den durch die Gebote der Friedlichkeit und der Waffenlosigkeit begründeten Schutzbereichsbegrenzungen keine weitergehende einschränkende Bedeutung zukommt (a.A. wohl Pfennig/Neumann, Art. 26 Rn. 8). Sollte das jedenfalls hinsichtl. der Veranstaltungen in geschlossenen Räumen anders zu beurteilen sein, bliebe insoweit der Schutzbereich des Art. 26 hinter dem des Art. 8 GG zurück und könnte ein Bürger sich insoweit nur mit einer Verfassungsbeschwerde an das BVerfG auf eine Verletzung der bundesverfassungsrechtl. Norm berufen.

4 Das Grundrecht der Versammlungsfreiheit umfasst das Recht, Versammlungen zu veranstalten (vorzubereiten und abzuhalten) sowie an solchen teilzunehmen einschl. des Zugangs zu ihnen, ferner das Selbstbestimmungsrecht über Ort, Zeitpunkt, Art und Inhalt der Veranstaltung (E 69, 343); insoweit stimmt die Verbürgung des Art. 26 mit der des Art. 8 GG überein (vgl. zu Einzelfällen von Münch/Kunig, Art. 8 Rn. 28). Von einer Versammlung kann nur die Rede sein, wenn eine Mehrheit von Menschen zusammenkommt, wobei zwei Personen ausreichen (Sachs, Art. 8 Rn. 9). Im Unterschied zu einer bloßen »Ansammlung«, die als eine zufällig entstandene Personenmehrheit nicht unter den Versammlungsbegriff fällt, wird eine Versammlung dadurch charakterisiert, dass eine Personenmehrheit durch einen gemeinsamen Zweck innerlich verbunden ist (BVerwGE 82, 38); geschützt ist »das ungehinderte Zusammenkommen mit anderen Personen zum Zwecke der gemeinsamen **Meinungsbildung** und **Meinungsäußerung** (kollektive Aussage)« (BVerwGE 56, 69). Voraussetzung für

die Annahme einer Versammlung ist daher eine auf diesen Zweck gerichtete Verbundenheit der Teilnehmer; erforderlich ist eine Zweckgebundenheit, die auf eine gemeinschaftl. kommunikative Entfaltung (Meinungsäußerung und Meinungsbildung) gerichtet ist. Ob die Zweckrichtung auf die Erörterung von öffentl. Angelegenheiten oder darauf zielt, z.B. bisher als privat eingestufte Angelegenheiten öffentl. zu machen, ist unerheblich; Art. 26 differenziert nicht zwischen derart öffentl. und nichtöffentl. Versammlungen. Mangels einer Ausrichtung auf eine gemeinsame Meinungsbildung und -kundgabe fallen nicht unter den Begriff der Versammlung z.B. Märkte, Ausstellungen, Theater- und Filmvorführungen, Konzerte, Vorträge und Lehrveranstaltungen sowie gesellige und sportl. Veranstaltungen. Auch die sog. Fuckparade sowie die sog. Love Parade sind keine Versammlungen iS des Versammlungsrechts, weil diese Veranstaltungen nach ihrem Gesamteindruck den Charakter einer rein unterhaltenden öffentl. Massenparty tragen, während das Element der Meinungskundgabe völlig in den Hintergrund tritt (OVG Berlin, B.v. 6.7.01 – 1 S 11.01 und 1 SN 54.01 –, bestätigt durch BVerfG NJW 01, 2459; vgl. dazu Wiefelspütz NJW 02, 274, und zur neueren Rspr. des BVerfG zur Versammlungsfreiheit Hoffmann-Riem NVwZ 02, 257, sowie Battis/Grigoleit NJW 01, 2051). Eine Versammlung muss nicht begriffsnotwendig geplant oder organisiert sein, sie kann auch als **Spontanversammlung** in den Schutzbereich des Art. 26 gelangen. Auf eine derartige Versammlung sind versammlungsrechtl. Vorschriften über die Anmeldepflicht nach § 14 VersG nicht anwendbar, soweit der mit der Spontanversammlung verfolgte Zweck bei Einhaltung dieser Vorschrift nicht erreicht werden könnte (E 85, 74 f.).

Die Gebote der Friedlichkeit und Waffenlosigkeit bestimmen zwar nicht den Begriff der Versammlung, sie begrenzen jedoch den Schutzbereich des Art. 26. **Unfriedlich** ist eine Versammlung, wenn Gewalttätigkeiten oder aggressive Ausschreitungen stattfinden; dies gilt für körperl. Gewalt gegen Personen gleichermaßen wie für solche gegen Sachen (E 87, 406). Allerdings ist Unfriedlichkeit nicht identisch mit Strafrechtswidrigkeit (Sachs, Art. 8 Rn. 30); der verfassungsrechtl. Begriff der Unfriedlichkeit kann nicht mit dem weiten Gewaltbegriff des Strafrechts gleichgesetzt werden (E 73, 248), so dass auch Blockadeaktionen grundsätzl. den Schutz der Versammlungsfreiheit genießen können. Das Kriterium der Unfriedlichkeit erfüllt eine Versammlung schon dann, wenn ein gewalttätiger oder aufrührerischer Verlauf unmittelbar bevorsteht (Jarass/Pieroth, Art. 8 Rn. 5); insoweit ist eine prognostische Beurteilung des Einzelfalls geboten. Dabei ist abzustellen auf die Teilnehmer der Versammlung. Von nicht teilnehmenden Störern oder von einer Versammlungsminderheit ausgehende, gegen den Willen der Versammlungsleitung und Versammlungsmehrheit geübte Gewalt, Gewaltandrohung oder Friedensgefährdung machen eine Veranstaltung nicht

5

unfriedlich, sondern sind auf der Grundlage des Versammlungsgesetzes oder der polizeil. Generalklausel durch Maßnahmen gegen die nicht teilnehmenden Störer bzw. die unfriedl. Versammlungsminderheit zu unterbinden; den friedl. Teilnehmern bleibt der Schutz des Art. 26 erhalten. Jedenfalls kann das Verbot der gesamten Versammlung nur ultima ratio sein (vgl. E 69, 362). **Waffen** sind (technische) Waffen iS des § 1 WaffG wie Pistolen, Schlagringe, chemische Kampfstoffe usw. sowie sonstige gefährl. Werkzeuge, die zur Verletzung von Personen oder zur Beschädigung von Sachen geeignet sind und zu diesem Zweck mitgeführt werden. Sind nur einzelne Versammlungsteilnehmer gegen den Willen der Versammlungsleitung bewaffnet, darf nur ihre Teilnahme versagt werden.

6 Art. 26 wird beeinträchtigt durch Maßnahmen, die das geschützte Verhalten (vgl. Rn. 4) regeln, wie Anmelde- und Erlaubnispflichten, Auflagen, Auflösungen und Verbote von Versammlungen. Auch die »Behinderung von Anfahrten und schleppende vorbeugende Kontrollen« zählen dazu (vgl. E 69, 349). Beeinträchtigungen dieser oder vergleichbarer Art sind nur gerechtfertigt, wenn sie verfassungsrechtl. legitimiert sind. Für Versammlungen **unter freiem Himmel** enthält Art. 26 S. 2 – wie Art. 8 II GG – einen ausdrückl. Gesetzesvorbehalt; für Versammlungen in geschlossenen Räumen kommt eine Beschränkung nur auf der Grundlage kollidierenden Verfassungsrechts in Betracht (sog. immanente Grundrechtsschranken). Sind beispielsweise Leib und Leben von Versammlungsteilnehmern bedroht, kann die Polizei auch eine Versammlung in geschlossenen Räumen auflösen. Für die Abgrenzung der beiden Versammlungsarten kommt es weniger auf die Überdachung als darauf an, ob der Raum zur Seite hin überall umschlossen und nur durch Eingänge zugänglich ist (vgl. etwa Seifert/Hömig, Art. 8 Rn. 10). Die Beschränkung der Versammlungsfreiheit unter freiem Himmel setzt die Grundlage in einem Gesetz im formellen Sinne voraus, das aber zu weiteren Beschränkungen durch Rechtsverordnung ermächtigen kann (vgl. § 4 des Gesetzes über die Sonn- und Feiertage v. 28.10.54 – GVBl S. 615). Die grundrechtsbeschränkenden Gesetze (vgl. dazu im einzelnen von Münch/Kunig, Art. 8 Rn. 31 ff.) müssen – soweit sie Landesgesetze sind – die in Art. 26, im Übrigen die in Art. 8 GG verkörperte Wertentscheidung beachten und dürfen die Ausübung der Versammlungsfreiheit nur unter Wahrung des Grundsatzes der Verhältnismäßigkeit begrenzen (vgl. E 69, 353); die Verpflichtung zur Beachtung des Verhältnismäßigkeitsgrundsatzes trifft die staatl. Organe auch bei der Auslegung und Anwendung der jeweiligen Norm (vgl. E 92, 202).

Art. 27 [Vereinigungsfreiheit; Streikrecht]

(1) Alle Männer und Frauen haben das Recht, Vereinigungen und Gesellschaften zu bilden. Vereinigungen dürfen keine Zwecke verfolgen oder Maßnahmen treffen, durch welche die Erfüllung von Aufgaben verfassungsmäßiger Organe und öffentlich-rechtlicher Verwaltungskörper gefährdet wird.
(2) Das Streikrecht wird gewährleistet.

Art. 27 lehnt sich inhaltl. an Art. 9 GG an, geht aber insb. insoweit über 1
Art. 9 GG hinaus, als die in Abs. 1 verbürgte Vereinigungsfreiheit außer Deutsche auch Ausländer erfasst und Abs. 2 das Streikrecht ausdrückl. gewährleistet. Dagegen fehlt in der VvB eine dem Art. 9 III GG entsprechende Bestimmung, so dass die **Koalitionsfreiheit** des Art. 9 III GG in der VvB nur im Rahmen des Art. 27 I geschützt ist.

Absatz 1: Vereinigungsfreiheit

S. 1 enthält – wie Art. 9 I GG – das Grundrecht der Vereinigungsfreiheit, er schützt die **individuelle** und die **kollektive** Vereinigungsfreiheit gegen Eingriffe des Staates. Er gewährt neben dem Individualrecht, sich in Vereinigungen zusammenzuschließen (individuelles Abwehrrecht), »auch diesen Vereinigungen, unbeschadet der Frage ihrer Rechtsfähigkeit, das Recht auf Entstehen und Bestehen« (vgl. E 13, 175). S. 1 begründet indes keinen Leistungsanspruch, so dass die staatl. Vereinsförderung durch Subventionen oder mittels steuerl. Gemeinnützigkeitsprivilegien nicht von S. 1 gefordert ist (vgl. von Münch/Kunig, Art. 9 Rn. 21). Zwar nennt S. 1 außer den Vereinigungen auch »Gesellschaften«; doch dürfte dem keine nennenswerte Bedeutung zukommen, weil der Begriff »Vereinigungen« als Oberbegriff hier – wie im Art. 9 GG – inhaltl. Vereine und Gesellschaften umfasst. Anders als Art. 9 I GG ist S. 1 nicht als Deutschenrecht, sondern als Recht für »alle Männer und Frauen« gestaltet, was juristische Personen des Privatrechts einschließt. Träger der individuellen Vereinigungsfreiheit sind also auch Ausländer, soweit sie eine geschützte Tätigkeit ausüben oder daran teilnehmen, Träger der kollektiven Vereinigungsfreiheit sind die von S. 1 erfassten Vereinigungen einschl. Ausländervereinigungen. Während sich Ausländer bundesrechtl. auf Art. 2 I GG berufen und im Übrigen die Einhaltung des auch sie berechtigenden einfachen (Bundes-) Vereinsrechts (vgl. § 1 VereinsG: »Die Bildung von Vereinen ist frei«) einfordern können, insoweit also eine Deckungsgleichheit zwischen S. 1 und dem Bundesrecht besteht, sehen die §§ 14 f. VereinsG über Abs. 1 S. 2 hinausgehende Einschränkungen vor, die die insoweit weitergehende landesrechtl. Grundrechtsgarantie verdrängen.

Verfassung von Berlin

3   Der verfassungsrechtl. Begriff »**Vereinigung**« des S. 1 – wie des Art. 9 I GG – ist zutreffend beschrieben in § 2 I VereinsG. Dort ist als Voraussetzung normiert, dass sich »eine Mehrheit natürl. oder juristischer Personen für längere Zeit zu einem gemeinsamen Zweck freiwillig zusammengeschlossen und einer organisierten Willensbildung unterworfen hat«; notwendig und ausreichend sind zwei Mitglieder (Jarass/Pieroth, Art. 9 Rn. 3). Der Begriff »Vereinigung« ist weit auszulegen; der Zusammenschluss kann auf Dauer oder auf Zeit angelegt sein, auch lose Vereinigungen und Bürgerinitiativen zählen dazu. Unerhebl. sind gewählte Rechtsform und Art des verfolgten Zwecks; der gemeinsame Zweck kann z.B. politischer, wissenschaftlicher, künstlerischer, wohltätiger, geselliger, sportlicher oder wirtschaftlicher Art sein. Unter S. 1 fallen u.a. eingetragene wie nicht eingetragene Vereine, Personen- und Kapitalgesellschaften sowie sonstige vereinsmäßige Zusammenschlüsse (auch) des wirtschaftl. Bereichs. Ferner rechnen zu den Vereinigungen politische Parteien, für die allerdings vorrangig die Sonderregelung des Art. 21 GG gilt, Wählervereinigungen und religiöse Gesellschaften wie Orden und Missionsgesellschaften (vgl. im Einzelnen Sachs, Art. 9 Rn. 8 ff.). Nicht dazu gehören z.B. Stiftungen (mangels personalem Bezug), öffentl.-rechtl. Körperschaften und Zwangszusammenschlüsse (etwa Ärztekammern, Studentenschaften usw.). Folglich schützt Abs. 1 auch nicht vor einer gesetzlich angeordneten Eingliederung in etwa eine Industrie- und Handelskammer; Prüfungsmaßstab insoweit ist vielmehr Art. 7 (vgl. BVerfG NVwZ 02, 335; s. dazu auch Kluth NVwZ 02, 298).

4   Die individuelle Vereinigungsfreiheit **schützt** das Tätigwerden der (künftigen oder gegenwärtigen) Vereinigungsmitglieder, also die Bildung einer Vereinigung (Entscheidung über Zeitpunkt, Zweck und Rechtsform) sowie deren Auflösung, ferner den Beitritt zu einer Vereinigung; ebenfalls erfasst ist die negative Vereinigungsfreiheit, also die Entscheidung, einer Vereinigung fernzubleiben (E 50, 354) oder aus ihr auszutreten. Zu den durch die kollektive Vereinigungsfreiheit geschützten Tätigkeiten zählen Maßnahmen zum Entstehen und Bestehen einer Vereinigung sowie zur Sicherung ihrer Existenz- und Funktionsfähigkeit; verbürgt ist ihre Selbstbestimmung über die eigene Organisation einschl. Satzungsautonomie (vgl. E 83, 358 f.) sowie über das Verfahren ihrer Willensbildung und die Führung der Geschäfte (E 50, 354). In diesem Rahmen ist gewährleistet insb. die Freiheit der Aufnahme und des Ausschlusses von Mitgliedern, die Namensführung, die Mitgliederwerbung usw. Beeinträchtigt wird S. 1 durch jede belastende Regelung, die ein geschütztes Verhalten wie etwa den Beitritt zu einer Vereinigung oder die Aufnahme eines Mitglieds behindert (s. zu Einzelfällen zum Begriff der Vereinigung und zum Schutz der Vereinigung von Münch/Kunig, Art. 9 Rn. 34 f.).

Anders als Art. 9 II enthält Abs. 1 S. 2 kein verfassungsrechtl. Verbot 5
für bestimmte Vereinigungen als solche, sondern ein Verbot bestimmter
von einer Vereinigung verfolgter Zwecke und Tätigkeiten. In der Sache
geht es indes hier wie dort um eine Schrankenklausel, die die Voraussetzungen für einen verfassungsrechtl. gerechtfertigten Eingriff umschreibt
(zu Art. 9 II GG vgl. Sachs, Art. 9 Rn. 38, zu Abs. 1 S. 2 Pfennig/Neumann, Art. 27 Rn. 6), dh enthält die eine wie die andere Bestimmung
einen Regelungs- bzw. **Gesetzesvorbehalt**. Nach Abs. 1 S. 2 dürfen
Vereinigungen weder ihrer Zweckbestimmung nach darauf ausgerichtet
sein noch entsprechende Tätigkeiten vornehmen, die eine Gefährdung
der »Erfüllung von Aufgaben verfassungsmäßiger Organe und öffentl.-
rechtl. Verwaltungskörper« bewirken können. Soweit eine derartige
Gefährdung entweder nach Maßgabe der objektiv durch ihre Ziele dokumentierten Zweckbestimmung einer Vereinigung oder durch eine von
ihr (nicht nur von einzelnen ihrer Mitglieder) getragene Maßnahme zu
gewärtigen ist, ist ein staatl. Eingriff gerechtfertigt, wobei allerdings
jeweils der Grundsatz der Verhältnismäßigkeit zu beachten ist. So greift
etwa die Anerkennungs- und Genehmigungspflicht in § 15 I-IV,VII
WaffG nicht in unzulässiger Weise in die Vereinigungsfreiheit von
Schießsportverbänden ein (BVerfG NVwZ 03,855). »Verfassungsmäßige Organe« sind alle obersten Landesorgane, die von der Verfassung
mit Rechten und Pflichten ausgestattet sind (vgl. u.a. Art. 38, 55, 58 und
84); »öffentl.-rechtl. Verwaltungskörper« sind alle Stellen, die Aufgaben der öffentl. Verwaltung wahrnehmen (vgl. § 1 I VwVfG Bln iVm §
1 IV VwVfG).

Absatz 2: Streikrecht

Abs. 2 formuliert das Streikrecht als Grundrecht, gewährleistet bewusst 6
aber nicht auch die Aussperrung (vgl. AvBDrs. 12/4376, S. 30). Seinem
Wortlaut nach ist Abs. 2 weder auf die Wahrnehmung bestimmter legitimer Interessen noch auf bestimmte Personengruppen beschränkt. Da
sich diese Beschränkungen jedoch aus dem Bundesrecht ergeben, kann
Abs. 2 – wenn überhaupt – Wirkung nur im Rahmen der bundesrechtl.
Vorgaben entfalten; in diesem Rahmen kann allenfalls kollidierendes
Verfassungsrecht Grundlage für die Beschränkung des Streikrechts
sein.

Von Art. 9 III GG wird das Recht geschützt, durch spezifisch koalitions- 7
mäßige Kampfmittel die in dieser Bestimmung genannten Zwecke zu
verfolgen. Als solche **legitimen Kampfmittel** hat das BVerfG verfassungsrechtl. zuerst die suspendierende Abwehraussperrung (E 84, 223)
und sodann den Streik anerkannt (E 88, 114). Nicht geschützt wird der
wilde Streik, der nicht von einer Koalition iS des Art. 9 III GG geführt
wird (vgl. dazu, ob Streiks ohne Urabstimmung wilde Streiks sind, Hett-

lage NJW 04, 3299), und der politische Streik, der sich nicht gegen den Tarifpartner wendet (Jarass/Pieroth, Art. 9 Rn. 29). Im Hinblick auf Art. 33 V GG besteht kein Streikrecht oder streikähnliches Leistungsverweigerungsrecht für Beamte (BVerwGE 73, 102), und zwar selbst dann nicht, wenn sie (noch) in bereits privatisierten Unternehmen beschäftigt sind (BVerwGE 103, 377). Aus Art. 9 III GG lässt sich auch kein Recht des Beamten auf Unterstützung des Streiks anderer Beamter herleiten (BVerwGE 73, 105).

Art. 28 [Recht auf Wohnraum]

(1) **Jeder Mensch hat das Recht auf angemessenen Wohnraum. Das Land fördert die Schaffung und Erhaltung von angemessenem Wohnraum, insbesondere für Menschen mit geringem Einkommen, sowie die Bildung von Wohnungseigentum.**
(2) **Der Wohnraum ist unverletzlich. Eine Durchsuchung darf nur auf richterliche Anordnung erfolgen oder bei Verfolgung auf frischer Tat durch die Polizei, deren Maßnahmen jedoch binnen 48 Stunden der richterlichen Genehmigung bedürfen.**

Art. 28 beinhaltet zwei ganz unterschiedliche Regelungen, von denen nur die in Abs. 2, nicht auch die etwa in Abs. 1 S. 1 (VerfGH, B.v. 11.7.03 – 70/03) eine Entsprechung im Grundrechtsteil des GG findet. Während Abs. 1 eine Staatszielbestimmung enthält, ist Abs. 2 S. 1 – wie Art. 13 I GG – ein **Abwehrrecht** gegen fremdes Eindringen in die Wohnung. Zwar verwendet die VvB den Begriff »Wohnraum«, während das GG den Begriff »Wohnung« benutzt. Inhaltl. decken sich indes diese beiden Begriffe. 1

Absatz 1: Recht auf Wohnraum

Ungeachtet des Eindrucks, den der Wortlaut des S. 1 vermitteln könnte, enthält diese Bestimmung nach der st. Rspr. des VerfGH (vgl. u.a. LVerfGE 4, 63 f., und B.v. 21.12.00 – 26/00) kein Grundrecht, gewährt also kein subjektives Recht, dessen Verletzung mit der Verfassungsbeschwerde geltend gemacht werden kann. Das »Recht auf Wohnraum« in S. 1 begründet kein einklagbares Recht des Einzelnen gegenüber dem Staat auf Beschaffung oder Belassung von Wohnraum, sondern stellt eine **Staatszielbestimmung** dar, die das AvB und den SvB verpflichten, das im Rahmen staatl. Einflußnahme und unter Berücksichtigung anderer staatl. Aufgaben und Pflichten Mögliche zu tun, für Schaffung und Erhaltung von Wohnraum zu sorgen (LVerfGE 4, 63). Offengelassen hat der VerfGH lediglich, ob S. 1 subjektiv-rechtl. vor Obdachlosigkeit schützt (vgl. etwa LVerfGE 2, 11, und B.v. 16.10.00 – 116/00), was vor dem Hintergrund der in den Materialien zum Ausdruck kommenden Intentionen des Verfassungsgebers eher zu verneinen sein dürfte (vgl. AvBDrs. 12/4376 S. 29, 12/4874 S. 7 f., und 12/5224 S. 4). S. 1 begründet jedenfalls weder ein allg. Behaltensrecht für eine bestimmte bezogene Wohnung noch – jenseits der Obdachlosigkeit – einen sonstigen Anspruch eines einzelnen Bürgers (VerfGH, B.v. 13.12.01 – 165/01). Das Recht auf Wohnraum wirkt mithin nicht anspruchsbegründend (VerfGH, B.v. 14.2.05 – 186/04) 2

3 Vielmehr auferlegt S. 2 dem AvB sowie dem SvB die Verpflichtung, das ihnen Mögliche zur Schaffung und Erhaltung von »**angemessenem**« Wohnraum zu tun; darunter ist eine eigene (angemietete oder erworbene) Wohnung, nicht aber eine Notunterbringung zu verstehen. Sie haben sich im Rahmen der bestehenden rechtl. und finanziellen Möglichkeiten dafür einzusetzen, dass angemessener Wohnraum »insb. für Menschen mit geringem Einkommen« bereitgestellt und Wohnungseigentum in der Hand der Nutzer gebildet wird. Für das eine wie das andere ist namentl. der landeseigene Wohnraum in Anspruch zu nehmen. Die Bestände städtischer Wohnungsbaugesellschaften dienen vor allem der Versorgung mit Wohnraum, auch und gerade von Bevölkerungsschichten mit geringem Einkommen (VerfGH, B.v. 14.2.05 – 77/03). Vor dem Hintergrund des S. 2 begegnet der massenweise Verkauf von landeseigenem Wohnraum (bzw. von Anteilen an gemeinnützigen Wohnungsbaugesellschaften) zur Sanierung des jeweiligen Haushalts Bedenken (ebenso Zivier, S. 124).

Absatz 2: Unverletzlichkeit des Wohnraums

4 Abs. 2 S. 1 garantiert – wie Art. 13 I GG – die Unverletzlichkeit des Wohnraums (der Wohnung). Er enthält ein Abwehrrecht gegen fremdes Eindringen oder Verweilen in die bzw. der Wohnung, er richtet sich gegen alle staatl. Instanzen. Geschützt ist nicht der mittelbare Besitzer, sondern nur die mit erkennbarem Wohnwillen unmittelbar besitzenden Personen (VerfGH, B.v. 11.10.01 – 20/01). Schutzgut ist einzig die **Privatheit** der jeweils innegehabten Wohnung, die durch die Kündigung des Mietverhältnisses als solche nicht berührt wird; für Räumungsprozesse gegen den Mieter lassen sich deshalb der Grundrechtsverbürgung des S. 1 grundsätzl. keine Maßstäbe entnehmen (VerfGH, B.v. 8.10.01 – 108/01). Der Schutz des Wohnraums nach S. 1 soll Störungen vom privaten Leben fernhalten. Er gewährleistet das subjektive (Grund-)Recht, in den Räumen, in denen sich das Privatleben entfaltet, in Ruhe gelassen zu werden (VerfGH, B.v. 25.3.99 – 84/98). Wohnungen, die ein Hauseigentümer vermietet hat oder leer stehen läßt, gehören nicht zu seiner durch Abs. 2 geschützten Privatsphäre.
5 Der Begriff »Wohnraum« (bzw. Wohnung) ist weit auszulegen (vgl. E 32, 69 ff.). Er umfasst alle Räume, die der allg. Zugänglichkeit durch eine räuml. »Abschottung« entzogen und zur Stätte privaten Lebens und Wohnens gemacht sind (Jarass/Pieroth, Art. 13 Rn. 2). Dazu rechnen auch Nebenräume wie Keller, Böden, abgeschlossene Höfe usw., ferner Gast- und Hotelzimmer sowie Wohnwagen und -boote, Vereinshäuser und Clubräume; überdies gehören auch Arbeits-, Betriebs- und Geschäftsräume dazu (vgl. E 42, 219). Träger des Grundrechts ist der **unmittelbare Besitzer** der geschützten Räume, wobei nicht notwendig

vorauszusetzen ist, dass der Besitz rechtmäßig ist (vgl. von Münch/Kunig, Art. 13 Rn. 14), so dass der Mieter ungeachtet einer (zu Recht) erfolgten Kündigung und Ablauf der Auszugsfrist Grundrechtsträger bleibt (vgl. E 89, 12). Das Grundrecht steht In- und Ausländern zu, es kann auch korporativ von juristischen Personen und Personengesellschaften des Privatrechts wahrgenommen werden (vgl. E 32, 72).

Abs. 2 S. 1 begründet für die öffentl. Gewalt ein grundsätzliches Verbot, gegen den Willen des Wohnungsinhabers in die Wohnung einzudringen oder darin zu verweilen (vgl. E 76, 89 f.). Von diesem Verbot erfasst werden u.a. der Einbau von Abhörgeräten und ihre Benutzung in der Wohnung, Überwachen und Belauschen einer Wohnung unter Verwendung optischer und akustischer Hilfsmittel (Seifert/Hömig, Art. 13 Rn. 3), nicht aber Erhebungen, die sich auf die Wohnungsverhältnisse des Auskunftspflichtigen beziehen und ohne Eindringen und Verweilen in der Wohnung vorgenommen werden können (E 65, 40). Zum Schutzbereich des Grundrechts gehört es grundsätzl. auch, dass der Wohnungsinhaber von beabsichtigten Grundrechtseingriffen informiert (vgl. BVerwGE 78, 253 ff.) und vor deren Durchführung angehört werden muss (BVerwGE 75, 328). Wegen seiner **Ausstrahlungswirkung** ist Abs. 2 S. 1 bei der Anwendung zivilrechtl. Vorschriften zu beachten; daraus ergeben sich Beschränkungen für das Betretungsrecht des Vermieters einer Wohnung (vgl. E 89, 12 f.). Dagegen lassen sich aus dieser Bestimmung keine Ansprüche z.B. auf Zuteilung einer Wohnung herleiten; gegen Verminderung von Wohnraum durch Abriss und Zerstörung gewährt sie ebenfalls keinen Schutz.

6

Abs. 2 S. 2 enthält einen Eingriffsvorbehalt für **Durchsuchungen**; sie setzen jeweils eine gesetzl. Ermächtigung voraus (Jarass/Pieroth, Art. 13 Rn. 10). Derartige Ermächtigungen sind in Bundesgesetzen (vgl. u.a. §§ 102 ff. StPO, §§ 758 ff. ZPO) und Landesgesetzen (vgl. etwa §§ 36 f. ASOG Bln) enthalten, sie sind – soweit sie dem Bundesrecht angehören – an Art. 13 II GG und im Übrigen auch an Abs. 2 S. 2 zu messen. Unter einer Durchsuchung ist zu verstehen das »ziel- und zweckgerichtete Suchen staatl. Organe nach Personen oder Sachen oder zur Ermittlung eines Sachverhalts«, mit dem Zweck, »etwas aufzuspüren, was der Inhaber der Wohnung von sich aus nicht offen legen oder herausgeben will« (E 51, 106 f.). Unerhebl. ist, ob strafprozessuale, zwangsvollstreckungsrechtl. oder sonstige Zwecke verfolgt werden. Zwar stellt eine Durchsuchung stets einen schwerwiegenden Eingriff in das Grundrecht des Abs. 2 S. 1 dar, doch besteht dieses Recht nicht schrankenlos. Schranken der grundrechtl. Verbürgung ergeben sich insb. aus den Vorschriften der StPO, die mit Blick auf das rechtsstaatl. begründete Interesse an einer leistungsfähigen Strafjustiz und die unabweisbaren Bedürfnisse einer wirksamen Strafverfolgung verfassungsrechtl. grundsätzl. unbedenkl. sind (vgl. E 77, 76 ff.). Die danach im grundrechtl.

7

Bereich vorzunehmende Abwägung der in Betracht kommenden Interessen erfordert, dass sich grundrechtsbezogene Eingriffe wie Durchsuchungen und Beschlagnahmen im Rahmen des allg. Rechtsgrundsatzes der Verhältnismäßigkeit halten (VerfGH, B.v. 21.3.02 – 115/01). Der jeweilige Eingriff muss vor allem in einem angemessenen Verhältnis zur Schwere der Straftat und Stärke des Tatverdachts stehen (VerfGH, B.v. 12.12.03 – 86/03), so dass eine entsprechende Durchsuchungsanordnung bei nicht hinreichendem Tatverdacht verfassungswidrig ist (VerfGH StV 99, 296). Der Verdacht muss auf konkreten Tatsachen beruhen; vage Anhaltspunkte oder bloße Vermutungen reichen nicht aus (E 44, 381). Allerdings verlangt eine Wohnungsdurchsuchung nicht das Vorliegen eines erhöhten Verdachtgrads, wie ihn die akustische Wohnraumüberwachung nach Art. 13 III GG voraussetzt (BVerfG NJW 04, 3171).

8 Die verfassungsrechtl. Zulässigkeit einer Durchsuchung hängt gemäß Abs. 2 S. 2 – wie gemäß Art. 13 II GG – grundsätzl. von einer **richterl. Anordnung** ab; die richterl. Anordnung einer Durchsuchung ist die Regel, die nichtrichterl. die Ausnahme (vgl. BVerfG NJW 01, 1121). Dieser Richtervorbehalt dient dazu, das Grundrecht aus Abs. 2 S. 1 verstärkt zu sichern; er zielt auf eine vorbeugende Kontrolle durch eine unabhängige und neutrale Instanz ab. Die dadurch gewährleistete Prüfung dieser Instanz erstreckt sich zum einen auf das Vorliegen der gesetzl. Voraussetzungen für die im Einzelfall beabsichtigte Durchsuchung und zum anderen auf die Einhaltung des Verhältnismäßigkeitsgrundsatzes (vgl. E 57, 356); diese richterl. Prüfung ist keine bloße Formsache (E 57, 355). Um die Durchsuchung rechtsstaatl. zu begrenzen, muss der Richter z.B. die aufzuklärende Straftat, wenn auch kurz, doch so genau umschreiben, wie es nach den Umständen des Einzelfalls möglich ist (E 42, 220 f.). Er muss schon durch eine geeignete Formulierung des Durchsuchungsbeschlusses im Rahmen des Möglichen und Zumutbaren sicherstellen, dass der Eingriff in die Grundrechte messbar und kontrollierbar bleibt (VerfGH, B.v. 2.4.04 – 7/03). Er muss ferner grundsätzl. die Art und den vorgestellten Inhalt derjenigen Beweismittel, nach denen gesucht werden soll, so genau bezeichnen, wie es nach Lage der Dinge geschehen kann. Nur dies führt zu einer angemessenen Begrenzung der Durchsuchung, weil oft eine unübersehbare Zahl von Gegenständen als Beweismittel für den aufzuklärenden Sachverhalt in Frage kommen kann (E 20, 224). Ein Durchsuchungsbefehl, der keinerlei tatsächl. Angaben über den Inhalt der Beweismittel, denen die Durchsuchung gilt, erkennen lässt, wird diesen Anforderungen jedenfalls dann nicht gerecht, wenn solche Angaben nach dem Ergebnis der Ermittlungen ohne weiteres möglich und den Zwecken der Strafverfolgung nicht abträgl. sind (VerfGH, B.v. 12.12.03 – 86/03).

Ihrem Zweck entsprechend verliert eine richterl. Durchsuchungsanordnung spätestens nach Ablauf eines halben Jahres ihre rechtfertigende Kraft (E 96, 52 ff.). Nur ausnahmsweise kann ein entsprechender Durchsuchungsbeschluss ohne vorherige Anhörung des Betroffenen erfolgen, näml. wenn die Sicherung gefährdeter Interessen einen sofortigen Zugriff erfordert (E 51, 111).

Abs. 2 S. 1 sieht vor, dass ohne richterl. Anordnung Durchsuchungen 9 nur »**bei Verfolgung auf frischer Tat**« durch die Polizei vorgenommen werden dürfen, deren Maßnahmen jedoch binnen 48 Stunden der richterl. Genehmigung bedürfen. Der Begriff »bei Verfolgung auf frischer Tat« ist vor allem wegen der grundrechtssichernden Schutzfunktion des Richtervorbehalts eng auszulegen. Er ist nicht inhaltsgleich mit dem in Art. 13 II GG verwandten Begriff »Gefahr im Verzuge« (a.A. Pfennig/Neumann, Art. 28 Rn. 12): Der in Abs. 2 S. 2 verwandte Begriff stellt offensichtlich ab auf eine bereits geschehene Tat, weil nur eine solche verfolgt werden kann, deckt also nicht eine Wohnungsdurchsuchung zur Gefahrenabwehr im Eilfall ohne richterl. Anordnung. Dagegen erfasst der Begriff »Gefahr im Verzuge« weitergehend selbst einen Zustand, der nach verständiger Beurteilung erst in näherer Zukunft den Eintritt eines Schadens für polizeil. Schutzgüter erwarten lässt (ebenso Eschen LKV 01, 114). Zwar dürfte es richtig sein, dass durch den hier in Rede stehenden Vorbehalt im Bundes- wie im Landesrecht Durchsuchungen in Konstellationen ermöglicht werden sollen, in denen der Richter nicht rechtzeitig tätig werden kann, ohne den Zweck der Durchsuchung zu gefährden. Das rechtfertigt indes angesichts des eindeutigen Wortlauts nicht die Annahme einer inhaltl. Übereinstimmung der beiden Begriffe, zumal der Berliner Verfassungsgeber in Kenntnis der Formulierung des Art. 13 II GG bei der Neufassung der VvB 1995 an seinem schon zuvor verwandten Begriff festgehalten hat. Abs. 2 S. 2 begründet mithin im Verhältnis zu Art. 13 II GG eine – in der Sache bedenkl. – **Mehrgewährleistung**; gemäß Abs. 2 S. 2 darf eine vom Landesrecht vorgesehene Durchsuchung zur Gefahrenabwehr selbst im Eilfall nur nach richterl. Anordnung erfolgen, während Art. 13 II GG die Grundlage für Vorschriften zur Wohnungsdurchsuchung in einem solchen Fall auch ohne richterl. Anordnung bietet. Vor diesem Hintergrund drängt sich die Annahme auf, namentl. § 37 I ASOG Bln, wonach Durchsuchungen »bei Gefahr im Verzug« ohne richterl. Anordnung vorgenommen werden dürfen, und § 36 I 1 ASOG Bln, wonach Ordnungsbehörden und Polizei eine Wohnung ohne Einwilligung des Inhabers (betreten und) durchsuchen dürfen, wenn z.B. »von der Wohnung Emissionen ausgehen, die nach Art, Ausmaß oder Dauer zu einer erhebl. Belästigung der Nachbarschaft führen« (Ziff. 2), seien zwar durch Art. 13 II GG, nicht aber auch durch Abs. 2 S. 2 gedeckt. Das wäre letztlich unschädl., wenn die landesverfassungsrechtl. Mehrgewährleistung deshalb im Widerspruch zu Art. 13 II GG stehen und gemäß Art. 31 GG gebrochen werden sollte, weil sich im Wege der Auslegung ergibt, dass in Art. 13 II GG das Grundrecht auf Unverletzlichkeit der Wohnung für deren Durchsuchung bei Gefahr im Verzug abschließend als »Maximalstandard« geregelt ist. Indes ist zweifelhaft, ob das zutrifft (vgl. im Einzelnen Eschen LKV 01, 114).

10 Während nach Art. 13 II GG Durchsuchungen ausnahmsweise ohne richterl. Anordnung von den »in den Gesetzen vorgesehenen anderen Organen« vorgenommen werden dürfen, lässt Abs. 2 S. 2 eine Durchsuchung ohne richterl. Anordnung nur durch die **Polizei** zu. Allerdings ist nicht ersichtl., dass mit der ausdrückl. Erwähnung ledigl. der Polizei in Abs. 2 S. 2 ein Zuständigkeitsmonopol der Polizei für Durchsuchungen ohne richterl. Anordnung begründet werden sollte; vielmehr sprechen Sinn und Zweck dieser Regelung dafür, dass der hier verwandte Polizeibegriff die Ordnungsbehörden einschließt. Durchsuchungsmaßnahmen der Polizei in diesem Sinne bedürfen – um durch Abs. 2 S. 2 gedeckt zu sein – »binnen 48 Stunden der richterl. Genehmigung«. Mit dieser weiteren Einschränkung hat der Verfassungsgeber deutl. gemacht, dass die verfassungsrechtl. Rechtfertigung einer Durchsuchung als schwerwiegender Eingriff in die Unverletzlichkeit der Wohnung stets von einer richterl. Billigung abhängig ist, sei es als entsprechende Anordnung vor der Durchsuchung oder als Genehmigung einer ohne vorherige richterl. Anordnung erfolgten Durchsuchung innerhalb von 48 Stunden nach dieser.

11 Für diese nachträgl. gerichtl. Überprüfung hat das Gebot der Effektivität des Rechtsschutzes besonderes Gewicht (BVerfG NJW 02, 1333). Diesem Gebot ist nur genügt, wenn der zur nachträgl. Überprüfung der polizeil. angeordneten Maßnahme berufene Richter die **Voraussetzungen** der Anordnung der Durchsuchung **vollständig eigenständig** nachprüft (vgl. E 103, 156). Ein gerichtl. nicht überprüfbarer Auslegungs-, Ermessens- oder Beurteilungsspielraum für die Polizei besteht nicht. Nur eine uneingeschränkte gerichtl. Kontrolle des Merkmals »Verfolgung auf frischer Tat« wird der Bedeutung des Grundrechts aus Abs. 2 S. 1 für den Schutz der persönl. Lebenssphäre des Einzelnen und der grundrechtssichernden Funktion des Abs. 2 S. 2 gerecht (vgl. E 103, 158).

Art. 29 [Glaubens- und Gewissensfreiheit]

(1) Die Freiheit des Glaubens, des Gewissens und die Freiheit des religiösen und weltanschaulichen Bekenntnisses sind unverletzlich. Die ungestörte Religionsausübung wird gewährleistet.
(2) Rassenhetze und Bekundung nationalen oder religiösen Hasses widersprechen dem Geist der Verfassung und sind unter Strafe zu stellen.

Abs. 1 S. 1 entspricht **wörtl.** dem Art. 4 I GG, Abs. 1 S. 2 dem Art. 4 II GG. Die ursprüngl. im Gesetzgebungsverfahren verfolgte Absicht, in Abs. 1 S. 2 außer der ungestörten Religionsausübung auch eine ungestörte Ausübung des weltanschaulichen Bekenntnisses zu gewährleisten (vgl. AvBDrs. 12/4874, S. 2), ist später im Interesse einer exakten Angleichung an das GG fallen gelassen worden. Ungeachtet dieser Übereinstimmung des Abs. 1 mit Art. 4 I und II GG besteht ein Unterschied insoweit, als die in Art. 4 I und II GG gewährleistete Glaubensfreiheit – anders als die durch Abs. 1 verbürgte – nach Maßgabe des Art. 140 GG iVm Art. 136 I WRV einem Vorbehalt des allgemeinen Gesetzes unterliegt (vgl. etwa BVerwG NJW 01, 1225, sowie – zur Schrankendogmatik der Religionsfreiheit – Fischer/Groß DÖV 03, 932). Abs. 2 findet keine Entsprechung im GG. **1**

Absatz 1: Glaubens- und Gewissensfreiheit

Abs. 1 enthält **zwei** in engem Zusammenhang miteinander stehende **Grundrechte**, näml. die Glaubens- und die Gewissensfreiheit: Die in S. 1 angesprochene Freiheit des Glaubens und des religiösen und weltanschaulichen Bekenntnisses sowie das in S. 2 angesprochene Recht der ungestörten Religionsausübung bilden ein einheitl. Grundrecht (LVerfGE 3, 45), das Grundrecht der Glaubensfreiheit. Daneben tritt als eigenständiges Grundrecht das Grundrecht der Gewissensfreiheit. Das Grundrecht der Glaubensfreiheit schließt die Bekenntnisfreiheit ein (E 12, 3 f.). Da Religion und Weltanschauung in gleicher Weise geschützt werden, bedürfen sie keiner Abgrenzung; Voraussetzung für den Schutz des Abs. 1 ist ledigl., dass es sich um ein – religiös oder weltanschaulich begründetes – Bekenntnis handelt (BVerwGE 90, 4). Das Grundrecht der Glaubensfreiheit steht natürl. Personen zu und ist insoweit individuelle Glaubensfreiheit; überdies kommt es als kollektive (korporative) Glaubensfreiheit religiösen und weltanschaulichen Gemeinschaften bzw. Vereinigungen zugute (Jarass/Pieroth, Art. 4 Rn. 2; vgl. zur Entwicklung der Rspr zu neueren Glaubens- und Weltanschauungsgemeinschaften Abel NJW 03, 264). Träger der individuellen **2**

Glaubensfreiheit sind – ebenso wie der Gewissensfreiheit – auch Ausländer und Kinder. Das Glaubensgrundrecht der Kinder wird allerdings durch das Erziehungsrecht der Eltern nach Art. 12 III begrenzt, die im Ergebnis die Glaubensfreiheit des Kindes bis zur sog. Religionsmündigkeit wahrnehmen (vgl. E 30, 423 f.).

3 Die **individuelle Glaubensfreiheit** ist zunächst Abwehrrecht gegen staatl. Sanktionen und Diskriminierungen, die an einen bestimmten Glauben anknüpfen, sowie gegen staatl. Einflussnahme in Glaubensdingen (von Münch/Kunig, Art. 4 Rn. 19). Sie gewährt dem Einzelnen einen von staatl. Eingriffen freien Rechtsraum, in dem er sich in religiöser bzw. weltanschaulicher Hinsicht die Lebensform zu geben vermag, die seiner Überzeugung entspricht. Dazu gehört auch die Freiheit, den Glauben zu manifestieren, zu bekennen und zu verbreiten, sowie das Recht des Einzelnen, sein gesamtes Verhalten an den Lehren seines Glaubens auszurichten und seiner inneren Überzeugung gemäß zu handeln (LVerfGE 3, 45). Die Glaubensfreiheit umfasst die Freiheit, eine religiöse oder weltanschauliche Überzeugung abzulehnen (negative Glaubensfreiheit). Unter Religion oder Weltanschauung ist eine mit der Person des Menschen verbundene Gewissheit über bestimmte Aussagen zum Weltganzen sowie zur Herkunft und zum Ziel des menschl. Lebens zu verstehen; dabei legt die Religion eine den Menschen überschreitende und umgreifende (»transzendente«) Wirklichkeit zugrunde, während sich die Weltanschauung auf innerweltliche (»immanente«) Bezüge beschränkt (BVerwGE 90, 115). Überdies gebietet die Glaubensfreiheit dem Staat, »Raum für die aktive Betätigung der Glaubensüberzeugung und die Verwirklichung der autonomen Persönlichkeit auf weltanschaulich-religiösem Gebiet zu sichern« (E 41, 49). Insb. ist die Grundrechtsausübung gegen Störungen Dritter zu schützen (E 93, 16); wie der Staat seine Schutzpflicht erfüllt, entscheidet der Gesetzgeber, dem dabei ein großer Spielraum zur Seite steht. Jedoch gibt Abs. 1 keinen Anspruch auf finanzielle Mittel zur Ausübung der Glaubensfreiheit (BVerwGE 65, 57), etwa für ein Kirchengebäude (BVerwGE 87, 133). Auch besteht kein Anspruch, generell kirchliche Feiertage als allgemeine Feiertage anzuerkennen oder zu erhalten (LVerfGE 3, 46).

4 Durch die individuelle Glaubensfreiheit geschützt sind u.a. kultische Handlungen sowie religiöse oder weltanschauliche Feiern und Gebräuche, vor allem Gottesdienste, Prozessionen, Gebete, Sakramentspenden, Beerdigungszeremonien, liturgisches Glockengeläut, ferner die Beachtung religiös begründeter Bekleidungs- (BVerwGE 94, 97) und Speisebereitungsvorschriften (vgl. zum sog. Schächten u.a. BVerwG NJW 01, 1225, E 104, 337 ff. und Oebbecke NVwZ 02, 302). Erfasst wird auch die Anerkennung oder Ablehnung religiöser Symbole (E 93, 15). Geschützt ist weiter die Gründung einer religiösen oder weltanschaulichen Vereinigung sowie der jederzeitige Austritt aus ihr (E 44, 49) und

das Abwerben von einem anderen Glauben. Insb. im **Schulbereich** ist die Glaubensfreiheit bedeutsam: Die Einrichtung eines obligatorischen Ersatzunterrichts in Philosophie für nicht am Religionsunterricht teilnehmende Schüler ist zulässig (BVerwG NJW 73, 1815), ebenso die Veranstaltung eines freiwilligen, überkonfessionellen Schulgebets außerhalb des Religionsunterrichts (E 52, 235 ff.). In staatl. Schulen ist die Anbringung von Kreuzen grundsätzl. unzulässig (E 93, 23 f.), sofern dies nicht im Einverständnis mit allen Schülern (Eltern) geschieht (vgl. im Einzelnen in Münch/Kunig, Art. 4 Rn. 41 ff.). In diesen Schulen kollidiert etwa beim Tragen religiöser Kleidung wie des »islamischen Kopftuchs« das Grundrecht auf freie Religionsausübung einer Lehrerin einerseits mit dem sich aus deren Religionsfreiheit ergebenden Anspruch der Schüler, vom Staat nicht dem Einfluss einer fremden Religion, auch in Gestalt eines Symbols, ausgesetzt zu werden, ohne sich dem entziehen zu können, dem Erziehungsrecht der Eltern und der staatl. Pflicht zur weltanschaul.-religiösen Neutralität andererseits. Dieser Konflikt ist nach Ansicht des BVerfG (E 108, 282 ff.) angesichts der umfassenden Gestaltungsfreiheit der Länder im Schulwesen vom demokratischen Landesgesetzgeber unter Berücksichtigung des Toleranzgebotes zu lösen. Aufgrund der ausschl. ihm, nicht auch den Behörden und Gerichten zustehenden Einschätzungsprärogative könne er durch ein Kopftuchverbot in öffentl. Schulen als Element einer gesetzl. Entscheidung über das Verhältnis von Staat und Religion im Schulwesen die Religionsfreiheit zulässigerweise einschränken; diese Auffassung stehe im Einklang mit Art. 9 der Europäischen Menschenrechtskonvention (vgl. in diesem Zusammenhang u.a. Ipsen NVwZ 03, 1210, und Bertrams DVBl 03, 1225). Auf der Grundlage einer entsprechenden landesrechtl. Norm darf die Einstellung etwa als Lehrerin in ein Beamtenverhältnis abgelehnt werden, wenn die Bewerberin nicht bereit ist, im Unterricht auf das Tragen eines »islamischen Kopftuchs« zu verzichten (BVerwG DVBl 04,1424, vgl. dazu Baer/Wrase DÖV 05, 243).

Der Berliner Gesetzgeber hat durch das Gesetz v. 27.1.2005 (GVBl S. 92) über den Schulbereich **hinausgehend** auf die Vorgaben des BVerfG (E 108, 282 ff.) reagiert, den erforderlichen Ausgleich zwischen der Neutralitätspflicht des Staates (vg. dazu Rn. 7), der positiven Glaubens- und Weltanschauungsfreiheit von Beschäftigten und der negativen Glaubens- und Weltanschauungsfreiheit Andersdenkender durch ein allg. Gesetz zu regeln. Nach einer Präambel, in der klarstellend wiedergegeben ist, dass die Rechte aus Art. 29 Abs. 1 für alle Beschäftigten gelten und keine Diskriminierung erfolgt, hat er Angestellten und Beamten im Bereich der Rechtspflege, des Justizvollzugs und der Polizei sowie in öffentl. Schulen (mit Ausnahme von berufl. Schulen und Einrichtungen des Zweiten Bildungswegs), dh in Bereichen staatl. Handelns, in denen die Bürger in besonderer Weise dem staatl. Einfluss

Verfassung von Berlin

unterworfen sind, das Tragen aller sichtbaren religiösen und weltanschaul. Symbole, die die Zugehörigkeit zu einer Glaubensgemeinschaft **demonstrieren**, und entsprechend auffallend geprägter Kleidungsstücke untersagt. Symbole, die als Schmuckstücke getragen werden, unterliegen diesem Verbot nicht (AvBDrs 15/3249, S. 7).

5 Durch die **kollektive** (korporative) **Glaubensfreiheit** sind die Tätigkeiten von religiösen oder weltanschaulichen Vereinigungen geschützt, soweit sie für die Beteiligten unter die Glaubensfreiheit fallen (Jarass/Pieroth, Art. 4 Rn. 23); dazu zählen u.a. die religiöse Vereinigungsfreiheit (E 83, 355), die Verbreitung eigener Überzeugungen, religiös-karitative Sammlungen (E 24, 247) und die kirchlich getragene Krankenpflege (E 53, 392 f.). Träger dieser Glaubensfreiheit sind juristische Personen, aber auch sonstige Vereinigungen, deren Zweck die Pflege oder Förderung eines religiösen oder weltanschaulichen Bekenntnisses bzw. die Verkündung des Glaubens ihrer Mitglieder ist (E 19, 132), und zwar unabhängig davon, ob sie öffentl.-rechtl. oder privatrechtl. organisiert sind (E 24, 246 f.). Indes lässt sich nicht schon allein aus dem Selbstverständnis einer Gemeinschaft die Annahme eines solchen Zwecks herleiten. Vielmehr muss es sich im Ausgangspunkt tatsächl., dh nach geistigem Gehalt, aktueller Lebenswirklichkeit, Kulturtradition und allg. wie religionswissenschaftl. Verständnis, um eine Religion und Religionsgemeinschaft handeln (E 83, 353). Für die Beurteilung von Weltanschauungen und Weltanschauungsgemeinschaften, die rechtl. gleichgestellt sind, gilt Entsprechendes (Seifert/Hömig, Art. 4 Rn. 5); insoweit ist auf eine hinreichende Konsistenz, Geschlossenheit und Breite des Gedankensystems sowie – bei der Gemeinschaft – auf ein Minimum an Organisationsgrad zu achten (BVerwGE 89, 373). Das äußere Erscheinungsbild einer Religion oder Weltanschauung fehlt z.B., wenn die Gemeinschaft ausschließl. wirtschaftl. Interessen verfolgt, die mit ideellen Zielen ledigl. verbrämt sind, nicht dagegen schon, wenn die wirtschaftl. Betätigung die sonstigen Aktivitäten überwiegt (BVerwGE 90, 116 ff.).

6 Das durch Abs. 1 begründete Grundrecht der Religions- und Weltanschauungsfreiheit und das daraus herzuleitende staatl. Neutralitätsgebot (vgl. zum Grundsatz der religiös-weltanschaul. Neutralität des Staates Holzke NVwZ 02, 903, und Huster, Schriftenreihe der Jur. Gesellschaft zu Berlin, Heft 176, 2004) bieten keinen Schutz dagegen, dass sich der **Staat** und seine Organe mit den Trägern dieses Grundrechts sowie ihren Zielen und Aktivitäten öffentl. – auch kritisch – auseinandersetzen. Diese **Auseinandersetzung** hat allerdings das Gebot religiös-weltanschaul. Neutralität des Staates zu wahren und muss daher mit Zurückhaltung geschehen. In einer solchen öffentl. Debatte dürfen Bezeichnungen verwendet werden, die in der aktuellen Situation den Gegenstand der Auseinandersetzung einprägsam und für die Adressaten der Äuße-

rungen verständl. umschreiben. Diffamierende, diskriminierende oder verfälschende Darstellungen einer religiösen oder weltanschaul. Gemeinschaft sind dem Staat aber untersagt. Diesen verfassungsrechtl. Anforderungen genügen Bezeichnungen wie z.B. »Jugendreligion« und »Psychosekte«, nicht aber grundsätzl. eine Kennzeichnung als »destruktiv« und »pseudoreligiös« (vgl. E 105, 279, und Murswiek NVwZ 03, 1). Die religiöse Vereinigungsfreiheit hindert das Verbot einer solchen Vereinigung nicht, sofern dies nach Maßgabe des Verhältnismäßigkeitsgrundsatzes unerlässlich ist; das ist etwa der Fall, wenn sich die Vereinigung aktiv-kämpferisch gegen die durch das GG für unveränderbar erklärten Verfassungsgrundsätze richtet (BVerfG, B.v. 2.10.03 – 1 BvR 536/03).

Das Grundrecht der **Gewissensfreiheit** umfasst neben der Freiheit, ein 7 Gewissen zu haben, grundsätzl. auch die Freiheit, von der öffentl. Gewalt nicht verpflichtet zu werden, gegen Gebote und Verbote des Gewissens zu handeln (E 78, 359). Es gewährt nicht nur subjektive Rechte, sondern ist zugleich eine verfassungsrechtl. Wertentscheidung, die bei Staatstätigkeiten jeder Art ihre Wertmaßstäbe setzende Kraft entfaltet und Beachtung verlangt (E 23, 134). Abs. 1 S. 1 enthält deshalb nicht nur ein Abwehrrecht gegen staatl. Eingriffe, sondern aus ihm erwächst auch ein Anspruch gegen den Staat, den Raum für eine aktive Betätigung des Gewissens zu sichern und geeignete und erforderl. Maßnahmen zur Ermöglichung gewissenskonformen Verhaltens zu treffen (vgl. BVerwGE 105, 78). Als Gewissensentscheidung ist jede ernstl. sittl., dh an Kategorien von »gut« und »böse« orientierte Entscheidung anzusehen, die der Einzelne in einer bestimmten Lage als für sich bindend und unbedingt verpflichtend erfährt, so dass er gegen sie nicht ohne ernste Gewissensnot handeln könnte (E 12, 55). Geschützt ist das für den Betroffenen aufgrund einer Gewissensentscheidung verpflichtende Handeln; ein Gewissenskonflikt muss konkret, substantiiert und wenigstens ansatzweise nachvollziehbar darlegt werden (BVerwGE 94, 88). Beispielsweise kann sich ein Student mit dem Begehren, die erforderl. Leistungsnachweise für das Biologiestudium so erbringen zu dürfen, dass er dazu nicht an Tierversuchen oder Übungen an zuvor getöteten Tieren oder Organpräparaten teilnehmen muss – mit welchem Erfolg auch immer – auf das Grundrecht der Gewissensfreiheit berufen (BVerwGE 105, 77). Vor allem im Arbeitsrecht kann dieses Grundrecht von Belang sein, etwa wenn Arbeitnehmer jegl. Arbeit verweigern, die in irgendeinem Zusammenhang mit Rüstung oder Verteidigung steht, wenn bestimmte Druckwerke nicht vertrieben werden oder wenn Angestellte sich weigern, an Tierversuchen teilzunehmen. Allerdings wird eine Modifizierung der eingegangenen vertragl. Pflichten nur in extremen Ausnahmefällen in Betracht kommen; ggf. kann eine Lösung aus dem Arbeitsverhältnis zuzumuten sein (vgl. Sachs, Art. 4 Rn. 82 f.). Der

Schutzbereich der Gewissensfreiheit wird indes nicht berührt u.a. durch die Heranziehung zu öffentl. Aufgaben (E 67, 37) sowie das sog. Kirchenasyl (Seifert/Hömig, Art. 4 Rn. 8).

8 Glaubens- und Gewissensfreiheit enthalten keinen ausdrückl. Gesetzesvorbehalt; sie können aber durch kollidierendes Verfassungsrecht **beschränkt** werden (E 32, 107); zwischen Abs. 1 und der kollidierenden Verfassungsnorm ist eine Abwägung notwendig: Aus der Glaubensfreiheit anderer und der Würde des Menschen folgt das verfassungsrechtl. Gebot der Toleranz, das Grenzen setzen kann (E 32, 108). Wegen der Forschungsfreiheit besteht ungeachtet einer entgegenstehenden Gewissensentscheidung kein Anspruch auf einen Studiengang ohne Tierversuche, es sei denn, die wissenschaftl. Ziele lassen sich belegbar auch ohne Tierversuche erreichen (BVerwGE 105, 83 f.). Mit Rücksicht darauf, dass insb. die Aufklärung schwerer Straftaten ein wesentl. Auftrag eines rechtsstaatl. Gemeinwesens ist, begegnet es grundsätzl. keinen verfassungsrechtl. Bedenken, wenn ein Untersuchungsgefangener nicht am gemeinschaftl. Gottesdienst und anderen religiösen Veranstaltungen seines Bekenntnisses teilnehmen darf, sofern der zuständige Richter mit Rücksicht auf den Zweck der Untersuchungshaft und aus Gründen der Ordnung in der Anstalt dies anordnet (VerfGH, B.v. 25.3.99 – 86/98). Grundsätzl. **Vorrang** vor der kollektiven Glaubensfreiheit (Rn. 5) dürften die Einzelgrundrechte der Mitglieder des Trägers dieser Freiheit haben; werden in einer religiösen Gemeinschaft (traditionsgemäß) z.B. weibl. Mitglieder in einer etwa Art. 6 und/oder 7 verletzenden Weise diskriminiert, ist ein solches Verhalten nicht mehr durch Abs. 1 gedeckt.

Absatz 2: Verbot von Rassenhetze sowie Bekundung nationalen und religiösen Hasses

9 Durch Abs. 2 sind Rassenhetze und Bekundung nationalen oder religiösen Hasses von vornherein ausgenommen aus dem Schutzbereich des Abs. 1 sowie dem Schutz der VvB überhaupt. Derartige Handlungen sind kraft Verfassungsrechts verboten, und zwar gleichgültig, ob sie von Organen des Staates oder von Privatpersonen ausgeübt werden; Abs. 2 ist also zunächst eine Verbotsnorm, nicht jedoch Schutznorm zugunsten von Angehörigen von Rassen, gegen die zur Hetze oder zum Hass aufgerufen wird (vgl. zum Begriff »Rasse« Art. 10 Rn. 13). Mit Blick auf die verbotenen Handlungen erteilt Abs. 2 dem Landesgesetzgeber den Auftrag, sie unter Strafe zu stellen. Diesen Regelungsauftrag kann der Landesgesetzgeber allerdings nur eingeschränkt wahrnehmen. Der Bundesgesetzgeber hat näml. von seiner ihm nach Art. 74 Abs. 1 Nr. 1 GG zustehenden konkurrierenden Gesetzgebungskompetenz für das Strafrecht durch den Erlass – soweit hier von Interesse – der §§ 130 Abs. 2

und 166 StGB Gebrauch gemacht, so dass dem Landesgesetzgeber allenfalls Raum für ein Tätigwerden in ggf. noch nicht abgedeckten Bereichen verbleibt.

Verfassung von Berlin

Art. 30 [Zusammenleben der Völker; Kriegsdienstverweigerung]

(1) Handlungen, die geeignet sind, das friedliche Zusammenleben der Völker zu stören, widersprechen dem Geist der Verfassung und sind unter Strafe zu stellen.

(2) Jedermann hat das Recht, Kriegsdienste zu verweigern, ohne dass ihm Nachteile entstehen dürfen.

1 Art. 30 enthält zwei unterschiedl. Regelungen: Abs. 1 begründet kein subjektives Recht, sondern enthält nur ein objektiv-rechtl. Verbot friedensstörender Handlungen (VerfGH, B.v. 13.6.03 – 23/03) und entspricht im wesentl. Art. 26 I GG. Abs. 2 verhält sich zur Kriegsdienstverweigerung und lehnt sich inhaltl. an Art. 4 III GG an. Beiden landesrechtl. Regelungen kommt in der Praxis allenfalls **geringe** Bedeutung zu.

Absatz 1: Verbot friedensstörender Handlungen

2 Abs. 1 ist Ausdruck der Friedensbereitschaft des Landes. Durch ihn werden alle Handlungen von Staatsorganen und Privatpersonen als dem Geist der VvB widersprechend und folgl. verfassungswidrig verboten, die geeignet sind, das friedl. Zusammenleben der Völker zu stören. Das Abstellen bereits auf die **Eignung** markiert den präventiven Charakter des Abs. 1, dh macht deutl., dass bereits eine abstrakte Gefährdung genügt (vgl. von Münch/Kunig, Art. 26 Rn. 15). In diese Richtung störungsgeeignet sind Kriegspropaganda und jedes Eintreten für nationalen, rassischen oder religiösen Hass, durch das zur Diskriminierung, Feindseligkeit oder Gewalt aufgestachelt wird (vgl. Sachs, Art. 26 Rn. 16). Da das Strafrecht zur konkurrierenden Gesetzgebungskompetenz gehört (Art. 74 Abs. 1 Nr. 1 GG) und der Bundesgesetzgeber von dieser Kompetenz durch den Erlass der §§ 80 und 80 a StGB weitestgehend Gebrauch gemacht hat, verbleibt dem Berliner Landesgesetzgeber kaum Raum zur Erfüllung des Verfassungsauftrags, die durch Abs. 1 verbotenen Handlungen unter Strafe zu stellen.

Absatz 2: Kriegsdienstverweigerung

3 Das Grundrecht auf Kriegsdienstverweigerung in Abs. 2 unterscheidet sich von dem in Art. 4 III GG verbürgten Grundrecht in zweierlei Richtungen: Es macht zum einen die Kriegsdienstverweigerung nicht – wie Art. 4 III GG – von einer Gewissensentscheidung abhängig und es gewährleistet zum anderen – anders als Art. 4 III – eine Freiheit von Nachteilen bei einer entsprechenden Entscheidung einschl. der Leistung eines Zivildienstes. Indes kommt beiden Abweichungen **keine** eigen-

ständige Bedeutung zu. Denn der Bundesgesetzgeber hat aufgrund der ihm zustehenden Gesetzgebungskompetenz durch den Erlass des Kriegsdienstverweigerungsgesetzes v. 28.2.1983 (BGBl I S. 203) und des Zivildienstgesetzes idF v. 28.9.1994 (BGBl I S. 2811) die mit dem Recht auf Kriegsdienstverweigerung verbundenen Fragen abschließend geregelt und damit alle davon abweichenden Regelungen in der VvB verdrängt.

Art. 31 [Umwelt und Tierschutz]

(1) Die Umwelt und die natürlichen Lebensgrundlagen stehen unter dem besonderen Schutz des Landes.
(2) Tiere sind als Lebewesen zu achten und vor vermeidbarem Leiden zu schützen.

1 Abs. 1 enthält – vergleichbar dem Art. 20a GG – kein Grundrecht, sondern eine Staatszielbestimmung; er weist dem Umweltschutz den Rang eines Verfassungsprinzips zu, das als solches nicht zur Disposition der Organe des Landes steht. Abs. 2 **konkretisiert** das Staatsziel des Abs. 1, indem es dem Schutz der Tiere landesrechtl. erstmals Verfassungsrang einräumt (AvBDrs. 12/4874, S. 8).

Absatz 1: Umweltschutz

2 Anders als Art. 20 a GG stellt Abs. 1 nicht nur die »natürl. Lebensgrundlagen«, sondern auch die »Umwelt« unter einen besonderen Schutz. Ob diesem Unterschied nennenswerte Bedeutung zukommt, ist zweifelhaft. Denn die beiden in Abs. 1 verwandten Begriffe dürften sich inhaltl. decken (ebenso Pfennig/Neumann, Art. 31 Rn. 3). Zu den von ihnen erfassten Schutzgütern zählen u.a. Wasser, Boden, Luft, das Klima, die Tier- und Pflanzenwelt, die Landschaft und ihre jeweiligen Wechselbeziehungen (vgl. Seifert/Hömig, Art. 20 a Rn. 1). Adressat der Schutzpflicht ist nur das Land, nicht auch der einzelne Bürger. Abs. 1 ist nicht als subjektiv-rechtl. Anspruchstatbestand ausgestaltet, so dass es nicht mögl. ist, allein auf ihn gestützt bestimmte Umweltentscheidungen einzuklagen oder daraus konkrete Leistungsansprüche abzuleiten. Er auferlegt dem Land in allen seinen Erscheinungsformen die Verpflichtung, die Umwelt (die natürl. Lebensgrundlagen) zu schützen. Dazu gehören die Abwehr ihrer Schädigung durch Dritte und die Unterlassung der Schädigung durch staatl. Handeln. Überdies umfasst der in Abs. 1 angeordnete Schutz auch **positives Handeln** zur Beseitigung bereits eingetretener Schäden sowie die Pflege von natürl. Lebensgrundlagen, die ohne menschl. Handeln nicht erhalten bleiben (vgl. Sachs, Art. 20 a Rn. 33).

3 Anders als Art. 20 a GG verzichtet Abs. 1 auf den Vorbehalt, die Pflicht zum Schutz der Umwelt bestehe lediglich »im Rahmen der verfassungsmäßigen Ordnung«. Das ist indes ohne Belang. Denn durch diesen Vorbehalt wird einzig der sich ohnehin ergebende Befund klargestellt, dass der Umweltschutz nicht anderen Verfassungsnormen und anderen Staatszielen übergeordnet ist, sondern mit anderen Verfassungsrechtsgütern und -prinzipien in **Ausgleich** zu bringen ist (vgl. BTDrs. 12/6000, S. 67 f.). Namentl. der Gesetzgeber hat unter Berücksichtigung

des bestehenden rechtl. und finanziellen Rahmens darüber zu befinden, wie er der ihm durch Abs. 1 auferlegten Schutzpflicht nachkommt; er hat in diesem Rahmen einen weiten Gestaltungsspielraum.

Absatz 2: Tierschutz

Bis zur Änderung des Art. 20a GG im Jahre 2002, wodurch im GG neben den Schutz der natürlichen Lebensgrundlagen der Tierschutz als weiteres Staatsziel getreten ist (vgl. dazu im Einzelnen Caspar/Geissen NVwZ 02, 913), war der Tierschutz bundesrechtl. ausschließl. im Tierschutzgesetz v. 25.5.1998 (BGBl I S. 1105) geregelt; Abs. 2 deckt sich inhaltl. mit § 1 dieses Gesetzes. Angesichts dessen liegt die Bedeutung des Abs. 2 darin, dass er dem Schutz sowohl von freilebenden als auch von Haustieren landesrechtl. **Verfassungsrang** verleiht. Damit ist der Tierschutz selbst im Landesrecht mit anderen Verfassungsrechtsgütern prinzipiell gleichgeordnet. Er hat eine verfassungsrechtl. Grundlage, der eine nicht zu unterschätzende Bedeutung bei der Auslegung von unbestimmten Rechtsbegriffen und Abwägungsentscheidungen zukommt. Eine Nichtbeachtung des Tierschutzes bei der Ausfüllung gesetzl. Interpretations- und Entscheidungsräume ist grundsätzl. nicht zulässig (vgl. zur Bedeutung des neuen Art. 20a GG Braun DÖV 03, 488). Im Kollisionsfall, so auch bei Eingriffen in vorbehaltlos garantierte Grundrechte wie etwa die Religionsausübungs- und die Forschungsfreiheit, sind deshalb diese Verfassungsrechtsgüter mit dem Tierschutz in einen verhältnismäßigen, schonenden Ausgleich zu bringen (vgl. zum Verhältnis Religionsausübungsfreiheit und Tierschutz beim rituellen Schächten BVerwG NJW 01, 1225, und E 104, 337 ff., sowie Oebbecke NVwZ 02, 302, und Hain/Unruh DÖV 03, 147).

Art. 32 [Sportförderung]

Sport ist ein förderungs- und schützenswerter Teil des Lebens. Die Teilnahme am Sport ist den Angehörigen aller Bevölkerungsgruppen zu ermöglichen.

1 Art. 32 ist ohne Vorbild im GG; lediglich einzelne Verfassungen in den neuen Ländern weisen vergleichbare Vorschriften auf (vgl. dazu im Einzelnen Steiner in Burmeister u.a., FS für K. Stern z. 65. Geburtstag, S. 509 ff.). Er enthält zwei **Staatszielbestimmungen**: S. 1 erklärt Sport zu einem förderungs- und schutzwürdigen Wert des Lebens und erteilt dem Land damit einen entsprechenden Förderungs- und Schutzauftrag; S. 2 auferlegt dem Land die Aufgabe, den Angehörigen aller Bevölkerungsgruppen die Teilnahme am Sport zu ermöglichen. Durch den Erlass des Sportförderungsgesetzes v. 6.1.89 (GVBl S. 122), zuletzt geändert durch Gesetz v. 4.3.05 (GVBl S. 122), hat das AvB dieser Aufgabe Rechnung getragen.

2 Die Verpflichtung zu Schutz und Förderung des Sports hat mit Blick vornehml. auf Sporteinrichtungen (Plätze, Hallen usw.) und -geräte eine statische und eine dynamische Komponente, Vorhandenes ist zu schützen und zu bewahren, das Entstehen von Neuem und die Ausdehnung des Bestehenden ist zu fördern (vgl. Jutzi ThürVBl 95, 56), und zwar jeweils in erster Linie durch Bereitstellung von Sporteinrichtungen und -geräten sowie finanzielle Unterstützung. Adressat dieser im Ansatz verpflichtenden Zielbestimmung ist in erster Linie der Landesgesetzgeber, da eine solche Verfassungsnorm auf Umsetzung durch gesetzgeberische Maßnahmen angelegt ist (Tettinger NWVBl 04, 128).

3 S. 2 beinhaltet ein Verbot zur Unterstützung lediglich bestimmter sporttreibender Bevölkerungsgruppen, also z.B. ausschließl. des Leistungssports oder des Breitensports, des organisierten Verbandssports oder des Sports in mehr oder weniger losen Gemeinschaften. Namentl. schließt er die Bevorzugung von Sportarten aus, die typischerweise nur bestimmte Bevölkerungsgruppen ausüben. Indes begründet weder S. 1 noch S. 2 ein Recht auf Zugang zu bestimmten Sporteinrichtungen (Pfennig/Neumann, Art. 32 Rn. 2).

Art. 33 [Datenschutz]

Das Recht des einzelnen, grundsätzlich selbst über die Preisgabe und Verwendung seiner persönlichen Daten zu bestimmen, wird gewährleistet. Einschränkungen dieses Rechts bedürfen eines Gesetzes. Sie sind nur im überwiegenden allgemeinen Interesse zulässig.

Das in S. 1 geschützte Recht des Einzelnen, grundsätzl. selbst über die Preisgabe und Verwendung seiner persönl. Daten zu bestimmen, entspricht dem von der Rspr. des BVerfG namentl. im Volkszählungsurteil (E 65, 1 ff.) aus Art. 2 I GG iVm Art. 1 I GG hergeleiteten Recht auf **informationelle Selbstbestimmung** (LVerfGE 7, 31). Dieses bundesverfassungsrechtl. verbürgte Grundrecht kann auf gesetzl. Grundlage im überwiegenden Allgemeininteresse eingeschränkt werden (E 65, 44); einen entsprechenden Gesetzesvorbehalt enthalten die S. 2 und 3 für das landesverfassungsrechtl. durch S. 1 verbürgte Recht der informationellen Selbstbestimmung. Kurzum: Die bundes- und die landesrechtl. Gewährleistung sind deckungsgleich, so dass die zum Bundesrecht gewonnenen Erkenntnisse grundsätzl. auch für das Landesrecht maßgebend sind (vgl. zur Ökonomisierung des Rechts auf informationelle Selbstbestimmung Weichert NJW 01, 1463).

S. 1 spricht ausdrückl. nur von »persönlichen Daten«. Angesichts der Gleichbehandlung der Daten über persönl. und sachl. Verhältnisse einer Person im geltenden Datenschutzrecht, das sie gleichermaßen unter den Begriff der »personenbezogenen Daten« zusammenfasst (vgl. § 3 Abs. 1 BDSG, § 4 Abs. 1 BlnDSG), ist der Begriff der »persönlichen Daten« in S. 1 iS des datenrechtl. Begriffs der »**personenbezogenen Daten**« zu verstehen (LVerfGE 5, 18). Ausgangspunkt für die Entwicklung des Rechts auf informationelle Selbstbestimmung war das staatl. Verlangen nach der Bekanntgabe persönl. Daten und die automatisierte Datenverarbeitung. Doch bezieht sich dieses Recht nicht nur darauf. Es schützt vielmehr »wegen seiner persönlichkeitsrechtl. Grundlagen generell vor staatl. Erhebung und Verarbeitung personenbezogener Daten und ist nicht auf den jeweiligen Anwendungsbereich der Datenschutzgesetze des Bundes und der Länder oder datenschutzrelevanter gesetzl. Sonderregelungen beschränkt« (E 78, 84); die Verbürgung des S. 1 betrifft fast alle Bereiche des öffentl. Rechts, weil praktisch jede Behördentätigkeit in der einen oder anderen Weise mit Erhebung, Verarbeitung und Weitergabe von persönl. Daten verbunden ist (Zivier, S. 117). Deshalb kann das informationelle Selbstbestimmungsrecht als Zusammenfassung aller auf Informationen über die Persönlichkeit und insb. über die Privatsphäre des Einzelnen bezogenen Aspekte des Persönlichkeitsschutzes mit der Folge verstanden werden, dass bei allen Informationseingriffen einheitl. Grundsätze für die Prüfung von Grundrechtsbeschränkungen zur Anwendung kommen (von Münch/Kunig, Art. 2 Rn. 38). Träger des Grundrechts sind natürl. Personen einschl. Ausländern und Minderjährigen, grundsätzl. nicht aber auch juristische Personen; das Recht der informationellen Selbstbestimmung stellt eine spezielle Ausgestaltung des allg. Persönlichkeitsrechts dar (vgl. Art. 6 Rn. 11) und gibt deshalb grundsätzl. nichts für juristische Personen her.

3   Das Recht auf informationelle Selbstbestimmung verleiht jedem u.a. die Befugnis, grundsätzl. **selbst zu entscheiden**, wann und innerhalb welcher Grenzen er persönl. Sachverhalte offen legen will. Es gewährt seinen Trägern Schutz gegen unbegrenzte Erhebung, Speicherung, Verwendung oder Weitergabe der auf sie bezogenen, individualisierten oder individualisierbaren Daten (VerfGH, B.v. 21.3.03 – 112/03). In besonderer Weise schützt das Grundrecht vor dem Verlangen, Informationen preiszugeben, die den Betreffenden selbst belasten (LVerfGE 7, 32). Die geschützten Daten können unterschiedlichster Art sein, etwa Ehescheidungsakten (E 27, 350 f.), Tagebücher und private Aufzeichnungen (E 80, 374 f.), Krankenakten (E 32, 379), Unterlagen zur Entmündigung (E 78, 84), Akten und Informationen einer Suchtberatungsstelle (E 44, 372), Steuerdaten (E 67, 142 f.) sowie Daten über das Einkommen einer ärztl. Tätigkeit (LVerfGE 5, 18) und Körperzellen in Form einer Speichelprobe zur Einstellung in die DNA-Analysedatei (VerfGH, B.v. 21.3.03 – 112/03). Das Recht kann beeinträchtigt werden durch rechtl. Einwirkungen wie z.B. die Verpflichtung, persönl. Daten zu offenbaren, und durch faktische Einwirkungen, wie etwa die Weitergabe personenbezogener Daten (E 65, 43).

4   Die durch S. 1 begründete Gewährleistung kann durch Gesetz eingeschränkt werden (S. 2), und zwar nur im **überwiegenden Allgemeininteresse** (S. 3), und unter Beachtung des Grundsatzes der Verhältnismäßigkeit (vgl. E 67, 143). Der VerfGH (LVerfGE 12, 72) hat offengelassen, ob den Anforderungen dieses Gesetzesvorbehalts durch eine Rechtsverordnung Genüge getan werden kann oder ob – möglicherweise abhängig von Art und Umfang der zu offenbarenden Daten – eine formelle gesetzl. Grundlage erforderlich ist; angesichts der Bedeutung des Rechts auf informationelle Selbstbestimmung dürfte der letzteren Alternative der Vorzug einzuräumen sein (ebenso zum Bundesrecht von Münch/Kunig, Art. 2 Rn. 42). Ein überwiegendes Allgemeininteresse wird in erster Linie an Daten mit Sozialbezug bestehen unter Ausschluss unzumutbarer intimer Angaben und von Selbstbezichtigungen (E 65, 46). Im Übrigen setzt die Zulässigkeit eines durch Gesetz bewirkten Zwangs zur Preisgabe persönl. Daten voraus, dass der Gesetzgeber den Verwendungszweck bereichsspezifisch und präzise bestimmt und dass die Angaben für diesen Zweck geeignet und erforderl. sind. Die Daten dürfen nur zu den gesetzl. bestimmten Zwecken verwendet – also auch

nicht im Wege der Amtshilfe weitergegeben – und nicht auf Vorrat gesammelt werden, sofern sie nicht in anonymisierter Form zu statistischen Zwecken erhoben werden (E 65, 46 f.). Den nach dem Gesetzesvorbehalt der S. 2 und 3 zu stellenden Anforderungen genügt u.a. § 13 des Berliner Kammergesetzes; er ist eine hinreichende Ermächtigungsgrundlage für die aus der Beitragsordnung der Ärztekammer folgende Einschränkung des Rechts der der Kammer angehörenden Ärzte, selbst über die Daten ihrer Einkünfte zu verfügen (LVerfGE 5, 19). Entsprechendes gilt für § 9 Abs. 1 Nr. 2 LBG, der die Pflicht der (Einstellungs-) Behörde, Anhaltspunkten für Zweifel an der Eignung eines Beamtenbewerbers nachzugehen, und damit zugleich ihr Recht begründet, z.B. Fragen nach einer Zusammenarbeit mit dem MfS zu stellen (LVerfGE 7, 33), sowie für § 55 ASOG, der dem Verordnungsgeber die Befugnis verleiht, die zum Vollzug entsprechender Gefahrenabwehrregelungen erforderlichen Vorschriften zu erlassen (LVerfGE 12,73).

Eine zulässige gesetzl. Beschränkung des Rechts auf informationelle Selbstbestimmung begründet namentl. § 35 II Nr. 4 BDSG; danach wird ein Anspruch auf Löschung zulässigerweise gespeicherter personenbezogener Daten, die geschäftsmäßig zum Zweck der Übermittlung verarbeitet werden (z.B. Anschriften), u.a. davon abhängig gemacht, dass eine längerwährende Speicherung nicht »erforderlich« ist (VerfGH, B.v.25.7.02 – 112/01). Ebenfalls verfassungsrechtl. nicht zu beanstanden ist die Regelung des § 2 DNA-IFG iVm § 81g StPO, wonach zum Zwecke der Identitätsfeststellung in künftigen Strafverfahren u.a. demjenigen, der rechtskräftig verurteilt ist, wegen einer Straftat von erhebl. Bedeutung, insb. eines **Verbrechens,** unter bestimmten Voraussetzungen Körperzellen entnommen und zur Feststellung des DNA-Identifizierungsmusters molekulargenetisch untersucht werden dürfen (VerfGH, B.v.21.3.03 – 112/03). Angesichts des als nicht besonders schwerwiegend einzustufenden Eingriffs in S. 1 durch eine auf der Grundlage des § 47 ASOG gerichtl. angeordneten »**Rasterfahndung**« besteht für eine Verfassungsbeschwerde kein Rechtsschutzinteresse mehr, wenn alle in diesem Zusammenhang ermittelten und verwendeten personenbezogenen Daten über den Beschwerdeführer vernichtet bzw. gelöscht worden sind (VerfGH NwVZ-RR 04, 746).

Art. 34 [Petitionsrecht]

Jeder hat das Recht, sich einzeln oder in Gemeinschaft mit anderen mit schriftlichen Anträgen, Anregungen oder Beschwerden an die zuständigen Stellen, insbesondere an das Abgeordnetenhaus, den Senat, die Bezirksverordnetenversammlungen oder die Bezirksämter zu wenden.

1 Das in Art. 34 gewährleistete Grundrecht (**Petitionsrecht**) entspricht der Verbürgung in Art. 17 GG, und zwar ungeachtet dessen, dass Art. 34 in der Wortwahl zweimal von der des Art. 17 GG abweicht: Art. 34 spricht von »schriftlichen Anträgen, Anregungen (oder Beschwerden)«, während Art. 17 GG auf (schriftl.) »Bitten (und Beschwerden)« abhebt. Diesem Unterschied kommt in der Sache keine Bedeutung zu; hier wie dort geht es um Petitionen, die dadurch charakterisiert sind, dass sie ein bestimmtes Verhalten staatl. Stellen wünschen bzw. erbitten. Im Ergebnis nichts anderes gilt für die zweite Abweichung. Zwar nennt Art. 34 – anders als Art. 17 GG, der sich insoweit auf »zuständige Stellen« und »die Volksvertretung« beschränkt – als Adressaten des Petitionsrechts außer »zuständigen Stellen« überdies »insbesondere ... das Abgeordnetenhaus, den Senat, die Bezirksverordnetenversammlungen oder die Bezirksämter«. Doch gibt das schon deshalb nichts für einen sachl. Unterschied her, weil der Begriff »zuständige Stellen« den Adressatenkreis so weit zieht, dass er sämtl. Stellen erfasst, gleichgültig, ob sie der gesetzgebenden, vollziehenden oder rechtsprechenden Gewalt (vgl. zu letzterer BVerwGE 93, 9) angehören. Der ausdrückl. Hinweis »auf die Volksvertretung« in Art. 17 GG bzw. »das Abgeordnetenhaus« in Art. 34 GG weist indes auf eine andere Differenzierung hin, nämlich die Differenzierung zwischen Parlamentspetitionen einerseits und Verwaltungspetitionen andererseits. Diese Differenzierung ist deshalb von Belang, weil für die verfahrensmäßige Behandlung von Parlamentspetitionen besondere Regeln gelten (vgl. dazu Art. 46 iVm dem Petitionsgesetz v. 25.11.1969 – GVBl I S. 2511 – bzw. Art. 45 c GG iVm dem entsprechenden Gesetz v. 19.7.1975 – BGBl I. S. 1921).

2 Inhaltl. ist das Grundrecht ein – in Schriftform auszuübendes – **Zugangsrecht;** es gewährleistet einen schriftl. Zugang zum »Staat« gerade außerhalb der üblichen Zugangswege (Hoffmann-Riem in Osterloh u.a., FS zum 70. Geburtstag von P. Selmer, S. 94 f.). Durch Art. 34 soll sichergestellt werden, dass der Staat individuelle sowie allgemeine Anliegen auch außerhalb formaler Verwaltungs- und Rechtsmittelverfahren zur Kenntnis nehmen muss. Zugleich ist das Petitionsrecht als **Abwehrrecht** konzipiert. Niemand darf daran gehindert werden, eine Petition an die zuständige Stelle zu richten. An Art. 34 ist u.a. auch die Behinderung von Vorbereitungshandlungen zu messen, etwa des Sam-

melns von Unterschriften für gemeinsame Petitionen oder der Übergabe einer Petition (vgl. Hoffmann-Riem, aaO). Zwar gewährleistet Art. 34 nur das Recht, sich (schriftl.) mit Anträgen, Anregungen oder Beschwerden (außer an die dort näher bezeichneten Stellen) an die »zuständigen« Stellen zu wenden, doch bedeutet das nicht, dass eine an eine unzuständige Stelle gerichtete (Verwaltungs-)Petition deshalb unzulässig ist. Vielmehr ist zur Entgegennahme einer solchen Petition – in Gestalt häufig einer Gegenvorstellung bzw. einer Aufsichtsbeschwerde – **zuständig jede Stelle**; ist im Einzelfall die in Anspruch genommene Stelle sachl. oder örtl. unzuständig, hat sie die Petition unter Abgabenachricht an die richtige Stelle weiterzuleiten oder dem Petenten die richtige Stelle zu benennen (Jarass/Pieroth, Art. 17 Rn. 6). Petitionen sind an keine Frist gebunden. Sie können nicht nur von einem durch ein bestimmtes Verwaltungshandeln Betroffenen, sondern von jedem einzelnen Interessierten oder von einer Mehrheit von Interessierten (Sammelpetition) eingelegt werden. Allerdings dispensiert das Petitionsrecht nicht hinsichtlich des in einer Petition übermittelten Inhalts von der Beachtlichkeit der Rechtsordnung in Beziehungen, die nicht den Zugang zum »Staat« selbst betreffen, die also gar nicht im Verhältnis des Petenten zum Petitionsadressaten stehen; nur insoweit kann mit Blick auf eine in der Petition enthaltene Äußerung eine zivilrechtl. Haftung oder strafrechtl. Sanktion in Betracht kommen (vgl. Hoffmann-Riem, aaO S. 96 ff.). Träger des Grundrechts sind alle natürlichen Personen (auch Ausländer) sowie juristische Personen bzw. Personenvereinigungen des Privatrechts (von Münch/Kunig, Art. 17 Rn. 6).

Art. 34 verleiht dem Petenten ein Recht darauf, dass die angegangene Stelle eine Eingabe nicht nur entgegennimmt, sondern überdies sachl. prüft, ihm die Art der Erledigung und, falls nicht im Einzelfall untunlich, die für die Erledigung maßgebend gewesenen Gründe zumindest kurz **schriftl. mitteilt**; einen Anspruch auf Erledigung der Petition im Sinne des Petenten gewährt Art. 34 nicht (LVerfGE 2, 7). Es ist zweifelhaft, ob eine Petition unzulässig wird, wenn etwas gesetzl. Verbotenes gefordert wird oder die Eingabe beleidigenden, herausfordernden oder erpresserischen Inhalt hat (so BVerwGE 103, 98); jedenfalls aber wirkt die Rechtswidrigkeit des Inhalts auf die Art der Prüfung und Bescheidung zurück. Kosten dürfen dem Petenten im Petitionsbescheid, der kein Verwaltungsakt ist (BVerwGE 80, 364), nicht auferlegt werden (Sachs, Art. 17 Nr. 14). Wird eine Petition nicht ordnungsgemäß behandelt, kann der Petent sein Recht prozessual durch eine allg. Leistungsklage im Verwaltungsrechtsweg verfolgen. Ist eine Petition durch einen ordnungsgemäßen Bescheid der angegangenen Stelle erledigt, kann eine zweite Petition, die den gleichen Inhalt hat und an die gleiche Stelle gerichtet ist, keinen (erneuten) Anspruch auf sachl. Verbescheidung begründen (E 2, 231 f.).

3

4 Im Zusammenhang mit der Zulässigkeit von Verfassungsbeschwerden spielt das Petitionsrecht **keine** Rolle. Zwar macht der Grundsatz der Subsidiarität die Zulässigkeit namentl. einer Verfassungsbeschwerde abhängig davon, dass der Beschwerdeführer die ihm von der Rechtsordnung zur Verfügung gestellten Möglichkeiten ausgeschöpft hat, um eine Korrektur der geltend gemachten Verfassungsverletzung zu erreichen. Doch hebt das ab außer auf das eigentliche (formale) Verwaltungsverfahren auf gerichtl. Korrekturmöglichkeiten; das Subsidiaritätsprinzip ist in erster Linie Ausdruck des Vorrangs der Fachgerichtsbarkeit (vgl. Michaelis-Merzbach, S. 193).

Art. 35 [Gesetzliche Feiertage]

(1) Der Sonntag und die gesetzlichen Feiertage sind als Tage der Arbeitsruhe geschützt.
(2) Der 1. Mai ist gesetzlicher Feiertag.

Abs. 1 enthält ebenso wie Art. 140 GG iVm Art. 139 WRV eine **institutionelle Garantie** (vgl. BVerwGE 90, 341). Geschützt werden hier wie dort Sonntage und gesetzl. Feiertage als solche, nicht aber bestimmte gesetzl. Feiertage oder ein fester Bestand an gesetzl. Feiertagen (LVerfGE 3, 46). Während jedoch Abs. 1 als Ziel des Schutzes einzig die »Arbeitsruhe« angibt, erweitert Art. 140 GG iVm Art. 139 WRV das Schutzziel auf »seelische Erhebung«; Abs. 1 zielt also – anders als Art. 140 GG iVm Art. 139 WRV – nicht auch auf den Schutz gerade kirchl. Feiertage oder religiöser Betätigung (LVerfGE 3, 46). Das rechtfertigt indes nicht den Schluss, Abs. 1 habe ledigl. arbeitsrechtl. Charakter; im Vordergrund steht vielmehr die Anerkennung der Sonn- und Feiertagsruhe als Bestandteil der öffentl. Ordnung. Abs. 2 findet im Bundesrecht keine Entsprechung. 1

Absatz 1: Sonn- und Feiertage

Durch Abs. 1 wird kein mit der Verfassungsbeschwerde rügefähiges Grundrecht gewährt, sondern der Sonntag und die gesetzl. festgelegten Feiertage als solche verfassungsmäßig garantiert. Doch ist nicht verfassungsmäßig festgelegt, welche Tage (außer dem 1. Mai) als gesetzl. Feiertage anerkannt sind. Diese Aufgabe überlässt Abs. 1 dem Gesetzgeber, der diesen Auftrag schon durch die Verabschiedung des Gesetzes über die Sonn- und Feiertage v. 28.10.1954 (GVBl S. 615) erfüllt hat. In § 1 dieses Gesetzes hat er die allgemeinen Feiertage im einzelnen aufgezählt. Abs. 1 steht der **Streichung** eines einzelnen dieser einfachgesetzl. bestimmten Feiertage nicht entgegen (LVerfGE 3, 46). 2

Aus Abs. 1 ergibt sich die Verpflichtung des einfachen Gesetzgebers zum Schutz der Arbeitsruhe an Sonn- und gesetzl. Feiertagen (vgl. zur Frage, ob mit dieser Verpflichtung subjektive Rechte von Personen auf ihre Einhaltung korrelieren, Morlok/Heinig NVwZ 01, 846). Art, Umfang, Intensität und nähere inhaltl. Ausgestaltung dieses Schutzes sind seiner Regelungsmacht überantwortet und unterliegen seinem gesetzgeberischen Ermessen. Dieses Ermessen findet seine Grenzen einerseits in der durch Abs. 1 festgelegten Zweckbestimmung der Sonn- und gesetzl. Feiertage und andererseits in dem Grundsatz der Verhältnismäßigkeit (vgl. BVerwGE 79, 123). In diesen Grenzen hat der Gesetzgeber insb. darüber zu entscheiden, ob bestimmte **Tätigkeiten** an Sonn- und gesetzl. Feiertagen verboten sein sollen oder ob sie 3 beschränkt oder uneingeschränkt zulässig sein sollen. Aufgrund der ihm von § 4 des Gesetzes v. 28.10.54 eingeräumten Ermächtigung hat der Verordnungsgeber in der Feiertagsschutzverordnung v. 29.11.54 (GVBl S. 643) Vorschriften über den Schutz namentl. der Sonntage und allg. Feiertage erlassen; so sind an diesen Tagen z.B. nach § 2 der Verordnung grundsätzl. alle öffentl. bemerkbaren Arbeiten verboten. Abs. 1 rechtfertigt im Rahmen des Grundsatzes der Verhältnismäßigkeit damit einhergehende Grundrechtseinschränkungen z.B. im Bereich der Berufsausübung (vgl. E 87, 293), aber auch im Bereich der Kunstfreiheit (vgl. BVerwG NJW 94, 1976) und anderer Grundrechte (vgl. zur Frage, ob und inwieweit dies auch für in Feiertagsgesetzen der Länder vorgesehene Versammlungsverbote gilt Arndt/Droege NVwZ 03, 906). Der von Abs. 1 angeordnete Schutz selbst erfolgt erst durch die Strafandrohung in § 5 des Gesetzes vom 28.10.54 und eine etwaige Verfolgung durch die Exekutive.

Absatz 2: 1. Mai

4 Zwar wird der 1. Mai durch § 1 I des Gesetzes vom 28.10.54 (GVBl S. 615) zum gesetzl. Feiertag im Sinne des Abs. 1 bestimmt, doch wird ihm erst durch Abs. 2 eine **verfassungsmäßige Garantie** verliehen, so dass daran durch einfaches Landesgesetz nichts geändert werden kann. Da der Bundesgesetzgeber bisher keine Bestimmung des 1. Mai zum gesetzl. Feiertag vorgenommen hat, bedarf keiner Erörterung, ob sich insoweit gemäß Art. 74 Abs. 1 Nr. 12 GG eine konkurrierende Gesetzgebungskompetenz ergibt (vgl. dazu Sachs, Art. 140, Art. 139 WRV Rn. 3).

Art. 36 [Bindung der Grundrechte; Widerstandsrecht]

(1) Die durch die Verfassung gewährleisteten Grundrechte sind für Gesetzgebung, Verwaltung und Rechtsprechung verbindlich.
(2) Einschränkungen der Grundrechte sind durch Gesetz nur insoweit zulässig, als sie nicht den Grundgedanken dieser Rechte verletzen.
(3) Werden die in der Verfassung festgelegten Grundrechte offensichtlich verletzt, so ist jedermann zum Widerstand berechtigt.

Art. 36 hat inhaltl. Vorbilder in drei verschiedenen Bestimmungen des GG: Abs. 1 entspricht Art. 1 III GG, Abs. 2 stellt – wie Art. 19 II GG – als eine Wesensgehaltsgarantie eine **absolute Eingriffsgrenze** für den Gesetzgeber dar und Abs. 3 ähnelt Art. 20 IV GG. Art. 36 enthält keine mit der Verfassungsbeschwerde rügefähigen subjektiven Rechte (VerfGH, B.v. 5.3.04 – 183/01); während es sich bei den Abs. 1 und 2 um Vorschriften des objektiven Rechts handelt, begründet Abs. 3 ein grundrechtsähnl. (Widerstands-)Recht. 1

Absatz 1: Bindung der Grundrechte

Abs. 1 enthält eine Leitnorm (vgl. E 31, 72), er ist eine Vorschrift **objektiven Rechts**, auf die eine Verfassungsbeschwerde nicht gestützt werden kann (LVerfGE 8, 68). Eine Bindungswirkung lösen nach Abs. 1 nur die durch die VvB gewährleisteten Grundrechte aus, nicht aber auch die Staatszielbestimmungen. Die Grundrechte stellen unmittelbar geltendes Recht dar; auf sie soll sich der Einzelne gegenüber der öffentl. Gewalt berufen und ihre Verletzung im Wege der Verfassungsbeschwerde rügen können (vgl. Art. 84 Abs. 2 Nr. 5). 2

Abs. 1 knüpft an den in Art. 3 I zum Ausdruck gebrachten **Gewaltenteilungsgrundsatz** an, setzt ihn voraus, ohne ihn selbst zu verbürgen. Vor diesem Hintergrund schließt es unabhängig davon, dass die VvB in Art. 3 I und II neben der Verwaltung ausdrücklich auch die Regierung nennt, der Begriff »Verwaltung« iS des Abs. 1 die Regierung ein (Pfennig/Neumann, Art. 36 Rn. 3), so dass es für Abs. 1 unerheblich ist, wie man Regierung und Verwaltung begrifflich und funktional voneinander abgrenzt. Gesetzgebung meint jede Art von staatl. Normgebung, nicht nur das förml. Gesetzgebungsverfahren. Mit Blick auf die Rechtsprechung gilt die Bindung gleichgültig, um welches Rechtsgebiet es sich im jeweiligen Einzelfall handelt. Gebunden sind ledigl. die staatl. Organe im Lande Berlin, und zwar grundsätzl. selbst dann, wenn öffentl. Aufgaben in der Form des Privatrechts wahrgenommen werden (sog. Verwaltungsprivatrecht). 3

Absatz 2: Wesensgehaltsgarantie

4 Ungeachtet seiner andersartigen Formulierung entspricht Abs. 2 der Sache nach Art. 19 II GG; er enthält lediql. eine sog. **Schrankenschranke**, begründet aber keinen allg. Gesetzesvorbehalt für alle Grundrechte selbst dort, wo der einschlägigen Norm kein Gesetzesvorbehalt beigefügt ist (Pfennig/Neumann, Art. 36 Rn. 4 f.). Diese Ansicht stützt sich abgesehen davon, dass bei Annahme eines allg. Gesetzesvorbehalts die Ausweisung einzelner Gesetzesvorbehalte z.B. in den Art. 8 I 3 und 26 S. 2 überflüssig wäre, auf den Wortlaut des Abs. 2, der ersichtl. eine sich aus dem jeweiligen Einzelgrundrecht von Fall zu Fall ergebende Zulässigkeit von Einschränkungen durch Gesetz voraussetzt und diesen Einschränkungen eine spezielle Schranke setzt, indem er den Grundgedanken des jeweiligen Grundrechts, dh dessen Wesensgehalt, zur **absoluten** Eingriffsgrenze erklärt. Sie wird bestätigt durch die Entstehungsgeschichte: Die Enquête-Kommission »Verfassungs- und Parlamentsreform« hatte im Hinblick auf einen vermeintlich in dem seinerzeitigen, mit Abs. 2 wortgleichen Art. 23 II VvB 1950 enthaltenen generellen Gesetzesvorbehalt eine Streichung des Zusatzes »gesetzlich zulässige Zwecke« in dem die Versammlungsfreiheit verbürgenden Art. 26 S. 1 vorgeschlagen (vgl. AvBDrs. 12/4376 S. 30). Diesem Hinweis auf einen sozusagen »globalen« Gesetzesvorbehalt in Art. 23 II VvB 1950 ist der SvB entgegengetreten und hat ausgeführt, »Art. 23 Abs. 2 enthält die sog. Schrankenschranke, die den Gesetzgeber verpflichtet, bei Einschränkungen von Grundrechten deren Wesensgehalt unangetastet zu lassen« (AvBDrs. 12/5224 S. 4). Dieser Auffassung ist der Verfassungsgeber gefolgt und dementsprechend hat er den Vorbehalt der »gesetzl. zulässigen Zwecke« in den Wortlaut des Art. 26 S. 2 aufgenommen (vgl. Art. 26 Rn. 3).

5 Die Situation der Grundrechte in der VvB ist insoweit nicht anders als die im GG: Die Grundrechte sind jeweils nur soweit gewährleistet, wie der **Schutzbereich** der einschlägigen Grundrechtsnorm reicht. Dieser Schutzbereich ist jeweils durch Auslegung zu ermitteln. Indes liegt die rechtl. Problematik in den meisten Grundrechtsfällen weniger in der Frage nach dem Schutzbereich, sondern in der Frage nach den Einschränkungen (Schranken), die den Grundrechten auferlegt sind. Einzelnen Grundrechten ist ein Gesetzesvorbehalt beigefügt, doch räumt ein solcher Vorbehalt dem Gesetzgeber keinen unbeschränkten Freiraum für den Erlass grundrechtseinschränkender Gesetze ein. Vielmehr hat er namentl. das Verbot der Antastung des Wesensgehalts (Art. 36 II VvB bzw. Art. 19 II GG) zu beachten. Soweit Grundrechten kein Gesetzesvorbehalt beigefügt ist, gelten für sie lediql. **verfassungsimmanente Grundrechtsschranken**, deren Grenze das BVerfG (E 28, 261) mit folgender Formel umschreibt: »Nur kollidierende Grundrechte Dritter und

andere mit Verfassungsrang ausgestattete Rechtswerte sind mit Rücksicht auf die Einheit der Verfassung und die von ihr geschützte gesamte Wertordnung ausnahmsweise imstande, auch unbeschränkbare Grundrechte in einzelnen Beziehungen zu begrenzen«.

Abs. 2 ist nicht nur anwendbar bei unter Gesetzesvorbehalt stehenden Grundrechten, sondern wegen seines Grundrechte sichernden Zwecks auch bei vorbehaltsfrei gewährleisteten Grundrechten (vgl. BVerwGE 47, 357); selbst dort, wo vorbehaltlos garantierte Grundrechte zugunsten anderer verfassungsgeschützter Rechtsgüter aufgrund einer Güterabwägung zurückgedrängt werden, ist die **Wesensgehaltsgrenze** zu beachten. Die inhaltl. Bestimmung des Begriffs »Wesensgehalt« ist umstritten (vgl. zum Meinungsstand Sachs, Art. 19 Rn. 27 ff.). Jedenfalls muss die Ermittlung des unantastbaren Wesensgehalts bzw. – wie es in Abs. 2 heißt – des »Grundgedankens« für jedes Grundrecht nach seiner besonderen Bedeutung im Gesamtsystem der Grundrechte erfolgen (vgl. E 22, 219); dazu müssen die Eigenschaften herausgefunden werden, die Natur und Grundsubstanz des jeweiligen Grundrechts ausmachen. Mindestens muss diese Grundsubstanz des Grundrechts als Institut, also seine objektive Funktion für die Gesamtheit der Grundrechtsträger, erhalten werden (vgl. E 30, 24). Da die Grundrechte vorrangig Individualrechte gewährleisten, erstreckt sich die Wesensgehaltsgarantie auch auf diese Grundrechte als subjektive Rechte (Seifert/Hömig, Art. 19 Rn. 6). Die Schutzfunktion insoweit übernimmt vor allem der Verhältnismäßigkeitsgrundsatz (vgl. E 58, 348) bzw. der Grundsatz des Übermaßverbots. 6

Absatz 3: Widerstandsrecht

Abs. 3 gewährleistet ein Widerstandsrecht für den Fall, dass »die in der Verfassung festgelegten Grundrechte offensichtlich verletzt« werden; das subjektive Recht des Widerstands steht nach Abs. 3 – anders als nach Art. 20 IV GG, der als Grundrechtsträger »alle Deutsche« nennt – jedermann und damit u.a. Ausländern zu. Auch im übrigen **unterscheidet** sich Abs. 3 nicht unwesentl. von Art. 20 IV GG: Seine Verbürgung ist insofern weiter, als er nicht – wie Art. 20 IV GG – auf eine Beseitigungs-, sondern auf eine Verletzungshandlung abstellt; für die Erfüllung des Abs. 3 ist mithin eine bereits durchgeführte Verletzung erforderl., während für Abs. 20 IV GG die Bestrebung zur Beseitigung, also ein Versuch, genügt. Schutzobjekt des Abs. 3 sind die »in der Verfassung festgelegten Grundrechte«, Schutzobjekt des Art. 20 IV GG die in Art. 20 I bis III GG umrissene (Verfassungs-)Ordnung. Diese Unterschiede und weitere im Zusammenhang mit Abs. 3 stehende Fragen bedürfen indes keiner Erläuterung, weil die praktische Bedeutung dieser Bestimmung aus folgendem Grunde außerordentl. gering ist: 7

8 Entscheidendes Gewicht für einen sehr beschränkten Anwendungsbereich des Art. 20 IV GG hat seine **Subsidiaritätsklausel**, nach der Widerstandshandlungen nur zulässig sind »wenn andere Abhilfe nicht möglich ist«. Zwar fehlt in Abs. 3 eine solche ausdrückl. Subsidiaritätsklausel, doch steht diese Bestimmung nach der Rspr. des VerfGH (B.v. 29.4.93 – 8/93 zu der wortgleichen Vorschrift Art. 23 III VvB 1950) »unter dem selbstverständlichen Vorbehalt, dass die von der Rechtsordnung zur Verfügung gestellten Rechtsbehelfe versagen und demzufolge die Ausübung des Widerstandsrechts als letztes verbleibendes Mittel zur Rechtswahrung erscheint«. Deshalb kann »eine Inanspruchnahme des Widerstandsrechts von vornherein nur in Betracht kommen, wenn gegen offensichtliches Unrecht die Inanspruchnahme der Rechtsverfolgungschancen des Rechtsstaats faktisch unmöglich ist, also insb. in einer Notstands- oder Staatsstreichsituation«. Diese Unmöglichkeit muss – ebenso wie die offensichtl. Verletzung in der Verfassung festgelegter Grundrechte – objektiv gegeben sein, das Risiko einer Fehleinschätzung geht zu Lasten des irrig Widerstand Leistenden, dh bei einer Fehleinschätzung hat Abs. 3 nicht die Wirkung, zu dessen Gunsten eine – anderenfalls verbotene – (Widerstands-)Handlung zu rechtfertigen.

Art. 37 [Verwirkung von Grundrechten]

Auf die Art. 14, 26 und 27 darf sich nicht berufen, wer die Grundrechte angreift oder gefährdet, insbesondere wer nationalsozialistische oder andere totalitäre oder kriegerische Ziele verfolgt.

Dem Art. 37 entspricht weitläufig Art. 18 I GG; beiden Bestimmungen kommt allenfalls geringe praktische Bedeutung zu (vgl. zu Art. 18 GG von Münch/Kunig, Rn. 26). Art. 18 I GG erfasst noch andere als die drei in Art. 37 genannten (Meinungsäußerungs-, Versammlungs- und Vereinigungsfreiheits-)Grundrechte, überdies ordnet er eine Verwirkung, dh einen Verlust der Grundrechte an, während Art. 37 ledigl. ausschließt, sich bei Vorliegen bestimmter Voraussetzungen auf eines dieser drei Grundrechte »zu berufen«. Namentl. mit Blick auf die Meinungsäußerungsfreiheit läuft der Ausschluss des »Berufenkönnens« auf Art. 14 schon deshalb weitestgehend leer, weil Art. 14 dieses Grundrecht ohnehin nur unter der Voraussetzung gewährt, dass der Grundrechtsträger »die durch die Verfassung gewährleistete Freiheit nicht bedroht oder verletzt«, und sich derjenige, der sich anders verhält, aus diesem Grunde nicht auf Art. 14 berufen kann (vgl. Pestalozza LKV 95, 348). Für Art. 26 gilt wegen des Merkmals »friedlich« in Satz 1 und – wenn auch mit Abstrichen – für Art. 27 wegen der Einschränkung in Abs. 1 S. 2 Ähnliches. Selbst wenn ausnahmsweise mal ein Anwendungsfall des Art. 37 gegeben sein und sozusagen »automatisch« seine Rechtsfolge eintreten sollte, verbleibt dem betreffenden Grundrechtsträger der Schutz durch die entsprechende bundesrechtl. Verbürgung, der ihm gemäß Art. 18 S. 2 GG ausschließlich durch einen Spruch des BVerfG entzogen werden kann. Einen solchen Spruch hat es jedoch bisher nicht gegeben (Seifert/Hömig, Art. 18 Rn. 7).

Abschnitt III. Die Volksvertretung

Art. 38 [Abgeordnetenhaus]

(1) Das Abgeordnetenhaus ist die von den wahlberechtigten Deutschen gewählte Volksvertretung.
(2) Das Abgeordnetenhaus besteht aus mindestens 130 Abgeordneten.
(3) Die Opposition ist notwendiger Bestandteil der parlamentarischen Demokratie. Sie hat das Recht auf politische Chancengleichheit.
(4) Die Abgeordneten sind Vertreter aller Berliner. Sie sind an Aufträge und Weisungen nicht gebunden und nur ihrem Gewissen unterworfen.

1   Die Verfassungsorganisation des Landes Berlin ist dem in Art. 3 I entsprechend Art. 20 II 2 GG zum Ausdruck kommenden **Gewaltenteilungsprinzip** nachgebildet: Die Gesetzgebung (Legislative) obliegt (abgesehen vom Fall der Gesetzgebung unmittelbar durch das Volk, vgl. dazu Art. 61 ff.) der Volksvertretung (dem AvB), die vollziehende Gewalt (Exekutive) üben die Regierung (SvB) und die Verwaltung aus, die richterl. Gewalt ist den (unabhängigen) Gerichten übertragen. Die Art. 38 ff. verhalten sich zur Volksvertretung.

2   Art. 38 enthält eine Mehrzahl von **Einzelbestimmungen**, von denen lediglich eine eine ausdrückl. und eine eine sinngemäße Entsprechung im GG finden. Auf eine dem Abs. 1 vergleichbare Definition der Volksvertretung des Bundes verzichtet das GG ebenso wie auf eine Festlegung der Anzahl der Mitglieder dieser Volksvertretung (BT); sie ist auf der Bundesebene in § 1 I BWG aufgenommen.

Absatz 1:   AvB als von Deutschen gewählte Volksvertretung

3   Anders als in den meisten Ländern, in denen die Volksvertretungen die Bezeichnung »Landtag« führen, und anders als in den Stadtstaaten Hamburg und Bremen, in denen die Volksvertretungen »Bürgerschaft« heißen, bezeichnet die VvB die Volksvertretung in Berlin als »**Abgeordnetenhaus**« (Abgeordnetenhaus von Berlin – AvB). Diese Bezeichnung entspricht indes **keiner** Berliner Tradition; sie wurde vielmehr in Anlehnung an das »Haus der Abgeordneten« als Zweiter Kammer des Staates Preußen erst nach der politischen Spaltung Berlins Ende 1948 für die Volksvertretung in den drei Westsektoren der Stadt gewählt (vgl. Mudra, S. 105). Die VvB räumt dieser Volksvertretung über die Gesetzgebung (Art. 59 ff.) hinaus weitgehende Befugnisse – insb. gegenüber

der Exekutive – ein, die z.T. über entsprechende Befugnisse der Volksvertretungen in den anderen Ländern hinausgehen. Dazu gehört die Wahl der Regierungsmitglieder (Senatoren – Art. 56 II), die Zustimmung zu den Richtlinien der Regierungspolitik, die Beschlussfassung über die Zahl der Geschäftsbereiche des SvB und ihre Abgrenzung (Art. 58 II 2 und IV) sowie die Wahl der Präsidenten der obersten Landesgerichte (Art. 82 II).

Das AvB wird von »den wahlberechtigten Deutschen« gewählt. Diese Formulierung könnte auf den ersten Blick den Eindruck vermitteln, es könnten sich Deutsche unabhängig von ihrem Wohnsitz an der Wahl zum AvB beteiligen. Das geht indes fehl. Denn Art. 39 III macht deutl., dass wahlberechtigt nur die Deutschen sind, die »seit mindestens drei Monaten in Berlin ihren Wohnsitz haben«. Durch die Verbindung des Begriffs »Deutsche« mit dem Begriff »Volksvertretung« wird deutlich, dass Abs. 1 anknüpfend an das in Art. 2 zum Ausdruck gebrachte Grundprinzip der **Volkssouveränität**, wonach alle Staatsgewalt vom Volk ausgeht, mit »Deutschen« das Staatsvolk der Bundesrepublik Deutschland mit Wohnsitz in Berlin meint (vgl. Art. 2 Rn. 1 und § 1 I LWahlG). Namentl. Ausländer einschl. EU-Bürger können sich somit selbst dann nicht an der Wahl zum AvB beteiligen, wenn sie bereits mehr als 3 Monate ihren Wohnsitz in Berlin haben. 4

Unter Wohnsitz ist hier wie in Art. 39 III nicht der bürgerl.-rechtl. Wohnsitz iS des § 7 BGB zu verstehen, sondern der sog. **wahlrechtl. Wohnsitz**, der an das Melderecht anknüpft. Das ergibt sich zwar nicht unmittelbar aus der VvB; denn diese überlässt in Art. 39 V die Bestimmung näherer Einzelheiten u.a. zur Wählbarkeit und damit namentl. auch zur Definition des insoweit maßgebl. Wohnsitzes dem Wahlgesetz. Dieses Gesetz stellt in § 1 II klar, als Wohnsitz gelte in diesem Zusammenhang »die nach den Vorschriften des Meldegesetzes angemeldete Wohnung, bei mehreren Wohnungen die im Melderegister verzeichnete Hauptwohnung«, so dass eine Nebenwohnung nicht für die Begründung eines wahlrechtl. Wohnsitzes ausreicht. Hauptwohnung ist nach § 17 II MeldeG »die vorwiegend genutzte Wohnung des Einwohners. Hauptwohnung eines verheirateten Einwohners, der nicht dauernd getrennt von seiner Familie lebt, ist die vorwiegend benutzte Wohnung der Familie«. 5

Abs. 1 bezeichnet das AvB als Volksvertretung. Indes ist der Begriff »Vertretung« hier nicht als Vertretung iS des bürgerl. Rechts zu verstehen, bei der ein Vertreter eine genau umrissene Befugnis hat, mit Wirkung für und gegen den Vertretenen zu handeln (§ 164 I BGB); das ergibt sich aus Abs. 4 S. 2, wonach die Abgeordneten an Aufträge und Weisungen nicht gebunden sind. Gemeint ist auch nicht eine Delegation in dem Sinne, dass das Volk bestimmte eigene Rechte auf die Abgeordneten überträgt. Vielmehr handelt es sich um eine **verfassungsrechtl.** 6

Repräsentation des Volkes (vgl. auch Rn. 12); das Volk bedient sich des AvB als handelndes Organ. Die Entscheidungen dieses repräsentativen Organs sind dem Volk in seiner territorialen Begrenzung auf Berlin als Willensäußerung zuzurechnen, und zwar selbst dann, wenn sie im Einzelfall mit dem wirkl. oder dem zu vermutenden Willen des Volkes in Widerspruch stehen. Ein derartiger Widerspruch berührt die rechtl. Gültigkeit einer entsprechenden Entscheidung nicht (vgl. Maunz/Dürig, Art. 38 Rn. 2).

Absatz 2: Zahl der Abgeordneten

7 Anders als das GG, das sich in Art. 121 auf eine Definition des Begriffs »Mehrheit der Mitglieder des Bundestags« (bzw. der Bundesversammlung) beschränkt und die Bestimmung der Mitgliederzahl des Bundestages vollauf dem BWG überlässt (vgl. § 1 I 1), legt Abs. 2 mit – seit der Wahl am 10.10.99 (vgl. G.v. 3.4.98 – GVBl S. 82) – 130 Abgeordneten eine **Mindestzahl** der Abgeordneten fest. Ihre Unterschreitung bedarf einer Verfassungsänderung, ihre Überschreitung dagegen kann Folge einer einfach-rechtl. Regelung sein, die nach Art. 39 V im Wahlgesetz getroffen werden kann. Tatsächl. sind am 21.10.01 141 Abgeordnete gewählt worden. Das ist ein Ergebnis des nach dem Wahlgesetz maßgebenden gemischten Wahlsystems: Zum Erwerb der Wahlkreismandate (Erststimmen) ist das relative Mehrheitswahlrecht (§ 16 LWahlG) und zum Erwerb der Listenmandate (Zweitstimmen) das Verhältniswahlrecht (§ 17 LWahlG) maßgebend, wobei das Verhältnis von Wahlkreis- zu Listenmandaten auf 78:52 (6:4) festgelegt ist (vgl. § 7 II LWahlG). Da die Zusammensetzung des AvB ausschlaggebend aus dem Ergebnis der Zweitstimmen folgt und da nach § 19 I LWahlG die in den Wahlkreisen gewonnenen Sitze (§ 16 LWahlG) den Parteien auch dann verbleiben, wenn sie die nach dem Zweitstimmenergebnis ermittelte Zahl von Sitzen übersteigen, können sich jeweils Überhangsmandate ergeben; in diesem Fall erhöht sich gemäß § 19 II LWahlG die Anzahl der Sitze um so viele, wie erforderl. sind, um unter Einbeziehung der Überhangsmandate die Sitzverteilung im AvB nach dem Verhältnis der Zweitstimmenzahl der Parteien zu gewährleisten (sog. Ausgleichsmandate; vgl. zur verfassungsrechtl. Unbedenklichkeit einer solche Überhangs- und Ausgleichsmandate zulassenden Regelung Art. 39 Rn. 9).

Absatz 3: Rechtsstellung der Opposition

8 Anders als das GG enthält die VvB in Abs. 3 ebenso wie u.a. die Hamburger Verfassung (Art. 23 a) und die Thüringer Verfassung (Art. 59) eine ausdrückl. Bestimmung über die Opposition in der parlamentarischen Demokratie. Im Rahmen der Beratungen über eine Ergänzung des

GG haben entsprechende Bestrebungen deshalb nicht die erforderl. Mehrheit gefunden, weil »das Recht, als parlamentarische Opposition zu wirken, ... bereits durch die Art. 20 I und 21 GG gewährleistet« werde (BTDrs. 12/6000, S. 90). Zwar spricht Abs. 3 ledigl. von »Opposition«, doch macht sowohl die Stellung des Abs. 3 im Rahmen der Vorschriften über die Volksvertretung als auch der Bezug in Abs. 3 auf die parlamentarische Demokratie deutl., dass Abs. 3 sich nicht zur außerparlamentarischen, sondern ausschl. zur **parlamentarischen Opposition** verhält. Politische Parteien, die noch nicht im AvB vertreten sind, dürften sich deshalb selbst dann nicht auf Abs. 3 berufen können, wenn sie sich ernsthaft an Wahlen zum AvB beteiligen oder beteiligen wollen. Sie sind jedoch durch den Grundsatz der Wahlrechtsgleichheit (vgl. Art. 39 I) sowie durch das aus Art. 21 I GG, der Bestandteil auch der VvB ist (LVerfGE 3, 75), folgende Recht auf Chancengleichheit im politischen Wettbewerb hinreichend verfassungsrechtl. geschützt.

Abs. 3 begründet **keine** institutionelle Garantie für eine Opposition; er hebt insoweit ledigl. ausdrückl. hervor, was sich ohnehin aus anderen verfassungsrechtl. Wertentscheidungen herleiten lässt: Betrachtet man seine beiden Sätze als Einheit, bringen sie zum Ausdruck, die Opposition habe das Recht auf politische Chancengleichheit. Abs. 3 schreibt also nicht bindend vor, es müsse eine Opposition geben; es muss sie nur geben können. Das ergibt sich indes schon aus dem Wesen der freiheitl. Demokratie, wie sie namentl. im Vorspruch zum Ausdruck kommt (vgl. Vorspr. Rn. 2). Abs. 3 verlangt nicht, dass im AvB zu jeder Zeit eine Opposition gebildet wird, er verbietet keine Regierungskoalition aus allen im AvB vertretenen Parteien (Pfennig/Neumann, Art. 38 Rn. 10). Er gebietet nicht die Verhinderung des allerdings nur theoretischen Falls, dass aufgrund eines entsprechenden Wahlergebnisses nur eine einzige Partei im AvB vertreten ist. Abs. 3 S. 2 benutzt zwar die Einzahl »Opposition«. Das bedeutet indes nicht, dass sich nur eine Oppositionsgruppe (oder alle Oppositionsgruppen gemeinsam) auf Abs. 3 berufen kann; Abs. 3 zwingt nicht dazu, dass mehrere Fraktionen, die zusammen eine Minderheit bleiben, eine einheitl. Opposition bilden. Vielmehr erfasst Abs. 3 jede im AvB vertretene Fraktion oder parlamentarische Gruppe, die eine Oppositionsrolle übernommen hat. Doch begünstigt Abs. 3 nicht den einzelnen Abgeordneten, er begründet kein Individualrecht. 9

Zu den Aufgaben einer Opposition gehört es nach der beispielhaften Formulierung in Art. 23 a der Hamburger Verfassung, an die die Berliner Regelung angelehnt ist (LVerfGE 1, 167), »die Kritik am Regierungsprogramm im Grundsatz und im Einzelfall öffentl. zu vertreten« und sich als »die politische Alternative zur Regierungsmehrheit« darzustellen. Jedoch ist es einer Opposition verfassungsrechtl. nicht verwehrt, auch partiell mit dem SvB zusammenzuarbeiten und bestimmte Senats- 10 vorhaben zu unterstützen. Selbst Fraktionen, die einen SvB, der über keine ausreichende parlamentarische Mehrheit verfügt, »tolerieren«, sind noch von Abs. 3 erfasst. Denn »Opposition« sind die Fraktionen (oder parlamentarischen Gruppen), die den SvB nicht »stützen«; den SvB »stützen« bedeutet, ihm »Vertrauen« geben durch eine »koalitionsähnl.« Abrede. »Stützen« ist eine zweckgerichtete Handlung, die einen SvB ins Amt bringen oder darin halten soll. Ein Verhalten, das zwar **geeignet** ist, einen SvB ins Amt zu bringen oder im Amt zu halten, aber eine andere Zielrichtung hat, reicht nicht aus. Ebenso wenig genügt das einseitige Angebot zu stützen, wenn der SvB dieses nicht annimmt. Den SvB »stützt« nicht bereits, wer ihn nur »duldet« oder »toleriert«. Opposition entsteht, wenn Fraktionen (oder parlamentarische Gruppen) sich nicht an der Regierungsverantwortung beteiligen wollen oder davon ausgeschlossen werden. Den SvB »stützende« Bündnisse werden dagegen durch **Abreden** gebildet. Lässt sich eine solche Abrede nicht feststellen, gehört die »abredelose« Fraktion zur »Opposition« (vgl. dazu im einzelnen LVerfGE 6, 281 ff.).

11 Das Recht der Opposition auf politische Chancengleichheit nach Abs. 3 soll ihre Chancen sichern, selbst parlamentarische Mehrheit zu werden. Dazu gehört auch die Möglichkeit, durch entsprechende Anträge die Parlamentsmehrheit zur Wahrnehmung ihrer Kontroll- und Mitwirkungsmöglichkeiten zu drängen; weitergehende Rechte auf Mitwirkung z.B. bei der Feststellung des Haushaltsplans durch das Haushaltsgesetz werden durch das Recht auf politische Chancengleichheit nicht eröffnet (LVerfGE 1, 161). Auf die Gewährleistung der Chancengleichheit kann sich eine politische Partei nur berufen, soweit sie in direkter Konkurrenz mit anderen politischen Parteien steht; das ist bei der Vorbereitung einer Volksabstimmung nicht der Fall (LVerfGE 3, 75). Die Chancengleichheit bezieht sich in erster Linie auf das Verhältnis von Opposition zur Senatsmehrheit iS von SvB und die sie tragenden Fraktionen, und zwar sowohl für den parlamentarischen Bereich im engeren Sinne (Rede- und Fragerecht – Art. 45, 49 IV, Beteiligung an den Parlamentsausschüssen – Art. 44 II 1; vgl. zu einer solchen Beteiligung an der Besetzung parlamentarischer Kontrollgremien etwa E 70, 365 ff.) als auch z.B. für die **Öffentlichkeitsarbeit** (vgl. E 44, 150). Den Vorteil, den der SvB und seine Mitglieder gegenüber der Opposition u.a. dadurch haben, dass sie bei der Formulierung von Gesetzesvorlagen auf die Hilfe der Verwaltung zurückgreifen können, versucht § 8 I 3 FraktG durch die Gewährung eines Oppositionszuschlages abzumildern.

Absatz 4: Rechtsstellung der Abgeordneten

12 Abs. 4 macht in S. 1 deutl., die Abgeordneten seien Vertreter aller Berliner, nicht etwa nur eines Bezirkes, eines Wahlkreises, einer Partei oder

einer sonstigen Bevölkerungsgruppe. Der Begriff »Vertreter« ist hier – ebenso wie in Abs. 1 (vgl. Rn. 6) – nicht iS des bürgerl. Rechts gemeint, sondern als verfassungsrechtl. Repräsentation. Sollte eine Partei nach Maßgabe des Art. 21 II GG als verfassungswidrig verboten werden, blieben deren Abgeordnete als parteilose Volksvertreter bis zum Ende der Legislaturperiode im AvB, weil sie ihr Mandat nicht von der Partei, sondern vom Wähler erhalten haben (Mudra, S. 110). Überdies bringt die VvB in Abs. 4 S. 1 zum Ausdruck, die Abgeordneten im AvB hätten nicht nur die Interessen der deutschen Bevölkerung, sondern auch die ihrer ausländischen Mitbürger in Berlin wahrzunehmen. Oberste Richtschnur ihrer Mandatsausübung hat das Wohl der **Gesamtbevölkerung** Berlins zu sein.

In Anlehnung an Art. 38 II 2 GG stellt Abs. 4 S. 2 mit seinem Bekenntnis zum **freien Mandat** eine der wichtigsten Verankerungen der repräsentativen Demokratie in der VvB dar. Zwar betrifft er unmittelbar nur Abgeordnete mit der Bestimmung, sie seien an Aufträge und Weisungen nicht gebunden und nur ihrem Gewissen unterworfen, doch wirkt er sich mit diesem Inhalt auch auf Fraktionen und das gesamte Parlament aus. Abgeordnete haben danach zu tun, was ihrer Überzeugung nach dem Wohl der Bevölkerung und dem Land Berlin am besten dient. Sämtl. »Aufträge und Weisungen« (diese Begriffe sind gleichbedeutend) an Abgeordnete sind nicht nur ohne rechtl. bindende Kraft, sondern darüber hinaus unzulässig. S. 2 verbietet jedes imperative Mandat. Die volle und unverzichtbare rechtl. Entscheidungsfreiheit der Abgeordneten gilt nicht nur bei »Gewissensfragen«; sie erstreckt sich vielmehr auf das Verhältnis sowohl zu ihren Parteien als auch zu ihren Fraktionen insgesamt, deren Bildung auf ihrer in Ausübung des freien Mandats getroffenen Entscheidung beruht (E 93, 203). Beispiele für Verstöße gegen das freie Mandat sind etwa Blankoverzichtserklärungen (vgl. E 2, 74) und andere Praktiken zur Umgehung des freiwilligen Mandatsverzichts (vgl. zu weiteren Beispielen bei Münch/Kunig, Art. 38 Rn. 78). 13

Grenzen des freien Mandats ergeben sich für die Abgeordneten durch ihre Einbindung in die Parlamentsarbeit, die durch ein Ineinandergreifen von Plenum, Fraktionen und Ausschüssen gekennzeichnet ist (Sachs, Art. 38 Rn. 49). Verfassungsrechtl. zulässig sind indes ausschließl. Beschränkungen, die zur Sicherung des Ablaufs der Parlamentsarbeit geboten sind und die notwendige Entscheidungsfreiheit und Selbstverantwortlichkeit des einzelnen Abgeordneten wahren (vgl. E 10, 14). Vereinbar mit Abs. 4 dürfte eine **Fraktionsdisziplin** sein, die auf der gleichberechtigten Beteiligung der Abgeordneten an der Willensbildung der Fraktion beruht und ein geschlossenes Verhalten der Fraktion im Parlament ermöglichen soll (Jarass/Pieroth, Art. 38 Rn. 28). Im Konfliktfall hat jedoch das freie Mandat und damit die Entscheidungsfrei- 14 heit des Abgeordneten Vorrang gegenüber einem Fraktionsbegehren (vgl. E 13, 273).

15 Mit Abs. 4 gewährleistet die VvB den **Status** des Abgeordneten; schon kraft dieses verfassungsrechtl. gewährleisteten Status verfügt er über eine Reihe von Einzelrechten, wie u.a. Mitwirkungsrechten, Informationsrechten, Antrags- und Rederecht sowie das Recht, bei vom Parlament vorzunehmenden Wahlen Vorschläge zu machen und vorgeschlagen zu werden, also zu kandidieren. Zu diesen Rechten zählt auch die Gleichbehandlung bei der Mandatsausübung; Abs. 4 verbürgt das gleiche Recht jedes Abgeordneten, seine politischen Vorstellungen im Wege der Abstimmung in den Willensbildungsprozess einzubringen (VerfGH LKV 99, 503). Namentl. dieses Recht auf Teilhabe am Willensbildungsprozess muss auch das Parlament selbst beachten (LVerfGE 4, 6). Differenzierungen und Beschränkungen dieses Rechts dürfen – soweit nicht spezielle Verfassungsvorschriften bestehen (vgl. u.a. Art. 40 I, 42 II und 44 II) – Gesetz oder Geschäftsordnung nur zur Sicherung der Arbeitsfähigkeit des Parlaments vornehmen (vgl. Art. 45 S. 2). Die Festsetzung einer Fraktionsmindeststärke und die unterschiedl. Behandlung von Fraktionen und anderen parlamentarischen Zusammenschlüssen durch die GOAvB (vgl. § 7 Abs. 1 sowie etwa § 17) sind zur Gewährleistung der Funktionsfähigkeit des Parlaments gerechtfertigt (vgl. dazu sowie zu den Mitwirkungsrechten fraktionsloser Abgeordneter E 96, 278 f.). Räumt das AvB im Rahmen seiner Geschäftsordnungsautonomie (vgl. Art 44 III) einer Gruppe von Abgeordneten einen besonderen Status ein (sog. parlamentarische Gruppe – vgl. § 9 a GOAvB), muss es deren Befugnisse so ausgestalten, dass sie diese in der von der Verfassung vorgegebenen Weise auszuüben vermag. Das gilt sowohl für die Verteilung von Ausschusssitzen als auch für eine angemessene Ausstattung mit sachl. und persönl. Mitteln (vgl. E 84, 322 ff.).

Art. 39 [Wahl]

(1) Die Abgeordneten werden in allgemeiner, gleicher, geheimer und direkter Wahl gewählt.

(2) Parteien, für die im Gebiet von Berlin insgesamt weniger als 5 vom Hundert der Stimmen abgegeben werden, erhalten keine Sitze zugeteilt, es sei denn, dass ein Bewerber der Partei einen Sitz in einem Wahlkreis errungen hat.

(3) Wahlberechtigt sind alle Deutschen, die am Tage der Wahl das 18. Lebensjahr vollendet und seit mindestens drei Monaten in Berlin ihren Wohnsitz haben.

(4) Wählbar sind alle Wahlberechtigten, die am Tage der Wahl das 18. Lebensjahr vollendet haben.

(5) Alles Nähere, insbesondere über den Ausschluss vom Wahlrecht und von der Wählbarkeit sowie das Ruhen des Wahlrechts, wird durch das Wahlgesetz geregelt.

Die Einzelbestimmungen des Art. 39 sind im wesentlichen denen des Art. 38 GG nachgebildet. Nach Abs. 1 werden – wie von dem bundesverfassungsrechtl. **Homogenitätsgebot** des Art. 28 I 2 GG für die Volksvertretungen der Länder gefordert – die Abgeordneten in allg., gleicher, geheimer und direkter Wahl gewählt, wobei der Landesverfassungsgeber – anders als der Bundesverfassungsgeber in Art. 38 I 1 GG – auf die ausdrückl. Erwähnung des Merkmals »frei« verzichtet hat (vgl. Rn. 11). Abs. 3 und 4 entsprechen inhaltl. Art. 38 II GG, Abs. 5 Art. 38 III GG. Lediglich Abs. 2 mit der Anordnung der sog. 5 v.H.-Sperrklausel findet im GG keine Entsprechung; der Bundesgesetzgeber hat diese Sperrklausel einfachgesetzl. in § 6 VI 1 BWG geregelt. 1

Bereits aus Art. 2 S. 2 ergibt sich für jeden wahlberechtigten Berliner das **subjektive** Recht, an der Wahl der Abgeordneten zum AvB teilzunehmen (vgl. Art. 2 Rn. 4). Dieses Recht erschöpft sich nicht in der Ausübung eines formalen Wahlakts, sondern erstreckt sich auf den grundlegenden demokratischen Gehalt der Wahl, also darauf, dass das gewählte Parlament maßgebl. demokratische Aufgaben und Befugnisse besitzt (vgl. E 89, 171). Durch eine vorzeitige Beendigung einer Wahlperiode und die damit notwendig werdenden Neuwahlen (Art. 54 II und IV) werden die Kompetenzen des Verfassungsorgans AvB als solche nicht geschmälert und bleibt deshalb die demokratische Substanz des Wahlrechts in seinem Gehalt unberührt (VerfGH, B.v. 8.10.01 – 116/01). 2

Absatz 1: Wahlrechtsgrundsätze

Abs. 1 enthält lediglich die für die Wahl zum AvB maßgebl. allg. Wahlrechtsgrundsätze; sie gelten nicht unmittelbar auch für alle anderen im 3

Land Berlin auf landesrechtl. Grundlage durchzuführenden Wahlen (VerfGH, B.v. 23.1.95 – 5/95). Zum Wahlsystem selbst verhält sich weder Abs. 1 noch eine andere Bestimmung der VvB ausdrückl. Jedoch macht Abs. 2 deutl., dass der Verfassungsgeber für die Wahl zum AvB das sog. **personalisierte Verhältniswahlrecht** angewandt wissen will, dh eine Mischung von Verhältnis- und Mehrheitswahlrecht (im Ergebnis ebenso Zivier, S. 162, und Mudra, S. 114). Denn die Festlegung der 5 v.H.-Sperrklausel in Abs. 2 weist auf das Verhältniswahlrecht (Listenmandate) hin und die sog. Grundmandatsklausel in Abs. 2, nach der die Sperrklausel durch die Erringung eines Sitzes im Wahlkreis überwunden werden kann, ist verständlich nur auf der Grundlage des Mehrheitswahlrechts in den Wahlkreisen (Direktmandate). Die Beantwortung der einzelnen mit diesem Wahlsystem zusammenhängenden Fragen – etwa zur Mischung von Mehrheitswahl und Verhältniswahl sowie zu den Berechnungsarten bei der Verhältniswahl – hat der Verfassungsgeber gemäß Abs. 5 dem einfachen Gesetzgeber überlassen (vgl. Rn. 16). Dessen Entscheidungen müssen sich ihrerseits an den allg. Wahlrechtsgrundsätzen des Abs. 1 messen lassen. Diese Grundsätze gelten für Wähler, Wahlbewerber, Parteien und andere Wahlvorschlagsträger. Ihr Anwendungsbereich ist nicht auf den eigentl. Wahlakt beschränkt, sondern umfasst auch die Wahlvorbereitungen einschl. des Wahlvorschlagsrechts (E 60, 167) und die Wahlwerbung.

4 Unter einer Wahl ist eine Abstimmung zu verstehen, durch die eine oder mehrere Personen aus einem größeren Personenkreis ausgelesen werden (E 47, 276). Bei der Wahl zur Volksvertretung handelt es sich, da in der Demokratie alle Staatsgewalt vom Volk ausgeht (Art. 2 II VvB), um einen den Staat **konstituierenden** Grundakt; die periodisch wiederkehrende Volkswahl des Parlaments ist eine verfassungsrechtl. Notwendigkeit in der Demokratie, weil sie den Staatsorganen die für die Ausübung der Staatsgewalt erforderliche demokratische Legitimation vermittelt (LVerfGE 11, 56). Zu wählen sind nach Abs. 1 die Abgeordneten, also **Personen**, nicht Parteien. Sämtl. Abgeordnete – sowohl die Inhaber von Direktmandaten (Wahlkreismandaten) als auch von Listenmandaten – bedürfen der Legitimation durch Volkswahlen; deren Berufung durch das AvB selbst ist ebenso unzulässig wie eine Berufung durch ein anderes Staatsorgan oder die Parteien. Allerdings liegt die Wahlvorbereitung vor allem in der Hand der ausdrückl. in Abs. 2 erwähnten (politischen) Parteien. Sie reichen in erster Linie Kandidatenvorschläge für die Wahlen zum AvB ein und bestimmen durch die Auswahl der Kandidaten in großem Umfang die personelle Zusammensetzung des AvB.

5 Politische **Parteien** sind begriffl. Vereine iS des Art. 9 GG bzw. Vereinigungen iS des Art. 27 VvB, doch ist Art. 21 GG lex specialis (vgl. Art. 27 Rn. 3). Er erkennt die politischen Parteien als verfassungsrechtl. notwendige Instrumente für die politische Willensbildung des Volkes an

und verleiht ihnen einen verfassungsrechtl. Status. Art. 21 GG gilt unmittelbar in den Ländern als Landesverfassungsrecht (VerfGH DVBl 96, 560); der den politischen Parteien durch Art. 21 GG verliehene Status kommt ihnen in der Verfassungsordnung der Länder ebenfalls zu. Zwar ist eine politische Partei kein Staatsorgan, sie kommt aber in ihrem verfassungsrechtl. Status einem solchen nahe (E 2, 73). Deshalb kann sie eine Verletzung ihres verfassungsrechtl. garantierten Status aus Art. 21 GG, auch soweit sie eine Verletzung ihres aus Abs. 1 (Grundsätze der Allgemeinheit und Gleichheit) herzuleitenden Rechts auf chancengleiche Teilnahme an Wahlen (vgl. dazu LVerfGE 1, 21) rügt, nur im Organstreitverfahren verfolgen (VerfGH, B.v. 29.8.01 – 90/01). Weder das GG noch die VvB definieren den Begriff »Partei«; eine den Parteienbegriff verfassungskonform konkretisierende Legaldefinition mit Mindestanforderungen an Dauerhaftigkeit, Mitgliederzahl, Organisation und Widerhall in der Öffentlichkeit enthält jedoch § 2 I 1 PartG (vgl. zum Parteienbegriff im Einzelnen LVerfGE 11, 39).

Die Wahlrechtsgrundsätze des Abs. 1 sind zuerst Vorschriften des **objektiven Verfassungsrechts** und binden als solche die Staatsgewalt in Gesetzgebung, Verwaltung und Rechtsprechung; ihre Verletzung insoweit, dh mit Blick auf die Zugehörigkeit dieser Grundsätze zum objektiven Verfassungsrecht, ist im Wahlprüfungsverfahren geltend zu machen (VerfGH NVwZ-RR 00, 193). Ziel des Verfahrens der Wahlprüfung ist herkömmlich der Schutz des objektiven Wahlrechts; es ist dazu bestimmt, die richtige Zusammensetzung des Parlaments zu gewährleisten (LVerfGE 6, 14) und lässt deshalb keinen Raum für die Verfolgung subjektiver Rechte wie des Rechts auf Wahlgleichheit des einzelnen Wahlberechtigten (LVerfGE 9, 26). Aus den Wahlrechtsgrundsätzen ergeben sich indes auch subjektive Rechte des status activus, deren Verletzung der einzelne Wähler mit der Verfassungsbeschwerde rügen kann (VerfGH NVwZ-RR 00, 193). Die Länder sind für den **subjektiv-rechtl.** Schutz des Wahlrechts zu den Volkvertretungen in ihrem jeweiligen Verfassungsraum allein zuständig (E 99, 17; vgl. zur Überprüfung einer Landeswahl durch ein Gericht u.a. Puttler DÖV 01, 849). In Berlin ist die Verfassungsbeschwerde gegen Akte im Rahmen des Wahlverfahrens durch die Vorschriften der §§ 40 ff. VerfGHG über die Wahlprüfung nicht ausgeschlossen (LVerfGE 11, 68). 6

Die Gebote der Allgemeinheit und der Gleichheit der Wahl stellen Ausprägungen des allg. Gleichheitssatzes dar; kennzeichnend für diese Grundsätze ist wegen ihres engen Zusammenhangs mit dem demokratischen Prinzip ihr **formaler Charakter**: Jeder soll sein aktives und passives Wahlrecht in formal möglichst gleicher Weise ausüben können. Abweichungen von der formalen Gleichheit sind nur in engen Grenzen zulässig und müssen stets durch zwingende Gründe gerechtfertigt sein (LVerfGE 6, 40). Der Grundsatz der **Allgemeinheit** der Wahl gebietet, 7 dass das Wahlrecht allen nach Maßgabe der Abs. 3 und 4 aktiv und passiv Wahlberechtigten gleichermaßen zusteht; ein Ausschluss bestimmter Bevölkerungsgruppen von der Ausübung des Wahlrechts aus politischen, wirtschaftlichen oder sozialen Gründen ist unzulässig (vgl. E 58, 205). Die Teilnahme an der Wahl darf nicht von besonderen, nicht für jedermann erfüllbaren Voraussetzungen (Geschlecht, Rasse, Religion, Bildung, Beruf oder Einkommen usw.) abhängig gemacht werden. Unzulässig sind sachl. Zulassungsbeschränkungen durch Geldkautionen und überspannte Unterschriftserfordernisse; sachl. gerechtfertigt ist das Erfordernis einer bestimmten Unterschriftszahl für Wahlvorschläge, wenn und soweit es dazu dienen soll, den Wahlakt auf ernsthafte Bewerber zu beschränken, dadurch das Stimmgewicht der einzelnen Wählerstimmen zu sichern und so indirekt der Gefahr der Stimmenzersplitterung vorzubeugen (E 60, 168; vgl. § 10 VIII u. IX LWahlG). Allerdings darf die Zahl der Unterschriften nur so hoch festgesetzt werden, wie es für die Erreichung dieses Zwecks erforderl. ist; sie darf die Wählerentscheidung nicht wesentl. einschränken und nicht so hoch sein, dass einem Bewerber die Teilnahme an der Wahl praktisch unmöglich gemacht oder übermäßig erschwert wird. Vor diesem Hintergrund dürfte ein Unterschriftenquorum von bis zu 3 Tausendstel für die Zulassung von Wahlvorschlägen verfassungsrechtl. unbedenkl. sein (OVGE Bln 14, 268 f.); die Unterschriftenquoren des § 10 VIII u. IX LWahlG erreichen diesen Grenzwert nicht (vgl. VerfGH, B.v. 24.1.03 – 152/01). Die Allgemeinheit der Wahl wird von der VvB mit Blick auf das aktive Wahlrecht in Abs. 3 (Forderung eines bestimmten Wahlalters und Wohnsitzes in Berlin) und auf das passive Wahlrecht in Abs. 4 (Abhängigkeit der Wählbarkeit vom Mindestalter) eingeschränkt.

8 Der Wahlrechtsgrundsatz der **Unmittelbarkeit** verbietet eine Wahl durch Wahlmänner. Er schließt überdies jedes Wahlverfahren aus, bei dem zwischen Wähler und Wahlbewerber nach der Wahlhandlung eine Instanz eingeschaltet wird, die nach ihrem Ermessen in der Lage ist, die Vertreter auszuwählen und damit den Wählern die Möglichkeit nimmt, die zukünftigen Abgeordneten durch die Stimmabgabe selbständig zu bestimmen. Der Grundsatz der unmittelbaren (direkten) Wahl verlangt ein Wahlverfahren, bei dem jede abgegebene Stimme bestimmten oder bestimmbaren Wahlbewerbern zugerechnet wird, ohne dass nach der Stimmabgabe noch eine Zwischeninstanz nach ihrem Ermessen die Abgeordneten auswählt. »Nur wenn die Wähler das letzte Wort haben, haben sie auch das entscheidende Wort; nur dann wählen sie unmittelbar« (E 7, 85). Das Gebot der unmittelbaren Wahl fordert ein Wahlverfahren, in dem der Wähler vor dem Wahlakt erkennen kann, welche Personen sich um ein Abgeordnetenhausmandat bewerben und wie sich die eigene Stimmabgabe auf Erfolg oder Misserfolg der Wahlbewerber auswirken kann (vgl. E 95, 350). Zulässig ist die Listenwahl mit den Wäh-

lern bekannten, im voraus unabänderlich festgelegten Bewerbern (E 47, 281).

Der durch Abs. 1 ebenfalls gewährleistete Grundsatz der **gleichen Wahl** ist – wie gesagt (Rn. 7) – iS einer strengen und formalen Gleichheit zu verstehen: Er gebietet, dass alle Wahlberechtigten das aktive und das passive Wahlrecht in formal möglichst gleicher Weise ausüben und dass die Stimmen beim (nach Abs. 2 und 5 iVm § 17 LWahlG) maßgebl. sog. personalisierten Verhältniswahlrecht (vgl. Rn. 3) nicht nur den gleichen Zählwert, sondern grundsätzl. auch den gleichen Erfolgswert haben (LVerfGE 6, 30 f.). Entsprechendes ergibt sich aus dem Recht der politischen Parteien auf Chancengleichheit im politischen Wettbewerb, das Bestandteil der VvB ist. Es folgt – mit Einwirkung auch auf das Landesverfassungsrecht (vgl. Rn. 5) – aus Art. 21 GG und verbietet jede staatl. Maßnahme, die den Anspruch einer Partei auf die Gleichheit ihrer Wettbewerbschancen willkürlich beeinträchtigt (vgl. LVerfGE 6, 39). Die Vergrößerung des AvB durch Überhangs- und Ausgleichsmandate (vgl. § 19 LWahlG) ist nicht geeignet, die Gleichheit des Erfolgswertes der Stimmen zu beeinträchtigen (LVerfGE 9, 23). Nur Überhangsmandate, die ohne Verrechnung anfallen oder ohne Ausgleichsmandate zugeteilt werden, können unter dem Gesichtspunkt der Wahlgleichheit bei der Verhältniswahl verfassungsrechtl. Bedenken begegnen (vgl. dazu E 95, 335 ff.). Für die Verteilung der Mandate ist das die größeren Parteien begünstigende d'Hondtsche Höchstzahlverfahren ebenso zulässig wie das System Hare-Niemeyer (vgl. im einzelnen E 79, 170 f.). Das Gebot der Wahlgleichheit erstreckt sich auf das Wahlvorschlagsrecht und die Einreichung von Wahlvorschlägen; die Regelung in § 12 I 1 LWahlG über die Teilnahme bezirksfremder Parteimitglieder an der Aufstellung von Parteibewerbern für die Wahl des AvB ist verfassungsrecht. unbedenkl. nur bei einer Auslegung dahin, dass Parteimitglieder, die in einem Bezirk wohnhaft sind und in einem anderen der dortigen bezirkl. Gliederung der Partei angehören, nur dort und nicht ein zweites Mal in ihrem Wohnbezirk ihre Stimme abgeben dürfen (LVerfGE 13, 92). Das Gebot der Wahlgleichheit untersagt nicht, neuen Parteien und Wählergruppen zum Nachweis ausreichender Unterstützung in der Bevölkerung die Beibringung einer angemessenen Zahl von Wählerunterschriften aufzuerlegen (vgl. Rn. 7). Schließl. verlangt die Wahlgleichheit eine gleichmäßige Behandlung aller Wahlbeteiligten durch die Wahlbehörde und die öffentl. Gewalt im Wahlkampf (E 62, 243 f.), insb. eine Neutralität vor allem des SvB in der Wahlwerbung. In Bezug auf die Wahlwerbung ist das Recht der politischen Parteien auf Chancengleichheit verletzt, wenn Staatsorgane als solche parteiergreifend zugunsten oder zu Lasten einer Partei in den Wahlkampf einwirken. Ein parteiergreifendes Einwirken ist auch in der Form der Öffentlichkeitsarbeit nicht zulässig (LVerfGE 4, 81).

10 Der Grundsatz der **geheimen** Wahl ist ein besonders wichtiger institutioneller Schutz des Wahlrechts; er ist »wesensnotwendiges Merkmal von Wahlen, die einen demokratischen Legitimationszusammenhang zwischen Volk und Volksvertretung vermitteln« (BVerwG DVBl 85, 240). Dem Wahlberechtigten ist zu gewährleisten, seine Wahlabsichten und sein Wahlverhalten für sich behalten zu können. Der Wahlberechtigte muss sein Wahlrecht so ausüben können, dass andere Personen keine Kenntnis von seiner Wahlentscheidung erhalten. Mit der in § 52 I 3 LWahlO enthaltenen Pflicht, nach Kennzeichnung des Stimmzettels in der Wahlzelle diesen so zusammenzufalten, dass die Stimmabgabe nicht erkennbar wird, ist den Anforderungen genügt, die das Merkmal »geheim« in Abs. 1 stellt; der Wahlberechtigte kann so ohne weiteres verhindern, dass Dritte von dem Inhalt seiner Stimmabgabe Kenntnis nehmen (VerfGH NVwZ-RR 00, 193 f.). Die Briefwahl (§ 55 LWahlO) und die Wahl mittels Vertrauensperson (§ 52 IV LWahlO) verstoßen nicht gegen das Gebot der geheimen Wahl (vgl. E 59, 125 ff.). Der Geheimschutz beschränkt sich nicht auf die Stimmabgabe, sondern umfasst auch die Wahlvorbereitung; erforderl. Unterschriften zur Unterstützung von Wahlvorschlägen dürfen nicht zur Offenbarung des Wahlverhaltens führen (vgl. E 12, 35 f.). Indes hindert der Grundsatz der geheimen Wahl nicht die Durchführung einer nachträgl. Wählerbefragung in unmittelbarer räuml. Nähe zum Wahllokal; die freiwillige Offenbarung der Wahlentscheidung vor oder nach der Wahl ist zulässig; eine Befragung der Wähler nach Beendigung der eigentl. Wahlhandlung berührt den Grundsatz der geheimen Wahl nicht (VerfGH, B.v.21.2.02 – 169/01)

11 Anders als Art. 38 I GG und § 7 I LWahlG und ebenso wie Art. 14 I BayVerf enthält Abs. 1 im Zusammenhang mit der Wahl nicht auch ausdrückl. das Merkmal »**frei**«. Daraus kann indes nicht geschlossen werden, die Wahlfreiheit wäre in Berlin nicht geschützt. Vielmehr gelten die in Art. 28 I 2 GG genannten Wahlgrundsätze und damit auch die Freiheit der Wahl »als allgemeine Rechtsprinzipien für Wahlen zu allen Volksvertretungen im staatl. und kommunalen Bereich« (E 47, 276 f.). Davon geht ersichtl. auch die VvB aus: Art. 2 verbürgt das Recht zur Beteiligung u.a. an Wahlen zum AvB. Dieses Recht schließt das Recht auf Freiheit der Wahl ein (VerfGH LKV 96, 334); das folgt in einem demokratischen Staat bereits aus dem Begriff »Wahl« (vgl. Art. 2 Rn. 4). Die Freiheit der Wahl ist ein unerlässl. Merkmal des demokratischen Staatslebens (BayVerfGH BayVBl 67, 128). Der Grundsatz der Wahlfreiheit verlangt, dass jeder Wahlberechtigte sein Wahlrecht ohne Zwang, Druck oder sonstige unzulässige Beeinflussung von außen, sei es von staatl. oder nichtstaatl. Seite, ausüben kann (E 66, 380). Niemand darf gezwungen werden, bei einer Wahl, an der er teilzunehmen berechtigt ist, für eine bestimmte Partei oder einen bestimmten Bewerber zu stimmen. Die Wähler müssen »ihr Urteil in einem freien, offenen Prozess der Meinungsbildung gewinnen« können (E 44, 125). Die Wahlfreiheit umfasst ein freies Wahlvorschlagsrecht für alle Wahlberechtigten (E 89, 251). Dies setzt seinerseits eine freie Kandidatenaufstellung unter Beteiligung der Mitglieder der Parteien und Wählergruppen voraus. Die Auswahl der Kandidaten darf weder rechtl. noch faktisch deren Führungsgremien zur alleinigen Entscheidung überlassen werden (E 47, 282). Unter dem Blickwinkel der freien Wahl verfassungsrechtl. unbedenklich ist die Wahl mit gebundenen Listen; es ist zulässig, dass die Wahl eines Bewerbers von der Mitwahl weiterer Bewerber abhängig gemacht wird (E 21, 355). Das Gebot der freien Wahl fordert überdies die freie Wählbarkeit (E 25, 63), ungehinderte Wahlwerbung und Wahlannahme sowie einen Wahlkampf, in dem vor allem die ungehinderte öffentl. Meinungsäußerung gesichert ist (E 44, 139).

Absatz 2: 5 v.H.-Sperrklausel

Die in Abs. 2 angeordnete 5 v.H.-Sperrklausel stellt eine – **zulässige** – 12
Einschränkung der Wahlrechtsgleichheit und der Chancengleichheit der politischen Parteien im Rahmen der Verhältniswahl dar. Zwar ist es Folge der Formalisierung des Grundsatzes der Wahlrechtsgleichheit, dass auch der Verfassungsgeber im Bereich der Gestaltung des Wahlrechts nur einen engen Spielraum hat und nur zwingende Gründe eine Differenzierung des Erfolgswerts der Wählerstimmen rechtfertigen (vgl. Rn. 7), doch ist ein derartiger zwingender Grund die mögl. Beeinträchtigung der Funktionsfähigkeit des Parlaments. Zur Vermeidung der staatspolitischen Gefahr einer übermäßigen Parteienzersplitterung, die die Bildung einer stabilen Mehrheit sowie die Bewältigung der gesetzgeberischen Arbeit erschweren oder verhindern könnte, darf der (Verfassungs-)Gesetzgeber bei der Verhältniswahl den Erfolgswert der Stimmen durch eine Sperrklauselregelung unterschiedl. gewichten (LVerfGE 6, 31). Entschließt er sich zur Einführung einer Sperrklausel, darf er in aller Regel **kein** höheres als ein 5 v.H.-Quorum – bezogen auf das Wahlgebiet – begründen (E 95, 419).

Allerdings kann die Sperrklausel nach Abs. 2 durch die Erringung eines 13
Wahlkreissitzes überwunden werden (vgl. auch § 18 LWahlG); Abs. 2 macht die Zuteilung von Sitzen im AvB an Parteien alternativ davon abhängig, dass entweder die Partei mehr als 5 v.H. der Stimmen im Gebiet von Berlin erhalten oder (mindestens) ein Bewerber der Partei einen Sitz in einem Wahlkreis errungen hat (sog. Grundmandat). Eine solche **Grundmandatsklausel** ist verfassungsrechtl. nicht ganz unbedenkl., wobei das Problem nicht darin liegt, dass das errungene Direktmandat erhalten bleibt, sondern darin, dass sie zu einer beachtl. Ungleichbehandlung zwischen solchen unter 5 v.H. der Zweitstimmen

bleibenden Parteien führen kann, die mit einem Direktmandat an dem von Abs. 2 vorausgesetzten Verhältnisausgleich teilnehmen können, und solchen, die wegen Verfehlung beider alternativen Voraussetzungen von diesem Ausgleich ausgeschlossen bleiben, obwohl sie möglicherweise erhebl. mehr Zweitstimmen haben als eine »Grundmandatspartei« (vgl. dazu im einzelnen von Münch/Kunig, Art. 38 Rn. 60). Nach Auffassung des BVerfG (E 95, 422 ff.) ist eine Grundmandatsklausel im Rahmen der personalisierten Verhältniswahl indes verfassungsrechtl. zulässig.

Absatz 3: Wahlberechtigung

14 Die Wahlberechtigung meint das Recht zu wählen (aktives Wahlrecht), also die Stimmabgabe, ebenso wie die Berechtigung, Wahlvorschläge zu machen. Der Grundsatz der Allgemeinheit der Wahl umschreibt die Berechtigten (vgl. Rn. 7); wahlberechtigt sind alle Deutschen iSd Art. 116 I GG mit Wohnsitz in Berlin (vgl. Art. 38 Rn. 4). Eine verfassungsgemäße Einschränkung erfährt dieser Grundsatz durch das Alterserfordernis für die Wahlberechtigung; am Tage der Wahl muss das 18. Lebensjahr vollendet sein. Diese Voraussetzung ist mit Beginn des Geburtstages erfüllt (vgl. § 187 II 2 BGB); auch derjenige, der am Wahltag 18 Jahre alt wird, ist also wahlberechtigt. Ebenfalls verfassungsgemäß eingeschränkt wird der Grundsatz der Allgemeinheit der Wahl durch das Erfordernis, seit mindestens 3 Monaten ununterbrochen in Berlin seinen Wohnsitz zu haben. Mit diesem Erfordernis soll gewährleistet werden, dass der potentielle Wähler die Gelegenheit hatte, sich mit den politischen Verhältnissen in Berlin vertraut zu machen; es ist – ebenso wie das Alterserfordernis – **sachgerecht**. Die Aufgabe des Wohnsitzes führt zur Aufgabe des Wahlrechts. Unter Wohnsitz ist nicht der bürgerl.-rechtl., sondern der wahlrechtl. (melderechtl.) Wohnsitz zu verstehen (vgl. Art. 38 Rn. 5). Personen, die mehrere Wohnungen in Berlin unterhalten, können nur dort wählen, wo sie mit der Hauptwohnung gemeldet sind (vgl. § 1 II 1 LWahlG).

Absatz 4: Wählbarkeit

15 Abs. 4 knüpft das passive Wahlrecht (Wählbarkeit) an die Wahlberechtigung des Abs. 3 an; für das passive Wahlrecht müssen alle Voraussetzungen des **aktiven** Wahlrechts (Wahlberechtigung) erfüllt sein. Vor diesem Hintergrund ist nicht recht verständl., warum in Abs. 4 das Alterserfordernis ausdrückl. wiederholt wird.

Absatz 5: Einzelregelungen durch das Wahlgesetz

Abs. 5 ermächtigt (und verpflichtet) den einfachen Gesetzgeber, »alles 16
Nähere« betreffend die Wahl zum AvB durch ein Wahlgesetz zu regeln.
Durch diese Bestimmung wird indes nicht die Regelung von Einzelheiten auf Grund gesetzl. Ermächtigung ausgeschlossen (VerfGH, U.v. 21.3.03 – 175/01). Dementsprechend enthält das LWahlG an verschiedenen Stellen (z.B. §§ 3 VII, 12 IV, 13 II u. 19 II) Ermächtigungen zum Erlass ergänzender Regelungen in einer LWahlO.
Die Ermächtigung des Abs. 5 erfasst u.a. Entscheidungen über Einzelheiten des **Wahlsystems** und der **Berechnungsarten** bei der vom Verfassungsgeber vorausgesetzten sog. personalisierten Verhältniswahl (vgl. Rn. 3). Dementsprechend hat der Landesgesetzgeber bestimmt, dass von den in Art. 38 II (als Minimum) vorgegebenen 130 Abgeordneten 78 in Wahlkreisen (Direktkandidaten) gewählt werden (§ 9 I 1 LWahlG). Wahlkreisvorschläge können von Parteien und von einzelnen Wahlberechtigten eingereicht werden; jeder einzelne Wahlkreisvorschlag darf nur eine Person benennen (§ 10 I 1, IV 1 LWahlG). Wer im Wahlkreis die meisten Stimmen erreicht hat, erhält den Sitz im AvB (§ 16 LWahlG). Die Parteien können neben Wahlkreisvorschlägen zusätzl. eine Kandidatenliste einreichen (Listenkandidaten), und zwar je nach Beschluss der Parteigremien entweder eine Landesliste oder in den Wahlkreisverbänden (gebildet von den Wahlkreisen eines Bezirks) jeweils eine Bezirksliste (§ 10 I 2, III 1 LWahlG). Der Wähler hat neben der Erststimme, mit der er den Wahlkreiskandidaten wählt, eine Zweitstimme, mit der er eine Partei auf der Liste ankreuzt; mit der Zweitstimme kann der Wahlberechtigte eine andere Partei wählen, als die, der er seine Erststimme gegeben hat (§ 15 I LWahlG). Nach der Auszählung der Zweitstimmen im Wahlgebiet werden zunächst jene Parteien ermittelt, die mindestens 5 v.H. der abgegebenen Zweitstimmen erhalten haben oder von denen mindestens ein Bewerber direkt im Wahlkreis gewählt wurde (§ 18 LWahlG). Von den (mindestens) zu vergebenen 130 Sitzen sind ggf. die Sitze abzuziehen, die von Einzelbewerbern errungen wurden (§ 17 I LWahlG). Sodann werden die verbleibenden – in der Regel 130 – Sitze nach Maßgabe der erhaltenen Zweitstimmen, wobei die Bezirkslisten als verbundene Gesamtlisten gewertet werden, gemäß § 17 II 1 LWahlG aufgrund des Verfahrens der mathematischen Proportion (Hare-Niemeyer) den einzelnen Parteien zugerechnet (vgl. zu dieser Berechnungsart im einzelnen § 17 II 2 bis 5 LWahlG sowie u.a. Pfennig/Neumann, Art. 39 Rn. 11). Von der so ermittelten Sitzzahl werden für jede Partei die errungenen Direktmandate abgezogen, die danach verbleibenden Sitze werden über die Liste vergeben (§ 17 IV LWahlG). Hat eine Partei mehr Direktmandate errungen als ihr nach den Zweitstimmen zustehen, behält sie diese als sog. **Überhangsmandate**

(§ 19 I LWahlG). Fallen Überhangmandate an, erhöht sich die Zahl der Sitze im AvB um so viele, wie erforderl. sind, um unter Einbeziehung der Überhangmandate die Sitzverteilung nach dem Verhältnis des Zweitstimmenergebnisses zu gewährleisten (§ 19 II LWahlG). Die abschließende Sitzverteilung im AvB richtet sich mithin ausschlaggebend nach diesem Verhältnis.

17 Insb. ermächtigt Abs. 5 den Landesgesetzgeber zum Erlass von Vorschriften über »den Ausschluss vom Wahlrecht und die Wählbarkeit sowie über das Ruhen des Wahlrechts«. Den **Ausschluss des Wahlrechts** hat der Landesgesetzgeber in § 2 LWahlG geregelt; danach ist vom (aktiven) Wahlrecht ausgeschlossen, wer infolge Gerichtsentscheids das Wahlrecht nicht mehr besitzt, wer unter Pflegschaft steht (§§ 1896 ff. BGB) oder wer sich nach § 63 iVm § 20 StGB in einem Psychiatrischen Krankenhaus befindet. § 4 LWahlG macht die Wählbarkeit vom aktiven Wahlrecht abhängig; nicht wählbar ist, wer nach § 2 LWahlG vom (aktiven) Wahlrecht ausgeschlossen ist sowie derjenige, der infolge Gerichtsentscheids (als Nebenfolge einer Strafe gemäß § 45 StGB) nicht die Wählbarkeit oder die Fähigkeit zur Bekleidung öffentl. Ämter besitzt. Mit der Ermächtigung zum Erlass einer Vorschrift über das Ruhen des Wahlrechts knüpft der Verfassungsgeber an die bis zum Inkrafttreten der Neufassung des BWG am 1.9.1975 (BGBl I S. 383) vorgesehene Unterscheidung zwischen Ausschluss vom Wahlrecht (§ 13 BWG) und Ruhen des Wahlrechts (§ 14 BWG) an. Diese Unterscheidung ist seither aufgegeben worden, weil materiell-rechtl. zwischen den beiden Tatbeständen kein Unterschied besteht: In beiden Fällen ist der Betroffene von der Teilnahme an der Wahl ausgeschlossen (vgl. Schreiber, § 13 Rn. 1). Dementsprechend hat der Landesgesetzgeber von dieser Ermächtigung keinen Gebrauch gemacht. Von einem Ruhen des Wahlrechts **abzugrenzen** ist ein Ruhen des Mandats, dass das LWahlG ebenfalls nicht (mehr) vorsieht. Darunter ist eine – mit den Grundsätzen der unmittelbaren und gleichen Wahl nicht vereinbare und deshalb verfassungswidrige (vgl. HessStGH in ESVGH 27, 193 ff.) – gesetzl. Regelung zu verstehen, nach der mit der Annahme eines Regierungsamtes durch ein Parlamentsmitglied dessen Parlamentsmandat für die Dauer seiner Zugehörigkeit zur Regierung mit der Folge ruht, dass für diese Dauer der nächste zu berufene Abgeordnete ins Parlament einzieht; tritt das Regierungsmitglied von seinem Amt zurück oder wird es abgewählt, erhält es seinen Parlamentssitz zurück und der Nachrücker verliert dieses Mandat.

18 Als verfassungsrechtl. Spezialregelung ermächtigt Art. 137 I GG u.a. die Landesgesetzgeber zur Beschränkung der Wählbarkeit von Angehörigen des öffentl. Dienstes für Wahlen des jeweiligen Landesparlaments; er gestattet eine Ausnahme von Abs. 1 (Grundsätze der allg. und gleichen Wählbarkeit). Er soll es ermöglichen, Gefahren zu begegnen, die sich aus einem Zusammentreffen von Exekutiv- oder Richteramt mit dem Abgeordnetenmandat ergeben können. Art. 137 I GG berechtigt nicht zum Ausschluss der Wählbarkeit (Ineligibilität), sondern nur zu Wählbarkeitsbeschränkungen in der Form von Unvereinbarkeiten (**Inkompatibilitäten**). Den Betroffenen muss die Wahl zwischen Amt und Mandat mögl. sein und die Entscheidung offengehalten werden, ein Mandat zu erwerben und wahrzunehmen. Es steht dem Landesgesetzgeber frei, von dieser Ermächtigung Gebrauch zu machen, zu einer Ausdehnung dieser Ausnahmeregelung über den in Art. 137 I GG aufgeführten Personenkreis hinaus ist er indes nicht befugt. So ist er z.B. nicht berechtigt, unter Berufung auf Art. 137 I GG seine Inkompatibilitätsregelung auf Bundestagsabgeordnete zu erstrecken; die gleichzeitige Mitgliedschaft im BT und AvB (Doppelmandat) ist verfassungsrechtl. unbedenkl. (vgl. Schreiber, § 46 Rn. 2a). Allerdings dürfte Abs. 5 den Landesgesetzgeber mit Rücksicht darauf, dass ein Bundestagsmandat den Abgeordneten in der Regel voll in Anspruch nimmt (vgl. E 40, 310 ff.) und deshalb die Wahrnehmung von zwei Mandaten im Zweifel zu einer Vernachlässigung der mit dem Mandat verbundenen Aufgaben führt, ermächtigen, ein solches Doppelmandat durch eine Inkompatibilitätsvorschrift auszuschließen (vgl. E 42, 327). Eine solche Vorschrift hat der Landesgesetzgeber indes bisher nicht erlassen.

Dagegen hat der Landesgesetzgeber von der Ermächtigung des Art. 137 GG durch die detaillierten Vorschriften der §§ 26 LWahlG und § 27 ff. LAbgG Gebrauch gemacht: Unmittelbare Landesbeamte, Angestellte des Landes in der Hauptverwaltung, öffentl. Bedienstete vom AvB, des Rechnungshofs und der Gerichtsverwaltungen, Berufsrichter des Landes Berlin, der Berliner Datenschutzbeauftragte sowie seine Beamten und Angestellten, Mitglieder des Bezirksamtes sowie Mitglieder und deren Stellvertreter eines zur Geschäftsführung berufenen Organs einer der Aufsicht des Landes Berlin unterstehenden, in § 26 II LWahlG genannten juristischen Person **scheiden** mit dem Erwerb der Mitgliedschaft im AvB, dh mit der ausdrückl. oder stillschweigenden Annahme ihrer Wahl (vgl. § 5 LWahlG), automatisch aus ihrer berufl. Funktion **aus**. Dieser Personenkreis hat das Recht, sich nach Beendigung des Mandats wieder in das frühere Dienstverhältnis übernehmen zu lassen (§ 29 LAbgG). Hauptamtl. Professoren sind von der Inkompatibilitätsregelung ausgenommen (vgl. § 26 III LWahlG); das dürfte indes nicht gelten für Hochschullehrer, die zu Präsidenten einer Hochschule gewählt werden, da sie in dieser Funktion in die Exekutive integriert sind (ebenso Pfennig/Neumann, Art. 39 Rn. 25).

19

Verfassung von Berlin

Art. 40 [Fraktionen]

(1) Eine Vereinigung von mindestens fünf vom Hundert der verfassungsmäßigen Mindestzahl der Abgeordneten bildet eine Fraktion. Das Nähere regelt die Geschäftsordnung.
(2) Fraktionen nehmen unmittelbar Verfassungsaufgaben wahr, indem sie mit eigenen Rechten und Pflichten als selbständige und unabhängige Gliederungen der Volksvertretung an deren Arbeit mitwirken und die parlamentarische Willensbildung unterstützen. Insofern haben sie Anspruch auf angemessene Ausstattung. Das Nähere über die Rechtsstellung und Organisation sowie die Rechte und Pflichten der Fraktionen werden durch Gesetz bestimmt.

1 Anders als im GG, das die Fraktionen nur beiläufig erwähnt (Art. 53a I 2 GG), und in den meisten Landesverfassungen wird den Fraktionen in der VvB mit Art. 40 ein **eigener Verfassungsartikel** gewidmet. Es handelt sich um eine relativ neue Verfassungsbestimmung, die erst 1991 in die damalige VvB 1950 aufgenommen und mit geringen Modifikationen in die VvB 1995 übernommen worden ist.

2 Die nähere Ausgestaltung des Fraktionsbegriffs ist nach Art. 40 I 2 in der GOAvB vorzunehmen, und gem. Art. 40 II 3 sind Rechtsstellung, Organisation sowie Rechte und Pflichten der Fraktionen durch Gesetz zu bestimmen. Diese doppelte »Verweisung« ist ungewöhnlich und lässt die Frage berechtigt erscheinen, ob eine **verfassungsrechtliche Verankerung** der Fraktionen überhaupt erforderl. und sinnvoll ist (verneinend Pfennig/Neumann, Art. 40 Rn. 1). Die Ausgestaltungsbefugnis durch GOAvB einerseits und durch Gesetz andererseits ist nicht klar voneinander abgrenzbar. Dies zeigt sich beispielhaft bei der Frage, was unter einer Fraktion zu verstehen ist (vgl. unten ausführlich Rn. 3). Als Richtschnur wird man Folgendes sagen können: Da Rechtsstellung, Organisation, Rechte und Pflichten und damit alle wesentl. (Status-)Fragen der Fraktionen durch Gesetz zu regeln sind, können in der GOAvB nurmehr verfahrensrechtl. Einzelheiten z.B. der Bildung und Auflösung der Fraktionen geregelt werden. Dem Auftrag in Abs. 2 ist das AvB durch den Erlass des Gesetzes über die Rechtsstellung der Fraktionen des AvB (Fraktionsgesetz – FraktG) vom 8. 12. 93 (GVBl S. 591), zuletzt geändert durch Gesetz vom 4. März 2005 (GVBl. S. 125), nachgekommen. Die Fraktionen und parl. Gruppen sind in der GOAvB in den §§ 7 – 9 a geregelt.

Absatz 1: Mindeststärke einer Fraktion

3 Abs. 1 verlangt für die Zuerkennung des Status einer Fraktion eine bestimmte Mindestzahl von Abgeordneten bezogen auf die **verfas-**

sungsmäßige **Mindestzahl** der Abgeordneten. Es wird also nicht an die in der jeweiligen Wahlperiode in das AvB gewählte tatsächl. Zahl der MdA angeknüpft. Dies ist deshalb von Bedeutung, weil die Mindestzahl der MdA von 130 (Art. 38 II) regelmäßig nicht unerheblich überschritten wird (15. Wahlperiode: 141 MdA). Nach § 19 II LWahlG werden nämlich – anders als nach dem Bundeswahlrecht – die durch Überhangmandate verursachten Proporzverschiebungen durch die Vergabe von Ausgleichsmandaten kompensiert mit der Folge einer erheblichen Steigerung der Zahl der MdA (vgl. hierzu LVerfGE 9, 23). Durch die verfassungsunmittelbare Festlegung der Fraktionsstärke ist eine abweichende Bestimmung durch das Parl. nur im Wege einer Verfassungsänderung mögl. und damit der sog. Parlamentsautonomie entzogen (unklar insoweit Pfennig/Neumann, Art. 40 Rn. 3; zum Begriff Parlamentsautonomie vgl. Art. 41 Rn. 1).

Dass es sich bei der Vereinigung iSd Art. 40 I um eine solche von **Abgeordneten derselben Partei** handeln muss, lässt sich dem Verfassungstext nicht entnehmen. Dagegen bestimmt § 7 II GOAvB, dass nur Abgeordnete, die derselben Partei angehören oder von derselben Partei als Wahlbewerber aufgestellt worden sind, eine Fraktion bilden. Schließen sich abweichend hiervon MdA, die weder derselben Partei angehören noch von derselben Partei als Wahlbewerber aufgestellt worden sind, zusammen, so bedarf die Anerkennung als Fraktion der Zustimmung des AvB, § 7 III GOAvB. § 1 I 1 FraktG wiederum kennt eine solche Einschränkung nicht und definiert Fraktionen als Vereinigungen von Abgeordneten, »die sich zur Erreichung gemeinsamer politischer Ziele zusammenschließen«. Der Zustimmung des AvB bedarf danach nur die Bildung einer neuen Fraktion nach Konstituierung des AvB, § 1 II 3 FraktG. Die unterschiedlichen Definitionen des Fraktionsbegriffs in der GOAvB einerseits und dem FraktG andererseits zeigen nicht nur die Problematik der doppelten Regelungsermächtigung in Art. 40 I und II auf. Sie lassen es auch nicht zu, von einem in der Staatspraxis feststehenden Fraktionsbegriff auszugehen, der die Mitgliedschaft in derselben Partei voraussetzt. Daher bilden auch Vereinigungen von MdA mehrerer Parteien ohne Zustimmung des AvB eine Fraktion.

Absatz 2: Aufgaben der Fraktionen

Abs. 2 beschreibt die Aufgaben der Fraktionen. Sie nehmen **unmittelbar Verfassungsaufgaben** wahr, indem sie mit eigenen Rechten und Pflichten als selbständige und unabhängige Gliederungen der Volksvertretung an deren Arbeit mitwirken und die parl. Willensbildung unterstützen. Aus dieser Aufgabenbeschreibung ist zu entnehmen, dass die Rechte der Fraktionen sich nur auf den **innerparlamentarischen Raum** beziehen (vgl. auch E 1, 229; LVerfGE 1, 165). Dementsprechend for- 4

Verfassung von Berlin

muliert § 2 IV FraktG, dass Fraktionen »juristische Personen des Parlamentsrechts« sind. Außerhalb ihres verfassungsmäßigen Aufgabenbereichs dürfen sie daher nicht am Rechtsverkehr teilnehmen. Tun sie dies gleichwohl, scheint es allerdings geboten, sie insoweit als juristische Personen zu behandeln, wie dies durch die Grundsätze des Vertrauensschutzes und der Rechtssicherheit geboten ist (Zivier, S. 155). Als mit eigenen Rechten ausgestattete Verfassungssubjekte haben die Fraktionen wie der einzelne Abgeordnete ein **eigenes Recht** auf Information und Mitwirkung an der Gesetzgebungs- und Kontrollfunktion des AvB. Sie koordinieren, steuern und erleichtern darüber hinaus die politischparlamentarische Arbeit und verbessern damit die Arbeitsfähigkeit des Gesamtparlaments und die Effektivität der Arbeit des einzelnen Abgeordneten (vgl. § 2 II FraktG und Schmidt DÖV 2003, 850; allg. E 80, 231). Sie sind notwendige Einrichtungen des Verfassungslebens und maßgebl. Faktoren der politischen Willensbildung (E 84, 322). Für die Einschränkung der aus dieser Funktion als »politisches Gliederungsprinzip« abzuleitenden Beteiligungsrechte gilt Art. 45 S. 2 entsprechend. Sie dürfen nur unter den gleichen Voraussetzungen eingeschränkt werden wie die Rechte der einzelnen Abgeordneten, also wenn es »für die gemeinschaftliche Ausübung der Mitgliedschaft im Parl. notwendig« ist. Den Fraktionen steht daher an den ihnen im Abgeordnetenhaus zugewiesenen Räumen ein eigenes, das Hausrecht des PrAvB begrenzendes Nutzungsrecht zu. Es handelt sich um ein aus der Funktion der Fraktionen herleitbares Nutzungsrecht eigener Art, das sich in seinen Befugnissen und Grenzen einerseits aus der Stellung der Fraktionen, andererseits aus der übergeordneten Funktion des Parlamentsbetriebs ergibt (vgl. LVerfGE 4, 19; vgl. auch Art. 41 Rn. 8). Diese Rechte der Fraktionen sind wehrfähig. Die Fraktionen sind im Organstreitverfahren gemäß Art. 84 II Nr. 1 und nach §§ 36, 14 Nr. 1 VerfGHG als oberste Landesorgane parteifähig und befugt, gemäß § 37 Abs. 1 VerfGHG im Wege der Prozessstandschaft die Verletzung von verfassungsmäßigen Rechten des AvB geltend zu machen (LVerfGE 1, 165, 167; LVerfGE 6, 75; VerfGH LKV 99, 503). Dass die Fraktion nach dem Grundsatz der personellen Diskontinuität mit Ende der Legislaturperiode ihre Rechtsstellung als ständige Gliederung des Parl verliert, führt nicht dazu, dass ein sich über die Legislaturperiode hinaus erstreckendes Organstreitverfahren unzulässig wird. Die neue Fraktion des neu gebildeten Parl. ist insoweit als Rechtsnachfolgerin der alten Fraktion zu verstehen (VerfGH, NVwZ-RR 2003, 537 unter Hinweis auf § 13 S. 2 FraktG, ebenso LVerfG MV, DÖV 2003, 765). Der Organstreit endet allerdings dann wegen Wegfalls der Antragsteller, wenn die Partei im neuen Parl. nicht mehr vertreten ist oder eine Fraktion nicht zu bilden vermag oder die Fraktion erklärt, den Organstreit nicht fortsetzen zu wollen (VerfGH, aaO).

Einige der den Fraktionen zukommenden **Rechte und Pflichten** werden in der VvB in anderen Artikeln im Einzelnen näher bestimmt. So stehen nach Art. 41 II 2 den Fraktionen Vorschlagsrechte für die Wahl des PrAvB und der VPrAvB nach der Reihenfolge ihrer Stärke zu. Bei nur zwei Vizepräsidentenposten kann dies dazu führen, dass nicht alle Fraktionen einen Wahlvorschlag einreichen können. Ähnliches gilt für die in Art. 41 II 3 enthaltene Bestimmung über die Wahl der weiteren Mitglieder des Präsidiums. Mit dieser Regelung hat der Verfassungsgesetzgeber das Recht jedes einzelnen Abgeordneten, sich mit Wahlvorschlägen an Wahlen zu beteiligen und selbst zu kandidieren, wie auch das aus Art. 40 II 1 ableitbare Recht der Fraktionen, sich an Wahlen mit Vorschlägen zu beteiligen (vgl. Art. 45 Rn. 3; LVerfGE 4, 3), beschränkt. Eine ähnliche Beschränkung des Vorschlagsrechts findet sich in Art. 46 a, wonach die Fraktionen die Mitglieder des Ausschusses für Verfassungsschutz vorschlagen. Bei der **Bildung der Ausschüsse** kommt den Fraktionen ebenfalls eine herausragende Bedeutung zu. Sowohl die Zusammensetzung als auch die Besetzung der Vorsitze richtet sich nach der Stärke der Fraktionen (vgl. Art. 44 II). Die Fraktionen benennen die auf sie entfallenden Mitglieder. Ohne Mitglied einer Fraktion zu sein, kann ein einzelner MdA an der für den parl. Betrieb so wichtigen Ausschussarbeit nicht gleichberechtigt teilnehmen. Ihm steht nach Art. 44 II 3 kein Stimmrecht zu. Im Hinblick auf die Bedeutung, die eine Fraktionsmitgliedschaft für den einzelnen Abg. hat, unterfällt die Mitarbeit in einer Fraktion der durch Art. 38 IV geschützten Rechtsstellung des Abg. Aus dem freien Mandat lässt sich zwar kein Anspruch auf Aufnahme in eine Fraktion ableiten, doch schützt dieser Grundsatz vor einem sachlich nicht begründeten Ausschluss aus der Fraktion (vgl. BbgVerfG NVwZ-RR 2004, 161; Schmidt DÖV 2003, 846).

Die Fraktionen nehmen ihre Verfassungsaufgaben als **selbständige und unabhängige Gliederungen** des Parl. wahr, Art. 40 II 1. Mit dieser Formulierung wird das Verhältnis der Fraktionen zu den jeweiligen Parteien angesprochen. Diesen gegenüber sind die Fraktionen weder rechenschaftspflichtig, noch sind sie an Beschlüsse, Empfehlungen oder gar »Weisungen« der Parteien gebunden. Den entsendenden Parteien ist es daher verwehrt, den Abgeordneten am Beitritt zu einer anderen Fraktion oder daran zu hindern, aus einer Fraktion auszutreten (BgbVerfG, NVwZ-RR 2004, 161). Die von der VvB betonte Unabhängigkeit der Fraktionen von den Parteien zeigt sich auch darin, dass die den Fraktionen nach Art. 40 II 2 zustehende **angemessene Ausstattung** nur für die Fraktionsarbeit verwendet werden darf und nicht für die Parteiarbeit. Die Abgrenzung kann im Einzelfall schwierig sein. Für reine Sympathiewerbung ohne Bezug zur sachlichen Arbeit der Fraktion im Parl. dürfen staatliche Fraktionsgelder nicht verwendet werden (ausf. RhPfVerfGH NVWz 2003, 75). Die Einzelheiten der finanziellen Ausstattung sind ebenso wie die Rechnungsprüfung durch den LRH in §§ 8 – 10 FraktG geregelt.

Art. 41 [Abgeordnetenhaus]

(1) Das Abgeordnetenhaus gibt sich selbst eine Geschäftsordnung.
(2) Das Abgeordnetenhaus wählt für die Dauer der Wahlperiode aus seiner Mitte den Präsidenten und zwei Vizepräsidenten des Abgeordnetenhauses sowie die übrigen Mitglieder des Präsidiums. Für die Wahl des Präsidenten und der Vizepräsidenten haben die Fraktionen das Vorschlagsrecht in der Reihenfolge ihrer Stärke. Für die Wahl der übrigen Mitglieder des Präsidiums hat jede Fraktion das Vorschlagsrecht für ein Mitglied und für so viele weitere Mitglieder, wie nach ihrer Stärke auf die Fraktionen entfallen. Für die Wahl des gesamten Präsidiums wird die Stärke der Fraktionen nach dem d'Hondtschen Höchstzahlverfahren berechnet.
(3) Der Präsident, die Vizepräsidenten und die übrigen Mitglieder des Präsidiums können durch Beschluss des Abgeordnetenhauses abberufen werden. Der Beschluss setzt einen Antrag der Mehrheit der Mitglieder des Abgeordnetenhauses voraus. Er bedarf der Zustimmung einer Mehrheit von zwei Dritteln der Mitglieder des Abgeordnetenhauses.
(4) Der Präsident übt das Hausrecht und die Polizeigewalt im Sitzungsgebäude aus. Ohne seine Zustimmung darf im Sitzungsgebäude keine Durchsuchung oder Beschlagnahme stattfinden.
(5) Der Präsident verwaltet die wirtschaftlichen Angelegenheiten des Abgeordnetenhauses nach Maßgabe des Haushaltsgesetzes. Er vertritt das Abgeordnetenhaus in allen Angelegenheiten. Ihm steht die Ernennung, Einstellung und Entlassung der Beamten, Angestellten und Arbeiter zu.

Art. 41 ermächtigt das AvB zur Selbstbestimmung seiner Organisation 1
und seines Verfahrens (sog. **Parlamentsautonomie**). Die Parlamentsautonomie soll das geordnete Funktionieren des Parl. im Staats- und Verfassungsleben sichern (E 1, 148). Das Recht des Parl., seine inneren Angelegenheiten zu regeln, erstreckt sich traditionell auf die Bereiche »Geschäftsgang« und »Disziplin«. Doch gehört dazu auch die Befugnis, sich selbst zu organisieren und sich dadurch in den Stand zu setzen, seine Aufgaben zu erfüllen (E 102, 224 = NJW 00, 3771). Aus der Parlamentsautonomie erwachsen dem Parl. aber nicht nur Befugnisse, sondern auch die Pflicht, diejenigen Vorkehrungen zu treffen, die zur Funktionsfähigkeit der parl. Ordnung und ihres Verfahrens erforderlich sind (E 96, 278; sehr weitgehend: RhPfVerfGH, NVwZ 2003, 75). Die Parlamentsautonomie schließt damit eine allgemeine Gesetzesregelung dieser Sachbereiche aus. Auffallend ist, dass Art. 41 insb. hinsichtl. der Wahl von PrAvB und VPrAvB nicht leicht verständliche Detailregelungen vorsieht, während das GG in seinem Art. 40 nur die Grundzüge

regelt. Die Detailregelung ist Reaktion auf die Rspr. des VerfGH zu Art. 45 (s. unten Art. 45 Rn. 3).

Absatz 1: Geschäftsordnung

2   Die GOAvB idF vom 18. 6. 98 (GVBl S. 154) setzt den Regelungsauftrag des Art. 41 I um. Sie regelt vor allem **Organisation und Geschäftsgang** des AvB und besteht zum wesentl. Teil aus Rechtsnormen besonderer Art, deren rechtl. Einordnung str. ist (vgl. von Münch/Kunig, Art. 40 Rn. 17) und die am ehesten dem Begriff der autonomen Satzung (so E 1, 148) zugerechnet werden können, dem Verfassungs- und Gesetzesrecht jedoch rangmäßig auf jeden Fall nachstehen (E aaO; aA zu Gesetzen und Verordnungen Sachs, Art. 40 Rn. 26; wie hier Pfennig/Neumann Art. 41 Rn. 4). Bei der Ausgestaltung der GO kommt dem AvB ein weiter Gestaltungsspielraum zu (LVerfGE 2, 55). Richtmaß für die Ausgestaltung der GO muss das Prinzip der Beteiligung aller Abgeordneten sein (E 80, 219). Das Recht des einzelnen Abgeordneten, an der Willensbildung und Entscheidungsfindung des AvB mitzuwirken und seine besonderen Erfahrungen und Erkenntnisse einzubringen, darf daher nicht in Frage gestellt werden. Differenzierungen und Beschränkungen dieses Rechts darf – soweit nicht spezielle Verfassungsvorschriften bestehen – die GOAvB nur zur Sicherung der Arbeitsfähigkeit des Parl. vornehmen (LVerfGE 4, 7). Die Ausgestaltung und auch Beschränkung der Rechte des einzelnen Abgeordneten ist daher nur insoweit zulässig, »wie es für die gemeinschaftliche Ausübung der Mitgliedschaft im Parl. notwendig ist«, Art. 45 S. 2 (LVerfGE aaO; vgl. zum GG E 84, 321 f.). Verletzungen der ihm nach der Verfassung zukommenden Rechte können der einzelne Abgeordnete und die betroffene Fraktion im Wege des Organklageverfahrens vor dem VerfGH rügen (vgl. Art. 40 Rn. 4). Die GOAvB **berechtigt und verpflichtet** nur die Mitglieder des AvB. Rechte des AvB gegenüber anderen Verfassungsorganen oder Dritten können aus ihr ebensowenig hergeleitet werden wie Rechte Dritter gegenüber dem AvB.

3   Die GOAvB gilt an sich nur für die **Wahlperiode des AvB**, das sie beschlossen hat, wird jedoch in der Praxis jeweils vom neuen AvB übernommen. Die Folgen der Verletzung von Geschäftsordnungsvorschriften sind str. Nach herrschender und zutreffender Ansicht bleibt die Gültigkeit geschäftsordnungswidriger Beschlüsse unberührt (von Münch/Kunig, Art. 40 Rn. 18). Die GOAvB regelt das parl. Verfahren nicht abschließend. Zahlreiche Verfahrensbestimmungen finden sich in der VvB selbst, so z.B. in Art. 41 II über die Wahl des PrAvB, des VPrAvB und der übrigen Präsidiumsmitglieder, in Art. 56, 57 über Wahl und Abwahl des SvB, in Art. 59, 60 über das Gesetzgebungsverfahren. Hier kann die GO nur ergänzende Regelungen treffen. Die GOAvB wird

außerdem durch parl. Gewohnheitsrecht ergänzt (z.B. die Sitzordnung). Auch in unterhalb der Verfassung stehenden Landesnormen finden sich Ergänzungen, so z.B. im FraktG. Diese sind aber nur zulässig, soweit die VvB selbst eine entsprechende Verfassungsermächtigung enthält (vgl. etwa Art. 40 II 3). Die GOAvB ist von einer gewissen **Flexibilität** gekennzeichnet. So kann von ihr abgewichen werden, wenn kein MdA widerspricht, § 91 GOAvB. Eine dauernde Änderung der GOAvB bedarf dagegen einer vorherigen Beratung im dafür zuständigen Ausschuss.

Absatz 2: Präsidenten und Präsidium

Abs. 2 nennt als Organe des AvB, die es aus seiner Mitte wählt, den **Präsidenten, die zwei Vizepräsidenten und die übrigen Mitglieder des Präsidiums**.Art. 41 II hat durch das 2. Gesetz zur Änderung der VvB vom 3. 4. 98 (GVBl S. 82) eine neue Fassung erhalten. Nunmehr wird im Einzelnen im Verfassungstext selbst bestimmt, dass den Fraktionen Vorschlagsrechte für die Wahlen zustehen. Für die Wahl des PrAvB und des VPrAvB haben die Fraktionen das Vorschlagsrecht in der Reihenfolge ihrer Stärke, die nach dem d'Hondtschen Höchstzahlverfahren ermittelt wird. Für die Wahl der übrigen Mitglieder des Präsidiums hat jede Fraktion das Vorschlagsrecht für ein Mitglied und für so viele weitere Mitglieder, wie nach ihrer Stärke auf die Fraktionen entfallen. Diese Neufassung ist eine Reaktion des Verfassungsgesetzgebers auf einen Beschluss des VerfGH zur früheren Fassung des Art. 41 II. Diese frühere Fassung kannte keine Beschränkung hinsichtl. des Vorschlagsrechts für die zu wählenden Ämter. Eine solche war aber in der GOAvB enthalten. Der VerfGH sah dadurch das aus Art. 38 IV, 45 I und 41 II 1 aF verfassungsrechtl. verbürgte Recht der einzelnen Abgeordneten und der Fraktionen, bei vom Parl. vorzunehmenden Wahlen einen Vorschlag zu machen oder – im Falle der einzelnen Abgeordneten – für ein Amt zu kandidieren, als verletzt an (LVerfGE 4, 7 f.). Mit der Neufassung ist die Zahl der zu wählenden VPrAvB auf zwei festgelegt worden. Damit ist die zur früheren Fassung diskutierte Frage, ob trotz der Pluralformulierung auch nur ein VPrAvB gewählt werden kann, entschieden. 4

Die Reihenfolge der Stärke der Fraktionen wird nach dem **d'Hondtschen Höchstzahlverfahren** berechnet (hierzu Art. 39 Rn. 9). Dies gilt für die Wahl des gesamten Präsidiums, also sowohl für die Wahl von PrAvB und VPrAvB als auch für die Wahl der »freien« Präsidiumsplätze für Beisitzer. Die Zahl der Beisitzer wird weder in der VvB noch in der GOAvB festgelegt (vgl. § 12 GOAvB). Die Wahl hat **aus der Mitte des AvB** zu erfolgen. Es kommen damit nur Kandidaten in Betracht, die selbst Abgeordnete sind. Da die Wahlvorschlagsberechtig- 5

ten feststehen, kann es nicht zu Gegenkandidaturen kommen. Die VvB sagt nichts darüber aus, welche Mehrheit die Mitglieder des Präsidiums für ihre Wahl benötigen. Dies wird im Einzelnen in der GOAvB geregelt. Danach ist für die Wahl des PrAvB und VPrAvB die Mehrheit der Stimmen der Mitglieder des AvB erforderl., während für die übrigen Präsidiumsmitglieder die einfache Mehrheit genügt (GOAvB § 11).
6 Die Wahl erfolgt **für die Dauer der Wahlperiode**.

Absatz 3: Abberufung des Präsidenten und der Präsidiumsmitglieder

Der PrAvB vertritt das AvB nach außen und ist damit Repräsentant des Parl. Er hat die Würde und die Rechte des AvB zu wahren und seine Arbeit zu fördern (GO AvB § 14 II). Diese Funktionen des PrAvB erfordern eine gewisse Distanz des PrAvB auch und gerade gegenüber seiner eigenen Fraktion und Partei. Hieraus ist in der Vergangenheit der Ausschluss einer Abwahlmöglichkeit oder eines Misstrauensantrags gegenüber dem Präs. und den Mitgliedern des Präsidiums abgeleitet worden (vgl. zum Meinungsstand m.w.N. Vorauflage Rn. 6). Der Gesetzgeber hat durch das von einer Oppositionsfraktion initiierte dritte Gesetz zur Änderung der Verfassung von Berlin vom 19. 5. 2004 (GVBl. S. 214, Drs. 15/2178) eine Abwahlmöglichkeit nunmehr ausdrücklich in die Verfassung aufgenommen.

Absatz 4: Hausrecht des Präsidenten

Nach Abs. 4 übt der PrAvB das Hausrecht und die Polizeigewalt im Sitzungsgebäude aus. Das Hausrecht ist zum einen Ausfluss des privatrechtl. Eigentums und der sich daraus ergebenden Nutzungsrechte des AvB an den Räumlichkeiten, zum anderen ist es öffentl.-rechtl. Natur, da es der Aufgabensicherung des Parl. dient und hierin seine Wurzel hat (vgl. zum Meinungsstand Köhler, S. 235 f.; Dreier, Art. 40, 34 f.). Bei der praktischen Handhabung sind die Grenzen beider Befugnisse fließend. Der Polizeibegriff ist im Hinblick auf die Parlamentsautonomie weit im Sinne des **materiellen Polizeirechts** zu verstehen. Dem PrAvB obliegen daher neben der Sitzungspolizei im Plenum **alle Ordnungsaufgaben** unter Ausschluss der Zuständigkeit der örtlichen Ordnungs- und Polizeibehörden. Diese sind aber zur Amtshilfe verpflichtet. Soweit sie auf Anforderung des PrAvB tätig werden, unterliegen sie allein seinen Weisungen (ebenso Pfennig/Neumann, Art. 41 Rn. 13). Nur in Notfällen, also etwa zur Abwehr unmittelbar bevorstehender Gefahren für Leib und Leben, ist Polizeibeamten das Betreten des Abgeordnetengebäudes ohne Ersuchen des PrAvB erlaubt. Für Durchsuchungen (§§ 102 ff. StPO) und Beschlagnahmen (§§ 94 ff. StPO) ist dagegen stets die

Zustimmung, also die vorherige Einverständniserklärung des PrAvB erforderl., Satz 2. Auf die Zustimmung können weder der PrAvB noch ein MdA verzichten (vgl. Jarass/Pieroth, Art. 40 Rn. 13). Das Zustimmungserfordernis gehört im Hinblick auf seinen Schutzzweck zum Hausrecht des PrAvB. Es vervollständigt den Schutz der Arbeit des AvB vor möglichem Druck durch andere Hoheitsträger. Daneben schützt es die Autorität des PrAvB. sowie der MdA als Teile des Parlaments und stellt eine funktionelle Ergänzung zum Immunitätsrecht dar (E 108, 274 ff.; zum Immunitätsrecht s. 51 Rn. 7). Bei der Entscheidung über die Zustimmung steht dem PrAvB Ermessen zu. Er muss sich dabei von dem Ziel leiten lassen, die Funktionsfähigkeit der parl. Arbeit zu sichern (zum Bundesrecht: E 108, 273 f.).Für Festnahmen und Verhaftungen gelten die Regelungen in Art. 51 III und IV. Der räumliche Schutz des AvB wird durch § 106 b StGB und das Berliner Bannmeilengesetz ergänzt.

Hausrecht und Polizeigewalt erstrecken sich auf das Sitzungsgebäude. Hiermit ist nicht nur der Sitzungssaal, sondern das **Gebäude des Abgeordnetenhauses** mit allen den Funktionen des Parl. dienenden Räumlichkeiten zu verstehen (LVerfGE 4, 18 zu Art. 37 VvB 1950, der den Begriff »Abgeordnetenhaus« verwendete). Hierzu gehören auch die Räume im Gebäude des Abgeordnetenhauses, die den Fraktionen zur Nutzung überlassen werden. Auf sie erstreckt sich das Hausrecht des PrAvB allerdings nicht uneingeschränkt (LVerfGE 4, 19). Den Fraktionen steht an den ihnen im Abgeordnetenhaus zugewiesenen Räumen ein eigenes, das Hausrecht des PrAvB begrenzendes Nutzungsrecht zu. Es handelt sich um ein aus der Funktion der Fraktionen herleitbares Nutzungsrecht eigener Art, das sich in seinen Befugnissen und Grenzen einerseits aus der Stellung der Fraktionen, andererseits aus der übergeordneten Funktion des Parlamentsbetriebs ergibt. Die Fraktionen haben aus ihrem Nutzungsrecht Abwehrrechte gegen jede Kontrolle und jede Störung ihrer parl. Arbeit. Der PrAvB ist daher nicht befugt, die Nutzung der Fraktionsräumlichkeiten im Einzelnen zu überprüfen. Das übergeordnete Hausrecht gibt dem PrAvB jedoch die Möglichkeit, bei Missbräuchen einzuschreiten, insb. wenn sich diese auf den Parlamentsbetrieb insgesamt auswirken können. Der VerfGH hat einen solchen Missbrauch bei einem Hungerstreik in Fraktionsräumen, der sich nicht auf die Arbeit der Fraktion bezog und von Dritten, die weder Fraktionsmitglieder noch deren Mitarbeiter waren, durchgeführt wurde, als gegeben angesehen (LVerfGE 4, 19 f.). 8

Absatz 4: Weitere Aufgaben des Präsidenten

Zu den weiteren Aufgaben des PrAvB gehört nach Abs. 4 die Verwaltung der **wirtschaftlichen Angelegenheiten** des AvB (ausf. Köhler, 9

S. 301). Dass er hierbei an das Haushaltsgesetz gebunden ist, stellt Abs. 4 ausdrückl. klar. Der PrAvB wird bei seiner Tätigkeit von der Verwaltung des AvB unterstützt. Der PrAvB ist für die beim AvB beschäftigten Beamten oberste Dienstbehörde und Arbeitgeber für die bei dem AvB beschäftigten Angestellten und Arbeiter. Er entscheidet über Ernennung, Einstellung und Entlassung. Der PrAvB vertritt außerdem das AvB in allen Angelegenheiten nach außen. Auch dieses zum Kernbestand der präsidialen Befugnisse in allen Parl. gehörende Recht wird in Abs. 4 noch einmal ausdrückl. erwähnt.

Art. 42 [Einberufung, Öffentlichkeit der Sitzungen]

(1) Das Abgeordnetenhaus wird durch den Präsidenten einberufen.
(2) Auf Antrag eines Fünftels seiner Mitglieder oder des Senats muss das Abgeordnetenhaus unverzüglich einberufen werden.
(3) Die Verhandlungen des Abgeordnetenhauses sind öffentlich.
(4) Wenn ein Fünftel der Abgeordneten oder der Senat es beantragt, kann die Öffentlichkeit ausgeschlossen werden. Über den Antrag ist in geheimer Sitzung zu beraten und abzustimmen.

Das **Selbstversammlungsrecht** der Abgeordneten gehört zum Kernbestand der Parlamentsautonomie und ist Ausdruck der Volkssouveränität. Eine ausdrückl. Regelung über die Einberufung des Parl., wie sie in Art. 42 Abs. 1 und 2 enthalten ist, ist daher ungewöhnlich. Das GG kennt in Art. 42 I nur eine Normierung des Öffentlichkeitsprinzips. 1

Absatz 1: Einberufung des Abgeordnetenhauses

Die Abgeordneten selbst entscheiden über Datum, Beginn und Ende der Sitzungen des Parl. Einer Einberufung durch ein Organ des Parl. oder ein anderes Staatsorgan bedarf es daher nicht. Dass der Berliner Verfassungsgesetzgeber von diesem Grundsatz des modernen Parlamentarismus durch Abs. 1, wonach der PrAvB das AvB einberuft, abgehen wollte, ist nicht anzunehmen. Allerdings ist eine Auslegung, der PrAvB nehme bei einer Einberufung lediglich als Organ des Parl. dessen ungeschriebenes Selbsteinberufungsrecht wahr (so Pfennig/Neumann, Art. 42 Rn. 1), mit dem Verfassungswortlaut nicht ohne weiteres zu vereinbaren. Denn danach wäre die Einberufungsbefugnis des AvB stets vorrangig und der PrAvB hätte nie ein Einberufungsrecht aus eigener Kompetenz. Art. 42 I ist daher als **Ergänzung des Selbstversammlungsrechts** zu verstehen (ähnlich Köhler, S. 111). Dem PrAvB steht ein eigenes Einberufungsrecht zu, das neben dem des Parl. und grundsätzl. unabhängig von diesem besteht. Der PrAvB ist daher – anders als z.B. der Bundestagspräsident, vgl. Art. 39 III GG und § 21 GOBT – ohne besondere Ermächtigung des AvB berechtigt, den Termin der Sitzungen festzulegen und das Parl. hierzu einzuberufen, § 14 II GOAvB. In der Parlamentspraxis werden die Sitzungstermine für die Arbeitssitzungen (ordentl. Sitzungen) vom Ältestenrat, dem der Präsident vorsitzt und der ihn bei der Arbeit unterstützt, zu Beginn eines Jahres festgelegt (§ 19 GOAvB). Traditionell ist Sitzungstag der zweite und vierte Donnerstag im Monat. Dass nach § 56 II GOAvB der PrAvB zu außerordentl. Sitzungen nur mit Zustimmung des AvB oder des Ältestenrats 2 einberufen kann, steht mit dem eigenständigen Einberufungsrecht des PrAvB aus Art. 42 I nicht in Einklang.

Absatz 2: Einberufungspflicht

3 Der PrAvB ist zu einer **Einberufung verpflichtet**, wenn ein Fünftel der Mitglieder des AvB oder der SvB dies beantragt. Ein Ermessensspielraum besteht für ihn nicht. Das Antragsrecht der Exekutive stellt vor dem Hintergrund der in der VvB zahlreichen Einflussmöglichkeiten der Legislative auf die Exekutive eine verfassungspolitisch gerechtfertigte Einschränkung der Parlamentsautonomie dar (krit. zum Einberufungsrecht auf Bundesebene: von Mangoldt/Klein/Starck, Art. 39 Rn. 24). Die von den nach Abs. 3 Berechtigten begehrte Tagesordnung ist für das Parl. allerdings nicht verbindlich. Durch eine Änderung der Tagesordnung kann das Parl. daher das Einberufungsrecht der Minderheit leerlaufen lassen.

Absatz 3: Öffentlichkeitsgrundsatz

4 Abs. 3 enthält die zentrale parl. Verhandlungsmaxime (Achterberg, S. 562 f.) der **Verhandlungsöffentlichkeit**. Gerade die im parl. Verfahren gewährleistete Öffentlichkeit der Auseinandersetzung und Entscheidungssuche ist wesentl. Element des demokratischen Parlamentarismus. Sie eröffnet Möglichkeiten eines Ausgleichs widerstreitender Interessen, die bei einem weniger transparenten Verfahren sich nicht so ergäben (E 84, 329).
Die in Abs. 3 geregelte Verhandlungsöffentlichkeit umfasst die **Sitzungsöffentlichkeit,** die den ungehinderten Zugang zu den Verhandlungen des Plenums für jedermann beinhaltet, und die **Berichtsöffentlichkeit,** die die amtliche und nichtamtliche Berichterstattung über die Verhandlungen gewährleistet. Um die Sitzungsöffentlichkeit nicht praktisch leerlaufen zu lassen, ist das Parl. verpflichtet, angemessene Zuhörerkapazitäten vorzuhalten (Dreier, Art. 42 Rn. 26). Angesichts der Bedeutung der Medien für die Herstellung der Öffentlichkeit, ist es gerechtfertigt, aus Art. 42 III eine Verpflichtung des AvB zu entnehmen, im Rahmen des baulich Möglichen den Medien Zugang zu verschaffen (ebenso Dreier, Art. 42 Rn. 27 mwN; Pfennig/Neumann Art. 42 Rn. 4; aA von Mangoldt/Klein/Starck, Art. 42 Rn. 4 f. jeweils mwN). Mit den Verhandlungen des AvB sind dessen Plenarsitzungen gemeint. Der Begriff der **Verhandlungen** ist weit zu verstehen. Er umfasst auch Aussprachen und Abstimmungen (E 89, 303). Geheime Abstimmungen sind daher verfassungsrechtl. problematisch (vgl. Dreier, Art. 42 Rn. 23; Jarass/Pieroth, Art. 42 Rn. 1 f.; aA Seifert/Hömig, Art. 42 Rn. 1), in der GOAvB aber auch nicht vorgesehen. Dagegen sind geheime Wahlen im

Hinblick auf die Besonderheit der Personalentscheidung zulässig (Dreier, aaO; von Münch/Kunig, Art. 42 Rn. 9). Die Frage, ob vom Grundsatz der Verhandlungsöffentlichkeit auch die Ausschussarbeit erfasst wird, stellt sich in der VvB, anders als beim GG und vielen Landesverfassungen, nicht. Nach Art. 44 I 2 tagen auch die Ausschüsse grundsätzl. öffentl. Auf Antrag eines Ausschussmitglieds oder auf Anregung eines Senatsmitglieds kann der Ausschuss allerdings jederzeit eine Sitzung oder Teile der Sitzung für nichtöffentlich erklären, § 26 V GOAvB.

Absatz 4: Ausschluss der Öffentlichkeit

Die Öffentlichkeit kann durch Beschluss des AvB **ausgeschlossen** werden, wenn dies ein Fünftel der Abgeordneten oder der Senat beantragt. Für den Ausschluss der Öffentlichkeit reicht die einfache Stimmenmehrheit der anwesenden und abstimmenden MdA aus. Dies folgt aus Art. 43 II 1. Angesichts dessen und des Mindestquorums für die Beschlussfähigkeit in Art. 43 I ist es wenig überzeugend, wenn für die Antragstellung die Unterstützung eines Fünftels der Mitglieder des AvB und nicht nur der anwesenden Mitglieder verlangt wird (so Pfennig/Neumann, Art. 42 Rn. 5). Eine solche Auslegung wird den unterschiedlichen Formulierungen in Abs. 2 und Abs. 4 nicht gerecht. Abs. 2 spricht von einem Fünftel *der Mitglieder* des AvB während dieser Zusatz bei Abs. 4 gerade fehlt. Für den Erfolg eines solchen Antrags genügt daher die Unterstützung durch ein Fünftel der anwesenden MdA. Bereits die Beratung über den Antrag geschieht in nichtöffentlicher Sitzung. Gleiches gilt für die Abstimmung. Angesichts der Bedeutung des Öffentlichkeitsprinzips für die parlamentarische Demokratie bedarf der Ausschluss wenigstens einer kurzen Begründung (wie hier: Dreier, Art. 42 Rn. 29; aA Maunz/Dürig, Art. 42 Rn. 49). Vom Ausschluss der Öffentlichkeit sind die Senatsmitglieder nicht betroffen, da sie nach Art. 49 II ein eigenes Recht auf Anwesenheit haben. Ob sich der Ausschluss auf die Mitarbeiter des AvB erstreckt, ist von Fall zu Fall zu klären. Dass Parl. kann unter Beachtung des Willkürverbotes auch Einzelnen oder bestimmten Gruppen trotz Ausschlusses der Öffentlichkeit den Zutritt gestatten.

Art. 43 [Beschlussfähigkeit]

(1) Das Abgeordnetenhaus ist beschlussfähig, wenn mehr als die Hälfte der gewählten Abgeordneten anwesend ist.
(2) Das Abgeordnetenhaus beschließt mit einfacher Stimmenmehrheit, falls die Verfassung nicht ein anderes Stimmenverhältnis vorschreibt. Stimmengleichheit bedeutet Ablehnung. Für die vom Abgeordnetenhaus vorzunehmenden Wahlen kann durch Gesetz oder durch die Geschäftsordnung eine andere Mehrheit vorgeschrieben werden.

1   Die **Beschlussfähigkeit** des AvB erfährt durch Abs. 1 eine **verfassungsunmittelbare Regelung**. Damit unterscheidet sich die VvB von der Rechtslage auf Bundesebene. Das GG enthält keine Regelungen über die Beschlussfähigkeit. Solche finden sich ausschließlich in der GOBT.

Absatz 1: Beschlussfähigkeit

2   Zur Herstellung der Beschlussfähigkeit ist nicht nur die Anwesenheit von mehr als der Hälfte der verfassungsmäßigen Mindestzahl der Abgeordneten (130, vgl. Art. 38 II) erforderl., sondern der »gewählten«, also aller in der jeweiligen Wahlperiode in das Parl. entsandten Mitglieder (15. Wahlperiode: 141). Die Abgeordneten müssen im Sitzungssaal anwesend sein, ein Aufenthalt irgendwo im Parlamentsgebäude genügt nicht.

3   Nach § 73 GOAvB ist die Feststellung der Beschlussfähigkeit nur mögl., wenn diese unmittelbar vor der Eröffnung der Abstimmung angezweifelt wird. **Eine Prüfung** durch das Präsidium des AvB **von Amts wegen ist nicht vorgesehen**. Gesetzesbeschlüsse können damit nach der GOAvB auch dann zustande kommen, wenn weit weniger als die erforderl. Hälfte der gewählten Abgeordneten an der Abstimmung teilnimmt. Die in diesem Punkt inhaltsgleiche Regelung in § 45 GOBT hat das BVerfG unter Hinweis insb. auf die Bedeutung der Arbeit in den Ausschüssen als mit dem Prinzip der repräsentativen Demokratie vereinbar erklärt (E 44, 308 und 316). Ob diese Rspr. angesichts des Unterschieds der zu leistenden Arbeit im BT und den Landesparl. unbesehen auf das Teilzeitparl. AvB übertragen werden kann, erscheint zweifelhaft (so aber Pfennig/Neumann, Art. 43 Rn. 1). Dies bedarf allerdings keiner Vertiefung. Denn der Annahme, das AvB sei immer beschlussfähig, solange seine Beschlussunfähigkeit nicht positiv festgestellt sei, steht der eindeutige Wortlaut des Art. 43 I entgegen. Der Verfassungsgesetzgeber in Berlin hat die Frage der **Beschlussfähigkeit** – anders als derjenige im Bund – selbst geregelt und damit der abweichenden Regelung

durch die GO entzogen (im Ergebnis ebenso Zivier, S. 141). § 73 GOAvB bedarf daher der verfassungskonformen Auslegung dahin, dass zu denjenigen, die die Beschlussfähigkeit anzweifeln können, das Präsidium zählt und dieses vor jeder Abstimmung von Amts wegen verpflichtet ist, die Beschlussfähigkeit festzustellen. Eine solche Prüfpflicht besteht allerdings nur aus Anlass von Abstimmungen, nicht auch für die gesamte Dauer der Plenardebatte.

Art. 43 bezieht sich auf alle Arten von Beschlüssen des AvB. Der **Beschluss** ist die Form, in der das AvB seinen Willen als Kollegialorgan in verbindlicher Weise festlegt und Entscheidungen trifft (vgl. Sachs, Art. 42 Rn. 8). Hierzu zählen Gesetzesbeschlüsse, Wahlen, Beschlüsse über die Einsetzung von Ausschüssen, aber auch alle sonstigen sog. einfachen oder schlichten Parlamentsbeschlüsse, wobei es auf die Rechtsverbindlichkeit nicht ankommt. Auch rechtl. unverbindliche Willensäußerungen des AvB stellen Beschlüsse dar, auf die die Regelungen der Verfassung und GO (vgl. § 39 I, 40 I GOAvB) Anwendung finden (VerfGH LKV 99, 503 zu einem Entschließungsantrag; ebenso zum GG z.B. Seifert/Hömig, Art. 42 Rn. 2; Sachs, Art. 42 Rn. 9; aA von Mangoldt/Klein/Starck, Art. 42 II Rn. 31; unklar Pfennig/Neumann Art. 43 Rn. 2). 4

Absatz 2: Mehrheitsprinzip

Das in Art. 43 II verankerte **Mehrheitsprinzip** gewährleistet jedem Abgeordneten das Recht, im Abgeordnetenhaus abzustimmen und dabei in Verbindung mit dem aus Art. 38 IV folgenden Prinzip der gleichen Mitwirkungsbefugnis aller MdA das gleiche Recht jedes Abgeordneten, seine politischen Vorstellungen im Wege der Abstimmung in den Willensbildungsprozess des Parl. einzubringen (VerfGH LKV 99, 503). 5

Einfache Stimmenmehrheit bedeutet, dass mehr Ja-Stimmen als Nein-Stimmen abgegeben werden. Stimmenthaltungen und ungültige Stimmen werden dabei nicht berücksichtigt (§ 69 II GOAvB). Auch wenn die Zahl der Nein-Stimmen, der Enthaltungen und der ungültigen Stimmen zusammen die Zahl der Ja-Stimmen übersteigt, ist der Beschluss gefasst, wenn nur mehr Ja als Nein-Stimmen abgegeben wurden. Satz 2 stellt klar, dass Stimmengleichheit Ablehnung bedeutet. Die einfache Abstimmungsmehrheit ist maßgebl., soweit nicht durch die VvB ein anderes Stimmenverhältnis vorgeschrieben wird. Folgende andere Abstimmungsmehrheiten (zu Wahlen s. unten Rn. 6 f.) finden sich in der VvB: **Mehrheit der gewählten** Mitglieder (Misstrauensantrag, Art. 57 III), **zwei Drittel der gewählten Mitglieder** (Verfassungsänderung, Art. 100 und Parlamentsauflösung, Art. 54 II; Zustimmung zum Staatsvertrag Berlin-Brandenburg, Art. 97 II).

Verfassung von Berlin

Die Abstimmungen finden – deutscher Parlamentstradition folgend – offen statt. Das Verfahren und die Arten der Abstimmungen sind nicht in der VvB, sondern in der GOAvB geregelt. Danach ist das **Handzeichen** (§ 70 I 1 GOAvB) die Regel. Bei Zweifeln des Präsidiums über das Abstimmungsergebnis wird die Stimmenzählung durch den sog. **Hammelsprung** durchgeführt (§ 70 II GOAvB). Bei der **namentlichen Abstimmung** (§ 71 GOAvB) wird mit namentlich gekennzeichneten Stimmzetteln oder mit der elektronischen Abstimmungsanlage abgestimmt (§§ 71 II, 70 IV Nr. a GO AvB). Die elektronische Abstimmungsanlage kann auch bei den anderen Abstimmungsformen eingesetzt werden, wenn das amtierende Präsidium über das Ergebnis der Abstimmung im Zweifel bleibt (§ 70 IV Nr. b).

6 Für vom AvB vorzunehmende **Wahlen** kann nicht nur durch die VvB, sondern auch durch einfaches Gesetz oder durch die Geschäftsordnung eine andere Mehrheit vorgeschrieben werden, 43 II 3. Für die **Wahl zum RBm** verlangt Art. 56 die Mehrheit der **abgegebenen** Stimmen. Nach § 75 I 3 GOAvB zählen bei der Ermittlung der Zahl der abgegebenen Stimmen die Stimmenthaltungen und ungültigen Stimmen mit. Dies hat zur Folge, dass der RBm für seine Wahl mehr Ja-Stimmen als Nein-Stimmen zuzüglich der Enthaltungen und ungültigen Stimmen braucht (vgl. ausf. auch zur Gegenmeinung Art. 56 Rn 3.).

7 Die VvB selbst schreibt außerdem **höhere Mehrheiten** für Wahlen der Präsidenten der oberen Landesgerichte und des Rechnungshofpräsidenten (Mehrheit der Mitglieder, Art. 82 II, Art. 95 II) und der Richter des Verfassungsgerichtshofs (Zweidrittelmehrheit, Art. 84 II) vor. Da bei der Verfassungsrichterwahl eine Bezugsgröße, auf deren Grundlage die Zweidrittelmehrheit berechnet werden kann, fehlt, ist auf die Grundregel des Art. 43 II 1 zurückzugreifen. Danach ist (nur) eine qualifizierte Abstimmungsmehrheit für die Wahl erforderlich (vgl. ausf. Wille, S. 49 mwN). In zahlreichen Gesetzen ist darüber hinaus von der Möglichkeit Gebrauch gemacht worden, für Wahlen, die vom AvB vorzunehmen sind, von Art. 43 II abweichende Mehrheiten vorzuschreiben. Dabei ist verschiedentlich geregelt, dass auf Vorschlag der Fraktionen im Verhältnis ihrer Stärke zu wählen ist (vgl. die Übersicht bei Pfennig/Neumann, Art. 43 Rn. 4 – 5). Im Hinblick auf die Rspr. des VerfGH (LVerfGE 4, 3), wonach das Recht des einzelnen Abgeordneten und der Fraktionen, an der Willensbildung und Entscheidungsfindung des AvB mitzuwirken und besondere Erfahrungen und Erkenntnisse einzubringen, nicht in Frage gestellt werden darf und daher Differenzierungen und Beschränkungen dieses Rechts – soweit nicht spezielle Verfassungsvorschriften bestehen – durch die GOAvB und Gesetz nur zur Sicherung der Arbeitsfähigkeit des Parl. vorgenommen werden dürfen (LVerfGE 4, 7), sind diese Wahlrechtsbestimmungen verfassungsrechtl. problematisch. Allerdings hat inzwischen der Verfassungsgesetzgeber

durch eine Änderung des Art. 41 VvB den VerfGH »korrigiert«. Es spricht einiges dafür, diese Verfassungsänderung über den Bereich der Wahlen von PrAvB und VPrAvB hinaus als verallgemeinerungsfähige Aussage des Verfassungsgesetzgebers anzusehen.

Art. 44 [Ausschüsse; Enquete-Kommission]

(1) Das Abgeordnetenhaus setzt nach Bedarf Ausschüsse aus seiner Mitte ein. Die Ausschüsse tagen grundsätzlich öffentlich.
(2) Die Zusammensetzung der Ausschüsse sowie die Besetzung der Vorsitze richten sich nach der Stärke der Fraktionen (Artikel 41 Abs. 2 Satz 4). Die Fraktionen benennen dem Präsidenten die auf sie entfallenden Mitglieder. Fraktionslose Abgeordnete haben das Recht, in den Ausschüssen ohne Stimmrecht mitzuarbeiten.
(3) Alles Nähere regelt die Geschäftsordnung des Abgeordnetenhauses.
(4) Das Abgeordnetenhaus hat das Recht und auf Antrag eines Viertels seiner Mitglieder die Pflicht, zur Vorbereitung von Entscheidungen über umfangreiche oder bedeutsame Sachverhalte in einem Lebensbereich Enquete-Kommissionen einzusetzen. Diesen gehören auch vom Präsidenten des Abgeordnetenhauses auf Vorschlag der Fraktionen berufene sachverständige Personen an, die nicht Mitglieder des Abgeordnetenhauses sind. Das Nähere regelt ein Gesetz.

1 **Allgemeines:** Die VvB fasst die für alle Ausschüsse gemeinsam geltenden Grundsätze in Art. 44 zusammen. Eine vergleichbare Norm kennt das GG nicht, das in den Art. 42 III, Art. 43 und Art. 46 I die Ausschüsse voraussetzt und in den Art. 45, 45 a und 45 c einige Pflichtausschüsse festlegt.

Die **Ausschüsse** sind die wichtigsten parl. Untergliederungen eines Parl. Ein wesentl. Teil der Informations-, Kontroll- und Untersuchungsaufgaben und des Willensbildungs- und Entscheidungsprozesses des Parl. wird durch die verschiedenen Ausschüsse wahrgenommen (E 84, 323). In den Ausschüssen wird vor allem die gesamte Gesetzgebungsarbeit nicht nur vorbereitet, sondern so weit vorweggenommen, dass der Aussprache im Plenum nicht mehr die Aufgabe zukommt, die Gesetzesvorhaben inhaltlich zu gestalten, sondern die Gründe darzulegen, die nach Ansicht der verschiedenen Fraktionen für oder gegen ein Gesetzesvorhaben sprechen (vgl. E 80, 221; HStR II § 42 Rn. 41). Diese überragende Bedeutung der Ausschüsse als »**verkleinertes Abbild des Plenums**« (E 80, 222) hat zur Folge, dass sie in ihrer Zusammensetzung die Zusammensetzung des Parl. widerspiegeln müssen. Da die Sacharbeit in den Ausschüssen eine der Mitwirkung im Plenum vergleichbare Bedeutung hat, darf ein MdA nicht ohne an der Funktionstüchtigkeit des Parl. orientierte Gründe von jeder Mitarbeit in den Ausschüssen ausgeschlossen werden (E 80, 222; zur Entwicklung des Ausschusssystems Schneider/Zeh, § 39 Rn. 7 ff.).

Art. 44 [Ausschüsse; Enquete-Kommission]

Absatz 1: Öffentlichkeitsprinzip

Im Gegensatz zum GG, das die Bildung der Ausschüsse nur für einige 2
Bereiche selbst regelt, im Übrigen das Ausschusswesen aber der Parlamentsautonomie überlässt, werden durch die VvB wichtige, für alle Ausschüsse geltende Entscheidungen in Art. 44 selbst getroffen. So bestimmt Art. 44 I 2, dass die Ausschüsse grundsätzl. **öffentl. tagen**. Der Grundsatz gilt für alle Ausschüsse, also auch für den besonders sicherheitsrelevanten Ausschuss für Verfassungsschutz. Art. 46 a, der seit der 14. Wahlperiode in Kraft ist, sieht keine abweichende Bestimmung vor. Allerdings kann die Öffentlichkeit nach § 34 Verfassungsschutzgesetz (idF vom 25. 6. 01, GVBl S. 235) ausgeschlossen werden, wenn das öffentl. Interesse oder berechtigte Interessen eines Einzelnen dies gebieten. Mit der Entscheidung für die Öffentlichkeit der Ausschussberatungen steht die VvB weitgehend allein da. Sowohl nach der GOBT (§ 69) als auch den Verfassungen und Geschäftsordnungen der meisten Bundesländer tagen die Ausschüsse grundsätzl. nichtöffentlich.

Absatz 2: Zusammensetzung der Ausschüsse

Abs. 2 Satz 2 stellt nunmehr ausdrückl. klar, dass die Abgeordneten 3
nicht vom AvB in die Ausschüsse gewählt, sondern von den Fraktionen benannt werden. Nur innerhalb der Fraktionen findet eine Wahl statt, § 20 III GOAvB. Mit der Regelung über die **Benennung der Ausschussmitglieder** hat der Verfassungsgesetzgeber 1998 (GVBl S. 82) die bis dahin vom Wortlaut der VvB abweichende Staatspraxis verfassungsrechtl. legitimiert. Eine Wahl der Ausschussmitglieder findet nur beim Ausschuss für Verfassungsschutz und bei den Untersuchungsausschüssen statt. Bei den Untersuchungsausschüssen ist die Wahl durch das AvB allerdings nicht verfassungsrechtl. verankert, sondern nur einfachrechtlich, § 3 I UAG.

Art. 44 II 1 verweist für die Bestimmung der **Stärke der Fraktionen**, 4
die wiederum maßgebl. für die Zusammensetzung der Ausschüsse ist, auf Art. 41 II 4. Es findet also hier das die großen Fraktionen tendenziell begünstigende d'Hondtsche Höchstzahlverfahren Anwendung. Nach diesem Verfahren werden auch die Ausschussvorsitzenden bestimmt (zum Ausschussvorsitz als politischem Amt: Grigoleit/Kersten DÖV 01, 363). Im Hinblick auf den Grundsatz der Spiegelbildlichkeit von Parl. und Ausschuss ist bei der Ausschussbildung darauf zu achten, dass diese so groß sind, dass jede Fraktion die Möglichkeit hat, in jedem Ausschuss vertreten zu sein. In sachlich begründeten Fällen ist es dem AvB allerdings unbenommen, für Ausschüsse oder ähnliche Gremien eine Mitgliederzahl vorzusehen, die bei Anwendung der üblichen Regeln für die

Verfassung von Berlin

Sitzverteilung eine Berücksichtigung aller parl. Gruppierungen nicht ermöglicht (E 96, 281 für Untersuchungsausschuss).

5 Die Stellung der **fraktionslosen Abgeordneten** wird in Satz 3 ausdrückl. geregelt. Diese haben zwar das Recht, in den Ausschüssen mitzuarbeiten, ein Stimmrecht wird ihnen aber aberkannt. Diese Regelung in der VvB entspricht der allg. Parlamentstradition und ist sachlich dadurch gerechtfertigt, dass der Stimme eines nur für sich sprechenden Abgeordneten nicht das gleiche Gewicht beigemessen werden kann wie derjenigen eines fraktionsgebundenen (zum Bundesrecht E 80, 224). Unberührt bleibt das Stimmrecht der fraktionslosen Abgeordneten im Plenum. Die GOAvB beschränkt das Mitarbeitsrecht der fraktionslosen MdA nicht auf einen Ausschuss. Ein fraktionsloser MdA kann daher in mehreren Ausschüssen mitarbeiten. Das Recht des fraktionslosen MdA auf Mitarbeit erstreckt sich auch auf die Unterausschüsse. Voraussetzung ist allerdings, dass er im jeweiligen Hauptausschuss mitarbeitet. Aufgrund seines von Verfassungs wegen uneingeschränkten Mitarbeitsrechts in den Ausschüssen hat der fraktionslose Abgeordnete Anspruch auf gleichen Zugang zu allg. Informationen wie die Vollmitglieder der Ausschüsse.

Absatz 3:   Ausgestaltung durch GOAvB

6 Die Einsetzung der Ausschüsse, ihre Aufgaben und das Verfahren in den Ausschüssen wird in der GOAvB in den §§ 20-28 im Einzelnen ausführlich geregelt. Damit kommt die GO dem in 44 III enthaltenen Regelungsauftrag nach. Charakteristisch für das parl. Ausschusswesen in Deutschland ist es, dass die Ausschüsse sich in ihrem Zuschnitt an der Ressortverteilung der Regierung orientieren und diese widerspiegeln. Bezweckt wird damit eine bis ins Detail reichende Kontrolle insb. der Gesetzesvorhaben der jeweiligen Ministerien (vgl. HStR II § 42 Rn. 42). Auch § 20 GOAvB folgt dieser parl. Tradition und ordnet an, dass für jeden von einem Mitglied des Senats verwalteten Geschäftsbereich ein ständiger Ausschuss einzusetzen ist. Neben diesen **ständigen Ressortausschüssen** kann das Parl. weitere ständige Ausschüsse und **Sonderausschüsse** einsetzen, § 20 II GOAvB. Die Ausschüsse können zudem **Unterausschüsse** einsetzen, § 26 GOAvB. Mehrere Ausschüsse können gemeinsame Unterausschüsse einsetzen. Mitglieder der Unterausschüsse können mangels einer anderen Regelung in der GOAvB nur die Mitglieder des oder der beteiligten Ausschüsse sein. Die Zahl der Ausschussmitglieder ist durch die GOAvB nicht vorgegeben. Diese Festlegung erfolgt durch Beschluss des AvB bei Einsetzung der Ausschüsse. Sie reicht von neun Mitgliedern (Verfassungsschutzausschuss) bis zu 27 Mitgliedern (Hauptausschuss). Die normalen Ressortausschüsse hatten in der 14. Wahlperiode 17 Mitglieder.

Absatz 4: Enquete-Kommission

Zur Vorbereitung von Entscheidungen über umfangreiche oder bedeutsame Sachverhalte kann das AvB **Enquete-Kommissionen** (es wird hier der Schreibweise der VvB gefolgt) einsetzen. Auf Antrag eines Viertels seiner Mitglieder ist es dazu verpflichtet, Abs. 4. Die Enquete-Kommissionen sind keine Ausschüsse, sondern Hilfsorgane des AvB (Mudra, S. 136). Sie unterscheiden sich vor allem dadurch von den Ausschüssen, dass ihnen sachverständige Personen angehören können, die nicht Mitglieder des AvB sind. Die Einzelheiten über Aufgaben, Zusammensetzung und Befugnisse der Kommissionen sind seit 1970 im Gesetz über Enquete-Kommissionen des Abgeordnetenhauses von Berlin (GVBl S. 1974) geregelt. Bemerkenswert sind insb. die weitgehenden Auskunfts- und Herausgaberechte, die auch gegenüber natürlichen Personen bestehen (§ 3 I G. über Enquete-Kommissionen). Erst durch die Verfassungsreform von 1995 sind die Enquete-Kommissionen mit Verfassungsrang ausgestattet worden. 7

Als interner Lenkungsausschuss (HStR II § 42 Rn. 36), der den Präsidenten bei der Führung der Geschäfte unterstützt (§ 19 I GO AvB), gehört der **Ältestenrat** nicht zu den Ausschüssen im Sinne des Art. 44. 8

Verfassung von Berlin

Artikel 45 [Abgeordnetenrechte]

Das Recht des Abgeordneten, sich im Abgeordnetenhaus und in den Ausschüssen durch Rede, Anfragen und Anträge an der Willensbildung und Entscheidungsfindung zu beteiligen, darf nicht ausgeschlossen werden. Die Rechte der einzelnen Abgeordneten können nur insoweit beschränkt werden, wie es für die gemeinschaftliche Ausübung der Mitgliedschaft im Parlament erforderlich ist. Das Nähere regelt die Geschäftsordnung.

1 Art. 45 knüpft an die durch Art. 38 IV dem einzelnen Abgeordneten verbürgten Gewährleistungen an und konkretisiert die wichtigsten Beteiligungsrechte der Abgeordneten. Eine Entsprechung im GG findet sich nicht.

2 Die Norm beschreibt in ihrem Satz 1 – allerdings nur unvollständig – den traditionellen Kern der Abgeordnetenrechte. Dieser umfasst vor allem das selbständige Rederecht (vgl. E 80, 218), das Stimmrecht (vgl. E 70, 355), die Ausübung des Frage- und Informationsrechts des Parl. (vgl. NWVerfGH NVwZ 94, 678), die Befugnis, sich an vom Parl. vorzunehmenden Wahlen zu beteiligen und parl. Initiativen zu ergreifen (LVerfGE 4, 3; BbgVerfG NVwZ-RR 01, 490), in Ausschüssen des Parl. mitzuarbeiten und schließlich das Recht, sich mit anderen Abgeordneten zu einer Fraktion zusammenzuschließen oder sich in anderer Weise als in Fraktionen zu gemeinsamer Arbeit zusammenzufinden (E 80, 218; Seifert/Hömig Art. 38 Rn. 17).

Die Ausübung des parl. Mandats folgt dabei dem formalisierten **Grundsatz der Gleichbehandlung**. Alle Mitglieder des Parl. sind einander formal gleichgestellt (E 94, 369). Die Gleichheit des Mandats und die Gleichbehandlung bei der Mandatsausübung sind Rechte des einzelnen MdA und zugleich Ausdruck dessen, dass alle Abgeordneten gemeinsam »die Volksvertretung« bilden. Das Mitwirkungsrecht des einzelnen MdA erstreckt sich auf die Erfüllung sämtlicher Aufgaben des AvB im Bereich der Gesetzgebung, des Haushaltsplans, der Kreations-, Informations- und Kontrollrechte sowie auf die Erörterung anstehender Probleme in öffentl. Debatte (vgl. E 80, 220).

3 Die nähere Ausgestaltung der Rechte der Abgeordneten wird in Satz 3 dem Parl. übertragen. Die GO darf bei der Ausgestaltung der Abgeordnetenrechte das Recht des einzelnen MdA, an der Willensbildung und Entscheidungsfindung mitzuwirken und seine besonderen Erfahrungen einzubringen, allerdings nicht in Frage stellen. Differenzierungen und Beschränkungen der Rechte des einzelnen MdA sind, soweit nicht von der Verfassung selbst Einschränkungen vorgenommen werden, nur zur Sicherung der Arbeits- und Funktionsfähigkeit des Parl. zulässig (LVerfGE 4, 3). Dies konkretisiert Satz 2, wenn er eine Beschränkung

von verfassungsrechtl. verbürgten Mitwirkungs- und Beteiligungsrechten des einzelnen Abgeordneten nur insoweit erlaubt, »wie es für die gemeinschaftliche Ausübung der Mitgliedschaft im Parl. notwendig ist«. Der VerfGH hat in Auslegung dieser Vorschrift eine Berücksichtigung des Stärkeverhältnisses der Fraktionen bei der Wahl des VPrAvB für unvereinbar gehalten mit dem Recht des MdA, Vorschläge für die vom AvB vorzunehmenden Wahlen zu unterbreiten und selbst zu kandidieren. Diese Entscheidung schränkt den Gestaltungsspielraum des Parl. bei der Festlegung darüber, welche Regeln es zu seiner Selbstorganisation trifft, nicht unerheblich (vgl. das Sondervotum LVerfGE 4, 9; krit. Pfennig/Neumann, Art. 45 Rn. 3) und angesichts der ebenfalls mit Verfassungsrang ausgestatteten Rechte der Opposition auf politische Chancengleichheit (Art. 38 III 2) und der besonderen Bedeutung der Fraktionen als notwendige Einrichtungen des Verfassungslebens im Ergebnis zu stark ein. Dies gilt jedenfalls, soweit es um **innerorganisatorische Fragen des AvB** und nicht um inhaltliche Vorformungen der Willensbildung geht (zur Unterscheidung zwischen Fragen der Willensbildung und innerorganisatorischen Fragen E 80, 227; Sondervotum LVerfGE 4, 9). Der Verfassungsgesetzgeber hat auf die Rechtsprechung des VerfGH reagiert und in Art. 41 II und Art. 46 a ausdrückl. das alleinige Vorschlagsrecht der Fraktionen verankert. Bei Wahlen des AvB für sonstige Gremienvertreter (vgl. die Aufzählung bei Pfennig/Neumann, Art. 43 Rn. 5) sehen die jeweiligen gesetzlichen Grundlagen ebenfalls die Wahl durch das AvB nach dem Stärkeverhältnis der Fraktionen vor. Das AvB hat die gesetzlichen Grundlagen nicht geändert und führt die Wahlen weiterhin nach dem Stärkeverhältnis der Fraktionen durch.

Verfassung von Berlin 242

Art. 46 [Petitionsausschuss]

Zum Schutz der Rechte der Bürger wird ein Ausschuss des Abgeordnetenhauses eingerichtet, der über Petitionen entscheidet, sofern nicht das Abgeordnetenhaus selbst entscheidet. Der Ausschuss kann auch tätig werden, wenn ihm auf andere Weise Umstände bekannt werden. Der Senat und alle ihm unterstellten oder von ihm beaufsichtigten Behörden und Einrichtungen sowie die Gerichte haben Auskunftshilfe zu leisten. Der Ausschuss kann Zeugen und Sachverständige vernehmen und vereidigen. Das Nähere regelt ein Gesetz.

1   Art. 46 verpflichtet das AvB, zur Behandlung von Bitten und Beschwerden (Petitionen) einen **Petitionsausschuss** (PA) zu bestellen und regelt dessen wesentl. Rechte. Das Recht, Petitionen an das AvB zu richten, ist in Art. 34 ausdrückl. garantiert (vgl. dort zum Begriff Rn. 2). Durch die Verankerung des PA als **Pflichtausschuss** in der Verfassung wird das Petitionsrecht verfahrensmäßig abgesichert und die Bedeutung des Petitionswesens und des Petitionsausschusses hervorgehoben (AvBDrs 12/4376, S. 14). Durch das Petitionsgesetz (PetG) vom 25.11.69 (GVBl S. 2511) werden die Einzelheiten des Verfahrens geregelt. Eine ähnliche ausdrückl. Regelung über den Petitionsausschuss findet sich für den Bund in Art. 45 c GG.

2   Satz 1 formuliert einerseits zu weitgehend, andererseits zu eng, indem er vom »**Schutz der Rechte der Bürger**« spricht. Zu weitgehend ist die Formulierung, da der Schutz der Rechte der Bürger in erster Linie den Gerichten und den an Recht und Gesetz gebundenen Verwaltungsbehörden obliegt. Der durch den PA gewährte Schutz ist kein weiterer Rechtsschutz, sondern er steht (nur) ergänzend neben diesem. Den Empfehlungen, die der PA ausspricht, kommt auch dann, wenn er das Anliegen des Petenten für begründet und Abhilfe für erforderl. hält, keine Bindungswirkung zu. Verkürzend ist die Formulierung insofern, als das Petitionsrecht insb. auch das Recht umfasst, Anträge und Anregungen aller Art, also auch zur Änderung von gesetzl. Vorschriften oder der behördlichen Verwaltungspraxis (Ermessensentscheidungen) vorzubringen.

3   Anders als der PA des BT kann der PA des AvB nicht nur tätig werden, wenn Petitionen an ihn gerichtet werden, sondern er kann von sich aus aktiv werden, wenn ihm »auf andere Weise Umstände« bekannt werden, Satz 2. Dieses **Selbstbefassungsrecht** (Pfennig/Neumann, Art. 46 Rn. 2) wird einschränkungslos und voraussetzungslos gewährt. Die Beschränkung auf gewichtige Umstände, wie sie in § 4 PetG noch enthalten ist, ist durch die Verfassungsreform 1995 entfallen. Der PA könnte damit bei Vorliegen eines entsprechenden politischen Willens über seine Funktion als Beschwerdeinstanz des einzelnen Bürgers hinaus zu einem wichtigen Instrument der begleitenden Aufsicht der Ver-

waltung (zum Begriff von Münch/Kunig, Art. 45 c Rn. 7) ausgebaut werden.

Der PA **entscheidet** selbst abschließend über die Petitionen. Ein ähnlich weitreichendes Entscheidungsrecht kennt lediglich noch die bay. Verfassung (vgl. Brink, NVwZ 2003, 953). Art. 46 1 sieht daneben eine Entscheidungsbefugnis des AvB im Plenum vor. Die Entscheidung durch den Ausschuss ist dabei als Regelfall ausgestaltet. Daher ist auch § 4 II PetG nicht zu beanstanden, der eine Entscheidung durch das Plenum nur vorsieht, sofern der Ausschuss die Petition zur endgültigen Beschlussfassung an das Plenum des AvB vorlegt oder eine Fraktion oder zehn MdA eine Plenarentscheidung verlangen. Die Form der Entscheidung durch den Ausschuss und die Art der Entscheidung wird in § 7 PetG näher geregelt. In § 7 ist insb. auch das sog. **Petitionsüberweisungsrecht** geregelt. Hierunter versteht man das Recht des Ausschusses, der Exekutive eine Petition unter Beifügung der eigenen Auffassung des Ausschusses über die Art der Erledigung zu überweisen (vgl. statt vieler Maunz/Dürig, Art. 45 c Rn. 16). Entscheidet das AvB im Plenum über die Petition, ergeht kein gesonderter Bescheid, § 7 II PetG. Ansprüche auf Akteneinsicht und Aushändigung von Kopien über Unterlagen in den Petitionsakten sind dem PetG nicht zu entnehmen. Sie können auch nicht direkt aus Art. 46 hergeleitet werden. Die Vorschriften des Informationsfreiheitsgesetzes v. 15. 10. 99 (GVBl S. 561) sind nicht anwendbar, da der PA nicht – wie dieses G. voraussetzt – Aufgaben der Verwaltung wahrnimmt, sondern die Verwaltung überprüft (OVG Berlin DÖV 01, 824). 4

Zu den weiteren klassischen (von Münch/Kunig, Art. 45 c Rn. 11) Petitionsrechten gehört das in Satz 3 festgeschriebene **Petitionsinformierungsrecht**. Danach haben der Senat, die ihm unterstellten oder von ihm beaufsichtigten Behörden und Einrichtungen sowie die Gerichte dem PA und – soweit eine Behandlung im Parl. erfolgt – dem AvB **Auskunftshilfe** zu gewähren. Diese Verpflichtung erfasst alle Petitionen, also nicht nur die Beschwerden, mit denen ein konkret-individuell erfahrenes staatliches Fehlverhalten (Begriff bei von Münch/Kunig, Art. 45 c Rn. 12) gerügt wird, sondern auch sonstige Anträge, Anregungen und Bitten. 5

Durch das PetG werden dem Ausschuss über das Petitionsinformierungsrecht hinaus weitgehende Befugnisse zur **Sachverhaltsaufklärung** insb. durch Zutrittsrechte (§ 5 I Nr. 5 c und Abs. 2) und das Recht zur Vernehmung von Zeugen und Sachverständigen (§ 6) eingeräumt. Zeugen und Sachverständige sind zum Erscheinen und zur Aussage verpflichtet und können vereidigt werden. Im Falle der Verletzung dieser Pflichten kann der PA die Verhängung von Ordnungsstrafen beantragen. Dies ergibt sich aus § 6 II, III PetG (aA Pfennig/Neumann, Art. 46 Rn. 3 aE, die § 6 offens. übersehen und unter Hinweis auf die Kommentierung 6 von Sachs zu Art. 45 c GG die Rechtslage im Bund wiedergeben). Diese zusätzlichen Befugnisse, insb. die ihm im Rahmen der Sachverhaltsaufklärung verliehenen Möglichkeiten, Maßnahmen gegen Zeugen und Sachverständige herbeizuführen, verbunden mit dem durch die Verfassung garantierten Selbstbefassungsrecht rücken den PA in die Nähe zum Untersuchungsausschuss. Diese Nähe wird noch durch § 5 V PetG betont, der vorsieht, dass der Petitionsausschuss den Antrag auf Einsetzung eines Untersuchungsausschusses einbringen kann, sofern seine Aufklärungsmöglichkeiten nicht ausreichen.

7 Petitionen, die am Ende einer Wahlperiode noch nicht abschließend behandelt worden sind, unterliegen nicht dem Grundsatz der sachlichen Diskontinuität. Sie sind deshalb vom PA des neugewählten AvB weiterzubehandeln, § 13 PetG.

Art. 46 a [Verfassungsschutzausschuss]

Das Abgeordnetenhaus wählt aus seiner Mitte einen Ausschuss für Verfassungsschutz. Für die Wahl der Mitglieder steht den Fraktionen das Vorschlagsrecht in entsprechender Anwendung des Artikels 44 Abs. 2 Satz 1 zu.

Der Verfassungsschutzausschuss ist als **Pflichtausschuss** des Parl. in die VvB erst 1998 aufgenommen worden. Eine Parallelvorschrift gibt es im GG nicht. 1

Die Vorschrift ist im Zusammenhang mit dem ebenfalls 1998 geänderten Art. 44 II zu sehen. In Art. 44 II ist die bisherige Parlamentspraxis, die Benennung der Ausschussmitglieder den Fraktionen zu überlassen und auf eine Wahl durch das AvB zu verzichten, festgeschrieben worden. Für den Verfassungsschutzausschuss wurde hingegen wegen dessen besonderer Bedeutung für die Sicherheit der Stadt **eine Wahl der Ausschussmitglieder** durch das AvB für unverzichtbar erachtet. Dem trägt Art. 46 a Rechnung, indem er ein Vorschlagsrecht der Fraktionen mit einer Wahl durch das Parl. in Form eines zweistufigen Verfahrens kombiniert: Nach Satz 2 werden die Mitglieder des Ausschusses von ihren Fraktionen dem AvB zu Wahl vorgeschlagen. Für die Bestimmung der Anzahl der Vorschläge ist wiederum die Stärke der Fraktionen nach dem d'Hondtschen Höchstzahlverfahren maßgebl. Dies ergibt sich aus der in Satz 2 enthaltenen Anordnung der entsprechenden Anwendung des Art. 44 II 1, der wiederum auf Art. 41 II 4 verweist. Liegen diese Vorschläge dem Parl. vor, beginnt die zweite Stufe des Besetzungsverfahrens. Das Parl. hat die vorgeschlagenen Ausschussmitglieder durch eine Wahl zu bestätigen, kann aber auch die Bestätigung versagen. Eine Versagung kommt nur in Betracht, wenn der vorgeschlagene MdA fachlich entweder nicht kompetent ist oder Bedenken bestehen, dass er keine ausreichende Gewähr dafür bietet, die im Verfassungsschutzausschuss besonders erforderl. Vertraulichkeit zu wahren. Den Abgeordneten kommt dabei ein Einschätzungs- und Beurteilungsspielraum zu, der nur begrenzter verfassungsgerichtlicher Kontrolle unterliegt (vgl. E 70, 365; SächsVerfGH LVerfGE 4, 298). Die Zahl der Ausschussmitglieder, die Aufgaben und Befugnisse des Ausschusses und Geheimhaltungsanforderungen werden im Einzelnen durch das Verfassungsschutzgesetz Berlin (Neufassung vom 25. 6. 2001, GVBl S. 235) geregelt. 2

Art. 47 [Datenschutzbeauftragter]

(1) Zur Wahrung des Rechts auf informationelle Selbstbestimmung wählt das Abgeordnetenhaus einen Datenschutzbeauftragten. Er wird vom Präsidenten des Abgeordnetenhauses ernannt und unterliegt dessen Dienstaufsicht.
(2) Das Nähere regelt ein Gesetz.

1 Die Institution des Datenschutzbeauftragten ist bereits durch das Berliner Datenschutzgesetz (BlnDSG) vom 12. 7. 78 (GVBl S. 1317) geschaffen worden. Mit der verfassungsrechtl. Absicherung der Position des Datenschutzbeauftragten – für die sich im GG und den meisten Landesverfassungen keine Entsprechung findet – durch die VvB 1995 wird dessen Bedeutung unterstrichen. Art. 47 I regelt nur in Grundzügen Aufgaben, Wahl und Stellung des Datenschutzbeauftragten. Alles Nähere wird dem einfachen Gesetzgeber zur Regelung überlassen, Abs. 2.

Absatz 1: Aufgabe und Wahl

2 Der Datenschutzbeauftragte hat die Aufgabe, das Recht auf informationelle Selbstbestimmung zu wahren. Dies ist kein »Exklusivauftrag«. Das Recht auf informationelle Selbstbestimmung, wie es vom BVerfG in seiner Rechtsprechung entwickelt worden ist (vgl. E 65, 41 ff.; 93, 188), ist von allen staatlichen Stellen bei ihrem Handeln, insb. beim Gesetzesvollzug zu beachten und damit »zu wahren«. Der in Art. 47 I beschriebene Auftrag zur Wahrung des Rechts auf informationelle Selbstbestimmung ist daher in erster Linie als **Kontrollauftrag** zu verstehen. In diesem Sinne wird sein Aufgabenkreis auch in § 24 I BlnDSG einfachrechtl. definiert. Dem Datenschutzbeauftragten wird durch Art. 47 keine richterliche Unabhängigkeit garantiert. Hierin unterscheidet er sich von dem weiteren in der Verfassung verankerten außerparlamentarischen Kontrollorgan, dem Präsidenten des Landesrechnungshofs (s. Art. 94). Art. 47 VvB definiert den Datenschutzbeauftragten aber auch nicht mehr als Hilfsorgan des AvB, wie es noch die Enquete-Kommission Verfassungs- und Parlamentsreform in ihrem Schlussbericht vorgesehen hatte (AvBDrs 12/4376 S. 14). Er ist daher ein auch gegenüber dem AvB unabhängiges Kontrollorgan (vgl. näher Rn. 4).

3 Die Verfassung selbst schreibt keine besondere Mehrheit für die **Wahl** des Datenschutzbeauftragten vor. Verfassungsrechtl. genügt daher die einfache Mehrheit, Art. 43 II 1. Höhere Anforderungen an die notwendig. Mehrheit stellt allerdings § 21 I BlnDSG. Danach ist die Mehrheit der Mitglieder des AvB für die Wahl erforderl. Der Gesetzgeber hat damit von der in Art. 43 II 3 vorgesehenen Möglichkeit, durch Gesetz andere Mehrheiten für Wahlen des AvB vorzuschlagen, Gebrauch

gemacht. Da es an einer Regelung in Art. 47 über ein besonderes Vorschlagsrecht für die Wahl des Datenschutzbeauftragten fehlt, verbleibt es beim Grundsatz des Art. 45, wonach jeder einzelne Abgeordnete und jede Fraktion das Recht hat, für vom Parl. vorzunehmende Wahlen Vorschläge zu machen (LVerfGE 4, 3). Das in § 21 I BlnDSG aF enthaltene alleinige Vorschlagsrecht des SvB ist durch G. v. 23. 7. 01 (GVBl S. 289) gestrichen worden.

Die herausgehobene Stellung des Datenschutzbeauftragten wird 4 dadurch unterstrichen, dass er vom PrAvB ernannt wird und dessen **Dienstaufsich**t untersteht, Art. 47 I 2. Anders als es Art. 94 II 2 für den Präsidenten des Landesrechnungshofes vorsieht, wird der Datenschutzbeauftragte jedoch nicht zum Beamten auf Lebenszeit ernannt. Art. 47 überlässt auch insoweit die Ausgestaltung dem einfachen Gesetzgeber. Nach § 22 I BlnDSG steht der Datenschutzbeauftragte in einem öffentlrechtl. Amtsverhältnis, das in § 21 III BlnDSG auf fünf Jahre mit der Möglichkeit der Wiederwahl beschränkt wird und das durch den PrAvB aus Gründen, die bei einem Richter die Entlassung aus dem Dienst rechtfertigen, vorzeitig beendet werden kann. Im Hinblick auf die Wahl des Datenschutzbeauftragten durch das AvB ist dieses Entlassungsrecht des PrAvB ohne Einschaltung des Parl. nicht unproblematisch. Da die Dienstaufsicht aber ihrerseits »Verfassungsrang« hat, dürfte dieses stark eingeschränkte Entlassungsrecht noch vom Ausgestaltungsauftrag des Abs. 2 gedeckt sein. Mit der Beschränkung auf die Dienstaufsicht wird deutlich, dass der Datenschutzbeauftragte von Verfassungs wegen weder einer Rechts- noch einer Fachaufsicht durch den PrAvB unterworfen werden kann und auch keinen direkten Weisungen des Parl. unterliegt (ebenso Pfennig/Neumann, Art. 47 Rn.5). Damit ist die in § 22 I BlnDSG erwähnte Unabhängigkeit der Amtsführung verfassungsrechtl. abgesichert. Der Datenschutzbeauftragte ist gleichzeitig Beauftragter für Informationsfreiheit nach dem Informationsfreiheitsgesetz vom 15.10.1999 (GVBl. 561).

Absatz 2: Ausgestaltung durch Gesetz

Dem Ausgestaltungsauftrag ist der Gesetzgeber durch das BlnDSG v. 5 1.11.90 (GVBl. S. 2216), das das G. vom 12.7.1978 abgelöst hat, nachgekommen.

Art. 48 [Untersuchungsausschüsse]

(1) Das Abgeordnetenhaus hat das Recht und auf Antrag eines Viertels seiner Mitglieder die Pflicht, einen Untersuchungsausschuss einzusetzen.
(2) Die Untersuchungsausschüsse haben das Recht, Beweise zu erheben. Sie sind dazu verpflichtet, wenn dies von den Antragstellern oder einem Fünftel der Ausschussmitglieder beantragt wird. Die Beweiserhebung ist unzulässig, wenn sie nicht im Rahmen des Untersuchungsauftrags liegt.
(3) Jeder ist verpflichtet, den Aufforderungen des Untersuchungsausschusses zum Zwecke der Beweiserhebung Folge zu leisten. Gerichte und Behörden sind zur Rechts- und Amtshilfe verpflichtet; sie haben auf Verlangen Akten vorzulegen und ihren Dienstkräften Aussagegenehmigungen zu erteilen, soweit nicht Gründe der Sicherheit des Bundes oder eines deutschen Landes entgegenstehen.
(4) Berichte der Untersuchungsausschüsse sind der richterlichen Nachprüfung entzogen.
(5) Der Untersuchungsausschuss kann durch Beschluss den Mitgliedern des Senats und ihren Beauftragten die Anwesenheit in den Sitzungen des Untersuchungsausschusses gestatten.
(6) Alles Nähere, auch die Bestimmung der Mitglieder des Untersuchungsausschusses, wird durch Gesetz geregelt.

1 Bei den in Art. 48 geregelten Untersuchungsausschüssen (UA) handelt es sich um eine alte parl. Einrichtung zur Kontrolle der Exekutive und zur Information der Volksvertretung. Parl. Untersuchungsverfahren ermöglichen dem Parl. unabhängig von Regierung, Behörden und Gerichten mit hoheitlichen Mitteln selbständig die Sachverhalte zu prüfen, die sie in Erfüllung ihres Verfassungsauftrags für aufklärungsbedürftig halten. Aufgrund ihrer Kontrollfunktion sind sie unverzichtbare Bestandteile des demokratischen Prinzips (BVerwGE 109, 262 f.; E 79, 345). Ursprünglich vor allem ein Instrument des Parl. zur Aufdeckung von Missständen in Regierung und Verwaltung, sind die UA im parl. Regierungssystem allerdings mehr und mehr zu einer Stätte der Auseinandersetzung zwischen Opposition und Regierungsmehrheit geworden. Ihr objektiver Charakter als Forum der Aufklärung von Sachverhalten tritt demgegenüber in den Hintergrund (Schneider NJW 01, 2605). Die UA sind wie alle anderen Ausschüsse Organe (Unterorgane) des AvB, die dessen Untersuchungsrecht ausüben, abweichend vom Plenum aber mit **hoheitlichen Befugnissen** ausgestattet (vgl. E 77, 41; BVerfG NVwZ 94, 55 zum Bundesrecht). Eine mit Art. 48 weitgehend inhaltsgleiche Regelung findet sich in Art. 44 GG.

Absatz 1: Zweck, Einsetzung, Verfahren

Art. 48 umschreibt den Zweck der UA nicht. Nach der deutschen Ver- 2
fassungstradition dient die Einsetzung von UA der Regierungs- und
Behördenkontrolle, der Beschaffung von Gesetzgebungsmaterial und
jedem anderen in den Aufgabenbereich des jeweiligen Parl. liegenden
Informationszweck, einschl. der Wahrung des Ansehens (dazu E 94,
367) des Parl. Die Aufgabenbeschreibung in § 1 des Gesetzes über die
Untersuchungsausschüsse des AvB von Berlin (UAG) v. 22. 6. 70
(GVBl S. 925), wonach Untersuchungsausschüsse zur Vorbereitung von
Entscheidungen des AvB einzelne Tatbestände aufklären können, ist
daher hinsichtl. jedes seiner Tatbestandsmerkmale weit auszulegen. Die
sog. Missstandsenqueten bezwecken die Aufklärung von institutionel-
lem oder personellem Fehlverhalten im öffentl. Leben, während die sog.
Sachenqueten, die der Information des Parl. über bestimmte Sachverhalte dienen, inzwischen durch die Enquete-Kommissionen behandelt
werden (Schneider aaO; von Münch/Kunig, Art. 44 Rn. 3 f., 19, unterscheiden insgesamt sieben verschiedene UA-Typen). Im vorgegebenen
Rahmen kann ein UA seine Ermittlungen auch auf private Lebensbereiche (z.B. steuerl. Verhältnisse, vgl. BayVerfGH DVBl 94, 1129 f.)
erstrecken, wenn das im öffentl. Interesse liegt (s. dazu E 77, 43 ff.). Der
UA ist auf den verfassungsrechtl. Zuständigkeitsbereich des AvB
beschränkt (sog. Korollartheorie, vgl. Maunz/Dürig, Art. 44 Rn. 15).
Ausnahmsweise können Bundesangelegenheiten einbezogen werden,
soweit sie als Beweismittel für das landesrelevante Untersuchungsergebnis ohne Bewertung bundesbehördlichen Handelns von Bedeutung
sind (vgl. Seifert/ Hömig, Art. 44 Rn. 2). UA, die sich auf Vorgänge in
den Bezirken oder deren Tätigkeiten beziehen, sind nur eingeschränkt
mögl. Eine Untersuchungskompetenz des AvB besteht insoweit nur, wie
es um die Klärung der Verantwortlichkeit des SvB im Rahmen seines
Tätigwerdens gegenüber den Bezirken geht (unklar Pfennig/Neumann,
Art. 48 Rn. 3).

Die UA können nur Tatsachen feststellen und werten sowie Empfehlun- 3
gen aussprechen, nicht aber mit eigenen Entscheidungen in staatl. oder
private Verhältnisse eingreifen. Lediglich zur Durchführung ihrer
Untersuchungen ist den UA eine gewisse behördl. Stellung nach Maßgabe der Abs. 2 und 3 eingeräumt (vgl. BVerfG NVwZ 94, 55 zum Bundesrecht). Die UA üben im Rahmen ihrer Tätigkeit öffentl. Gewalt aus.
Sie haben daher die Grundrechte zu beachten. Die Bindung an die
Grundrechte betrifft hauptsächlich das allg. Persönlichkeitsrecht einschließl. des Rechts auf informationelle Selbstbestimmung. Untersu-
chungsauftrag und Datenschutz stehen sich auf der Ebene des Verfassungsrechts gleichrangig gegenüber. Ihr Verhältnis ist je nach den
Umständen des Einzelfalls im Wege der Abwägung festzulegen. Dabei

darf der Zugriff auf geschützte Unterlagen nicht verwehrt werden, wenn sonst die Kontrolle gefährdet würde und die Belange des Geheimschutzes durch Schutzvorrichtungen gegen eine zweckwidrige Weitergabe der Informationen gewährleistet werden können (E 77, 47 f.; HbgVerfG LVerfGE 3, 208 ff.). Der Grundrechtsschutz erfasst primär die sog. Durchführungsebene, kann aber auch schon auf die Einsetzungsebene ausstrahlen (BayVerfGH DVBl 94, 1128). Ein Kernbereich exekutiver Eigenverantwortung ist den Ermittlungen eines UA entzogen. Der Regierung muss ein nicht ausforschbarer Initiativ-, Beratungs- und Handlungsbereich verbleiben. UA können sich daher grundsätzl. nur auf abgeschlossene Vorgänge beziehen (näher zu diesem Aspekt BremStGH DVBl 89, 456; NdsStGH NVwZ 96, 1208; BbgVerfG LVerfGE 7, 133 f.; Sachs, Art. 44 Rn. 9).

4 Die **Einsetzung** eines UA bedarf eines Plenarbeschlusses des AvB. Dieser muss den Untersuchungsgegenstand genau umschreiben (§ 2 I UAG; vgl. auch BayVerfGH NVwZ 95, 684). Auf die Erwähnung eines besonderen öffentl. Interesses, das als notwendiger Bestandteil der Definition eines UA angesehen wird (vgl. von Münch/Kunig, Art. 44 Rn. 21), verzichten sowohl Art. 48 als auch das UAG und das Untersuchungsausschuss-Gesetz des Bundes (PUAG) vom 19. 6. 01 (BGBl I S. 1142). Tatsächl. dürfte viel dafür sprechen, ein solches Interesse auch bei einem Minderheitenantrag stets zu vermuten und etwaige Zweifel der Mehrheit einer verfassungsgerichtlichen Klärung vorzubehalten, wie dies in § 2 III PUAG für den Bereich des Bundes ausdrückl. geregelt worden ist. Art. 48 I sieht in Übereinstimmung mit Art. 44 I GG und den übrigen Landesverfassungen vor, dass das AvB auf Antrag eines Viertels seiner Mitglieder die Pflicht hat, einen UA einzusetzen. Diese verfassungsrechtl. Verpflichtung und der mit ihr korrespondierende Anspruch der sog. Einsetzungsminderheit ist Ausdruck des im Demokratieprinzip und im Rechtsstaatsprinzip wurzelnden Minderheitenschutzes (HessStGH LVerfGE 9, 219; zur Einsetzung von UA ausf. Caspar DVBl. 04, 845). Einem Minderheitsantrag, der von mindestens einem Viertel der Mitglieder das AvB unterstützt werden muss, ist unverzüglich stattzugeben, es sei denn, dass er verfassungs- oder sonst rechtswidrig ist. Bei Rechtsmängeln, die nur einzelne Punkte betreffen, ist eine Teilstattgabe zulässig und idR geboten (Seifert/Hömig, Art. 44 Rn. 3). Der Untersuchungsgegenstand eines Minderheitsantrags darf grundsätzl. gegen den Willen der Minderheit nicht verändert, auch nicht erweitert werden. Diese Regel gilt allerdings nicht ausschließlich. Klarstellungen und die Einbeziehung von Zusatzfragen (Erweiterungen) zwecks Gewinnung eines wirklichkeitsgetreueren Bildes des beantragten Untersuchungsgegenstandes sind von Verfassungs wegen zulässig (E 49, 86 ff.; VerfGH, B.v. 17. 6. 99 – 36 A/99 u. 36/99 – zu § 2 Abs. 2 und 3 UAG).

Die **Zusammensetzung** der UA ist nicht in Art. 48, sondern im UAG 5 (§ 3) geregelt. Danach besteht ein UA idR aus höchstens zehn Mitgliedern und der gleichen Zahl von Stellvertretern. Sie werden vom AvB auf Vorschlag der Fraktionen entsprechend der Mitgliederzahl gewählt, wobei jede Fraktion durch mindestens ein Mitglied vertreten sein muss. Der Vorsitzende und dessen Stellvertreter sollen verschiedenen Fraktionen angehören. Soweit sich hierdurch Abweichungen zum für die Ausschüsse des AvB durch Art. 44 II vorgeschriebenen Wahlverfahren ergeben, sind sie durch die in Art. 48 VI enthaltene Ermächtigung zur Regelung alles Näheren durch Gesetz gedeckt (ebenso Pfennig/Neumann, Art. 48 Rn. 6).

Das **Verfahren** ist ebenfalls im UAG geregelt. Wie für alle anderen 6 Ausschüsse des AvB (Art. 44 I 2) gilt auch hier der Grundsatz der Öffentlichkeit, § 7. Nichtöffentlich sind allerdings die Beratungssitzungen selbst, § 7 IV UAG. Die Öffentlichkeit kann ganz oder teilweise ausgeschlossen werden, wobei bei der Entscheidung darüber die herausragende Bedeutung des Öffentlichkeitsprinzips im demokratischen Parlamentarismus zu berücksichtigen ist (E 77, 48). Der Ausschluss der gesamten Öffentlichkeit bedarf der Zweidrittelmehrheit, § 7 II, III UAG. Über den Gang der Verhandlungen, insb. über die besonders wichtige Reihenfolge der Zeugen- und Sachverständigenvernehmungen, entscheidet die Ausschussmehrheit, § 10 I UAG. Das Verfahren endet entweder mit der Einstellung durch den UA mit Zustimmung der Antragsteller, § 18 I UAG, oder durch einen dem AvB zu erstattenden Bericht über die vom UA getroffenen Feststellungen, § 19 I UAG.

Absatz 2: Beweiserhebungen

Das Recht zur Beweiserhebung wird von der VvB in Abs. 2 ausdrück- 7 lich geregelt. Auch ohne eine solche Regelung würde es sich aus dem Zweck des UA ergeben. Ohne Beweiserhebungsmöglichkeit könnten UA ihren Auftrag, eine wirksame parl. Kontrolle durch möglichst lückenlose Aufklärung und Tatsachenermittlung zu ermöglichen, nicht erfüllen Dies gilt gleichermaßen für UA des Bundes wie für solche der Landesparl. (BVerwGE 109, 264). Unter Beweiserhebung ist das Verfahren der strafprozessualen Sachverhaltsaufklärung zu verstehen, insb. das Verfahren der Beschaffung, Sicherung und Verwertung von Beweismitteln. Diese Befugnis besteht nur – wie Satz 3 zur Klarstellung noch einmal ausdrückl. feststellt – innerhalb des durch AvB-Beschluss festgelegten Untersuchungsauftrags. Der UA befindet durch Mehrheitsbeschluss über die Erforderlichkeit der Beweiserhebung. Das Beweisantragsrecht steht nach Satz 2 auch der **Minderheit** im UA zu. Auf Antrag der Antragsteller und eines Fünftels der Ausschussmitglieder ist der

Ausschuss zur Beweiserhebung verpflichtet. Damit hat die VvB dem Recht der parl. Opposition auf Einsetzung eines UA durch ein in der Verfassung selbst abgesichertes Beweisantragsrecht Rechnung getragen. Das Untersuchungsausschuss-Gesetz des Bundes enthält nunmehr ebenfalls ein solches Recht, § 17 II PUAG. Anders als Art. 44 GG ordnet Art. 48 II nicht die entsprechende Geltung der StPO für die Beweiserhebung an. Diese ergibt sich aber aus den einschlägigen Bestimmungen über die Beweiserhebung im UAG (§ 12 und § 13 UAG), im Übrigen kann sie sich aus dem Charakter des Verfahrens selbst ergeben. Entsprechend ist die Anwendung deshalb, weil es keinen Beschuldigten gibt. Art und Umfang der Anwendung der strafprozessualen Vorschriften müssen dem Sinn parlamentarischer Kontrolle durch einen UA Rechnung tragen (E 67, 133 f.). Das UAG sieht den Zeugenbeweis (§ 12 I), die Einvernahme von Sachverständigen (§ 12 I), die Beschlagnahme von Gegenständen und die Durchsuchung von Räumen (§ 13 I UAG), die körperliche Untersuchung von Personen sowie die Leichenschau und Leichenöffnung vor (§ 13 II UAG). Aufgrund des uneingeschränkt geltenden Richtervorbehalts kann der UA Ordnungsmittel gegen Zeugen, Beschlagnahmen und Durchsuchungen nur beim zuständigen Gericht beantragen, nicht aber selbst verhängen oder anordnen. Zuständig ist das AG Tiergarten (§ 17 UAG). Dagegen ist der Untersuchungsausschuss berechtigt, einen Zeugen zur vereidigen (VG Berlin, Urteil vom 11. Juni 2003, NVwZ-RR 2003, 708 m.ausf. Nachweisen). Wird einem vom UA anzuhörenden Beamten die erforderliche Aussagegenehmigung verweigert, kann der UA die Erteilung der Genehmigung – ggf. im einstweiligen Rechtsschutzverfahren – vor den Verwaltungsgerichten erstreiten.

Absatz 3: Zeugnispflicht und Rechts- und Amtshilfe

8 Die Pflicht, den Aufforderungen eines UA zum Zwecke der Beweiserhebung Folge zu leisten, wird in Abs. 3 ausdrückl. festgeschrieben. »Jeder« iSd Abs. 3 sind nicht nur die in Berlin lebenden Personen. Die Zeugnispflicht gilt auch bei Landesuntersuchungsausschüssen bundesweit (BVerwGE 79, 342 f.; bestätigt durch BVerfG NVwZ 94, 55). Als Zeugen eines vom AvB eingesetzten UA können auch Mitglieder der Bundesregierung und Beamte des Bundes vernommen werden, soweit dies im Rahmen des Untersuchungsauftrags zur Aufklärung von Missständen und Rechtsverstößen im Bereich des Landes Berlin erforderlich oder zumindest sachdienlich ist (BVerwGE 109, 266 f.). Die Einzelheiten der Verpflichtungen von Zeugen und Sachverständigen sind in § 12 UAG geregelt.

9 Abs. 3 verpflichtet Gerichte und Behörden zur Rechts- und Amtshilfe. Damit wird klargestellt, dass ein UA im Rahmen der Beweiserhebung wie die Gerichte die Stellung einer Behörde iSd Art. 35 GG innehat (vgl. BVerfG NVwZ 94, 55 zu einem UA des Landes MV). Der UA kann ua Einsicht in staatsanwaltliche Ermittlungsakten verlangen (KG NStZ 93, 403). Im Verhältnis zum SvB gilt für die Aktenherausgabe nicht Abs. 3, sondern das parlamentarische Kontrollrecht (E 67, 129). Der Aktenherausgabeanspruch hat Verfassungsrang. Er dient der Kontrollaufgabe des Parl. gegenüber dem Senat. Eine Verweigerung der Aktenvorlage und der Erteilung von Aussagegenehmigungen kommt nach Halbsatz 2 daher nur in Betracht, wenn Gründe der Sicherheit des Bundes oder eines deutschen Landes entgegenstehen. Nur unter ganz besonderen Umständen, sofern der Kernbereich exekutiver Eigenverantwortung berührt ist (E 67, 139), ist eine vollständige Verweigerung der Herausgabe von Akten mögl. Ist dies nicht der Fall, kommt die Berufung auf die Sicherheit des Bundes oder der Länder gegenüber dem AvB nicht in Betracht, sofern beiderseits wirksame Vorkehrungen gegen das Bekanntwerden von Dienstgeheimnissen getroffen wurden (E 67, 136 f.). Diese Vorkehrungen sind inzwischen durch die Geheimschutzverordnung des AvB verbindlich festgelegt worden (vgl. zur Rechtslage im Bund E 77, 55).

Absatz 4:   Untersuchungsausschüsse und Gerichte

Die Berichte der UA – in erster Linie werden die Schlussberichte in Betracht kommen – unterliegen nicht der gerichtlichen Nachprüfung. Sie sind gerichtsfrei. Insoweit ist Abs. 4 eine Spezialregelung zu Art. 15 IV (vgl. Mudra, S. 144). Durch die Beschränkung auf »Berichte« wird bereits dem Wortlaut der Verfassungsnorm nach deutlich, dass Beschlüsse und andere Akte der UA mit unmittelbarer Rechtswirkung nach außen der gerichtlichen Kontrolle unterliegen (BVerfG NVwZ 94, 54; BVerwGE 79, 79, 340). Abs. 4 hindert die Gerichte nicht, die gleichen Sachverhalte, wie sie Gegenstand eines UA sind oder waren, rechtlich zu untersuchen und zu bewerten. Gerichtsverfahren und Verfahren vor dem UA sind voneinander unabhängig und können auch gleichzeitig durchgeführt werden (Jarass/Pieroth, Art. 44 Rn. 2). In der Beweiswürdigung und Tatsachenfeststellung sind die Gerichte nicht durch die Bewertungen eines UA gebunden.   10

Absätze 5 und 6:   Anwesenheit von Senatsmitgliedern; Regelungsauftrag.

Abs. 5 ist nur klarstellender Natur. Bereits aus dem Selbstorganisationsrecht des Parl. folgt dessen Befugnis, Mitgliedern der Exekutive die Anwesenheit in den Sitzungen der UA zu gestatten. Der Regelungsauftrag des Abs. 6 an den einfachen Gesetzgeber umfasst seit 1998 aus-   11 drückl. auch den Erlass von Vorschriften über die Bestimmung der Mitglieder der UA. Auf Grund der entsprechenden Ermächtigung in Art. 33 V VvB 1950 ist das Gesetz über die Untersuchungsausschüsse des AvB vom 22. 6.70 (GVBl S. 925) erlassen worden.

Art. 49 [Anwesenheit von Senatsmitgliedern]

(1) Das Abgeordnetenhaus und seine Ausschüsse können die Anwesenheit der Mitglieder des Senats fordern.
(2) Der Senat ist zu den Sitzungen des Abgeordnetenhauses und seiner Ausschüsse einzuladen. Den Mitgliedern des Senats ist auf Verlangen zur Tagesordnung das Wort zu erteilen.
(3) Der Regierende Bürgermeister oder sein Vertreter kann vor Eintritt in die Tagesordnung unabhängig von den Gegenständen der Beratung das Wort ergreifen. Das Nähere wird durch die Geschäftsordnung des Abgeordnetenhauses geregelt.
(4) In den Fällen der Absätze 2 und 3 hat die Opposition das Recht der ersten Erwiderung.
(5) Die Mitglieder des Senats unterstehen in den Sitzungen der Ordnungsgewalt des Präsidenten des Abgeordnetenhauses oder des Vorsitzenden des Ausschusses.

Art. 49 ist mit seinen Regelungen über das Zitierrecht des AvB gegen- 1
über dem SvB (Abs. 1) und über die Rechte des SvB auf Zutritt zum und Anhörung im AvB (Abs. 2) Ausfluss und Ausdruck des durch Kontrolle und Kooperation geprägten parl. Regierungssystems. Als Parallelvorschrift im GG ist Art. 43 zu nennen.

Absatz 1: Zitierrecht

Abs. 1 regelt unmittelbar nur das Recht, die **Anwesenheit** jedes Mitglie- 2
des des SvB, nicht auch anderer Personen, zu verlangen. Außer dem AvB, dass durch Mehrheitsbeschluss des Plenums entscheidet, steht dieses Recht auch seinen Ausschüssen zu. Von dem Begriff »Ausschüsse« werden alle Ressortausschüsse, Sonderausschüsse einschließl. der jeweiligen Unterausschüsse (aA Jarass/Pieroth, Art. 43 Rn. 1 mwN) sowie die Untersuchungsausschüsse umfasst (vgl. Art. 45 Rn. 6 u. von Münch/Kunig, Art. 43, Rn. 3 ff.). Enquete-Kommissionen fallen dagegen nicht unter den Begriff des Ausschusses, da ihr auch Nichtparlamentarier angehören und sogar die Mehrheit der Kommissionsmitglieder stellen können (vgl. von Münch/Kunig, aaO Rn. 9; aA Jarass/Pieroth, aaO).

Im Zusammenhang mit dem Recht des Anwesenheitsverlangens haben 3
das AvB und die Ausschüsse auch ein **Fragerecht** gegenüber dem zitierten Regierungsmitglied. Dieses ist – im Rahmen seiner Zuständigkeit – nicht nur zum Erscheinen, sondern auch zur Beantwortung der ihm gestellten Fragen verpflichtet (vgl. E 73, 10). Doch braucht nicht über alles Auskunft gegeben zu werden. Insb. Gesichtspunkte des Staats- und Geheimnisschutzes, die Aufrechterhaltung der Funktions-

und Arbeitsfähigkeit des SvB einschließl. der Rücksichtnahme auf den Kernbereich exekutiver Eigenverantwortung (E 67, 139) und gegebenenfalls die Wahrung durch die Fragestellung berührter grundrechtl. Schutzbereiche (insbes. allg. Persönlichkeitsrecht sowie Betriebs- u. Geschäftsgeheimnisse) können die Antwortverweigerung im Einzelfall rechtfertigen, je nach Fragegegenstand und Sachlage aber auch dazu führen, dass die Antwort nicht in öffentl. Sitzung erteilt werden muss. Verpflichtet sind die Senatsmitglieder selbst. Verhinderte Senatsmitglieder können nur durch das nach dem Vertretungsplan zuständige jeweilige Senatsmitglied vertreten werden. Eine Vertretung durch Staatssekretäre ist nur im Einverständnis mit dem AvB zulässig (ebenso Mudra, S. 145).

4 Das Zitierrecht ist vom **allg. Frage- und Interpellationsrecht** zu unterscheiden. Das nur durch die GOAvB abgesicherte Fragerecht mehrerer oder einzelner MdA (Große und Kleine Anfrage sowie Einzelfragen, §§ 47, 50, 51 GOAvB) beruht nicht auf Art. 49 I (vgl. hierzu NWVerfGH OVGE 43, 275 f.; Seifert/Hömig, Art. 43 Rn. 3). Das BVerfG versteht diese Rechte gleichwohl als »Teil des Frage- und Informationsrechts des Parl.« und als Verpflichtung der Regierungsmitglieder, auf Fragen Rede und Antwort zu stehen und den Abgeordneten die zur Ausübung ihres Mandats erforderl. Information zu verschaffen (E 80, 218; 92, 136). Die Grundlage hierfür bildet der in Art. 38 IV und Art. 45 gewährleistete Status des einzelnen MdA (E 70, 355). Auch das derart begründete Informationsrecht besteht nicht unbegrenzt. Vielmehr sind mit Bezug auf den einzelnen MdA die Beschränkungen zu beachten, wie sie oben Rn. 3 hinsichtl. des Zitierrechts dargestellt worden sind.

Absatz 2: Zutritts- und Rederecht des Senats

5 Die in Abs. 1 enthaltene Verpflichtung des AvB, den Senat zu den Sitzungen des Plenums und der Ausschüsse einzuladen, garantiert den Mitgliedern des Senats ein **Zutrittsrecht** zu allen Sitzungen des AvB und seiner Ausschüsse. Das Zutrittsrecht besteht auch bei nichtöffentlichen Sitzungen. Bei Untersuchungsausschüssen kann es eingeschränkt sein, soweit sich der Gegenstand der Untersuchung gegen einen bestimmten Zutrittsberechtigten richtet (wie hier hM zu Art 43 GG vgl. von Münch/Kunig, Art. 43 Rn. 32; Sachs, Art. 43 Rn. 10). Die Zutrittsberechtigten unterliegen der allg. Ordnungsgewalt des PrAvB.

6 Satz 2 räumt den Mitgliedern des Senats ein **Rederecht** ein. Das Rederecht besteht nur »zur Tagesordnung«. Außerhalb der TO oder nach Schluss der Beratungen kann nur der RBm nach Abs. 3 das Wort ergreifen. Nach der seit 1995 geltenden Fassung besteht das Rederecht des Senats – anders als nach Art. 34 III 2 VvB 1950 und anders als nach Art. 43 II 2 GG – nicht mehr »jederzeit«. Diese Beschränkung hat keine

praktische Bedeutung. Jederzeit bedeutet in der Rechtsprechung des BVerfG, dass die Regierungsmitglieder auch außerhalb der TO und am Schluss von Beratungen das Wort ergreifen können, solange der Präsident die Sitzung noch nicht geschlossen hat (E 10, 17; 96, 286). Ein derartiges Rederecht außerhalb der TO bestand nach der Berliner Verfassungslage jedoch nie. Die Streichung des »jederzeit« bedeutet daher nur, dass für Redebeiträge der Regierungsmitglieder nicht mehr die Rednerliste unterbrochen werden muss. Allerdings ist dies einfachrechtl. nach § 63 V GOAvB mögl.

Eine zeitliche Beschränkung des Rederechts durch die VvB ist nicht vorgesehen und damit nicht zulässig. Das BVerfG begründet das grundsätzl. unbeschränkbare Recht der Regierung, ihren Standpunkt im Parl. darzulegen, mit dem auch in der parl. Demokratie vorhandenen Spannungsverhältnis zwischen Regierung und Parl. (E 10, 17 f.; krit. Schneider/Zeh, § 32 Rn. 48; von Münch/Kunig, Art. 43 Rn. 37). Eine Anrechnung der Redezeit auf die Redezeit der die Regierung tragenden Fraktionen ist nach der Rspr. des BVerfG ebenfalls nicht zulässig (E 10, 19). Das Rederecht unterliegt lediglich einem Missbrauchsverbot (E 10, 18). Die Redebefugnis darf daher nicht übermäßig und nicht sachfremd ausgeübt werden. Um die Rechte insb. der Opposition zu stärken, ist in Abs. 4 nunmehr vorgesehen, dass die Opposition das Recht der ersten Erwiderung hat (vgl. unten Rn. 8).

Absatz 3:   Rederecht des Regierenden Bürgermeisters

Abs. 3 sieht ein erweitertes Anhörungsrecht vor, das durch die GOAvB 7 ausgestaltet werden kann. Berechtigt ist danach nur der RBm oder sein Vertreter (Bürgermeister). Sie können vor dem Eintritt in die TO unabhängig von den Gegenständen der Beratung das Wort ergreifen. Der RBm oder sein Vertreter hat damit insb. die Möglichkeit, auf aktuelle Ereignisse einzugehen und eine Regierungserklärung unabhängig von der TO abzugeben. Eine **Redezeitbeschränkung** findet sich auch in Abs. 3 nicht. Der Verfassungsgeber ist damit dem Vorschlag der Enquete-Kommission »Verfassungs- und Parlamentsreform«, für diesen speziellen Fall eine Redezeitbeschränkung in die VvB aufzunehmen (AvBDrs 12/4376, S. 16), nicht gefolgt. Eine solche dürfte, angesichts des Vorbehalts einer näheren Regelung des Rederechts durch die GOAvB in Satz 2, aber nicht völlig ausgeschlossen sein. Die GOAvB sieht in § 64 VII vor, dass die Senatsmitglieder keine längeren Redezeiten haben sollen, als die Fraktionen. Diese Vorschrift kann als Appell an den RBm und in den Fällen des Abs. 2 an die anderen Mitglieder des SvB verstanden werden, dem sie aber aus begründetem Anlass nicht zu folgen brauchen.

Absatz 4: Erwiderungsrecht

8 Da in der parl. Demokratie nicht in erster Linie die Mehrheit die Regierung überwacht, sondern diese Aufgabe vorwiegend von der Opposition und damit in der Regel von einer Minderheit wahrgenommen wird (E 49, 85 f.), ist es folgerichtig, dass das Rederecht der Regierung durch ein – ebenfalls Verfassungsrang genießendes – Erwiderungsrecht der Opposition ergänzt wird. Das Erwiderungsrecht wird in § 64 VII GOAvB auf zehn Minuten festgelegt.

Absatz 5: Ordnungsgewalt des Präsidenten oder Ausschussvorsitzenden

9 Abs. 5 stellt klar, dass die Mitglieder des Senats in den Sitzungen der Ordnungsgewalt des PrAvB oder jeweiligen Ausschussvorsitzenden unterliegen.

Art. 50 [Unterrichtung des Abgeordnetenhauses]

(1) Der Senat unterrichtet das Abgeordnetenhaus frühzeitig und vollständig über alle in seine Zuständigkeit fallenden Vorhaben von grundsätzlicher Bedeutung. Dies betrifft auch Angelegenheiten der Europäischen Union, soweit das Land Berlin daran beteiligt ist. Staatsverträge sind vor ihrer Unterzeichnung durch den Senat dem Abgeordnetenhaus zur Kenntnis zu geben. Der Abschluss von Staatsverträgen bedarf der Zustimmung des Abgeordnetenhauses.
(2) Der Senat unterrichtet das Abgeordnetenhaus über Gesetzesvorhaben des Bundes und über die Angelegenheiten der Europäischen Union, soweit er an ihnen mitwirkt.

Art. 50 enthält zwei Regelungsbereiche:Zum einen werden Unterrichtungspflichten des SvB gegenüber dem AvB festgelegt, zum anderen das Zustimmungserfordernis für Staatsverträge. Die Zusammenfassung in einem Verfassungsartikel ist systematisch nicht zwingend und erklärt sich allein aus der besonderen Unterrichtungspflicht über Staatsverträge, die es nahegelegt hat, auch die Zustimmung in Art. 50 zu regeln. Die mit der VvB 1995 eingeführte Norm geht auf einen Vorschlag der Enquete-Kommission »Verfassungs- und Parlamentsreform« (AvBDrs. 12/4376, S.16) zurück. Hinsichtl. der Zustimmungspflicht zu Staatsverträgen findet sich eine vergleichbare Regelung in Art. 59 IIGG.

Absatz 1: Unterrichtungspflicht – Zustimmungserfordernis

Die in Abs. 1 Sätze 1 – 3 enthaltenen Unterrichtungspflichten sollen die **Kontrollmöglichkeiten** des Parl. stärken und den Informationsfluss institutionalisieren (insgesamt sehr krit. zu Art. 50 Mudra, S. 146 ff.). Verpflichteter ist der Senat, also das Kollegialorgan. Informationsberechtigter ist das AvB als Gesamtheit, nicht aber auch der einzelne Abgeordnete, Fraktionen oder (sonstige) Organe des AvB. Der SvB muss seiner Verpflichtung von sich aus nachkommen. Dies ergibt sich schon aus dem Sinn und Zweck der Pflicht, ist aber darüber hinaus aus dem in Satz 1 enthaltenen Hinweis auf die »**frühzeitige**« und »**vollständige**« Unterrichtung ableitbar. Ergeben sich bei einem Vorhaben des SvB nach einer frühzeitigen Unterrichtung wesentliche neue Gesichtspunkte, muss die Unterrichtung gegebenenfalls wiederholt werden. Die Form der Unterrichtung ist von Verfassungs wegen nicht vorgeschrieben. In der Praxis am häufigsten ist eine schriftliche Unterrichtung durch eine entsprechende Senatsvorlage an das AvB zur Kenntnisnahme.

Der Begriff des **Vorhabens** ist weit auszulegen. Er umfasst alle Initiativen, Maßnahmen und Planungen des SvB unabhängig davon, ob sie zu

Verfassung von Berlin 260

ihrer Umsetzung ein gesetzgeberisches Tätigwerden erfordern. Der Regierung muss allerdings auch im Rahmen des Art. 50 ein nicht ausforschbarer Initiativ-, Beratungs- und Handlungsbereich verbleiben. Dieser Kernbereich exekutiver Eigenverantwortung (vgl. hierzu oben Art. 48 Rn. 3) ist allerdings enger zu ziehen als bei Art. 48. Während noch nicht abgeschlossene Sachverhalte den Untersuchungen eines UA entzogen sind, gilt dies bei Art. 50 grundsätzl. nicht. Das AvB wird damit in die Lage versetzt, nicht nur nachläufig zu kontrollieren, sondern begleitend seine Kontrollaufgabe wahrzunehmen. Die Befürchtung, dass es durch ein solches Kontrollrecht zu einem Mitregieren des Parl. kommt (vgl. ua deswegen sehr krit. zu Art. 50 Mudra, S. 147 f.), erscheint übertrieben. Die Möglichkeit des Parl. durch Entschließungen und einfache Beschlüsse die Regierung zu einem bestimmten Tätigwerden oder Unterlassen aufzufordern, entspricht dt. Parlamentstradition und stellt noch kein die Exekutive unzulässig einschränkendes Mitregieren dar. Dadurch, dass die Informationspflicht auf grundsätzliche, also auf für die gesamtstädtische Entwicklung bedeutsame Vorhaben beschränkt ist (vgl. Rn. 5), wird eine ausufernde, die Arbeit der Exekutive zu stark eingrenzende Berichtspflicht verhindert. Daher verstößt Art. 50 nicht gegen die in Art. 28 I GG genannten Staatsformprinzipien, die als Grundsätze auch in den verfassungsmäßigen Ordnungen der Länder zu beachten sind (zu weitgehend und Art. 28 I GG übersehend: Mudra, S. 150). Gerade bei noch nicht abgeschlossenen Vorgängen kann allerdings der der Regierung zukommende Bereich autonomer Kompetenzausübung zu Beschränkungen der Auskunftspflicht führen (vgl. BVerfG, NVwZ 2004, 1105 zu Verf SH).

4 Die Unterrichtungspflicht des SvB gegenüber dem AvB betrifft nur Vorhaben, die in »**seine Zuständigkeit**« fallen. Unklar ist dem Wortlaut nach, ob damit die Zuständigkeit des Senats oder des Parl. gemeint ist. Da eine Unterrichtungspflicht des SvB über Vorhaben Dritter nach Sinn und Zweck der Norm und der Entstehungsgeschichte nicht beabsichtigt gewesen sein dürfte, hätte es eines Hinweises darauf, dass der SvB nur über seine Vorhaben unterrichtet, nicht bedurft. »Seine Zuständigkeit« ist daher als Zuständigkeit des AvB zu lesen (aA Zivier, S. 172, nicht eindeutig Mudra, S. 147). Angesichts des umfassenden Kontrollauftrags des Parl. wird daher nur ein enger Kernbereich exekutivischen Handelns von der Unterrichtungspflicht auszunehmen sein.

5 Die Verpflichtung besteht nur für Vorhaben von **grundsätzl. Bedeutung**. Grundsätzl. Bedeutung kommt nur solchen Vorhaben zu, die von einigem Gewicht sind, insb. langfristige Auswirkungen entfalten können und die sich auf das Staatsganze auswirken. Bei der Beurteilung, ob die Voraussetzungen dieses unbestimmten Verfassungsbegriffs erfüllt sind, kommt dem SvB ein durch den VerfGH nur eingeschränkt nachprüfbarer Beurteilungsspielraum zu (vgl. LVerfGE 3, 32). Die gleiche

Unterrichtungspflicht wie bei Vorhaben von grundsätzl. Bedeutung besteht gemäß Satz 2 für Angelegenheiten der **Europäischen Union**, soweit das Land Berlin daran beteiligt ist. Der Begriff der Beteiligung ist, insb. im Hinblick auf Abs. 2, der für Angelegenheiten der EU, an denen der SvB »mitwirkt«, eine spezielle Regelung enthält, untechnisch zu verstehen. Präziser und die Sache eher treffend formuliert § 21 a I GOAvB, wenn er von Angelegenheiten spricht, die für Berlin von »herausragender Bedeutung sind und wesentliche Interessen Berlins unmittelbar berühren«.

Eine besondere Informationspflicht gegenüber dem AvB sieht Satz 3 6 vor dem Abschluss von **Staatsverträgen** vor. Die Entwürfe sind dem AvB vor der Unterzeichnung zur Kenntnis zu geben. Damit wird dem AvB die Möglichkeit gegeben, durch Hinweise und Empfehlungen an den SvB, dem allein die Aufgabe zukommt, Staatsverträge auszuhandeln, Einfluss auf den Inhalt zu nehmen (überzogen die Kritik v. Mudra, S. 151). Eine frühzeitige Unterrichtung erscheint im Hinblick auf das durch die VvB 1995 nunmehr ausdrückl. vorgesehene **Zustimmungserfordernis** (Satz 4; vgl. Rn. 12 zur Form der Zustimmung) und den Umstand, dass das AvB einen Vertrag nur im Ganzen annehmen oder ablehnen kann (§ 33 V GOAvB), sinnvoll. Die Zustimmung ist nach der vom RBm vorzunehmenden Unterzeichnung des Staatsvertrages einzuholen (vgl. § 20 I 1 AZG). Liegt die Zustimmung vor, ratifiziert der RBm den Staatsvertrag.

Der Begriff des **Staatsvertrages** wird in Art. 50 nicht definiert, sondern 7 vorausgesetzt. Gleiches gilt für Art. 29 VIII GG, der bei einer Teilneugliederung des Bundesgebietes durch die Länder den Abschluss eines Staatsvertrages zwingend vorschreibt. In der Staatspraxis hat der Begriff allerdings relativ feste Konturen zur Bezeichnung einer bestimmten Form der vertraglichen Kooperation erlangt: Im Hinblick auf die Beteiligung des BPräs als Staatsoberhaupt werden in der deutschen Staatspraxis die völkerrechtl. Verträge isd Art. 59 II GG, also Verträge, die die politischen Beziehungen des Bundes regeln oder sich auf Gegenstände der Gesetzgebung beziehen, als Staatsverträge bezeichnet (von Münch/Kunig, Art. 59 Rn. 14). Völkerrechtl. Verträge, die diese Voraussetzungen nicht erfüllen, werden dagegen als **Verwaltungsabkommen** bezeichnet, Art. 59 II GG (von Münch/Kunig, aaO Rn. 51; Jarass/Pieroth, Art. 59 Rn. 18).

Auch im Bereich der vertraglichen **Kooperation der Länder** untereinander (vgl. Art. 96), mit dem Bund oder mit auswärtigen Staaten oder sonstigen ausländischen Völkerrechtssubjekten, werden Verträge, die sich auf Gegenstände der Gesetzgebung beziehen oder Haushaltsmittel erfordern, die nicht im HPl vorgesehen sind, zu den Staatsverträgen gezählt. Ihr Zustandekommen ist ebenfalls durch bestimmte Verfahrensabschnitte (Paraphierung, Unterzeichnung, Ratifikation) geprägt.

8 Gegenstände der Gesetzgebung sind betroffen, wenn die vertraglich übernommenen Pflichten allein durch Erlass eines förmlichen Gesetzes erfüllt werden können. Kann die Angelegenheit dagegen durch Rechtsverordnung oder durch Verwaltungsvorschrift der Exekutive vollzogen werden, so genügt ein **Verwaltungsabkommen**, das keiner Zustimmung bedarf. Ob für die Erfüllung einer sich aus dem vorgesehenen Vertrag ergebenden Pflicht der Erlass eines Gesetzes erforderl. ist, richtet sich nach allg. verfassungsrechtl. **Grundsätzen des Gesetzesvorbehalts** (von Münch/Kunig, Art. 59 Rn. 25). Vereinbarungen, die Rechte und Pflichten für den Einzelnen betreffen, bedürfen daher ebenso einer gesetzlichen Umsetzung wie die Übertragung von Hoheitsrechten wegen der damit verbundenen Schmälerung der vom Volk ausgehenden Staatsgewalt und der Aufsicht über die Exekutive (Grawert, S. 38). Gleichfalls zustimmungsbedürftig sind Verträge, zu deren Durchführung Haushaltsmittel bereitgestellt werden müssen. Sinn des Zustimmungserfordernisses ist es, dafür zu sorgen, dass die Regierung nicht ohne Zustimmung der gesetzgebenden Körperschaft Pflichten übernimmt, deren Erfüllung sie wegen des ausschließlichen Mittelbewilligungsrechts des Parl. nicht garantieren kann (vgl. von Münch/Kunig, Art. 59 Rn. 25; HStR VII § 174 Rn. 5).

Für »nur« finanzwirksame Verträge ist der Abschluss eines Staatsvertrages nicht erforderl., wenn für die Vertragserfüllung Mittel bereits vorgesehen sind. Gleiches gilt, wenn sie von der Exekutive im Wege der Haushaltsbewirtschaftung beschafft werden können. Müssen dagegen neue Haushaltstitel erst geschaffen werden, ist das **Haushaltsgesetzgebungsrecht** betroffen und daher ein der Zustimmung des Parl. unterliegender Staatsvertrag abzuschließen (vgl. von Mangoldt/Klein/Starck, Art. 59 II Rn. 72).

9 Verträge, die die **politischen Beziehungen** Berlins regeln, werden in der Literatur unter Anlehnung an Art. 59 II 2 GG zT ebenfalls zu den Staatsverträgen gezählt (Zivier, S. 274; Pfennig/Neumann, Art. 58 Rn. 4). Derartige politische Verträge sind nach der Rspr. des BVerfG Verträge, die die Existenz des Staates, seine territoriale Integrität, seine Unabhängigkeit, seine Stellung oder sein Gewicht unter den Staaten betreffen (E 90, 359). Auf Landesebene kommen als polit. Verträge in diesem Sinne in erster Linie Gebietsänderungsverträge in Betracht (vgl. Art. 4 Rn. 5). Verträge über solche »politische Beziehungen«, die einen Vertrag mit einem auswärtigen Staat oder einem sonstigen auswärtigen Völkerrechtssubjekt voraussetzen, sind den Ländern nicht erlaubt. Zwar können nach Art. 32 III GG Länder im Rahmen ihrer Gesetzgebungszuständigkeit mit Zustimmung der Bundesregierung mit auswärtigen Staaten und anderen auswärtigen Völkerrechtssubjekten (vgl. von Münch/Kunig, Art. 32 Rn. 11; zum Verhältnis der Abschlusskompetenz von Bund und Ländern, Rn. 49 ff.) Staatsverträge und Verwaltungsabkommen abschließen. Der Rahmen der Landesgesetzgebungskompetenz wird aber bei den dargestellten politischen Verträgen verlassen und die in diesen essentiellen Fragen allein gegebene Vertretungszuständigkeit des Bundes berührt. Ebensowenig können Länder internationalen Organisationen beitreten (von Münch/Kunig, Art. 32 Rn. 37). Eine Ausnahme hiervon macht seit 1993 Art. 24 I a GG, der die Länder ermächtigt, mit Zustimmung der BReg. bestimmte Hoheitsrechte auf »grenznachbarschaftliche Einrichtungen« zu übertragen.

Im Hinblick auf die parl. Kontrollfunktion, die durch die frühzeitige Einbindung des AvB in Abs. 1 Satz 3 betont wird, wird man auch Verträge, die sich weder auf Materien der Gesetzgebung beziehen noch finanzwirksam sind, dann als Staatsverträge ansehen müssen, wenn sie von besonderem landespolitischem Interesse sind, weil sie erhebliche **landespolitische Gestaltungswirkung** entfalten. Dieses Staatsvertragsverständnis kommt etwa in der Verfassung von Brandenburg bereits durch den Wortlaut zum Ausdruck (»Staatsverträge, *insb.* Verträge, die sich auf Gegenstände der Gesetzgebung beziehen oder Aufwendungen erfordern, für die Haushaltsmittel nicht vorgesehen sind, bedürfen . . .« Art. 91 I 2 BgbVerf). 10

Da in Berlin staatliche und gemeindliche Aufgaben nicht getrennt werden, handelt auch bei Außenbeziehungen Berlins mit Gemeinden in anderen Staaten, die in Flächenstaaten in die Zuständigkeit allein der Gemeinde fallen, der RBm für das Land Berlin. Diese der Sache nach **kommunalen Auslandskontakte** sind – soweit sie in vertraglicher Form erfolgen – keine völkerrechtl. Verträge und unterfallen nicht dem Zustimmungserfordernis des Art. 32 III GG (vgl. Seifert/Hömig, Art. 32 Rn. 7; Hauptbeispiele: Städtepartnerschaften, Verträge über grenzüberschreitende gemeinsame Probleme). Sie können sich ihrem Inhalt nach nicht auf Gegenstände der Gesetzgebung beziehen und keine finanzwirksamen Zusagen enthalten. Da sie auf der ausländischen Seite mit einer Gemeinde und nicht einer staatlichen ausl. Stelle abgeschlossen werden, sind es aber auch keine Verwaltungsabkommen. Sie werden zur Unterscheidung von diesen als **Memoranden** bezeichnet. Nach einem den SvB nicht bindenden, gleichwohl von ihm beachteten Beschluss werden diese Vereinbarungen dem AvB zur Zustimmung vorgelegt. Die Zustimmung erfolgt durch schlichten Parlamentsbeschluss. 11

Die Zustimmung zu Staatsverträgen ist in der **Form eines Gesetzes** vorzunehmen (ebenso Pfennig/Neumann, Art. 58 Rn. 5). Die Notwendigkeit eines förmlichen gesetzgeberischen Aktes ergibt sich zwar nicht aus dem Wortlaut des Art. 50 I, folgt jedoch aus der Parallele zu Art. 59 I GG und der Transformationsfunktion des Zustimmungsaktes: Mit dem Zustimmungsgesetz wird der Staatsvertrag in verbindliches Landesrecht umgesetzt (vgl. zum Doppelcharakter des Zustimmungsgesetzes E 30, 284). Bei finanzwirksamen Staatsverträgen ist zwar das Haushaltsge- 12

Verfassung von Berlin 264

setzgebungsrecht betroffen. Hieraus folgt allerdings nicht zwingend, dass bereits die Zustimmung in Form eines Gesetzes vorgenommen werden muss, da das Zustimmungsgesetz nicht bereits selbst die haushaltsrechtl. Regelung darstellt, sondern nur die Bindung des AvB auslöst, die finanziellen Mittel bereitzustellen. Gleichwohl wird in der Berliner Staatspraxis und der Staatspraxis der meisten anderen Bundesländer nicht nach dem Inhalt des Staatsvertrages unterschieden und stets die Zustimmung in Form eines Gesetzesbeschlusses erteilt.

Absatz 2: Spezielle Unterrichtungspflichten

13 Über **Gesetzesvorhaben des Bundes** und über Angelegenheiten der **Europäischen Union** hat der SvB dem AvB ebenfalls zu berichten. Dies gilt (selbstverständlich) nur, soweit er an ihnen mitwirkt, also insb. über den BR beteiligt ist. Auch wenn in Abs. 2 nicht ausdrückl. eine frühzeitige und vollständige Unterrichtung verlangt wird, ist kein Grund ersichtlich, andere Maßstäbe als bei Abs. 1 anzulegen. Für Europaangelegenheiten (vgl. Art. 23 GG) schreibt § 21 a GOAvB im Einzelnen das Verfahren der Unterrichtung und der Beteiligung des AvB vor. Die frühzeitige Unterrichtungspflicht belässt es bei der sich aus Art. 51 GG ergebenden alleinigen Vertretungs- und Entscheidungskompetenz des SvB im BR. Eine rechtliche Bindung der Landesregierung durch Beschluss des Landesparlaments hinsichtl. des Stimmverhaltens im BR ist bundesverfassungsrechtl. unzulässig (statt vieler: von Münch/Kunig, Art. 51 Rn. 14 mwN).

Art 51 [Indemnität u. Immunität der Abgeordneten]

(1) Kein Abgeordneter darf zu irgendeiner Zeit wegen seiner Abstimmung oder wegen Äußerungen in Ausübung seines Mandats gerichtlich oder dienstlich oder sonst außerhalb des Abgeordnetenhauses zur Verantwortung gezogen werden. Dies gilt nicht für verleumderische Beleidigungen.
(2) Jeder Abgeordnete hat das Recht, Angaben über Personen, die ihm in seiner Eigenschaft als Abgeordneter Mitteilung gemacht haben, und die Herausgabe von Schriftstücken zu verweigern, die ihm in seiner Eigenschaft als Abgeordneter übergeben wurden.
(3) Kein Abgeordneter darf ohne Genehmigung des Abgeordnetenhauses zur Untersuchung gezogen oder verhaftet werden, es sei denn, dass er bei Ausübung der Tat festgenommen wird.
(4) Jede Haft oder sonstige Beschränkung der persönlichen Freiheit eines Abgeordneten ist auf Verlangen des Abgeordnetenhauses aufzuheben.

Art. 51 enthält – weitgehend inhaltsgleich mit Art. 46 und 47 GG – Sicherungen für die parl. Arbeit des AvB und seiner Mitglieder. Im Vordergrund steht das Ziel, die Funktionsfähigkeit des AvB zu erhalten. Zu diesem Zweck schützen Abs. 1 und 2 die parl. Rede- und Handlungsfreiheit der MdA (vgl. E 60, 380), während die Abs. 3 und 4 ihnen einen zeitlich begrenzten Schutz vor Strafverfolgung und jeder anderen Beschränkung ihrer persönlichen Freiheit gewähren (zur hist. Entwicklung in Europa vgl. Bonner Kommentar, Art. 46 Rn. 6 ff.). 1

Absatz 1: Indemnität

Abs. 1 regelt mit der Indemnität die Verantwortungsfreiheit der MdA für ihr parl. Handeln. Das Vorrecht kommt den **Abgeordneten** nur in ihrer Eigenschaft als Mitglieder des AvB zu. Senatsmitglieder werden vom Indemnitätsschutz nicht umfasst, auch wenn sie selbst MdA sind, sofern sie in ihrer Funktion als Senatsmitglied tätig werden. 2

Seinem sachlichen Anwendungsbereich nach bezieht sich der Indemnitätsschutz auf Abstimmungen und sonstige Willensbekundungen, auf Tatsachenbehauptungen ebenso wie auf Meinungsäußerungen, sofern es sich um Bekundungen handelt, die der MdA in Ausübung seines Parlamentsmandats im Plenum, in Ausschüssen und anderen Unterorganen des AvB oder auch in den dort gebildeten Fraktionen abgibt (BremStGH DVBl 67, 623). Ausgenommen sind nach Satz 2 **Verleumdungen** (§ 187 StGB) und – über den Wortlaut hinaus – auch Tätlichkeiten (BVerwGE 83,16) sowie Äußerungen des MdA in Parteigremien, Parteiveranstaltungen (vgl. BGH NJW 82, 2246), gegenüber der Presse 3

(BGHZ 75, 386) oder sonst außerhalb des AvB. Keinen Schutz genießt ein MdA daher auch dann, wenn er eine schriftliche Parlamentsanfrage vor ihrer Beantwortung zur Veröffentlichung an die Presse weiterleitet (BGHZ 75, 387 ff.). Die Indemnität ist **zeitlich unbeschränkt** (»zu irgendeiner Zeit«), besteht also auch nach dem Ausscheiden des MdA aus dem AvB fort. Der MdA kann über die Indemnität nicht verfügen; das Parl. kann sie nicht aufheben.

4 Verboten ist nach Abs. 1 jedes **Zurverantwortungziehen** außerhalb des AvB. Ausgeschlossen sind deshalb alle außerparl. Sanktionen von hoher Hand, insb. und ausdrückl. jede **gerichtliche** Verfolgung – neben strafgerichtl. auch jede zivil- und ehrengerichtl. (BremStGH DVBl 67, 623). Zur verbotenen **dienstlichen** Verfolgung gehören insb. disiziplinarrechtl. Maßnahmen. Strafrechtl. bildet Abs. 1 nur einen persönlichen Strafausschließungsgrund, sodass bei Rechtswidrigkeit einer durch die Vorschrift geschützten Äußerung Notwehr in Betracht kommt. Sanktionen im privat-gesellschaftlichen Bereich, wie Kündigungen, gesellschaftlicher Boykott oder Parteiordnungsverfahren sind nach hM nicht untersagt. Hier sind die Art. 38 IV 2 und Art. 45 die spezielleren Normen (vgl. Bonner Kommentar, Art. 46 Rn. 46). Als Parlamentsinterna statthaft sind Ordnungsmaßnahmen des PrAvB und der Vorsitzenden der Ausschüsse (E 60, 381 ff.). § 36 StGB, der die Straflosigkeit parl. Äußerungen auch für Mitglieder einer Gesetzgebungskörperschaft eines Landes bestimmt, hat für Landesparlamentarier neben den jeweiligen landesverfassungsrechtl. Bestimmungen keine eigenständige Bedeutung (vgl. Pfennig/Neumann, Art. 51 Rn. 4 mwN; HStR IV § 99 Rn. 36; aA Bonner Kommentar, Art. 46 Rn. 28 ff.).

Absatz 2: Zeugnisverweigerungsrecht

5 Abs. räumt dem MdA und dessen unmittelbaren Hilfspersonen zum Schutz des freien Mandats und der ungestörten parl. Arbeit (vgl. BVerfGE 108, 269) insb. in Gerichts- und Verwaltungsverfahren ein **Zeugnisverweigerungsrecht** ein, das mit der Erlangung des Abgeordnetenstatus entsteht und bis zum Tod des MdA fortbesteht. Aus dem Recht zur Zeugnisverweigerung folgt keine Pflicht, insb. keine Verpflichtung der Kontaktperson gegenüber, das Zeugnis tatsächl. zu verweigern. Das Zeugnisverweigerungsrecht bezieht sich dem Wortlaut nach nur auf Angaben über Personen. Soweit aus Angaben über Tatsachen Rückschlüsse auf Personen mögl. sind, muss es aber auch für diese Angaben gelten. Das AvB kann das Zeugnisverweigerungsrecht nicht aufheben. Das Recht besteht nur in Bezug auf Personen, die dem MdA gerade in seiner Eigenschaft als Volksvertreter Mitteilung gemacht haben. Ob diese Voraussetzung vorliegt, muss in jedem Einzelfall entschieden werden. Der Abg. hat den funktionalen Zusammenhang zwi-

schen Mitteilung und seinem Status darzulegen und glaubhaft zu machen (von Münch/Kunig, aaO Rn. 8).

Das **Beschlagnahmeverbot** soll verhindern, dass das Recht, Angaben 6 über Personen zu verweigern, durch Zugriff auf Schriftstücke umgangen wird. Das Verbot erfasst – wie das BVerfG nunmehr klargestellt hat (BVerfGE 108, 251) – auch solche Schriftstücke, die sich im Gewahrsam der Mitarbeiter des Abg. befinden. Dies gilt allerdings dann nicht, wenn sich die Schriftstücke außerhalb der Räume des Parl. bei einem Mitarbeiter befinden (BVerfG a.a.O.). Wie die ausdrückl. erwähnte Beschlagnahme ist auch die ihr dienende Durchsuchung unzulässig, ebenso jeder behördliche Herausgabezwang. Ausgenommen vom Beschlagnahmeverbot sind Schriftstücke, die selbst Gegenstand eines gegen den MdA gerichteten, nach Abs. 3 genehmigten Strafverfahrens sind.

Absatz 3: Immunität

Wie die Indemnität kommt auch die durch Abs. 3 und Abs. 4 als **Verfolgungsfreiheit** 7 gewährte Immunität nur den Abgeordneten des AvB zu, und zwar auch hins. solcher Verhaltensweisen, die vor dem Mandatserwerb liegen (sog. mitgebrachte Verfahren). Keine Rolle spielt, in welcher Funktion, ob als MdA oder z.B. als Senatsmitglied, der Mandatsträger tätig geworden ist. In seiner Wirkung ist das Vorrecht aber – anders als dasjenige des Abs. 1 – auf die Dauer der Mitgliedschaft im AvB beschränkt. Das AvB kann dieses in erster Linie ihm zugedachte Recht auch wieder aufheben. Die Gewährung von Immunität dient nicht in erster Linie dem Schutz des einzelnen MdA, sondern dem Schutz des Parl. als Ganzes vor Beeinträchtigungen seiner Arbeit durch sachfremde Eingriffe gegenüber den einzelnen Abg. (vgl. BVerfGE 104, 329).

Anders als in Art. 46 II GG wird in Abs. 3 nicht ausdrückl. auf die Art 8 der Handlung (»wegen einer mit Strafe bedrohten Handlung«) abgestellt. Aus dem Hinweis auf »die Tat« ergibt sich jedoch, dass Bezugspunkt der Immunitätsregelung die mit Strafe bedrohten Handlungen des MdA sind. Dabei sind mit »Strafen« nicht nur die Kriminalstrafen einschließl. der Maßregeln der Besserung und Sicherung, sondern auch Disziplinarstrafen (aA BVerwGE 83, 3 gegen ganz hM in der Literatur, vgl. von Münch/Kunig, Art. 46 Rn. 25) sowie Ehren- und Berufsgerichtsstrafen gemeint, nicht dagegen Geldbußen und Ordnungswidrigkeiten (str. so wie hier: Richtl.AvB in Immunitätsangelegenheiten Nr. 6 V; Seifert/Hömig, Art. 46 Rn. 7; aA von Münch/Kunig, aaO Rn. 24). Nicht unter Abs. 2 fallen die Erhebung von (strafrechtl.) Privatklagen, Zivilrechtsstreitigkeiten einschl. – vorbehaltlich des Abs. 4 – ziviler Zwangsvollstreckung (vgl. BGHZ 75, 385 f.), Verwaltungszwang und nach den Richtl.AvB (Nr. 6) die Entgegennahme von Anzeigen, Unfall-

Verfassung von Berlin

aufnahmen, Blutproben, Verwarnungsgelder nach Ordnungswidrigkeitenrecht und polizeiliche Ingewahrsahmnahme. Wie sich aus den Worten »zur Untersuchung gezogen« ergibt, gewährt Abs. 2 nicht nur Schutz vor der Verhängung strafrechtl. Sanktionen, sondern auch schon vor Untersuchungshandlungen zur Aufklärung einer mit Strafe bedrohten Handlung, also insb. vor staatsanwaltschaftlicher und polizeilicher Ermittlung. Unter »Verhaftung« ist im Hinblick auf Abs. 4 im wesentl. nur die Untersuchungshaft zu verstehen. Maßnahmen gegen tatbeteiligte Dritte und Untersuchungshandlungen, von denen der MdA betroffen wird, die sich aber gegen eine andere Person richten, sind nicht in den Schutzbereich des Abs. 3 einbezogen.

9 Unter Abs. 3 fallende Maßnahmen dürfen, soweit der MdA nicht bei Begehung der Tat oder im Laufe des folgenden Tages festgenommen wird, nur mit Genehmigung des AvB vorgenommen werden. Genehmigung bedeutet hier – abweichend von der üblichen Terminologie – vorherige Zustimmung. Sie beseitigt für den von ihr erfassten geschichtlichen Vorgang (BGHSt 15, 275) das Verfahrenshindernis der Immunität (vgl. BGHSt 20, 249) und wird von der zuständigen Staatsanwaltschaft eingeholt. Das Verfahren bei Anträgen auf Immunitätsaufhebung wird im Einzelnen in den Richtl. des AvB festgelegt. Die Entscheidung über die Genehmigung ist Ermessenssache. Abzuwägen sind die Interessen des Parl. an ungestörter Mitarbeit seiner Mitglieder mit dem Interesse an einer geordneten Rechtspflege und dem Interesse des Geschädigten. Die Schlüssigkeit des gegen den MdA erhobenen Tatvorwurfs und die Verhältnismäßigkeit der ergriffenen Maßnahme muss das AvB nicht prüfen. Der betroffene MdA hat nur einen Anspruch darauf, dass das AvB bei seiner Ermessensentscheidung sich nicht von sachfremden, willkürlichen Motiven leiten lässt (BVerfGE 104, 333). Gültigkeit hat die Entscheidung jeweils nur für die Dauer der laufenden Wahlperiode.

Absatz 4: Aussetzungsverlangen des Abgeordnetenhauses

10 Abs. 4 regelt das **Reklamationsrecht** des AvB und betrifft vor allem Fälle der Festnahme auf frischer Tat sowie Fälle, in denen das AvB eine Genehmigung erteilt hat, die wegen neuer Gesichtspunkte rückgängig gemacht werden soll. Die Rechte des Abs. 4 können in jedem Stadium des Verfahrens geltend gemacht werden.

Art. 52 [Wahrheitsgetreue Berichte]

Niemand darf wegen wahrheitsgetreuer Berichte über die öffentlichen Verhandlungen des Abgeordnetenhauses und seiner Ausschüsse zur Verantwortung gezogen werden.

Art. 52 sichert den zu den Grundprinzipen der Demokratie gehörenden Anspruch des Staatsvolkes auf uneingeschränkte Information über den Inhalt der öffentl. Parlamentsverhandlungen. Er ist inhaltsgleich mit Art. 42 III GG. 1

Die Verantwortlichkeitsfreiheit gilt für jedermann. Geschützt sind **Berichte**, also Tatsachenmitteilungen, nicht dagegen Meinungsäußerungen, Werturteile und Schlussfolgerungen. Die Abgrenzung von Tatsachenmitteilungen und Meinungsäußerungen kann erhebliche Schwierigkeiten bereiten (vgl. von Münch/Kunig, Art. 42 Rn. 28). Auch in Meinungsäußerungen können Teilberichte enthalten sein, während umgekehrt die Wiedergabe der Meinungsäußerung eines MdA in einem Bericht eine Tatsachenmitteilung darstellt. Dies gilt selbst dann, wenn es sich um eine ehrverletzende Äußerung handelt. Die Berichte können den Verlauf der Verhandlungen auch abgekürzt wiedergeben, es sei denn, dass sie durch Auslassungen irreführend und dadurch nicht mehr **wahrheitsgetreu** sind. Ob ein Bericht wahrheitsgetreu ist, ist im konkreten Einzelfall unter Würdigung aller Umstände dieses Falles zu prüfen. Die Form der Berichterstattung ist ebenso gleichgültig wie der Adressatenkreis. Geschützt werden daher sowohl Berichte in der Öffentlichkeit als auch private Gespräche. 2

Unter **Verhandlung** sind in Übereinstimmung mit Art. 42 III GG und im Hinblick auf das Schutzgut des Art. 52 die Sitzungen des AvB oder der Ausschüsse in einem umfassenden Sinn zu verstehen. Daher sind Äußerungen von MdA »am Rande einer Sitzung« ebenfalls erfasst, wenn sie während der öffentl. Sitzung und in Bezug auf diese abgegeben werden (zu eng Pfennig/Neumann, Art. 52 Rn. 2). Art. 52 schützt vor der gesamten öffentl. Strafgewalt, aber auch vor zivil- und presserechtl. Klagen. Die strafrechtl. Irrelevanz der wahrheitsgemäßen Berichterstattung findet ihren Ausdruck auch in § 37 StGB (vgl. Art. 51 Rn. 2) 3

Verfassung von Berlin

Art. 53 [Abgeordnetenentschädigung]

Die Abgeordneten erhalten eine angemessene Entschädigung. Alles Nähere wird durch Gesetz geregelt.

1 Art. 53 sichert, weitgehend wortgleich mit Art. 48 III GG, den MdA im Interesse ihrer Unabhängigkeit und Entscheidungsfreiheit einen Anspruch auf **angemessene Entschädigung**. Die der Bedeutung des Amtes angemessene Entschädigung soll es dem MdA ermöglichen, als Vertreter aller Berliner frei von wirtschaftlichen Zwängen zu wirken (vgl. BverfGE 104, 224).

2 Ursprünglich dazu bestimmt, den Abgeordneten den mit ihrem Amt verbundenen besonderen Aufwand (»Schäden«) auszugleichen (so bis 1978 Art. 38 I VvB 1950; ausf. Determann BayVBl 97, 385), hat sich das Recht auf Entschädigung im Laufe der Zeit im Bund im Gleichklang mit der Entwicklung des Abgeordneten von einem ehrenamtlich tätigen, von Haus aus wirtschaftlich unabhängigen Honoratiorenpolitiker zum auf materielle Existenzsicherung angewiesenen »Berufspolitiker« mit full-time-job (dazu näher E 4, 149 ff; 32, 164; 40, 311) zu einem Entgelt für die im Parl. geleisteten Dienste, zur **Alimentation des Abgeordneten** und seiner Familie mit dem Charakter von Einkommen gewandelt (E 32, 164). Die Ausgestaltung dieser aus der Staatskasse zu gewährenden Alimentation (krit. zu Vollalimentation E 76, 341) hat das BVerfG im sog. Diätenurteil sehr großzügig umschrieben: Die Entschädigung müsse der Bedeutung des Amtes unter Berücksichtigung der damit verbundenen Verantwortung und Belastung und des diesem Amt im Verfassungsgefüge zukommenden Ranges gerecht werden. Die Bemessung des parl. Einkommens dürfe die Entscheidungsfreiheit des Abgeordneten und die praktische Möglichkeit, sich seiner parl. Arbeit auch um den Preis, Berufseinkommen ganz oder teilweise zu verlieren, widmen zu können, nicht gefährden. Die Alimentation sei daher so zu bemessen, dass sie auch für den, der, aus welchen Gründen auch immer, kein Einkommen aus einem Beruf habe, aber auch für den, der infolge des Mandats Berufseinkommen ganz oder teilweise verliere, eine Lebensführung gestatten, die der Bedeutung des Amtes angemessen sei (E 40, 315 und 317). Diese Grundsätze sind mit den sich aus dem Charakter des AvB als Teilzeitparlament ergebenden Modifikationen auf die Alimentation der MdA übertragbar.

3 Im Hinblick auf das Gebot der formalisierten Gleichbehandlung der Abg., das zu den essentiellen, den deutschen Parlamentarismus prägenden und daher von den Landesverfassungsgebern zu beachtenden Grundsätzen gehört (vgl. BVerfGE 104, 224), ist die Entschädigung für alle MdA grundsätzl. **gleich zu bemessen**. Zusätzliche Entschädigungen für einzelne MdA sind daher auf wenige politisch besonders herausge-

hobene parl. Funktionen zu beschränken (BVerfG aaO; vgl. auch HbgVerfG NJW 98, 1055). Als Annex zur Alimentation kann eine begrenzte Altersversorgung gewährt werden (E 40, 311; ThürVerfGH LVerfGE 9, 450; aA für Krankheitskosten BVerwG NVwZ 98, 501). Mit der Formulierung, die Entschädigung müsse »angemessen« sein, ist eine verfassungsrechtl. Untergrenze der Entschädigungshöhe festgelegt, die es z.B. nicht erlauben würde, den MdA etwa nur die für das Existenzminimum notwendigen Finanzmittel zur Verfügung zu stellen. Eine unangemessen hohe Entschädigung ist dann festzustellen, wenn sie außerhalb des Zwecks der Entschädigungsregelung liegt, der darauf gerichtet ist, die Unabhängigkeit des MdA zu sichern und anderen als diesen Zwecken nicht dienen darf (ThürVerfGH LVerfGE 9, 438).

Da das Parl. damit hinsichtl. der Diäten in eigener Sache entscheidet, 4
verlangt das BVerfG dass der gesamte Willensbildungsprozess für den Bürger durchschaubar bleibt und das Ergebnis vor den Augen der Öffentlichkeit durch ein **Gesetz** beschlossen wird (E 40, 317; NWVerfGH NVwZ 96, 164; ThürVerfGH LVerfGE 9, 435). Dieser allg. Grundsatz ist in Art. 53 Satz 2 ausdrückl. erwähnt. Die Entschädigung wird im Dritten Teil des Landesabgeordnetengesetzes geregelt. Mit Beginn der 15. Wahlperiode sind die in diesem Gesetz bisher unangemessen großzügig gewährten Ansprüche auf Altersentschädigung (§ 11) auf ein verfassungskonformes Maß reduziert worden (vgl. 14. G. zur Änderung des Landesabgeordnetengesetzes v. 11. 5. 99, GVBl S. 161; zur Angemessenheit von Altersbezügen ausf. ThürVerfGH LVerfGE, 9, 450).

Art. 54 [Wahlperiode]

(1) Das Abgeordnetenhaus wird unbeschadet der Vorschrift des Absatzes 5 für fünf Jahre gewählt. Die Wahlperiode beginnt mit dem ersten Zusammentritt des Abgeordnetenhauses. Die Neuwahl findet frühestens 56 Monate und spätestens 59 Monate nach dem Beginn der Wahlperiode statt.
(2) Das Abgeordnetenhaus kann mit einer Mehrheit von zwei Dritteln seiner Mitglieder beschließen, die Wahlperiode vorzeitig zu beenden.
(3) Die Wahlperiode kann auch durch Volksentscheid vorzeitig beendet werden.
(4) Im Falle der vorzeitigen Beendigung der Wahlperiode findet die Neuwahl spätestens acht Wochen nach dem Beschluss des Abgeordnetenhauses oder der Bekanntgabe des Volksentscheides statt.
(5) Die Wahlperiode endet mit dem Zusammentritt des neu gewählten Abgeordnetenhauses. Das Abgeordnetenhaus tritt spätestens sechs Wochen nach der Wahl unter dem Vorsitz des ältesten Abgeordneten zusammen.

1 Die Einzelregelungen des Art. 54 **unterscheiden** sich z.T. ganz erhebl. von denen der entsprechenden Bestimmung des Art. 39 GG. Der BT wird nach Art. 39 I 1 GG grundsätzl. auf vier Jahre gewählt; das AvB gemäß Art. 54 I 1 grundsätzl. auf fünf Jahre; dementsprechend unterschiedl. ist auch der Zeitraum, innerhalb dessen Neuwahlen stattzufinden haben. Während Art. 54 II ein Selbstauflösungsrecht des AvB und Art. 54 III eine Auflösungsmöglichkeit durch Volksentscheid begründen, fehlen derartige Instrumente im GG; eine vorzeitige Auflösung des BT ist nur in den Fällen des Art. 63 IV GG und 68 GG durch Anordnung des Bundespräsidenten mögl. Nach Art. 39 II GG tritt der BT spätestens am 30. Tage nach der Wahl zusammen; die VvB lässt gemäß Art. 54 V 2 einen Zeitraum von 6 Wochen bis zum Zusammentritt des AvB zu und ordnet zugleich an, dass dieser erste Zusammentritt nach der Wahl unter Vorsitz des ältesten Abgeordneten zu erfolgen habe. Eine derartige Anordnung fehlt im GG; auf Bundesebene ist die inhaltl. entsprechende Regelung in § 1 II GOBT aufgenommen.

Absatz 1: Regelmäßige Dauer und Beginn der Wahlperiode

2 Mit »Abgeordnetenhaus« in Abs. 1 S. 1 sind die Abgeordneten, nicht das Verfassungsorgan AvB gemeint; nur Personen werden gewählt (vgl. Art. 39 Rn. 4). Das Verfassungsorgan AvB besteht unabhängig vom Ablauf einer Wahlperiode und den jeweiligen (Neu-)Wahlen (sog. Organidentität); sein Ende findet nur das durch seine konkret-personelle

Zusammensetzung bestimmte Parlament (sog. personelle Diskontinuität, vgl. VerfGH, B.v. 21.3.03 – 6/01, und Rn. 9). Unter Wahlperiode ist die Zeitspanne zu verstehen, für die die Abgeordneten vom Volk als dessen Vertreter bestimmt und legitimiert werden (vgl. Art. 38 Rn. 6, 12). Der Verfassungsgeber hat sich in Anlehnung an die neuere Verfassungsentwicklung in anderen Bundesländern – u.a. um dem AvB und dem SvB einen längeren Zeitraum zur Erledigung der im jeweiligen Arbeitsprogramm vorgesehenen Aufgaben zu geben – für eine Verlängerung der Wahlperiode (von früher) vier auf (jetzt) fünf Jahre entschieden (vgl. AvBDrs 12/4874, S. 9, und 12/5224, S. 10). Bei dieser Dauer handelt es sich indes nicht um einen starren Zeitraum, sondern um eine **Regelzeitspanne**. Sie kann sich durch eine vorzeitige Beendigung der Wahlperiode nach Maßgabe der Abs. 2 und 3 verkürzen. Überdies kann es infolge der flexiblen Termine für die Neuwahl (Abs. 1 S. 3) und für den ersten Zusammentritt des AvB nach einer Neuwahl (Abs. 5 S. 2) zu einer Verlängerung oder Verkürzung kommen.

Eine über den damit gesteckten Rahmen hinausgehende Verkürzung oder Verlängerung der Wahlperiode ist nicht zulässig: Die in Abs. 1 S. 1 festgelegte Dauer der Wahlperiode bringt nicht nur zum Ausdruck, in welchen Abständen die demokratische Legitimation der Volksvertretung erneuert werden muss. Die Festlegung der Wahlperiode auf – regelmäßig – fünf Jahre soll von Verfassungs wegen dem AvB als zentralem demokratischen Verfassungsorgan auch die wirksame und kontinuierliche Erfüllung seiner Aufgaben ermögl. An dieser Gewährleistung hat der Status des einzelnen Abgeordneten notwendigerweise Anteil. Eine mit den Bestimmungen der VvB **unvereinbare** Verkürzung würde zugleich in den in Art. 38 IV garantierten Abgeordnetenstatus eingreifen (VerfGH NVwZ 02, 594). Auch eine – über den durch die flexiblen Termine gesteckten Rahmen hinausgehende – Verlängerung einer laufenden Wahlperiode lässt die VvB nicht zu; sie liefe auf eine unzulässige »Selbstermächtigung« hinaus (vgl. E 1, 33). 3

Die Wahlperiode **beginnt** mit dem ersten Zusammentritt eines neugewählten AvB (Abs. 1 S. 2), dh mit der konstituierenden Sitzung im Anschluss an eine Neuwahl der Abgeordneten; dazu beruft gemäß § 10 I GOAvB der bisherige Präsident das AvB ein. Vorbehaltl. der in den Abs. 2 und 3 geregelten Fallgestaltungen findet eine Neuwahl frühestens 56 Monate und spätestens 59 Monate nach Beginn der Wahlperiode statt; für die Fristberechnung gelten die §§ 187 ff. BGB. Zuständig für die Bestimmung des Wahltags, der ein Sonntag oder ein gesetzl. Feiertag sein muss, ist der SvB (§ 33 LWahlG). Findet eine Neuwahl zu früh statt, ist sie ungültig; findet eine Wahl zu spät statt, ist sie zwar verfassungswidrig, aber gleichwohl gültig, weil anderenfalls gegen das Verbot der Verlängerung einer laufenden Wahlperiode (vgl. dazu Rn. 3) verstoßen würde (Jarass/Pieroth, Art. 39 Rn. 6). 4

Absatz 2: Vorzeitige Beendigung der Wahlperiode durch Beschluss des AvB

5 Nach Abs. 2 kann das AvB mit einer Mehrheit von zwei Dritteln seiner Mitglieder eine vorzeitige Beendigung der Wahlperiode beschließen; einen solchen Beschluss hat das AvB am 1.9.2001 gefasst; 143 der seinerzeit 169 Mitglieder des AvB haben für den entsprechenden Antrag gestimmt. Zwar handelt es sich bei der vorzeitigen Beendigung der Wahlperiode um eine Ausnahme von der in Abs. 1 enthaltenen Regel der fünfjährigen Wahlperiode, doch wird die dem AvB durch Abs. 2 eingeräumte Befugnis zu einer vorzeitigen Beendigung der Wahlperiode außer dem Erfordernis der **Zweidrittelmehrheit** an keine weiteren Voraussetzungen geknüpft. Abs. 2 lassen sich keine ungeschriebenen Tatbestandsmerkmale entnehmen, die diese Befugnis davon abhängig machen, dass eine politische Lage der Instabilität zwischen Parlament und Regierung besteht (LVerfGE 12, 79). Abs. 2 sieht ausdrückl. ein nicht an materielle Voraussetzungen gebundenes Selbstauflösungsrecht des AvB vor und unterwirft damit die Dauer der Wahlperiode der alleinigen Entscheidung einer qualifizierten Mehrheit der Abgeordneten; das Erfordernis der Zweidrittelmehrheit ist das einzige Regulativ gegen eine vorschnelle Auflösung des AvB. Eine einschränkende Auslegung des Selbstauflösungsrechts des Abs. 2 ist auch nicht mit Blick auf Art. 28 I 1 GG gefordert. Es ist bundesverfassungsrechtl. nicht zu beanstanden, dass der Verfassungsgeber in Berlin das dem AvB in Abs. 2 zugebilligte Recht zur Selbstauflösung nicht vom Vorliegen eines bestimmten Tatbestandes, etwa einer »Krisensituation«, abhängig gemacht, sondern dem AvB für diesen staatsleitenden Akt ein politisches Ermessen eingeräumt hat. Angesichts dessen kommt eine verfassungsrechtl. Beanstandung seiner Entscheidung über die Verkürzung der Wahlperiode allenfalls in Betracht, wenn sie sich als willkürl. oder rechtsmissbräuchl. erweist (LVerfGE 12, 83). Davon kann indes keine Rede sein, wenn das AvB – wie im Zusammenhang mit dem Beschluss vom 1.9.2001 geschehen – die vorzeitige Auflösung mit einem »Anspruch« des Volkes auf Entscheidung über einen »politischen Neuanfang« begründet (AvBDrs 14/1450) und damit zum Ausdruck bringt, es wolle seiner von ihm als mangelhaft empfundenen Legitimation durch den Souverän im Wege einer Neuwahl abhelfen.

Die Aufrechterhaltung der in §§ 10 VIII und IX, 23 IV LWahlG geregelten Unterschriftenquoren (vgl. dazu Art. 39 Rn. 7) ist selbst für den Fall der vorzeitigen Beendigung der Wahlperiode des AvB verfassungsrechtl. nicht zu beanstanden (VerfGH NVwZ-RR 03, 466).

6 Abs. 2 ist eine Vorschrift **objektiven Rechts**, die kein subjektives Verfassungsrecht für den Einzelnen begründet und dessen Verletzung nicht mit einer Verfassungsbeschwerde gerügt werden kann (VerfGH, B.v.

8.10.01 – 116/01). Deshalb kann eine verfassungsgerichtl. Überprüfung der Entscheidung des AvB über eine vorzeitige Beendigung der Wahlperiode nur im Wege einer Organklage nach Art. 84 II Nr. 1 betrieben werden, und zwar einzig von Mitgliedern des AvB, die mit Blick auf ein derartiges Verfahren sowohl beteiligtenfähig als auch durch eine solche Entscheidung in ihrer Rechtsstellung als Abgeordnete unmittelbar betroffen sind und insoweit auch in eigenen Rechten verletzt sein können (vgl. Rn. 3). Dagegen kann die Selbstauflösung des Parlaments nicht die politischen Parteien in ihren verfassungsrechtl. Rechten verletzen, weder die der bereits im Parlament vertretenen noch die der dort nicht vertretenen Parteien (VerfGH NVwZ 02, 597). Im Übrigen fehlt einem Mitglied der BVV schon die Beteiligtenfähigkeit, da selbst die BVV nicht in einem Organstreitverfahren beteiligtenfähig wäre (VerfGH, B.v. 8.10.01 – 144/01).

Absatz 3: Vorzeitige Beendigung der Wahlperiode durch Volksentscheid

Nach Abs. 3 kann die Wahlperiode auch durch Volksentscheid vorzeitig beendet werden. Einzelheiten dazu sind in den Art. 62 III und 63 III sowie im Gesetz über Volksinitiative, Volksbegehren und Volksentscheid vom 11.6.1957 (GVBl S. 304) und der dazu ergangenen Abstimmungsordnung vom 3.11.1997 (GVBl S. 583) geregelt. Ein Volksentscheid über die vorzeitige Beendigung der Wahlperiode ist gemäß Art. 63 III 2 **erfolgreich**, wenn sich mindestens die Hälfte der Wahlberechtigten daran beteiligt und mit der Mehrheit der abgegebenen Stimmen für die vorzeitige Beendigung stimmt (vgl. in einzelnen Art. 62 Rn. 9 und Art. 63 Rn. 3). 7

Absatz 4: Neuwahl bei vorzeitiger Beendigung der Wahlperiode

Bei einer vorzeitigen Beendigung der Wahlperiode sowohl durch Beschluss des AvB als auch durch erfolgreichen Volksentscheid muss eine Neuwahl nach Abs. 4 innerhalb von **acht Wochen** erfolgen. Dieser Norm kommt nicht ledigl. wahltechnische Bedeutung zu; sie bezweckt vielmehr die nach einer vorzeitigen Beendigung der Wahlperiode typischerweise gegebene Phase der Unsicherheit über die weitere politische Entwicklung möglichst kurz zu halten und dem in einem entsprechenden Beschluss bzw. Volksentscheid zum Ausdruck kommenden Willen, das Volk über die Zusammensetzung der Volksvertretung neu entscheiden zu lassen, so schnell wie möglich Rechnung zu tragen (VerfGH NVwZ 02, 597). Die Frist des Abs. 4 beginnt im Falle eines AvB-Beschlusses mit dem Tag der Beschlussfassung, bei einem erfolgreichen Volksentscheid mit der amtl. Bekanntgabe des endgültigen Ergebnisses 8 im GVBl. Da bei einer vorzeitigen Beendigung der Wahlperiode die Wahlvorbereitungen in wenigen Wochen getroffen werden müssen, sieht § 80 a LWahlO entsprechend verkürzte Fristen vor.

Abs. 5: Ende der Wahlperiode

9 Die Wahlperiode endet mit dem Zusammentritt des neu gewählten AvB, die spätestens sechs Wochen nach der Wahl erfolgen muss. Gleichzeitig beginnt mit diesem Zusammentritt die Wahlperiode des neu gewählten AvB (vgl. Rn. 4). Die einzelnen Wahlperioden folgen somit unmittelbar, dh ohne zeitl. Zwischenraum aufeinander, so dass es **keine parlamentslose** Zeit gibt. Das gilt auch für die Fälle der Abs. 2 und 3. Mit dem Ablauf der Wahlperiode findet zwar nicht das Parlament iS der verfassungsrechtl. Institution sein Ende (sog. Organidentität), wohl aber das durch seine konkret-personelle Zusammensetzung bestimmte Parlament (VerfGH NVwZ-RR 03,537); insoweit gilt im Verhältnis der aufeinanderfolgenden Wahlperioden – verfassungsgewohnheitsrechtl. (vgl. Sachs, Art. 39 Rn. 16) – der Grundsatz der **Diskontinuität** (vgl. zum Grundsatz der Diskontinuität im Einzelnen LVerfG MV DÖV 03, 765). Personelle Diskontinuität bedeutet, dass mit dem Ende der Wahlperiode alle Mitglieder des Parlaments ihr Mandat und ihren Status (z.B. Diätenbezug, Immunität usw.) als Abgeordnete verlieren. Unter sachl. Diskontinuität ist zu verstehen, dass mit dem Ende der Wahlperiode grundsätzl. alle Vorlagen, Anträge und Anfragen als erledigt gelten (vgl. § 92 GOAvB); das gilt auch für Vorlagen zur Dritten Lesung gemäß Art. 59 V. Dadurch wird dem neu gewählten und legitimierten Parlament eine unbefangene Arbeitsaufnahme ermöglicht und Transparenz und Verantwortlichkeit des parlamentarischen Verfahrens gefördert.

10 Gemäß S. 2 tritt das neu gewählte AvB unter dem Vorsitz des ältesten Abgeordneten zusammen. Dieser oder – wenn er dazu nicht bereit oder in der Lage ist – das jeweils nächst älteste Mitglied des AvB eröffnet als sog. **Alterspräsident** die erste Sitzung, beruft die vier jüngsten Mitglieder zu Beisitzern und bildet mit ihnen bis zur Wahl des Präsidenten das vorläufig amtierende Präsidium; er stellt die Beschlussfähigkeit des AvB durch Namensaufruf fest und führt die Wahl des Präsidenten durch (vgl. § 10 II und III GOAvB). Mit der Wahl des Präsidenten endet grundsätzl. die Funktion des Alterspräsidenten. Etwas anderes gilt nur, wenn der Präsident und die Vizepräsidenten (gleichzeitig) ausscheiden; trifft das zu, hat der Alterspräsident unverzügl. die Ersatzwahl zu veranlassen (§ 12 IV GOAvB).

Abschnitt IV. Die Regierung

Art. 55 [Senat]

(1) Die Regierung wird durch den Senat ausgeübt.
(2) Der Senat besteht aus dem Regierenden Bürgermeister und bis zu acht Senatoren, von denen zwei zu Bürgermeistern gewählt werden.

Anders als der die Bundesregierung betreffende Abschnitt VI im GG, der immerhin 9 Art. umfasst, **begnügt** sich der die Regierung in der VvB betreffende Abschnitt IV mit 4 Art. Dieser Unterschied ist nicht nur darauf zurückzuführen, dass es auf Bundesebene Materien – wie z.B. die Befehls- und Kommandogewalt über die Streitkräfte (Art. 65a GG) – zu regeln gilt, für deren Regelung auf Landesebene kein Raum ist. Er geht überdies darauf zurück, dass der Verfassungsgeber des Bundes bestimmte Fragen wie z.B. das Berufs- und Gewerbeverbot für den Bundeskanzler und die Bundesminister (Art. 66 GG) oder die Beendigung des Amtes des Bundeskanzlers und der Bundesminister (Art. 69 II GG) für in der Verfassung regelungsbedürftig angesehen hat, der Verfassungsgeber des Landes Berlin indes mit Blick auf die VvB einen entsprechenden Regelungsbedarf nicht gesehen hat

Absatz 1: Senat als Regierung

Abs. 1 weist dem SvB durch die einfache Bezeichnung als Regierung die Aufgaben zu, die in einer parlamentarischen Demokratie typischerweise einer Regierung obliegen, und macht damit deutl., dass der SvB ein **selbständiges, kollegial aufgebautes Verfassungsorgan** darstellt. Als solches übt der SvB die Regierungsgeschäfte aus und ist zugleich Spitze der Verwaltung, ohne jedoch selbst Verwaltungsbehörde zu sein. Der SvB ist also politische Leitung der Exekutive – z.B. Aufsicht über die Bezirke (Art. 67) mit entsprechender Weisungsbefugnis – und zugleich als Regierung im materiellen Sinne Verfassungsorgan, das zuständig für die Staatsleitung ist, soweit nicht die VvB Zuständigkeiten des AvB begründet. Nach der VvB handelt der SvB bei der Wahrnehmung der ihm übertragenen Aufgaben selbständig und eigenverantwortlich, ohne an Weisungen oder Vorgaben des AvB gebunden zu sein (LVerfGE 1, 137). Etwas anderes gilt nur in den Fällen, in denen die VvB ausdrückl. Regierung und Verwaltung an die Mitwirkung des AvB bindet (vgl. etwa Art. 73 ff. und Art. 81).

3 Der SvB ist für sein politisches Handeln dem AvB gegenüber verantwortl., bleibt aber **weisungsungebunden**, er braucht einfachen Parlamentsbeschlüssen nicht nachzukommen. Eine Nichtbeachtung von Entschließungen oder sonstigen Empfehlungen des AvB durch den SvB kann dieses nur durch ein Misstrauensvotum nach Art. 57 Abs. 2 VvB sanktionieren.

Absatz 2: Mitglieder des Senats

4 Nach der Änderung der VvB durch Gesetz vom 03.04.1998 (GVBl S.82) ist die **Höchstzahl** der Mitglieder des SvB auf **neun Mitglieder inklusive des RBm** festgelegt. Diese Festlegung ist anlässl. der Senatsbildung im Jahre 2000 als durchaus problematisch erkannt worden, folgte doch aus koalitionsarithmetischen Gründen die Einsparung einer eigenständigen Leitung der Senatsverwaltung für Justiz. Im Übrigen bestimmt Abs. 2, dass der SvB sich aus dem Regierenden Bürgermeister und bis zu 8 Senatoren, von denen 2 zum Bürgermeister gewählt werden, zusammensetzt.

5 Die **Mindestanzahl** der zu wählenden Senatsmitglieder einschließlich des RBm ist **drei**, da Abs. 2 ausdrückl. die Wahl von 2 Bürgermeistern vorsieht. Abs. 2 schließt gleichzeitig aus, dass der RBm auch zugleich einfacher Bürgermeister sein kann. Aus der Regelung des Art. 88 III ergibt sich ferner zwingend, dass unter den zu wählenden Senatoren zumindest ein Finanzsenator gewählt werden muss. Daneben gibt die VvB keine weitere verfassungsrechtl. Grundlage für die Notwendigkeit der Wahl bestimmter Senatoren, wohl aber einfache Gesetze, wie z.B. das BRiG, das von der Notwendigkeit der Existenz eines Justizsenators ausgeht.

6 Der Verfassungsgeber hat davon abgesehen, selbst besondere Zuständigkeitsregelungen für die Aufgabenverteilung innerhalb des SvB vorzugeben. Er geht offensichtl. von einer **grundsätzlich gleichen und selbständigen Stellung** aller Senatsmitglieder aus. Das ist als eine Entscheidung für das Ressortprinzip sowie das Kollegialprinzip zu verstehen. Dies folgt nicht zuletzt aus der Regelung des Art. 58 V 1, wonach jedes Mitglied des SvB seinen Geschäftsbereich selbständig und in eigener Verantwortung innerhalb der vom SvB festgelegten Richtlinien der Regierungspolitik ausübt.

Insoweit korrespondiert diese Eigenverantwortlichkeit durchaus mit der anderen Landesverfassungen überwiegend fremden Möglichkeit des Misstrauensvotums gegen einen einzelnen Senator (vgl. Art 57 II). Der einzelne Senator trägt demzufolge selbst die politische Verantwortung für das Handeln seiner Verwaltung gegenüber dem AvB.

7 Die Bestimmungen über die **Zuständigkeiten des SvB** sind in der VvB nicht zusammenhängend aufgezählt, sondern an verschiedenen Stellen

aufgenommen. Nach der VvB unterliegen der Beschlussfassung durch den SvB insb.:
- Vorschlag über die Richtlinien der Regierungspolitik (Art. 58 II, § 2 GOSvB)
- Entscheidung bei Meinungsverschiedenheiten zwischen unterschiedl. Ressorts (Art. 58 V 2)
- Verabschiedung der Geschäftsordnung des SvB (Art. 58 IV 2)
- Beschlussfassung über die Ergreifung einer Gesetzesinitiative (Art. 59 II)
- Verlangen einer dritten Lesung eines Gesetzentwurfes (Art. 59 V)
- Vorlage eines Gesetzentwurfes im Rahmen eines Volksbegehrens (Art. 62 II)
- Erlass von Rechtsverordnungen (Art. 64 I)
- Erlass von Grundsätzen und allgemeinen Verwaltungsvorschriften für die Tätigkeit der Bezirke (Art. 67 III)
- Angelegenheiten des öffentlichen Dienstes (Art. 77)
- Ausübung des Begnadigungsrechtes (Art. 81)
- Richterernennung (Art. 82 I)
- Vorschlagsrecht für die Präsidenten der oberen Landesgerichte (Art. 82 II)
- Angelegenheiten des Haushaltes (Art. 88 u. 89)
- Rechnungslegung (Art. 94)
- Ersuchen an den Rechnungshof von Berlin (Art. 95 IV).

Darüber hinaus obliegt dem SvB die Unterrichtung des AvB nach Art. 50, die Leistung von Auskunftshilfe für den Petitionsausschuss (Art. 46) und die Beschlussfassung über die sofortige Einberufung des AvB nach Art. 42 II.

Im Übrigen ergeben sich aus der GOSvB weitere Aufgaben des Senats: In § 10 GOSvB sind unter Nrn. 1 bis 24 im einzelnen Zuständigkeiten des Senats aufgelistet; nach § 17 II GOSvB beschließt der SvB über die Stimmabgabe im Bundesrat.

Weitere Zuständigkeiten für den Gesamtsenat ergeben sich aus dem AZG. So begründet z. B. § 20 I 2 AZG für den Fall, dass Verträge Berlins mit dem Bund oder anderen Bundesländern nicht der Zustimmung des AvB unterliegen, eine Zustimmungsbedürftigkeit durch den SvB.

Neben diesen Zuständigkeiten hat der SvB auch die Funktion des Staatsoberhauptes, da die VvB ihm Aufgaben zuweist, die sonst typischerweise dem Staatsoberhaupt vorbehalten sind, wie z.B. das Recht zur Ernennung u.a. der Landesbediensteten (Art. 77, 82), und das Begnadigungsrecht (Art. 81).

Die VvB hat davon abgesehen, die Frage der **Vertretung** des RBm **8** selbst zu regeln. Nach § 4 I GOSvB vertritt einer der beiden Bürgermeister den RBm, die an sich notwendige interne Vertretungsregelung der beiden Bürgermeister ist durch die GOSvB noch nicht getroffen. Die

Verfassung von Berlin

Senatsmitglieder vertreten sich nach einem vom Senat festzulegenden Vertretungsplan gegenseitig. In reinen Verwaltungsangelegenheiten ist der jeweils zuständige Behördenleiter, in der Regel ein Staatssekretär, ständiger Vertreter des Senatsmitgliedes. Dieser ist in eingeschränktem Maße auch vertretungsberechtigt gegenüber dem AvB, z.B. bei der Beantwortung sog. »Kleiner Anfragen«.

9 Die VvB hat im Gegensatz zu den meisten Landesverfassungen die **Rechtsstellung der Mitglieder** des Senates nicht selbst geregelt. Die entsprechenden Festlegungen befinden sich im SenG, einem einfachen Landesgesetz.

Sämtl. Mitglieder des SvB einschließl. des RBm stehen danach in einem öffentlich-rechtlichen Amtsverhältnis zum Land Berlin (§ 1 SenG). Obwohl auf sie das Beamtenrecht allgemein keine Anwendung findet, sondern nur in dem Rahmen, in welchem das SenG auf diese Beamtenrechte verweist, sind sie dennoch Beamte im Sinne des Straf- und Amtshaftungsrechts.

Da allgemeine beamtenrechtl. Vorschriften nicht einschlägig sind, können gegen Mitglieder des SvB auch keine disziplinarrechtl. Verfahren eingeleitet werden. Das »Disziplinarrecht« gegenüber Senatoren und dem RBm ist das Recht des AvB, dem einzelnen Senator bzw. dem RBm das Vertrauen zu entziehen (Art. 57).

Art. 56 [Wahl des Senats]

(1) Der Regierende Bürgermeister wird mit der Mehrheit der abgegebenen Stimmen vom Abgeordnetenhaus gewählt.
(2) Die Wahl der Bürgermeister und der Senatoren erfolgt auf Vorschlag des Regierenden Bürgermeisters durch das Abgeordnetenhaus.
(3) Kommt auf Grund des Vorschlages des Regierenden Bürgermeisters innerhalb einer Frist von 21 Tagen ein Senat nicht zustande, so ist der Auftrag zur Senatsbildung erloschen und eine Neuwahl vorzunehmen.
(4) Die Mitglieder des Senats können jederzeit von ihrem Amt zurücktreten.

Art. 56 gilt für **jede** Wahl des RBm sowie der Senatoren, und zwar auch, wenn eine Wahl nach einem vorangegangenen Misstrauensvotum (Art. 57) erfolgt. Während Art. 63 I GG ausdrückl. vorsieht, dass der Bundeskanzler auf Vorschlag des Bundespräsidenten gewählt wird, verzichtet die VvB auf die Benennung eines Vorschlagsrechts. Und anders als Art. 63 III GG sieht die VvB davon ab, ausdrückl. zu regeln, was zu geschehen hat, wenn ein Kandidat für das Amt des RBm im ersten Wahlgang nicht die von Art. 56 I geforderte Mehrheit erhält. 1

Abs. 1: Wahl des RBm

Nach Abs. 1 wird der RBm vom AvB gewählt. Da sich die VvB nicht dazu äußert, wem ein Vorschlagsrecht zusteht, ist davon auszugehen, dass das AvB selbst dieses **Vorschlagsrecht** hat, dh aus dessen Mitte ein Wahlvorschlag zu machen ist. Gewählt wird der RBm mit der »Mehrheit der abgegebenen Stimmen«. Mit diesem Wortlaut stellt Abs. 1 nicht – wie etwa Art. 54 II, 57 III, 97 II und 100 – auf die »Mehrheit der gewählten Mitglieder des Abgeordnetenhauses«, sondern auf die Mehrheit der abgegebenen Stimmen ab, so dass für die Wahl des RBm nicht die Mehrheit der gesetzlichen Mitgliederzahl, sondern nur die Mehrheit der Mitglieder des AvB erforderl. ist, die bei der Wahl ihre Stimme abgegeben haben (vgl. AvBDrs 12/4376 S. 17). Nach dieser Regelung ist es gleichgültig, wie viele Abgeordnete bei der Wahl anwesend sind und ihre Stimme abgeben, sofern nur die Beschlussfähigkeit des AvB gegeben ist, also mehr als die Hälfte der gewählten Abgeordneten anwesend sind (Art. 43 I). Dieses geringe Mindestquorum ist ungewöhnl.; für die Wahl des Bundeskanzlers und der Ministerpräsidenten der meisten Bundesländer ist grundsätzl. eine Mehrheit der gesetzl. Mitglieder des Parlamentes erforderl. (vgl. z.B. Art. 63 II GG). 2

Verfassung von Berlin

3 Mehrheit der **abgegebenen** Stimmen bedeutet, dass eine Stimme mehr für einen Vorschlag, einen Antrag usw. sein muss als die Hälfte der abgegebenen Stimmen; Stimmengleichheit bedeutet Ablehnung. Das wirft die Frage auf, ob auch Stimmenthaltungen und ungültige Stimmen als abgegeben zu werten und folgl. bei der Ermittlung der Mehrheit der abgegebenen Stimmen mitzuzählen sind. Zwar wird dies im Rahmen des Art. 42 II GG traditionell verneint (vgl. etwa Jarass/Pieroth, Art. 42 Rn. 4, und Sachs, Art. 42 Rn. 10). Dem kann indes für Abs. 1 nicht zugestimmt werden (ebenso Zivier, S. 177 und Mudra, S. 169; a. A. Pfennig/Neumann, Art. 56 Rn. 8). Dagegen spricht schon der Wortlaut, denn z. B. eine ungültige Stimme ist zweifellos tatsächl. eine abgegebene Stimme, da anderenfalls ihre Ungültigkeit nicht festgestellt werden könnte; entsprechendes gilt für Stimmenthaltungen. Namentl. in der Stimmenthaltung kommt der Wille des Abgeordneten zum Ausdruck, zwar an der Abstimmung teilzunehmen, aber nicht für den betreffenden Antrag stimmen zu wollen (vgl. von Münch/Kunig, Art. 42 Rn. 21). Will er sich jeder Meinungsäußerung enthalten, steht es ihm frei, an der Abstimmung nicht teilzunehmen und folgl. keine Stimme abgezuben. Diese Auffassung wird vom AvB selbst bestätigt, denn es hat in § 75 I 3 seiner GO ausdrückl. festgelegt, Stimmenthaltungen und ungültige Stimmen zählten bei der Ermittlung der Mehrheit der abgegebenen Stimmen iS des Abs. 1 mit. Als ungültige Stimme kann in diesem Zusammenhang aber nur eine Stimme angesehen werden, die aus formellen Fehlern als ungültig gewertet wird; eine durch eine nicht berechtigte Person, z. B. Stimmabgabe in Vollmacht, erfolgte Beteiligung an der Wahl kann nicht als Stimmabgabe verstanden werden.

4 Mit seiner Wahl ist der Gewählte entgegen dem Eindruck, den der Wortlaut der Abs. 1 und 2 mit dem jeweiligen Hinweis auf »Regierender Bürgermeister« vermittelt, noch nicht RBm iS des Art. 55 II; vielmehr ist ihm – wie insbesondere Abs. 3 deutl. macht – durch seine Wahl zunächst ledigl. der **Auftrag** zur **Senatsbildung** erteilt. Sein Amt beginnt erst mit der Annahme seiner Wahl – § 2 SenG – und dem Abschluss der Senatsbildung; erst dann kann von einem SvB die Rede sein und kann der Gewählte als RBm Mitglied dieses SvB als Regierung iS des Art. 55 I sein. Eine Ernennung des RBm oder der übrigen Senatsmitglieder als Voraussetzung für den Beginn ihrer Amtszeit sieht die VvB ebenso wenig vor wie eine Vereidigung. Allerdings ist einfachgesetzl. eine Vereidigung vor dem AvB (§ 3 SenG) und die Entgegennahme einer vom PrAvB vollzogenen Urkunde über Wahl und Vereidigung vorgesehen (§ 4 SenG).

5 Nach der VvB erfolgt die Wahl des RBm und – nach der Wahl der übrigen Senatsmitglieder – die Bildung des SvB nicht für eine bestimmte, durch die (Neu-)Wahl eines AvB oder dessen Zusammentritt begrenzte **Amtszeit**. Anders als im GG (Art. 69 II) gibt es in der VvB keine

Bestimmung, nach der das Amt des RBm oder das der übrigen Senatsmitglieder mit der Beendigung der Wahlperiode des AvB bzw. dem Zusammentritt des neuen AvB endet (ebenso Pfennig/Neumann, Art. 5 Rn. 2; a.A. Zivier, S. 176 f.). Im Gegenteil spricht die Tatsache, dass die VvB ausschließl. für den Fall eines erfolgreichen Misstrauensantrags in Art. 57 III eine Regelung über den sofortigen Rücktritt der Senatsmitglieder und ihrer Verpflichtung, auf Verlangen die Geschäfte bis zum Amtsantritt des Nachfolgers weiterzuführen, getroffen hat, für die Annahme, nach der VvB solle ein SvB bis zur Bildung eines neuen SvB durch das neu gewählte AvB im Amt bleiben. Diese Auslegung der VvB hält sich innerhalb des Spielraums, den Art. 28 I GG der Entscheidung der Länder belässt (E 27, 44).

Von der zuvor behandelten Frage ist die Frage zu unterscheiden, ob ein neu gewähltes AvB das Recht (und die Pflicht) hat, durch die Neuwahl eines RBm und eines SvB die Amtszeit des vom vorangegangenen AvB gewählten RBm und SvB zu beenden. Diese Frage ist ohne weiteres zu bejahen; das folgt aus dem jedem neu gewählten AvB durch Abs. 1 und 2 verbürgten Recht zur Wahl eines RBm und der übrigen Senatsmitglieder. Der »alte« RBm und »sein« SvB führen die Regierungsgeschäfte mit allen Rechten und Pflichten solange weiter, bis die Bildung eines neuen Senats **abgeschlossen** ist, erst dann enden ihre Amtszeiten (vgl. § 14 I 1 SenG). Durch diese Regelung wird für Fälle der Neuwahl des AvB eine »senatslose« Zeit verhindert. Indes ist danach nicht ausgeschlossen, dass Berlin zeitweilig zwei RBm hat, näml. zum einen den noch regierenden und zum anderen den (noch nicht regierenden, sondern nur) zur Senatsbildung innerhalb der Frist des Abs. 3 beauftragten RBm. 6

Die VvB bestimmt nicht, welche Anforderungen an die **Wählbarkeit** eines RBm und der übrigen Senatsmitglieder zu stellen sind. Nach deutscher Verfassungstradition muss für jedes Senatsmitglied die deutsche Staatsangehörigkeit iS des Art. 116 GG gegeben sein (vgl. etwa Mudra, S. 170); außerdem darf dem Kandidaten nicht die Befähigung fehlen, öffentl. Ämter zu bekleiden. Die Senatsmitglieder können, müssen aber nicht Mitglieder des AvB sein. Dagegen können sie nicht zugleich MdB sein. Wird ein MdB zum Senatsmitglied gewählt, muss eine Entscheidung getroffen werden, ob er die eine oder die andere Funktion ausüben will (vgl. im Einzelnen Maunz/Dürig, Art. 51 Rn. 19). Ebenso ist eine gleichzeitige Mitgliedschaft im SvB und im Europäischen Parlament ausgeschlossen (Pfennig/Neumann, Art. 55 Rn. 20). Entsprechendes gilt für die Mitgliedschaft im Landtag eines anderen Landes. 7

Verfassung von Berlin

Abs. 2: Wahl von Bürgermeistern und Senatoren

8 Nach Abs. 2 wählt das AvB die Bürgermeister und Senatoren. Die VvB räumt mithin – anders als etwa das GG (Art. 64 I) und die meisten Landesverfassungen einschl. der Brandenburgs (Art. 84 BbgVerf) – dem RBm nicht das Recht zur Berufung der Mitglieder seiner Regierung ein. Das ist zwar verfassungsrechtl. unbedenkl., **verfassungspolitisch** ist indes eine Regelung angezeigt, die den RBm berechtigt, die Senatsmitglieder zu berufen und (überdies) zu entlassen (vgl. im Einzelnen Kärgel in Birk/Kunig/Sailer, FS für H.-J. Driehaus, 2005).

9 Allerdings macht Abs. 2 die Wahl der Bürgermeister und Senatoren abhängig von einem Vorschlag desjenigen, der als RBm bereits im Amt oder nach Abs. 1 zum (zunächst nur »beauftragten«) RBm gewählt worden ist. Er überreicht dem PrAvB einen sich im Rahmen des Art. 55 II bewegenden Vorschlag über die Zahl der Geschäftsbereiche des Senats (vgl. Art. 58 IV) und benennt die Kandidaten für die beiden Bürgermeister sowie für die übrigen Geschäftsbereiche. Das AvB hat zuerst über die Zahl der Geschäftsbereiche und sodann einzeln über jeden Personalvorschlag des RBm abzustimmen; die Wahl der Senatoren erfolgt jeweils für ein bestimmtes Ressort. Da sich Abs. 2 nicht näher zu der Wahl verhält, ist davon auszugehen, dass insoweit gemäß Art. 43 II 1 die **einfache Stimmenmehrheit** maßgebend ist, dh es müssen auf den jeweiligen Kandidaten mehr Ja- als Nein-Stimmen entfallen. In diesem Zusammenhang bleiben mithin Stimmenthaltungen und ungültige Stimmen für das Ergebnis unberücksichtigt (vgl. Rn. 3). Erhält eine vom RBm vorgeschlagene Person nicht die erforderl. Mehrheit, ist es ihm unbenommen, sie erneut oder eine andere Person vorzuschlagen. Gegen seinen Willen kann das AvB kein Senatsmitglied wählen.

10 Abs. 2 nennt die Bürgermeister und die Senatoren getrennt nebeneinander und macht damit deutl., dass sie vom AvB jeweils einzeln und selbständig zu wählen sind. Das schließt es z. B. aus anzunehmen, nach Ausscheiden eines Bürgermeisters während einer Wahlperiode könne ein bereits gewählter Senator ohne weitere Beteiligung des AvB Bürgermeister werden. Vielmehr ist auch in einem solchen Fall auf Vorschlag des RBm vom AvB eine **gesonderte Wahl** des Senators zum Bürgermeister vorzunehmen.

11 Obgleich der RBm für den Bürgermeister und die einzelnen Senatoren das Vorschlagsrecht gegenüber dem AvB hat, hat er – sind sie einmal gewählt – **kein Recht**, sie wieder zu entlassen; er hat also keinen Einfluss auf die Zusammensetzung des einmal gebildeten Senats (vgl. Rn. 8). Er kann einem Senatsmitglied nur dessen Rücktritt (Art. 57 IV) nahelegen oder das AvB dazu anregen, von der Abwahlmöglichkeit des Art. 57 II Gebrauch zu machen.

Abs. 3: Erlöschen des Auftrags zur Senatsbildung

Der mit der Wahl zum RBm iS des Abs. 1 einhergehende Auftrag zur Senatsbildung erlischt, wenn auf Grund des Vorschlags des RBm eine Neuwahl des SvB nicht innerhalb von 21 Tagen zustande kommt; ein Rücktritt des beauftragten RBm von dem ihm erteilten Auftrag ist zwar zulässig, aber nicht erforderl. Ist die Regierungsbildung mangels eines Beschlusses nach Art. 58 IV oder mangels erfolgreicher Vorschläge zur personellen Besetzung des SvB nach Abs. 2 innerhalb der **21-Tage-Frist** seit Wahl des RBm gescheitert, hat das AvB unverzügl. die weitere Wahl eines RBm nach Abs. 1 vorzunehmen. Dabei steht es der Mehrheit im AvB frei, den erfolglosen Kandidaten erneut oder aber eine andere Person mit der Senatsbildung zu beauftragen. 12

Abs. 4: Rücktritt von Senatsmitgliedern

Nach Abs. 4 können die Senatsmitglieder, also sowohl der RBm als auch die Bürgermeister und Senatoren, jederzeit von ihrem Amt zurücktreten. Mit dem Rücktritt endet das jeweilige Amt ebenso wie z.B. durch den Tod. Der Rücktritt ist **gegenüber** dem Organ zu erklären, das nach der VvB für Wahl und Abwahl zuständig ist, näml. dem **AvB**, vertreten durch seinen Präsidenten. In entsprechender Anwendung des Art. 57 III 3 kann dieser ein zurückgetretenes Senatsmitglied bitten, die Amtsgeschäfte bis zum Amtsantritt eines Nachfolgers weiterzuführen; durchsetzbar ist diese Bitte indes nicht. Im Übrigen steht es dem RBm frei, das frei gewordene Ressort durch ein anderes Senatsmitglied »kommissarisch« verwalten zu lassen oder dem AvB unmittelbar einen Nachfolger zur Wahl vorzuschlagen. 13

Endet das Amt des RBm durch Rücktritt oder Tod, amtiert zunächst einer der Bürgermeister als Regierungschef; die Amtszeit des SvB endet **nicht automatisch** mit Rücktritt oder Tod des RBm. Das AvB hat gemäß Abs. 1 unverzügl. einen neuen RBm zu wählen und auf dessen Vorschlag hin muss ein neuer Senat bestimmt werden, denn allein der RBm hat nach Abs. 2 das Vorschlagsrecht. Die verbliebenen Senatsmitglieder können ihrerseits zurücktreten oder abwarten, bis ihre Amtszeit mit der Beendigung der Regierungsbildung durch den neuen RBm endet (vgl. Rn. 6). 14

Verfassung von Berlin

Art. 57 [Misstrauensvotum]

(1) Der Senat bedarf des Vertrauens des Abgeordnetenhauses.
(2) Das Abgeordnetenhaus kann dem Senat und jedem seiner Mitglieder das Vertrauen entziehen. Die namentliche Abstimmung darf frühestens 48 Stunden nach der Bekanntgabe des Misstrauensantrages im Abgeordnetenhause erfolgen.
(3) Der Beschluss über einen Misstrauensantrag bedarf der Zustimmung der Mehrheit der gewählten Mitglieder des Abgeordnetenhauses. Bei Annahme eines Misstrauensantrages haben die davon betroffenen Mitglieder des Senats sofort zurückzutreten. Jedes Mitglied des Senats ist verpflichtet, auf Verlangen die Geschäfte bis zum Amtsantritt des Nachfolgers weiterzuführen. Das Misstrauensvotum verliert seine Wirksamkeit, wenn nicht binnen 21 Tagen eine Neuwahl erfolgt ist.

1 Das Misstrauensvotum des Art. 57 **unterscheidet** sich grundsätzl. von dem des Art. 67 GG: Nach Art. 67 GG kann einzig dem Bundeskanzler im Parlament das Misstrauen ausgesprochen werden, und zwar ausschließl. durch ein sog. konstruktives Misstrauensvotum, wonach die Abwahl eines Bundeskanzlers nur durch die Neuwahl seines Nachfolgers erfolgen kann. Dagegen eröffnet Art. 57 die Möglichkeit, dem SvB insgesamt und jedem seiner Mitglieder gesondert das Misstrauen auszusprechen. Überdies verzichtet Art. 57 darauf, ein solches Misstrauensvotum unmittelbar von der Neuwahl eines SvB bzw. eines Nachfolgers für das Senatsmitglied abhängig zu machen, gegen den das Misstrauensvotum gerichtet ist (vgl. Rn. 4).

Abs. 1: Abhängigkeit des SvB vom Vertrauen des AvB

2 Das Verhältnis zwischen SvB und AvB ist durch das parlamentarische Regierungssystem bestimmt: Danach ist der SvB im Entstehen und Bestand vom Vertrauen des AvB **abhängig**; er wird vom AvB gewählt (Art. 56 I und II) und kann jederzeit von ihm abgewählt werden (Art. 57 II). Gleichwohl hat sich der Berliner Verfassungsgeber – anders als der des GG – veranlasst gesehen, diese Abhängigkeit in Abs. 1 ausdrückl. zu betonen und überdies noch dadurch zu verschärfen, dass er in Abs. 2 – anders als im GG geregelt – sogar die Möglichkeit eröffnet hat, jedem einzelnen Senatsmitglied das Misstrauen auszusprechen und es damit im Ergebnis abzuwählen.

Abs. 2: Entzug des Vertrauens durch das AvB

Gemäß S. 1 kann das AvB dem SvB insgesamt und jedem seiner Mitgliedern jederzeit das Vertrauen entziehen. Voraussetzung dafür ist – wie sich aus S. 2 ergibt – das Vorliegen eines Misstrauensantrags, dh eines Antrags, der speziell auf den Entzug des Vertrauens nach Abs. 2 gerichtet ist. Da sich Abs. 2 nicht dazu verhält, wer **antragsberechtigt** ist, ist davon auszugehen, dass die VvB ein Antragsrecht für jeden Abgeordneten begründet. Ob die GOAvB – wie sie es in § 45 S. 2 tut – die Ausübung dieses Antragsrechts von der Unterstützung durch eine Fraktion oder von mindestens einem Viertel der anwesenden Mitglieder des AvB abhängig machen darf, hängt davon ab, ob diese Einschränkung durch Art. 45 S. 2 gedeckt ist. Das dürfte zu bejahen sein. Ein Misstrauensantrag ist beim PrAvB zu stellen, der ihn dem AvB bekannt zu geben hat. Ein derartiger Antrag kann als selbständiger Antrag oder zu jedem Gegenstand der Tagesordnung eingebracht werden, mit dem ein sachl. Zusammenhang besteht, jedoch nicht bei Mündlichen Anfragen und in der Aktuellen Stunde (§ 45 I 1 GOAvB). Die nach S. 2 erforderl. namentl. Abstimmung darf frühestens 48 Stunden nach der Bekanntgabe des Misstrauensantrags im AvB erfolgen. Durch diese von der VvB verordnete »Überlegenszeit« sollen Zufallsmehrheiten vermieden werden. 3

Abs. 2 macht den Entzug des Vertrauens für den SvB oder jedes einzelne seiner Mitglieder – anders als Art. 67 GG – nicht unmittelbar von der Neuwahl eines SvB bzw. Wahl eines Nachfolgers des betreffenden Senatsmitglieds abhängig (sog. konstruktives Misstrauensvotum). Gleichwohl hat der Verfassungsgeber der VvB sein Misstrauensvotum nicht völlig von der **Nachfolgefrage** gelöst. Denn er hat in Abs. 3 S. 4 angeordnet, dass ein erfolgreiches Misstrauensvotum nach Abs. 2 seine Wirksamkeit verliert, wenn nicht binnen 21 Tagen nach Entzug des Vertrauens die Nachfolgefrage gelöst ist. 4

Die VvB sieht – anders als das GG in Art. 68 für den Bundeskanzler – nicht ausdrückl. vor, dass der SvB oder ein Senatsmitglied die **Vertrauensfrage**, dh den Antrag stellen kann, ihm das Vertrauen auszusprechen. Indes sind verfassungsrechtl. Bedenken gegen einen solchen Antrag nicht ersichtl. Allerdings hat die Abstimmung über einen solchen Antrag – unabhängig davon, wie sie ausgeht – allenfalls politische, nicht aber rechtl. Folgen. 5

Abs. 3: Misstrauensvotum und seine Folgen

Nach S. 1 bedarf es zur Annahme eines Misstrauensantrages nicht – wie bei der Wahl eines Senatsmitglieds – nur der einfachen (vgl. Art. 56 Rn. 2 f. und 8), sondern der **absoluten** Mehrheit, also der Mehrheit der gewählten Mitglieder des AvB. Für den Fall, dass ein Misstrauensantrag 6 diese Mehrheit erhält, ordnet S. 2 an, die davon betroffenen Mitglieder des SvB hätten »sofort zurückzutreten«. Diese Regelung macht deutl., dass die Amtszeit des betroffenen Senatsmitglieds nicht schon automatisch mit der Annahme des Misstrauensvotums endet. Das leuchtet schon deshalb ein, weil nach S. 4 das Misstrauensvotum seine Wirksamkeit verliert, wenn nicht innerhalb von 21 Tagen die Nachfolgefrage gelöst ist, das AvB also mit einfacher Mehrheit einen Nachfolge-RBm bzw. einen Nachfolge-Senator gewählt hat. Angesichts dessen liegt die Auffassung nahe, durch die Annahme eines Misstrauensantrags werde das betroffene Senatsmitglied bis zum Amtsantritt eines Nachfolgers, dh bis zu dessen Annahme der Wahl und Vereidigung, sozusagen von seinem Amt »**suspendiert**« und diese Suspension ende, wenn die Nachfolgefrage nicht innerhalb von 21 Tagen gelöst ist; die Suspension endet also zum einen durch den Amtsantritt des Nachfolgers, weil dann die Amtszeit des abgewählten Senatsmitglieds endet, und sie endet zum anderen durch ein fruchtloses Verstreichen der 21-Tage-Frist, weil dann das Misstrauensvotum seine Wirksamkeit verliert (vgl. zum Misstrauensvotum im deutschen Staatsrecht, Finkelnburg NJW-Sonderheft zum 65. Geb. v. Prof. Dr. Weber am 10.11.01, S. 15 ff.).

7 Einzuräumen ist, dass bei diesem Verständnis fragl. bleibt, welche Bewandtnis es mit der von S. 2 angeordneten Verpflichtung hat, »sofort zurückzutreten«. Das Merkmal »sofort« wird dahin auszulegen sein, gemeint sei unverzügl. nach Ende der durch die Annahme des Misstrauensantrags ausgelösten, durch den Amtsantritt eines Nachfolgers beendeten Suspension. Während der Dauer der Suspension ist nämlich kein Raum dafür, einen Rücktritt zu fordern, weil in dieser Zeit noch offen ist, ob das Misstrauensvotum nach S. 4 seine Wirksamkeit verlieren und der Abgewählte seine Amtsgeschäfte wieder aufnehmen wird. Endet mit dem Amtsantritt des Nachfolgers aber ohnehin die Amtszeit des abgewählten Senatsmitglieds, drängt sich die Ansicht auf, die geforderte Rücktritterklärung habe hier – anders als im Fall des Art. 56 IV – lediglich **deklaratorische** Bedeutung. Sie ist dem PrAvB gegenüber abzugeben (vgl. Art. 56 Rn. 12).

8 Ob das abgewählte Senatsmitglied während der Dauer der Suspension berechtigt und verpflichtet ist, seine Amtsgeschäfte **weiter auszuüben**, hängt von einem entsprechenden Verlangen nach S. 3 ab. Danach ist jedes Mitglied des SvB verpflichtet, auf Verlangen die Geschäfte bis zum Amtsantritt des Nachfolgers weiter zu führen; durch diese Regelung soll die Aufrechterhaltung der Funktionsfähigkeit der Regierung gewährleistet, eine regierungslose Zeit vermieden werden. Zwar enthält sich die VvB einer Angabe darüber, wer dieses Verlangen auszusprechen berechtigt ist. Doch kommt dafür nur das Organ in Betracht, das nach der VvB für Wahl und Abwahl von Senatsmitgliedern zuständig ist, dh das AvB, vertreten durch seinen Präsidenten (vgl. Art. 56 Rn. 12).

Sieht der PrAvB davon ab, ein entsprechendes Verlangen an das abgewählte Senatsmitglied zu richten, ist es diesem verwehrt, während der Dauer der Suspension die Amtsgeschäfte weiter zu führen; in diesem Fall wird das entsprechende Ressort von einem anderen Senatsmitglied nach den allgemeinen Stellvertretungsregelungen übernommen (vgl. § 9 GOSvB). Ein Rechtsanspruch des abgewählten Senatsmitglieds auf ein Verlangen nach S. 3 besteht nicht.

Wird dem SvB insgesamt das Vertrauen entzogen, steht es dem AvB bzw. seinem Präsidenten frei, lediglich einen Teil der Senatsmitglieder zur Fortführung der Geschäfte aufzufordern. Ein **geschäftsführender Rumpfsenat** muss allerdings aus allgemeinen verfassungsrechtl. Erwägungen fortbestehen (Zivier, S. 180). Dieser Rumpfsenat muss mindestens aus drei Personen bestehen, nämlich dem RBm und zwei weiteren Senatsmitgliedern (vgl. Art. 55 Rn. 5). Dafür spricht schon Art. 55 II, der neben dem RBm ausdrückl. zwei Bürgermeister vorsieht, wobei allerdings nicht zwingend erforderl. ist, dass die beiden übrigen Mitglieder des Rumpfsenats die beiden Ämter der Bürgermeister wahrnehmen müssen. Art. 68 II spricht dafür, dass wenigstens ein vom RBm personenverschiedenes Mitglied die Funktion eines Bürgermeisters, Art. 88 III dafür, dass eines die Funktion des Finanzsenators wahrzunehmen hat.

Ist dem gesamten SvB oder nur dem RBm das Vertrauen entzogen worden, obliegt es den Mitgliedern des AvB zur **Einhaltung der Frist** des S. 4 alsbald einen Vorschlag für die Neuwahl eines RBm zu machen (vgl. Art. 56 Rn. 2). Hat ein Misstrauensantrag gegen einen Bürgermeister oder Senator Erfolg, ist der RBm verpflichtet, dem AvB innerhalb der genannten Frist einen Kandidaten für die Neubesetzung vorzuschlagen. Kommt er dieser Verpflichtung nicht fristgerecht nach, kann das AvB den mit dem Ablauf der Frist einhergehenden Verlust der Wirksamkeit des Misstrauensvotums dadurch »heilen«, dass es ein erneutes Misstrauensvotum ausspricht. Allerdings kann der RBm vom Vorschlag eines Kandidaten für eine Neuwahl absehen, wenn das AvB auf seinen Vorschlag gemäß Art. 58 IV die Zahl der Geschäftsbereiche des SvB verringert und ihre Abgrenzung derart verändert, dass der Geschäftsbereich des abgewählten Senators auf die anderen Senatoren verteilt wird und deshalb kein Raum für die Neuwahl eines Senators bleibt. Ohne Mitwirkung des AvB nach Maßgabe des Art. 58 IV ist eine Neuverteilung der Geschäftsbereiche der Senatoren zur Vermeidung der Neuwahl für einen abgewählten Senator nicht zulässig.

Art. 58 [Regierender Bürgermeister]

(1) Der Regierende Bürgermeister vertritt Berlin nach außen. Er führt den Vorsitz im Senat und leitet seine Sitzungen. Bei Stimmengleichheit gibt seine Stimme den Ausschlag.
(2) Der Regierende Bürgermeister bestimmt im Einvernehmen mit dem Senat die Richtlinien der Regierungspolitik. Sie bedürfen der Billigung des Abgeordnetenhauses.
(3) Der Regierende Bürgermeister überwacht die Einhaltung der Richtlinien der Regierungspolitik; er hat das Recht, über alle Amtsgeschäfte Auskunft zu verlangen.
(4) Die Zahl der Geschäftsbereiche des Senats sowie ihre Abgrenzung werden auf Vorschlag des Regierenden Bürgermeisters vom Abgeordnetenhaus beschlossen. Der Senat gibt sich seine Geschäftsordnung.
(5) Jedes Mitglied des Senats leitet seinen Geschäftsbereich selbständig und in eigener Verantwortung innerhalb der Richtlinien der Regierungspolitik. Bei Meinungsverschiedenheiten oder auf Antrag des Regierenden Bürgermeisters entscheidet der Senat.

1   Art. 58 befasst sich mit zwei unterschiedlichen Bereichen: Zum einen bestimmt er – insoweit in einem weiteren Sinne vergleichbar Art. 59 I GG – die Außenvertretung Berlins. Und zum anderen regelt er – insoweit Art. 65 GG ähnelnd – die generelle Zuständigkeitsverteilung innerhalb des SvB, und zwar nach einem Gemisch aus **drei Prinzipien**: dem Regierungschef-Prinzip, dem Ressort-Prinzip und dem Kollegial-Prinzip. Allerdings ist das Regierungschef-Prinzip im Vergleich zur Regelung in Art. 65 GG sehr viel schwächer ausgebildet. Denn anders als der Bundeskanzler nach Art. 65 S. 1 GG bestimmt der RBm die Richtlinien der Politik nicht allein; vielmehr ist die Wirksamkeit von ihm entworfener Richtlinien der Regierungspolitik vom Einvernehmen des SvB und der Billigung durch das AvB abhängig (vgl. Rn. 5 ff.).

Abs. 1:   Außenvertretung Berlins und Leitung des SvB

2   S. 1 begründet die Befugnis des RBm, Berlin nach außen zu vertreten. Das meint die **staatsrechtliche** Vertretung Berlins (vgl. auch § 20 I 1 AZG), nicht aber dessen rechtsgeschäftl. Vertretung und die Vertretung in Verwaltungsangelegenheiten (Verwaltungsvereinbarungen); insoweit sind die Vertretungsregelungen in §§ 20 II und 21 AZG maßgebend. Zur Außenvertretung gehört auch nicht die Mitarbeit im BR. Denn hier tritt Berlin nicht gegenüber dem Bund oder den übrigen Ländern, sondern wie diese Länder als Teil eines Bundesorgans auf. Nach Art. 51 I GG besteht der BR aus Mitgliedern der Regierungen der Länder, mit Blick

auf Berlin, das gemäß Art. 51 II GG vier Stimmen hat, aus Mitgliedern des SvB. Dieser bestellt und abberuft die Mitglieder Berlins im BR (§ 10 Nr. 10 GOSvB), die ihrerseits an die Beschlüsse des SvB über das Abstimmungsverhalten im BR gebunden sind (§ 17 II 3 GOSvB).

Von der staatsrechtl. Vertretungsmacht erfasst ist der Abschluss von **Staatsverträgen** jeglicher Art einschließl. der völkerrechtl. Verträge, für die Berlin im Rahmen des Art. 32 GG zuständig ist (vgl. zu Staatsverträgen im Einzelnen und ihre Abgrenzung zu Verwaltungsvereinbarungen Art. 50 Rn. 7 ff.). Entsprechendes gilt für Verträge, die nicht der Zustimmung des AvB nach Art. 50 I 4 bedürfen, wie etwa Freundschafts- und Partnerschaftsverträge sowie für den gesamten Bereich der »auswärtigen« Beziehungen Berlins, der Repräsentation also gegenüber Organen des Bundes und der Länder, der deutschen Auslandsvertretungen usw. 3

Gemäß S. 2 führt der RBm den Vorsitz im SvB und leitet dessen Sitzungen. Entgegen der grundsätzl. in Gremien üblichen Regel gilt bei **Stimmengleichheit** im SvB der jeweilige Antrag nicht als abgelehnt, vielmehr gibt nach S. 3 in einem solchen Fall die Stimme des RBm den Ausschlag. Diese Sonderregelung greift nach § 14 VI 3 GOSvB selbst dann ein, wenn im Bürgermeister, nicht aber auch wenn ein sonstiges Senatsmitglied die Sitzung leitet. Die Beratungen des Senats sind vertraul. (§ 14 II GOSvB). Der SvB ist beschlussfähig, wenn mindestens die Hälfte seiner Mitglieder anwesend sind; die Beschlussfassung erfolgt mit einfacher Mehrheit (§ 14 VI GOSvB). 4

Abs. 2: Richtlinien der Regierungspolitik

Entgegen dem von Abs. 2 S. 1 vermittelten Eindruck und anders als nach der Rechtslage im Bund (Art. 65 S.1 GG) und in den Flächenländern sowie in Hamburg »**bestimmt**« der RBm nicht wirkl. die Richtlinien der Regierungspolitik. Vielmehr ist die Wirksamkeit solcher Richtlinien nach dem Wortlaut des Abs. 2 zunächst vom Einvernehmen des SvB (S.1) und überdies von einem positiven Votum des AvB (S.2) abhängig, der sie billigen muss. Nach Abs. 2 hat der RBm mithin die Richtlinien der Regierungspolitik lediglich zu **entwerfen**, seinen Entwurf im SvB zur Erörterung zu stellen und – sofern das Einvernehmen des SvB erreicht ist – dem AvB zur Billigung vorzulegen; und zwar zur Billigung in Form eines einfachen Beschlusses, nicht eines Gesetzes. Während gegen die Mitwirkung des SvB bei der Bestimmung der Richtlinien der Regierungspolitik keine durchgreifenden Bedenken bestehen dürften, ist fragl., ob dies auch für die Bindung an die Billigung durch das AvB gilt. Die Beantwortung der Frage, ob diese Bindung mit dem rechtsstaatl., nach Art. 28 I GG auch für die Verfassungsordnung der Länder verbindl. Prinzip der Gewaltenteilung vereinbar ist, hängt zum 5 einen davon ab, was unter »Richtlinien der Regierungspolitik« zu verstehen ist, und zum anderen davon, wie weit sie verhindert, dass der SvB selbständig und in eigener Verantwortung gegenüber Volk und Parlament seine Regierungsfunktion erfüllen kann.

6 Was im Einzelnen unter **Richtlinien der Regierungspolitik**« zu verstehen ist, lässt sich nicht ohne weiteres sagen (vgl. etwa Sachs, Art. 65 Rn. 14 ff.). Der Begriff der Richtlinie hat – wie Abs. 5 S. 1 erhellt – kompetenzabgrenzende Funktion, so dass die Inhaltsbestimmung von erheblichem verfassungsrechtl. und politischen Gewicht ist (vgl. Maunz/Dürig, Art. 65 Rn. 5). Zweifelsfrei umfasst eine Richtlinie nicht jede Einzelentscheidung; das ergibt sich schon aus Abs. 5, wonach jedes Senatsmitglied seinen Geschäftsbereich selbständig innerhalb der Richtlinien der Regierungspolitik leitet. Richtlinienentscheidungen sind vielmehr an keine bestimmte Form (s. Knöpfle DVBl 65, 857 ff.) gebundene Akte der Staatsleitung, die sich an die Mitglieder der Regierung wenden und grundsätzl. nur diese rechtl. binden (vgl. § 2 II 2 GOSvB). Sie müssen sich im Rahmen des geltenden Rechts bewegen und ergehen in erster Linie als Grundsatzentscheidungen, die der Ausfüllung durch ihren Adressaten bedürfen, können aber von Fall zu Fall auch eine Entscheidung im Einzelfall sein, wenn »das Prinzipielle seinen Sitz in der konkreten Sachfrage« hat (Böckenförde, Die Organisationsgewalt im Bereich der Regierung, S. 207). Nur so kann die Richtlinienkompetenz die ihr zugedachte Funktion erfüllen, den Regierungschef in den Stand zu versetzen, die Politik im Regierungsbereich in Grundsatzfragen zu koordinieren und zu leiten.

7 Bei der rechtl. Beurteilung der durch S. 2 begründeten Bindung der Richtlinien der Regierungspolitik an die Billigung durch das AvB ist zu berücksichtigen, dass das AvB die vom RBm herkömmlicherweise in Form einer **Regierungserklärung** vorgelegten Richtlinien der Regierungspolitik einzig bestätigen oder ablehnen kann, ein Recht, diese zu ändern oder zu ergänzen, hat es nach der VvB nicht. Auch begründet die VvB keine rechtl. Bindung des SvB an die vom AvB gebilligten Richtlinien der Regierungspolitik; vielmehr ist der SvB berechtigt, von diesen Richtlinien ohne Zustimmung des AvB abzuweichen (LVerfGE 1,137). Vor diesem Hintergrund erscheint es auf den ersten Blick eher zweifelhaft, dass die Mitwirkung des AvB bei der Bestimmung der Richtlinien der Regierungspolitik nach Maßgabe des Abs. 2 S. 2 dem **Prinzip der Gewaltenteilung** widersprechen könnte. Gleichwohl: Jedenfalls nach dem Wortlaut des Abs. 2 S. 2 gilt die verfassungsrechtl Verpflichtung zur Vorlage von Richtlinien der Regierungspolitik zur Beschlussfassung im AvB auch für Situationen, die unvorhersehbar sind, schnelle Entscheidungen erfordern und ihrer Bedeutung nach inhaltl. dem Bereich der Richtlinien der Politik zuzurechnen sind. Auch in diesen Fällen muss der RBm nach dem geltenden Verfassungsrecht nicht nur eine

Meinungsbildung im SvB herbeiführen, sondern zusätzl. das AvB um seine Billigung bitten. Selbst für Fälle, in denen eine öffentl. Erörterung untunl. erscheint oder das AvB nur mit einer der Sachentscheidung abträgl. zeitl. Verzögerung einberufen werden kann, dürfte die verfassungsrechtl. Rechtslage bei strikter Auslegung des Abs. 2 S. 2 nicht anders zu beurteilen sein, dh dürfte die »selbständige politische Entscheidungsgewalt der Regierung« und »ihre Funktionsfähigkeit zur Erfüllung ihrer verfassungsmäßigen Aufgaben«, die das BVerfG (E 68, 87) als »zwingende Gebote der demokratischen rechtstaatl. Verfassung« bezeichnet, durch die erforderl. Einbindung des AvB in verfassungsrechtl. problematischer Weise eingeschränkt sein. Dem wird man schwerl. überzeugend mit einer etwaigen anderweitigen Staatspraxis begegnen können. Denn entfernt sich eine Staatspraxis zur Vermeidung sich anderenfalls zwangsläufig ergebender verfassungsrechtl. Zweifel und Probleme zu weit von dem, was sich bei einer Wortauslegung aus der geschriebenen Verfassung ohne weiteres ergibt oder zu ergeben scheint, begründet das nicht nur ein verfassungspolitisches, sondern auch ein verfassungsrechtl. Gebot, dem durch eine (ggf. nur) klarstellende Änderung der Verfassung Rechnung zu tragen, hier also den Abs. 2 S. 2 zu streichen (vgl. im Einzelnen Kärgel in Birk/Kunig/Sailer, FS für H.-J. Driehaus, 2005).

Abs. 3: Überwachung der Einhaltung der Richtlinien

Nach Abs. 3 obliegt dem RBm die Überwachung der Einhaltung der Richtlinien. Um dieser Pflicht nachkommen zu können, verleiht ihm Abs. 3 das Recht, über alle Amtsgeschäfte Auskunft zu verlangen. Das umfasst das Recht, im Einzelfall von den Senatsmitgliedern Auskünfte über Vorgänge und Maßnahmen in ihrem Geschäftsbereich sowie die Vorlage von Akten oder sonstigen Unterlagen zu verlangen (vgl. § 1 II GOSvB). Die vom RBm wahrzunehmende Aufsicht ist weder Fach- noch Dienstaufsicht, sondern durch Absatz 3 und damit **verfassungsrechtlich gebotene Kontrolle**. Ist der RBm der Ansicht, ein Senatsmitglied habe gegen die Richtlinien der Regierungspolitik verstoßen, hat er keine Befugnisse, Weisungen zu erteilen oder im Sinn einer Staatsaufsicht tätig zu werden. Vielmehr kann er in einem solchen Fall ledigl. einen Beschluss des SvB herbeiführen (vgl. Abs. 5), an den die Senatsmitglieder gebunden sind.

8

Abs. 4: Geschäftsbereiche des SvB; Geschäftsordnung

Während nach dem GG der Bundeskanzler im Hinblick auf Zahl und Zuschnitt der Ministerien die volle **Organisationsgewalt** besitzt (von Münch/Kunig, Art. 64, Rn. 1), beschließt nach S. 1 das AvB über die

9

Zahl der Geschäftsbereiche und ihre Abgrenzung voneinander, allerdings auf Vorschlag des RBm. Er allein ist berechtigt, einen Vorschlag über die Geschäftsverteilung zu machen, so dass eine Geschäftsverteilung nicht gegen seinen Willen vorgenommen werden kann. Dem Zustimmungsvorbehalt des S. 1 unterliegt nicht nur die Einrichtung und Auflösung eines Ressorts, sondern auch – jedenfalls in Grundzügen – die Zuweisung von Verwaltungsaufgaben einschließl. der Unterstellung von Sonderbehörden unter bestimmte Senatsverwaltungen (Pfennig/Neumann, Art. 50 Rn. 21). Dies ergibt sich daraus, dass der von S. 1 geforderte Beschluss des AvB nicht nur ein mehr formales Moment, näml. die Zahl der Geschäftsbereiche, sondern auch ein inhaltliches Moment, nämlich die Abgrenzung der Geschäftsbereiche voneinander, umfasst. Das bedeutet allerdings nicht, dass die Verlagerung jeder Verwaltungsaufgabe von einem Ressort in ein anderes einer Billigung durch das Parlament bedarf. Das trifft vielmehr nur für gewichtige Verschiebungen zu, beispielsweise für die Verlagerung einer ganzen Abteilung von einem Ressort in ein anderes.

10 Nach S. 2 gibt sich der SvB eine **Geschäftsordnung**. Diese Ermächtigung entspricht dem Selbstorganisationsrecht selbständiger Einrichtungen; der SvB hat durch den Erlass der GOSvB, gegenwärtig idF vom 02.07.1996 (Abl. S. 3367), von dieser Ermächtigung Gebrauch gemacht. Über die rechtl. Qualifizierung einer solchen GO besteht Streit (vgl. Seifert/Hömig, Art. 65 Rn. 7). Fest steht jedoch, dass sie für die Mitglieder des SvB rechtsverbindl. ist, da es sich um eine in der VvB selbst vorgesehene normative Regelung handelt. Als rechtsverbindl. Regelung bewirkt die GOSvB, dass Beschlüsse des SvB, die unter Verletzung wesentl. Verfahrensvorschriften zustande gekommen sind, nicht wirksam sind (vgl. BVerwGE 89, 125). Eine GOSvB wird vom SvB mit einfacher Mehrheit beschlossen; sie unterliegt nicht der Diskontinuität, gilt also über die Amtszeit des jeweiligen SvB hinaus (vgl. E 91, 167), doch kann der neue SvB sie ändern oder durch eine andere ersetzen. Die GOSvB räumt einigen Senatoren besondere Rechte ein: So ist gemäß § 8 II der Justizsenator an Entwürfen von Gesetzen und Rechtsverordnungen, an sonstigen Vorlagen, die Rechtsfragen enthalten, sowie bei grundsätzl. Rechtsfragen zu beteiligen; ein solches Beteiligungsrecht begründet § 8 III GOSvB bei Maßnahmen, die die VvB oder die Organisation der Verwaltung berühren, zu Gunsten des Innensenators, dieser hat gemäß § 16 III auch ein Widerspruchsrecht in bestimmten Personalangelegenheiten. Gemäß § 16 I stehen dem Finanzsenator umfangreiche Widerspruchsmöglichkeiten in Fragen von finanzieller Bedeutung zu.

Abs. 5: Ressort- und Kollegial-Prinzip

Wie nach Art. 65 S. 2 GG jedem Bundesminister obliegt nach S. 1 jedem Mitglied des SvB die politische Leitung und Verwaltung seines Geschäftsbereichs; er hat innerhalb der Richtlinien der Regierungspolitik einen selbständigen Aufgaben- und Verantwortungsbereich. Eine besondere Betonung erfährt das somit begründete **Ressort-Prinzip** dadurch, dass die Senatoren nach der VvB jeweils selbständig gewählt werden und nur von dem AvB abgewählt werden können (Art. 56 II und 57 II). Letzteres bringt die unmittelbare Verantwortlichkeit der Senatoren gegenüber dem AvB zum Ausdruck; zugleich stärkt dies ihre Selbständigkeit gegenüber dem RBm und gewährleistet ihre grundsätzl. Unabhängigkeit und Weisungsfreiheit als Ressortchefs. Neben den Richtlinien der Regierungspolitik sind für den Senator auch Beschlüsse des SvB in den ihm als Kollegium zugewiesenen Angelegenheiten (vgl. § 10 GOSvB) verbindl. Abgesehen davon können RBm und SvB nicht in die Zuständigkeiten eines Senators eingreifen, insb. nicht seine Befugnisse an sich ziehen und an seiner Stelle ausüben, ihm keine Weisungen erteilen und vor allem keine Weisungen unmittelbar in die Ressorts hineingeben. S. 1 schließt auch die Unterstellung eines Senators unter den RBm oder einen anderen Senator aus. Zu den uneingeschränkten Befugnissen des jeweiligen Ressortchefs gehört u. a. das Organisationsrecht im eigenen Geschäftsbereich.

11

Bei Zweifeln über die Anwendbarkeit oder die Auslegung der Richtlinien der Regierungspolitik entscheidet nach S. 2 der SvB als Kollegium (**Kollegial-Prinzip**). Zwar sieht § 2 II 1 GOSvB vor, dass zunächst der RBm entscheidet. Doch kann danach jedes Mitglied des SvB gegen die Entscheidung des RBm den SvB anrufen, so dass S. 2 Genüge getan ist. Die VvB räumt dem RBm also kein Recht zu einer abschließenden authentischen Interpretation der Richtlinien der Regierungspolitik ein. Ferner entscheidet gemäß S. 2 auf Antrag des RBm der SvB bei Meinungsverschiedenheiten, die den Geschäftsbereich mehrerer Senatsmitglieder berühren, oder bei sonstigen Fragen, die die selbständige und eigenverantwortliche Geschäftsführung durch jedes Mitglied des SvB betreffen (vgl. § 2 II 2 GOAvB). Sieht der RBm bei derartigen Meinungsverschiedenheiten von einer Antragstellung ab, sind entsprechende Vorgänge durch das federführende Senatsmitglied dem SvB zur Entscheidung vorzulegen (§§ 7 II 1, 10 Nr. 2 GOAvB). In allen Fällen dieser Art kann der RBm im SvB überstimmt werden.

12

Verfassung von Berlin 296

Abschnitt V. Die Gesetzgebung

Vorbemerkungen

1   Der Legislative als Funktion der Staatsgewalt widmet die VvB einen besonderen Abschnitt. Abschnitt V enthält zunächst Vorschriften über das **förml. Gesetzgebungsverfahren** (Art. 59, 60). Während im GG der Grundsatz des Vorbehalts des Gesetzes nicht erwähnt, vielmehr aus Art. 20 III GG hergeleitet wird (E 40, 248), bestimmt Art. 59 I ausdrückl., dass die für alle verbindl. Gebote und Verbote auf Gesetz beruhen müssen. Dies bedeutet, dass im Verhältnis zwischen Staat und Bürger alle wesentl. Entscheidungen vom Gesetzgeber, also normativ, zu treffen sind. Einen allg. Parlamentsvorbehalt für grundlegende Entscheidungen jedweder Art enthält Art. 59 I nicht (LVerfGE 1, 136). Art. 59 II bis V und Art. 60 regeln Einzelheiten des (Landes-)Gesetzgebungsverfahrens. Gesetze im formellen Sinne können nur vom AvB erlassen werden. Ob der Landesgesetzgeber für ein Gesetz zuständig ist, ergibt sich nicht aus der VvB, sondern aus dem GG (Art. 70 ff. GG).

2   Der SvB oder ein Mitglied des SvB können durch Gesetz ermächtigt werden, **Rechtsverordnungen** zu erlassen. Rechtsverordnungen sind abstrakt-generelle Regelungen, die im Gegensatz zu einem Gesetz im formellen Sinne nicht das ordentl. parl. Gesetzgebungsverfahren durchlaufen, sondern von einem Exekutivorgan erlassen werden. In Anlehnung an Art. 80 GG hat der Berliner Verfassungsgeber klargestellt, dass jede Legislativtätigkeit der Exekutiven als Durchbrechung der Gewaltenteilung einer gesetzl. Ermächtigung bedarf. Die Ermächtigungsnorm muss Inhalt, Zweck und Ausmaß der erteilten Ermächtigung bestimmen (Art. 64 I 2).

3   Die in Art. 64 II für den Bereich der Bauleitplanung vorgesehene **Delegation von Rechtsetzungsgewalt auf die Bezirke** stellt insofern eine verfassungsrechtl. Besonderheit dar, als den Bezirken als Selbstverwaltungseinheiten Berlins ohne eigene Rechtspersönlichkeit das Recht zur Normschaffung an sich fehlt. Ziel der im Jahr 1994 als Art. 47 II VvB 1950 eingefügten Regelung war es, die Stellung der Bezirke auf Kosten der Hauptverwaltung insb. im Bereich der Bauleitplanung zu stärken und zu verselbständigen.

4   Art. 61 bis 63 sehen verschiedene **Formen der Volksbeteiligung am politischen Willensbildungsprozess bzw. an der Gesetzgebung** vor, die auf Empfehlungen der Enquête-Kommission beruhen (AvBDrs 12/ 4376 S. 20). Mit der Einführung von Elementen der Volksgesetzgebung sollten nicht etwa institutionelle Formen des parl. Repräsentativsystems verdrängt werden; vielmehr ging es dem Verfassungsgeber um eine zeitgemäße Ergänzung der politischen Ausdrucks- und Handlungsmöglich-

keiten des Volkes. Über die Dringlichkeit und die Reichweite der Regelungen gab es unterschiedl. Vorstellungen in der Enquète-Kommission. Schließlich setzten sich die Befürworter plebiszitärer Elemente durch, die sich durch neue Beteiligungsmöglichkeiten eine Integrationswirkung erhoffen und Funktions- und Legitimationsdefizite des politischen Systems ausgleichen wollen. Die VvB findet damit Anschluss an die nationale und internationale Verfassungsentwicklung; alle neueren LV enthalten plebiszitäre Verfahren, während das GG nur für die Neugliederung des Bundesgebietes in Art. 29 GG eine Volksbeteiligung vorsieht (vgl. dazu von Münch/Kunig, Art. 29 Rn. 1 und 6).

Die von der VvB vorgesehenen Verfahren sind die Volksinitiative, das Volksbegehren und der Volksentscheid. Im Wege einer **Volksinitiative** kann das AvB mit bestimmten Gegenständen der politischen Willensbildung befasst werden. Das **Volksbegehren** dient der Herbeiführung eines **Volksentscheides**, wenn sich das AvB einen von der Volksinitiative vorgelegten Gesetzentwurf nicht zu Eigen macht. Der Volksentscheid führt zur endgültigen Annahme oder Ablehnung des initiierten Gesetzesprojekts. Das Volksgesetzgebungsverfahren (Volksbegehren und Volksentscheid) ist neben der Teilnahme an den Wahlen zu den Volksvertretungen das bedeutsamste Institut der Volksbeteiligung. Die VvB gewährleistet, dass das Verfassungsinstitut der Volksgesetzgebung auch praktisch erfolgreich Anwendung finden kann (LVerfGE 11, 56). 5

Abgeschlossen wird der Abschnitt mit dem Verfassungsauftrag an die Rechtsetzungsorgane, die Vereinheitlichung der Lebensverhältnisse in ganz Berlin mit der Vereinheitlichung der Rechtsordnung zu begleiten (Art. 65). 6

Verfassung von Berlin

Art. 59 [Gesetzesvorlagen]

(1) Die für alle verbindlichen Gebote oder Verbote müssen auf Gesetz beruhen.
(2) Gesetzesvorlagen können aus der Mitte des Abgeordnetenhauses, durch den Senat oder im Wege des Volksbegehrens eingebracht werden.
(3) Die Öffentlichkeit ist über Gesetzesvorhaben zu informieren. Gesetzentwürfe des Senats sind spätestens zu dem Zeitpunkt, zu dem betroffene Kreise unterrichtet werden, auch dem Abgeordnetenhaus zuzuleiten.
(4) Jedes Gesetz muss in mindestens zwei Lesungen im Abgeordnetenhaus beraten werden. Zwischen beiden Lesungen soll im allgemeinen eine Vorberatung in dem zuständigen Ausschuss erfolgen.
(5) Auf Verlangen des Präsidenten des Abgeordnetenhauses oder des Senats hat eine dritte Lesung stattzufinden.

Absatz 1: Vorbehalt des Gesetzes

1   Art. 59 I begründet einen Gesetzesvorbehalt für die für alle verbindl. Gebote und Verbote. Dies bedeutet, dass **im Verhältnis zwischen Staat und Bürgern** alle wesentl. Entscheidungen vom Gesetzgeber, also normativ, zu treffen sind (LVerfGE 1, 136). Während Wortlaut (»Gebote oder Verbote«) und Entstehungsgeschichte (vgl. AvBDrs 12/4376 S. 21) nahe legen könnten, dass sich Art. 59 I nur auf Maßnahmen der Eingriffsverwaltung beschränkt, zieht der VerfGH bei der Auslegung des Art. 59 I die vom BVerfG zum GG entwickelte »Wesentlichkeitstheorie« heran. Danach ist der Gesetzgeber verpflichtet, losgelöst vom Merkmal des »Eingriffs« bei der Ordnung eines Lebensbereichs alle wesentl. Entscheidungen selbst zu treffen (E 83, 152). Entscheidend ist, ob die grundrechtl. Freiheitssphäre des Bürgers betroffen ist (LVerfGE 1, 136). Die Grundrechte stellen nach heutigem Verständnis nicht mehr allein Abwehrrechte des Bürgers gegen staatl. Machtentfaltung dar (vgl. E 1, 104), vielmehr wirken einzelne Grundrechte als sog. Teilhaberechte (vgl. Vor Art. 6 Rn. 2). Je stärker der moderne Staat sich der sozialen Sicherung und kulturellen Förderung der Bürger zuwendet, desto mehr tritt im Verhältnis zwischen Bürger und Staat die komplementäre Forderung nach grundrechtl. Verbürgung der Teilhabe an staatl. Leistungen auf (E 33, 330 f.). Dementsprechend beansprucht das Prinzip vom Vorbehalt des Gesetzes über den Bereich der Eingriffsverwaltung hinaus Geltung. Inwieweit staatl. Handeln einer Rechtsgrundlage in Gestalt eines förml. Gesetzes bedarf, lässt sich nur im Blick auf den jeweiligen Sachbereich und die Intensität der geplanten oder getroffenen Regelung ermitteln (E 58, 268). Die für das GG aus dem Demokratieprinzip abge-

leitete Wesentlichkeitstheorie spielt z.B. im Schulrecht eine Rolle: So müssen die Kriterien für die Vergabe von Schulplätzen an der Oberschule bei Kapazitätsengpässen gesetzl. geregelt sein; Ausführungsvorschriften reichen nicht (VG Berlin, B.v. 23.8.00 – VG 3 A 715.00).

Abs. 1 verpflichtet den Gesetzgeber, die **Ausgestaltung des Verwaltungsverfahrens**, soweit sich dieses auf grundrechtl. geschützte Positionen auswirkt, selbst zu regeln (LVerfGE 10, 61). Im **Verfassungsbeschwerdeverfahren** kann eine Verletzung des Prinzips des Vorbehalts des Gesetzes zulässigerweise geltend gemacht werden (LVerfGE 10, 55).

Eine Konkretisierung des allg. Gesetzesvorbehalts für den Bereich des Strafrechts enthält Art. 15 II, wonach eine Tat nur bestraft werden kann, wenn die Strafbarkeit gesetzl. bestimmt war, bevor die Tat begangen wurde (näher dazu Art. 15 Rn. 13). Im Übrigen ergibt sich das Gebot hinreichender **Bestimmtheit von Gesetzen** aus dem Rechtsstaatsprinzip, zu dem sich die VvB sinngemäß im Vorspruch und nach ihrer Gesamtkonzeption bekennt (LVerfGE 10, 57). Das Bestimmtheitsgebot schließt die Verwendung unbestimmter Rechtsbegriffe oder wertausfüllender Begriffe nicht aus. Der Gesetzgeber ist jedoch gehalten, seine Vorschriften so bestimmt zu fassen, wie dies nach der Eigenart der zu ordnenden Lebenssachverhalte mit Rücksicht auf den Normzweck mögl. ist. Es genügt, wenn die Betroffenen die Rechtslage erkennen und ihr Verhalten danach einrichten können (LVerfGE 10, 57 f.).

Ein **allgemeiner Parlamentsvorbehalt** für grundlegende Entscheidungen ergibt sich weder aus Art. 59 I noch sonst aus der VvB (LVerfGE 10, 108). Der Gesetzesvorbehalt gilt im Verhältnis zwischen Bürger und Staat, nicht aber für das **Verhältnis der Staatsgewalten** zueinander. Das AvB besitzt kein generelles Mitwirkungsrecht bei grundlegenden Entscheidungen der Regierung und damit einen Vorrang vor anderen Staatsgewalten. Die gewaltenteilende Kompetenzordnung der VvB, die die Ausübung der staatl. Befugnisse und die Erfüllung der staatl. Aufgaben auf Volksvertretung, Regierung und Verwaltung und richterl. Gewalt verteilt, zieht den Befugnissen des Parlaments Grenzen. Der SvB ist bei der Wahrnehmung der ihm von der Verfassung übertragenen Aufgaben an keine Vorgaben oder Weisungen des AvB gebunden, sofern nicht die VvB im Einzelfall etwas anderes bestimmt. Die von der VvB vorgenommene Verteilung der staatl. Aufgaben und Befugnisse darf nicht durch einen »aus dem Demokratieprinzip fälschlich abgeleiteten Gewaltenmonismus in Form eines allumfassenden Parlamentsvorbehalts unterlaufen werden« (LVerfGE 1, 137 unter Hinweis auf E 49, 125). Auch der SvB ist demokratisch legitimiert; er bezieht seine institutionelle und funktionelle demokratische Legitimation aus der Entscheidung des Verfassungsgebers, ihm Aufgaben der öffentl. Gewalt anzuvertrauen. Dies schließt es aus, aus dem Grundsatz der parl. Demokratie einen Vorrang des Parlaments und seiner Entscheidungen gegenüber den Aufgaben der anderen Gewalten abzuleiten (LVerfGE 1, 137 f.).

Absatz 2: Gesetzesvorlagen

5 Mit einer Gesetzesvorlage wird der Anstoß zum Gesetzgebungsverfahren gegeben. Abs. 2 benennt abschließend die Träger des **Gesetzesinitiativrechts**. Gesetzesvorlagen können »**aus der Mitte des Abgeordnetenhauses**« eingebracht werden. Dabei steht das Initiativrecht nicht dem AvB als solchem, auch nicht den Ausschüssen oder einem einzelnen Abgeordneten zu, sondern nur einer von der VvB nicht ausdrückl. festgelegten Anzahl von Abgeordneten. Hierzu bestimmt § 39 I 3 GOAvB, dass Anträge entweder namens einer Fraktion oder von mindestens zehn MdA unterzeichnet sein müssen, sofern nicht die Verfassung, ein Gesetz oder die GO etwas anderes vorschreibt. Entsprechende Regelungen finden sich in der GO des BT und solchen der Parlamente der Länder. Damit soll im Interesse der Funktionsfähigkeit des Parlaments vermieden werden, dass durch Anträge, die von vornherein keine nennenswerte Unterstützung finden, das aufwändige parl. Verfahren in Gang gesetzt wird und dass das Parlament seine Zeit Anträgen widmen muss, von denen mit an Sicherheit grenzender Wahrscheinlichkeit feststeht, dass sie abgelehnt werden (LVerfGE 2, 61). Einer Parlamentarischen Gruppe (also einer Vereinigung von MdA, die nicht die Fraktionsmindeststärke erreicht, vgl. §§ 9 a, 7 GOAvB) steht das Gesetzesinitiativrecht ohne Quorum nicht zu (LVerfGE 2, 61). Gesetzesvorlagen des SvB können nicht von einem einzelnen Mitglied, sondern nur vom **Senat als Kollegium** aufgrund eines Senatsbeschlusses eingebracht werden (§ 10 Nr. 4 GOSvB). Schließl. können Gesetzesvorlagen auch im Wege des **Volksbegehrens** initiiert werden (vgl. Art. 62 f.).

Absatz 3: Information der Öffentlichkeit

6 Mit der in Abs. 3 vorgesehenen Unterrichtungspflicht wollte der Verfassungsgeber von 1995 dem in der parl. Demokratie überragenden **Grundsatz der Öffentlichkeit** Rechnung tragen (AvBDrs 12/4376 S. 21): Die Bürgerschaft soll wissen, was ihre Vertreterinnen und Vertreter planen. Die Unterrichtungspflicht trifft denjenigen, der die Gesetzesinitiative ergreift (vgl. Abs. 2). Die VvB lässt allerdings offen, in welchem Stadium oder zu welchem Zeitpunkt die Informationspflicht eintritt. Dem Zweck der Verfassungsnorm entsprechend sind die Initiatoren des Gesetzesvorhabens gehalten, die Öffentlichkeit so frühzeitig zu unterrichten, dass die allgemeine Diskussion noch Einfluss auf das Gesetzgebungsverfahren nehmen kann. Die Informationspflichten aus Abs. 3 können während des Gesetzgebungsverfahrens – ggf. durch Ein-

schaltung des VerfGH – durchgesetzt werden. Ein Verstoß führt allerdings nicht zur Nichtigkeit eines im Übrigen verfassungsmäßig zustande gekommenen Gesetzes (Zivier, S. 197).

Nach Abs. 3 S. 2 sind Gesetzentwürfe des SvB spätestens zu dem Zeitpunkt, zu dem betroffene Kreise unterrichtet werden, auch dem AvB zuzuleiten. Damit soll verhindert werden, dass Verbände usw. eher von Gesetzesvorlagen **Kenntnis** erhalten als die Abgeordneten selbst; hiermit ist eine Aufwertung des Parlaments bezweckt (AvBDrs 12/4376 S. 22). 7

Absatz 4: Zwei Lesungen

Die VvB schreibt – im Gegensatz zum GG und den meisten anderen LV – ausdrückl. vor, dass jedes Gesetz in mindestens zwei Lesungen des AvB beraten werden muss. Die Regelung soll die **Sorgfalt bei der Gesetzgebung** fördern und der besonderen Verantwortung bei der Verabschiedung von Gesetzen Rechnung tragen. Diesem Zweck dient auch die Bestimmung, dass zwischen beiden Lesungen im Allgemeinen eine Vorberatung in dem zuständigen Ausschuss erfolgen soll (Abs. 4 S. 2). Nach § 33 I GOAvB beginnt die zweite Lesung frühestens am zweiten Tag nach Schluss der ersten Lesung. Wird das Gebot zweier Lesungen nicht eingehalten, kommt das Gesetz nicht verfassungsgemäß zustande. 8

Absatz 5: Dritte Lesung auf Verlangen

PrAvB und SvB können verlangen, dass eine dritte Lesung stattfindet. Damit wird die Möglichkeit eröffnet, nach der Beschlussfassung der zweiten Lesung, aber vor der Ausfertigung des Gesetzes nachträgl. festgestellte Fehler oder Unstimmigkeiten zu korrigieren. Die dritte Lesung ist also nur als **nachträgl. Notbehelf** gegen einen fehlerhaften Gesetzesbeschluss gedacht, nicht aber als Instrument, um die politische Auseinandersetzung nach dem Abschluss des in zweiter Lesung beendeten Gesetzgebungsverfahrens erneut zu eröffnen (Pfennig/Neumann, Art. 59 Rn. 8). Zwar stellt die VvB keine Voraussetzungen für das Verlangen einer dritten Lesung auf; entscheidend für diese Auslegung spricht aber, dass allein PrAvB und SvB das Verlangen stellen können, nicht aber einzelne Mitglieder, Gruppen oder Fraktionen. 9

Art. 60 [Zustandekommen von Gesetzen]

(1) Gesetze werden vom Abgeordnetenhaus mit einfacher Mehrheit beschlossen, soweit die Verfassung nichts anderes bestimmt.
(2) Gesetze sind vom Präsidenten des Abgeordnetenhauses unverzüglich auszufertigen und sodann binnen zwei Wochen vom Regierenden Bürgermeister zu verkünden.
(3) Jedes Gesetz und jede Rechtsverordnung soll den Tag des Inkrafttretens bestimmen. Fehlt eine solche Bestimmung, so treten sie mit dem 14. Tage nach Ablauf des Tages in Kraft, an dem sie verkündet worden sind.

Absatz 1:   Einfache Mehrheit

1   Für den Gesetzesbeschluss genügt die einfache Mehrheit, dh es müssen mehr Ja-Stimmen als Nein-Stimmen festgestellt werden (vgl. Art. 43 II). Abweichendes gilt nur für eine Änderung der VvB: diese erfordert eine Mehrheit von zwei Dritteln der gewählten Mitglieder des AvB (Art. 100 S. 1). Der Gesetzesbeschluss unterliegt dem **Grundsatz der Unverrückbarkeit des parl. Votums**. Er kann also in demselben Gesetzgebungsverfahren vom AvB nicht mehr geändert oder korrigiert werden (Pfennig/Neumann, Art. 60 Rn. 1).

Absatz 2:   Ausfertigung und Verkündung

2   Außenwirkung erlangt ein Gesetz erst nach der Ausfertigung und Verkündung. Die Ausfertigung der Gesetze obliegt in Berlin dem PrAvB. Dies ist gegenüber dem GG und anderen LV eine Besonderheit und erklärt sich historisch (näher dazu Härth, JR 78, 489). **Ausfertigung** bedeutet die Herstellung und Unterzeichnung der Originalurkunde des Gesetzes; mit ihr wird bestätigt, dass der Gesetzestext mit dem vom Gesetzgeber beschlossenen Gesetzesinhalt übereinstimmt (Authentizitätsfunktion) und das Gesetzgebungsverfahren nach den Vorschriften der VvB ordnungsgemäß verlaufen ist (Legalitätsfunktion; vgl. Seifert/Hömig, Art. 82 GG Rn. 2). Neben diesem formellen Prüfungsrecht steht dem PrAvB auch ein **materielles Kontrollrecht** zu, die Befugnis also, das auszufertigende Gesetz auf die Vereinbarkeit mit der VvB und dem GG zu überprüfen. Hier kann nichts anderes gelten als für den BPräs, der nach Art. 82 I 1 GG die Bundesgesetze auszufertigen hat. Der BPräs ist verpflichtet, von der Ausfertigung abzusehen, wenn für ihn »offenkundig und zweifelsfrei« ist, dass das Gesetz nicht verfassungsgemäß zustande gekommen ist oder inhaltl. mit dem GG nicht in Einklang steht (vgl. Seifert/Hömig, Art. 82 GG Rn. 2 mwN). Aus politischen Gründen darf der PrAvB die Ausfertigung nicht verweigern (Zivier, S. 197). Die

Ausfertigung hat unverzügl. zu erfolgen, dh ohne schuldhaftes Zögern. Verweigert der PrAvB die Ausfertigung – mit der Folge, dass das betreffende Gesetz nicht in Kraft treten kann – kann im Organstreitverfahren vorgegangen werden.

Nach der Ausfertigung hat der RB das Gesetz binnen zwei Wochen zu verkünden. **Verkündung** ist die amtl. Bekanntgabe des Gesetzestextes. Gesetze und Rechtsverordnungen werden im Gesetz- und Verordnungsblatt für Berlin verkündet (vgl. § 1 I VerkG). 3

Absatz 3: Inkrafttreten

Abs. 3 regelt das **Inkrafttreten von Gesetzen und Rechtsverordnungen** und entspricht Art. 82 II GG. Das verkündete, aber noch nicht in Kraft getretene Gesetz ist zwar rechtl. existent, übt jedoch noch keine Wirkungen aus. Erst sein Inkrafttreten verhilft der Geltungsordnung des Gesetzes zur Wirksamkeit und bestimmt den zeitl. Geltungsbereich seiner Vorschriften, dh den Zeitpunkt, von dem an die Rechtsfolgen des Gesetzes für die Normadressaten eintreten und seine Bestimmungen von den Behörden und Gerichten anzuwenden sind (E 42, 283). Abs. 3 gibt dem Gesetz- bzw. Verordnungsgeber in Form einer Sollvorschrift auf, den Tag des Inkrafttretens zu bestimmen. Über den Zeitpunkt der Normverbindlichkeit soll Klarheit herrschen. Die Regelung dient den rechtsstaatl. Geboten der Rechtssicherheit und Rechtsklarheit (E 42, 285). Der Gesetzgeber kann einen bestimmten Kalendertag festlegen oder das Inkrafttreten vom Eintritt eines bestimmten Ereignisses abhängig machen (zur Zulässigkeit rückwirkender belastender Gesetze vgl. Seifert/Hömig, vor Art. 70 Rn. 7 mwN). 4

Ist ein Gesetz Gegenstand einer **Verfassungsbeschwerde**, kann die Verfassungsbeschwerde nur binnen eines Jahres sei dem Inkrafttreten der Rechtsvorschrift erhoben werden (§ 51 II VerfGHG). Diese Frist beginnt selbst dann mit dem formellen Inkrafttreten der angegriffenen Norm, wenn diese aufgrund einer Übergangsvorschrift erst zu einem späteren Zeitpunkt zur Anwendung kommt (LVerfGE 3, 69 f.). 5

Hat der Gesetz- oder Verordnungsgeber den Tag des Inkrafttretens nicht bestimmt, so richtet sich das Inkrafttreten nach Abs. 3 S. 2: Das Gesetz oder die Verordnung treten mit dem 14. Tage nach Ablauf des Tages in Kraft, an dem sie verkündet worden sind. Die praktische Bedeutung der Vorschrift ist gering, weil im Allg. eine Bestimmung erfolgt. 6

Die Ausführungen gelten entsprechend für **Rechtsverordnungen** des Landes. 7

Verfassung von Berlin

Art. 61 [Volksinitiativen]

(1) Alle Einwohner Berlins haben das Recht, das Abgeordnetenhaus im Rahmen seiner Entscheidungszuständigkeiten mit bestimmten Gegenständen der politischen Willensbildung, die Berlin betreffen, zu befassen. Die Initiative muss von 90 000 volljährigen Einwohnern Berlins unterzeichnet sein. Ihre Vertreter haben das Recht auf Anhörung in den zuständigen Ausschüssen.
(2) Initiativen zum Landeshaushalt, zu Dienst- und Versorgungsbezügen, Abgaben, Tarifen der öffentlichen Unternehmen sowie Personalentscheidungen sind unzulässig.
(3) Das Nähere regelt ein Gesetz.

Absatz 1: Volksinitiative

1 Eine Volksinitiative ist darauf gerichtet, das AvB im Rahmen seiner Entscheidungszuständigkeiten mit bestimmten Gegenständen der politischen Willensbildung, die Berlin betreffen, zu befassen. Die Volksinitiative stellt sich als eine Form der Massenpetition dar, weil keine verbindl. Beschlüsse gefasst werden wie bei »richtigen« plebiszitären Verfahren, sondern nur eine **Befassungspflicht des AvB** begründet wird. Die VvB knüpft nicht an die Wahlberechtigung an, sondern wendet sich an alle (volljährigen) Einwohner Berlins. Damit sind auch Ausländer und Staatenlose berechtigt. Dies ist mit Blick auf Art. 2 S. 1, wonach Träger der öffentl. Gewalt die Gesamtheit der Deutschen ist, die in Berlin ihren Wohnsitz haben, unproblematisch: Denn die Volksinitiative ist kein »Akt deutscher Landesstaatsgewalt« (vgl. Art. 2 Rn. 3), sondern nur auf eine Beratung im AvB gerichtet. Art. 2 S. 3 lässt im Übrigen Vorschriften, die eine Beteiligung anderer Einwohner Berlins an der staatl. Willensbildung einräumen, ausdrückl. unberührt (vgl. Art. 2 Rn. 6).

2 Die Volksinitiative muss sich auf einen **Gegenstand der politischen Willensbildung** beziehen, der Berlin betrifft und sich im Rahmen der Entscheidungszuständigkeit des AvB hält. Unter diesem Gesichtspunkt scheiden Angelegenheiten aus, in denen das AvB nur unverbindl. Resolutionen verabschieden kann (Zivier, S. 221 f.). Angelegenheiten überregionaler Bedeutung sind erfasst, soweit sie auch Berlin mittelbar betreffen können (vgl. Pfennig/Neumann, Art. 61 Rn. 14).

Absatz 2: Unzulässige Gegenstände

3 Initiativen zum Landeshaushalt, zu Dienst- und Versorgungsbezügen, Abgaben, Tarifen der öffentl. Unternehmen sowie Personalentscheidungen sind **unzulässig**. Dieser Katalog entspricht im Wesentl. Art. 62 V,

wonach bestimmte Gegenstände der Volksgesetzgebung entzogen sind (vgl. dazu Art. 62 Rn. 10 ff.). Wird berücksichtigt, dass die Volksinitiative nach Art. 61 kein Mittel der Volksgesetzgebung ist, sondern ledigl. eine Befassungspflicht des AvB begründet, erscheint es nicht zwingend, die genannten Gegenstände vom Anwendungsbereich des Art. 61 auszunehmen.

Anregungen zu Landesgesetzen können zulässig sein, haben aber anders als bei Volksbegehren und Volksentscheiden keine besondere Wirkung. Auch eine Volksinitiative zur **Änderung der Verfassung** ist möglich, während Art. 62 V Volksbegehren »zur Verfassung« ausdrückl. ausschließt (vgl. LVerfGE 10, 67 f.; näher Art. 62 Rn. 11). 4

Absatz 3: Gesetzesvorbehalt

Entsprechend Abs. 3 sind die Einzelheiten im G. über Volksinitiative, Volksbegehren und Volksentscheid vom 11.6.1997 (GVBl S. 304) – VInG – sowie in der dazu ergangenen DVO – Abstimmungsordnung – vom 3.11.1997 (GVBl S. 583) – AbStO – geregelt: 5

Alle volljährigen Einwohner Berlins können an einer Volksinitiative teilnehmen (§ 1 VInG). **Träger einer Volksinitiative** kann eine natürl. Person, eine Mehrheit von Personen, eine Personenvereinigung oder eine Partei sein (§ 3 VInG). Der Träger bestimmt fünf Vertrauenspersonen zu den Vertretern der Volksinitiative, die berechtigt sind, im Namen der Unterzeichner verbindl. Erklärungen für den Träger abzugeben oder entgegenzunehmen (§ 6 I VInG). Der Antrag auf Behandlung einer Volksinitiative, der der Unterschrift von mindestens 90 000 volljährigen Personen bedarf, die ihre alleinige Wohnung oder ihre Hauptwohnung in Berlin haben, ist schriftl. an den PrAvB zu richten. Dieser prüft – mit Ausnahme der Zahl der gültigen Unterstützungsunterschriften – die Zulässigkeitsvoraussetzungen des Art. 61 I und II. Die Unterschriftsbögen werden von den Bezirksämtern geprüft. Sodann entscheidet der PrAvB über die Zulässigkeit des Antrags. Besteht ein nicht behebbares Zulässigkeitshindernis oder wurde ein behebbarer Mangel nicht innerhalb der gesetzten Frist behoben, weist der PrAvB den Antrag zurück (§ 8 II VInG). In diesem Fall besteht eine Einspruchsmöglichkeit zum VerfGH (§ 41 VInG). Das BVerfG ist zur Überprüfung von Entscheidungen des VerfGH, die in derartigen landesverfassungsrechtl. Streitigkeiten ergangen sind, nicht berufen *(*E 96, 242). 6

Zulässige Volksinitiativen sind innerhalb von vier Monaten nach der Feststellung der Zulässigkeit durch den PrAvB im AvB zu beraten. Die Vertrauenspersonen haben ein Recht auf Anhörung in den zuständigen Ausschüssen (Art. 61 I 3, § 9 II VInG). 7

Verfassung von Berlin

Art. 62 [Volksbegehren]

(1) Volksbegehren können darauf gerichtet werden, Gesetze zu erlassen, zu ändern oder aufzuheben, soweit das Land Berlin die Gesetzgebungskompetenz hat. Sie sind innerhalb einer Wahlperiode zu einem Thema nur einmal zulässig. Mit dem Volksbegehren muss ein ausgearbeiteter Gesetzentwurf vorgelegt werden.

(2) Der dem Volksbegehren zugrunde liegende Gesetzentwurf ist vom Senat unter Darlegung seines Standpunktes dem Abgeordnetenhaus zu unterbreiten.

(3) Volksbegehren können auch auf die vorzeitige Beendigung der Wahlperiode des Abgeordnetenhauses gerichtet werden.

(4) Ein Volksbegehren ist zustande gekommen, wenn mindestens zehn vom Hundert der zum Abgeordnetenhaus von Berlin Wahlberechtigten innerhalb von zwei Monaten dem Volksbegehren zugestimmt haben.

(5) Volksbegehren zur Verfassung, zum Landeshaushalt, zu Dienst- und Versorgungsbezügen, Abgaben, Tarifen der öffentlichen Unternehmen sowie Personalentscheidungen sind unzulässig.

1 Art. 62 und 63 regeln die Beteiligung der Bürger am Gesetzgebungsverfahren. Das Volksgesetzgebungsverfahren ist nach der Teilnahme an den Wahlen zum AvB das bedeutsamste **Institut der Volksbeteiligung**. Während allerdings die periodisch wiederkehrende Wahl der Volksvertretung in der Demokratie eine verfassungsrechtl. Notwendigkeit darstellt, ist das Volksgesetzgebungsverfahren nicht in diesem Sinne konstitutiv, da es nicht um die Übertragung von Herrschaft auf Zeit, sondern nur um die Abstimmung über eine Sachfrage geht (LVerfGE 11, 56). Gleichwohl räumt die VvB dem Volksgesetzgebungsverfahren einen hohen Stellenwert ein, wie u. a. darin zum Ausdruck kommt, dass Änderungen der Art. 62 und 63 neben dem verfassungsändernden Gesetz zusätzl. einer Volksabstimmung bedürfen (Art. 100 S. 2).

2 Im Wege des Volksbegehrens können Gesetzentwürfe eingebracht (Art. 62 I) und durch Volksentscheid angenommen werden (Art. 63 II), falls nicht das AvB die begehrte Regelung in ihrem wesentl. Bestand unverändert selbst beschließt (Art. 63 I 3). Weiterhin mögl. ist die vorzeitige Beendigung der Wahlperiode des AvB durch Volksentscheid (Art. 63 III) nach vorangegangenem Volksbegehren (Art. 62 III). Die VvB regelt nur den notwendigen Rahmen. Die Einzelheiten sind einfachgesetzl. Regelung vorbehalten (Art. 63 V), die durch das G. über Volksinitiative, Volksbegehren und Volksentscheid vom 11.6.1997 (GVBl S. 304) – VInG – erfolgt ist.

Absätze 1, 2 und 4: Volksbegehren (Gesetzentwurf)

Volksbegehren können darauf gerichtet sein, Gesetze zu erlassen, zu ändern oder aufzuheben, soweit die Gesetzgebungskompetenz des Landes besteht. Innerhalb einer Wahlperiode ist ein Volksbegehren zu einem Thema nur einmal zulässig (Art. 62 I 2). Der Begriff **Thema** ist eng auszulegen, insbesondere nicht als »Materie« zu verstehen. Das Wiederholungsverbot bezieht sich nur auf vom SvB als zulässig festgestellte Volksbegehren (Pfennig/Neumann, Art. 62 Rn. 4). 3

Nach § 13 VInG können **Träger** eines Volksbegehrens eine natürl. Person, eine Mehrheit von Personen, eine Personenvereinigung oder eine Partei sein. Der Begriff »Personenvereinigung« ist in Anlehnung an das VereinsG zu interpretieren: notwendig ist, dass sich die Mitglieder freiwillig für längere Zeit zu einem gemeinsamen Zweck zusammengeschlossen und einer organisierten Willensbildung unterworfen haben (Zivier, S. 212). Bei einer »Mehrheit von Personen« fehlt die Unterwerfung unter eine organisierte Willensbildung, so dass der Antrag von allen Beteiligten unterzeichnet werden muss. Der Träger eines Volksbegehrens ist im Organstreit gemäß Art. 84 II Nr. 1 nicht parteifähig (VerfGH LKV 99, 359). 4

Der Antrag auf Zulassung eines Volksbegehrens ist vom Träger schriftl. bei der Senatsverwaltung für Inneres einzureichen (§ 14 S. 1 VInG). Mit dem Antrag ist ein ausgearbeiteter, mit Gründen versehener Gesetzentwurf einzureichen (Art. 62 I 3, § 14 S. 2 VInG). § 15 VInG schreibt vor, dass der Antrag 25 000 **Unterstützungsunterschriften** bedarf: Dieses Erfordernis ist in der VvB nicht vorgesehen, wird aber von ihr auch nicht ausgeschlossen und dürfte mit dem Zweck, das Verfahren von vollkommen aussichtslosen Anträgen zu entlasten, verfassungsrechtl. unbedenkl. sein (Zivier, S. 211). Wird der Antrag zugelassen (vgl. § 17 VInG), findet ein Volksbegehren statt. 5

Das weitere Verfahren ist geregelt in §§ 18 ff. VInG. Die Entscheidung der VvB für eine Volksgesetzgebung ist bei der **Ausgestaltung des Abstimmungsverfahrens** zu berücksichtigen. Es muss sichergestellt werden, dass das Verfassungsinstitut der Volksgesetzgebung auch praktisch erfolgreich Anwendung finden kann; dies schließt unbillige Erschwerungen der Eintragungsmöglichkeiten aus (LVerfGE 11, 56). Für Streitigkeiten um die Modalitäten des Abstimmungsverfahrens ist nicht der Verwaltungsrechtsweg, sondern der Rechtsweg zum VerfGH eröffnet (OVG Berlin LKV 99, 365; krit. Herrmann, LKV 00, 104). Die Zustimmung zum Volksbegehren erfolgt durch Eintragung in Unterschriftsbögen in den Auslegungsstellen. Auslegungsstellen und Auslegungszeiten werden vom Landesabstimmungsleiter bzw. vom Bezirksabstimmungsleiter bestimmt (§ 21 VInG). Die Frage, ob die Stimmberechtigten ausreichend Gelegenheit hatten, sich an dem Volksbegehren 6

Verfassung von Berlin 308

zu beteiligen, unterliegt nur eingeschränkt der Kontrolle durch den VerfGH (LVerfGE 11, 57). Der vollständige Wortlaut des Volksbegehrens muss bei der Eintragung einsehbar sein (§ 22 I VInG). Die Bezirksabstimmungsleiter stellen die Gesamtzahl der im Bezirk für das Volksbegehren erfolgten gültigen Eintragungen endgültig fest und teilen sie dem Landesabstimmungsleiter mit, der das Gesamtergebnis des Volksbegehrens feststellt (§ 25 VInG). Ein Volksbegehren mit dem Ziel des Erlasses eines Gesetzes ist zustande gekommen, wenn ihm mindestens ein Zehntel der Stimmberechtigten – am Tage der Unterzeichnung zum AvB Wahlberechtigten – zugestimmt hat.

7 Gegen die Entscheidungen über den Zulassungsantrag (§ 17 VInG) und gegen die Feststellung des Ergebnisses des Volksbegehrens (§ 25 VInG) können die Vertrauenspersonen oder ein Viertel der Mitglieder des AvB innerhalb eines Monats nach Zugang der Entscheidung an den Beschwerdeführer oder nach der öffentl. Bekanntmachung Einspruch beim VerfGH erheben (§ 41 VInG). Bei dem **Einspruchsverfahren** handelt es sich um ein Verfahren der objektiven Rechtskontrolle, das dem Wahlprüfungsverfahren ähnl. ist. Gegenstand der rechtl. Beurteilung ist ebenso wie im Wahlprüfungsverfahren nicht die Verletzung subjektiver Rechte, sondern die objektive Gültigkeit des festgestellten Abstimmungsergebnisses unter Berücksichtigung der Einhaltung der für das Volksbegehren geltenden Vorschriften. Einsprüche können nur dann Erfolg haben, wenn sich etwaige Verfahrensverstöße auf das festgestellte Abstimmungsergebnis ausgewirkt haben können (LVerfGE 11, 55). Eine Zuständigkeit des VerfGH zur Entscheidung über Anträge, die das Verfahren vor Abschluss des Volksbegehrens betreffen, ergibt sich aus § 41 VInG iVm § 14 Nr. 7 VerfGHG nicht (VerfGH LKV 99, 359).

8 Bei Volksbegehren und Volksentscheid gilt anders als bei Wahlen nicht das Neutralitätsgebot, sondern das **Sachlichkeitsgebot**, dh der SvB, die Parteien und auch die Öffentlichkeit dürfen gegen den Gesetzentwurf Stellung nehmen (Pfennig/Neumann, Art. 62 Rn. 12)

Absatz 3: Volksbegehren zur vorzeitigen Beendigung der Wahlperiode

9 Ein Volksbegehren kann auch auf die vorzeitige Beendigung der Wahlperiode gerichtet sein. Dabei sind 50 000 Unterstützungsunterschriften erforderl. (§ 15 I 1 VInG). Unzulässig ist ein solches Begehren, wenn innerhalb der Wahlperiode in den vorangegangenen zwölf Monaten bereits ein entsprechendes Begehren erfolglos geblieben ist oder der Antrag später als 40 Monate nach Beginn der Wahlperiode gestellt wird (vgl. § 12 II VInG; vgl. auch Art. 54 Rn. 7 und Art. 63 Rn. 2).

Absatz 5: Unzulässige Gegenstände

Bestimmte Gegenstände sind dem Volksgesetzgebungsverfahren entzogen: Volksbegehren zur Verfassung, zum Landeshaushalt, zu Dienst- und Versorgungsbezügen, Abgaben, Tarifen der öffentl. Unternehmen sowie Personalentscheidungen sind **unzulässig**. 10

Weil **Änderungen der Verfassung** gemäß Art. 100 S. 1 eine Mehrheit von zwei Dritteln der gewählten Mitglieder des AvB erfordern, kommt insofern ein Volksgesetzgebungsverfahren nicht in Betracht. Einem Volksbegehren zur Änderung der Verfassung käme nur die Bedeutung einer Gesetzesvorlage an das AvB im Sinne der Art. 59 II, 62 II zu; diese Funktion wird jedoch bereits durch die Möglichkeit einer entsprechenden Volksinitiative gemäß Art. 61 I ausreichend abgedeckt, die mit einem geringeren Quorum ohne Einschränkung auch »zur Verfassung« zulässig ist. Nach der Konzeption der VvB sollen die Einwohner Berlins zwar berechtigt sein, das AvB zu zwingen, sich auch mit Anliegen zu befassen, die nur im Wege der Verfassungsänderung umgesetzt werden können, doch soll es ihnen verwehrt sein, sozusagen über den Kopf des AvB hinweg ein Gesetz zur Durchsetzung solcher Anliegen zu schaffen (LVerfGE 10, 68). Abs. 5 steht nicht nur Gesetzentwürfen entgegen, die unmittelbar eine Verfassungsänderung bewirken sollen, sondern überdies allen Volksbegehren, deren Anliegen auf eine Änderung der Verfassung abzielt oder jedenfalls nicht ohne Änderung der Verfassung verwirklicht werden kann (LVerfGE 10, 67). 11

Mit dem **Haushaltsvorbehalt** in Abs. 5 schließt die VvB nicht nur Volksbegehren aus, die auf unmittelbar haushaltsgesetzl. Regelungen gerichtet sind, sondern alle Gesetze, die gewichtige staatl. Einnahmen oder Ausgaben auslösen und damit den Haushalt des Landes wesentl. beeinflussen (vgl. E 102, 188). Die zu Art. 41 LV Schleswig-Holstein ergangene Entscheidung des BVerfG, die im Wesentl. der Rechtsprechung verschiedener Landesverfassungsgerichte zu haushaltswirksamen Gesetzentwürfen entspricht (vgl. NWVerfGH NVwZ 82, 188; BayVerfGH NVwZ-RR 00, 401; BremStGH LVerfGE 6, 123 und DÖV 00, 915; ThürVerfGH LKV 02, 83; BbgVerfG LKV 02, 77), ist auf das Berliner Verfassungsrecht zu übertragen. Der Volksgesetzgeber wirkt an der Aufstellung und Feststellung des Landeshaushaltes nicht mit; daran sind nur SvB und AvB beteiligt. Wollte man den Begriff »Volksbegehren zum Landeshaushalt« auf die förml. Haushaltsgesetzgebung beschränken, verlöre die Norm ihren eigenständigen Gehalt. Der Haushaltsvorbehalt dient dazu, die Etathoheit des Parlaments und die Leistungsfähigkeit des Staates und seiner Verwaltung vor Eingriffen durch den Volksgesetzgeber zu sichern. Diese Auslegung schränkt zwar das Recht der Volksgesetzgebung ein, lässt es aber keineswegs leer laufen. Alle Fragen, die weder mittelbar noch unmittelbar wesentl. haushalts- 12 wirksame Ausgaben nach sich ziehen, bleiben der Volksgesetzgebung zugängl. (vgl. E 102, 189). Die restriktivere Auslegung des Haushaltsvorbehalts durch den SächsVerfGH in der Entscheidung vom 11.7.02, mit dem der Volksantrag »Zukunft braucht Schule« für zulässig erklärt wurde (LKV 03, 327), beruht auf dem im Verhältnis zur VvB engeren Normtext (vgl. Art. 73 I SächsV: Haushaltsgesetze), dem systematischen Zusammenhang und der Verfassungstradition in Sachsen (vgl. zur Rechtsprechung der Landesverfassungsgerichte Jung, LKV 03, 308; Kertels/Brink, NVwZ 03, 435; Zschoch, NVwZ 03, 438).

13 Volksbegehren zu **Dienst- und Versorgungsbezügen, Abgaben, Tarifen der öffentl. Unternehmen** sind unzulässig, weil diese Bereiche teilweise der Tarifautonomie der Sozialpartner unterliegen oder mit weitreichenden Planungen verbunden sind und deshalb Auswirkungen auf den Landeshaushalt haben können.

14 Wenn **wesentl. Teile eines Volksbegehrensgesetzentwurfs** wegen Verstoßes gegen höherrangiges Recht zu beanstanden sind, können auch die verbleibenden Teile des Gesetzentwurfs nicht als Volksbegehren zugelassen werden (LVerfGE 10, 69).

Art. 63 [Volksentscheid]

(1) Ist ein Volksbegehren zustande gekommen, so muss innerhalb von vier Monaten über den Gesetzentwurf ein Volksentscheid herbeigeführt werden. Das Abgeordnetenhaus kann einen eigenen Gesetzentwurf zur gleichzeitigen Abstimmung stellen. Der Volksentscheid unterbleibt, wenn das Abgeordnetenhaus den begehrten Gesetzentwurf inhaltlich in seinem wesentlichen Bestand unverändert annimmt.

(2) Ein Gesetz ist durch Volksentscheid angenommen, wenn sich entweder mindestens die Hälfte der zum Abgeordnetenhaus von Berlin Wahlberechtigten am Volksentscheid beteiligt und die Mehrheit für das Gesetz stimmt oder bei geringerer Stimmbeteiligung mindestens ein Drittel der Wahlberechtigten für das Gesetz stimmt.

(3) Der Volksentscheid über die vorzeitige Beendigung der Wahlperiode des Abgeordnetenhauses ist herbeizuführen, wenn ein Fünftel der zum Abgeordnetenhaus Wahlberechtigten dem Volksbegehren zugestimmt hat. Der Volksentscheid wird nur wirksam, wenn sich mindestens die Hälfte der Wahlberechtigten daran beteiligt und die Mehrheit für die vorzeitige Beendigung stimmt.

(4) Der Präsident des Abgeordnetenhauses fertigt das durch Volksentscheid zustande gekommene Gesetz aus; der Regierende Bürgermeister verkündet es im Gesetz- und Verordnungsblatt für Berlin.

(5) Das Nähere zum Volksbegehren und Volksentscheid, einschließlich der Veröffentlichung des dem Volksentscheid zugrunde liegenden Vorschlages, wird durch Gesetz geregelt.

Art. 63 betrifft das weitere Verfahren, wenn ein Volksbegehren (Art. 62) erfolgreich war. Ist ein Volksbegehren zustande gekommen, so muss über den begehrten Erlass eines Gesetzes innerhalb von vier Monaten nach Veröffentlichung des Gesamtergebnisses ein Volksentscheid herbeigeführt werden (§ 29 I Nr. 1 VInG). Der **Volksentscheid über einen Gesetzentwurf** unterbleibt, wenn das AvB den begehrten Gesetzentwurf inhaltl. in seinem wesentl. Bestand unverändert annimmt (Art. 63 I 3; § 29 II VInG). Ein Gesetzentwurf ist durch Volksentscheid angenommen, wenn sich entweder mindestens die Hälfte der zum AvB Wahlberechtigten am Volksentscheid beteiligt und mit der Mehrheit der abgegebenen Stimmen für das Gesetz stimmt oder bei geringerer Stimmbeteiligung mindestens ein Drittel der Wahlberechtigten für das Gesetz stimmt (Art. 63 II, § 36 I VInG).

Für die **normative Qualität** eines Gesetzes macht es keinen Unterschied, ob es unmittelbar vom Volk oder mittelbar von der Volksvertretung beschlossen worden ist. Das AvB darf ein plebiszitär beschlossenes

Gesetz unter den gleichen Bedingungen aufheben und ändern wie seine eigenen (Pfennig/Neumann, Art. 63 Rn. 10; Isensee, DVBl 01, 1166).

3 Ein **Volksentscheid über die vorzeitige Beendigung der Wahlperiode des AvB** ist angenommen, wenn sich mindestens die Hälfte der Wahlberechtigten daran beteiligt und mit der Mehrheit der abgegebenen Stimmen für die vorzeitige Beendigung stimmt (Abs. 3 S. 2). Bei einem erfolgreichen Volksentscheid zur Beendigung der Wahlperiode muss nach Art. 54 III innerhalb von acht Wochen nach Bekanntgabe des endgültigen Ergebnisses eine Neuwahl stattfinden (vgl. Art. 54 Rn. 8).

4 Der Landesabstimmungsleiter prüft, ob die für den Volksentscheid geltenden Vorschriften beachtet sind und stellt fest, ob der Volksentscheid wirksam zustande gekommen ist. Er veröffentlicht das **Gesamtergebnis** (§§ 38, 39 VInG). Gegen die Feststellung des Gesamtergebnisses können die Vertrauenspersonen oder ein Viertel der Mitglieder des AvB Einspruch beim VerfGH erheben (§ 41 VInG). Die Ausfertigung des durch Volksentscheid angenommenen Gesetzes obliegt dem PrAvB, die Verkündung dem RBm (Art. 63 IV, § 40 VInG).

Art. 64 [Rechtsverordnungen]

(1) Durch Gesetz kann der Senat oder ein Mitglied des Senats ermächtigt werden, Rechtsverordnungen zu erlassen. Inhalt, Zweck und Ausmaß der erteilten Ermächtigung müssen im Gesetz bestimmt werden. Die Rechtsgrundlage ist in der Rechtsverordnung anzugeben.

(2) Zur Festsetzung von Bebauungsplänen und Landschaftsplänen können die Bezirke durch Gesetz ermächtigt werden, Rechtsverordnungen zu erlassen. Die Ermächtigung kann sich auch auf andere baurechtliche Akte, die nach Bundesrecht durch Satzung zu regeln sind, sowie auf naturschutzrechtliche Veränderungsverbote erstrecken. Dies gilt nicht für Gebiete mit außergewöhnlicher stadtpolitischer Bedeutung. Das Nähere regelt ein Gesetz.

(3) Die Rechtsverordnungen nach Absatz 1 sind dem Abgeordnetenhaus unverzüglich zur Kenntnisnahme vorzulegen. Verwaltungsvorschriften sind dem Abgeordnetenhaus auf Verlangen vorzulegen.

Absatz 1: Rechtsverordnungen

Art. 64 I sieht die Ermächtigung für den Erlass von Rechtsverordnungen vor. Rechtsverordnungen sind allgemein verbindl. Anordnungen für eine unbestimmte Vielzahl von Personen, die nicht im förml. Gesetzgebungsverfahren, sondern von Organen der vollziehenden Gewalt gesetzt werden. Durch die Möglichkeit der **Übertragung rechtsetzender Gewalt auf die Exekutive** soll eine Entlastung des Gesetzgebers herbeigeführt werden. Die VvB enthält keinen allg. Parlamentsvorbehalt, verpflichtet den Gesetzgeber allerdings durch Art. 59 I, im Verhältnis zwischen Staat und Bürger alle wesentl. Entscheidungen selbst zu treffen (LVerfGE 1, 136; vgl. auch Art. 59 Rn. 1). Durch die Rechtsetzung von Exekutivorganen wird das Prinzip der Gewaltenteilung tangiert. Der Berliner Verfassungsgeber hat in Art. 64 I bewusst den Wortlaut des Art. 80 GG übernommen (AvBDrs 12/3350 S.8). Art. 80 GG gilt nur für Rechtsverordnungen des Bundes; er ist auf die Länder weder unmittelbar (E 58, 277) noch analog anwendbar. Art. 28 I GG verlangt eine demokratische und rechtsstaatl. Anbindung der Verordnungsgebung an die Gesetzgebung, legt die Länder aber nicht auf das Modell des Art. 80 GG fest (von Münch/Kunig, Art. 80 Rn. 2 a; vgl. auch E 73, 400). Mit der Anlehnung an Art. 80 GG in Art. 64 I hat der Verfassungsgeber die Rechtsetzungsbefugnis der Exekutive begrenzt und klargestellt, dass jede Legislativtätigkeit der Exekutiven in Form der Verordnungsgebung als eigentl. Durchbrechung der Gewaltenteilung einer gesetzl. Ermächtigung bedarf (Pfennig/Neumann, Art. 64 Rn. 6).

1

2   Mit dem **Konkretisierungsgebot** in Abs. 1 S. 2 wird sichergestellt, dass der Gesetzgeber die für die Ordnung eines Lebensbereichs entscheidenden Regelungen selbst trifft. Er muss entscheiden, welche Fragen durch Rechtsverordnung geregelt werden sollen (Inhalt); gleichzeitig muss er die Grenzen einer solchen Regelung festsetzen (Ausmaß) und angeben, welchem Ziel sie dienen soll (Zweck) (vgl. Seifert/Hömig, Art. 80 Rn. 3; E 23, 72). Dem Konkretisierungsgebot wird nicht genügt, wenn nicht mehr vorauszusehen ist, in welchen Fällen und mit welcher Tendenz von der Ermächtigung Gebrauch gemacht werden wird und welchen Inhalt die zu erlassende Rechtsverordnung haben kann (VerfGH, U.v. 21.3.03 – 175/01). Dabei braucht der Gesetzgeber Inhalt, Zweck und Ausmaß der Ermächtigung nicht ausdrückl. im Gesetz zu bestimmen. Vielmehr gelten auch für die Interpretation von Ermächtigungsnormen die allg. Auslegungsregeln. Der Sinnzusammenhang der Norm mit anderen Vorschriften, das Ziel, das die gesetzl. Regelung insgesamt verfolgt, und die Entstehungsgeschichte können zur Auslegung herangezogen werden (E 58, 277). Unzulässig ist die Ermächtigung zu einer »gesetzesvertretenden« Rechtsverordnung im Sinne einer selbständigen und ursprüngl. Regelung einer Materie. Rechtsverordnungen dürfen nur zur Durchführung und zur inhaltl. bereits vorgezeichneten Ausfüllung und Ergänzung des formellen Gesetzes ergehen.

3   Die Verordnungsermächtigung kann auch auf einem **Bundesgesetz** beruhen. Auch in diesem Fall handelt es sich bei der Rechtsverordnung um Landesrecht; sie unterliegt also den Bestimmungen der LV (E 18, 414). In Berlin bedeutet dies vor allem, dass sie gemäß Abs. 3 S. 1 dem AvB vorgelegt werden muss (Zivier, S. 200).

4   Art. 64 I gilt **nicht für Satzungen**. Satzungen sind Rechtsvorschriften, die von juristischen Personen des öffentl. Rechts im Rahmen der ihnen gesetzl. verliehenen Autonomie zur Regelung ihrer Angelegenheiten erlassen werden (Selbstverwaltungskörperschaften, Universitäten). Anders als Rechtsverordnungen beruhen Satzungen nicht auf der Delegation von Gesetzgebungskompetenz, sondern auf der Verleihung von Autonomie.

5   **Unmittelbarer Delegatar** einer Verordnungsermächtigung kann nach Abs. 1 S. 1 nur der SvB oder ein Mitglied des SvB sein. Handelt der SvB als Kollegium, obwohl nur ein einzelnes Senatsmitglied ermächtigt ist, verstößt die Rechtsverordnung gegen die Ermächtigung, gegen das Ressortprinzip und den in Art. 58 V normierten Grundsatz der Eigenverantwortlichkeit der Senatsmitglieder (Pfennig/Neumann, Art. 64 Rn. 10, 11; aA Zivier, S. 199, Fußnote 11).

6   Zur Frage der **Subdelegation** (Weitergabe der Ermächtigung zum Verordnungserlass) fehlt in der VvB eine ausdrückl. Regelung wie in Art. 80 I 4 GG. Die Subdelegation ist zulässig, sofern sie durch Gesetz vorgesehen ist und durch Rechtsverordnung erfolgt (Pfennig/Neumann,

Art. 64 Rn. 14, 15). Für eine Subdelegation kommen die den obersten Landesbehörden nachgeordneten Behörden sowie juristische Personen des öffentl. Rechts in Betracht. Auch verschiedene Formen des Zusammenwirkens – etwa dass eine Verordnung von mehreren Senatsmitgliedern erlassen wird – sind zulässig.

Da eine Rechtsverordnung einer **gültigen Rechtsgrundlage** bedarf, muss das ermächtigende Gesetz zum Zeitpunkt der Verkündung der Rechtsverordnung bereits in Kraft getreten sein. Jedoch kann eine Rechtsverordnung bereits vor Inkrafttreten der Ermächtigungsnorm beschlossen und datiert sein. Wird die Rechtsverordnung nach dem Inkrafttreten der Ermächtigungsnorm verkündet, tritt sie mit der Verkündung in Kraft (Pfennig/Neumann, Art. 64 Rn. 19). Der spätere Wegfall der Verordnungsermächtigung lässt die Wirksamkeit der Rechtsverordnung grundsätzl. unberührt (E 78, 198; aA Pfennig/Neumann, Art. 64 Rn. 19).

Eine Rechtsverordnung ist unwirksam, wenn sie sich nicht im Rahmen der erteilten Ermächtigung hält oder sonst gegen höherrangiges Recht (formelles Gesetz, Verfassung) verstößt. Die **Gültigkeit einer Rechtsverordnung**, auf die es bei einer Entscheidung ankommt, ist in der Regel vom Gericht inzident zu prüfen. Die sonstige Normenkontrolle ist bei Rechtsverordnungen nicht im gleichen Umfang statthaft wie bei förml. Gesetzen, insb. ist eine richterl. Vorlage im Verfahren der konkreten Normenkontrolle an das BVerfG oder den VerfGH (vgl. Art. 100 GG, Art. 84 II Nr. 4) nicht mögl. (vgl. Art. 84 Rn. 24).

Das **Zitiergebot** (Abs. 1 S. 3) legt dem Verordnungsgeber im Interesse der Selbstkontrolle und der externen Richtigkeitskontrolle die Pflicht auf, die Rechtsgrundlage, also die konkrete Ermächtigungsvorschrift, in der Rechtsverordnung anzugeben. Genügt der Verordnungsgeber diesem Erfordernis nicht, dann führt dieser Mangel zur Nichtigkeit der Verordnung.

Absatz 2: Baurechtliche Rechtsverordnungen durch die Bezirke

Art. 64 II ist im Zuge der Verfassungs- und Verwaltungsreform durch G. v. 6.7.1994 (GVBl. 217) als Art. 47 II in die VvB 1950 eingefügt worden. Ziel war es, die Stellung der Bezirke auf Kosten der Hauptverwaltung insb. im Bereich der Bauleitplanung zu stärken und zu verselbständigen. Da die Bezirke im Rahmen der Aufgabenneuordnung die Bebauungspläne und Landschaftspläne grundsätzl. selbst festsetzen sollen, musste die Möglichkeit geschaffen werden, ihnen die dafür erforderl. und geeigneten Rechtsetzungsbefugnisse zu übertragen (vgl. AvB-Drs 12/3350 S. 8). Dementsprechend können die Bezirke nach Art. 64 II 1 und 2 durch Gesetz ermächtigt werden, Bebauungspläne, Landschaftspläne sowie andere baul. Akte, die nach dem Bundesrecht durch Satzung zu regeln sind, und naturschutzrechtl. Veränderungsverbote durch **Rechtsverordnung** festzusetzen. Dies stellt verfassungsrechtl. insofern eine Besonderheit dar, als die Berliner Bezirke keine selbständigen Gemeinden, sondern Organe der Verwaltung Berlins ohne eigene Rechtspersönlichkeit sind, denen das Recht zur Normschaffung an sich fehlt. Die Übertragung legislativer Befugnisse auf die Bezirke in dem zum Kernbestand gemeindl. Autonomie zählenden Bereich der örtl. Planungshoheit bewirkt eine weitgehende Annäherung an die durch Art. 28 II GG gewährleistete kommunale Selbstverwaltung. An der Rechtsstellung der Bezirke als unselbständige Organe der Verwaltung Berlins hat sich durch Art. 64 II nichts geändert (LVerfGE 6, 41; vgl. auch Art. 66 Rn. 2).

11 Art. 64 II ist im Zusammenhang mit den bundesrechtl. Vorschriften zur Bauleitplanung zu sehen. Berlin weist aufgrund seiner Stadtstaateneigenschaft (vgl. Art. 1 Rn. 4) **bauplanungsrechtl. Besonderheiten** auf. Berlin ist als Einheitsgemeinde zugleich Land und Stadt. Eine Trennung von kommunaler und staatl. Ebene besteht nicht. Der Bundesgesetzgeber hat dem Verwaltungsaufbau der Stadtstaaten durch § 246 BauGB Rechnung getragen. Danach werden die Stadtstaaten ermächtigt zu bestimmen, welche Form der Rechtsetzung an die Stelle der im BauGB vorgesehenen Satzung tritt (Abs. 2) und die Vorschriften über die Zuständigkeiten von Behörden dem besonderen Verwaltungsaufbau anzupassen (Abs. 4). Zudem entfällt die Notwendigkeit, vor dem Erlass von Rechtsakten Zustimmungen und Genehmigungen der höheren Verwaltungsbehörde einzuholen bzw. die Rechtsakte dort anzuzeigen (Abs. 1). Zielsetzung der Gestaltungsfreiheit nach § 246 BauGB ist es, aus Gründen föderativer Selbständigkeit den Stadtstaaten einen möglichst großen Entscheidungsspielraum zu verschaffen, der nur inhaltl. durch die besonderen bauplanungsrechtl. Erfordernisse begrenzt ist (BVerwG NVwZ 91, 1074). Die Zuständigkeiten und die Form der Rechtsetzung im Rahmen der Bauleitplanung regelt das G. zur Ausführung des BauGB – AGBauGB –, das im Zuge der Verfassungs- und Verwaltungsreform ebenfalls grundlegend geändert und neu bekannt gemacht worden ist (G.v. 7.11.99 – GVBl S. 578). In Wahrnehmung der durch § 246 II 1 BauGB eingeräumten Befugnis zur Rechtsformwahl sieht § 1 AGBauGB vor, dass die Angelegenheiten, für die nach dem BauGB die Gemeinden zuständig sind, von den Bezirken wahrgenommen werden, soweit nichts anderes bestimmt ist. Die Bezirke unterliegen dabei einer im BauGB speziell normierten vereinfachten Bezirksaufsicht, die sich im Normalfall auf die Rechtskontrolle beschränkt (vgl. § 6 AGBauGB). Damit ist im Grundsatz die Stellung der Bezirke derjenigen der Gemeinden mit eigener Rechtspersönlichkeit angeglichen. Festzuhalten bleibt allerdings, dass es sich bei der Planungshoheit der Bezirke um eine abgeleitete Kompetenz handelt. Die allein rechtsfähige

Gebietskörperschaft Berlin hat es in der Hand, den Bezirken durch Verfassungs- und Gesetzesänderung die Zuständigkeit für die verbindl. Bauleitplanung wieder zu entziehen oder einzuschränken (Dürr/Korbmacher, S. 120 f.). Eine durch Art. 28 I GG gesicherte Position besitzen die Bezirke nicht (vgl. LVerfGE 6, 41; Schladebach, LKV 00, 434). Eine prozessuale Konsequenz der verfassungsrechtl. Anhebung des Bezirksstatus in Art. 64 II liegt allerdings darin, dass die Bezirke die ihnen erteilte Verordnungsgewalt im Wege eines verwaltungsgerichtl. Organstreits verteidigen dürfen, wenn sie ihnen gesetzwidrig durch die Senatsbauverwaltung entzogen wird (OVG Berlin LKV 00, 453; Wilke, FS Hoppe, S. 398).

Im **Grundsatz** obliegt die Aufstellung und Festsetzung von Bebauungsplänen den **Bezirken** (vgl. § 5, 6 AGBauGB). Die Regelungen über die Aufstellung und Festsetzung von Bebauungsplänen erfahren allerdings wesentl. Modifizierungen – und die Planungsselbständigkeit der Bezirke wesentl. Einschränkungen – durch eine Reihe von Sonderregelungen, die Zuständigkeiten der Senatsebene begründen. Dies betrifft Planungen, die dringende Gesamtinteressen Berlins beeinträchtigen (vgl. § 7 AGBauGB), Planungen, die die Aufstellung und Festsetzung von Bebauungsplänen zur Verwirklichung der Erfordernisse der Verfassungsorgane des Bundes zum Gegenstand haben (§ 8 AGBauGB) sowie Bebauungsplanverfahren, die Gebiete von außergewöhnl. stadtpolitischer Bedeutung betreffen (§ 9 AGBauGB). In Bezug auf Gebiete mit **außergewöhnl. stadtpolitischer Bedeutung** trägt das AGBauGB dem Vorbehalt in Art. 64 II 3 Rechnung, der für Gebiete mit dieser Bedeutung zwingend die **Planungszuständigkeit der Senatsverwaltung** vorsieht. Wegen der Weite des unbestimmten verfassungsrechtl. Begriffs außergewöhnl. stadtpolitische Bedeutung hat der Gesetzgeber sich des rechtstechnischen Kunstgriffs bedient, die Konkretisierung einem Senatsbeschluss zu überlassen (Wilke, FS Hoppe, S. 401). Nach § 9 I Nr. 1 AGBauGB kann der Senat im Benehmen mit dem Rat der Bürgermeister durch Beschluss feststellen, dass ein bestimmtes Gebiet von außergewöhnl. stadtpolitischer Bedeutung ist. Gegen eine entsprechende Feststellung kann der Bezirk Rechtsschutz vor dem Verwaltungsgericht verlangen: Die Bezirke Berlins sind befugt, im verwaltungsgerichtl. Organstreit auf die Feststellung zu klagen, dass die für das Bauwesen zuständige Senatsverwaltung nicht zuständig ist. Eine derartige Klage kann in der Sache jedoch nur selten Erfolg haben. Denn bei der Feststellung, ob ein Vorhaben von außergewöhnl. städtepolitischer Bedeutung ist, steht der Senatsbauverwaltung ein weiter Beurteilungsspielraum zu, der gerichtl. nur darauf überprüft werden kann, ob diese tatbestandl. Voraussetzung willkürfrei und mit nachvollziehbaren und vertretbaren Gründen bejaht worden ist (OVG Berlin LKV 00, 453).

Absatz 3: Vorlage an das Abgeordnetenhaus

13 Abs. 3 S. 1 schreibt vor, dass die **Rechtsverordnungen** nach Abs. 1 dem AvB unverzügl. zur Kenntnisnahme vorzulegen sind. Da die Rechtsverordnungen nach Abs. 2 nur Unterfälle der Rechtsverordnungen nach Abs. 1 sind, ist diese Vorschrift auch auf Abs. 2 anzuwenden (Pfennig/Neumann, Art. 64 Rn. 50).

14 **Verwaltungsvorschriften** sind nach Abs. 3 S. 2 auf Verlangen dem AvB vorzulegen. Verwaltungsvorschriften sind generelle und abstrakte Regelungen zur Gesetzesauslegung oder zur Ermessensausübung, die eine einheitl. Ausführung des Rechts durch die Verwaltung gewährleisten sollen. Sie wenden sich im Allgemeinen nicht rechtssatzmäßig an den Bürger, sondern prinzipiell nur an Behörden und deren Amtswalter, erzeugen deshalb im Regelfall ledigl. verwaltungsinterne Verbindlichkeit und haben Außenwirkung gegenüber dem Bürger erst dann, wenn eine Verwaltungsbehörde im Einzelfall nach ihnen verfährt. Der Erlass von Verwaltungsvorschriften ist originäres Recht der Exekutive. Verwaltungsvorschriften bedürfen keiner formellen Verkündung wie Gesetze, Rechtsverordnungen und Satzungen. Soweit sie aber z. B. als Ermessensrichtlinien Außenwirkung für den Bürger haben, sind sie öffentl. bekannt zu geben (OVG Berlin JR 76, 174).

Art. 65 [Ersetzung von Rechtsvorschriften; Zuordnung von Zuständigkeiten]

(1) Parallel zur Herstellung einheitlicher Lebensverhältnisse in Berlin sollen Rechtsvorschriften, die bisher nur in Teilen des Landes Berlin galten, durch Rechtsvorschriften ersetzt werden, die im ganzen Land gelten.
(2) Soweit in überlieferten Rechtsvorschriften Zuständigkeiten angesprochen sind, die nicht ohne weiteres einem Verfassungsorgan zugeordnet werden können, gehen sie auf den Senat über; das Abgeordnetenhaus kann anderes beschließen.

Nach der Wiedervereinigung galt es, in Berlin einheitl. Lebensverhältnisse herzustellen. Eine wichtige Voraussetzung hierfür war die Vereinheitlichung der Rechtsordnung. Das G. über die **Vereinheitlichung des Berliner Landesrechts** vom 28.9.1990 (GVBl S. 2119) mit diversen Änderungs- und Ergänzungsgesetzen hat die Forderung des Abs. 1 inzwischen weitgehend verwirklicht. 1

Abs. 2 geht davon aus, dass in überliefertem Recht Zuständigkeiten angesprochen werden, die nicht ohne weiteres einem Berliner Verfassungsorgan zugeordnet werden können. **Überliefertes Recht** erfasst vorkonstitutionelles und außerkonstitutionelles Recht. Vorkonstitutionelles Recht ist das als Landesrecht ohne Widerspruch zum GG gem. Art. 123 ff. GG fortgeltende Reichsrecht, preußisches Recht und Recht der DDR, soweit es nach dem EV als Berliner Landesrecht über den 3.10.1990 hinaus fortgilt. Außerkonstitutionelles Recht ist das als Landesrecht fortgeltende alliierte Recht zur Befreiung von Nationalsozialismus und Militarismus (Art. 98). Ergeben sich aus entsprechenden Vorschriften Aufgaben, die einem Verfassungsorgan nicht ohne weiteres zugeordnet werden können, erklärt Abs. 2 den SvB für zuständig. Das AvB kann anderes bestimmen. 2

Abschnitt VI. Die Verwaltung

Vorbemerkungen

1 Abschnitt VI beschäftigt sich mit der der Regierung nachgeordneten Verwaltung als Teil der Exekutive (vgl. Art. 3 Rn. 4). Die Organisation der Verwaltung wird durch die Stadtstaatlichkeit Berlins geprägt. Anders als in Flächenstaaten gibt es in Berlin unterhalb der Landesebene keine mittelbare Landesverwaltung durch Gemeinden. Staatl. und gemeindl. Tätigkeit wird in Berlin nicht getrennt. Die Aufgaben der unmittelbaren Landesverwaltung (zum Begriff vgl. Rn. 5) werden auf zwei Ebenen wahrgenommen: von der Hauptverwaltung und von den Bezirksverwaltungen.

2 Die **Hauptverwaltung** umfasst die Senatsverwaltungen, die ihnen nachgeordneten Behörden (Sonderbehörden) und nicht rechtsfähigen Anstalten und die unter ihrer Aufsicht stehenden Eigenbetriebe (§ 2 II AZG). Der Senat ist nicht oberste Landesbehörde, sondern ausschließl. Regierungskollegium (vgl. Art. 55 I). Der Senat als Kollegium ist Verfassungsorgan, aber keine Verwaltungsbehörde. Oberste Landesbehörden sind die Senatsverwaltungen.

3 Die **Bezirksverwaltungen** stellen die untere Ebene der allg. Verwaltung dar. Zur Bezirksverwaltung gehören die BVV und das BzA. Die BVV ist das oberste Organ des Bezirks. Sie ist ein reines Verwaltungsorgan und an der Legislative des Landes Berlin grundsätzl. nicht beteiligt. Das BzA ist die kollegiale Verwaltungsbehörde der Bezirke, dh das gegenüber den Bürgern handlungsfähige Organteil Berlins im Bezirk. Das BzA ist – mit Ausnahme der Schulen und staatl. Krankenhäuser – die grundsätzl. einzige allzuständige Behörde auf Bezirksebene.

4 Die Bezirke erfüllen ihre Aufgaben nach den **Grundsätzen der Selbstverwaltung** (Art. 66 II 1). Im Gegensatz zu den Gemeinden sind sie keine Körperschaften des öffentl. Rechts, sondern Selbstverwaltungseinheiten Berlins ohne Rechtspersönlichkeit (§ 2 I BezVG). Nach der Verfassungsänderung von 1998 gilt, dass die Bezirke regelmäßig die örtl. Verwaltungsaufgaben wahrnehmen (Art. 66 II 2). Auch die Behörden in den Bezirken sind Landesbehörden und nicht Bezirksbehörden; Verwaltungsträger ist das Land Berlin.

5 Der Begriff Verwaltung in Abschnitt VI umfasst die gesamte **unmittelbare und mittelbare Staatsverwaltung**. Die unmittelbare Verwaltung wird durch Organe und Behörden des Landes wahrgenommen, die mittelbare durch juristische Personen des öffentl. Rechts (Körperschaften, selbständige Anstalten und die öffentl.-rechtl. Stiftungen). Berliner Verwaltung iSd AZG ist nur die unmittelbare Landesverwaltung (§ 2 I AZG).

Die landesunmittelbaren Körperschaften, Anstalten und Stiftungen des **6** öffentl. Rechts unterliegen der **Staatsaufsicht** Berlins (§ 28 AZG). Als »landesunmittelbar« bezeichnet das AZG solche juristischen Personen des öffentl. Rechts, die auf Landesrecht beruhen oder auf Bundesrecht beruhen, ohne dass dem Bund die Aufsicht über sie zusteht, oder durch Staatsvertrag oder Verwaltungsvereinbarung der Aufsicht Berlins unterstellt sind (§ 28 II AZG). Die Staatsaufsicht hat sicherzustellen, dass die Rechtmäßigkeit der Verwaltung gewahrt bleibt.

Abschnitt VI enthält nur wenige Aussagen über die Verwaltung im All- **7** gemeinen. Eingeleitet wird der Abschnitt durch das Gebot, die Verwaltung bürgernah im demokratischen und sozialen Geist nach der Verfassung und den Gesetzen zu führen. Art. 67 nimmt die Aufgabenverteilung zwischen der Hauptverwaltung und den Bezirken vor. Im Wesentl. geprägt wird der Abschnitt durch die Bestimmungen über die Organe der Bezirksverwaltungen und ihre Aufgaben.

Art. 66 [Beteiligung der Bezirke]

(1) **Die Verwaltung ist bürgernah im demokratischen und sozialen Geiste nach der Verfassung und den Gesetzen zu führen.**
(2) **Die Bezirke erfüllen ihre Aufgaben nach den Grundsätzen der Selbstverwaltung. Sie nehmen regelmäßig die örtlichen Verwaltungsaufgaben wahr.**

Absatz 1: Bürgernahe Verwaltung

1 Abschnitt VI beginnt mit dem Gebot, die Verwaltung bürgernah im demokratischen und sozialen Geist nach der Verfassung und den Gesetzen zu führen. Der bei der Verfassungsreform 1995 eingefügte Begriff »Bürgernähe« setzt einen Akzent zugunsten eines dezentralen Verwaltungsverständnisses (AvBDrs 12/4376 S. 22). Zur Erreichung des Verfassungsauftrags mag die nach der Wende in Gang gesetzte **Verwaltungsreform** beitragen. Das Reformprojekt »Unternehmen Verwaltung Berlin« dient dem Ziel, die Verwaltungsstrukturen und Entscheidungsprozesse der Berliner Senats- und Bezirksverwaltungen effizienter, effektiver und bürgernäher zu gestalten. Effizienz und Leistungsfähigkeit sollen durch eine dezentrale Fach- und Ressourcenverantwortung und durch ein neues Kosten- und Finanzmanagement gestärkt werden. Motivation und Identifikation der Mitarbeiter sollen durch ein neues Personalmanagement und die Kunden- und Bürgerorientierung durch ein Qualitätsmanagement verbessert werden (vgl. Röber, LKV-Beilage I/99, 13). Zu dem Reformprozess gehört die **Gebietsrefom**, die die Zahl der Bezirke zum 1.1.2001 von 23 auf 12 verringerte (vgl. Art. 4 Rn. 1). Die **äußere Verwaltungsreform** hat das Ziel, Selbständigkeit und Eigenverantwortung der Bezirke zu stärken. Die Fachaufsicht über die Bezirke wurde abgeschafft und durch ein Eingriffsrecht der Hauptverwaltung ersetzt (G.v. 25.6.1998 – GVBl S. 177). Die **innere Verwaltungsreform** will Aufbau und Arbeitsweise der Behörden durch die Einführung betriebswirtschaftl. Methoden effektiver ordnen (G. v. 17.5.1999 – GVBl S. 171 – VGG). Ob der Reformprozess diese Ziele erreicht und dem Verfassungsauftrag nach bürgernaher Verwaltung insgesamt dient, wird sich in den nächsten Jahren zeigen (vgl. Kuprath, LKV 01, 341).

Absatz 2: Aufgabenerfüllung durch die Bezirke

2 Nach Art. 1 I ist Berlin ein deutsches Land und zugleich eine Stadt. Aus diesem verfassungsrechtl. verankerten Grundsatz der Einheitsgemeinde folgt, dass nur die Einheitsgemeinde Berlin, nicht aber die Bezirke Inhaber des in Art. 28 GG enthaltenen Rechts auf kommunale Selbstverwal-

tung sind. Die Bezirke sind keine selbständigen Gemeinden, sondern Organe der Verwaltung Berlins, die ihre Aufgaben nach den **Grundsätzen der Selbstverwaltung** erfüllen. Art. 66 II begründet insofern ein für den Gesetzgeber verbindl. Organisationsprinzip der Berliner Verwaltung (vgl. LVerfGE 1, 37). Die Rechtsstellung der Bezirke hat durch die Reformgesetze keine Änderung erfahren, wie der VerfGH mehrfach ausdrückl. betont hat (LVerfGE 6, 41). Die Bezirke sind auch nach Erweiterung und stärkerer Ausgestaltung ihrer Zuständigkeiten nach den Grundsätzen kommunaler Selbstverwaltung durch das G.v. 8.7.1994 (GVBl S. 217) nach wie vor nur ein verselbständigter Teil der nachgeordneten Verwaltung der Einheitsgemeinde Berlin (LVerfGE 11, 65). Die Bezirke besitzen keine eigene Rechtspersönlichkeit, können nicht Träger eigenen Vermögens sein; ihnen kommt weder Satzungsrecht noch Einnahmenhoheit zu. Auch Art. 64 II, der die Bezirke im Bereich der Bauleitplanung mit Verordnungsgewalt ausstattet, hat allg. nichts an der Rechtsstellung der Bezirke geändert (vgl. auch Art. 64 Rn. 10 f.; zur Frage eines »subjektiv-öffentl. Rechts auf bezirkl. Selbstverwaltung«: Deutelmoser, S. 106 ff.). Auch Art. 28 II 1 GG verpflichtet das Land Berlin nicht etwa, die Rechtsstellung der Bezirke zu verändern und Gemeinden zu schaffen (Remmert, LKV 04, 343). Hervorzuheben ist allerdings, dass die VvB den Bezirken die Aufgabenwahrnehmung nach den Grundsätzen der Selbstverwaltung garantiert. Dabei geht die VvB von einem Selbstverwaltungsverständnis aus, das sich durch das Merkmal der Eigenverantwortlichkeit der Aufgabenerfüllung auszeichnet (Collin/Zepf, DÖV 03, 1020). Art. 66 II 2 stellt klar, dass die örtl. Belange regelmäßig von den Bezirken als den örtl. Trägern der Verwaltung wahrgenommen werden. Insofern gilt eine Kompetenzvermutung zu Gunsten der Bezirke (so auch Mudra, S. 190). Art. 85 II begründet einen Anspruch der Bezirke auf finanzielle Mindestausstattung, der allerdings gerichtl. nicht durchsetzbar ist (vgl. dazu auch Art. 85 Rn. 19; Remmert, LKV 03, 258 ff.).

Die Einhaltung der verfassungsrechtl. Zuständigkeitsverteilung können die Bezirke im **Normenkontrollverfahren der Zuständigkeitsabgrenzung** vom VerfGH überprüfen lassen. Art. 84 II Nr. 3, §§ 14 Nr. 9, 57 VerfGHG gewährt den Bezirken ein eigenständiges Antragsrecht. Das 1994 eingeführte Verfahren knüpft an die Neuregelung der Zuständigkeitsverteilung zwischen der Hauptverwaltung und den Bezirksverwaltungen an. Die Spezialregelung macht deutl., dass der Gesetzgeber davon ausgegangen ist, dass die Bezirke die ihnen eingeräumten Rechte nicht im Wege der allg. Verfassungsbeschwerde und nicht im Wege des Organstreitverfahrens durchsetzen können (LVerfGE 11, 65). Mit Blick auf die im Bereich des Haushaltswesens bestehende Rechtsschutzlücke wird rechtspolitisch die Einführung einer »bezirklichen Verfassungsbeschwerde« gefordert (vgl. Art. 85 Rn. 19; Remmert, LKV 03, 262).

3

4 Weder der Bezirk, noch die BVV bzw. eine Fraktion sind beteiligtenfähig im **verfassungsrechtl. Organstreitverfahren** (LVerfGE 6, 58). Als Parteien eines Organstreitverfahrens kommen nur solche Organe in Betracht, die den obersten Verfassungsorganen Berlins in Rang und Funktion dadurch gleichkommen, dass sie materiell Träger vergleichbarer Rechte und damit dem »Verfassungsrechtskreis« zugehörig sind. Die Bezirke stehen – unabhängig davon, dass die VvB ihnen eigene Rechte zur Wahrnehmung von Aufgaben innerhalb Berlin gewährleistet – den zum Organstreitverfahren befähigten obersten Landesorganen in Rang und Funktion fern. Da sie nicht auf oberster, sondern nur auf nachgeordneter Ebene wirken, können sie ihre Anliegen nicht im Wege des Organstreitverfahrens verfolgen. Auch für das Verfassungsbeschwerdeverfahren fehlt den Bezirken die Beteiligtenfähigkeit (LVerfGE 11, 65; vgl. auch Art. 84 Rn. 33).

5 Eine **verwaltungsrechtl. Organklage** kann dagegen zulässig sein; die Klage eines Bezirks gegen die Hauptverwaltung ist kein unzulässiger In-Sich-Prozess. Nach Art. 64 II können die Bezirke im Bereich der Bauleitplanung mit Verordnungsgewalt ausgestattet werden. Die für Berlin neuartige Delegation von Rechtsetzungsgewalt auf die nichtrechtsfähigen Verwaltungsbezirke beruht auf dem Bestreben, Bürger- und Ortsnähe der öffentl. Verwaltung zu stärken. Die Bezirke können die ihnen erteilte Verordnungsgewalt im Wege eines verwaltungsgerichtl. Organstreits verteidigen, wenn sie ihnen gesetzwidrig durch die Senatsbauverwaltung entzogen wird (vgl. OVG Berlin LKV 00, 453; vgl. auch Art. 64 Rn. 11). Die Frage, ob auch außerhalb der zum traditionellen Kernbestand gemeindl. Selbstverwaltung gehörenden Bebauungsplanung wehrfähige subjektive Rechtspositionen der Bezirke gegenüber der Hauptverwaltung bestehen, wird vom OVG Berlin tendenziell verneint (OVG Berlin, B.v. 19.8.03 – OVG 2 S 27.03).

Art. 67 [Zuständigkeit der Hauptverwaltung]

(1) Der Senat nimmt durch die Hauptverwaltung die Aufgaben von gesamtstädtischer Bedeutung wahr. Dazu gehören:
1. die Leitungsaufgaben (Planung, Grundsatzangelegenheiten, Steuerung, Aufsicht),
2. die Polizei-, Justiz- und Steuerverwaltung,
3. einzelne andere Aufgabenbereiche, die wegen ihrer Eigenart zwingend einer Durchführung in unmittelbarer Regierungsverantwortung bedürfen.

Die Ausgestaltung der Aufsicht wird durch Gesetz geregelt. Es kann an Stelle der Fachaufsicht für einzelne Aufgabenbereiche der Bezirke ein Eingriffsrecht für alle Aufgabenbereiche der Bezirke für den Fall vorsehen, dass dringende Gesamtinteressen Berlins beeinträchtigt werden.

(2) Die Bezirke nehmen alle anderen Aufgaben der Verwaltung wahr. Der Senat kann Grundsätze und allgemeine Verwaltungsvorschriften für die Tätigkeit der Bezirke erlassen. Er übt auch die Aufsicht darüber aus, dass diese eingehalten werden und die Rechtmäßigkeit der Verwaltung gewahrt bleibt.

(3) Die Aufgaben des Senats außerhalb der Leitungsaufgaben werden im Einzelnen durch Gesetz mit zusammenfassendem Zuständigkeitskatalog bestimmt. Im Vorgriff auf eine Kataloganderung kann der Senat durch Rechtsverordnung einzelne Aufgaben der Hauptverwaltung den Bezirken zuweisen.

(4) Zur Ausübung der Schulaufsicht können Beamte in den Bezirksverwaltungen herangezogen werden.

(5) Einzelne Aufgaben der Bezirke können durch einen Bezirk oder mehrere Bezirke wahrgenommen werden. Im Einvernehmen mit den Bezirken legt der Senat die örtliche Zuständigkeit durch Rechtsverordnung fest.

Absatz 1 und 3: Hauptverwaltung

Art. 67 regelt im zweistufigen Aufbau der Berliner Verwaltung die **Aufgabenverteilung zwischen Hauptverwaltung und Bezirken.** Die Hauptverwaltung umfasst die Senatsverwaltungen, die ihnen nachgeordneten Behörden (Sonderbehörden) und nicht rechtsfähigen Anstalten und die unter ihrer Aufsicht stehenden Eigenbetriebe (§ 2 II AZG). Die Bezirksverwaltungen stellen die untere Ebene der allg. Verwaltung dar. 1

Die **Hauptverwaltung** nimmt die in Art. 67 I, § 3 I AZG genannten Leitungsaufgaben (ministerielle Aufgaben) sowie die Aufgaben der Justiz, Polizei- und Steuerverwaltung wahr. Weitere Aufgaben außerhalb der Leitungsaufgaben werden dabei im Einzelnen durch G. mit zusammen- 2 fassendem Zuständigkeitskatalog oder Rechtsverordnung bestimmt (Art. 67 III; § 4 AZG iVm ZustKat AZG; § 2 ASOG iVm ZustKat Ord).

3 Der Begriff **»gesamtstädtische Bedeutung«** in Abs. 1 ist ein unbestimmter Verfassungsbegriff, der einen Beurteilungsspielraum des Gesetzgebers eröffnet. Denn die Beurteilung, ob eine Verwaltungsaufgabe den Anforderungen dieses Begriffs genügt, setzt u.a. eine Bewertung der verschiedenen Verwaltungsaufgaben, deren politische Gewichtung und eine prognostische Einschätzung von Entwicklungen voraus. Überdies hängt die Beurteilung der Bedeutung einer Aufgabe mit politischen Prioritätensetzungen zusammen, die im zeitl. Wandel unterschiedl. vorgenommen werden und die darüber hinaus je nach der politischen Schwerpunktbildung der die Gesetzgebung tragenden Mehrheit im AvB zu unterschiedl. Wertungen führen können. Aus der grundsätzl. Entscheidung des Verfassungsgebers, die der Hauptverwaltung zuzuweisenden Aufgaben an bestimmte Voraussetzungen zu knüpfen und im Übrigen die allg. Zuständigkeit der Bezirke für die Wahrnehmung aller sonstigen Aufgaben vorzusehen (Abs. 2 S. 1), folgt, dass die Aufgabenwahrnehmung durch die Bezirke die Regel ist, während die Aufgabenwahrnehmung durch die Hauptverwaltung einer besonderen Rechtfertigung bedarf. Dem VerfGH obliegt im Streitfall die Prüfung, ob die Beurteilung des Gesetzgebers aufgrund von in das Gesetzgebungsverfahren eingeflossenen Erklärungen und Stellungnahmen oder sonstigen Überlegungen und Daten nachvollziehbar und vertretbar ist (LVerfGE 3, 31 f.). Nach dem gleichen Maßstab ist die Frage zu entscheiden, ob ein Aufgabenbereich (von gesamtstädtischer Bedeutung) **zwingend der Durchführung in unmittelbarer Regierungsverantwortung** bedarf (Abs. 1 S. 2 Nr. 3).

4 Die **Bezirke** nehmen alle anderen Aufgaben der Verwaltung wahr (Abs. 3 S. 1). Nach der Verfassungsänderung von 1998 (G.v. 3.4.1998 – GVBl S. 82) gilt, dass die Bezirke regelmäßig die örtl. Verwaltungsaufgaben wahrnehmen (Art. 66 II 2). Die Bezirksverwaltung ist dabei in der Durchführung ihrer Aufgaben an Rechts- und allg. Verwaltungsvorschriften gebunden und unterliegt insoweit (nur) der Bezirksaufsicht durch die Senatsverwaltung für Inneres. Die Bezirksaufsicht hat sicherzustellen, dass die Rechtmäßigkeit der Verwaltung gewahrt bleibt und die Verwaltungsvorschriften eingehalten werden. Sie darf dabei die Entschlusskraft und die Verantwortungsfreudigkeit der bezirkl. Organe nicht beeinträchtigen (§ 9 III AZG). Die früher maßgebl. traditionelle Unterteilung der Bezirksaufgaben in Bezirksaufgaben unter Fachaufsicht und in (eigene) Bezirksaufgaben ist zugunsten eines **Einheitsmodells** aufgegeben worden. Durch die damit für die Bezirke verbundene Aufgabenvermehrung und die Zurückdrängung der Hauptverwaltung auf ministerielle und gesamtstädtische Aufgaben soll eine Stärkung der Stellung der Bezirke und letztl. eine Effektivitätssteigerung der Berliner

Verwaltung insgesamt erreicht werden (vgl. im Einzelnen Mueller-Thuns/Schubert, LKV 99, 213).

Abs. 1 S. 4 lässt alternativ eine Fachaufsicht (in bestimmten Aufgabenbereichen) und ein Eingriffsrecht (in allen Aufgabenbereichen) zu. Das zuständige Senatsmitglied hat gemäß § 13 a AZG nach vorheriger Information der Senatsverwaltung für Inneres ein **Eingriffsrecht**, wenn ein Handeln oder Unterlassen eines BzA im Einzelfall dringende Gesamtinteressen Berlin beeinträchtigt, dh es können im Einzelfall die Mittel der Fachaufsicht – Informations-, Weisungs- und Eintrittsrecht – eingesetzt werden, wenn der Eingriffstatbestand vorliegt. Unzulässig wäre es, unter dem Etikett des Eingriffsrechts eine generelle Fachaufsicht über die Bezirke einzuführen. Die Regelung des Eingriffsverfahrens im AZG entspricht den verfassungsrechtl. Vorgaben. Abgesehen von dem Erfordernis, dass dringende Gesamtinteressen Berlins beeinträchtigt sein müssen, ist der Eingriff nur zulässig, wenn die Voraussetzungen für Bezirksaufsichtsmaßnahmen nicht vorliegen. Außerdem muss feststehen, dass eine Verständigung der Hauptverwaltung mit dem BzA nicht zu erzielen ist, und schließl. muss die Senatsverwaltung für Inneres vor dem Eingriff informiert werden; ihr obliegt eine Schutzfunktion zugunsten der Bezirke. In Fällen von grundsätzl. Bedeutung muss ein Senatsbeschluss herbeigeführt werden. Erst wenn alle diese Erfordernisse erfüllt sind, steht der zuständigen Behörde der Hauptverwaltung wie bei der Fachaufsicht ein Weisungsrecht (ggf. auch ein Aufhebungs- und Selbsteintrittsrecht) gegenüber dem Bezirk zu (Zivier, LKV 99, 342). Die Bezirke können um Rechtsschutz gegen das Eingriffsrecht aus § 13 a AZG vor dem Verwaltungsgericht nachsuchen (vgl. Musil, LKV 03, 264).

Das Eingriffsrecht ist nach Abs. 1 S. 4 an die Voraussetzung geknüpft, dass **dringende Gesamtinteressen** berührt sind. Dabei handelt es sich um solche Interessen, bei denen ein besonderer Eilfall vorliegt (zeitl. Komponente des Wortes »dringend«) und die infolge ihrer Relevanz für ganz Berlin einen Eingriff erfordern (inhaltl. Komponente), so dass eine anderweitig befriedigende Erledigung nicht in Betracht kommt (Pfennig/Neumann, Art. 66, 67 Rn. 32). Unter Berücksichtigung dieser engen Grenzen ist bei der Auslegung des Begriffs ein Beurteilungsspielraum eröffnet (vgl. hierzu auch Collin/Zepf, DÖV 03, 1023).

Absatz 2: Tätigkeit der Bezirke

Nach Abs. 2 S. 2 kann der Senat **Grundsätze und allgemeine Verwaltungsvorschriften** für die Tätigkeit der Bezirke erlassen. Die Vorschrift soll verhindern, dass der Kompetenzbereich der Bezirke übermäßig beschränkt oder ausgehöhlt wird, indem im Bereich der Bezirksaufgaben Verwaltungsvorschriften ergehen, die faktisch den Charakter von

Einzelweisungen haben (Zivier, S. 279). Verwaltungsvorschriften sind auf Verlangen dem AvB vorzulegen. Als »Grundsätze« kommen nur unterhalb der Ebene einer Verwaltungsvorschrift liegende Bestimmungen in Betracht, die die Bezirke zur Verfolgung bestimmter Ziele verpflichten, ohne sie bei Einzelentscheidungen festzulegen (so Zivier, S. 280).

Absatz 4: Schulaufsicht

8 Abs. 4 stellt im Verhältnis zu Abs. 1 eine Spezialvorschrift dar. Nach der Bestimmung können »zur Ausübung der Schulaufsicht Beamte in den Bezirksverwaltungen herangezogen werden«. Mit dieser Regelung hat der Verfassungsgesetzgeber zum Ausdruck gebracht, dass die Wahrnehmung der Aufgabe der **Schulaufsicht** der Hauptverwaltung obliegt, diese jedoch ermächtigt ist, Beamte der Bezirksverwaltungen für die Ausübung der Schulaufsicht in Anspruch zu nehmen. Darin erschöpft sich die Bedeutung des Abs. 4. Ein Recht der Bezirke, durch die Heranziehung von Beamten der Bezirksverwaltung an der Schulaufsicht beteiligt zu werden, lässt sich der VvB nicht entnehmen (vgl. LVerfGE 3, 33).

Absatz 5: Zuständigkeit für einzelne Bezirksaufgaben

9 Zur Realisierung der neuen verfassungsrechtl. Kompetenzverteilung wurden ab 1.1.2001 Aufgaben von der Hauptverwaltung auf die Bezirke übertragen (G.v. 25.6.1998 – GVBl S. 177). Abs. 5 schafft die Möglichkeit, dass einzelne Aufgaben durch die Bezirke regionalisiert wahrgenommen werden können, dh ein oder zwei Bezirke nehmen die Aufgabe für alle Bezirke wahr (vgl. dazu Kuprath, LKV 01, 341).

Art. 68 [Rat der Bürgermeister]

(1) Den Bezirken ist die Möglichkeit zu geben, zu den grundsätzlichen Fragen der Verwaltung und Gesetzgebung Stellung zu nehmen.
(2) Zu diesem Zweck finden regelmäßig mindestens einmal monatlich gemeinsame Besprechungen des Regierenden Bürgermeisters und des Bürgermeisters mit den Bezirksbürgermeistern oder den stellvertretenden Bezirksbürgermeistern als Vertretern des Bezirksamts statt (Rat der Bürgermeister).
(3) Das Nähere wird durch Gesetz geregelt.

Um den Bezirken die Möglichkeit zu geben, zu den grundsätzl. Fragen der Verwaltung und Gesetzgebung Stellung zu nehmen, sieht Art. 68 den **Rat der Bürgermeister** vor. Auch wenn Stellungnahmen des RdB rechtl. nicht verbindl. sind, darf der politische Einfluss dieses Gremiums nicht unterschätzt werden, weil die Bezirksbürgermeister in den Bezirksverbänden ihrer Parteien eine wesentl. Rolle spielen (Zivier, S. 187). In welcher Weise die Bezirke Stellung nehmen, ergibt sich aus §§ 14 bis 19 AZG (vgl. § 3 II c BezVG). Der RdB ist ein Verfassungsorgan, der nach Abs. 2 aus dem RBm, dem Bm und den Bzbm besteht. Da Art. 55 II ausdrücklich die Wahl von zwei Bürgermeistern vorsieht, bedarf es einer Regelung, wer von beiden dem RdB angehört. Die VvB enthält hierzu keine Vorgaben. Im Einzelfall können sich die BzBm durch die stellvertretenden BzBm vertreten lassen (§ 15 II AZG). Eine Dauervertretung schließt § 15 II AZG aus. 1

Der RdB wird regelmäßig mindestens einmal im Monat einberufen. Der Vorsitzende ist zur unverzügl. **Einberufung** verpflichtet, wenn der Senat oder ein Drittel der Mitglieder des RdB es verlangt (§ 17 II AZG). Nach § 14 II AZG kann der RdB dem SvB Vorschläge für Rechts- und Verwaltungsvorschriften unterbreiten, die von Organen Berlins erlassen werden können und den Aufgabenbereich der Bezirksverwaltungen betreffen. Über eine Maßnahme der Bezirksaufsicht (§§ 11 bis 13 AZG) oder eine Eingriffsentscheidung (§ 13 AZG) ist der RdB zu unterrichten. Er kann in diesem Fall verlangen, dass Beauftragte an der Erörterung und Beschlussfassung des Senats teilnehmen oder eine gemeinsame Sitzung von SvB und RdB einberufen wird (§ 14 III 2 iVm § 16 a I AZG). 2

Mitglieder des Senats können nach § 16 I AZG mit beratender Stimme an den Sitzungen des RdB teilnehmen. Das **Zusammenwirken des RdB mit dem SvB** oder dem AvB regelt § 16 a AZG. Vorlagen an den RdB können von jedem Mitglied des Senats und von jedem BzBm eingebracht werden (§ 18 AZG). Der RdB ist beschlussfähig, wenn mehr als die Hälfte der BzBm oder ihrer Stellvertreter anwesend sind (§ 19 I 3

AZG). Im RdB handelt der BzBm eigenverantwortl. Er kann in dieser Rolle weder durch BVV-Beschluss noch durch BzA-Beschluss für sein Verhalten im RdB gebunden werden (Mudra, S. 194). Einzelheiten des Verfahrens ergeben sich aus der GORdB vom 18.2.1993 (DBl. I 223; vgl. § 19 III AZG).

Art. 69 [Bezirksverordnetenversammlung]

In jedem Bezirk wird eine Bezirksverordnetenversammlung gewählt. Sie wählt die Mitglieder des Bezirksamts. Das Nähere wird durch Gesetz geregelt.

Das Gebiet von Berlin ist in 12 Bezirke eingeteilt (Art. 4 I). Die Bezirke sind Selbstverwaltungseinheiten ohne Rechtspersönlichkeit. **Organe der Bezirke** sind die BVV und die BzA (§ 2 BezVG). Die BVV besteht aus 55 Mitgliedern (Art. 70 II 1). Sie wird zu der gleichen Zeit und für die gleiche Wahlperiode wie das AvB von den Wahlberechtigten des Bezirks gewählt. Einzelheiten zur Wahl legt Art. 70 fest (vgl. Art. 70 Rn. 3). Die BVV kann weder durch eigenen Beschluss noch durch Volksentscheid aufgelöst werden. Die Wahlperiode endet mit der Wahlperiode des AvB, auch bei deren vorzeitigem Ende (vgl. Art. 71 Rn. 1). 1

Wichtigste Aufgabe der BVV ist die **Wahl der Mitglieder des Bezirksamts** für die Dauer der Wahlperiode (vgl. hierzu auch Art. 74 Rn. 2 und 4). Nach § 35 II 1 BezVG soll das BzA aufgrund der Wahlvorschläge der Fraktionen entsprechend ihrem nach dem Höchstzahlverfahren (d'Hondt) berechneten Stärkeverhältnis in der BVV gebildet werden. Falls sich nach dem Höchstzahlverfahren eine Pattsituation ergibt, verlangt die VvB, das Vorschlagsrecht durch Los zu bestimmen (LVerfGE 1, 23). Dementsprechend sieht § 35 II 4 BezVG vor, dass bei gleichen Höchstzahlen das Los entscheidet. Auf welchen Zeitpunkt für die Ermittlung der Stärke der Fraktionen in der BVV zur Bildung des BzA abzustellen ist, bestimmt die VvB nicht. Sie überlässt die Beantwortung dieser Frage vielmehr einer Regelung nichtverfassungsrechtl. Art (VerfGH, B.v. 15.10.92 – 44/92). Da Art. 99 das Höchstzahlverfahren nur bis zum Jahre 2010 vorschreibt, treten §§ 35 II 1 bis 4 BezVG am 1.1.2010 außer Kraft (§ 35 II 5 BezVG; zur Übergangsregelung für die Bildung des BzA vgl. Art. 99 Rn. 1 f.). 2

Die weiteren **Zuständigkeiten der BVV** ergeben sich aus Art. 72 (vgl. Art. 72 Rn. 2 f.) und aus §§ 12 ff. BezVG. Das BezVG ist das in S. 3 vorgesehene Gesetz. Die BVV bestimmt die Grundlinien der Verwaltungspolitik des Bezirks im Rahmen der Rechtsvorschriften und der vom SvB oder den einzelnen Mitgliedern des Senats erlassenen Verwaltungsvorschriften. Sie regt Empfehlungen und Ersuchen an das BzA an (vgl. § 13 BezVG) und kann über alle Angelegenheiten vom BzA Auskünfte verlangen. Die BVV entscheidet über den Bezirkshaushaltsplan und die Genehmigung von über- und außerplanmäßigen Ausgaben (§ 12 II Nr. 1 und 2 BezVG). Hervorzuheben ist die Kompetenz zur Entscheidung über Rechtsverordnungen zur Festsetzung von Bebauungsplänen, Landschaftsplänen und anderen baurechtl. Akten, die nach Bundesrecht 3 durch Satzung zu regeln sind (vgl. § 12 II Nr. 4 BezVG). Dies steht im Zusammenhang mit Art. 64 II, der den Bezirken insoweit Rechtsetzungsbefugnisse überträgt (vgl. dazu Art. 64 Rn. 10 ff. und §§ 5, 6 AGBauGB).

Art. 70 [Wahl der Bezirksverordnetenversammlung]

(1) Die Bezirksverordnetenversammlung wird in allgemeiner, gleicher, geheimer und direkter Wahl zur gleichen Zeit wie das Abgeordnetenhaus von den Wahlberechtigten des Bezirks gewählt. Wahlberechtigt und wählbar sind unter den gleichen Voraussetzungen wie Deutsche auch Personen, die die Staatsangehörigkeit eines Mitgliedsstaates der Europäischen Union besitzen. Alle Nähere regelt das Wahlgesetz.
(2) Die Bezirksverordnetenversammlung besteht aus 55 Mitgliedern. Auf Bezirkswahlvorschläge, für die weniger als drei vom Hundert der Stimmen abgegeben werden, entfallen keine Sitze.

Absatz 1: Wahlrechtsgrundsätze

Für die Wahl der BVV gelten die gleichen **allgemeinen Wahlgrundsätze** wie für die Wahl zum AvB (vgl. Art. 39). Die Wahlrechtsgrundsätze stellen in erster Linie objektives Verfassungsrecht dar und binden als solches Gesetzgebung, Verwaltung und Rechtsprechung. Eine Verletzung der Wahlrechtsgrundsätze als objektives Verfassungsrecht muss im Wahlprüfungsverfahren geltend gemacht werden, das dazu bestimmt ist, die richtige Zusammensetzung der BVV zu gewährleisten (vgl. Art. 84 II Nr. 6 iVm §§ 14 Nr. 2, 40 II Nr. 8, III Nr. 3 VerfGHG). Aus den Wahlrechtsgrundsätzen ergeben sich aber auch subjektive Rechte des status activus, die der einzelne Wähler mit der Verfassungsbeschwerde verfolgen kann (LVerfGE 11, 75). 1

BVV und AvB werden zur gleichen Zeit gewählt; Art. 71 schreibt ausdrückl. vor, dass mit dem Ende der Wahlperiode des AvB auch die Wahlperiode der BVV endet. 2

Die BVV wird von den **Wahlberechtigten des Bezirks** gewählt. Dazu bestimmt Abs. 1 S. 2, dass wahlberechtigt und wählbar unter den gleichen Voraussetzungen wie Deutsche auch Personen sind, die die Staatsangehörigkeit eines Mitgliedsstaates der Europäischen Union besitzen. Dies beruht auf der EU-Richtlinie 94/80 vom 19.12.1992 (abgedruckt in NVwZ 95, 462), durch die die Mitgliedsstaaten verpflichtet wurden, den Unionsbürgern für das innerstaatl. Kommunalwahlrecht das aktive und passive Wahlrecht einzuräumen. Die landesrechtl. Anpassung erfolgte durch verfassungsänderndes G.v. 8.6.1995 (GVBl S. 339) und G.v. 20.6.1995 (GVBl S. 375). Das Kommunalwahlrecht für EU-Bürger verletzt Grundrechte der deutschen Staatsangehörigen nicht (BVerfG NVwZ 98, 52). 3

Einzelheiten zur Wahl der BVV bleiben – mit Ausnahme der Sperrklausel (Abs. 2 S. 2; vgl. Rn. 5) – der **einfachgesetzl. Regelung** vorbehalten (Abs. 1 S. 3) und ergeben sich aus dem **LWahlG** vom 25.9.1987 (GVBl 4

S. 2370). Gegen eine gesetzl. Ausgestaltung des Wahlrechts für die BVV, welche den Grundsatz der Gleichheit der Wahl verletzt, kann sich der einzelne Wähler im Verfahren der Verfassungsbeschwerde zur Wehr setzen. Art. 10 I gewährleistet mit Blick auf Art. 70 I das subjektive Recht auf Wahrung des Grundsatzes der Wahlgleichheit bei den Wahlen zu den BVV (LVerfGE 3, 90 f.).

Absatz 2: Sperrklausel

5   Die BVV besteht nach Abs. 2 S. 1 aus 55 Mitgliedern. Abs. 2 S. 2 verankert für die Wahlen zur BVV eine **3 %-Sperrklausel**. Die früher geltende 5 %-Klausel (§ 22 II LWahlG aF) war mit dem Prinzip der Wahlrechtsgleichheit und dem Recht der politischen Parteien auf Chancengleichheit im politischen Wettbewerb nicht vereinbar (LVerfGE 6, 32): Der Grundsatz der gleichen Wahl gebietet, dass alle Wahlberechtigten das aktive und das passive Wahlrecht in formal möglichst gleicher Weise ausüben und dass die Stimmen beim hier maßgebl. Verhältniswahlrecht nicht nur den gleichen Zählwert, sondern grundsätzl. auch den gleichen Erfolgswert haben. Entsprechend erfordert die Chancengleichheit im Verhältniswahlsystem grundsätzl., jeder Wählerstimme den gleichen Erfolgswert beizumessen. Eingriffe in die formale Wahlrechtsgleichheit und den Grundsatz der Chancengleichheit der Parteien bedürfen zu ihrer Rechtfertigung eines zwingenden Grundes. Als Rechtfertigungsgrund für den mit einer Sperrklausel verbundenen Eingriff kommt nicht eine abstrakte, theoretische Möglichkeit der Beeinträchtigung der Funktionsfähigkeit der nach den Prinzipien von Gemeindevertretungen arbeitenden BVV in Betracht. Nur die konkrete, mit einiger Wahrscheinlichkeit zu erwartende Möglichkeit einer solchen Beeinträchtigung kann ein Rechtfertigungsgrund sein. Unter Berücksichtigung der tatsächl. und rechtl. Verhältnisse im Land Berlin sah der VerfGH die Funktionsfähigkeit der BVV durch ein Wahlrecht ohne Sperrklausel nicht gefährdet (LVerfGE 6, 40 ff.).

6   § 22 I LWahlG sieht für die Wahlen zu den BVV die Grundsätze der Verhältniswahl im **Höchstzahlverfahren (d'Hondt)** vor. Die VvB legt dies nicht fest, so dass eine Änderung durch den einfachen Gesetzgeber mögl. wäre.

7   § 26 IV LWahlG enthält eine **Inkompatibilitätsregelung**: Beamte mit Dienstbezügen und Angestellte der Bezirksverwaltung können nicht Mitglieder der BVV desselben Bezirks sein. Dasselbe gilt für Berufsrichter im Dienste des Landes Berlin, den Berliner Datenschutzbeauftragten und seine Beamten und Angestellten sowie für als Mitglieder und Prüfer des Rechnungshofs tätige Personen. Diese Personen müssen den Nachweis erbringen, dass sie aus ihrer berufl. Funktion, die der

Mandatsausübung entgegensteht, ausscheiden, wenn sie die Wahl in die BVV annehmen (§ 26 V LWahlG).

Die Bezirksverordneten erhalten eine **Aufwandsentschädigung** nach dem G. über Entschädigungen der Mitglieder der BVV, der Bürgerdeputierten und sonstiger ehrenamtl. tätiger Personen vom 29.11.1978 (GVBl S. 2214). 8

Art. 71 [Wahlperiode der Bezirksverordnetenversammlung]

Mit dem Ende der Wahlperiode des Abgeordnetenhauses endet auch die Wahlperiode der Bezirksverordnetenversammlungen.

1 Die **Wahlperiode der BVV** ist zwingend an die Wahlperiode des AvB gekoppelt, also auch bei deren vorzeitigem Ende (§ 5 II 2 BezVG). Die BVV kann – anders als das AvB (vgl. Art. 54 II und III) – weder durch eigenen Beschluss noch durch Volksentscheid aufgelöst werden (§ 5 II BezVG).
2 Wird die Wahl zur BVV eines Bezirks aufgrund einer Entscheidung des VerfGH im **Wahlprüfungsverfahren** ganz oder teilweise für ungültig erklärt, muss spätestens nach 90 Tagen eine Wiederholungswahl – beschränkt auf diesen Bezirk – stattfinden (vgl. §§ 25, 21 LWahlG). Die Wahlperiode ändert sich dadurch nicht. Sollte eine Neuwahl bzw. Nachwahl stattfinden, so verkürzt sich die Wahlperiode der neu gewählten BVV entsprechend.
3 Die BVV tritt frühestens mit dem ersten Zusammentritt des AvB und spätestens sechs Wochen nach der Wahl unter dem Vorsitz des ältesten Bezirksverordneten zusammen (§ 6 I BezVG).

Art. 72 [Aufgaben der Bezirksverordnetenversammlung]

Die Bezirksverordnetenversammlung ist Organ der bezirklichen Selbstverwaltung; sie übt die Kontrolle über die Verwaltung des Bezirks aus, beschließt den Bezirkshaushaltsplan und entscheidet in den ihr zugewiesenen Angelegenheiten.

Nach Art. 72 S. 1 ist die BVV ein **Organ der bezirkl. Selbstverwaltung**. Der BVV steht als Organ des Bezirks ein originäres Recht auf bezirkl. Selbstverwaltung nicht zu (LVerfGE 6, 41). Die BVV wählt die Mitglieder des BzA (Art. 74, 69 S. 2) und beruft sie ab (Art. 76). Nach Art. 72 S. 2 übt die BVV die Kontrolle über die Führung der Geschäfte des BzA aus; Einzelheiten sind in § 17 BezVG geregelt. Die BVV bestimmt die Grundlinien der Verwaltungspolitik des Bezirks und kann Empfehlungen und Ersuchen an das BzA richten. Weitere Zuständigkeiten ergeben sich aus § 12 BezVG. 1

Der BVV steht **kein allgemeinpolitisches Mandat** für alle die Öffentlichkeit interessierenden Fragen zu (vgl. zu Gemeinden: E 79, 147; von Münch/Kunig, Art. 28 Rn. 37). Eine Befassungskompetenz besteht nur im Rahmen der gesetzl. Zuständigkeiten des Bezirks. Stellungnahmen zur Senatspolitik bzw. zu bundespolitischen Fragen oder etwa zu Verwaltungsmaßnahmen, die in die Kompetenz des SvB fallen, gehören grundsätzl. nicht dazu (Pfennig/Neumann, Art. 72 Rn. 13). 2

Das **Verfahren der BVV** ist in den Grundzügen in §§ 6 ff. BezVG geregelt. Die Beschlussfähigkeit der BVV ist gegeben, wenn mehr als die Hälfte ihrer Mitglieder anwesend ist (§ 8 II 1 BezVG). Die BVV beschließt mit einfacher Stimmenmehrheit, falls VvB oder Gesetz nicht ein anderes Stimmenverhältnis vorschreiben (§ 8 IV 1 BezVG). Die BVV gibt sich eine Geschäftsordnung, in der Einzelheiten des Verfahrens bestimmt sind. Soweit die GO für eine Verfahrensfrage keine Regelung enthält, können Regelungslücken durch »vorsichtige Heranziehung parlamentarischer Gepflogenheiten« gefüllt werden (Pfennig/Neumann, Art. 72 Rn. 19). 3

Die BVV bildet aus ihrer Mitte den Ältestenrat und die Ausschüsse (§ 9 BezVG) und wählt für die Dauer der Wahlperiode aus ihrer Mitte den **BVV-Vorsteher**, seinen Stellvertreter und die übrigen Mitglieder des Vorstandes (§ 7 I BezVG). Eine vorzeitige Abwahl ist im Gesetz nicht vorgesehen; die BVV kann aber die Amtszeit des Vorsitzenden vorzeitig beenden, indem sie einen neuen Vorsitzenden wählt (Zivier, S. 325). Dem BVV-Vorsteher obliegt das Hausrecht in den Räumen der BVV. Die Anordnung eines Hausverbots gegenüber einem Außenstehenden ist Verwaltungsakt. 4

Mindestens drei Mitglieder der BVV, die derselben Partei oder Wählergemeinschaft angehören, können **Fraktionen** bilden (§ 5 III BezVG). 5

Fraktionen sind bei der Wahrnehmung ihrer Rechte beteiligtenfähig (VG Berlin LKV 95, 437). Im **Streit zwischen einer Fraktion der BVV und der BVV selbst** um das Recht, Wahlvorschläge für Bezirksamtsmitglieder oder für Ausschüsse der BVV zu unterbreiten, sind sowohl die Fraktion als auch die BVV im verwaltungsgerichtl. Verfahren beteiligtenfähig: Der Fraktion kann das Recht zustehen, den für die Wahl des BzBm erforderl. rechtsgültigen Wahlvorschlag einzubringen (§ 35 II BezVG); der BVV steht das Recht zu, den BzBm aufgrund eines rechtswirksamen Wahlvorschlags zu wählen (OVG Berlin, B.v. 6.2.96 – 8 S 15.96). Für ein Organstreitverfahren vor dem VerfGH sind dagegen weder die BVV noch eine Fraktion der BVV beteiligtenfähig (LVerfGE 6, 58).

6 **Bezirksverordnete** sind Mitglieder eines Organs der bezirkl. Selbstverwaltung. Obwohl sie damit Mitglieder einer Verwaltungsbehörde sind, sind sie nicht Angehörige des öffentl. Dienstes. Bezirksverordnete sind nicht weisungsgebunden wie Beamte, genießen aber auch nicht die Rechte von Parlamentariern wie Immunität oder Indemnität. Ihre Rechte und Pflichten ergeben sich aus § 11 BezVG. Sie erhalten eine Aufwandsentschädigung nach dem G. über Entschädigungen der Mitglieder der BVV, der Bürgerdeputierten und sonstiger ehrenamtl. tätiger Personen vom 29.11.1978 (GVBl S. 2214).

Art. 73 [Ausschüsse; Bürgerdeputierte]

(1) Die Bezirksverordnetenversammlung setzt zur Mitwirkung bei der Erfüllung ihrer Aufgaben Ausschüsse ein.
(2) Nach näherer Bestimmung durch Gesetz können den Ausschüssen neben Mitgliedern der Bezirksverordnetenversammlung auch Bürgerdeputierte angehören. Die Bürgerdeputierten werden von der Bezirksverordnetenversammlung gewählt; sie sind Inhaber von Ehrenämtern.

Absatz 1: Ausschüsse

Gemäß Art. 73 I setzt die BVV zur Mitwirkung bei der Erfüllung ihrer Aufgaben Ausschüsse ein. Die VvB trifft hierzu keine weiteren Regelungen, sondern überlässt die Einzelheiten dem einfachen Gesetzgeber. Der Gestaltungsspielraum des Gesetzgebers kann allerdings durch das Recht der BVV-Fraktionen auf Chancengleichheit (vgl. LVerfGE 1, 21) eingeengt sein. Hinsichtl. der **Größe der Ausschüsse** ergeben sich aus dem Grundsatz der Chancengleichheit keine Vorgaben: § 9 I 3 BezVG, der die Größe der Ausschüsse regelmäßig auf höchstens dreizehn Bezirksverordnete, bei Zuwahl von Bürgerdeputierten auf höchstens elf Bezirksverordnete begrenzt, ist nicht zu beanstanden (vgl. OVG Berlin, B.v. 22.2.96 – 8 S 37.96). 1

Gemäß § 9 II 1 BezVG erhält jede Fraktion bei der Besetzung der Ausschüsse mindestens einen Sitz. Diese **Grundmandatsklausel** gilt auch für den Jugendhilfeausschuss (OVG Berlin, B.v. 24.3.00 – 8 SN 45.00). Die verbleibenden Mandate einschließl. der Sitze der Bürgerdeputierten sind insgesamt zwischen den Fraktionen nach den Mehrheits- und Stärkeverhältnissen in der BVV zu verteilen. Es soll grundsätzl. gewährleistet werden, dass die Ausschüsse in ihrer politischen Zusammensetzung der politischen Zusammensetzung des Bezirksplenums entsprechen. **Fraktionslose Mitglieder** sind berechtigt, in mindestens einem Ausschuss ihrer Wahl mit Rede- und Antragsrecht, jedoch ohne Stimmrecht teilzunehmen; dies gilt nicht für den Jugendhilfeausschuss (§ 9 VI BezVG). 2

Aus dem Anspruch einer BVV-Fraktion darauf, den Vorsitzenden in einem Ausschuss zu stellen, folgt nicht zwingend das Recht zu bestimmen, wer sie als Ausschussvorsitzender repräsentieren soll. Es liegt vielmehr in der Kompetenz der BVV, die in § 9 III BezVG unterbliebene Regelung der Frage, nach welchen Modalitäten der Ausschussvorsitzende bestimmt wird, in der **Geschäftsordnung** zu treffen und dabei eine Wahl durch die Ausschussmitglieder vorzusehen (OVG Berlin, B.v. 10.7.00 – 8 S 107.00). 3

4 Lehnt die BVV einen Ausschussvorsitzenden ab, hat dieser **keine Rechtsschutzmöglichkeit**. § 9 III BezVG gewährt dem einzelnen Bezirksverordneten keine mit einem subjektiven Recht vergleichbare wehrfähige Innenrechtsposition; ihm fehlt für einen gegen die Entziehung eines Ausschussvorsitzes gerichteten Antrag auf Erlass einer einstweiligen Anordnung die Antragsbefugnis entsprechend § 42 II VwGO (VG Berlin LKV 94, 28). Das Recht, Vorstände der Ausschüsse zu stellen, steht ausdrückl. nur den Fraktionen entsprechend ihrem Stärkeverhältnis in der BVV zu. Der einzelne Bezirksverordnete kann danach weder seine Einsetzung als Vorstand eines Ausschusses durchsetzen, noch kann er bei der Entziehung der »nichtwehrfähigen Innenrechtsposition« in eigenen Rechten verletzt sein. Die BVV muss nicht jeden von einer Fraktion als Ausschussvorsitzenden vorgesehenen Bezirksverordneten akzeptieren und ist nicht gehindert, einen als Ausschussvorsitzenden entsandten Bezirksverordneten abzuberufen, wenn ein konkretes persönl. Verhalten ihn für eine herausgehobene Funktion innerhalb einer Verwaltungseinheit Berlins ungeeignet erscheinen lässt (VG Berlin aaO).

5 Die Ausschüsse haben kein selbständiges verbindl. Entscheidungsrecht, sondern nur **Beratungs- und Kontrollfunktion** für die BVV (Ausnahme: Jugendhilfeausschuss). Hat ein fehlerhaft besetzter Ausschuss eine Beschlussempfehlung gegeben, ist ein darauf beruhender BVV-Beschluss gleichwohl gültig (näher hierzu Pfennig/Neumann, Art. 73 Rn. 2).

Absatz 2: Bürgerdeputierte

6 Nach Abs. 2 können den Ausschüssen neben Mitgliedern der BVV auch **Bürgerdeputierte** angehören. Bürgerdeputierte sind eine überkommene Einrichtung bürgerschaftl. Mitverwaltung in den Bezirken; es sind sachkundige Bürger, die stimmberechtigt an der Arbeit der Ausschüsse der BVV teilnehmen. Auch Ausländer können Bürgerdeputierte werden (§ 20 S. 2 BezVG).

7 Die Bürgerdeputierten werden auf Grund von **Wahlvorschlägen der Fraktionen** gewählt (§ 21 I 1 BezVG). Die Fraktionen haben einen gerichtl. durchsetzbaren Anspruch darauf, gemäß ihrer Fraktionsstärke mit Bürgerdeputierten in den dafür vorgesehenen Ausschüssen vertreten zu sein (vgl. VG Berlin DVBl 76, 271). Das gemäß § 21 I 1 BezVG allen Fraktionen zustehende Recht, Wahlvorschläge für die Wahl der Bürgerdeputierten zu machen, kann auch nicht durch eine BVV eingeschränkt werden (VG Berlin LKV 91, 352).

Art. 74 [Bezirksamt]

(1) Das Bezirksamt besteht aus dem Bezirksbürgermeister und den Bezirksstadträten, von denen einer zugleich zum stellvertretenden Bezirksbürgermeister gewählt wird.
(2) Das Bezirksamt ist die Verwaltungsbehörde des Bezirks; es vertritt Berlin in den Angelegenheiten seines Bezirks.

Art. 74 bestimmt in den Grundzügen Aufbau und Funktion des BzA. Das BzA ist Organ der bezirkl. Selbstverwaltung und zugleich die **kollegiale Verwaltungsbehörde des Bezirks**. Es besteht aus dem BzBm und fünf Bezirksstadträten, von denen einer zugleich zum stellvertretenden BzBm gewählt wird. Das BzA ist für die Bezirksverwaltung die grundsätzl. alleinzuständige Behörde. Das BzA vertritt das Land Berlin in Bezirksangelegenheiten. Die weiteren Aufgaben ergeben sich aus § 36 BezVG. 1

Die Mitglieder des BzA werden von der BVV für die Dauer der Wahlperiode mit einfacher Mehrheit gewählt (§§ 16 I a, 35 II BezVG). Art. 99 sieht hinsichtl. der **Zusammensetzung des BzA** in einer Übergangszeit bis 2010 vor, dass das BzA auf Grund der Wahlvorschläge der Fraktionen entsprechend dem nach dem Höchstzahlverfahren (d'Hondt) berechneten Stärkeverhältnis in der BVV gebildet wird. Bei der Wahl des BzBm gelten gemeinsame Wahlvorschläge von mehreren Fraktionen als Wahlvorschläge einer Fraktion (vgl. dazu Art. 99 Rn. 2). Bei Gleichheit der Höchstzahlen entscheidet das auf der Grundlage der erzielten Wählerstimmen nach d'Hondt berechnete Stärkeverhältnis; ergeben sich danach erneut gleiche Höchstzahlen, so entscheidet das Los (§ 35 II 3 und 4 BezVG). Diese Regelungen tragen der Rechtsprechung des VerfGH Rechnung, wonach das Verfahren zur Auflösung einer etwaigen Pattsituation einfachgesetzl. abschließend festgelegt sein muss, und zwar ein Verfahren, das den Anforderungen der Chancengleichheit genügt (vgl. LVerfGE 1, 21). 2

Der stärksten Fraktion steht das **Nominierungsrecht** für den BzBm zu. Das Nominierungsrecht für die Wahl des stellvertretenden Bm steht im Regelfall der Fraktion zu, auf die die nach dem Höchstzahlverfahren nach d'Hondt ermittelte zweite Höchstzahl entfällt (OVG Berlin, B.v. 30.12.99 – 8 SN 319.99). 3

Für die Zeit nach dem 1.1.2010 enthalten weder die VvB noch der den Art. 99 ausfüllende § 35 II BezVG Vorgaben für die Bildung des BzA, so dass von diesem Zeitpunkt an – sofern nicht entsprechende Anschlussregelungen getroffen werden – der Weg frei ist für das sog. **»Politische Bezirksamt«**, dh ein BzA, das nach (partei- bzw. fraktions-) politischen Erwägungen mit der Möglichkeit gebildet werden kann, z.B. die stärkste Fraktion von einer Bezirksamtsbildung auszuschließen. 4

Verfassung von Berlin

5   Die Mitglieder des BzA sind hauptamtl. tätig (§ 34 II BezVG). Ihre Rechtsstellung wird durch das G. über die Rechtsstellung der Bezirksamtsmitglieder (BAMG) idF vom 1.4.1985 (GVBl S. 958) geregelt. Wegen der besonderen Rechtsstellung als **politische Wahlbeamte** finden die beamtenrechtl. Vorschriften nur insoweit Anwendung, als dies der Eigenart des Dienstverhältnisses nicht widerspricht (§ 1 II BAMG). Mitglieder des BzA dürfen nicht zugleich Mitglieder der BVV sein (§ 26 IV 1 LWahlG).

Art. 75 [Bezirksbürgermeister]

(1) Die Organisation der Bezirksverwaltung wird durch Gesetz geregelt.
(2) Der Bezirksbürgermeister untersteht der Dienstaufsicht des Regierenden Bürgermeisters. Der Bezirksbürgermeister hat die Dienstaufsicht über die Mitglieder des Bezirksamts. Jedes Mitglied des Bezirksamts leitet seinen Geschäftsbereich in eigener Verantwortung. Bei Meinungsverschiedenheiten zwischen Mitgliedern des Bezirksamts entscheidet das Bezirksamt.

Die nach Art. 75 I erforderl. Regelungen zur **Organisation der Bezirksverwaltung** finden sich in §§ 37 ff. BezVG. Gem. § 37 I BezVG gliedert sich das Bezirksamt entsprechend § 2 Verwaltungsreform-Grundsätze-Gesetz vom 17.5.1999 (GVBl 171) in nicht mehr als 15 Leistungs- und Verantwortungszentren (Ämter), nicht mehr als sechs Serviceeinheiten, den Steuerungsdienst und das Rechtsamt. Für bestimmte Aufgabenbereiche schreibt § 37 II BezVG Leistungs- und Verantwortungszentren (Kern-Ämter) vor (u.a. Bürgerdienste, Jugend, Gesundheit). In den **Bürgerämtern** sollen die hauptsächl. in der Bezirksverwaltung nachgefragten Dienstleistungen zusammengefasst und wenn mögl. abschließend bearbeitet werden; zusätzl. Behördengänge sollen vermieden werden (§ 37 IV 2 und 3 BezVG). Neben den Bürgerämtern wird eine **Organisationseinheit für Wirtschaftsberatung/-förderung** gebildet, die als bezirkl. Anlauf- und Beratungsstelle für Unternehmen und Existenzgründer Genehmigungsverfahren koordiniert, die zügige Bearbeitung fördert und die Einhaltung von Bearbeitungsfristen überwacht (§ 37 IV 1 und 7 BezVG). Der **Steuerungsdiens**t berät und unterstützt das BzA und jedes Mitglied (§ 37 VII BezVG). 1

Der BzBm untersteht der Dienstaufsicht des RBm (Abs. 2 S. 1). **Dienstaufsicht** ist keine Fachaufsicht, lässt also die sachl. Tätigkeit des Beaufsichtigten unberührt. Sachl. Weisungen können nicht erteilt werden. Der BzBm führt den Vorsitz im BzA, vertritt das BzA in der RdB, ist Dienstbehörde der BzStR und übt die Dienstaufsicht über sie aus (Abs. 2 S. 2; § 39 BezVG). Verstößt ein Beschluss des BzA gegen Rechts- oder Verwaltungsvorschriften, so hat der BzBm den Beschluss binnen zwei Wochen unter Angabe der Gründe mit aufschiebender Wirkung zu beanstanden (§ 39 IV 1 BezVG). Gegen die Beanstandung kann das BzA die Entscheidung der Aufsichtsbehörde beantragen (§ 39 IV 2 BezVG). 2

Abs. 2 S. 3 schreibt in Anlehnung an Art. 58 V das **Ressortprinzip** vor: Jedes Mitglied des BzA leitet seinen Geschäftsbereich in eigener Verantwortung. Die Mitglieder führen die Geschäfte im Namen des BzA (§ 38 II BezVG). Bei Meinungsverschiedenheiten zwischen den Mitgliedern entscheidet das BzA. 3

Art. 76 [Abberufung eines Mitglieds des Bezirksamts]

Die Bezirksverordnetenversammlung kann mit Zweidrittelmehrheit der Bezirksverordneten ein Mitglied des Bezirksamts vor Beendigung der Amtszeit abberufen. Das Nähere wird durch Gesetz geregelt.

1 Die Mitglieder des BzA werden von der BVV gewählt. Sie erfüllen politische Selbstverwaltungsaufgaben und bedürfen des politischen Vertrauens der BVV (vgl. § 1 I 2 BAMG). Daher kann die BVV ein Mitglied des BzA auch vorzeitig abberufen. Die in Art. 76 und gleichlautend in § 35 III BezVG vorgesehene Abwahlmöglichkeit ist mit Art. 33 V GG vereinbar (vgl. BVerwG NVwZ 89, 972). Die Abberufung nach Art. 76 S. 1 bedarf keiner Begründung (vgl. BVerwGE 20, 166). Gegen eine Abwahlentscheidung kann das betroffene BzA-Mitglied um **Rechtsschutz** vor dem VG nachsuchen (Pfennig/Neumann, Art. 76 Rn. 7). Der Umfang der gerichtl. Kontrolle ist allerdings beschränkt: Zu prüfen ist allein, ob die Abberufungsentscheidung auf Form- oder Verfahrensfehlern beruht und ob sich mit der Abberufung verfassungswidrige oder sonst mit dem Gesetz nicht zu vereinbarende Zwecke verbinden (vgl. OVG Münster NVwZ-RR 95, 591).

2 Ein **politisches Rücktrittsrecht** hat ein BzA-Mitglied grundsätzl. nicht; allerdings kann es nach § 66 LBG seine Entlassung verlangen.

3 Gegen die Wahl eines BzA-Mitglieds kann der SvB im Rahmen der **Bezirksaufsicht** vorgehen. Gegen eine Maßnahme der Bezirksaufsicht, mit der ein Wahlbeschluss des BVV aufgehoben wird, können sowohl die BVV als auch der Gewählte gerichtl. vorgehen (Pfennig/Neumann, Art. 76 Rn. 11).

Art. 77 [Einstellungen, Versetzungen und Entlassungen im öffentlichen Dienst]

(1) Alle Einstellungen, Versetzungen und Entlassungen im öffentlichen Dienst erfolgen durch den Senat. Für die Bezirke wird dieses Recht auf die Bezirksämter übertragen.

(2) Über Versetzungen aus einem Bezirk in einen anderen, aus der Hauptverwaltung in einen Bezirk oder umgekehrt entscheidet, wenn die Beteiligten sich nicht einigen können, der Senat nach Anhörung der Beteiligten. Zum allgemeinen Personalausgleich in der Berliner Verwaltung kann der Senat auch entgegen einer Einigung der Beteiligten nach deren Anhörung entscheiden.

Dem SvB steht die **Personalhoheit für alle Bediensteten des öffentl. Dienstes** in Berlin zu. Entscheidungskompetenzen des AvB bestehen in diesem Zusammenhang nicht (vgl. aber zur Berufung der Präsidenten der oberen Landesgerichte Art. 82 II; zur Abberufung eines Generalstaatsanwalts durch das AvB: VG Berlin, B.v. 29.11.02 – VG 5 A 196.02). Für bezirkl. Personalentscheidungen wird das Recht zur Einstellung, Versetzung und Entlassung den Bezirken übertragen. Art. 77 I erfasst über den Wortlaut hinaus auch Ernennungen, Beförderungen, Höhergruppierung, Versetzung in den Ruhestand. Ob zum öffentl. Dienst iS der Vorschrift auch die Landesbeamten gehören, die zu einer landesunmittelbaren Anstalt des öffentl. Rechts in einem Beamtenverhältnis stehen, ist vom VerfGH noch nicht entschieden (vgl. VerfGH DVBl. 00, 51). Auch bei bezirkl. Personalentscheidungen findet Abs. 1 S. 1 mit der Folge Anwendung, dass die Bediensteten im Namen des SvB einzustellen sind. Weitergehenden Befugnissen des SvB steht das Recht auf bezirkl. Selbstverwaltung entgegen. Daher sind direkte Ein- oder Mitwirkungsbefugnisse des SvB oder der Hauptverwaltung bei Personalentscheidungen der Bezirke grundsätzl. ausgeschlossen. Der Hauptverwaltung stehen – von den Befugnissen der obersten Dienstbehörde und Maßnahmen der Bezirksaufsicht abgesehen – keinerlei Weisungsrechte in Personalangelegenheiten zu (Pfennig/Neumann, Art. 77 Rn. 5). 1

Abs. 1 sagt nichts über das Recht zur **Personalauswahl**: Beamte der Hauptverwaltung wählt das zuständige Senatsmitglied aus. Der Senat als Kollegium kann nur den Ernennungsvorschlag des Senatsmitglieds billigen oder ablehnen (OVG Berlin OVGE 23, 250; vgl. hierzu auch Art. 82 Rn. 5). 2

Art. 77 begründet keine subjektiven Rechte des Bürgers, so dass dieser sich im Verfassungsbeschwerdeverfahren nicht unmittelbar auf diese Vorschrift berufen kann (VerfGH, B.v. 17.3.97 – 79/96). 3

4 Nach Abs. 2 entscheidet über **Versetzungen** aus einem Bezirk in einen anderen, aus der Hauptverwaltung in einen Bezirk oder umgekehrt der SvB nach Anhörung der Beteiligten, wenn diese sich nicht einigen können. Die Vorschrift entzieht diese Versetzungen der Disposition des BzA. Nach Abs. 2 S. 2 kann der SvB sogar entgegen einer Einigung der Beteiligten nach deren Anhörung entscheiden. Dies kann nur zum allg. **Personalausgleich** geschehen. Diese Erleichterung soll eine Vereinfachung des Versetzungsverfahrens und damit eine Einsparung von Kosten bewirken und das Zusammenwachsen der Stadt fördern.

Abschnitt VII. Die Rechtspflege

Vorbemerkungen

Der Grundsatz der Rechtsstaatlichkeit erfordert die Aufrechterhaltung einer funktionstüchtigen, effektiven Rechtspflege. Dieser Verfassungsauftrag setzt Vorschriften auf verschiedenen Ebenen voraus: Voraussetzung für die Wahrnehmung der **Staatsaufgabe Rechtsprechung** ist zunächst, dass Unparteilichkeit und Neutralität des Richters gesichert sind. Daher bedarf es Regelungen über die Rechtsstellung und die Tätigkeit des Richters. Aus Sicht des Rechtssuchenden ist entscheidend, dass ein durchsetzbarer Anspruch auf ein rechtsstaatl. Verfahren gewährleistet ist. Zu diesem Zweck müssen Justizgrundrechte garantiert werden. Schließl. bedarf es verfahrensrechtl. Gewährleistungen für die Gerichtsverfassung, also Vorschriften über die Ordnung des Gerichtswesens und die äußere Organisation der Rechtsprechung. 1

Abschnitt VII wird eingeleitet durch die ausdrückl. Mahnung des Berliner Verfassungsgebers an die **Dritte Gewalt**, die Rechtspflege im Geiste dieser Verfassung und des sozialen Verständnisses auszuüben (Art. 78). Es folgen Bestimmungen über die Unabhängigkeit der Gerichte, über die Gesetzesbindung der Richter, über die Ernennung der Berufsrichter und über die Bildung eines Verfassungsgerichtshofs. Die für das gerichtl. Verfahren wesentl. Grundrechte ordnet die VvB dem Grundrechtsteil (Abschnitt II) zu. Hier werden das Recht auf Gehör vor Gericht, der Anspruch auf den gesetzl. Richter, das Verbot der Doppelbestrafung und die Rechtsweggarantie normiert. 2

Deckungsgleiche, inhaltl. oder auch wörtl. übereinstimmende Vorschriften über die Rechtsprechung enthält das GG im Abschnitt IX (Art. 92 ff. GG). Bei einer Gegenüberstellung der Vorschriften der LV mit den Bestimmungen im GG ergeben sich keine Besonderheiten für den Bereich der Rechtspflege. Eine Ausnahme bildet nur der bereits erwähnte Art. 78, der im GG keine Entsprechung findet. Dass die landesverfassungsrechtl. Normen zum Rechtswesen im Vergleich zu den bundesverfassungsrechtl. Regelungen kaum Besonderheiten aufweisen, kann nicht überraschen, ist vielmehr unmittelbar **Konsequenz der bundesstaatl. Ordnung**. Das GG setzt den LV für den Bereich der Rechtspflege enge Grenzen. Die Homogenitätsklausel des Art. 28 I 1 GG mit der allg. Verpflichtung auf den Rechtsstaat, einzelne rechtsstaatl. Grundsätze, die unmittelbar auf das Landesverfassungsrecht »durchgreifen« und »einwirken« sollen (vgl. von Münch/Kunig, Art. 28 Rn. 6 f.), sowie die bundesrechtl. gerichtsverfassungsrechtl. und prozessrechtl. Vorschriften (vgl. Art. 74 I Nr. 1 GG) lassen insoweit kaum 3

Gestaltungsspielraum der Länder. Vor diesem Hintergrund wurde dem Abschnitt über die Rechtspflege in der VvB in der Vergangenheit keine besondere Bedeutung beigemessen. Die Berliner Fachrichter haben die VvB kaum einmal herangezogen, vielmehr – wenn es in der tägl. Arbeit auf materielles Verfassungsrecht oder rechtsstaatl. Verfahrensgrundsätze ankam – den Blick ausschließl. auf das GG gerichtet. Erst seit der Errichtung des VerfGH im Jahre 1992 besteht die Möglichkeit, Entscheidungen der Fachgerichte einer verfassungsgerichtl. Überprüfung anhand der VvB zu unterziehen. Durch die Tätigkeit des VerfGH haben die LV und insb. die Vorschriften über die Rechtspflege einen neuen Stellenwert erhalten. Es ist zu hoffen, dass sich die nach der Wiedervereinigung einsetzende Renaissance des Landesverfassungsrechts weiter fortsetzt und die VvB Eingang in die tägliche Rechtspraxis an Berliner Gerichten findet. Die normative Kraft der LV und ihr Wert für das Rechtsbewusstsein der Bürger hängen entscheidend davon ab, dass sie durch Anwendung zum Leben erweckt wird. Wenn die VvB in ihrer Auslegung durch den VerfGH ihren Platz im Rechtsleben findet, stärkt dies die LV und damit den Föderalismus. Verfassungsgerichtsbarkeit und Fachgerichtsbarkeit können dazu beitragen, die Eigenständigkeit der Länder und ihrer Verfassungen zu betonen.

Art. 78 [Soziales Verständnis der Rechtspflege]

Die Rechtspflege ist im Geist dieser Verfassung und des sozialen Verständnisses auszuüben.

Abschnitt VII beginnt mit der Aufforderung des Verfassungsgebers an die Dritte Gewalt, die Rechtspflege im **Geist der Verfassung und des sozialen Verständnisses** auszuüben. Nur die vor dem GG entstandenen LV enthalten vergleichbare Regelungen (Art. 134 BremV; 127 II HessV; 110 S. 2 SaarV). Die Schöpfer der ersten Nachkriegsverfassungen hatten das Versagen der Justiz im Dritten Reich deutl. vor Augen. Es galt zu verhindern, dass Richter im Schutze ihrer Unabhängigkeit wiederum gegen den demokratischen Staat arbeiteten. Anliegen aller Parteien war es, die Rechtspflege den tragenden Säulen der Verfassung zu verpflichten und die Richter an ihre soziale Verantwortung zu erinnern. 1

Mit der Aufgabe, die Rechtspflege im Geist des sozialen Verständnisses auszuüben, korrespondiert im Hinblick auf ihre Gesellschaftsbezogenheit **kein subjektives Recht** des Einzelnen. Art. 78 bietet vielmehr lediglich eine richterl. Verhaltens- und eine Auslegungsregel, wie sie sich auch aus dem Sozialstaatsprinzip des GG entnehmen lassen. Im Verfassungsbeschwerdeverfahren kann eine Verletzung des Art. 78 nicht zulässigerweise gerügt werden (VerfGH, B.v. 5.3.04 – 73/01). 2

Auch wenn Art. 78 kein subjektives Recht begründet, stellt die Norm doch die **zentrale verfassungsrechtl. Vorgabe** für die Rechtsprechung im Land Berlin dar. Der Verfassungssatz enthält den Imperativ, die Rechtspflege im Geist der Verfassung und des sozialen Verständnisses auszuüben. Dieser Mahnung muss sich jeder Berliner Richter ständig bewusst sein. Auch wenn eine Entscheidung »allein« wegen Verstoßes gegen Art. 78 nicht der Kassation durch den VerfGH unterliegt, stünde sie doch mit der Verfassung nicht im Einklang, wenn sie ihrem »Geist« oder dem »sozialen Verständnis« zuwiderliefe. Aus Art. 78 folgen allg. Anforderungen an das Verhalten des Richters im Umgang mit den Rechtssuchenden, an die Anwendung und Auslegung des Rechts und an seine allg. Persönlichkeit. 3

Eine wichtige Aufgabe der Justiz besteht darin, das Vertrauen des Bürgers in den Rechtsstaat zu stärken und zu bewahren. Normvertrauen und Rechtstreue werden maßgebl. geprägt durch den Umgang der Justiz mit dem Bürger. Hier ist ein richterl. Ethos angemahnt. Als **Verhaltensregel** begründet Art. 78 die Pflicht des Richters, jeden Rechtssuchenden ernst zu nehmen und ihm die Möglichkeit zu geben, sein Anliegen ungestört vorzutragen. Der Richter muss dem Nichtjuristen die Rechtslage in einer Art und Weise erläutern, dass er sie versteht. Gesetzestexte müssen 4 unter Umständen für den Laien übersetzt werden. Urteile und Beschlüsse sind in klarer und eindeutiger Sprache zu formulieren. Um Akzeptanz zu erreichen, muss der Richter verdeutlichen, dass er die Argumente beider Seiten in seine Überlegungen einbezogen und sein Urteil entsprechend der Rechtsordnung und unter Beachtung der rechtsstaatl. Garantien gefällt hat.

5   Aus Art. 78 folgen nicht nur Anforderungen an den Umgang des Richters mit dem rechtsuchenden Bürger, sondern auch Maßstäbe für die **Anwendung und Auslegung des Rechts**. Als Auslegungsregel ermächtigt Art. 78 den Richter allerdings nicht, seine persönl. Vorstellungen von sozialem Ausgleich zwischen den Prozessbeteiligten durchzusetzen. Denn die Verwirklichung des Sozialstaats ist in erster Linie Aufgabe des Gesetzgebers. Sozialpolitische Erwägungen dürfen den Richter nicht zu Eingriffen in einfachgesetzl. geregelte Systeme verleiten (E 65, 193 f.). Nur wenn das Gesetz lückenhaft ist, kann er es ergänzen und sich dabei u.a. an den Wertentscheidungen der Verfassung orientieren. Da das positive Recht allenthalben unbestimmte Rechtsbegriffe enthält, die der Auslegung bedürfen, gehören wertende Entscheidungen zur tägl. Aufgabe des Richters. Die dadurch gegebenen subjektiven Einflüsse werden durch die juristische Methode begrenzt, doch bleibt ein Spielraum bei Interpretation und Subsumtion, in dem das soziale Argument zum Tragen kommen kann und muss. Fehlt es an Konkretisierungen des Gesetzgebers, hat der Rechtsanwender selbst das Soziale zu konkretisieren. Der Richter muss sich um Gerechtigkeit bemühen. Helfen bei der Anwendung gesetzl. Bestimmungen die klassischen Methoden nicht weiter, führen also Wortlaut, systematischer Kontext, Entstehungsgeschichte und eine an Sinn und Zweck orientierte Auslegung nicht zu einem klaren Ergebnis, muss der Richter letztl. sein Gewissen befragen. Sein Gewissen, das durch Weltanschauung, Religion, Moral und Philosophie geprägt ist, wird ihm helfen, im Geiste der Verfassung und des sozialen Verständnisses Recht zu sprechen, wie es Art. 78 verlangt.

6   Rechtsprechung in dem beschriebenen Sinne auszuüben, setzt eine bestimmte Persönlichkeit voraus. Art. 78 schafft damit auch ein besonderes **Anforderungsprofil**. Die VvB vertraut die Rechtsprechung nur solchen Personen an, die bereit und in der Lage sind, die Rechtsprechung im Geiste der Verfassung und des sozialen Verständnisses auszuüben. Als Ernennungsvoraussetzung stellt Art. 82 I diese Forderung noch einmal heraus. Der Richter muss innere Stärke mitbringen, frei sein vom Zeitgeist und vom Druck der Umwelt. Verantwortungsbewusste und verantwortungsbereite Richter sind die beste Gewähr dafür, dass es nicht zu Willkür und Machtmissbrauch richterl. Gewalt kommt. Voraussetzung ist eine diesen Anforderungen Rechnung tragende Ausbildung der jungen Juristen. An der Universität muss neben den Grundlagen und Methoden des Rechts auch Rechtskultur gelehrt werden. Außer-

dem ist durch das Auswahlverfahren sicherzustellen, dass nur persönl. und fachl. geeignete Personen zu Vertretern der Dritten Gewalt ernannt werden.

Art. 79   [Richterliche Gewalt]

(1) Die richterliche Gewalt wird durch unabhängige, nur dem Gesetz unterworfene Gerichte im Namen des Volkes ausgeübt.
(2) An der Rechtspflege sind Männer und Frauen aller Volksschichten nach Maßgabe der gesetzlichen Bestimmungen zu beteiligen.

Absatz 1:   Unabhängigkeit der Richter

1   Art. 79 I enthält drei Aussagen: die Vorschrift garantiert die richterl. Unabhängigkeit, bestimmt, dass die rechtsprechende Gewalt nur durch Gerichte ausgeübt werden kann, und enthält ein Gebot für die Urteilsverkündung. Materiell identische Entscheidungen sind schon bundesverfassungsrechtl. vorgegeben: Die Unabhängigkeit der Richter garantiert Art. 97 GG, das Rechtsprechungsmonopol folgt aus Art. 92 GG. Gleichwohl kann auf die Verankerung auch in der LV nicht verzichtet werden: Die Justiz hat sich im 20. Jahrhundert zweimal in den Dienst diktatorischer Machthaber gestellt. Die Gefahr, dass es noch einmal zu einem Missbrauch der Dritten Gewalt durch andere Staatsgewalten kommen kann, ist keineswegs gebannt. Die **Kernelemente des Rechtsstaatsprinzips**, zu denen die Unabhängigkeit der Gerichte gehört, sind eine gefährdete Errungenschaft, die auf verfassungsrechtl. Absicherungen angewiesen sind. Aufgrund der negativen Erfahrungen im Dritten Reich und in der DDR müssen jedem Richter und der Öffentlichkeit die Vorgaben des Rechtsstaats an die Justiz auch in der LV vor Augen geführt werden.

2   Es gehört zum Wesen der richterl. Tätigkeit, dass sie von einem nichtbeteiligten Dritten in sachl. und persönl. Unabhängigkeit ausgeübt wird (E 60, 202 f.). Obwohl Art. 79 I nur von unabhängigen Gerichten spricht, garantiert die Bestimmung dem einzelnen Richter Unabhängigkeit, soweit er rechtsprechende Gewalt ausübt. Die richterl. Unabhängigkeit ist **kein persönl. Standesprivileg** des Richters, sondern untrennbarer Bestandteil der rechtsstaatl. Verpflichtung zur Justizgewähr. Sie bezweckt ausschließl., die Dritte Gewalt gegen sachfremde Einflüsse jedweder Art abzuschirmen und damit der Rechtsordnung größtmögl. Schutz zu garantieren (Sendler NJW 95, 2464; zur richterl. Unabhängigkeit in der Praxis: Michaelis-Merzbach, FS Driehaus). Subjektive Rechte des Bürgers werden durch Art. 79 I nicht begründet, so dass die Einhaltung dieser Vorschrift nicht mit der Verfassungsbeschwerde eingefordert werden kann (VerfGH, B.v. 5.3.04 – 73.01).

3   Die Unabhängigkeit der Richter wirkt auf **drei Ebenen**. Garantiert ist die sachl. Unabhängigkeit, also die Freiheit von Weisungen der Exeku-

tive, die organisatorische Unabhängigkeit, dh die organisatorische Selbständigkeit der Gerichte, und die persönl. Unabhängigkeit.

Sachl. Unabhängigkeit bedeutet, dass der Richter seine Entscheidungen frei von Weisungen fällen kann. Dies umfasst Unabhängigkeit gegenüber der Exekutive, gegenüber der Rechtsprechung, der Legislative und gegenüber Privaten. Sachl. Unabhängigkeit kommt sämtl. Personen zu, die Rechtsprechung ausüben, Berufsrichtern wie ehrenamtl. Richtern. Gefahren drohen der sachl. Unabhängigkeit des Richters von verschiedenen Seiten. Versuche der direkten oder indirekten Einflussnahme durch Verbände, Parteien, Politiker, Gewerkschaften oder andere Gruppen kommen immer wieder vor. 4

Als Gefährdung der Unabhängigkeit wird eine **systembedingte Abhängigkeit** (Piorreck DRiZ 93, 109) des einzelnen Richters von der Justizverwaltung gesehen, die daraus resultiere, dass die Gerichtsverwaltung Bestandteil der Justizverwaltung ist und die Justizverwaltung – gemeinsam mit dem Richterwahlausschuss – über Anstellung und Beförderung von Richtern entscheidet. Hier wird argumentiert, der Richter könne sich dem bestehenden Beförderungssystem nicht entziehen und sei in Verfolgung seiner Karriereziele bereit, sich in ein »Anreiz- und Belohnungssystem« einbinden zu lassen und beförderungsrelevante Tätigkeiten zu übernehmen. Im Einzelfall mögen solche Vorwürfe berechtigt sein. Grundsätzl. ist die unvermeidbare Einbindung in den Justizapparat aber nicht geeignet, die Unabhängigkeit des Richters, der sich seiner Verantwortung gegenüber dem Rechtssuchenden bewusst ist, zu beeinträchtigen. Ein Abbau systembedingter Abhängigkeiten in dem beschriebenen Sinne wird überdies kaum mögl. sein. Die Abschaffung von Beförderungsämtern oder die Wahl der Gerichtspräsidenten durch die Richterschaft auf Zeit sind Modelle, die nicht realistisch erscheinen und im Übrigen auch keine Gewähr für den unabhängigen Richter bieten. 5

Auch innerhalb der Gerichtsbarkeit und im **Innenverhältnis eines Spruchkörpers** entfaltet die Gewährleistung der sachl. Unabhängigkeit Wirkung. Die Unabhängigkeit gilt für alle Richter in gleicher Weise, Vorsitzende im Spruchkörper genießen insoweit keine Sonderrechte (BGH NJW 91, 426). Zwar darf der Vorsitzende aufgrund seiner Sachkenntnis und Erfahrung Einfluss auf die Stetigkeit und Güte der Rechtsprechung seiner Kammer nehmen. Es verletzt indessen die richterl. Unabhängigkeit, wenn Einzelrichterentscheidungen von Proberichtern ohne deren Einwilligung durch den Vorsitzenden inhaltl. verändert werden (BVerfG DRiZ 96, 372). 6

Die sachl. Unabhängigkeit schließt es nicht aus, dass der Richter wie jeder Angehörige des öffentl. Dienstes einer Aufsicht unterliegt. Dem Richter obliegt die Dienstpflicht, seine richterl. Tätigkeit in strikter Gesetzesbindung und in sachl. Unabhängigkeit wahrzunehmen. Besondere Pflichten ergeben sich aus §§ 39 ff. DRiG. Die Einhaltung der Dienst- 7 pflichten ist durch die Dienstaufsicht zu gewährleisten. Zwischen **Unabhängigkeit und Dienstaufsicht** besteht naturgemäß ein Spannungsverhältnis. Die Dienstaufsicht muss nicht nur die richterl. Unabhängigkeit bewahren, sondern gleichermaßen auch den anderen Anforderungen der staatl. Justizgewährungspflicht gerecht werden, insbesondere dem Gebot einer richterl. Entscheidung in angemessener Zeit. Über die schwierige Grenzziehung zwischen der richterl. Unabhängigkeit und der Unterworfenheit unter eine allg. Dienstaufsicht entscheiden die Richterdienstgerichte (§ 26 III DRiG). Maßgebend für deren Rechtsprechung ist die Abgrenzung der Tätigkeitsbereiche. § 26 II DRiG gesteht der Dienstaufsicht ausdrückl. die Befugnis zu, dem Richter die ordnungswidrige Art der Ausführung eines Amtsgeschäftes vorzuhalten und zu ordnungsgemäßer, unverzögerter Erledigung der Amtsgeschäfte anzumahnen. Somit unterliegt die richterl. Amtsführung insoweit der Dienstaufsicht, als es um die Sicherung eines ordnungsgemäßen Geschäftsablaufs, die äußere Form der Erledigung der Amtsgeschäfte und um solche Fragen geht, die dem Kernbereich der eigentl. Rechtsfindung so weit entrückt sind, dass sie nur noch als zur äußeren Ordnung gehörig anzusehen sind (BGH NJW 85, 1471; kritisch zur Rechtsprechung der Dienstgerichte: Michaelis-Merzbach, FS Driehaus).

8 Sachl. Unabhängigkeit setzt **persönl. Unabhängigkeit** voraus. Der Richter kann seinen Rechtsprechungsauftrag nur erfüllen, wenn er infolge seiner Tätigkeit keine persönl. Nachteile zu erwarten hat. Art. 97 II GG bestimmt ausdrückl., dass die hauptamtl. und planmäßig endgültig angestellten Richter wider ihren Willen nur kraft richterl. Entscheidung und nur aus Gründen und unter den Formen, welche die Gesetze bestimmen, vor Ablauf ihrer Amtszeit entlassen oder dauernd oder zeitweise ihres Amtes enthoben werden können. Die VvB enthält keine entsprechende ausdrückl. Gewährleistung der persönl. Unabhängigkeit. Diese wird indessen durch den in Art. 79 I enthaltenen Begriff der Unabhängigkeit mit umfasst.

9 Unabhängigkeit wird dem Richter allein im Interesse an einer funktionsfähigen, rechtsstaatl. Anforderungen genügenden Rechtspflege gewährt; es ist kein Grundrecht des Richters (E 27, 217). Gleichwohl ist **Rechtsschutz des Richters** unter dem Blickwinkel der richterl. Unabhängigkeit nicht ausgeschlossen. Die sachl. und persönl. Unabhängigkeit gehört zu den hergebrachten Grundsätzen des Richteramtsrechts, so dass über Art. 33 V GG die Möglichkeit gegeben ist, eine Verletzung der richterl. Unabhängigkeit vor dem BVerfG im Verfahren der Verfassungsbeschwerde zu rügen (BVerfG DRiZ 96, 372; gegen die Ableitung subjektiver Rechte aus Art. 33 V GG: von Münch/Kunig, Art. 33 Rn. 55). Gestützt auf Art. 79 I wird ein Berliner Richter den VerfGH nur dann anrufen können, wenn er einen Eingriff in seine persönl. Unabhängigkeit darlegen kann. Denkbar ist der Fall, dass ein Richter durch den

Geschäftsverteilungsplan des Gerichts gezielt von der Rechtsprechungstätigkeit ausgeschlossen wird (vgl. E 17, 260).

Persönl. und sachl. Unabhängigkeit bedeuten nicht, dass der Richter frei jeder **Verantwortlichkeit** für seine Tätigkeit ist. Die richterl. Unabhängigkeit ist Begrenzungen unterworfen, die durch die zivilrechtl. (vgl. § 839 II BGB), die strafrechtl. (§ 336 StGB) und die disziplinarrechtl. Verantwortlichkeit der Richter konkretisiert wird.   10

Sachl. und persönl. Unabhängigkeit taugen nichts, wenn der Richter nicht auch innerl. frei ist. Mit dem Begriff der **inneren Unabhängigkeit** wird eine Geisteshaltung umschrieben, die anknüpft an ein richterl. Ethos (weiterführend Michaelis-Merzbach, FS Driehaus). Die Grundanschauungen des Richters werden durch seine Herkunft, die Zugehörigkeit zu einer bestimmten sozialen Schicht, seine Konfession sowie seinen schulischen und berufl. Werdegang geprägt. Diese Faktoren beeinflussen indirekt auch seine Rechtsprechung. Da sich die richterl. Tätigkeit nicht in der reinen Subsumtion erschöpft, sondern wertende Elemente enthält, lassen sich individuelles Vorverständnis und Grundeinstellung nicht ausschalten. Allerdings muss der Richter sich um innere Unabhängigkeit bemühen, indem er sich die Umstände vor Augen führt, die seine Unabhängigkeit gefährden können, indem er Mäßigung, Selbstkontrolle und Selbstbeschränkung übt. Er soll einerseits im Leben stehen und sich für die Probleme der Zeit interessieren. Andererseits muss er alle Bindungen vermeiden, die ihn äußerl. als abhängig oder innerl. als voreingenommen in der Beurteilung von Sach- und Rechtsfragen erscheinen lassen. Unabhängigkeit des Richter ist kein Privileg, sondern Verpflichtung (Sendler NJW 95, 2464).   11

Neben der Unabhängigkeit der Gerichte hat Abs. 1 insoweit Bedeutung, als die Aufgabe der Rechtsprechung ausschließl. den Gerichten übertragen wird. Die Norm konkretisiert das Gewaltenteilungsprinzip, indem sie von der richterl. Gewalt spricht, nicht von Rechtsprechung oder Rechtspflege. In Übereinstimmung mit dem GG (Art. 92) wird ein **Rechtsprechungsmonopol** der Richter und Gerichte statuiert.   12

Schließl. enthält Abs. 1 die Weisung an die Gerichte, Urteile **Im Namen des Volkes** auszusprechen. Obwohl sich die entsprechende Verpflichtung für alle Zweige der Gerichtsbarkeit schon aus dem Prozessrecht des Bundes ergibt (vgl. z. B. § 117 I 1 VwGO), ist die landesverfassungsrechtl. Normierung von Bedeutung. Die Richterinnen und Richter sollen an die demokratische Ordnung des Staates, an ihren Auftrag, ihre Verantwortung sowie an die Tatsache erinnert werden, dass sie nicht als Privatgeschöpfe, sondern als Staatsbürger und Staatsdiener ihres Amtes zu walten haben. Damit mahnt die Verfassung – ähnl. wie Art. 78 – eine Geisteshaltung an, näml. das »Richterethos im demokratischen Staat« (vgl. Limbach DRiZ 95, 425).   13

Absatz 2: Beteiligung von Laien

14 Abs. 2 sieht die Beteiligung ehrenamtl. Richter an der Rechtsprechung vor. Ob und inwieweit in den einzelnen Gerichtsbarkeiten und Verfahren ehrenamtl. Richter mitwirken, richtet sich allerdings nach den vorrangigen Vorschriften des GVG und den Prozessgesetzen des Bundes. Grundlegende Vorschriften über die Rechtsstellung der Laienrichter enthält das DRiG (§§ 44, 45 I). Ein bundesverfassungsrechtl. Gebot zur **Beteiligung des Volkes an der Rechtsprechung** besteht nicht. Das GG enthält weder eine ausdrückl. Vorschrift zur Mitwirkung von Laien noch lässt sich aus Art. 20 II 1 GG eine institutionelle Garantie des Laienrichtertums ableiten; vielmehr werden die Gerichtsorganisation und die Besetzung der Spruchkörper dem einfachen Gesetzgeber überlassen (E 54, 166 f.). Die Bedeutung des Art. 79 II liegt darin, dass der Landesgesetzgeber gehalten ist, überall dort Laienrichter zuzulassen, wo das Bundesrecht diese Möglichkeit eröffnet; denn die Verfassung hat eine grundsätzl. Entscheidung zugunsten des Einsatzes ehrenamtl. Richter getroffen. Ein solcher Ermessensspielraum besteht z.B. nach § 34 VwGO für die zweite Instanz der Verwaltungsgerichtsbarkeit.

15 Nach wie vor bestehen gute Gründe für den Einsatz von Nichtjuristen in der Rechtsprechung. Die ehrenamtl. Richter stellen gleichsam die **Verbindung zwischen der Dritten Gewalt und dem Volk** her. Indem sie ihre Erfahrungen, ihr Hintergrundwissen und ihr Verständnis tatsächl. und gesellschaftl. Zusammenhänge in die Rechtsfindung einbringen, nehmen sie unmittelbar und entscheidend Einfluss auf die Rechtsprechung. Berufsrichter, die ehrenamtl. Richtern in der Beratung juristische Gedankengänge nachvollziehbar machen müssen, sind gezwungen, sich verständl. auszudrücken. Klare Formulierungen werden regelmäßig die Akzeptanz der Entscheidungen erhöhen. Durch die Teilhabe an Rechtsprechungsaufgaben werden bei den Bürgern in gewissem Umfang Verständnis und Interesse an rechtl. Fragen geweckt. Dem Anliegen, das Vertrauen in die Justiz aufzubauen und zu sichern, kann das nur dienl. sein.

16 Abs. 2 muss schließl. bei der **Besetzung des VerfGH** Beachtung finden. Art. 84 I sieht die Mitgliedschaft juristischer Laien am VerfGH vor, indem festgelegt wird, dass drei der neun Mitglieder zum Zeitpunkt ihrer Wahl Berufsrichter sein und drei die Befähigung zum Richteramt haben müssen. Damit können drei Mitglieder eine andere Qualifikation haben und aus anderen Berufsfeldern oder Disziplinen kommen. Unter Berücksichtigung des Art. 79 II folgt daraus, dass bei der Auswahl der Verfassungsrichter dem Laienelement Rechnung getragen werden muss, dies nicht im Sinne einer starren Quote (so aber Wille, S. 41 f.), wohl aber im Sinne eines ernsthaften Bemühens, geeignete Persönlichkeiten zu gewinnen. Für den Einsatz von Nichtjuristen in der Verfassungsgerichtsbarkeit sprechen im Wesentl. die gleichen Gründe wie in der Fachgerichtsbarkeit: gesellschaftl., soziale, wissenschaftl. Vielfalt, die sich in der Besetzung des VerfGH niederschlägt, kann zu höherer Akzeptanz der Judikate in der Bevölkerung führen. Das Kollegium wird in die Lage versetzt, nicht bei ausschließl. juristischen Erwägungen stehen zu bleiben, sondern auch andere Aspekte in den Blick zu nehmen, und gezwungen, die Entscheidungen in klarer und verständl. Sprache abzusetzen.

Art. 80 [Gesetzesbindung]

Die Richter sind an die Gesetze gebunden.

1 Art. 80 betrifft das **Verhältnis der rechtsprechenden Gewalt zur Legislative** und ist insoweit mit Art. 20 III GG vergleichbar. Die Norm bringt die Bindung der Richter an alle wirksamen Gesetze im förml. und im materiellen Sinne sowie an das Gewohnheitsrecht zum Ausdruck. Die Bindung an das Gesetz enthebt den Richter nicht von der Pflicht und dem Recht, das bei seinen Entscheidungen anzuwendende Recht auf seine Vereinbarkeit mit höherrangigem Recht zu überprüfen. Das danach bestehende Prüfungsrecht geht allerdings nicht zwangsläufig einher mit der **Verwerfungskompetenz**, wenn eine Norm wegen Verstoßes gegen höherrangiges Rechts für verfassungswidrig gehalten wird. Art. 100 GG statuiert für förml., nachkonstitutionelle Gesetze ein Verwerfungsmonopol des BVerfG bzw. der Verfassungsgerichte der Länder (vgl. zu den Einzelheiten von Münch/Kunig, Art. 100 Rn. 12 ff.). Solange es keine Landesverfassungsgerichtsbarkeit in Berlin gab, stand den Berliner Gerichten eine Verwerfungskompetenz zu. Nunmehr hat der VerfGH nach Art. 84 II Nr. 4 im Verfahren der konkreten Normenkontrolle über die Vereinbarkeit von Landesgesetzen mit der VvB zu entscheiden (vgl. Art. 84 Rn. 23 ff.).

2 Gesetzesbindung schließt **Rechtsfortbildung** nicht aus. Soweit das geltende Recht Lücken aufweist, können diese in Fortbildung des Rechts geschlossen werden (E 34, 286 ff.). Grenzen der Rechtsfortbildung ergeben sich aus dem eindeutigen Wortlaut und Sinn der Vorschriften und werden jedenfalls dann überschritten, wenn vom Gesetz gewährte Rechtspositionen verkürzt werden (E 65, 194).

3 Im **Verhältnis zu Art. 79 I**, der im Zusammenhang mit der richterl. Unabhängigkeit betont, dass die Gerichte »nur dem Gesetz« unterworfen sind, hat Art. 80 eine andere Zielrichtung. Während Art. 79 I die Weisungsunabhängigkeit der Gerichte garantiert, meint Art. 80 Gesetzesbindung in dem Sinne, dass dem freien Ermessen des Richters Grenzen gesetzt werden. Wie sich aus der Entstehungsgeschichte ergibt (vgl. hierzu Michaelis-Merzbach, S. 83), wollte der Berliner Verfassungsgeber sowohl die Gesetzesbindung als auch die Unabhängigkeit der Richter als tragende rechtsstaatl. Grundsätze zum Ausdruck bringen.

4 Die nach Art. 80 bestehende Bindung der Richter an die Gesetze begründet **kein subjektives Recht** des einzelnen Bürgers, sondern stellt eine rechtsstaatl. Aussage mit objektivrechtl. Gehalt dar; die Einhaltung der Vorschrift kann demzufolge nicht mit der Verfassungsbeschwerde eingefordert werden (VerfGH, B.v. 7.12.04 – 197/04). Die Rüge, eine fachgerichtl. Entscheidung verstoße gegen das Gesetz und damit auch gegen Art. 80, ist unzulässig. Art. 80 ist eine Konkretisierung des

Rechtsstaatsprinzips, zu dem sich die Verfassung sinngemäß im Vorspruch bekennt. Auch das Rechtsstaatsprinzip verleiht kein individuelles Recht, sondern entfaltet Rechtsansprüche des Einzelnen nur im Zusammenhang mit anderen, subjektiven Rechten (LVerfGE 3, 98).

Verfassung von Berlin

Art. 81 [Begnadigung]

Das Recht der Begnadigung übt der Senat aus. Er hat in den gesetzlich vorzusehenden Fällen den vom Abgeordnetenhaus zu wählenden Ausschuss für Gnadensachen zu hören. Der Senat kann seine Befugnis auf das jeweilige zuständige Mitglied des Senats übertragen.

1 Art. 81 gibt dem SvB die Befugnis, im **Einzelfall** eine rechtskräftig erkannte Strafe ganz oder teilweise zu erlassen, sie umzuwandeln oder ihre Vollstreckung auszusetzen (vgl. E 25, 358). Für eine **Amnestie**, dh einen allg. Straferlass, enthält die VvB keine Regelung. Eine Amnestie könnte nur im Wege der Gesetzgebung durch das AvB erfolgen, nicht dagegen durch eine Regelung des SvB.

2 Die **systematische Stellung** des Gnadenrechts im Abschnitt »Rechtspflege« ist verfehlt. Anknüpfend an den Inhaber des Gnadenrechts gehört die Bestimmung in den Abschnitt IV, in dem die Aufgaben der Regierung aufgeführt sind. Der »Rechtspflege« kann das Gnadenrecht nicht einmal dann zugerechnet werden, wenn man hierunter im weiteren Sinne die Anwendung von Rechtsnormen versteht. Denn normative Voraussetzungen für die Ausübung des Gnadenrechts im Range einfachen Gesetzesrechts gibt es nicht.

3 Dem BPräs steht das **Begnadigungsrecht für den Bund** zu (Art. 60 II GG). Dies betrifft nur Fälle, in denen das Verfahren insgesamt vor einem Bundesgericht durchgeführt worden ist, das Bundesgericht also nicht als Revisionsinstanz gegenüber Entscheidungen der Länder tätig geworden ist (Jarass/Pieroth, Art. 60 Rn. 5). Außerhalb des Anwendungsbereichs des Art. 60 II GG stehen Begnadigungen in der Kompetenz der Länder.

4 Im G. über den Ausschuss in Gnadensachen vom 19.12.1968 (GVBl S. 1767) werden Zusammensetzung und Wahl, Zuständigkeiten und Verfahren des nach Art. 81 S. 2 vorgeschriebenen **Gnadenausschusses** geregelt. Einzelheiten des Verfahrens ergeben sich aus der Gnadenordnung vom 13.6.1969 (ABl S. 418). Der SvB hat aufgrund der Ermächtigung in Art. 81 S. 3 die Ausübung des Begnadigungsrechts vorbehaltl. bestimmter Strafen und bestimmter Disziplinarmaßnahmen durch Verwaltungsvorschrift auf das jeweils zuständige Senatsmitglied übertragen (vgl. Anordnung vom 16.9.1997 – ABl S. 3746).

5 Die Frage der **Justitiabilität von Gnadenentscheidungen** ist noch nicht abschließend geklärt. Während das BVerfG zunächst davon ausgegangen war, dass Gnadenentscheidungen keiner gerichtl. Kontrolle zugängl. seien, weil es keine rechtl. Überprüfungsmaßstäbe gäbe (E 25, 361), hat es für den Fall des Widerrufs eines Gnadenerweises eine gerichtl. Kontrolle bejaht (E 30, 111). Auch der VerfGH geht von einer

Rechtsschutzmöglichkeit aus: In einem Verfahren auf Erlass einer einstweiligen Anordnung, in dem der Antragsteller die Einbeziehung in eine Gnadenregelung erstrebte, hat das Gericht auf entsprechende Rügen das Willkürverbot (Art. 10 I) und die Unschuldsvermutung (Art. 9 II) herangezogen, deren Verletzung im konkreten Fall allerdings verneint (VerfGH, B.v. 20.11.96 – 98 A/96).

Verfassung von Berlin

Art. 82 [Richterernennung]

(1) Die Berufsrichter werden vom Senat ernannt, wenn sie nach ihrer Persönlichkeit und ihrer bisherigen Tätigkeit in der Rechtspflege die Gewähr dafür bieten, dass sie ihr Richteramt im Geist der Verfassung und sozialen Gerechtigkeit ausüben werden. Die gewählten höchsten Richter haben ein Vorschlagsrecht für ihren Amtsbereich.

(2) Die Präsidenten der oberen Landesgerichte werden auf Vorschlag des Senats vom Abgeordnetenhaus mit der Mehrheit seiner Mitglieder gewählt und vom Senat ernannt.

(3) Für gemeinsame Gerichte des Landes Berlin mit anderen Ländern können durch Staatsvertrag Zuständigkeiten und Verfahren abweichend von den Absätzen 1 und 2 bestimmt werden.

1   Art. 82 regelt die **Ernennung und Wahl der Berufsrichter**. Die VvB lässt eine Ernennung nur zu, wenn der Berufsrichter nach seiner Persönlichkeit und seiner bisherigen Tätigkeit in der Rechtspflege die Gewähr dafür bietet, dass er sein Richteramt im Geist der Verfassung und der sozialen Gerechtigkeit ausübt. Die Verfassung betont hier nochmals die schon in Art. 78 hervorgehobene Verpflichtung des Richters, die Rechtsprechung im Geiste der Verfassung und des sozialen Verständnisses auszuüben. Mehr noch: Die Verfassung verlangt, dass schon die Auswahlentscheidung nach diesen Kriterien zu treffen ist. Damit kommt dem Verfahren zur Richterauswahl besonderes Gewicht zu.

2   Die wesentl. Voraussetzungen für die Berufung zum Richter sowie die wichtigsten **Rechte und Pflichten der Richter** sind **bundeseinheitl.** geregelt. Das DRiG schreibt für die Rechtsstellung der Richter im Landesdienst Grundsätze in Form von Rahmenvorschriften vor, an die der Landesgesetzgeber beim Erlass des Landesrichtergesetzes gebunden ist (§§ 71 ff. DRiG). Unmittelbar geltendes Recht enthält § 71 III DRiG, der für die Richter im Landesdienst die §§ 123 bis 132 des BRRG für entsprechend anwendbar erklärt. Die Kompetenz des Bundes, die wichtigsten Rechte und Pflichten aus dem Richterverhältnis einheitl. auch für die Richter im Landesdienst zu regeln, folgt teils aus Art. 74 Nr. 1 GG (Gerichtsverfassungsrecht), teils aus Art. 98 III 2 GG (Rahmenvorschriften).

3   Die **Voraussetzungen für die Berufung zum Richter** sind in den §§ 5 ff., 9 DRiG enthalten. Nach § 9 DRiG darf in das Richterverhältnis nur berufen werden, wer Deutscher iSd Art. 116 GG ist, die Gewähr dafür bietet, dass er jederzeit für die freiheitl. demokratische Grundordnung iSd GG eintritt und die Befähigung zum Richteramt besitzt, deren Erwerb in den §§ 5 ff. DRiG geregelt ist.

Art. 98 IV GG ermächtigt die Länder zu bestimmen, dass über die 4
Anstellung der Richter in den Ländern der Landesjustizminister gemeinsam mit einem **Richterwahlausschuss** entscheidet. Die Norm bestätigt nicht nur die aus der Justizhoheit der Länder folgende Kompetenz zur Errichtung von Richterwahlausschüssen, sondern garantiert sie mit der Folge, dass anders lautende Regelungen ausgeschlossen sind (von Münch/Kunig, Art. 98 Rn. 12). Denn es gehört zum Kern des Selbstorganisationsrechts des einzelnen Landes festzulegen, wie die Berufung in das Richterverhältnis für die Richter im Landesdienst vorzunehmen ist. Die Ermächtigung des Art. 98 IV GG umfasst mit dem Begriff der »Anstellung« nicht nur die erstmalige Anstellung, sondern auch die Übernahme in das Richterverhältnis auf Lebenszeit und die Beförderung (BVerwGE 70, 274). Das Land Berlin hat von der Ermächtigung des Art. 98 IV GG Gebrauch gemacht. Nach § 2 I 1 BRiG entscheidet über die Berufung und Beförderung der Richter – mit Ausnahme der vom AvB zu wählenden Präsidenten der obersten Gerichte – der Senator für Justiz gemeinsam mit dem Richterwahlausschuss. § 2 V 2 BRiG sieht vor, dass der Senat das Recht zur Ernennung und Entlassung der Richter auf die oberste Dienstbehörde übertragen kann. Durch die Anordnung über die Ernennung der Richter vom 25.7.1958 (GVBl S. 698) hat der SvB die Ausübung des Rechts zur Ernennung der Richter auf Lebenszeit oder auf Zeit anlässl. einer Berufung in das Richterverhältnis, einer Versetzung an ein anderes Gericht oder einer Beförderung in ein Richteramt auf das für den einzelnen Gerichtszweig zuständige Mitglied des Senats übertragen.

Die gegen § 2 BRiG geäußerten **verfassungsrechtl. Bedenken** (vgl. 5
Pfennig/Neumann, Art. 82 Rn. 3 ff.) greifen nicht durch. Sie beruhen auf der Annahme, der in Art. 82 I gewählte Begriff der »Ernennung« umfasse nicht nur die formelle Ernennung, sondern auch die Auswahlentscheidung; Inhaber dieses umfassenden Ernennungsrechts sei der SvB als Kollegialorgan, der sich seiner verfassungsrechtl. begründeten Kompetenz nicht entäußern dürfe (so Pfennig/Neumann, Art. 82 Rn. 2). Diese Argumentation überzeugt nicht: Art. 82 I ist im Zusammenhang mit Art. 77 I 1 zu sehen. Indem Art. 82 I bestimmt, dass die Berufsrichter vom Senat ernannt werden, hält die Vorschrift an dem Grundsatz fest, dass alle Einstellungen, Versetzungen und Entlassungen im öffentl. Dienst durch den Senat erfolgen (Art. 77 I 1). Auch im Rahmen dieser Vorschrift obliegt die Auswahlentscheidung nicht dem SvB als Kollegialorgan, sondern dem zuständigen Mitglied des Senats. Aus der systematischen Stellung in Abschnitt VI (Die Verwaltung) ergibt sich, dass Art. 77 I 1 zur Abgrenzung der personalrechtl. Zuständigkeiten zwischen Haupt- und Bezirksverwaltung dient, indessen keine Aussage darüber trifft, welches Organ die der Hauptverwaltung zugeordneten Personalentscheidungen zu treffen hat. Die Vorschrift ist dahin zu verstehen,

dass Beamte der Hauptverwaltung durch das zuständige Mitglied des Senats ausgewählt werden (OVG Berlin OVGE 23, 250). Die Annahme, der SvB als Kollegialorgan sei zur Auswahlentscheidung befugt, kollidiert mit der von der VvB besonders hervorgehobenen Stellung der Senatoren: Die Senatsmitglieder werden einzeln gewählt (Art. 56 II). Sie sind unmittelbar dem AvB verantwortl. (Art. 57 II 1). Mit der Verantwortlichkeit der Senatsmitglieder für ihr Ressort (Art. 58 V 1) wäre es nicht vereinbar, wenn der SvB durch Auslese über die Beamten der Hauptverwaltung bestimmte. Die Entstehungsgeschichte belegt diese Auslegung (dazu ausführl. OVG Berlin aaO). Nach diesen Grundsätzen, die auf Art. 82 I zu übertragen sind, bestehen gegen die Regelung in § 2 V BRiG keine Bedenken. Die Auswahlentscheidung trifft das zuständige Senatsmitglied gemeinsam mit dem Richterwahlausschuss. Der SvB als Kollegium hat nur die Befugnis, einen Vorschlag abzulehnen. Der förml. Akt der Ernennung erfolgt im Namen des SvB. Das in Berlin praktizierte Verfahren entspricht der Verfassungslage.

6 Nach § 9 BRiG setzt sich der Richterwahlausschuss aus sieben Mitgliedern auf Grund von Vorschlägen aus der Mitte des AvB, zwei Richtern aus der ordentl. Gerichtsbarkeit und je einem Richter der übrigen Gerichtszweige aus den Vorschlagslisten der Richter, einem Staatsanwalt aus der Vorschlagsliste der Staatsanwälte sowie einem Rechtsanwalt aus einer Vorschlagsliste der Rechtsanwaltskammer zusammen. Die Mitglieder brauchen nicht Abgeordnete zu sein (§ 9 III 2 BRiG). Die Mitglieder müssen wählbar zum AvB sein (vgl. § 9 III 1 BRiG). Damit sind Richter, die ihren Wohnsitz in Brandenburg haben, von dieser Funktion ausgeschlossen.

7 Bei der Berufung entscheidet der Richterwahlausschuss, ob der zu Berufene nach seiner Persönlichkeit und seiner bisherigen Tätigkeit für das Richteramt geeignet ist und die Gewähr bietet, dass er jederzeit für die freiheitl. demokratische Grundordnung iSd GG und der VvB eintritt. Die **Auswahl** ist auf der Grundlage einer Stellungnahme des Präsidialrats nach **Eignung, Befähigung und fachl. Leistung** ohne Rücksicht auf Geschlecht, sexuelle Identität, Abstammung, Rasse, Glauben, religiöse oder politische Anschauungen, gewerkschaftl. Zugehörigkeit, Herkunft oder Beziehungen zu treffen; der Beste soll den Vorzug erhalten (§ 13 II BRiG).

8 Eine Sonderstellung hinsichtl. ihrer Berufung nehmen die **Präsidenten der oberen Landesgerichte** ein, dies sind das Kammergericht, das Oberverwaltungsgericht, das Landessozialgericht, das Landesarbeitsgericht und das Finanzgericht. Deren Präsidenten werden gemäß Abs. 2 auf Vorschlag des SvB vom AvB mit einfacher Mehrheit gewählt und vom SvB ernannt. Näheres ergibt sich aus dem G. über die Wahl der Präsidentinnen und Präsidenten der oberen Landesgerichte vom

20.11.02 (GVBl 345). Art. 82 III lässt für gemeinsame Gerichte des Landes Berlin mit anderen Ländern abweichende Regelungen zu.

Art. 82 III bestimmt, dass für **gemeinsame Gerichte des Landes Berlin mit anderen Ländern** durch Staatsvertrag Zuständigkeiten und Verfahren abweichend von Abs. 1 und 2 bestimmt werden können. Abs. 3 ist durch G. vom 1.9.04 (GVBl 367) eingefügt worden, nachdem im April 2004 die Länder Berlin und Brandenburg einen **Staatsvertrag über die Errichtung gemeinsamer Fachobergerichte** (GVBl S. 381) unterzeichnet hatten. Mit G.v. 10.9.04 (GVBl 380) hat das AvB dem Staatsvertrag zugestimmt und die erforderlichen Anpassungen des Berliner Landesrechts vorgenommen. Bundesrechtl. Vorgaben stehen der Errichtung gemeinsamer Gerichte nicht entgegen (vgl. z.B. § 3 II VwGO). Die Ermächtigung zur Errichtung gemeinsamer Einrichtungen enthält bereits Art. 96, so dass Abs. 3 überflüssig erscheinen könnte (vgl. Pestalozza, LKV 04, 400). Mit der Verfassungsänderung wird indes ausdrückl. klargestellt, dass für gemeinsame Gerichte abweichende Regelungen für die Ernennung der Berufsrichter und Präsidenten mögl. sind. Abs. 3 erlaubt nur Abweichungen hinsichtl. Zuständigkeiten und Verfahren. Damit wird zum Ausdruck gebracht, dass von dem allgemeinen Anforderungsprofil, das Art. 82 I für die Berufsrichter aufstellt, nicht abgewichen werden darf.

Der Staatsvertrag über die Errichtung gemeinsamer Fachobergerichte beruht ausweislich der Präambel auf der Erkenntnis, dass die Länder Berlin und Brandenburg historisch zusammen gehören und in einer gemeinsamen Rechtstradition stehen. Durch die Errichtung gemeinsamer Fachobergerichte soll eine **effizientere Justizstruktur in der Region Berlin-Brandenburg** aufgebaut und das weitere Zusammenwachsen der Länder gefördert werden. Eine gemeinsame Gerichtsstruktur wird als »Meilenstein« auf dem Weg zu einer Länderfusion verstanden (AvBDrs 15, 2828 S. 10). Der Staatsvertrag sieht zum 1.07.05 die Errichtung eines gemeinsamen Oberverwaltungsgerichts mit der Bezeichnung »Oberverwaltungsgericht Berlin-Brandenburg« mit Sitz in Berlin und die Errichtung eines gemeinsamen Landessozialgerichts mit der Bezeichnung »Landessozialgericht Berlin-Brandenburg« mit Sitz in Potsdam vor. Zum 1.1.07 kommen das »Finanzgericht Berlin-Brandenburg« mit Sitz in Cottbus und das »Landesarbeitsgericht Berlin-Brandenburg« (Sitz Berlin) dazu. Verschiedentlich geäußerte Bedenken gegen bestimmte Standorte unter dem Gesichtspunkt effektiven Rechtsschutzes bestehen nicht – auch Cottbus ist für den Rechtssuchenden mit zumutbarem Aufwand erreichbar. Nicht unproblematisch erscheinen allerdings die Mehrausgaben, die dem Land Berlin in den ersten Jahren nach der Errichtung gemeinsamer Fachobergerichte erwachsen (vgl. dazu Pestalozza, LKV 04, 400). Die gemeinsamen Fachobergerichte führen Siegel mit dem Berliner und dem Brandenburger Landeswappen.

Die planmäßigen Richter stehen im Dienste beider Länder. Sie werden auf einvernehmlichen Vorschlag des zuständigen Senators und des zuständigen Ministers durch den gemeinsamen Richterwahlausschuss gewählt. Weitere Einzelheiten zur Richterwahl und Richterernennung legt Art. 2 des Staatsvertrages fest.

Art. 83 [Disziplinargerichtshof] aufgehoben

Art. 83 schrieb die Bildung eines Disziplinargerichtshofs aus Berufsrichtern und Laien vor. Die Vorschrift war mit vorrangigem Bundesrecht nicht vereinbar und nichtig (vgl. hierzu Vorauflage Rn.1). Die Norm ist aufgehoben worden durch G. vom 1.9.04 (GVBl S. 367). Art. 5 des Staatsvertrages über die Errichtung gemeinsamer Fachobergerichte (vgl. Art. 82 Rn. 9) sieht nun in Übereinstimmung mit Art. 98 II und V GG die **Richteranklage** für den Fall vor, dass ein **Richter eines gemeinsamen Fachobergerichtes** gegen das GG oder die verfassungsmäßige Ordnung Berlins oder Brandenburgs verstößt.

Art. 84 [Verfassungsgerichtshof]

(1) Es wird ein Verfassungsgerichtshof gebildet, der aus neun Mitgliedern besteht (einem Präsidenten, einem Vizepräsidenten und sieben Verfassungsrichtern), von denen drei zum Zeitpunkt ihrer Wahl Berufsrichter sind und drei weitere die Befähigung zum Richteramt haben. Die Mitglieder des Verfassungsgerichtshofs werden durch das Abgeordnetenhaus mit Zweidrittelmehrheit gewählt.

(2) Der Verfassungsgerichtshof entscheidet

1. über die Auslegung der Verfassung von Berlin aus Anlass von Streitigkeiten über den Umfang der Rechte und Pflichten eines obersten Landesorgans oder anderer Beteiligter, die durch die Verfassung von Berlin oder durch die Geschäftsordnung des Abgeordnetenhauses mit eigenen Rechten ausgestattet sind,
2. bei Meinungsverschiedenheiten oder Zweifeln über die förmliche oder sachliche Vereinbarkeit von Landesrecht mit der Verfassung von Berlin auf Antrag des Senats oder eines Viertels der Mitglieder des Abgeordnetenhauses,
3. bei Meinungsverschiedenheiten oder Zweifeln über die Vereinbarkeit der im Gesetz geregelten Abgrenzung der Zuständigkeitsbereiche zwischen der Hauptverwaltung und den Bezirken mit der Verfassung von Berlin auf Antrag eines Bezirks,
4. in den nach Art. 100 I des Grundgesetzes für die Bundesrepublik Deutschland der Zuständigkeit der Landesverfassungsgerichte zugewiesenen Fällen,
5. über Verfassungsbeschwerden, soweit nicht Verfassungsbeschwerde zum Bundesverfassungsgericht erhoben ist oder wird,
6. in den ihm sonst durch Gesetz zugewiesenen Fällen.

(3) Das Nähere wird durch ein Gesetz über den Verfassungsgerichtshof bestimmt.

Absatz 1: Stellung und Besetzung

1 Die Bildung eines VerfGH war schon in Art. 72 VvB 1950 vorgesehen. Allerdings scheiterte die Errichtung an dem Dissens zwischen den Westmächten und der Bundesrepublik Deutschland über die **Stellung Berlins** (weiterführend: Wilke, FS Sendler, S. 140 f.). Da eine Lösung der staatsrechtl. Fragen um die Stellung der Stadt nicht zu erwarten war, nahm das Land im Jahre 1974 Abstand von den Plänen zur Errichtung eines Verfassungsgerichts. Art. 72 VvB 1950 wurde suspendiert (G. v. 22.11.1974 – GVBl. S. 2741). Neue Initiativen gab es in den Jahren 1986 und 1987, als die Enquète-Kommission ein Bedürfnis für die Errichtung eines VerfGH bejahte (AvBDrs X 2767). Den weiteren Weg ebnete die Geschichte: Mit der Herstellung der deutschen Einheit und

dem Entfallen der alliierten Vorbehalte stand einem Berliner Verfassungsgericht nichts mehr entgegen. Zur Errichtung bedurfte es im Hinblick auf die Suspendierung des Art. 72 VvB 1950 der Verfassungsänderung, die 1990 erfolgte (G. v. 3.9.1990 – GVBl. 1877). Bei der Überarbeitung der VvB im Jahre 1995 behielt der Artikel über den VerfGH im Wesentl. seine Gestalt.

Der VerfGH ist ein **Verfassungsorgan**. Er besitzt Geschäftsordnungsautonomie und organisatorische Selbständigkeit (§ 12 II VerfGHG). Der VerfGH ist dazu berufen, das Verfassungsrecht bindend auszulegen und fortzubilden; er soll sicherstellen, dass die politisch gestaltenden Verfassungsorgane die Verfassung beachten. In Ausübung der ihm durch die Verfassung übertragenen Aufgaben hat der VerfGH bestimmte Grenzen einzuhalten. Im gewaltenteilenden Verfassungsstaat kann ihm nur eine relative Unabhängigkeit von anderen Staatsorganen zukommen. Die Kompetenzen anderer Verfassungsorgane sind zu achten, die Freiräume politischer Gestaltungsmöglichkeiten dürfen nicht eingeschränkt werden. Gesetzgeberische Prognose- und Abwägungsentscheidungen sind vom VerfGH ledigl. auf Verfahrensfehler oder auf offenkundige inhaltl. Fehler zu überprüfen (LVerfGE 3, 31 f.). 2

Die Verfassung legt die Zahl der **Mitglieder** auf neun fest. Hinsichtl. der Qualifikation ist vorgesehen, dass drei Mitglieder zum Zeitpunkt ihrer Wahl Berufsrichter sein und drei weitere die Befähigung zum Richteramt haben müssen, also Volljuristen sind. Die damit eröffnete und durch Art. 79 II sogar gebotene Möglichkeit, Nichtjuristen zu Verfassungsrichtern zu wählen (vgl. Art. 79 Rn. 16), wurde bislang in Berlin nicht umgesetzt. 3

Nach Abs. 1 werden die Mitglieder des VerfGH vom AvB mit Zweidrittelmehrheit gewählt. Einzelheiten der Richterwahl sind im VerfGHG geregelt. Die in § 1 III VerfGHG normierte »**Männer- und Frauenquote**«, nach der Männer und Frauen jeweils drei der Verfassungsrichter stellen müssen, ist zu begrüßen. Bis zu dem Zeitpunkt, in dem die gleichberechtigte Teilhabe von Frauen und Männern auf allen Gebieten des gesellschaftl. Lebens selbstverständl. ist, bedarf es zur effektiven Durchsetzung des verfassungsrechtl. Auftrags (Art. 10 III 2) entsprechender gesetzl. Regelungen. 4

Inkompatibilitätsvorschriften enthält die VvB nicht. Allerdings schreibt das VerfGHG in § 3 II 1 vor, dass Mitglieder einer gesetzgebenden Körperschaft oder einer Regierung nicht Mitglieder des VerfGH sein können. Auch Angehörige des öffentl. Dienstes mit Ausnahme von Richtern und Hochschullehrern sind nicht wählbar (§ 3 II 2 VerfGHG). Diese Regelungen konkretisieren die Gewaltenteilung und sind verfassungsrechtl. geboten. Als gesetzgebende Körperschaft ist in Berlin nur das AvB anzusehen. Mitglieder der BVV können also – sofern ihrer 5

Wählbarkeit kein anderes Hindernis im Wege steht – zu Verfassungsrichtern gewählt werden.

6 In der Bundesrepublik Deutschland besteht Verfassungsgerichtsbarkeit auf Bundesebene und auf Landesebene. Aus der bundesstaatl. Ordnung folgt, dass Bund und Länder grundsätzl. selbständig nebeneinander stehende, getrennte Verfassungsräume haben (E 60, 209; 64, 317). Aus der Eigenstaatlichkeit und der daraus folgenden Verfassungsautonomie ergibt sich die Befugnis der Länder, eigene Verfassungsgerichte einzurichten und ihnen bestimmte Zuständigkeiten zuzuweisen. Die **doppelte Verfassungsgerichtsbarkeit** führt zu Überschneidungen und Kollisionen, die von erhebl. praktischer Bedeutung sind (vgl. Pestalozza, S. 374 ff.). Zuständigkeitskonkurrenzen entstehen, wenn sich die Zuständigkeiten von BVerfG und LVerfG überschneiden – wie z.B. bei konkurrierenden Verfassungsbeschwerdeverfahren (vgl. unten Rn. 26 f.). Schwieriger als die damit zusammenhängenden Fragen ist die exakte Festlegung der Prüfungsmaßstäbe. Im Grundsatz gilt, dass das BVerfG Rechtsschutz in Bezug auf die Bundesverfassung gewährt, die Staats- und Verfassungsgerichtshöfe der Länder in Bezug auf die jeweiligen LV. Aus der grundsätzl. Trennung der Verfassungsräume folgt, dass die Landesverfassungsgerichtsbarkeit nur Akte der Landesstaatsgewalt am Maßstab der LV überprüft. Dabei ist zu beachten, dass es Bestimmungen des GG gibt, die in die LV hineinwirken und so zu einem konstitutiven Element der verfassungsmäßigen Ordnung in den Ländern werden (vgl. LVerfGE 1, 61 f. mwN). Das BVerfG kann Akte der Staatsgewalt sowohl des Bundes als auch der Länder überprüfen, wobei jedoch ausschließl. Prüfungsmaßstab das Verfassungsrecht des Bundes ist.

Absatz 2: Zuständigkeiten

7 Abs. 2 enthält den Zuständigkeitskatalog. Die Zuständigkeit des VerfGH ist in der VvB und im VerfGHG erschöpfend geregelt. Außerhalb dieses enumerativen Zuständigkeitskatalogs ist der VerfGH nicht entscheidungsbefugt (VerfGH LKV 99, 360).

Nr. 1: Organstreitverfahren

8 Nach Nr. 1 obliegt dem VerfGH die Entscheidung sog. **Organstreitigkeiten**, dh von Verfassungsstreitigkeiten, die das organschaftl. Verhältnis zwischen Rechtsträgern des Landes betreffen.

9 **Beteiligungsfähig** im Organstreitverfahren sind oberste Landesorgane und andere Beteiligte, die durch die VvB oder die GOAvB mit eigenen Rechten ausgestattet sind. Beteiligtenfähig sind daher die einzelnen Abgeordneten (LVerfGE 12, 78) und die Fraktionen des AvB (LVerfGE 1, 127). Auch eine parlamentarische Gruppe iSd GOAvB ist zur Gel-

tendmachung ihrer parlamentarischen Rechte im Organstreitverfahren parteifähig (LVerfGE 2, 51), nicht dagegen eine Senatsverwaltung (LVerfGE 6, 74), ein Bezirk (LVerfGE 11, 65), eine BVV (LVerfGE 9, 58) oder die Fraktion einer BVV (LVerfGE 1, 42). Anerkannt ist die Beteiligtenfähigkeit politischer Parteien. Sie können die Verletzung ihres verfassungsrechtl. Status, zu dem auch ihr Recht auf Chancengleichheit gehört, im Organstreitverfahren rügen (LVerfGE 1, 113). Dagegen ist das Volk, also die Gesamtheit der Deutschen mit Wohnsitz in Berlin (Art. 2 I), im Organstreit gemäß Art. 84 II Nr. 1 nicht parteifähig, ebenso wenig der Träger eines Volksbegehrens (VerfGH LKV 99, 359). Die Fortführung des Rechtsstreits durch den Rechtsnachfolger (z. B. im Fall von Neuwahlen und der Neubildung des SvB) ist unter der Voraussetzung mögl., dass eine Klärung verfassungsrechtl. bedeutsamer Fragen zu erwarten ist und eine hinreichende Wahrscheinlichkeit besteht, dass es auch in Zukunft Streitigkeiten zwischen den Beteiligten aus ähnl. Anlass geben kann (LVerfGE 6, 76). Wird während der Anhängigkeit eines von einer Fraktion des AvB in Gang gesetzten Organstreitverfahrens das Parlament neu gewählt, bleibt das Organstreitverfahren zulässig, wenn die neue Fraktion derselben Partei ausdrücklich die Fortsetzung des Verfahrens erklärt (VerfGH, B.v. 21.3.03 – 6/01). Bedenken bestehen insoweit nicht, weil der Organstreit nur auf eine verfassungsgerichtl. Entscheidung feststellenden Charakters zielt (§ 39 VerfGHG). Hinzu kommt, dass verfassungsgerichtl. Verfahren typischerweise einige Zeit in Anspruch nehmen, so dass die Verfahrensbeteiligten, deren Lebensdauer von der Dauer der Wahlperiode abhängig ist, weitgehend gehindert wären, die Klärung einer klärungsbedürftigen verfassungsrechtl. Rechtsfrage zu betreiben, weil sie Gefahr laufen, vor Beendigung dieser Auseinandersetzung ihre Parteifähigkeit einzubüßen (LVerfGE 1, 18). Zugleich kann ein öffentl. Interesse an der Klärung einer Verfassungsfrage befriedigt werden. Als Korrektiv bleibt das Erfordernis des fortbestehenden Rechtsschutzbedürfnisses (vgl. Rn. 14).

Im Organstreitverfahren müssen sich Antragsteller und Antragsgegner hinsichtl. des Streitgegenstandes in einem **verfassungsrechtl. Rechtsverhältnis** befinden. Dieses Erfordernis ist dogmatisch als Kriterium zur Rechtswegabgrenzung zu verstehen. Es reicht nicht aus, dass die Beteiligten Verfassungsorgane sind, vielmehr muss es um eine Maßnahme oder Unterlassung gehen, die Rechte und Pflichten aus einem verfassungsrechtl. Verhältnis berührt (LVerfGE 4, 17). 10

Die **Antragsbefugnis** ist gegeben, wenn der Antragsteller geltend machen kann, durch eine Maßnahme oder Unterlassung des Antragsgegners in seinen ihm durch die VvB übertragenen Rechten und Pflichten verletzt oder unmittelbar gefährdet zu sein (§ 37 I VerfGHG). Geltendmachung bedeutet, dass nach den vorgetragenen Umständen die Mög- 11 lichkeit einer solchen Rechtsverletzung bestehen muss (LVerfGE 6, 74). Wenden sich Abgeordnete gegen einen Beschluss des AvB über die vorzeitige Beendigung der Wahlperiode (Art. 54 II), ist die Antragsbefugnis gegeben, da die Antragsteller in ihrer Rechtsstellung als Abgeordnete unmittelbar betroffen sind. Die Festlegung der Wahlperiode auf fünf Jahre soll dem AvB als zentralem demokratischen Verfassungsorgan (auch) die wirksame und kontinuierliche Erfüllung seiner Aufgaben ermöglichen; an dieser Gewährleistung hat der Status des einzelnen Abgeordneten notwendigerweise Anteil. Eine mit den Bestimmungen der VvB unvereinbare Verkürzung der Wahlperiode würde zugleich in den in Art. 38 IV garantierten Abgeordnetenstatus eingreifen (LVerfGE 12, 78). Die geltend gemachten Rechte müssen dem Antragsteller grundsätzl. selbst zustehen. Fraktionen sind befugt, im Wege der **Prozessstandschaft** die Verletzung von verfassungsmäßigen Rechten des AvB durch den SvB geltend zu machen (LVerfGE 6, 76). Eine Fraktion als Teil des Parlaments kann dessen Rechte auch dann in einem Organstreitverfahren geltend machen, wenn das Parlament selbst die Maßnahme gebilligt hat. Diese Befugnis, Rechte des AvB selbst gegen dessen Willen vor dem VerfGH geltend zu machen, bringt den Minderheitenschutz zur Geltung, der durch die Zulassung der Prozessstandschaft in § 37 I VerfGHG beabsichtigt war (VerfGH, B.v. 21.03.03 – 6/01).

12 Angriffsgegenstand einer Organklage kann nur eine »**Maßnahme oder Unterlassung**« sein. Die zur Nachprüfung gestellte Maßnahme muss rechtserhebl. sein oder sich zumindest zu einem die Rechtsstellung des Antragstellers beeinträchtigenden, rechtserhebl. Verhalten verdichten können; die Verletzung oder Gefährdung der Rechte und Pflichten muss sich aus dem Sachvortrag als mögl. Rechtsfolge ergeben (LVerfGE 3, 80). Auch der Erlass eines Gesetzes kann eine Maßnahme iSd § 37 I VerfGHG sein (LVerfGE 1, 113). Ein pflichtwidriges Unterlassen des Gesetzgebers kommt als Angriffsgegenstand ebenfalls in Betracht; hier bestehen besondere Substantiierungserfordernisse (vgl. LVerfGE 3, 91).

13 Ein Antrag im Organstreitverfahren kann zulässigerweise nur binnen sechs Monaten von dem Zeitpunkt an gestellt werden, in dem die beanstandete Maßnahme oder Unterlassung dem Antragsteller bekannt geworden ist (§ 37 III VerfGHG). Dabei sind private Verlautbarungen grundsätzl. nicht geeignet, die **Frist** in Gang zu setzen (LVerfGE 6, 76). Bei der Rüge einer unterlassenen Gesetzgebung muss ein konkreter Zeitpunkt feststehen oder feststellbar sein, zu dem der Gesetzgeber spätestens hätte tätig werden müssen (LVerfGE 3, 94).

14 Der Antragsteller muss schließl. ein **Rechtsschutzbedürfnis** haben. Dies kann in einem Organstreitverfahren zwischen einer Fraktion des AvB und dem SvB auch dann bestehen, wenn es inzwischen zu Neuwahlen des AvB und in der Folge zur Neubildung des SvB gekommen

ist. Entscheidend ist die hinreichende Wahrscheinlichkeit, dass es auch in Zukunft zu Streitigkeiten zwischen den Beteiligten aus ähnl. Anlass kommen kann (LVerfGE 6, 76). Das Rechtsschutzbedürfnis kann indessen fehlen, wenn die Antragsteller die Möglichkeit einer fachgerichtl. Überprüfung nicht erschöpfend wahrgenommen hat. Diese Konstellation kann sich bei politischen Parteien ergeben, die mögl. Antragsteller im Organstreitverfahren sind, aber – z.B. im Zusammenhang mit der Erstattung von Wahlkampfkosten – auch Rechtsschutz vor den Verwaltungsgerichten erlangen können. Kann eine Partei ihr primäres Ziel im Rahmen eines bereits anhängig gemachten und nicht offensichtl. unzulässigen Verwaltungsgerichtsverfahren erreichen, muss sie diesen Weg zu Ende gehen. Ihr fehlt das Rechtsschutzbedürfnis für die verfassungsgerichtl. Klärung ohne vorherige fachrichterl. Aufbereitung (LVerfGE 1, 121 – Sondervotum Kunig).

Prüfungsmaßstab ist die VvB. In seiner Entscheidung stellt der VerfGH fest, ob die beanstandete Maßnahme oder Unterlassung des Antragsgegners gegen eine – in der Entscheidungsformel zu bezeichnende – Bestimmung der VvB verstößt (§ 39 VerfGHG). 15

Nr. 2: Abstrakte Normenkontrolle

Antragsberechtigt im Verfahren der abstrakten Normenkontrolle sind der SvB oder ein Viertel der Mitglieder des AvB. **Verfahrensgegenstand** ist die förml. oder sachl. Vereinbarkeit von Landesrecht mit der VvB. Überprüfbar sind alle landesrechtl. Rechtsnormen. Auf Entstehungszeitpunkt, Rang, Form und Inhalt kommt es nicht an (vgl. Seifert/Hömig, Art. 93 Rn. 10). Die abstrakte Normenkontrolle ist ein objektives Verfahren, das allein dem Schutz des Verfassungsvorrangs und der Rechtsordnung vor verfassungswidrigen Sätzen dient. Angesichts des objektiven Charakters ist ein Rechtsschutzinteresse der Antragsteller oder ihre konkrete Beeinträchtigung durch die angegriffenen Normen nicht erforderl. (vgl. E 1, 407). Zulässig erhobene Normenkontrollanträge, die sich auf Bestimmungen eines Haushaltsgesetzes beziehen, werden durch den Ablauf des Haushaltsgesetzes nicht unzulässig, da ein Entscheidungsinteresse über den Zeitraum der rechtl. Wirkung dieser Bestimmungen hinaus besteht. Der begrenzten zeitlichen Geltung des Haushaltsgesetzes entspricht die jährliche Wiederkehr eines Gesetzes gleicher Art. Damit besteht die Möglichkeit, dass eine mit einem Normenkontrollantrag zur Prüfung gestellte verfassungsrechtl. zweifelhafte Normsetzung des Haushaltsgesetzgebers von Jahr zu Jahr wiederholt wird (VerfGH LKV 04, 76 unter Hinweis auf E 79, 328). Der VerfGH ist an die Anträge nicht gebunden, vielmehr prüft er die Norm unter allen rechtl. Gesichtspunkten. Einzelheiten des Verfahrens sind in §§ 43 ff. VerfGHG geregelt. 16

17 **Prüfungsmaßstab** ist grundsätzl. nur die VvB. Der VerfGH ist befugt zu überprüfen, ob der Landesgesetzgeber die Gesetzgebungskompetenz für die streitgegenständl. Normen hat. Die Verteilung der Gesetzgebungszuständigkeiten ist auch Bestandteil des Landesverfassungsrechts; die Frage, ob eine Rechtsnorm mit der LV vereinbar ist, schließt die Prüfung der Gesetzgebungsbefugnis des Landes ein (RhPfVerfGH DVBl 01, 470; vgl. zu dieser Streitfrage einerseits NWVerfGH OVGE 43, 205; andererseits BayVerfGH 45, 41; offen lassend: LVerfGE 4, 332; 5, 44).

18 Der VerfGH muss nach Art. 100 I und III GG dem BVerfG vorlegen, wenn er ein entscheidungserhebl. Gesetz für grundgesetzwidrig hält. Die Landesverfassungsgerichte sind als letztinstanzl. Gericht iSd Art. 234 III EGV verpflichtet, eine Vorabentscheidung des EuGH einzuholen, wenn für ihre Entscheidung die Auslegung des EGV oder die Gültigkeit und Auslegung des abgeleiteten Gemeinschaftsrechts in Frage steht.

19 Gelangt der VerfGH zu dem Ergebnis, dass die zu prüfende Norm der VvB widerspricht, erklärt er sie für nichtig oder mit der VvB unvereinbar (§ 45 S. 1 VerfGHG). Mit der **Nichtigerklärung** wird die Nichtigkeit der Norm deklaratorisch und mit Wirkung ex tunc festgestellt (Schlaich, Rn. 345 ff.). Im Fall der **Unvereinbarkeitserklärung** bleibt die Norm zunächst bestehen, darf aber nicht mehr angewendet werden, sofern ihre befristete Weitergeltung nicht ausnahmsweise angeordnet ist. Diese Entscheidungsvariante kommt in Betracht, wenn die Nichtigerklärung der Norm zu einem Zustand führen würde, der von dem verfassungsmäßigen Zustand noch weiter entfernt wäre als die vorübergehende Weiteranwendung der Norm (vgl. Schlaich, Rn. 366, 373; vgl. auch LVerfGE 6, 45). In der Entscheidung zum Doppelhaushalt 2002/2003 hat der VerfGH Vorschriften des Haushaltsgesetzes für die Zeit ab Verkündung des Urteils für nichtig erklärt; insoweit wurde ausgeführt, die Gemeinwohlbelange könnten von den zuständigen Organen im Wege des Nothaushaltsrechts nach Art. 89 gewahrt werden. Für die Vergangenheit stellte der VerfGH lediglich die Unvereinbarkeit der Regelungen des Haushaltsgesetzes 2002/2003 mit der Verfassung fest, um Eingriffe in bereits abgeschlossene Tatbestände im Interesse einer verlässlichen und in ihren Auswirkungen kalkulierbaren Finanz-, Ausgaben- und Haushaltswirtschaft zu vermeiden (VerfGH LKV 04, 76; kritisch zur Trennung zwischen nichtigem und bloß unvereinbarem Haushaltsrecht Pestalozza, LKV 04, 63). Aus der Verfassungswidrigkeit einzelner Vorschriften ergibt sich die **Nichtigkeit des ganzen Gesetzes**, wenn die verfassungswidrige Vorschrift Teil einer Gesamtregelung ist, die ihren Sinn und ihre Rechtfertigung verlöre, nähme man einen ihrer Bestandteile heraus, wenn also die nichtige Vorschrift mit den übrigen Bestimmungen so verflochten ist, dass sie eine untrennbare Einheit bilden, die nicht in ihre einzelnen Bestandteile zerlegt werden kann (vgl. E 8, 301).

Nr. 3: Normenkontrolle der Zuständigkeitsabgrenzung

Nach Nr. 3 entscheidet der VerfGH auf Antrag eines Bezirks bei Meinungsverschiedenheiten oder Zweifeln über die Vereinbarkeit der in einem Gesetz geregelten **Abgrenzung der Zuständigkeitsbereiche** zwischen der Hauptverwaltung und den Bezirken mit der VvB. Das schon 1994 in die VvB 1950 eingeführte Verfahren knüpft an die Neuregelung der Zuständigkeit zwischen der Hauptverwaltung und den Bezirksverwaltungen an (G. v. 6.7.1994 – GVBl S. 217). Eine Änderung der Rechtsstellung der Bezirke innerhalb der Einheitsgemeinde war damit nicht beabsichtigt. Die Bezirke können die ihnen eingeräumten Rechte weder im Wege der allg. Verfassungsbeschwerde noch im Wege des Organstreitverfahrens durchsetzen. Das Normenkontrollverfahren der Zuständigkeitsabgrenzung ist der einzige Weg (LVerfGE 11, 67; vgl. auch Art. 66 Rn. 3 ff.). 20

Nach Art. 67 I nimmt der SvB durch die Hauptverwaltung die Aufgaben wahr, die von gesamtstädtischer Bedeutung sind. Nach Art. 67 II 1 nehmen die Bezirke alle anderen Aufgaben der Verwaltung wahr. Der Begriff **gesamtstädtische Bedeutung** ist ein unbestimmter Verfassungsbegriff, der einen Beurteilungsspielraum des Gesetzgebers eröffnet. Dem VerfGH obliegt im Streitfall die Prüfung, ob die Beurteilung des Gesetzgebers »nachvollziehbar und vertretbar« ist (LVerfGE 3, 31 f.), was anhand aller Stellungnahmen, Erklärungen, Überlegungen und Daten zu klären ist, die in das Gesetzgebungsverfahren eingeflossen sind. Darüber hinaus gehenden Einschränkungen ist der Gesetzgeber nicht unterworfen. 21

Gemäß § 57 I VerfGHG kann ein Bezirk im Verfahren der Normenkontrolle der Zuständigkeitsabgrenzung ausschließ. geltend machen, er werde durch das von ihm zur Beurteilung gestellte Gesetz in seinen Rechten aus Art. 67 verletzt. Ein Gesetz oder eine einzelne gesetzl. Bestimmung, die den verfassungsrechtl. Grundsätzen der Aufgabenteilung zwischen Hauptverwaltung und Bezirken nicht entspricht, ist gemäß § 57 III iVm § 45 VerfGHG für nichtig zu erklären. 22

Nr. 4: Konkrete Normenkontrolle

Nach Nr. 4 entscheidet der VerfGH in den nach Art. 100 I GG der Zuständigkeit der Landesverfassungsgerichte zugewiesenen Fällen. Hält ein Gericht ein Gesetz, auf dessen **Gültigkeit** es bei der Entscheidung ankommt, für verfassungswidrig, so ist das Verfahren auszusetzen und die Entscheidung des Landesverfassungsgerichts einzuholen, wenn 23 es sich um die Verletzung der Verfassung eines Landes handelt. Geht es um die Verletzung des GG, so ist dem BVerfG vorzulegen (Art. 100 I GG). Ist der Spruchkörper überzeugt, dass eine einschlägige landesrechtl. Vorschrift sowohl das GG als auch die VvB verletzt, so hat er die Frage der Unvereinbarkeit der Norm mit dem Bundesrecht dem BVerfG, die Frage der Unvereinbarkeit mit der LV dem VerfGH vorzulegen. Beide Verfahren können wahlweise oder nebeneinander betrieben werden.

24 Das Verfahren der konkreten Normenkontrolle kann nur von staatl. Gerichten in Gang gesetzt werden. Andere Staatsorgane sind weder vorlageberechtigt noch vorlagepflichtig. Voraussetzung der Vorlage ist, dass das Gericht das im anhängigen Verfahren anzuwendende Gesetz für verfassungswidrig hält. Das Gericht muss von der Verfassungswidrigkeit der Norm überzeugt sein. Zweifel an der Verfassungsmäßigkeit reichen nicht aus (vgl. E 80, 59). Zu den überprüfbaren Rechtsnormen rechnen nur **formelle, nachkonstitutionelle Gesetze**. Die Gültigkeit der für verfassungswidrig gehaltenen Norm muss für den Ausgang des Rechtsstreits entscheidungserhebl. sein (vgl. E 58, 317 f.). Für die Beurteilung der **Entscheidungserheblichkeit** ist die Rechtsauffassung des vorlegenden Gerichts maßgebl., es sei denn, dass sich diese als offensichtl. unhaltbar erweist (vgl. E 72, 60). Die Pflicht, das Verfahren auszusetzen und die Entscheidung des VerfGH einzuholen, besteht unabhängig davon, ob die Nichtigkeit der Rechtsvorschrift durch die Beteiligten gerügt wird (§ 46 I und III VerfGHG). Im Rahmen eines einstweiligen Rechtsschutzverfahrens kommt eine Vorlage in Betracht, wenn die einstweilige Anordnung die Hauptsacheentscheidung im Wesentl. vorwegnimmt (E 86, 389). Die Nichtvorlage an das zuständige Gericht verletzt die verfassungsrechtl. Gewährleistung des gesetzl. Richters (Art. 15 V 2) und kann mit der Verfassungsbeschwerde angefochten werden, wenn sich die Unterlassung als unvertretbar und damit objektiv willkürl. darstellt (vgl. LVerfGE 7, 54).

25 **Prüfungsmaßstab** ist gemäß Art. 100 I 1 GG, Art. 84 II Nr. 4 ausschließl. die VvB. Der VerfGH prüft die in zulässiger Weise vorgelegte Norm unter allen denkbaren verfassungsrechtl. Gesichtspunkten, also nicht allein unter dem vom vorlegenden Gericht gewählten Blickwinkel (vgl. E 67, 11). Zu entscheiden ist vom VerfGH nur die Rechtsfrage, also die Vereinbarkeit der Norm mit der VvB (vgl. § 48 I VerfGHG). Nach der Entscheidung greift das vorlegende Gericht sein Verfahren wieder auf und entscheidet den Ausgangsfall.

Nr. 5: Verfassungsbeschwerde

26 Nach Nr. 5 entscheidet der VerfGH über Verfassungsbeschwerden. Die Verfassungsbeschwerde zum Berliner VerfGH ist in zweifacher Hin-

sicht subsidiär, näml. zum einem gegenüber der Entscheidungskompetenz der Fachgerichte, zum anderen gegenüber dem Verfahren vor dem BVerfG. Die Subsidiarität gegenüber den Fachgerichten kommt in dem in § 49 II VerfGHG niedergelegten Gebot der Rechtswegerschöpfung zum Ausdruck (vgl. Rn. 36 f.). Die Subsidiariät gegenüber dem BVerfG ergibt sich unmittelbar aus der Verfassung. Nach Art. 84 II Nr. 5 entscheidet der VerfGH über Verfassungsbeschwerden, »soweit nicht Verfassungsbeschwerde zum BVerfG erhoben ist oder wird«. Zum Verhältnis der Bundesverfassungsbeschwerde zur Landesverfassungsbeschwerde bestimmt § 90 III BVerfGG, das Recht, eine Verfassungsbeschwerde an das Landesverfassungsgericht nach dem Recht der LV zu erheben, bleibe unberührt. Beide Rechtsinstitute bestehen unabhängig voneinander und können miteinander konkurrieren. Da die Verfassungsbereiche des Bundes und der Länder grundsätzl. selbständig nebeneinander stehen, besteht auch in der verfassungsgerichtl. Praxis ein **doppelter Grundrechtsschutz**. Aus § 90 III BVerfGG folgt indessen, dass die Länder die Konkurrenz vermeiden können, indem sie die landesrechtl. Beschwerde für subsidiär erklären. Diesen Weg ist Berlin gegangen. Nach dem Willen des Verfassungsgebers ist die Möglichkeit, Verfassungsbeschwerde zu erheben, nur alternativ eröffnet, um eine Konkurrenz zum BVerfG zu vermeiden (näher hierzu Wille, S. 231).

Nr. 5 begründet ein **absolutes Zulässigkeitshindernis** für ein paralleles Verfassungsbeschwerdeverfahren vor dem VerfGH, soweit ein Beschwerdeführer Verfassungsbeschwerde zum BVerfG erhoben hat oder erhebt (LVerfGE 1, 154). Die Subsidiaritätsklausel greift nur dann ein, wenn **derselbe Hoheitsakt** angegriffen wird; ist Streitgegenstand beim VerfGH eine landesrechtl. Vorschrift, beim BVerfG dagegen ein Hoheitsakt der öffentl. Gewalt des Bundes (z.B. ein Urteil des BVerwG), führt die Erhebung der Verfassungsbeschwerde vor dem BVerfG nicht zur Unzulässigkeit der anhängigen Landesverfassungsbeschwerde (LVerfGE 5, 7). Der Beschwerdeführer kann das Zulässigkeitshindernis nicht dadurch umgehen, dass er nur bestimmte Rügen erhebt. Jedwede Anrufung des BVerfG schließt für denselben Verfahrensgegenstand eine Verfassungsbeschwerde zum Berliner VerfGH aus. Dies gilt auch dann, wenn die parallelen Verfassungsbeschwerden auf unterschiedl. Prüfungsmaßstäbe beschränkt werden (LVerfGE 10, 96). 27

Eine Entscheidung des VerfGH kann Gegenstand einer **Verfassungsbeschwerde beim BVerfG** sein (vgl. z.B. BVerfG NJW 96, 1464). Das BVerfG ist dabei aber im Hinblick auf die zu achtende Eigenständigkeit der Landesverfassungsgerichtsbarkeit in seiner Prüfungskompetenz beschränkt. Da sich das BVerfG nicht als zweite Instanz über den Landesverfassungsgerichten darstellt, ist es nicht befugt, deren Urteile in vollem Umfang zu überprüfen (E 60, 208). Die Auslegung der LV kann vom BVerfG nicht überprüft werden (BVerfG NJW 96, 1464). 28

Verfassung von Berlin

29 Die Zulässigkeitsvoraussetzungen der Verfassungsbeschwerde ergeben sich aus §§ 49 ff. VerfGHG. § 49 I VerfGHG verlangt zweierlei: Der Beschwerdeführer muss eine Maßnahme der öffentl. Gewalt des Landes Berlin benennen **(Berliner öffentliche Gewalt)**, und er muss sich auf die Verletzung eines seiner in der VvB verbürgten Rechte **(Berliner Recht)** berufen. Dabei ist berücksichtigungsfähig nur das Vorbringen, das innerhalb der Beschwerdefrist des § 51 I VerfGHG eingegangen ist (LVerfGE 4, 49). §§ 49 I, 50 VerfGHG stellen formale Anforderungen an die Begründung der Beschwerde, die sicherstellen sollen, dass dem VerfGH ein entscheidungsfähiger Sachverhalt unterbreitet wird. Das Merkmal »bezeichnen« in § 50 VerfGHG verlangt für die Zulässigkeit einer Verfassungsbeschwerde, dass hinreichend deutlich die Möglichkeit einer Verletzung eines dem Beschwerdeführer von der VvB verbürgten Grundrechts durch die angegriffenen Maßnahmen vorgetragen wird (LVerfGE 13, 67). Dem **Begründungserfordernis** genügt nicht, wer ledigl. eine Reihe von Verfassungsartikeln aufzählt, bruchstückhafte Ausführungen macht oder nur pauschale Hinweise auf Anlagen und Gerichtsentscheidungen gibt (LVerfGE 2, 66). Der sich aus § 50 VerfGHG ergebenden Substantiierungspflicht genügt auch derjenige nicht, der ohne weiteren Vortrag schlicht behauptet, in seinem Grundrecht auf freie Entfaltung der Persönlichkeit (Art. 7) verletzt zu sein (LVerfGE 13, 67). Vielmehr muss der Beschwerdeführer einen Lebenssachverhalt verständl. darstellen und eine ursächl. Verknüpfung zwischen dem beanstandeten Verhalten der öffentl. Gewalt und der geltend gemachten Rechtsverletzung nachvollziehbar darlegen (LVerfGE 13, 59). Dabei kann es im Einzelfall ausreichen, wenn sich aus den der Verfassungsbeschwerde beigefügten Entscheidungen der zugrunde liegende Sachverhalt zwanglos entnehmen lässt (VerfGH, B.v. 29.1.04 – 47/00). Voraussetzung für die Zulässigkeit einer auf die Verletzung rechtl. Gehörs gestützten Verfassungsbeschwerde ist, dass der Beschwerdeführer innerhalb der in § 51 VerfGHG bestimmten Beschwerdefrist substantiiert darlegt, was er bei ausreichender Gewährung rechtl. Gehörs vorgetragen hätte und warum die angegriffene Entscheidung auf dem behaupteten Verfassungsverstoß beruht (VerfGH, B.v. 7.12.04 – 55/04). Der Darlegungs- und Substantiierungspflicht ist bei einer Rüge der Verletzung des Gleichheitssatzes in Art. 10 I nicht schon dann genügt, wenn der Beschwerdeführer sich auf eine Ungleichbehandlung zweier unterschiedlicher Sachverhalte beruft ohne darzulegen, warum diese gleich behandelt werden müssten (VerfGH, B.v. 21.3.03 – 177/02).

30 Alle **Akte der Berliner öffentl. Gewalt** unterliegen der verfassungsgerichtl. Kontrolle des VerfGH, also Maßnahmen der Exekutive, der Legislative und der Judikative. In Betracht kommen Handlungen oder Unterlassungen (vgl. § 50 VerfGHG). Auch wenn der Begriff der öffentl. Gewalt umfassend zu verstehen ist, können behördliche Vor-

gänge, die nicht unmittelbar an einen Beschwerdeführer gerichtet sind, als angreifbare Hoheitsakte ausscheiden (etwa die Entscheidung, bei den Wahlen zum AvB keine Wahlschablonen für blinde Wahlberechtigte zur Verfügung zu stellen – LVerfGE 11, 75). Entscheidungen eines Bundesgerichts, einer Bundesbehörde oder Gesetze des Bundes können nicht Gegenstand einer Landesverfassungsbeschwerde sein. Der Bescheid einer Bundesbehörde kann auch nicht dadurch zum Prüfungsgegenstand werden, dass sich eine Verfassungsbeschwerde gegen eine Berliner Gerichtsentscheidung wendet, in dem dieser Bescheid den Streitgegenstand bildet (VerfGH, B.v. 12.12.96 – 90 und 90 A/96).

Akte der Landesgewalt, die durch eine **Entscheidung eines Bundesgerichts** sachl. bestätigt worden sind, sind der Gerichtsbarkeit des VerfGH entzogen, da sich jede Überprüfung einer von einem Bundesgericht schon kontrollierten und als richtig bestätigten Entscheidung materiell als Kontrolle der Bundesstaatsgewalt auswirken würde (VerfGH NVwZ 04, 1486). An einer sachl. Bestätigung fehlt es aber, wenn sich das Bundesgericht nur im Rahmen der Nichtzulassungsbeschwerde mit der Frage befasst, ob die Voraussetzungen für die Zulassung der Revision vorliegen (LVerfGE 10, 56). 31

Rügt der Beschwerdeführer ausschließl. **Verstöße gegen Grundrechte des GG**, ohne die VvB zu erwähnen oder in Bezug zu nehmen, ist die Verfassungsbeschwerde unzulässig (LVerfGE 4, 49 f.). Dagegen ist es unschädlich, wenn sowohl Vorschriften des GG als auch der VvB als verletzt gerügt werden; entscheidend ist, dass durch die inhaltl. Darlegungen hinreichend deutlich zum Ausdruck gebracht wird, dass sich der Beschwerdeführer in Rechten verletzt fühlt, die ihm die VvB gewährt (vgl. Michaelis-Merzbach, S. 186 f.; nicht überzeugend daher LVerfGE 6, 87 f.). Unter dieser Voraussetzung kann es im Einzelfall auch unschädlich sein, wenn der Beschwerdeführer keine Norm der VvB ausdrücklich zitiert, sondern allein Art. 1 GG benennt (VerfGH, B.v. 21.3.03 – 112/02). Im Übrigen ist die Berufung auf Grundrechte des GG auch über die Verweisung in Art. 1 III, der klarstellend die Bindung des Landes Berlin an das GG betont, nicht zulässig (VerfGH, B.v. 27. 9.04 – 82/04). Die Rüge, eine gerichtl. Entscheidung verstoße gegen das GG, ist von vornherein unbehelflich (VerfGH ZMR 04, 798). 32

Mit dem Begriff »jedermann« spricht § 49 I VerfGHG die **Beteiligtenfähigkeit** oder auch **Parteifähigkeit** an. Die Beteiligtenfähigkeit im Verfahren der Verfassungsbeschwerde hängt davon ab, ob der Beschwerdeführer Träger der geltend gemachten verfassungsmäßigen Rechte ist. Dies bestimmt sich nach materiellem Verfassungsrecht. Träger von Grundrechten sind zweifelsfrei alle natürl. Personen. Juristische Personen des Privatrechts, nicht oder nur teilweise rechtsfähige Gebilde können grundrechtsfähig sein, soweit das Wesen einzelner Grundrechte dies zulässt (vgl. für das Bundesrecht Art. 19 III GG – die VvB enthält 33 eine entsprechende Norm nicht). So kann sich ein privater Verein auf die in Art. 7 I gewährleistete allg. Handlungsfreiheit berufen (LVerfGE 5, 12). Juristische Personen des öffentl. Rechts sind grundsätzl. nicht Träger materieller Grundrechte und damit nicht beteiligtenfähig im Verfassungsbeschwerdeverfahren. Grundrechte sind in erster Linie Individualrechte des Einzelnen, die vorrangig dem Schutz seiner Freiheitssphäre dienen und darüber hinaus eine freie Mitwirkung und Mitgestaltung im Gemeinwesen sichern sollen; die Einbeziehung juristischer Personen in den Schutzbereich materieller Grundrechte erscheint nur dann gerechtfertigt, wenn ihre Bildung und Betätigung Ausdruck der freien Entfaltung natürl. Personen ist (E 75, 195 ff.). Diese Voraussetzung ist bei juristischen Personen des öffentl. Rechts regelmäßig nicht erfüllt. Eine Ausnahme von diesem Grundsatz gilt nur, wenn die juristische Person des öffentl. Rechts Aufgaben wahrnimmt, die ihrerseits unmittelbar Grundrechtsschutz genießen. So sind die Hochschulen Träger des in Art. 21 S. 1 verbürgten Grundrechts auf Wissenschaftsfreiheit (LVerfGE 5, 53); auf die allg. Handlungsfreiheit (Art. 7 I) können sie sich dagegen nicht berufen (VerfGH LKV 01, 268). Als Teilkörperschaft der Universität ist auch die Studentenschaft Trägerin des Grundrechts aus Art. 21 und der verfahrensrechtl. Grundrechte aus Art. 15 I und IV (LVerfGE 11, 92); dagegen ist sie nicht Trägerin des Grundrechts auf Gleichheit der Wahl und insoweit nicht parteifähig (LVerfGE 3, 49). Ein Wohnungsbauunternehmen, das als juristische Person des Privatrechts organisiert ist und in dem das Land Berlin aufgrund der Beteiligungsverhältnisse eine beherrschende Stellung einnimmt, ist grundsätzl. nicht Träger des Eigentumsrechts aus Art. 23 I; dies gilt unabhängig davon, ob das Unternehmen im Bereich der Wahrnehmung öffentl. Aufgaben betroffen ist oder ob für die Beurteilung seiner Funktion die rein erwerbswirtschaftl. Unternehmenstätigkeit bestimmend ist. Denn auch bei einer wirtschaftl. Betätigung auf dem Gebiet des Privatrechts fehlt der erforderliche Bezug zum Freiheitsraum natürlicher Personen, weil als Träger des Unternehmens nur das Land Berlin in Betracht kommt, welches nicht Träger des Eigentumsrechts ist (VerfGH, B.v. 14.2.05 – 77/03). Auf die Verfahrensgrundrechte aus Art. 15 I (rechtl. Gehör) und Art. 15 V 2 (gesetzl. Richter) können sich dagegen auch juristische Personen des öffentl. Rechts und von ihnen beherrschte privatrechtl. Organisationen berufen (VerfGH, B.v. 14.2.05 – 77/03 – unter Hinweis auf E 61, 82, 104). Den Bezirken fehlt die Beteiligtenfähigkeit im Verfassungsbeschwerdeverfahren (LVerfGE 11, 65), ebenso der Fraktion einer BVV. Parteien steht nur der Weg des Organstreitverfahrens zur Verfügung; im Verfassungsbeschwerdeverfahren sind sie nicht parteifähig (LVerfGE 10, 95).

34 Die Antragsbefugnis iSd § 49 I VerfGHG ist nur gegeben, soweit der Beschwerdeführer die Verletzung eigener Rechte geltend macht. Es gibt grundsätzl. **keine Prozessstandschaft** im Verfassungsbeschwerdeverfahren. Der Beschwerdeführer muss durch die angegriffene Maßnahme selbst, gegenwärtig und unmittelbar betroffen sein; daran fehlt es, wenn der Beschwerdeführer in dem einer Verfassungsbeschwerde zugrunde liegenden zivilgerichtl. Verfahren nicht als Prozesspartei beteiligt war (VerfGH, B.v. 23.8.04 – 96/01).

Der Beschwerdeführer muss die **Verletzung eines subjektiven Rechts** 35 geltend machen. Daran fehlt es, wenn die als verletzt gerügte Vorschrift der VvB keine subjektiven Rechte begründet, sich z.B. nur als Staatsziel darstellt (vgl. dazu Vor Art. 6 Rn. 4 f.). Art. 22 I begründet als Staatszielbestimmung grundsätzl. kein subjektives Recht (VerfGH, B.v. 29.1.04 – 25/00). Art. 28 I, der vom »Recht auf Wohnraum«, spricht, beinhaltet nach st. Rspr. des VerfGH kein subjektives Recht, eine bestimmte bezogene Wohnung behalten zu dürfen oder zugeteilt zu bekommen. Vielmehr stellt Art. 28 I eine Staatszielbestimmung dar, die das AvB und den SvB verpflichtet, das im Rahmen staatl. Einflussnahme und unter Berücksichtigung anderer staatl. Aufgaben und Pflichten Mögliche zu tun, für Schaffung und Erhaltung von Wohnraum zu sorgen (VerfGH, B.v. 29.8.03 – 16/03). Unzulässig ist auch eine Verfassungsbeschwerde, mit der eine Verletzung des Grundrechts auf Eigentum aus Art. 23 I durch die Verurteilung zur Zahlung rückständiger Miete gerügt wird. Denn ebenso wie der inhaltsgleiche Art. 14 GG schützt dieses Grundrecht nicht das Vermögen als solches (VerfGH, B.v. 29.8.03 – 16/03). Nicht rügefähig sind ferner: Art. 1 III (VerfGH, B.v. 28.5.04 – 147.02); Art. 36 (VerfGH, B.v. 23.8.04 – 114/98); Art. 66 (VerfGH B.v. 2.4.04 – 163.01); Art. 79 (VerfGH, B.v. 5.3.04 – 73/01); Art. 80 (VerfGH, B.v. 7.12.04 – 197/04) und allg. das Rechtsstaatsprinzip (LVerfGE 3, 98); ebenso wenig vermittelt Art. 18 S. 3 rügefähige Rechte (VerfGH, B.v. 5.3.04 – 183/01). Art. 78 bietet lediglich eine richterl. Verhaltens- und Auslegungsregel, aus der sich ein grundrechtlicher Anspruch nicht herleiten lässt (VerfGH, B.v. 5.3.04 – 73/01). Auch eine Verletzung des Art. 3 I 2 kann nicht in zulässiger Weise gerügt werden, da die Norm kein Grundrecht des Individuums enthält, sondern den objektivrechtl. verfassungsrechtl. Grundsatz der Gewaltenteilung (LVerfGE 13, 67). Dagegen ergeben sich aus den Wahlrechtsgrundsätzen (Art. 39 I, 70 I) subjektive Rechte des status activus, die der einzelne Wähler mit der Verfassungsbeschwerde verfolgen kann (LVerfGE 11, 75); die Vorschriften über die Wahlprüfung (§§ 40 ff. VerfGHG) schließen eine Verfassungsbeschwerde gegen Akte im Rahmen des Wahlverfahrens nicht aus (LVerfGE 11, 68; vgl. dazu unten Rn. 50).

Die Verfassungsbeschwerde kann grundsätzl. erst nach **Erschöpfung** 36 **des Rechtswegs** erhoben werden (§ 49 II VerfGHG). Der Rechtsweg ist grundsätzl. nicht erschöpft, wenn der Beschwerdeführer die Möglichkeit hat oder hatte, vor den Gerichten des zuständigen Gerichtszweigs die

Beseitigung des Hoheitsaktes zu erreichen, dessen Grundrechtswidrigkeit er geltend macht (VerfGH, B.v. 29.1.04 – 25/00). Ein mögl. Rechtsweg muss auch tatsächl. ausgeschöpft werden. So ist die Voraussetzung des § 49 II VerfGHG nicht erfüllt, wenn der Beschwerdeführer von einem zulässigen Rechtsmittel nicht oder nicht rechtzeitig Gebrauch macht und die angegriffene Entscheidung deshalb Rechtskraft erlangt. Hier greift der allg. prozessrechtl. Grundsatz, dass derjenige sein Recht verliert, der es verabsäumt, vom Gesetzgeber gestellte Fristen zu beachten (LVerfGE 1, 5). Nicht nur dann, wenn eine weitere Instanz kraft Gesetzes gegeben ist, sondern auch dann, wenn die Zulassung eines Rechtsmittels erst in einem besonderen Verfahren mit ungewissem Ausgang erstritten werden muss (z.B. Antrag auf Zulassung der Berufung), ist der Rechtssuchende gezwungen, von den prozessualen Möglichkeiten Gebrauch zu machen (VerfGH, B.v. 29.1.04 – 25.00). Zur Erschöpfung des Rechtswegs gehört grundsätzl. auch eine gesetzl. vorgesehene Beschwerde gegen die Nichtzulassung der Revision; eine Ausnahme gilt nur bei offensichtl. Erfolglosigkeit des Rechtsmittels (LVerfGE 1, 19). Dagegen hat der VerfGH die Zulässigkeit einer Verfassungsbeschwerde, mit der die Verletzung des rechtl. Gehörs gerügt wird, nicht von der vorherigen Erhebung einer dem Rechtsweg iSd § 49 II VerfGHG nicht zuzuordnenden **Gegenvorstellung** abhängig gemacht (LVerfGE 9, 32 und LVerfGE 13, 58). Das am 1.1.2005 in Kraft getretene G. über die Rechtsbehelfe bei Verletzung des Anspruchs auf rechtl. Gehör (**Anhörungsrügengesetz**) vom 9.12.2004 (BGBl 04, 3220) sieht in den verschiedenen Prozessordnungen Abhilfeverfahren vor, mit denen die Verletzung des rechtl. Gehörs gerügt werden kann (vgl. z.B. § 321 a ZPO; § 33 a StPO; § 72 a ArbGG; § 152 a VwGO). Dieses Abhilfeverfahren muss der Beschwerdeführer, der eine Gehörsrüge erheben will, vor der Anrufung des VerfGH erfolglos durchgeführt haben; die Frist des § 51 I VerfGHG beginnt in diesen Fällen mit Zustellung bzw. Bekanntgabe der Nichtabhilfeentscheidung. Dem Erfordernis der Rechtswegerschöpfung ist nicht genügt, wenn ein Verfahrensmangel im Instanzenzug nicht nachgeprüft werden konnte, weil er nicht in einer den Anforderungen der einschlägigen Verfahrensvorschriften genügenden Weise gerügt worden ist (LVerfGE 8, 62).

Das Gebot der vorrangigen Rechtswegerschöpfung wird durch den Gesichtspunkt der Zumutbarkeit eingeschränkt (LVerfGE 1, 19). Eine nach § 49 II 2 VerfGHG mögliche »**Vorabentscheidung**« steht im Ermessen und kommt nur in Ausnahmefällen in Betracht, da die tatbestandl. Voraussetzungen im Hinblick auf die vorrangige Kompetenz der Fachgerichte eng auszulegen ist (vgl. LVerfGE 2, 178). Unzumutbar kann die Erschöpfung des Rechtswegs z.B. sein, wenn einem Beschwerdeführer, der die Kosten der Prozessführung nicht aufbringen kann, Prozesskostenhilfe für die Beschreitung des Rechtswegs – hier für den dem

Vertretungszwang gemäß § 67 I VwGO unterliegenden Antrag auf Zulassung der Berufung – abschließend wegen Aussichtslosigkeit der Rechtsverfolgung verweigert worden ist (vgl. VerfGH, B.v. 14.11.03 – 133/01 – unter Hinweis auf E 22, 355).

Richtet sich die Verfassungsbeschwerde gegen eine Gerichtsentscheidung im vorläufigen Rechtsschutzverfahren, ist dem § 49 II 1 VerfGHG dadurch Genüge getan, dass der Rechtsweg im Eilverfahren erschöpft ist und der Beschwerdeführer eine Verletzung von Grundrechten gerade durch die Entscheidungen im vorläufigen Rechtsschutzverfahren rügt (LVerfGE 2, 25 f.). Dies gilt allerdings dann nicht, wenn das Hauptsacheverfahren ausreichende und zumutbare Möglichkeiten bietet, der behaupteten Grundrechtsverletzung abzuhelfen (LVerfGE 1, 201). Letzteres folgt aus dem **Grundsatz der Subsidiarität,** der sich auf eine kurze Formel bringen lässt: die Verfassungsbeschwerde muss erforderl. sein, um die Grundrechtsverletzung auszuräumen. Der Grundsatz der Subsidiarität, der ein **eigenständiges Zulässigkeitserfordernis** der Verfassungsbeschwerde darstellt, trägt zwei Aspekten Rechnung: Zum einen obliegt es nach der grundgesetzl. Zuständigkeitsverteilung den Fachgerichten, einfachrechtl. Vorschriften auszulegen und die zur Anwendung der Vorschriften erforderl. Ermittlungen sowie die Würdigung des Sachverhalts vorzunehmen (LVerfGE 2, 198). Zum anderen kann das Verfassungsgericht die ihm zugewiesene Aufgabe – Schutz des »spezifischen« Verfassungsrechts unter Wahrung der Kompetenz der Fachgerichte – nur dann erfüllen, wenn das Fachgericht zuvor den Sachverhalt ausreichend ermittelt und seine Rechtsauffassungen zu den entscheidungserhebl. Vorschriften dargelegt hat. Aus der Subsidiarität folgt nicht nur eine Verfahrenspflicht, sondern auch eine materielle Verpflichtung. Der Beschwerdeführer muss über das Gebot der Erschöpfung des Rechtswegs im engeren Sinne hinaus alle nach Lage der Sache zur Verfügung stehenden und ihm zumutbaren Möglichkeiten ergreifen, um eine Korrektur der geltend gemachten Grundrechtsverletzung zu erwirken oder eine Grundrechtsverletzung zu verhindern (LVerfGE 8, 51). Vom Beschwerdeführer wird verlangt, bereits im fachgerichtl. Verfahren alle ihm bekannten oder von ihm mit zumutbarem Aufwand ermittelbaren Tatsachen vorzutragen und der fachgerichtl. Würdigung zu unterbreiten und dies nicht erst im Verfassungsbeschwerdeverfahren nachzuholen. Dies gilt auch für fachgerichtl. Verfahren, für die der Untersuchungsgrundsatz vorgeschrieben ist (vgl. etwa § 86 VwGO), und zwar erst recht, wenn die angegriffenen fachgerichtl. Entscheidungen im einstweiligen Rechtsschutz ergangen sind, für den die Glaubhaftmachung des Anordnungsanspruchs und des Anordnungsgrunds durch den Antragsteller vorgeschrieben ist (vgl. § 123 III VwGO, §§ 920 II, 294 ZPO). Der Beschwerdeführer muss auch die Möglichkeit des Verfahrens nach § 80 VII VwGO bzw. im Rahmen des Verfahrens nach 37

§ 123 VwGO die Möglichkeit eines Abänderungsantrags nutzen (VerfGH, B.v. 27.9.04 – 71/04, 71 A/04). Wegen des Grundsatzes der allg. Subsidiarität der Verfassungsbeschwerde sind auch Zwischenentscheidungen eines Gerichts, dh Entscheidungen, die der Urteilsfällung vorangehen, grundsätzl. nicht beschwerdefähig; etwas anderes gilt dann, wenn durch die Zwischenentscheidung für den Betroffenen ein bleibender rechtl. Nachteil entsteht, der durch das Rechtsmittel gegen die Endentscheidung nicht mehr behoben werden kann (vgl. VerfGH, B.v. 30.8.02 – 106/02). Der Grundsatz der Subsidiarität findet auch bei Verfassungsbeschwerden Anwendung, die sich unmittelbar gegen Rechtsnormen wenden (VerfGH, B.v. 1.11.04 – 120/03; vgl. dazu auch Rn. 42). Der Subsidiaritätsgrundsatz steht der Zulässigkeit ausnahmsweise dann nicht entgegen, wenn die Verfassungsbeschwerde entweder von allg. Bedeutung ist oder dem Beschwerdeführer im Falle der Verweisung auf den Rechtsweg ein schwerer und unabwendbarer Nachteil entsteht (vgl. § 49 II VerfGHG). Bei der Rüge von Grundrechtsverletzungen, die sich auf die Hauptsache beziehen, wird der Beschwerdeführer dann nicht auf das Hauptsacheverfahren verwiesen, wenn es einer weiteren Klärung des Sachverhalts nicht bedarf, wenn die im vorläufigen und im Hauptsacheverfahren zu entscheidenden Rechtsfragen identisch sind und wenn deshalb nicht damit gerechnet werden kann, dass ein Hauptsacheverfahren die Anrufung des VerfGH entbehrlich machen könnte (VerfGH, B.v. 7.12.04 – 163 A/04).

38 Die Zulässigkeit einer Verfassungsbeschwerde setzt weiter voraus, dass ein **Rechtschutzbedürfnis** für die Aufhebung des angegriffenen Hoheitsaktes oder – in bestimmten Fällen – für die Feststellung seiner Verfassungswidrigkeit besteht. Das Rechtsschutzbedürfnis muss noch im Zeitpunkt der Entscheidung des VerfGH gegeben sein (VerfGH, B.v. 7.12.04 – 163 A/04). Bei Erledigung des ursprüngl. verfolgten Begehrens kann das Rechtsschutzbedürfnis an der verfassungsgerichtl. Entscheidung fortbestehen, wenn andernfalls die Klärung einer Frage von grundsätzl. Bedeutung unterbliebe und wenn der gerügte Eingriff ein besonders bedeutsames Grundrecht betrifft (LVerfGE 1, 20), wenn die beeinträchtigenden Wirkungen andauern (vgl. LVerfGE 2, 26) oder wenn eine Wiederholung der angegriffenen Maßnahme zu befürchten ist. Die genannten Kriterien gelten auch im Bereich des Wahlrechts (LVerfGE 11, 77). Ob eine nachträgliche Änderung der Sach- und Rechtslage während des anhängigen Verfassungsbeschwerdeverfahrens zum Wegfall des Rechtsschutzinteresses führt, ist im jeweiligen Fall unter Berücksichtigung des angegriffenen Hoheitsaktes, der Bedeutung der Grundrechtsverletzung und des Zwecks des Verfassungsbeschwerdeverfahrens zu entscheiden. Unter dem Gesichtspunkt der Wiederholungsgefahr ist ein Rechtsschutzinteresse nur dann gegeben, wenn jederzeit mit einer Wiederholung des gerügten Verhaltens gerechnet werden kann; die nicht näher konkretisierte Möglichkeit reicht nicht (VerfGH NVwZ-RR 04, 746). In Fällen besonders tief greifender und folgenschwerer Grundrechtseingriffe besteht auch nach vorangegangener fachgerichtl. Prüfung ein Rechtsschutzbedürfnis für eine Entscheidung des VerfGH, wenn der behauptete Grundrechtsverstoß tatsächl. nicht mehr fortwirkt (LVerfGE 10, 49). Dies gilt jedenfalls dann, wenn die direkte Belastung durch den angegriffenen Hoheitsakt sich auf eine Zeitspanne beschränkt, in welcher der Betroffene nach dem regelmäßigen Geschäftsgang eine verfassungsgerichtl. Entscheidung kaum erlangen kann (VerfGH NVwZ-RR 04, 746). Besonders belastende bzw. tief greifende Eingriffe sind vornehmlich solche, die schon die Verfassung unter Richtervorbehalt gestellt hat, etwa eine Wohnungsdurchsuchung (Art. 28 II), nicht aber die Rasterfahndung (VerfGH NVwZ-RR 04, 746) oder eine überlange Verfahrensdauer (VerfGH, B.v. 27.9.04 – 82/04). Waren Gerichtsentscheidungen bereits im Zeitpunkt der Einlegung der Verfassungsbeschwerde erledigt (etwa weil der Zeitraum einer gegen einen Ausländer angeordneten Sicherungshaft bereits abgelaufen war), kann u.U. die nachträgl. Feststellung begehrt werden, dass die angefochtenen Entscheidungen verfassungswidrig in Grundrechte des Beschwerdeführers eingegriffen haben. In Fällen der Sicherungshaft verlangt das Gebot effektiven Rechtsschutzes, dass der Betroffene Gelegenheit erhält, die Berechtigung auch des tatsächl. nicht mehr fortwirkenden Grundrechtsverstoßes gerichtl. klären zu lassen. Die richterl. Haftanordnung ist geeignet, das Ansehen des Betroffenen in der Öffentlichkeit herabzusetzen, weil sie implizit den Vorwurf beinhaltet, der betroffene Ausländer habe oder wolle sich gesetzwidrig verhalten; es ist von einem Rehabilitierungsinteresse des Betroffenen auszugehen, das auch nach Erledigung der Maßnahme ein Rechtsschutzinteresse begründet (VerfGH, B.v. 7.12. 04 – 55/04).

Nach § 51 I 1 VerfGHG ist die Verfassungsbeschwerde gegen eine gerichtl. Entscheidung binnen zwei Monaten zu erheben. Die **Frist** beginnt mit Zustellung oder mit der formlosen Mitteilung der in vollständiger Form abgefassten Entscheidung, wenn diese nach den maßgebenden verfahrensrechtl. Vorschriften von Amts wegen vorzunehmen ist, in anderen Fällen mit der sonstigen Bekanntgabe an den Beschwerdeführer (vgl. § 51 I S. 2 und 3 VerfGHG). § 51 I 1 gilt auch für die Erhebung von Verfassungsbeschwerden gegen nicht rechtskräftige Entscheidungen vor Erschöpfung des Rechtswegs (VerfGH, B.v. 31.10.02 – 127/02). Durch das Gesuch um Bewilligung von Prozesskostenhilfe für das Verfassungsbeschwerdeverfahren werden die Fristen des § 51 VerfGHG nicht gehemmt (§ 52 S. 2 VerfGHG). Der VerfGH wendet die Zwei-Monats-Frist in st. Rspr. auch auf die für die Verfassungsbeschwerde erforderliche Begründung an (vgl. § 50 VerfGHG), so dass Rügen, die nach Ablauf der Frist erhoben werden, verspätet und damit 39 unzulässig sind (VerfGH, B.v. 7.12.04 – 163 A/04). Durch eine innerhalb der Zweimonatsfrist beim Fachgericht erhobene Gegenvorstellung, mit der der Beschwerdeführer substantiiert die Verletzung des rechtl. Gehörs rügt, wird die Frist unterbrochen (LVerfGE 9, 31 f.). Ist gegen eine gerichtl. Entscheidung die Nichtzulassungsbeschwerde eröffnet, wird die Zweimonatsfrist zur Einlegung der Verfassungsbeschwerde gegen das vorangegangene Urteil mit der Zustellung der Entscheidung des Bundesgerichts erneut in Gang gesetzt (LVerfGE 5, 34). Soweit es das Subsidiaritätsprinzip gebietet, das Erfordernis der Rechtswegerschöpfung auf außerordentl. Rechtsbehelfe wie die Wiederaufnahme des Verfahrens auszudehnen, und der Beschwerdeführer form- und fristgerecht von diesem Rechtsbehelf Gebrauch macht, wird die Beschwerdefrist unterbrochen (LVerfGE 9, 35).

40 Richtet sich die **Verfassungsbeschwerde gegen eine Rechtsvorschrift**, kann die Verfassungsbeschwerde nur binnen eines Jahres seit dem Inkrafttreten der Rechtsvorschrift erhoben werden (§ 51 II VerfGHG). Diese **Frist** beginnt selbst dann mit dem formellen Inkrafttreten der angegriffenen Norm, wenn diese aufgrund einer Übergangsvorschrift erst zu einem späteren Zeitpunkt zur Anwendung kommt (LVerfGE 3, 69). Die Frist gilt nur für Verfassungsbeschwerden, mit denen der Betroffene sich – mit der Behauptung eines unmittelbaren und gegenwärtigen Betroffenseins – direkt gegen eine Rechtsvorschrift wendet, nicht aber für den Fall einer inzidenten Überprüfung eines Gesetzes auf seine Verfassungsmäßigkeit aus Anlass einer gerichtlichen Entscheidung (VerfGH, B.v. 13.6.03 – 161/00 – unter Hinweis auf E 9, 342). Verwaltungsvorschriften sind keine Rechtsvorschriften oder sonstigen Hoheitsakte iSd § 51 II VerfGHG (VerfGH, B.v. 2.4.04 – 163/01).

41 Bei einer **Rechtssatzverfassungsbeschwerde** ergeben sich weitere besondere Zulässigkeitsvoraussetzungen. Verfassungsbeschwerde gegen Akte der Rechtssetzung kann nur erheben, wer geltend machen kann, durch die angegriffenen Vorschriften **selbst, gegenwärtig und unmittelbar** in seinen Rechten verletzt zu sein. Von einer Norm *selbst betroffen* ist derjenige, der ihrem Tatbestand und ihren Rechtsfolgen unterfällt. Das ist grundsätzl. der Adressat der Norm, ein Nichtadressat nur dann, wenn er direkt rechtl. betroffen ist und nicht nur in einer Art Reflexwirkung (VerfGH, B.v. 19.1.00 – 57/99). In Fallgestaltungen, in denen der Betroffene frühzeitig Dispositionen zu treffen hat, reicht es für die *Gegenwärtigkeit* der Beschwer aus, wenn der Eintritt der jeweiligen Rechtsfolge mit einem hinreichenden Maß an Gewissheit zu erwarten ist (vgl. LVerfGE 3, 70). Verfassungsbeschwerden gegen Normen, die den Beschwerdeführer zum Zeitpunkt der Erhebung der Verfassungsbeschwerde zwar noch nicht aktuell betreffen, wohl aber – den normalen, zu erwartenden Ablauf der Lebensumstände vorausgesetzt – in naher Zukunft, sind daher nicht ausgeschlossen (LVerfGE 8, 50). Gegen Vorschriften der HundeVO, die das Halten und Züchten unwiderleglich als gefährlich eingestufter Hunderassen regeln, waren mangels gegenwärtiger Selbstbetroffenheit die Verfassungsbeschwerden derjenigen Beschwerdeführer unzulässig, die im Zeitpunkt der Entscheidung des VerfGH kein Tier besaßen, sondern lediglich die Absicht bekundeten, möglicherweise wieder einen von der VO erfassten Hund zu erwerben (vgl. LVerfGE 12, 54). *Unmittelbarkeit* bedeutet in diesem Zusammenhang, dass das Gesetz ohne einen weiteren vermittelnden Akt in den Rechtskreis des Beschwerdeführers einwirkt. Dieses Erfordernis soll sicherstellen, dass eine Verfassungsbeschwerde erst erhoben wird, wenn eine konkrete Beschwer vorliegt. Bedarf es dagegen noch eines Vollzugsaktes, kann es zur Verletzung verfassungsmäßiger Rechte grundsätzl. erst durch die Anwendung des Gesetzes kommen (LVerfGE 5, 6). Im Beispiel der HundeVO betrifft eine Regelung, die den Hundehalter verpflichtet, nach Aufforderung der Behörde seine Sachkunde nachzuweisen, den Beschwerdeführer noch nicht unmittelbar; anders dagegen der für bestimmte Hunde geltende Leinen- und Maulkorbzwang: Diese Regelungen wirken ohne einen vermittelnden Vollzugsakt der Behörde unmittelbar in den Rechtskreis des Hundehalters ein (LVerfGE 12, 54). Soweit dem Beschwerdeführer eine bußgeldbewehrte Rechtspflicht auferlegt wird, ist ebenfalls eine unmittelbare Einwirkung auf die Rechtsstellung des Betroffenen gegeben. Die Verfassungsbeschwerden Berliner Universitäten gegen die Änderung von Vorschriften zum Promotionsrecht waren zulässig, da die Beschwerdeführerinnen durch die angegriffene Neuregelung ohne weiteren Vollzugsakt der Exekutive verpflichtet wurden, ihre Probmotionsordnungen innerhalb von zwei Jahren nach Inkrafttreten den vorgesehenen Änderungen anzupassen (VerfGH, U.v. 1.11.04 – 210/03).

Allgemeine Verwaltungsvorschriften sind allenfalls dann mit einer Verfassungsbeschwerde angreifbar, wenn sie Außenwirkung entfalten, dh insb. in Form der Selbstbindung der Verwaltung; hier fehlt es allerdings regelmäßig an der unmittelbaren Betroffenheit durch die allgemeine Verwaltungsanordnung, da die Selbstbindung der Verwaltung regelmäßig zu einem Umsetzungsakt führt, gegen den zunächst der fachgerichtl. Rechtsweg zu beschreiten ist (VerfGH, B.v. 2.4.04 – 163/01).

Der **Grundsatz der Subsidiarität** findet auch bei Verfassungsbeschwerden Anwendung, die sich unmittelbar gegen **Rechtsnormen** wenden (VerfGH, B.v. 1.11.04 – 120/03). Er verpflichtet den jeweiligen Beschwerdeführer, mit seinem Anliegen vor einer Anrufung des VerfGH grundsätzl. die dafür allg. zuständigen Gerichte zu befassen, um auf diese Weise eine Korrektur des geltend gemachten Verfassungsverstoßes zu erwirken oder eine Grundrechtsverletzung zu verhindern (LVerfGE 12, 55). Danach kann eine gegen eine Rechtsnorm gerichtete

42

Verfassung von Berlin

Verfassungsbeschwerde unzulässig sein, wenn der Beschwerdeführer – obwohl gegen die Norm selbst kein fachgerichtl. Rechtsweg eröffnet ist – in zumutbarer Weise wirkungsvollen Rechtsschutz durch Anrufung der Fachgerichte erlangen kann (LVerfGE 5, 49, 53). Die Durchführung des fachgerichtl. Verfahrens vor Erhebung der Verfassungsbeschwerde soll eine Vorklärung der tatsächl. und spezifisch einfachrechtl. Fragen ermöglichen (VerfGH NVwZ 04, 1350). Bei der Rechtsanwendung durch die fachl. zuständigen und insoweit sachnäheren Gerichte können möglicherweise für die verfassungsrechtl. Prüfung erhebliche Tatsachen zutage gefördert werden, die dem VerfGH bei unmittelbarer Anwendung verschlossen blieben. Auch soll gewährleistet werden, dass dem VerfGH nicht nur die abstrakte Rechtsfrage, sondern auch die Beurteilung der Sach- und Rechtslage durch ein für die Materie speziell zuständiges Gericht unterbreitet wird. Unter diesen Voraussetzungen trägt der Grundsatz der Subsidiarität dazu bei, die besondere Funktion und die Funktionsfähigkeit des VerfGH zu erhalten (VerfGH, B.v. 1.11.04 – 120/03). Die Verfassungsbeschwerde eines Beamten gegen die gesetzl. Kürzung der jährl. Sonderzahlung ist unzulässig, wenn der Betroffene sich nicht zuvor erfolglos mit einem entsprechenden Leistungsbegehren an seinen Dienstherrn gewandt und fachgerichtl. Rechtsschutz in Anspruch genommen hat (VerfGH NVwZ-RR 04, 625). Auch bei der Rechtssatzverfassungsbeschwerde findet im Rahmen des Subsidiaritätsgrundsatzes allerdings § 49 II 2 VerfGHG sinngemäß Anwendung. Danach kann der VerfGH über eine vor Erschöpfung des Rechtswegs eingelegte Verfassungsbeschwerde sofort entscheiden, wenn sie von allgemeiner Bedeutung ist oder wenn dem Beschwerdeführer ein schwerer und unzumutbarer Nachteil entstünde, falls er zunächst auf den Rechtsweg verwiesen würde. Bei der insoweit erforderlichen Abwägung ist eine etwaige allg. Bedeutung der Verfassungsbeschwerde ein – wenn auch nicht entscheidender – Aspekt. Allg. Bedeutung hat eine Rechtssatzverfassungsbeschwerde, wenn durch die angegriffenen Rechtsvorschriften eine Vielzahl von Personen betroffen ist und es erforderlich erscheint, in einem überschaubaren Zeitraum Klarheit über die Rechtslage zu schaffen (vgl. etwa VerfGH, B.v. 1.11.04 – 120/03: von der Auflösung des Freiwilligen Polizeidienstes waren 500 Personen betroffen). Eine Vorabentscheidung ist in solchen Konstellationen insb. dann möglich, wenn eine Vorklärung durch die Fachgerichte nicht zwingend geboten erscheint, weil es keiner Klärung tatsächl. oder einfachrechtl. Fragen bedarf (LVerfGE 12, 57). Dagegen kommt eine Vorabentscheidung in der Regel nicht in Betracht, wenn die entscheidungserhebl. Tatsachen sowie die einfachrechtl. Lage noch nicht hinreichend geklärt sind (VerfGH NVwZ 04, 1350).

43 Hinsichtl. der **Prüfungsbefugnis** des VerfGH im Verfahren der Verfassungsbeschwerde gilt Folgendes: Soweit Gegenstand der Verfassungs-

beschwerde die Anwendung von Landesrecht ist, besteht die Prüfungsbefugnis des VerfGH hinsichtl. aller durch die VvB garantierten Grundrechte (LVerfGE 10. 54). Bei der **Urteilsverfassungsbeschwerde** ist der VerfGH berechtigt, fachgerichtl. Entscheidungen, die auf der Anwendung von – formellem oder materiellem – Bundesrecht beruhen, auf ihre Vereinbarkeit mit den Grundrechten der LV zu überprüfen. Das GG, insbesondere Art. 31 GG beschränkt die Prüfungskompetenz des Landesverfassungsgerichts insoweit nicht. Die in der VvB gewährleisteten Grundrechte sind für die rechtsprechende Gewalt des Landes Berlin in den Grenzen der Art. 142, 131 GG auch bei der Anwendung von Bundesrecht beachtl. Enthalten das GG und die VvB inhaltsgleiche Grundrechtsgarantien (vgl. dazu Vor Art. 6 Rn. 5), so hat der VerfGH auf eine entsprechende Rüge als Vorfrage die Vereinbarkeit der Entscheidung des Berliner Gerichts mit dem entsprechenden Bundesgrundrecht zu prüfen (LVerfGE 1, 56). Der VerfGH ist grundsätzl. berechtigt, Entscheidungen Berliner Gerichte am Maßstab von in der VvB verbürgter Individualgrundrechte zu messen, die nicht im Widerspruch zu Bundesrecht stehen. Solche inhaltl. mit den Grundrechten des GG übereinstimmenden Individualrechte sind auch dann von der rechtsprechenden Gewalt des Landes Berlin zu beachten, wenn diese Bundesrecht anwendet. Die Verletzung solcher Rechte ist gleichermaßen bundes- wie landesverfassungswidrig (LVerfGE 1, 169). Grundrechte, die keine Entsprechung im Grundrechtsteil des GG finden, scheiden als Prüfungsmaßstab vor dem VerfGH aus (VerfGH, B.v. 11.7.03 – 70/03). Bei der Kontrolle von auf Bundesrecht beruhenden Entscheidungen der Berliner Behörden und Gerichte am Maßstab inhaltsgleicher Grundrechte der VvB ist der VerfGH befugt, inzident und unter Beachtung des Art. 100 I GG die Übereinstimmung der entscheidungserhebl. bundesrechtl. Bestimmungen mit dem Bundesverfassungsrecht zu prüfen (LVerfGE 10, 43). Das BVerfG hat entschieden, dass das Landesverfassungsgericht die Anwendung von Verfahrensrecht des Bundes durch Gerichte des Landes auf die Einhaltung der mit dem GG inhaltsgleichen subjektiven Rechte des Landesverfassungsrechts prüfen kann (E 96, 363 ff.). Das Gleiche muss gelten für die Anwendung materiellen Bundesrechts (Michaelis-Merzbach, S. 204 ff.; Weiterführend Sodan, NVwZ – Sonderheft 05, 8 ff.). Bei der durch § 31 BVerfGG begründeten Bindungswirkung von Entscheidungen des BVerfG handelt es sich um ein bundesrechtl. Institut mit der Folge, dass es als Prüfungs- oder Kontrollmaßstab vor einem LVerfG ausscheidet (LVerfGE 7, 8).

Bei der Rechtssatzverfassungsbeschwerde hat der VerfGH auch zu prüfen, ob die angefochtenen Vorschriften von der Gesetzgebungskompetenz des Landesgesetzgebers gedeckt sind und ob sie materiell mit der VvB in Einklang stehen (offen lassend LVerfGE 5, 57; ausführl. Michaelis-Merzbach, S. 198 ff.). **44**

45 Für den **Umfang der verfassungsgerichtl.** Kontrolle gilt, dass der VerfGH keine zusätzl. gerichtl. Instanz, sondern gegenüber Entscheidungen der Fachgerichte in seinem Prüfungsmaßstab auf die Feststellung von Verfassungsverstößen beschränkt ist. Die Gestaltung des Verfahrens, die Feststellung und Würdigung des Tatbestandes, die Auslegung des einfachen Rechts und seine Anwendung auf den Einzelfall sind Sache der dafür allg. zuständigen Gerichte und insofern der Nachprüfung durch den VerfGH entzogen (LVerfGE 12, 38). Ohne Belang ist es, ob die Entscheidung der Fachgerichte der durch das einfache Recht bestimmten Rechtslage entspricht und ob das Ergebnis mehr oder weniger zu überzeugen vermag. Maßgebend ist allein, ob bei der Anwendung des einfachen Rechts im Einzelfall ein verfassungsrechtl. verbürgtes Recht grundlegend verkannt ist, dh ob das vom Fachgericht gefundene Ergebnis als »schlechthin unhaltbar« zu qualifizieren ist (LVerfGE 2, 30). Der VerfGH ist keine zusätzl. Rechtsmittelinstanz. Er kann ledigl. eingreifen, wenn eine fehlerhafte Gesetzesauslegung oder fehlerhafte Sachverhaltswürdigung bei objektiver Betrachtung der Gesamtumstände die Annahme aufdrängen, die von einem Fachgericht vertretene Rechtsauffassung verkenne die Einwirkung der Grundrechte auf das einfache Recht (LVerfGE 7, 15). Diese allg. Grundsätze für die Funktionsverteilung zwischen der Fachgerichtsbarkeit und der Verfassungsgerichtsbarkeit gelten auch dann, wenn es um besonders bedeutende Grundrechte wie z.B. die Freiheit der Person (Art. 8 I 2) geht: auch dann stellt nicht jede »unrichtige« Anwendung einer gesetzl. Vorschrift einen Grundrechtseingriff dar (VerfGH, B.v. 17.12.97 – 75/97). Die in der Sache betroffenen Grundrechte stellen allerdings bestimmte Anforderungen an die Begründung einer fachgerichtl. Entscheidung, deren Einhaltung im verfassungsgerichtl. Verfahren überprüft wird (vgl. z.B. zu den Anforderungen an die Abweisung einer Asylklage als offensichtl. unbegründet: LVerfGE 9, 77). Die meisten Rügen im Verfassungsbeschwerdeverfahren betreffen das Grundrecht auf rechtl. Gehör (vgl. dazu Art. 15 Rn. 2 ff.) und das Willkürverbot. Einen Verstoß gegen das landesverfassungsrechtl. Willkürverbot (Art. 10 I) will der VerfGH annehmen, wenn der Richterspruch unter »keinem denkbaren Aspekt rechtl. vertretbar ist und sich daher der Schluss aufdrängt, dass er auf sachfremden Erwägungen beruht« (LVerfGE 7, 24). Willkür liegt erst dann vor, wenn die Rechtslage in krasser Weise verkannt worden ist, dh wenn bei objektiver Würdigung der Gesamtumstände die Annahme geboten ist, die vom Gericht vertretene Rechtsauffassung sei im Bereich des »schlechthin Abwegigen« anzusiedeln (LVerfGE 2, 18). Davon kann nach der Rechtsprechung des VerfGH nicht gesprochen werden, wenn das Gericht sich mit der Rechtslage eingehend auseinandergesetzt hat und seine Auffassung nicht »jedes sachl. Grundes« entbehrt (LVerfGE 5, 60; krit. zur Willkürrechtsprechung: Michaelis-Merzbach,

S. 238 ff.; vgl. auch Art. 10 Rn. 7 f). Ohne dass es auf subjektive Umstände oder ein Verschulden des Gerichts ankommt, stellt eine willkürliche Entscheidung einen Verstoß gegen das aus Art. 10 I abzuleitende Verbot dar, offensichtlich unsachliche Erwägungen zur Grundlage einer staatl. Entscheidung zu machen (LVerfGE 12, 38). Hinsichtl. der Rüge der Verletzung des gesetzl. Richters (Art. 15 V 2) reicht eine bloße Verletzung verfahrensrechtl. Zuständigkeitsregelungen nicht aus; die Grenze zur Verfassungswidrigkeit ist erst dann überschritten, wenn eine fehlerhafte Auslegung und Anwendung einfachgesetzl. Vorschriften willkürlich ist (LVerfGE 9, 59, 64; VerfGH NVwZ 01, 910). Dies ist der Fall, wenn die die Zuständigkeitsverletzung begründende Entscheidung nicht mehr verständlich erscheint oder offensichtlich unhaltbar ist oder wenn das Gericht Bedeutung und Tragweite des Art. 15 V 2 grundlegend verkannt hat (VerfGH, B.v. 29.1.04 – 25/00). Bei Überprüfung gerichtl. Entscheidungen in Prozesskostenhilfeverfahren überschreiten die Fachgerichte ihren Entscheidungsspielraum, der ihnen bei der Auslegung des gesetzl. Tatbestandsmerkmals der »hinreichenden Erfolgsaussicht« (§ 114 ZPO) zukommt, dann, wenn sie einen Auslegungsmaßstab verwenden, durch den einer unbemittelten Partei im Vergleich zu einer bemittelten die Rechtsverfolgung oder Rechtsverteidigung unverhältnismäßig erschwert wird. Dies ist dann der Fall, wenn das Fachgericht die Anforderung an die Erfolgsaussicht des beabsichtigten Rechtsstreits überspannt und dadurch den Zweck der Prozesskostenhilfe deutlich verfehlt (VerfGH, B.v. 5.3.04 – 111/99).

Bei einer Änderung der verfassungsgerichtl. Rechtsprechung ist die **Bindungswirkung** der neuen Entscheidung nicht stärker als diejenige der vorangegangenen Entscheidungen. Die geänderte Rechtsprechung kann daher grundsätzl. nur für die Zukunft Wirkung entfalten (LVerfGE 10, 49). **46**

Wird der Verfassungsbeschwerde stattgegeben, so ist in der **Entscheidung** festzustellen, welche Bestimmung der VvB und durch welche Handlung oder Unterlassung sie verletzt wurde. Der VerfGH kann zugleich aussprechen, dass auch jede Wiederholung der beanstandeten Maßnahme die VvB verletzt (§ 54 II VerfGHG). Wird der Verfassungsbeschwerde gegen eine gerichtl. Entscheidung stattgegeben, so hebt der VerfGH die Entscheidung auf (§ 54 III VerfGHG) und verweist sie in entsprechender Anwendung des § 95 II BVerfGG an das zuständige Gericht zurück. Ein bestimmtes Verhalten kann einem Träger der öffentl. Gewalt nicht aufgegeben werden. Die Möglichkeit, Verpflichtungsaussprüche zu treffen, besteht nicht. Das VerfGHG erlaubt nur feststellende oder kassatorische Entscheidungsformeln (LVerfGE 11, 76 f.). Bei Rechtssatzverfassungsbeschwerden erklärt der VerfGH im Fall der Stattgabe die Rechtsvorschrift für nichtig oder mit der VvB unvereinbar (§ 54 IV VerfGHG). Die Nichtigkeit eines Teils einer **47** gesetzl. Regelung bewirkt grundsätzl. nicht deren Gesamtnichtigkeit. Etwas anderes gilt aber dann, wenn sich aus dem objektiven Sinn der Regelung ergibt, dass die übrigen, mit der Verfassung zu vereinbarenden Bestimmungen keine selbständige Bedeutung haben, oder wenn die verfassungswidrigen Vorschriften mit den übrigen Bestimmungen so eng verflochten sind, dass sie eine untrennbare Einheit bilden (VerfGH, U.v. 1.11.04 – 210/03). Soweit ein Gesetz als mit der VvB vereinbar oder unvereinbar oder für nichtig erklärt wird, hat die Entscheidung Gesetzeskraft. Die Entscheidungsformel ist im GVBl zu veröffentlichen (§ 30 II VerfGHG).

Nr. 6 iVm § 14 Nr. 2 VerfGHG: Wahlprüfung

48 Art. 84 II Nr. 6 eröffnet die Möglichkeit, dem VerfGH weitere Zuständigkeiten zuzuweisen. Hiervon hat der Gesetzgeber im VerfGHG Gebrauch gemacht (§ 14 Nr. 2, 3, 7 und 8 VerfGHG; zum Verfahren aufgrund von Einsprüchen bei Volksinitiative, Volksbegehren, Volksentscheid vgl. Art. 61 Rn. 6, Art. 62 Rn. 7, Art. 63 Rn. 4). Praktisch bedeutsam ist vor allem das **Wahlprüfungsverfahren** gemäß § 14 Nr. 2 VerfGHG. Das Wahlprüfungsverfahren dient nicht dem Schutz subjektiver Rechte, sondern allein dem Schutz des objektiven Wahlrechts, somit der Gewährleistung der richtigen Zusammensetzung des Parlaments bzw. der Bezirksverordnetenversammlungen (LVerfGE 6, 30, 38). Daher führen nur solche festgestellten Wahlfehler zur Ungültigkeit der Wahlen, die sich auf die gesetzmäßige Zusammensetzung des zu wählenden Gremiums ausgewirkt haben können. Diese sog. **Mandatsrelevanz** ist – im Gegensatz zu den Vorschriften auf Bundesebene – im VerfGHG ausdrückl. hervorgehoben (§ 40 II Nr. 8 VerfGHG).

49 In § 40 VerfGHG sind die **Voraussetzungen der Wahlprüfung** und die Zulässigkeit des Einspruchs im Einzelnen geregelt. Die Einspruchsberechtigung steht jedem in einen beim Bezirkswahlausschuss eingereichten Wahlvorschlag aufgenommenen Bewerber zu, der rügt, dieser Wahlvorschlag sei zu Unrecht nicht zugelassen worden (§ 40 II Nr. 1, III Nr. 1 VerfGHG). Dabei ist auch das schlichte Unterlassen der Zulassung eines beim Bezirkswahlausschuss eingereichten Wahlvorschlags rügefähig und nicht nur eine ausdrückl. Ablehnung der Zulassung (LVerfGE 13, 79). Die Regelung des § 40 II 2 VerfGHG, wonach ein Einspruch nicht darauf gestützt werden kann, dass ein Wahlvorschlag zu Unrecht zugelassen worden ist, steht der Zulässigkeit eines Einspruchs nicht entgegen, mit dem der Bewerber die rechtswidrige Nichtzulassung des ihn begünstigenden Wahlvorschlags zu Lasten eines zugelassenen Wahlvorschlags rügt (LVerfGE 13, 71). Gemäß § 40 IV 1 VerfGHG ist der Einspruch innerhalb eines Monats nach der Bekanntmachung des Wahlergebnisses im Amtsblatt für Berlin schriftl. beim VerfGH einzulegen und zugleich zu begründen.

Ein **Wahlberechtigter** ist nur dann einspruchsberechtigt, wenn er geltend macht, zu Unrecht nicht in die Wählerliste eingetragen worden zu sein oder zu Unrecht keinen Wahlschein erhalten zu haben, und dadurch die Verteilung der Sitze beeinflusst worden sein könnte (§ 40 II Nr. 7 VerfGHG). Den Schutz seines subjektiven Rechts auf Wahlrechtsgleichheit kann der Einzelne nicht im Wahlprüfungsverfahren verfolgen, weil dieses als Instrument und Verfahren der objektiven Rechtskontrolle ausgestaltet ist (LVerfGE 9, 26). Gegenstand der Wahlprüfung ist nicht die Verletzung subjektiver Rechte, sondern die Gültigkeit der Wahl als solche. Der einzelne Wahlberechtigte hat dementsprechend, soweit ihm nicht ausdrücklich ein Einspruchsrecht nach § 40 III VerfGHG eingeräumt ist, keine Möglichkeit, den VerfGH wegen der Verletzung seines subjektiven Wahlrechts anzurufen. Eine derartige Möglichkeit ist ihm aber im Verfassungsbeschwerdeverfahren eröffnet, das sich vom Ziel und Zweck der Wahlprüfung unterscheidet (LVerfGE 11, 73). Eine Verfassungsbeschwerde zur Wahrung des subjektiven Wahlrechts ist – anders als auf Bundesebene (vgl. E 74, 101) – durch das Wahlprüfungsverfahren nicht ausgeschlossen (LVerfGE 11, 68; offenlassend noch VerfGH JR 00, 13). Aus den Wahlrechtsgrundsätzen (Art. 39 I, 70 I) ergeben sich (auch) subjektive Rechte des status activus (LVerfGE 11, 75). Der Ausschluss des Individualrechtsschutzes im Wahlprüfungsverfahren lässt es nicht gerechtfertigt erscheinen, von einer grundsätzl. Spezialität der Wahlprüfung auszugehen und den verfassungsrechtl. verankerten Rechtsbehelf der Verfassungsbeschwerde in Fällen, in denen es nicht um die Gültigkeit des festgestellten Wahlergebnisses und die richtige Zusammensetzung des Parlaments geht, als von vornherein unstatthaft anzusehen. Da die Länder für den subjektivrechtl. Schutz des Wahlrechts zu den Volksvertretungen in ihrem jeweiligen Verfassungsraum zuständig sind (E 99, 17), ist der Landesgesetzgeber verpflichtet, ein gerichtl. Verfahren vorzusehen, das das Recht der Wahlberechtigten bei den Wahlen auf Landesebene schützt (LVerfGE 11, 73). 50

Die **Entscheidungsmöglichkeiten** ergeben sich aus § 42 VerfGHG. Im Falle eines auf § 40 I Nr. 1 VerfGHG gestützten Einspruchs kann der VerfGH die Wahlen nur dann für ungültig erklären und unter Streichung der bisherigen Bewerber die Zulassung eines Wahlvorschlags anordnen, wenn ein Wahlvorschlag zu Unrecht nicht zugelassen worden ist. Die Nichtzulassung eines Wahlvorschlags oder eines Bewerbers ist an den Vorschriften des GG, der VvB, des LWahlG und der LWahlO zu messen (LVerfGE 13, 82). Vereinigungen, die lediglich bestimmte politische Einzelinteressen verfolgen und nur für oder gegen ein bestimmtes Vorhaben bzw. politische oder gesetzgeberische Maßnahmen eintreten 51 (z.B. Rechtsschreibreform), erfüllen in der Regel nicht den **Parteibegriff** mit der Folge, dass sie nicht zur Wahl zum AvB zugelassen werden können (LVerfGE 11, 39). Auch Entscheidungen und Maßnahmen, die sich – wie die Feststellung fehlender Parteieigenschaft durch den Landeswahlausschuss – unmittelbar auf das Wahlverfahren beziehen, können nur im nachträgl. Wahlprüfungsverfahren angefochten werden. Eine Wahlprüfung vor Durchführung der Wahl ist vom Gesetz nicht vorgesehen (VerfGH, B.v. 3.8.99 – 60A/99, 60/99). Bei Wahlen zu Volksvertretungen in den Ländern ist die Verletzung der Allgemeinheit und Gleichheit der Wahl nicht mit der Verfassungsbeschwerde zum BVerfG angreifbar (E 99, 7 ff.).

52 Die Sperrklausel für die Wahlen zum AvB (Art. 39 II) ist nicht zu beanstanden (LVerfGE 6, 31). Für die Wahlen zu den BVV hat der VerfGH die 5 v.H.-Klausel für verfassungswidrig erklärt (LVerfGE 6, 41). Unter Berücksichtigung des **Grundsatzes der Wahlbestandssicherung** kommt eine Ungültigkeitserklärung nur als ultima ratio in Betracht (vgl. LVerfGE 6, 45).

Vorläufiger Rechtsschutz

53 Nach § 31 VerfGHG kann der VerfGH **vorläufigen Rechtsschutz** gewähren. Diese Möglichkeit gilt für alle Verfahren nach dem VerfGHG. Eine Regelung durch einstweilige Anordnung ist grundsätzl. auch schon mögl., bevor die Hauptsache anhängig ist (LVerfGE 9, 36). Allerdings kommt der Erlass einer einstweiligen Anordnung im Vorfeld einer Verfassungsbeschwerde nur in Betracht, wenn bestehende Möglichkeiten, fachgerichtl. Rechtsschutz zu erlangen, ausgeschöpft wurden (VerfGH, B.v. 30.4. 04 – 70 A/04). Bei der Prüfung der Voraussetzungen des § 31 I VerfGHG ist ein strenger Maßstab anzulegen (LVerfGE 1, 127), insb. dann, wenn eine gesetzl. Vorschrift außer Kraft gesetzt werden soll (LVerfGE 3, 18). Dabei haben die Gründe, die für oder gegen die Verfassungswidrigkeit der angegriffenen Maßnahme sprechen, grundsätzl. außer Betracht zu bleiben, es sei denn, dass sich das Hauptsacheverfahren von vornherein als unzulässig oder offensichtl. unbegründet erweist. Bei offenem Ausgang sind die Nachteile, die eintreten würden, wenn die einstweilige Anordnung nicht erginge, die Maßnahme aber später für verfassungswidrig erklärt würde, gegen diejenigen abzuwägen, die entstünden, wenn die Maßnahme nicht in Kraft träte, sie sich aber im Hauptsacheverfahren als verfassungsgemäß erwiese (vgl. z.B. LVerfGE 3, 111). Wird vorläufiger Rechtsschutz im Zusammenhang mit einer Verfassungsbeschwerde begehrt, kommt es für die Interessenabwägung bei offenem Ausgang des Hauptsacheverfahrens entscheidend auf den Rang des in Rede stehenden Grundrechts an (vgl. z. B. LVerfGE 8, 58). Geht es z.B. um eine Abschiebung zum

Zwecke des Abwartens des Visumsverfahrens im Heimatland, überwiegen im Zweifel die Belange des Antragstellers (VerfGH, B.v. 5. 3. 04 – 25 A/04).

Der Antrag auf Erlass einer einstweiligen Anordnung ist grundsätzl. **54** unzulässig, wenn der Antragsteller etwas begehrt wird, was im Verfahren der Verfassungsbeschwerde mit den gemäß § 54 II bis IV VerfGHG vorgesehenen feststellenden oder kassatorischen Entscheidungsformeln nicht ausgesprochen werden könnte, etwa die Verpflichtung zu einer Leistung. Vorläufiger verfassungsgerichtl. Rechtsschutz kann auch grundsätzl. **nicht bereits vor Erschöpfung der im fachgerichtlichen Verfahren gegebenen Möglichkeiten** beantragt werden. Der VerfGH ist weder dazu berufen noch in der Lage, einen in gleichem Maße zeit- und sachnahen vorläufigen Individualrechtsschutz zu gewährleisten wie die Fachgerichtsbarkeit. Der ihm übertragene Grundrechtsschutz setzt die Existenz einer die Grundrechte achtenden und schützenden Fachgerichtsbarkeit voraus, die dafür sorgt, dass Grundrechtsverletzungen und deren Folgen ohne Anrufung des VerfGH abgeholfen wird. Anders als der von Art. 15 IV 1 geprägte vorläufige Rechtsschutz im fachgerichtl. Verfahren ist das Verfahren des einstweiligen Rechtsschutzes nach § 31 VerfGHG nicht darauf angelegt, möglichst lückenlosen Schutz vor dem Eintritt auch endgültiger Folgen hoheitl. Maßnahmen zu bieten (VerfGH, B.v. 24.1.02 – 193 A/01 – unter Hinweis auf E 94, 212 ff.).

Mit einer vorläufigen Regelung darf nicht die Entscheidung in der **55** Hauptsache vorweggenommen werden. Eine Ausnahme vom **Verbot der Vorwegnahme der Hauptsache** ist allenfalls dann gerechtfertigt, wenn der Antragsteller ohne die beantragte Anordnung des VerfGH einen schweren, irreparablen Schaden erlitte, weil die Entscheidung in der Hauptsache zu spät käme und dem Antragsteller in anderer Weise ausreichender Rechtsschutz nicht mehr gewährt werden könnte (VerfGH, B.v. 20.2.03 – 15 A/03). Mit einer Entscheidung über die Verfassungsbeschwerden erledigen sich die Anträge auf Erlass einer einstweiligen Anordnung, da es lediglich Aufgabe der einstweiligen Anordnung im verfassungsgerichtl. Verfahren ist, Wirkung und Bedeutung einer noch zu erwartenden Entscheidung in der Hauptsache zu sichern und zu erhalten (VerfGH, B.v. 27.9.04 – 71/04, 71 A/04).

Absatz 3: Gesetz über den VerfGH

Der Gesetzesvorbehalt in Abs. 3 trägt dem Umstand Rechnung, dass **56** die gerichtsförmige Entscheidung von Rechtsstreitigkeiten umfangreiches Verfahrensrecht voraussetzt, das nicht in allen Einzelheiten in die Verfassung aufgenommen werden kann. Das VerfGHG vom 8.11.1990 (GVBl S. 2246) regelt die Organisation und Zuständigkeit, enthält allg. Verfahrensvorschriften und besondere für die einzelnen Verfahrensarten. Das VerfGHG enthält allerdings keine vollständige Regelung des verfassungsgerichtl. Verfahrens. Soweit das Gesetz Lücken aufweist, darf sich der VerfGH die Grundlagen für das Verfahren im Wege der Analogie zum sonstigen Verfahrensrecht unter Berücksichtigung der Besonderheiten des verfassungsgerichtl. Verfahrens selbst schaffen (Wille, S. 69). Verfahrensergänzende Vorschriften enthält die Geschäftsordnung vom 6.12.1994 (GVBl 504).

Abschnitt VIII. Das Finanzwesen

Vorbemerkungen

Die VvB enthält in Abschnitt VIII unter der Überschrift »Finanzwesen« 1
Vorschriften über den Haushaltsplan und das Haushaltsverfahren
(Art. 85, 86, 87 I, 88, 89 und 90), die Kreditaufnahme (Art. 87 II), die
Rechnungsprüfung (Art. 94, 95), über Schadensersatzpflichten (Art. 91)
sowie über die Verwaltung des Vermögens der Eigenbetriebe (Art. 92
und 93). Es werden damit nur Teilbereiche des insb. die Steuergesetzgebung, die Verteilung der Steuerertragshoheit und die Finanzverwaltung
beinhaltenden Begriffs des **Finanzwesens** erfasst. Zutreffender wäre es
daher, den Abschnitt VIII mit dem Begriff »Haushaltswesen« zu überschreiben.

Für das **Haushaltswesen** des Landes Berlin sind neben den Vorschriften 2
der VvB weitere bundes- und landesrechtl. Regelungen von maßgebl.
Bedeutung. Durch das Haushaltsgrundsätzegesetz (HGrG) vom 19. 8.
69 (BGBl I S. 1273) werden einheitliche, für die Haushaltsgesetzgeber
in Bund und Ländern verbindliche Vorgaben über die Aufstellung und
Gliederung des Haushaltsplans sowie über den Haushaltsvollzug und
die Haushaltsprüfung aufgestellt. Die Gesetzgebungskompetenz des
Bundes ergibt sich aus Art. 109 III GG. Sie ist auf die Regelung von
Grundsätzen beschränkt und weist damit Ähnlichkeiten mit der Rahmengesetzgebung auf. Im Hinblick auf die Einschränkung der Haushaltsautonomie der Länder bedürfen auf Art. 109 III GG gestützte
Gesetze der Zustimmung des BR.

Ebenfalls auf Grundlage des Art. 109 III GG ist das Gesetz zur Förderung der Stabilität und des Wachstums der Wirtschaft (Stabilitätsgesetz)
vom 8. 6. 67 (GVBl I S. 582) erlassen worden. Es enthält Vorschriften
über eine **konjunkturgerechte Haushaltswirtschaft** und verpflichtet
den Bund und die Länder, ihre finanz- und wirtschaftspolitischen Maßnahmen so zu treffen, dass sie »im Rahmen der marktwirtschaftlichen
Ordnung gleichzeitig zur Stabilität des Preisniveaus, zu einem hohen
Beschäftigungsstand und außenwirtschaftlichem Gleichgewicht bei stetigem und angemessenem Wirtschaftswachstum beitragen«.

Auf landesrechtl. Ebene werden die bundes- und landesverfassungs- 3
rechtl. Vorgaben für das Haushaltswesen insb. durch die **Landeshaushaltsordnung** (LHO) idF vom 20. 11. 95 (GVBl S. 805) umgesetzt und
ergänzt. Die LHO regelt die Aufstellung und Ausführung des Haushaltsplans einschließl. der Wirtschaftsführung, der Verwaltung des Vermögens und der Führung von Betrieben. Sie enthält Vorschriften über Zahlung, Buchführung und Rechnungslegung, über landesunmittelbare juri-

stische Personen des öffentl. Rechts, die Sondervermögen sowie die Entlastung des SvB durch das AvB. Für die Eigenbetriebe gilt – mit Ausnahme einiger Vorschriften über die Rechnungsprüfung durch den Rechnungshof – die LHO nicht, sondern das Eigenbetriebsgesetz.

4 Die staatliche Haushaltswirtschaft ist ein periodisch ablaufender Prozess, der als **Haushalts- oder Budgetkreislauf** bezeichnet wird. Dieser Kreislauf wird in folgende vier Stadien unterteilt, die jeder Haushalt durchlaufen muss: Die Aufstellung des Haushaltsplans (1), die Feststellung des Haushaltsplans durch Gesetz (2), der Vollzug des Haushalts (3) und schließlich die Abrechnung und Prüfung des Haushalts (4). Die **Budgetinitiative** (Aufstellung des Haushaltsplans) liegt bei der Regierung. Diese hat allein das Recht, aber auch die Pflicht, den HPl einzubringen, gegebenenfalls auch mehrmals (vgl. Art. 85 Rn. 3). Die **Feststellung des Haushalts** ist Aufgabe und vornehmstes Recht des Parlaments und wird von diesem durch Verhandlungen und Beschlussfassung im Plenum und nach Maßgabe der Geschäftsordnung und der hierzu ergehenden Beschlüsse des AvB und der Ausschüsse, insb. des Hauptausschusses wahrgenommen (vgl. LVerfGE 1, 66). Die parl. Beratung und die Verabschiedung des Hauhaltsgesetzes erfüllen eine besondere »Kontroll- und Legitimationsfunktion« (E 79, 344) und tragen dem Gesetzesvorbehalt in Art. 87 I Rechnung (vgl. Art. 85 Rn. 12). Der **Vollzug des Haushalts** obliegt wiederum der Exekutive. Der Spielraum der Exekutive wird dabei durch den Grundsatz der Spezialität (vgl. Art. 85 Rn. 10), aber auch durch Informations- und Konsultationspflichten der Exekutive sowie informelle Kontrollen des Parl. eingeengt. Über den Haushaltsvollzug hat die Exekutive am Ende des Haushaltsjahres dem AvB gegenüber Rechnung zu legen, Art. 94 I. Die Prüfung der **Rechnungslegung** ist Aufgabe des Landesrechnungshofs. Das AvB wiederum beschließt auf der Grundlage dieses Berichts über die Entlastung des SvB (vgl. Art. 94, 95). Mit der Entlastung findet der Haushaltskreislauf eines Haushaltsjahres sein Ende.

Art. 85 [Haushaltsplan]

(1) Alle Einnahmen und Ausgaben müssen für jedes Rechnungsjahr in dem Haushaltsplan veranschlagt werden; er wird durch ein Gesetz festgestellt (Haushaltsgesetz). Durch Gesetz kann eine Veranschlagung und Feststellung für einen längeren Zeitabschnitt und in besonderen Ausnahmefällen ein Nachweis von Einnahmen und Ausgaben außerhalb des Haushaltsplans zugelassen werden.

(2) Jedem Bezirk wird eine Globalsumme zur Erfüllung seiner Aufgaben im Rahmen des Haushaltsgesetzes zugewiesen. Bei der Bemessung der Globalsummen für die Bezirkshaushaltspläne ist ein gerechter Ausgleich unter den Bezirken vorzunehmen. Zum Jahresschluss wird das erwirtschaftete Abschlussergebnis auf die Globalsumme für den nächsten aufzustellenden Bezirkshaushaltsplan vorgetragen.

Art. 85 ist die **Kernvorschrift** für das Haushaltsrecht des Landes Berlin; sie entspricht damit Art. 110 GG. 1

Absatz 1: Haushaltsplan, Haushaltsgrundsätze und Haushaltsgesetz

Haushaltsplan
Der **Haushaltsplan (HPl)**, der durch Gesetz (Haushaltsgesetz – HG) 2 festgestellt wird, weist die für das Rechnungsjahr zu erwartenden Einnahmen und die beabsichtigten Ausgaben aus. Er dient der Feststellung und Deckung des Finanzbedarfs, der zur Erfüllung der Aufgaben Berlins im Bewilligungszeitraum voraussichtlich notwendig ist (vgl. § 1 I LHO). Der HPl ist ein Wirtschaftsplan und zugleich ein **staatsleitender Hoheitsakt** in Gesetzesform (E 79, 328). Er ist staatliches Gesamtprogramm für die staatliche Wirtschaftsführung und verbindliche Grundlage für die Politik des Landes während der Etatperiode. Er kann daher als Regierungsprogramm in Gesetzesform, das die Regierungspolitik in Zahlen widerspiegelt, bezeichnet werden (E 45, 32). Der HPl ist gleichzeitig Maßstab für die Haushaltskontrolle durch das AvB. Die Budgetinitiative (Aufstellung des Haushaltsplans) liegt bei der Regierung. Diese hat allein das Recht, aber auch die Pflicht, den HPl einzubringen, gegebenenfalls auch mehrmals. Das Gesetzesinitiativrecht des Parlaments (Art. 59 II) erfährt insoweit eine Einschränkung (E 45, 29, 46). Dies ist in der VvB allerdings – anders als im GG (Art. 110 III) – nicht ausdrückl. geregelt. Lediglich aus Art. 86 III 2, wonach die fünfjährige Finanzplanung dem AvB mit dem Entwurf des Haushaltsplans für das nächste Haushaltsjahr vorzulegen ist, lässt sich der Grundsatz der Budgetinitiative der Regierung aus der VvB mittelbar entnehmen. Für

Volksinitiativen (Art. 61 II), Volksbegehren (Art. 62 V) und Volksentscheide (Art. 63) ist dagegen ausdrückl. geregelt, dass sie sich nicht auf den Landeshaushalt beziehen dürfen. Das Verfahren zur Aufstellung des Haushaltsplans, das mit der Beschlussfassung des Senats endet, wird im Einzelnen in der LHO in den §§ 27 bis 30 geregelt. Dem Senat allein steht auch das Initiativrecht für Ergänzungen und Nachtragshaushalte zu (§§ 32, 33 LHO).

Die **Rechtswirkungen des Haushaltsplans** sind auf das Organverhältnis zwischen Parl. und Regierung beschränkt. Ansprüche und Rechte Dritter werden durch ihn weder begründet noch aufgehoben (E 38, 126). Dieses verfassungsrechtl. feststehende Wesensmerkmal des Haushaltsplans (Sachs, Art. 110 Rn. 35) wird einfachgesetzl. durch § 3 II HGrG und § 3 II LHO noch einmal ausdrückl. betont. Soweit allerdings aufgrund von Leistungsgesetzen Ansprüche Dritter bestehen, müssen diese erfüllt werden, unabhängig davon, ob hierfür im HPl hinreichende Mittel bereitgestellt sind (Stern II, S. 1209). Der (durch das HG festgestellte) HPl hat rechtskonstitutive Bedeutung insofern, als er eine Ermächtigung für die Regierung begründet, Ausgaben zu leisten und finanzielle Verpflichtungen einzugehen, die ohne den HPl und das HG nicht oder jedenfalls nicht in dieser Weise bestünde (E 20, 91). Der HPl hat für den SvB bindende Wirkung. Dieser darf nur für die im HPl näher bezeichneten Zwecke und nur in der dort für die einzelnen Zwecke bezeichneten Höhe Zahlungen leisten. Vermerke und Erläuterungen hat er zu beachten. Für Verpflichtungen auf künftige Rechnungsjahre braucht der SvB entsprechende Verpflichtungsermächtigungen. Daraus folgt ein Verbot von Ausgaben, für die Mittel nicht vorgesehen sind, und ein Verbot, die Höhe der vorgesehenen Mittel zu überschreiten (vgl. E 45, 34).

3 Eine Verpflichtung des SvB, die im HPl für einen bestimmten Zweck veranschlagten **Mittel** auch tatsächl. **aufzuwenden**, besteht nach der VvB und den sie konkretisierenden Bestimmungen der LHO nicht. Der HPl beschränkt sich insoweit darauf, die Verwaltung zur Leistung der veranschlagten Ausgaben zu ermächtigen (LVerfGE 1, 139). Die in der Literatur vereinzelt vertretene Auffassung, dass Regierung und Verwaltung verpflichtet seien, die bewilligten Mittel zu verausgaben, verkennt den der Exekutive zukommenden eigenständigen politischen Spielraum, der sich gerade darin ausdrücken kann, dass auf die Inanspruchnahme von Geldern verzichtet wird (LVerfGE aaO; Stern II, S. 1207; Jarass/Pieroth, Art. 110 Rn. 13). Für die Regierung und die Verwaltung besteht allein aufgrund des HPl keine Verpflichtung, **Einnahmen**, die im HPl vorgesehen sind, zu realisieren. Die Verpflichtung, bestehende abgabenrechtl. Ansprüche durchzusetzen, ergibt sich aus dem verfassungsrechtl. begründeten Gebot der »steuerlichen Belastungsgleichheit« und einfachrechtlich aus § 34 I LHO, nicht aber aus dem hierfür viel zu wenig

spezifischen HPl selbst (vgl. Sachs, Art. 110 Rn. 29). Der HPl bindet den SvB aber auch nicht dahin, dass er bei seinen Einnahmen auf die im Plan veranschlagten Summen beschränkt wäre. Ebensowenig wie eine Verpflichtung besteht, die im HPl für einen bestimmten Zweck veranschlagten Ausgaben tatsächl. aufzuwenden, ist der SvB beim Vollzug des Haushalts verpflichtet, vor jeder Mehreinnahme einen Nachtragshaushalt vorzulegen (LVerfGE 6, 79). Der HPl besteht aus **Einzelplänen**, die die Einnahmen und Ausgaben und Verpflichtungsermächtigungen für ein Ressort enthalten. Die Einzelpläne sind in Kapitel und Titel eingeteilt. In einem Gruppierungsplan werden die Einnahmen und Ausgaben nach ihren Arten (z.B. Steuer, Verwaltungseinnahmen, Personalausgaben, sächliche Verwaltungsausgaben) untergliedert. Die Bezirke stellen eigene Haushaltspläne auf, die zu Bezirkshaushaltsplänen zusammengefasst werden. Der Gesamtplan schließlich enthält eine Zusammenfassung der Einzelpläne (Haushaltsübersicht), die Berechnung des Finanzierungssaldos (Finanzierungsübersicht) und die Aufschlüsselung der Kreditaufnahme (Kreditfinanzierungsplan), § 10 II HGrG, 13 LHO.

Haushaltsgrundsätze
Absatz 1 enthält die traditionellen Haushaltsgrundsätze der **Vollständigkeit** und der **Einheitlichkeit** des Haushaltsplans, die damit – ebenso wie im GG – Verfassungsrang erhalten haben (vgl. zu Art. 110 GG E 91, 202). Der Grundsatz der Vollständigkeit besagt, dass alle Einnahmen und alle Ausgaben in den HPl einzustellen sind (Verbot, erwartete Einnahmen und beabsichtigte Ausgaben außer Ansatz zu lassen). Der Grundsatz der Einheitlichkeit fordert, dass Einnahmen und Ausgaben des Landes Berlin in einem einzigen HPl einzustellen sind. Die beiden Grundsätze sichern das parl. Budgetrecht, definieren in der haushaltsrechtl. Investitionssumme die Obergrenze der zulässigen Staatsverschuldung und gewährleisten Rechnungslegung und Rechnungsprüfung. Die Vollständigkeit und Einheitlichkeit des Haushalts ist damit Ausgangstatbestand wesentl. verfassungsrechtl. Gewährleistungen (Kirchhof NJW 01, 1333). Nebenhaushalte, Schwarze Kassen und eine »Flucht aus dem Etat« (E 108, 215; Pfennig/Neumann, Art. 85 Rn. 6) sind daher unzulässig. Nur in besonderen Ausnahmefällen lässt Art. 85 I 2 Abweichungen vom Grundsatz der Einheitlichkeit zu (vgl. unten Rn. 8)

Wichtigster Ausdruck der Haushaltsgrundsätze der Vollständigkeit und Einheitlichkeit ist das in seinem Kern verfassungsrechtl. garantierte **Bruttoprinzip** (vgl. Dreier, Art. 110 GG Rn. 18). Es bedeutet, dass Einnahmen und Ausgaben getrennt voneinander in voller Höhe in den HPl einzustellen sind. Das Bruttoprinzip ist einfachrechtl. in § 12 HGrG und § 15 LHO verankert. In § 15 I 2 LHO wird das Bruttoprinzip für die Kreditaufnahme allerdings außer Kraft gesetzt. Diese erfolgt seit 1995 als Nettokreditaufnahme. Dies bedeutet, dass dem im Haushaltsgesetz bestimmten Kreditrahmen die Beträge zur Tilgung von in dem jeweiligen Haushaltsjahr fällig werdenden Krediten »zuwachsen« (vgl. § 3 II der jeweiligen Haushaltsgesetze). Hierdurch wird die tatsächl. finanzielle Situation des Landeshaushaltes erheblich »geschönt«. In welcher Höhe in einem Haushaltsjahr Kredite insgesamt aufgenommen werden (Bruttokreditaufnahme), ergibt sich erst aus dem dem HPl beigefügten Kreditfinanzierungsplan (zur Entstehungsgeschichte und Wirkung ausf. Weinzen II S. 68 f.)

6 Eng verbunden mit den Grundsätzen der Vollständigkeit und Einheitlichkeit ist der in Art. 85 I nicht ausdrückl. erwähnte Grundsatz der **Gesamtdeckung**, wonach alle Einnahmen als Deckungsmittel für alle Ausgaben dienen. Dieser Grundsatz gilt nicht einschränkungslos. § 7 HGrG, § 8 LHO lassen vielmehr ausdrücklich und ohne Beschränkungen Ausnahmen durch Gesetz oder im HPl selbst zu. Eine (verfassungsrechtl.) Grenze ist aber dort erreicht, wo Zweckbindungen zu unvertretbaren Einengungen der Dispositionsfreiheit des Haushaltsgesetzgebers führten (E 93, 348; Bonner Kommentar, Vorbem Art. 104a-115 Rn. 383). Insoweit kommt dem Grundsatz Verfassungsrang zu.

7 Mit dem Gebot der Vollständigkeit und Einheitlichkeit ebenfalls thematisch verbunden sind die in Art. 85 I – wiederum nicht ausdrücklich – normierten Gebote der **Wahrheit** und **Klarheit** des Haushalts. Der Haushaltswahrheit widerspricht es, Ansätze einzustellen, die der Verschleierung des wahren Sachverhalts dienen, oder Beträge vorzutäuschen. Insb. ungerechtfertigte Über- oder Unterschätzungen bei den Haushaltsansätzen sind nicht erlaubt (Maunz/Dürig, Art. 110 Rn. 38). Die Haushaltsklarheit verlangt, dass möglichst erkennbar gemacht wird, wo und in welcher Höhe die veranschlagten Einnahmen ihren Entstehungsgrund haben und welche Ausgaben in welcher Höhe für welchen Zweck veranschlagt werden. Nicht unproblematisch sind daher die sog. **pauschalen (oder globalen) Minderausgaben**. Mit diesen Minderausgaben werden die erfahrungsgemäß am Ende eines Haushaltsjahres verbleibenden Haushaltsmittel erfasst. Dass am Ende eines Jahres Haushaltsmittel übrig bleiben, ist auf Schwierigkeiten bei der genauen Mittelplanung oder auf aus »haushaltstaktischen« Gründen überhöhte Ansätze zurückzuführen (vgl. ausf. Marcus DÖV 00, 675; Dolde/Porsch DÖV 02, 232; krit. Noll ThürVBl 04, 125). Gerade in Berlin nehmen die pauschalen Minderausgaben als Mittel der Haushaltsabrundung, also zur Herstellung eines ausgeglichenen Haushalts, eine immer wichtigere Rolle ein. Ausgabenkürzungen werden damit nicht vom Parl. direkt vorgenommen und verantwortet, sondern in den Haushaltsvollzug verschoben. Der VerfGH hat bei pauschalen Minderausgaben im Umfang von rund 2, 29 vH der Gesamtausgaben im HPl eine Aushöhlung des Bud-

getrechts des Parl. verneint (LVerfGE 1, 166). Dies bedeutet nicht nur eine Durchbrechung der bisher angenommenen Höchstgrenze für vorhandene Bodensätze (vgl. Dolde/Porsch aaO, S. 232), sondern ist angesichts der extremen Haushaltsnotlage, die ebenso wie die Flexibilisierung des Haushaltsrechts zu einem Abbau vorhandener und Verhinderung neuer Bodensätze führen muss, nicht unbedenklich.

Art. 85 I 2 sieht eine wichtige **Ausnahme** von den Grundsätzen der Vollständigkeit und Einheitlichkeit vor. Danach kann durch Gesetz in »besonderen Ausnahmefällen« der Nachweis von Einnahmen und Ausgaben außerhalb des Haushaltsplans zugelassen werden. Mit § 26 LHO ist von dieser Ausnahmemöglichkeit insb. für die Betriebe Berlins Gebrauch gemacht worden. Ist ein Wirtschaften nach Einnahmen und Ausgaben für diese nicht zweckmäßig, haben sie einen Wirtschaftsplan aufzustellen. Dieser ist dem HPl beizufügen oder in dessen Erläuterungen aufzunehmen. Im HPl selbst sind lediglich die Zuführungen (Leistungen aus dem Landeshaushalt an diesen Betrieb) und Ablieferungen (Leistungen dieser Einrichtungen an den Landeshaushalt) zu veranschlagen, § 26 I LHO.

Der Haushalt muss jedes Jahr neu aufgestellt werden. Dieser traditionelle Haushaltsgrundsatz der **Jährlichkeit** des Haushalts (»jedes Rechnungsjahr«) kann durch eine gesetzl. Regelung modifiziert werden, Art. 85 I 2. Der Landesgesetzgeber hat in § 12 LHO festgelegt, dass Haushaltspläne auch für zwei Haushaltsjahre aufgestellt werden können (Doppelhaushalt). Dies muss allerdings für jedes Jahr getrennt erfolgen. Der HPl muss vor dem Beginn der Haushaltsperiode festgestellt sein. Dieser Grundsatz der **Vorherigkeit** ist in Art. 85 nicht ausdrückl. geregelt, lässt sich aber dem Notausgabenrecht des Senats in Art. 89 I entnehmen, das dann besteht, wenn »zu Beginn des neuen Rechnungsjahres« noch kein HPl festgestellt ist. Alle Beteiligten haben die Pflicht, daran mitzuwirken, dass der Haushalt vor Ablauf des vorherigen Rechnungsjahres verabschiedet wird (Pfennig/Neumann, Art. 85 Rn. 10 mwN; E 45, 33). Auch der verspätet verabschiedete HPl erstreckt sich auf das gesamte Rechnungsjahr. Er wird also rückwirkend für die inzwischen verstrichene Zeit in Kraft gesetzt. 9

Ein weiterer Haushaltsgrundsatz, der nicht in der VvB erwähnt wird, der aber aus der Rechtsnatur des Haushalts folgt (so Pfennig/Neumann, aaO Rn. 13) und zum verfassungsrechtl. Kernbestand der Haushaltsgrundsätze in Bund und Ländern gehört (NWVerfGH NVwZ 95, 159 f.; Dreier, Art. 110 Rn. 24), ist der der **Spezialität.** Er besagt, dass die bewilligten Mittel nur zu einem bestimmten Zweck und in einer bestimmten Höhe verausgabt werden dürfen (sachliche Spezialität), und zwar nur, soweit und solange der Zweck fortdauert und nur bis zum Ende des Haushaltsjahres (§ 45 I LHO). Der VerfGH hat den Grundsatz der Spezialität noch nicht als verletzt angesehen, wenn Mittel, die für 10

Personalkosten im Haushalt veranschlagt sind, stattdessen für Abwicklungskosten bei Personalkosten eingesetzt werden (LVerfGE 1, 140; Schließung des Schillertheaters). Dem ist vor dem Hintergrund einer im Rahmen der Verwaltungsmodernisierung erforderl. Flexibilisierung auch des Haushaltsrechts zuzustimmen. Die Verwaltungsreform, die für die öffentl. Verwaltung eine Kosten- und Leistungsrechnung nach betriebswirtschaftl. Grundsätzen für die Bemessung von Einnahmen und Ausgaben verbindlich macht (vgl. § 7 III LHO, § 6 a HGrG), setzt ein flexibleres Haushaltsrecht voraus. Dem haben auf Bundesebene der Gesetzgeber durch das Haushaltsrechts-Fortentwicklungsgesetz vom 22. 12. 97 (BGBl I S. 3251) und der Berliner Gesetzgeber mit zahlreichen Änderungen der LHO durch das Verwaltungsreform-Grundsätze-Gesetz (VGG) vom 17. 5. 99 (GVBl S. 171) Rechnung getragen. Insb. die Einführung von Globalsummen für die Einzelpläne (§ 1 II LHO), die erweiterten Möglichkeiten zur zeitlichen Übertragung (§ 46 LHO) und zur einseitigen oder gegenseitigen Deckung (§ 20 LHO) von Haushaltstiteln sind in diesem Zusammenhang zu erwähnen (zur Sicherung des parl. Budgetrechts im Neuen Steuerungsmodell: Hill DÖV 01, 793; vgl. auch Sachs, Art. 110 Rn. 63).

11 Das **Gebot des Haushaltsausgleichs** (vgl. Art 110 I 2 GG) wird in Art. 85 nicht genannt. Es gehört aber zum Wesensmerkmal eines Haushalts und hat im Übrigen in Art. 90 II seinen Niederschlag gefunden und damit Verfassungsrang. Das Gebot besagt, dass der HPl nicht mehr Ausgaben vorsehen darf, als Einnahmen (einschließl. Krediten) zur Deckung dieser Ausgaben auf Grund von Schätzungen erwartet werden können und demgemäß veranschlagt sind. Das Gebot gilt bei der Aufstellung des HPl durch den SvB und für die Feststellung durch das AvB gleichermaßen (E 1, 161). Die Exekutive ist an den festgestellten Haushalt, der ausgeglichen ist, gebunden und hat demgemäß den Haushalt unter Aufrechterhaltung des Gleichgewichts zwischen Einnahmen und Ausgaben auszuführen. Abweichungen sind allerdings unvermeidbar. Der Ausgleich darf aber nicht außer Acht gelassen werden (Seifert/Hömig, Art. 110 Rn. 3). Das Ausgleichsgebot ist rein **formaler** Natur, wie sich daraus ergibt, dass auch Kredite als Einnahmen zu werten sind (vgl. VerfGH NVwZ 04, 211). Die Forderung nach einer materiellen Ausgeglichenheit, dh eines Ausgleichs der Ausgaben allein durch Einnahmen ohne Kredite, Entnahmen aus Rücklagen und Überschüsse (vgl. § 13 IV LHO), stünde im unauflösbaren Widerspruch zu der durch Art. 87 II legitimierten Kreditfinanzierung. Das Ausgleichsgebot kommt angesichts der in Art. 87 II enthaltenen Vorgabe für die Höhe der Schuldenaufnahme und der fehlenden Maßstäbe auch nicht als Grundlage für eine Forderung nach einer wertenden Gegenüberstellung von Einnahmen und Ausgaben in Betracht (aA Pfennig/Neumann, aaO Rn. 20 ff.; wie hier: Sachs, Art. 110 Rn. 66).

Haushaltsgesetz

Der HPl ist gemäß Art. 85 I 2. Halbsatz **durch Gesetz festzustellen**. Es handelt sich um zwingendes Recht (E 45, 32). Die Feststellung des Haushaltsplans durch Rechtsverordnung ist ausgeschlossen. Sinn der Gesetzesform ist es, dem Parl. ein umfassendes Ausgabenbewilligungsrecht einzuräumen und die Möglichkeit zu geben, die Staatstätigkeit zu begrenzen und global zu steuern. Die Feststellung des Haushaltsplans durch das HG verschmilzt beide zu einer Einheit, so dass der HPl unter Einschluss aller Einzelpläne integraler Bestandteil des Gesetzes wird (E 20, 91; 38, 126; vgl. aus der Lit. nur Jarass/Pieroth, Art. 110 Rn. 7). Der einzelne Abgeordnete und die Fraktionen haben ein eigenes Recht auf Information und Beurteilung des vom SvB eingebrachten Haushaltsentwurfs. Werden diese Rechte verletzt, indem z.B. ein Abgeordneter oder eine Fraktion geschäftsordnungswidrig gehindert wird, Anträge zu stellen oder an Abstimmungen teilzunehmen, so kann dies im Organstreitverfahren gemäß §§ 14 Nr. 1, 37 Abs. 1 VerfGHG geltend gemacht werden (E 70, 349, 356; LVerfGE 1, 166). Dagegen können einzelne Abgeordnete und Fraktionen nicht aus eigenem Recht geltend machen, dass ihr Budgetrecht z.B. durch Nichtvorlage eines Nachtragshaushalts oder einer Ermächtigung zur Aufnahme von Krediten verletzt sei. Denn das Budgetrecht als solches steht nur dem AvB zu. Die Fraktionen können allerdings im Organstreitverfahren in Prozessstandschaft die Verletzung von Rechten des AvB geltend machen (LVerfGE 6, 75). Dem AvB kommt hinsichtl. des »Wie« der Haushaltsgesetzgebung ein Gestaltungsspielraum zu (vgl. Stern II, S. 1217). Das AvB verfügt über ein unbeschränktes Änderungsrecht. Selbst eine Ablehnung des Entwurfs durch das AvB kommt in Betracht. Das erneute Initiativrecht kommt dann wieder dem SvB zu. Bei den Beratungen des Haushalts gilt das aus dem allg. demokratischen Öffentlichkeitsprinzip abgeleitete, seinerseits mit Verfassungsrang ausgestattete Prinzip der **Budgetöffentlichkeit** (E 70, 358), das nur in sicherheitsrelevanten Bereichen Ausnahmen zulässt (vgl. Dreier, Art. 110 Rn. 37).

Das HG ist unter dem Aspekt des Gesetzesbegriffs Gesetz wie jedes andere. Die frühere Qualifizierung als bloß **formelles Gesetz** ist obsolet (Dreier, Art. 110 Rn. 9 mwN). Das HG enthält neben der traditionell in § 1 des jeweiligen HG enthaltenen Feststellungsformel mit der die Einnahmen und Ausgaben und die Verpflichtungsermächtigungen in ihrer Gesamthöhe festgestellt werden, eine Reihe weiterer Vorschriften, die den Umgang mit den vorgesehenen Einnahmen und Ausgaben im Einzelnen regeln oder Bestimmungen treffen, die für mehrere Einzelpläne gelten und daher nicht in den HPl selbst aufgenommen werden können. Hierzu gehören insb. die Bestimmungen über Kreditermächtigungen, Bürgschaften und Garantien, sowie über Sperrvermerke und die Deckungsfähigkeit einzelner Ansätze. Gleichzeitig mit dem HG werden vom AvB auf Vorschlag des Hauptausschusses regelmäßig sog. Auflagenbeschlüsse gefasst, die Ersuchen und Auflagen an den SvB zum Haushalt enthalten. Die Verbindlichkeit dieser Beschlüsse für die Regierung beim Haushaltsvollzug und ihrer sonstigen Aufgabenerfüllung kann jeweils nur von Einzelfall zu Einzelfall beurteilt werden (vgl. auch die Kritik an dieser ausufernden Praxis bei Weinzen I, S. 491).

14 Im Gegensatz zu Art. 110 IV GG kennt Art. 85 kein Verbot, in das HG andere Vorschriften aufzunehmen als solche, die sich auf den Zeitraum, für den der Haushalt beschlossen worden ist, und auf die Einnahmen und Ausgaben des Landes Berlin beziehen (**Bepackungsverbot**). Das zeitliche Bepackungsverbot, also das Verbot, Vorschriften in das HG aufzunehmen, die über den Zeitraum seiner Geltungsdauer hinausreichen, ergibt sich allerdings schon daraus, dass das HG ein Zeitgesetz ist. Das sachliche Bepackungsverbot hat seinen Sinn, da die ursprünglichen, im konstitutionellen System liegenden Gründe keine Rolle mehr spielen (Dreier, Art. 110 Rn. 41), in der Wahrung der Normenklarheit und der Beschleunigung der Haushaltsberatungen (Dreier, aaO). Es hat damit nicht aus sich heraus Verfassungsrang. Mithin hätte eine Bepackung des HG mit sachlichen Regelungen mangels verfassungsrechtl. Absicherung des Verbotes in der VvB nicht die Teilnichtigkeit des HG zur Folge.

15 Der **Vollzug des Haushalts** obliegt der Exekutive. Der Spielraum der Exekutive wird dabei insb. durch den Grundsatz der Spezialität (vgl oben Rn. 10), aber auch durch Informations- und Konsultationspflichten der Exekutive sowie informelle Kontrollen des Parlaments begrenzt. In den letzten Jahren wird der Spielraum der Exekutive beim Haushaltsvollzug insb. durch im Haushalt angebrachte **Sperrvermerke** eingeschränkt. Diese machen die Abrufung von Haushaltsmitteln von der Einwilligung des AvB (qualifizierte Sperrvermerke) oder des für Finanzen zuständigen Senatsmitglieds (einfache Sperrvermerke) abhängig (§§ 22, 36 LHO). Soweit in der Praxis in Berlin bei den qualifizierten Sperrvermerken die Einwilligung des Hauptausschusses an die Stelle der Einwilligung des AvB tritt (vgl. Pfennig/Neumann, Art. 85 Rn. 30), ist diese Delegation der Zuständigkeit zwar verfassungsrechtlich unbedenklich (Dreier, Art. 110 Rn. 40), einfachrechtl. vom Wortlaut der LHO aber nicht gedeckt. Angesichts der inzwischen in den jeweiligen Haushaltsgesetzen enthaltenen Übertragung des Einwilligungsrechts auf den Hauptausschuß ist dies rechtlich allerdings unproblematisch.

16 Über den Haushaltsvollzug hat die Exekutive am Ende des Haushaltsjahrs dem AvB gegenüber Rechnung zu legen, Art. 94 I. Die Prüfung der **Rechnungslegung** ist Aufgabe des Rechnungshofs. Das Parl. wiederum beschließt auf der Grundlage dieses Berichts über die Entlastung des Senats. Es kann die Entlastung verweigern, bestimmte Maßnahmen z.B. zur Aufklärung unklarer Sachverhalte einleiten und Sachverhalte ausdrückl. missbilligen (vgl. die Kommentierung zu Art. 94 II). Mit der

Entlastung findet der Haushaltskreislauf eines Haushaltsjahrs sein Ende.

Absatz 2:   Bezirkshaushalte

Die zwölf Bezirke Berlins besitzen, anders als die Gemeinden in den Flächenstaaten, keine eigene Rechtspersönlichkeit (§ 2 I BezVG) und sind keine selbständigen Gemeinden (vgl. LVerfGE 3, 32; 6, 41). Die Bezirke sind jedoch als Selbstverwaltungseinheiten an der Verwaltung beteiligt (Art 66 II). Durch die Verfassungs- und Verwaltungsreform 94/98 sind die Aufgabenbereiche der Bezirke stark erweitert und zahlreiche Aufgaben von der Senatsebene auf die Bezirksebene verlagert worden. Der SvB nimmt durch die Hauptverwaltung (nur) noch die ihm durch die Verfassung selbst oder durch Gesetz ausdrücklich zugewiesenen Aufgaben von gesamtstädtischer Bedeutung wahr (vgl. Art. 67 I – III). Die anderen Aufgaben der Verwaltung werden von den Bezirken wahrgenommen. Parallel zu dieser Zuständigkeitserweiterung ist die finanzielle Selbständigkeit und Eigenverantwortung der Bezirke gestärkt worden. Die Bezirke verfügen allerdings weder über eine Abgabenhoheit noch über eine Ertragshoheit hinsichtl. der Landessteuern. Die Bezirke haben daher – im Unterschied zu den Gemeinden in den Flächenstaaten – keine eigenen Steuereinnahmen. Eigene Einnahmen können sie nur über Gebühren und Beiträge, Verwarnungs- und Bußgelder sowie privatrechtl. Einnahmequellen (z.B. Anteile an Grundstücksverkäufen) erschließen (vgl. ausführlich Musil/Kirchner, Rn. 412 ff.). Die Bezirke sind daher auf Finanzzuweisungen angewiesen. Seit 1994 wird den Bezirken eine **Globalsumme** zur Erfüllung ihrer Aufgaben im Rahmen des HG zugewiesen, Art. 85 II 1. Die Globalsumme war bisher in drei Teilbeträge für Investitionen, Personalausgaben und konsumtive Sachausgaben gegliedert. Mit dem HG 2001 sind die beiden letztgenannten Ausgabengruppen zusammengefasst worden. Mit dem Haushaltsjahr 2005 wird die Einführungsphase der ergebnisorientierten Budgetierung abgeschlossen; Teilglobalsummen werden nicht mehr ermittelt. Dies bedeutet, dass die zur Verfügung gestellten Gelder nach der Menge der erstellten Produkte multipliziert mit den Durchschnittskosten für dieses Produkt bemessen und auf die Bezirke verteilt werden. Der Bezirk hat in eigener Verantwortung über die Verwendung der Globalsumme durch Aufstellung eines in Einnahmen und Ausgaben ausgeglichenen Bezirkshaushaltsplans zu entscheiden (Art. 72, § 26 a LHO, § 4 BezVG). Die Bezirkshaushaltspläne enthalten die bei der Wahrnehmung der Bezirksaufgaben entstehenden Einnahmen, Ausgaben und Verpflichtungsermächtigungen, die Globalzuweisungen sowie die Abwicklung der Ergebnisse aus dem Vorjahr (§ 26 a I LHO). Die Entscheidung über die Bezirkshaushaltspläne ist gemäß § 12 II Nr. 1 BezVG Sache der Bezirksverordnetenversammlung. Die Bezirke leiten die beschlossenen

Bezirkshaushaltspläne – bei denen es sich mit Blick auf den Gesamthaushaltsplan Berlins allerdings nur um Entwürfe von Einzelplänen handelt – direkt dem Abgeordnetenhaus zu (§ 30 LHO). Der Finanzverwaltung sind die Haushaltspläne zum Zweck der Aufstellung des Gesamthaushaltsplans ebenfalls zuzuleiten (§ 27 I LHO). Der SvB prüft die Bezirkshaushaltspläne und teilt das Ergebnis und von ihm für erforderl. gehaltene Änderungen dem Abgeordnetenhaus mit (§ 29 III 2 LHO). Der finanzielle und damit der gestalterische Spielraum der Bezirke bei der Aufstellung der Bezirkshaushaltspläne wird dadurch erheblich beschränkt, dass die zugewiesenen Globalsummen durch die finanzielle Lage des Landes Berlin bestimmt werden. Hinzu kommt, dass die überwiegenden Ausgaben durch Gesetze oder – etwa im Personalbereich – durch Unkündbarkeit der Betroffenen vorgegeben sind. Nach Schätzungen sollen rund 12 – 15 vH der den Bezirken zur Verfügung stehenden Mittel disponibel sein (Zivier, S. 242).

18 Aus der Formulierung »**im Rahmen des Haushaltsgesetzes**« in Art. 85 II wird deutlich, dass die Zuweisung der Globalsumme und die Feststellung der Bezirkshaushaltspläne im HPl des Landes Berlin erfolgt. Die Bezirkshaushaltspläne sind – wie die Haushaltspläne der Ressorts der Hauptverwaltung – Einzelpläne des einheitlichen Haushaltsplans, der durch das HG festgestellt wird. Für die Haushaltspläne der Bezirke gelten daher die Vorschriften des HG selbst, der LHO wie auch alle anderen haushaltsrelevanten Gesetze (z.B. Haushaltsstrukturgesetze). Die den Bezirken durch Art. 85 II verfassungsrechtl. zuerkannte und einfachrechtl. durch § 26 a LHO ausgestaltete Position kann als **begrenzte Finanzhoheit** (Sommer JR 95, 399) charakterisiert werden. Wie die Gemeinden sind sie berechtigt, über die ihnen zugewiesenen Finanzmittel frei zu entscheiden. Anders als den Gemeinden fehlt es ihnen aber an der Abgabenhoheit und dem Besteuerungsrecht. Die Annäherung des Status der Bezirke an den der Gemeinden im Bereich des Haushaltswesens führt dazu, dass ihnen insoweit eine im Klagewege durchsetzbare Rechtsposition gegen Maßnahmen der Hauptverwaltung zuzuerkennen sein kann (ebenso Musil LKV 03, 264). Die Bezirke können nämlich nach der derzeitigen verfassungsrechtlichen und einfachrechtlichen Lage auch im Bereich des Finanz- oder Haushaltswesens als Kontrastorgan zum Zwecke einer sachgerechten Ausbalancierung innerkörperschaftlicher Interessen- und Machtgegensätze angesehen werden (vgl. OVG Berlin LKV 00, 453 zum Bauplanungsrecht; eingehend zur Stellung der Bezirke: Haaß LKV 96, 84 ff.; Deutelmoser, LKV 99, 350; ausführlich zum Rechtsschutz der Bezirke: Musil/ LKV 03, 262.; vgl. auch Art. 66 Rn. 3). Ob allerdings z.B. gegen aufsichtliche Maßnahmen der Hauptverwaltung eine Klagebefugnis gegeben ist, bedarf in jedem Einzelfall einer genauen Prüfung. Für die Klage steht der Rechtsweg zu den Verwaltungsgerichten offen. Richtige Klageart ist die Feststellungs-

klage nach § 43 VwGO (OVG Berlin LKV 00, 453; zu der Frage, ob die Bezirke gegen eine ihrer Ansicht nach unzureichende Mittelausstattung im HG Verfassungsbeschwerde erheben können vgl. unten Rn. 19).

Der Haushaltsgesetzgeber ist bei der Bemessung der Globalsummen für **19** die Bezirke nicht frei. In Art. 85 II ist ihm vielmehr verfassungsrechtl. vorgegeben, dass er sich an den von den Bezirken zu erfüllenden Aufgaben orientieren muss. § 26 a LHO bringt dies noch deutlicher zum Ausdruck, indem er darauf abstellt, dass bei der Bemessung der Globalsummen der Umfang der Bezirksaufgaben und die eigenen Einnahmemöglichkeiten der Bezirke zu Grunde zu legen und übergeordnete Zielvorstellungen von AvB und SvB sowie Deckungsmöglichkeiten des Gesamthaushalts zu berücksichtigen sind. Der Haushaltsgesetzgeber wird damit verpflichtet, den Bezirken eine **finanzielle Mindestausstattung** zu gewähren. (ebenso Remmert LKV 03, 259; bei der Bemessung dieser Mindestausstattung kann auf die im Verfassungsrecht der anderen Bundesländer entwickelten Grundsätze zurückgegriffen werden). Danach ist den Bezirken eine finanzielle Mindestausstattung zu gewähren, die sie in die Lage versetzt, ihre Funktionen zu erfüllen, und die ihre **finanzielle Leistungsfähigkeit** erhält. Dem Haushaltsgesetzgeber kommt ein weiter normativer Spielraum zu, wie diese Verpflichtung erfüllt wird. Im Rahmen seiner Gestaltungsfreiheit obliegt es ihm, den Finanzbedarf von Hauptverwaltungsebene und Bezirksebene insgesamt zu bewerten und zu gewichten und die Pauschalzuweisungen an die Bezirke den wechselnden Verhältnissen und Aufgaben anzupassen. Die Bezirke haben dabei weder einen Anspruch darauf, dass ihnen bestimmte Mittel zugewiesen werden, noch darauf, dass bestimmte Verteilungsregeln oder Anteile geschaffen werden, unverändert bleiben oder fortbestehen (ausführlich BayVerfGH BayVBl 00, 304 mwN.; NdStGH DÖV 98, 383 f.; ausf. Volkmann DÖV 01, 497). Das verfassungsrechtliche Gebot, eine angemessene Finanzausstattung der Bezirke sicherzustellen, wird wesentl. begrenzt durch die finanzielle Leistungsfähigkeit des Landes Berlin. Der den Bezirken verbleibende Spielraum für freiwillige Aufgaben und Leistungen richtet sich daher nach den konkreten finanziellen Möglichkeiten des Landes und kann auf ein Minimum reduziert werden. Für die Beurteilung, ob die Globalsumme für die Aufgabenerfüllung ausreichend ist, kommt es auf die Globalzuweisung an den jeweils konkreten Bezirk an. Dies ist Folge der – insb. auf der Einnahmenseite – nur begrenzten finanziellen Eigenverantwortung der Bezirke, die eine jeweils bezirksbezogene Mittelzuweisung erforderl. macht (vgl. Schliesky aaO). Allerdings ist durch die Bezirks- und die Verwaltungsreform die Vergleichbarkeit der Bezirke erheblich gesteigert worden, sodass eine vergleichende Betrachtung bei der Ermittlung der Globalsumme zunehmend möglich wird. Nach der Rechtsprechung des VerfGH können die Bezirke eine angemessene Finanzausstattung allerdings **nicht gerichtlich** durchsetzen. Aus der Systematik des Art. 84 II ergebe sich, dass den Bezirken als Teilen der vollziehenden Gewalt des Landes Berlin von Verfassungs wegen die Beteiligtenfähigkeit im Verfassungsbeschwerdeverfahren fehle, soweit dies nicht der Verteidigung verfassungsrechtlich gesicherter prozessualer Rechte diene (VerfGH, B.v. 15. 6. 00 – 47/99). Die nach dieser Rspr. des VerfGH bestehende Rechtsschutzlücke im Bereich des Haushaltswesens ist unbefriedigend (ebenso Remmert aaO, S. 262): . Das Verfassungsgebot des Art. 85 II bedarf daher einer prozessualen Ergänzung durch eine »kommunale Verfassungsbeschwerde«, die der verfassungsrechtlich wie einfachrechtlich verselbständigten Stellung der Bezirke Rechnung trägt.

20 Der Haushaltsgesetzgeber wird durch Art. 85 II nicht nur zur finanziellen Mindestsicherung verpflichtet, sondern auch dazu, einen **gerechten Ausgleich** zwischen den Bezirken vorzunehmen. Damit wird der aus Art. 107 II GG und dem Kommunalrecht bekannte Gedanke des horizontalen Finanzausgleichs zwischen finanzstarken und finanzschwachen Ländern und Gemeinden aufgegriffen. Bereits die VvB 1950 enthielt eine ähnliche Ausgleichsregelung (Art. 73 II), durch die eine »gerechte soziale und gleichmäßige kulturelle Betreuung der Bevölkerung gewährleistet« werden sollte. Dass diese Ausgleichsverpflichtung vor der Wiedervereinigung eine relevante Umverteilungswirkung entfaltet hat, ist nicht ersichtlich (Weinzen I, S. 510). Auch gegenwärtig fehlen gesetzl. Festlegungen, die diese Ausgleichsverpflichtung anwendbar machten.

21 Ausdruck der neuen Finanzverantwortung der Bezirke ist Art. 85 II 3, der anordnet, dass das zum Jahresschluss **erwirtschaftete Abschlussergebnis** auf die Globalsumme für den nächsten aufzustellenden Bezirkshaushaltsplan vorgetragen wird. Die Bezirke sollen am Erfolg oder Misserfolg ihrer Haushaltswirtschaft beteiligt werden. Unklar ist, was unter dem erwirtschafteten Abschlussergebnis zu verstehen ist. Die LHO kennt den Kassenabschluss (§ 82) und den rechnerischen Haushaltsabschluss (§ 83), die beide Bestandteile der vorzunehmenden Rechnungslegung sind (§§ 80, 84 LHO). Den Zeitpunkt des Abschlusses der Bücher bestimmt die Finanzverwaltung (§ 76 LHO). Bedeutung kommt der Unterscheidung insb. deshalb zu, weil das rechnungsmäßige Gesamtergebnis infolge der Einbeziehung der Haushaltsreste stets ungünstiger ausfällt als das kassenmäßige Abschlussergebnis (vgl. näher Piduch, § 83 Rn. 2). Die Praxis der Finanzverwaltung legt ihrer Betrachtung den kassenmäßigen Jahresabschluss zugrunde.

Art. 86 [Haushaltsgesetz, Finanzplan]

(1) Das Haushaltsgesetz bildet die Grundlage für die Verwaltung aller Einnahmen und Ausgaben.
(2) Haushaltsmittel dürfen nur in Anspruch genommen werden, soweit es eine sparsame Verwaltung erforderlich macht.
(3) Der Haushaltswirtschaft ist eine fünfjährige Finanzplanung zugrunde zu legen. Der Finanzplan ist dem Abgeordnetenhaus spätestens im Zusammenhang mit dem Entwurf des Haushaltsgesetzes für das nächste Haushaltsjahr vorzulegen.

Die Abs. 1 und 2 des Art. 86 formulieren traditionelle haushaltsrechtl. Grundsätze, die im GG in Art. 110 niedergelegt sind. Der 1995 eingefügte Abs. 3 verankert die mittelfristige Finanzplanung, wie sie im HGrG bereits mit unmittelbarer Wirkung für die Länder vorgeschrieben ist, in der VvB. 1

Absatz 1: Haushaltsgesetz

Abs. 1 kommt angesichts der spezielleren Regelung über das HG in Art. 85 I keine eigenständige Bedeutung mehr zu. Er ist daher zu Recht als »Relikt« aus der frühen Entstehungsgeschichte der VvB bezeichnet worden (Pfennig/Neumann, Art. 86 Rn. 1). Wegen der Einzelheiten zum HG und zum Haushaltsvollzug (Verwaltung der Einnahmen und Ausgaben) kann auf die Kommentierung zu Art. 85 verwiesen werden. 2

Absatz 2: Grundsatz der Sparsamkeit

Der allg. haushaltsrechtl. Grundsatz der **Sparsamkeit** wird in Art. 86 II mit Verfassungsrang ausgestattet. Er ist zusammen mit dem Grundsatz der Wirtschaftlichkeit zu sehen (Art. 95 III und Art. 114 GG). Einfachrechtl. ist er in § 7 LHO und § 6 HGrG verankert. Durch die Verwaltungsreform hat der Grundsatz der Sparsamkeit an Kontur gewonnen. In § 7 I LHO ist ausdrückl. festgelegt, dass die Grundsätze der Wirtschaftlichkeit und Sparsamkeit zur Prüfung verpflichten, inwieweit staatliche Aufgaben oder öffentl. Zwecken dienende wirtschaftliche Tätigkeiten durch Ausgliederung und Entstaatlichung oder Privatisierung erfüllt werden können. In Abs. 2 ist darüber hinaus vorgeschrieben, dass für alle finanzwirksamen Maßnahmen angemessene Wirtschaftlichkeitsuntersuchungen durchzuführen sind. In geeigneten Fällen ist außerdem privaten Anbietern die Möglichkeit zur Abgabe eines Angebotes zur Erfüllung einer Aufgabe zu geben (Interessenbekundungsverfahren). Der hier deutlich werdende enge Zusammenhang von Wirtschaftlichkeit und 3

Sparsamkeit entspricht dem neueren Verständnis des Grundsatzes der Sparsamkeit als einem Unterfall des Grundsatzes der Wirtschaftlichkeit. Sparsamkeit fordert danach den unter Abwägung aller zu berücksichtigenden Umstände geringstmöglichen Einsatz an Mitteln für einen festgelegten Zweck (vgl. NWVerfGH NVwZ 04, 217).). Eine Sparsamkeit im Sinne einer möglichst weitgehenden Einschränkung aller staatlichen Mittel kann dem Gebot daher nicht entnommen werden. Ein so verstandenes Sparsamkeitsgebot würde zudem Gefahr laufen, in Widerspruch zum Gebot der Wirtschaftlichkeit zu gelangen (vgl. von Münch/Kunig, Art. 114 Rn. 19; Bonner Kommentar, Art. 114 Rn. 101 und die Kommentierung zu Art. 94). Besondere Bedeutung kommt der genauen **Zweckbestimmung** und der **Folgenabschätzung** bei der Beurteilung unterschiedlicher Lösungen zur Erreichung dieses Zweckes zu. Insb. bei Investitionen in IuK-Technik oder andere raschem technischem Wandel unterworfene Bereiche wird die »billigste« Lösung, die alsbald nicht mehr dem technischen Stand entspricht oder nicht mehr weiterentwickelbar ist, häufig nicht die sparsamste sein.

Absatz 3: Mittelfristige Finanzplanung

4 Der dritte Abs. ist erst durch die Verfassung 1995 angefügt worden. Inhaltlich – z.T. auch wörtlich – wiederholt er das in §§ 9, 14 StabG und § 50 HGrG aufgestellte, für Bund und Länder gleichermaßen geltende Erfordernis einer fünfjährigen Finanzplanung. Einer verfassungsrechtl. Festschreibung hätte es daher nicht bedurft. Soweit die Regelungen im HGrG oder in dem im HGrG in Bezug genommenen StabG weitergehende Anforderungen enthalten, gehen sie als Bundesgesetze Art. 86 III vor und sind zu beachten.

Verpflichteter in Art. 86 III ist die Exekutive. Die Finanzplanung wird demgemäß von der Senatsverwaltung für Finanzen erarbeitet (aufgestellt), vom SvB beschlossen und dem AvB spätestens im Zusammenhang mit dem Haushaltsplan für das nächste Jahr zur Kenntnisnahme vorgelegt (vgl. § 31 I, II LHO). Gemäß § 50 HGrG ist das erste Planungsjahr jeweils das laufende Haushaltsjahr. Die Finanzplanung wird jährlich neu aufgestellt. In der Finanzplanung werden Umfang und Zusammensetzung der voraussichtlichen Ausgaben und die Deckungsmöglichkeiten in ihren Wechselbeziehungen zu der mutmaßlichen Entwicklung des gesamtwirtschaftl. Leistungsvermögens dargestellt. Die Finanzplanung ist den volkswirtschaftl. und politischen Rahmenbedingungen anzupassen und fortzuschreiben. Sie soll Vorstellungen darüber ermöglichen, in welchem Umfang voraussichtlich Mittel für die Finanzierung der Aufgaben in einem mittelfristigen Zeitraum zur Verfügung stehen. Gleichzeitig sollen finanzpolitische Gefahrensituationen frühzeitig aufgezeigt und ein Gegensteuern ermöglicht werden. Dem

Finanzplan kommt im Gegensatz zum durch Gesetz festgestellten Haushaltsplan keine Rechtsverbindlichkeit zu. Er ist lediglich eine einer Regierungserklärung vergleichbare Kundgabe von Absichten (HStR IV § 89 Rn. 80).

Art. 87 [Gesetzesvorbehalt]

(1) Ohne gesetzliche Grundlage dürfen weder Steuern oder Abgaben erhoben noch Anleihen aufgenommen oder Sicherheiten geleistet werden.
(2) Kredite dürfen nur aufgenommen werden, wenn andere Mittel zur Deckung nicht vorhanden sind. Die Einnahmen aus Krediten dürfen die Summe der im Haushaltsplan veranschlagten Ausgaben für Investitionen nicht überschreiten; Ausnahmen sind nur zulässig zur Abwehr einer Störung des gesamtwirtschaftlichen Gleichgewichts. Das Nähere wird durch Gesetz geregelt.

1 In Abs. 1 wird der in Art. 59 I bereits allg. formulierte **Gesetzesvorbehalt** für die Steuer- und Abgabenerhebung einerseits und die Kreditaufnahme und Sicherheitsleistung andererseits wiederholt und damit das Budgetrecht des Parl. unterstrichen. Das Erfordernis einer gesetzl. Ermächtigung für Anleihen und Sicherheiten ergänzt das in Art. 85 I verankerte Ausgabenbewilligungsrecht des Parl. und gehört damit zum Kern des parl. Budgetrechts (VerfGH NVwZ-RR 03, 538). In Abs. 2 findet sich eine mit Art. 115 GG vergleichbare Regelung des Umfangs der zulässigen Kreditbeschaffung. Das in Abs. 2 geregelte Kreditbegrenzungsgebot ist angesichts des Zustandes der öffentl. Finanzen die zentrale Regelung der Berliner Finanzverfassung (VerfGH NVwZ 04, 211).

Absatz 1: Steuern, Abgaben, Anleihen, Sicherheiten

2 Der Begriff **Steuer** wird in der VvB nicht definiert, sondern vorausgesetzt. Zu seiner Bestimmung kann auf den dem deutschen Steuerrecht traditionell zugrundeliegenden Begriffsinhalt zurückgegriffen werden (E 93, 346; Jarass/Pieroth, Art. 105 Rn. 3). Nach § 3 AO sind Steuern »Geldleistungen, die nicht eine Gegenleistung für eine besondere Leistung darstellen und von einem öffentl.-rechtl. Gemeinwesen zur Erzielung von Einnahmen allen auferlegt werden, bei denen der Tatbestand zutrifft, an den das Gesetz die Leistungspflicht knüpft; die Erzielung von Einnahmen kann Nebenzweck sein«. Steuern sind danach Geldleistungen; Sach- und Dienstleistungen unterliegen nicht Art. 87. Die Geldleistung muss hoheitlich auferlegt sein. Freiwillige oder vertragliche Leistungen sind niemals Steuern. Zum Steuerbegriff gehört der Zweck, Einnahmen zu erzielen. Die Einnahme muss endgültig sein (E 67, 281 ff.). Ein zurückzahlbarer Konjunkturzuschlag ist daher keine Steuer (E 29, 409). Da Steuern Geldleistungen sind, die keine Gegenleistung für besondere Leistungen darstellen, scheiden Gebühren und Beiträge aus. Gebühren sind Gegenleistungen für Verwaltungshandlungen

(E 50, 226; 93, 344). Beiträge gelten die Nutznießung und Vorteile aus öffentl. Einrichtungen ab (E 20, 269).

Auch hinsichtl. des Begriffs der **Abgaben** in Art. 87 kann auf das traditionelle Verständnis im öffentl. Finanzwesen zurückgegriffen werden. Danach sind Abgaben die von einem Hoheitsträger kraft öffentl. Rechts auferlegten Geldleistungen, die ein Gemeinwesen mit Finanzkraft ausstatten sollen (Henneke, S. 271). Gebühren und Beiträge sind solche Abgaben (Vorzugslasten: E 93, 344). Als weitere nicht-steuerl. Abgaben haben darüber hinaus insb. die Sonderabgaben in der Rspr. des BVerfG verfassungsrechtl. Anerkennung gefunden und erfreuen sich großer Beliebtheit (so Sachs, vor Art. 104 a Rn. 123). Die Erhebung von Sonderabgaben ist nach den vom BVerfG entwickelten Grundsätzen zum Schutze der Finanzverfassung vor Störungen nur unter engen Voraussetzungen zulässig. Dies gilt gleichermaßen für Sonderabgaben des Bundes wie für solche der Länder (vgl. E 93, 342; Seifert/Hömig, Art. 105 Rn. 3). Schließlich sind vom BVerfG weitere Abgaben, die nicht die Voraussetzungen einer Sonderabgabe erfüllen, als mit dem finanzverfassungsrechtl. Anforderungen an eine nicht-steuerliche Abgabe vereinbar angesehen worden (vgl. zusammenfassend E 93, 342 f.). Auch solche Abgaben fallen unter den Anwendungsbereich des Art. 87. 3

Unmittelbare Geltung hat der in Art. 87 I formulierte Gesetzesvorbehalt nur für den Bereich der **Landessteuern,** dh die örtlichen Verbrauch- und Aufwandsteuern, soweit diese nicht bundesgesetzl. geregelten Steuern gleichartig sind, Art. 105 II a GG, und für landsrechtl. Abgaben nicht-steuerl. Art. 4

Von seiner Gesetzgebungskompetenz für die Landessteuern hat der Berliner Gesetzgeber durch den Erlass einer Vergnügungsteuer für Spielautomaten, der Hunde- und – nach langem Zögern – der Zweitwohnungssteuer Gebrauch gemacht (zu diesen Steuern und anderen früher bestehenden oder möglichen Verbrauch- und Aufwandsteuern, vgl. ausf. Weinzen I, S. 157, 195 ff., der allerdings nicht nach der Gesetzgebungskompetenz, sondern der Steuerertragshoheit unterscheidet, vgl. auch Art. 106 GG). Die Spielbankabgabe (vgl. § 3 SpBG) ist ebenfalls eine Landessteuer (vgl. BFHE 177, 286; offengelassen, ob Steuer noch in E 28, 158). Die in § 4 III SpBG vorgesehene zweckgebundene Verwendung der Zusatzabgabe ist daher rechtlich nicht unproblematisch, da die Steuer dadurch in die Nähe einer (unzulässigen) Sonderabgabe gerückt wird.

Ebenfalls unter Gesetzesvorbehalt gestellt wird in Art. 87 die Gewährung von **Sicherheiten** (Bürgschaften, Garantien und sonstige Gewährleistungen; vgl. §§ 4 und 5 HPl 2000, GVBl S. 548). Eine parlamentarische Bewilligung dieser »Eventualverpflichtungen« (von Münch/Kunig, Art. 115 Rn. 15), ist im Hinblick auf die mit ihnen verbundenen Risiken für zukünftige Haushaltsjahre erforderl., die vom Sicherheitsge- 5 ber nicht oder nur begrenzt kontrolliert und beeinflusst werden können. Die Finanzierung von Staatsausgaben durch Kreditmittel wird neben der Finanzierung aus laufenden Einnahmen, insb. Steuern, traditionell als ein normaler und legitimer Finanzierungsvorgang angesehen. Im Gefolge der keynesianischen Lehre wird die Nützlichkeit und Unentbehrlichkeit einer **Kreditfinanzierung** zur Verwirklichung einer effektiven staatlichen Konjunkturpolitik und zur Kompensation einer unzureichenden wirtschaftl. Nachfrage betont (vgl. Seifert/Hömig, Art. 115 Rn. 1). Das GG und die VvB gestatten die Finanzierung der Staatsaufgaben durch Kredite (Art. 115 GG, 87), machen sie aber von einer ausdrückl. gesetzl. Ermächtigung abhängig. Dem Haushaltsgesetzgeber kommt ein Einschätzungs- und Beurteilungsspielraum zu, für welche Ausgaben er die Kreditfinanzierung einsetzt (E 79, 343).

6 Angesichts der rasant fortschreitenden Staatsverschuldung sowohl auf Bundes- als auch auf Landesebene, die unter anderem Ausdruck der Unfähigkeit ist, in Phasen konjunktureller Erholung einen Schuldenabbau vorzunehmen, wird allerdings die Frage nach den verfassungsrechtl. Grenzen der Staatsverschuldung und insb. der Aspekt der intertemporären Gerechtigkeit (Lastenverschiebung auf künftige Generationen) zunehmend diskutiert und die Unwirksamkeit der verfassungsrechtl. Begrenzungen der Kreditaufnahme konstatiert (Wendt/Elicker DVBl 01, 497; von Mangoldt/Klein/Starck, Art. 115 Rn. 11 ff.). Größere Wirkkraft bei der Begrenzung der Staatsverschuldung und eine Einschränkung der Haushaltsautonomie der Bundesländer wird den **europarechtlichen Beschränkungen der Kreditaufnahme** zukommen. Nach Art. 104 II EGV hat die Kommission die Haushaltslage in den Mitgliedstaaten auf schwerwiegende Fehler zu überwachen und hierbei insb. die Einhaltung der Haushaltsdisziplin zu kontrollieren. Diese wird vor allem nach zwei Kriterien beurteilt: Zum einen danach, ob das Verhältnis des öffentl. Defizits zum Bruttoinlandsprodukt einen bestimmten Referenzwert überschreitet, und zum anderen danach, ob das Verhältnis des öffentl. Schuldenstandes zum Bruttoinlandsprodukt einen bestimmten Referenzwert überschreitet. Für die Einhaltung der europarechtl. Vorgaben sind die Mitgliedstaaten verantwortlich. Sie haben zu gewährleisten, dass die innerstaatlichen Verfahren im Haushaltsbereich sie in die Lage versetzen, europarechtl. Verpflichtungen zu erfüllen. Bisher konnten sich allerdings Bund und Länder noch nicht auf ein innerstaatliches Verfahren einigen, das verbindliche Vorgaben z.B. für die jeweiligen Anteile am Finanzierungsdefizit enthält (von Mangoldt/Klein/Starck, Art. 109 Rn. 181 f.).

7 Der abweichend vom GG und von allen anderen Landesverfassungen in Art. 87 I verwendete Begriff der »**Anleihe**« entspricht dem des Kredits, wie er dann auch in Art. 87 II verwendet wird (LVerfGE 6, 77, NVwZ-RR 03, 539). Aus dem Zweck des Art. 87 I, die Verschuldung des Staa-

tes von der parl. Zustimmung abhängig zu machen, folgt, dass unter der Aufnahme von Krediten die Beschaffung von Geldmitteln zu verstehen ist, die zurückgezahlt werden müssen. Auf die Art und Weise und die rechtl. Ausgestaltung der Kreditaufnahme kommt es für die Notwendigkeit einer gesetzl. Ermächtigung nicht an (LVerfGE 6, 77 mwN). Eine Kreditaufnahme liegt jedenfalls vor, wenn dem Staat unmittelbar oder mittelbar Geldleistungen zugewandt werden, die er zurückzahlen und in der Regel auch verzinsen muss, die mithin **Finanzschulden** begründen (LVerfGE aaO). Sog. **Verwaltungsschulden**, die sich aus der laufenden Verwaltungstätigkeit ergeben (z.B. Zahlungsansprüche gegen den Staat bei Kaufverträgen, Steuerrückerstattungsansprüche), sind nach zutreffender Ansicht keine Kredite isd Art. 87 I (Seifert/Hömig, Art. 115 Rn. 2). Die zur kurzfristigen Zwischenfinanzierung dienenden **Kassenverstärkungskredite** (vgl. § 18 II Nr. 2 LHO, § 13 I Nr. 2 HGrG) unterfallen ebenfalls dem Gesetzesvorbehalt des Art 87 I, nicht aber unter das Kreditlimit des Abs. 2 (von Mangoldt/Klein/Starck, Art. 115, Rn. 21; Piduch, Art. 115 Rn. 14). Angesichts der Höhe der Kassenverstärkungskredite in den letzten Haushaltsjahren stellt sich allerdings die Frage, ob es sich wirklich noch um Kredite zur kurzfristigen Zwischenfinanzierung handelt oder ob nicht vielmehr eine verdeckte Kreditaufnahme vorliegt (vgl. unten Rn. 9 f.).
Von zunehmender Bedeutung sind Sonderfinanzierungen durch den Abschluss von Leasing-, Mietkauf- und ähnlichen Verträgen. Sie werden vom Berliner Haushaltsgesetzgeber zu Recht im Hinblick auf die Belastungen der künftigen Haushaltsjahre als Kredite behandelt und im HG gesetzl. abgesichert (vgl. § 6 HG 2000, GVBl S. 549).

Anders als das GG verlangt Art. 87 I nicht ausdrückl., dass die Kredit- **8** höhe bestimmt oder zumindest bestimmbar sein muss. Die Verpflichtung hierzu ergibt sich aber aus § 13 HGrG und § 18 I LHO. Zur Aufnahme der Kredite wird das für Finanzen zuständige Senatsmitglied ermächtigt. Diese Ermächtigung muss den **Bruttobetrag** der aufgenommenen Kredite abdecken, also auch diejenigen Kredite, die erforderl. sind, um ältere Kredite abzulösen (von Mangoldt/Klein/Starck Art. 115 Rn. 18). Der Bruttobetrag der aufgenommenen Kredite ergibt sich aus dem Kreditfinanzierungsplan des HPl. Von Art. 87 nicht erfasst werden selbständige juristische Personen des öffentl. und privaten Rechts, selbst wenn sie von Berlin finanziert werden oder Berlin kraft ausdrückl. Garantie oder seiner Anstaltslast für ihre Verbindlichkeiten haftet. Diese in der Vorauflage vertretene Ansicht hat der VerfGH unter Bezugnahme auf den engen Zusammenhang der Kreditermächtigung mit Art. 85 I 1, die Verfassungstradition und die bundesrechtliche Regelung des Art. 110 I 1 GG bestätigt (NVwZ-RR 2003, 538). Das damit eine Flucht des Staates aus dem allgemeinen Budget erleichtert wird, hat der VerfGH erkannt, jedoch keine Möglichkeit gesehen, wie dies auf der

Grundlage der gegenwärtigen Verfassungsbestimmungen wirksam verhindert werden könne. Dies vermag angesichts der vom VerfGH selbst benannten erheblichen Risiken für das Land durch die Kreditaufnahme über Nebenhaushalte jedenfalls in Fällen einer erkennbar werdenden Missbrauchsabsicht nicht zu überzeugen. Eine **verdeckte Kreditaufnahme** und damit ein **Gestaltungsmissbrauch** ist dann gegeben, wenn juristische Personen gegründet werden, die keine (wesentl.) eigenen Sachaufgaben wahrnehmen, sondern lediglich finanzwirtschaftliche Funktionen erfüllen (Dreier, aaO; Sachs, aaO). Bei einer solchen Konstruktion werden insb. die Grundsätze der Haushaltsklarheit und Haushaltsvollständigkeit verletzt (Sachs, aaO). Genauer Prüfung, ob eine verdeckte Kreditaufnahme vorliegt, bedürfen die in den letzten Jahren in verschiedensten Varianten aufgekommenen Modelle privater Vorfinanzierung öffentl. Aufgaben und die Beteiligungen Privater an einem Unternehmen der öffentl. Hand (vgl. zur privaten Vorfinanzierung ausführlich: Höfling DÖV 95, 141; zur Beteiligung Privater: VerfGH DVBl 00, 60; Musil/Kirchner, Rn. 462 ff.). Erfolgt die Refinanzierung ausschließlich über die Nutzer, ist diese Vorgehensweise staatsschuldenrechtl. unproblematisch (VerfGH aaO). Dies gilt auch dann, wenn z.B. bei der Refinanzierung von Infrastrukturinvestitionen öffentl. Haushaltsmittel durch Zahlung von Nutzungsentgelten der öffentl. Hand an den privaten Betreiber in Anspruch genommen werden. Etwas anderes kann allerdings dann gelten, wenn die Modalitäten so ausgestaltet sind, dass für die öffentl. Hand kurzfristig außergewöhnliche Geldflüsse entstehen (Höfling aaO).

10 In der finanziellen Normallage ist die Kreditaufnahme Berlins an die in Satz 2 Halbs. 1 festgelegten **Höchstgrenzen** gebunden. Das bedeutet jedoch nicht, dass jede Kreditaufnahme unterhalb dieser Grenze bedenkenfrei ist. Die Geldpolitik Berlins steht unter dem für den Bund und die Länder geltenden Gebot des Art. 109 II GG, wonach die Haushaltswirtschaft den Erfordernissen des gesamtwirtschaftl. Gleichgewichts Rechnung zu tragen hat. Ein dauerhafter Anstieg der Verschuldung in Höhe der jährlichen Investitionen widerspricht dem Regelungskonzept des Art. 87 II 2 (VerfGH NVwZ 04, 211). Hieraus ergibt sich die Pflicht des Haushaltsgesetzgebers, alle Möglichkeiten zu einer Schuldenbegrenzung und Zurückführung von Krediten zu nutzen. Mit den Einnahmen aus Krediten in Abs. 2 ist die Netto-Kreditaufnahme des Landes Berlin, also die in einem Haushaltsjahr vorgenommene Neuverschuldung ohne die Kreditausgaben zur Bedienung von Altschulden gemeint (vgl. zum Begriff Art. 85 Rn. 5).

11 Art. 87 II enthält zwei **Kreditgrenzen**. Die in Satz 1 genannte Maßgabe, wonach Kredite nur aufgenommen werden dürfen, wenn andere Mittel zur Deckung nicht vorhanden sind, spricht eine Selbstverständlichkeit aus, die sich auch ohne ausdrückliche Normierung ohne weiteres aus den Grundsätzen der Sparsamkeit und Wirtschaftlichkeit ergibt. Der in der VvB 1950 enthaltene Zusatz, dass Kredite nur zur Bestreitung eines außerordentl. Bedarfs und in der Regel nur für Anlagen von bleibendem Wert aufgenommen werden dürfen, ist in die VvB 1995 nicht übernommen worden (unklar daher Pfennig/Neumann, Art. 87 Rn. 18, die an dieser Schranke festhalten). Das Verfassungsgebot des Satzes 1 richtet sich sowohl an den Haushaltsgesetzgeber als auch an die Exekutive, insb. die Finanzverwaltung, die im Rahmen des Haushaltsvollzugs zu prüfen hat, ob eine Kreditfinanzierung erforderl. ist. Praktische Bedeutung wird diese Kreditgrenze in absehbarer Zeit aufgrund der Finanzlage Berlins nicht haben.

Das Kreditbegrenzungsgebot in Satz 2 entspricht der bundesrechtlichen Regelung des Art. 115 I und enthält keine objektbezogene, sondern eine situationsbezogene, an die gesamtwirtschaftliche Lage anknüpfende Beschränkung der Kreditaufnahme auf die Summe der im HPl veranschlagten Ausgaben für Investitionen. Die VvB enthält ebensowenig wie das GG eine Definition des Investitionsbegriffs. Nach der Rspr. des BVerfG zu Art. 115 GG (E 79, 354) ist es Aufgabe des Gesetzgebers, diesen Begriff auszugestalten. Diesem Regelungsauftrag ist er auf Bundesebene durch § 10 III Nr. 2 HGrG und auf Landesebene durch den mit § 13 III Nr. 2 BHO inhaltsgleichen § 13 III Nr. 2 LHO nachgekommen. Richtiger Ansicht nach gilt die Höchstgrenze nicht nur bei Aufstellung des Haushaltsplans, sondern auch beim Haushaltsvollzug (aA NdsStGH DÖV 97, 549).

Bei einer **Störung des gesamtwirtschaftlichen Gleichgewichts** lässt 13 Satz 2 Halbsatz 2 eine Überschreitung der Höchstgrenze für die Kreditaufnahme zu. Die Überschreitung ist als Ausnahme bezeichnet. Als »Notsituation« ist sie zeitlich begrenzt und nicht als Dauerlösung einsetzbar. Die eingetretene oder unmittelbar bevorstehende Störung des gesamtwirtschaftl. Gleichgewichts ist tatbestandliche Voraussetzung für die Überschreitung der Kreditgrenze. Die Erhaltung oder Wiederherstellung des gesamtwirtschaftl. Gleichgewichts muss Ziel und Zweck des Handelns sein (E 79, 335, 338 f., VerfGH NVwZ 04, 212). Was unter einem gesamtwirtschaftl. Gleichgewicht zu verstehen ist, ist unter Rückgriff auf das sog. magische Viereck in § 1 StabG zu ermitteln. Dem Haushaltsgesetzgeber kommt dabei ein Einschätzungs- und Beurteilungsspielraum zu, dem in formeller Hinsicht- eine Darlegungslast im Gesetzgebungsverfahren entspricht. Die Frage, ob eine erhöhte Kreditaufnahme auch zur Überwindung einer allein auf das Land Berlin bezogenen Störung des wirtschaftlichen Gleichgewichts zulässig ist, hat der VerfGH zu Recht bejaht (NVwZ 04, 214). Die hiergegen aus ökonomischer Sicht vorgebrachten Bedenken wiegen zwar schwer (vgl. Jochimsen, DÖV 04, 513, 517), müssen aber, solange keine den heutigen finanzwissenschaftlichen Erkenntnissen Rechnung tragende Neuformulierung der Kreditobergrenze vorgenommen wird, zurückgestellt werden.

14 Über den Wortlaut des 87 II 2 hinaus hat das VerfGH in seinem Urteil vom 31. Oktober 2003 (NVwZ 2004, 210) eine Ausnahme vom Kreditbegrenzungsgebot dann bejaht, wenn sich das Land in einer **extremen Haushaltsnotlage** befindet. Ein in einer extremen Haushaltsnotlage befindliches Land könne das Kreditbegrenzungsgebot nicht einhalten. Es sei nicht in der Lage, seine Ausgaben durch andere Einnahmen als Kredite zu decken. Eine Erhöhung der Investitionen und damit der Kreditobergrenze sei dem Land nicht möglich. Gleichzeitig sei die Fähigkeit zu einem konjunkturgerechten Haushaltsgebaren und konjunktursteuerndem Handeln verloren gegangen. In dieser Situation, so der Verfassungsgerichtshof, müsse dem Land eine Überschreitung der in Art. 87 II 2 geregelten Kreditobergrenze gestattet werden. Der Verfassungsgerichtshof weist zutreffend darauf hin, dass anderenfalls das Land gehindert werde, seine auf Grund bundesrechtlicher Verpflichtungen und landesverfassungsrechtlicher Vorgaben vorgegebenen Aufgaben zu erfüllen. Hierzu kann der Landesverfassungsgeber aber nicht befugt sein. Eine solche Verfassungsbestimmung würde gegen höherrangiges Bundesrecht verstoßen. Auf diese ungeschriebene Ausnahme vom Kreditbegrenzungsverbot kann der Haushaltsgesetzgeber aber nur unter weiteren Bedingungen zurückgreifen. Die extreme Haushaltsnotlage setzt den Verlust zur konjunktursteuernder Ausgabenpolitik voraus. Daher kann sich der Haushaltsgesetzgeber nicht zugleich auf Art. 87 II und die dort enthaltene Ausnahmemöglichkeit und auf die Haushaltsnotlage berufen. Zudem kann der Haushaltsgesetzgeber nur vorübergehend von der ungeschriebenen Krediterobergrenze Gebrauch machen. Sie dient der Überbrückung des Zeitraums zwischen der Feststellung der extremen Haushaltsnotlage und der Zeit bis zu einer Entscheidung des Bundesverfassungsgerichts über einen Antrag des Landes auf Gewährung von Bundeshilfen zur Wiederherstellung einer ordnungsgemäßen Haushaltswirtschaft (vgl. VerfGH aaO S.212 und Waldhoff NVwZ 04, 1064).

Der Verfassungsgerichtshof hat dem Haushaltsgesetzgeber für die Begründung der extremen Haushaltsnotlage strenge Auflagen erteilt. Der Haushaltsgesetzgeber muss ein schlüssiges Sanierungskonzept vorlegen und in dessen Rahmen darlegen, dass die im Haushaltsplan veranschlagten Ausgaben zwingend erforderlich und alle möglichen Einnahmequellen und Ausgabeneinschränkungen ausgeschöpft sind. Als zwingend erforderlich sieht der VerfGH dabei nur die bundesrechtlich und landesverfassungsrechtlich vorgegebenen Ausgabenverpflichtungen an. Insbesondere die genauere Bestimmung der auf landesverfassungsrechtlichen Vorgaben beruhenden Ausgaben bereitet nicht unerhebliche Schwierigkeiten. Angesichts des umfassenden Grundrechtskatalogs der

VvB und darin enthaltener Teilhaberechte (vgl. etwa Recht auf Bildung, Art. 20 Rn. 2) und der zahlreichen Staatszielbestimmungen (vgl. etwa Art. 18, 20 II, 22, 28 I, 31, 32) dürfte es wenige Bereiche geben, für die sich keine landesverfassungsrechtliche Vorgabe finden ließe. Wichtigstes Hilfsmittel für den Versuch der Aufgabenkonkretisierung und der Ausgabenbestimmung dürfte daher der Vergleich mit den Ausgabenstrukturen anderer Bundesländer und insbesondere anderer Stadtstaaten sein (ebenso Waldhoff, NVwZ 04, 1065; vgl. auch Jochimsen, DÖV 04, 516). Die erforderlichen Sparanstrengungen sind danach solange nicht (vollständig) erfüllt, solange die Ausgaben in Berlin für die in einen Vergleich einbezogenen und einbeziehbaren Leistungen nicht niedriger sind als die vergleichbarer Länder oder Kommunen.

Die vom VerfGH entwickelte ungeschriebene Kreditobergrenze stellt eine notwendige und sachgerechte Weiterentwicklung der Finanzverfassung dar. Ohne diese Ergänzung bliebe nur die ökonomisch und finanziell weder auf kurze noch auf lange Sicht sinnvolle und in Zeiten finanzieller Notlagen sogar kontraproduktive (ausf. Jochimsen aaO S. 515 f.) Kreditobergrenze des Art. 87 II Satz 2. Die Exklusivität der beiden Verschuldensschranken, die strengen Begründungs- und Darlegungspflichten sowie die Verpflichtung, einen Sanierungsplan aufzustellen, sind zudem Mindestsicherungen dafür, dass die ungeschriebene Verschuldensgrenze nicht ebenso leichtfertig wie die geschriebene in Anspruch genommen und überdehnt werden kann.

Artikel 88 [Haushaltsüberschreitungen]

(1) Haushaltsüberschreitungen dürfen nur mit Zustimmung des Senats im Falle eines unvorhergesehenen und unabweisbaren Bedürfnisses vorgenommen werden.
(2) Für Haushaltsüberschreitungen ist die nachträgliche Genehmigung des Abgeordnetenhauses einzuholen.
(3) Erhebt der mit der Leitung des Finanzwesens beauftragte Senator gegen eine Haushaltsüberschreitung Einspruch, so ist ein Beschluss des Abgeordnetenhauses herbeizuführen.
(4) Für Haushaltsüberschreitungen in den Bezirken können durch Gesetz entsprechende Regelungen getroffen werden.

1   Sinn und Bedeutung des Art. 88 erklären sich aus seinem Verhältnis zu Art. 85 I und Art. 87 I. Danach kann die Exekutive nur Ausgaben leisten, die im HPl eingestellt sind, und zwar nur in der dort vorgesehenen Höhe. Art. 88 durchbricht diesen Grundsatz für bestimmte Fälle. Auf Bundesebene findet sich in Art. 112 GG eine vergleichbare Regelung.

Absatz 1: Unvorhergesehene und unabweisbare Bedürfnisse

2   Wenn im HPl keine oder nicht genügend Mittel für unaufschiebbare staatliche Bedürfnisse vorgesehen sind und diese Mittel auch nicht durch ein Änderungsgesetz zum HPl (Nachtragshaushalt) rechtzeitig bereitgestellt werden können, hat der SvB für diese **dringenden Notfälle** eine Bewilligungskompetenz, die es ermöglicht, die Handlungsfähigkeit der Regierung aufrechtzuerhalten. Es handelt sich um eine subsidiäre Kompetenz für dringende Notfälle, die nicht gleichartig und gleichrangig neben der Feststellungskompetenz des Haushaltsgesetzgebers steht (E 45, 37). Zuständig ist das Kollegialorgan Senat und nicht – wie bei Art. 112 GG – das für Finanzen zuständige Regierungsmitglied. Die in § 37 I LHO genannte Einwilligung der Senatsverwaltung für Finanzen kann sich daher nur auf das Einspruchsrecht nach Abs. 3 beziehen (vgl. Rn. 6).

3   Ausgaben nach dem HPl werden dezentral von den Ressorts und den ihnen zugeordneten Behörden getätigt. Es kann im Rahmen des Haushaltsvollzugs zu überplanmäßigen oder außerplanmäßigen Ausgaben kommen. **Überplanmäßig** sind solche Ausgaben, für die zwar ein Geldansatz mit einer zutreffenden Zweckbestimmung im HPl ausgebracht ist, aber die veranschlagten Geldmittel nicht ausreichen. Ein solcher Fall liegt nicht vor, wenn in einem anderen Ansatz, der nach §§ 20, 46 LHO deckungsfähig ist, Mittel vorhanden sind. **Außerplanmäßig** sind Ausgaben, für die der Zweckbestimmung nach ein Ausgabenansatz im HPl überhaupt nicht vorgesehen ist. Beide Arten der unvorhergesehenen

Ausgaben werden in Art. 88 unter der Bezeichnung »Haushaltsüberschreitung« zusammengefasst (vgl. auch § 37 LHO).

Der SvB kann die Zustimmung nur im Fall eines **unvorhergesehenen** 4
und unabweisbaren Bedürfnisses erteilen. Unvorhergesehen ist nicht nur ein objektiv unvorhersehbares Bedürfnis, sondern jedes Bedürfnis, das tatsächl., gleich aus welchen Gründen, vom SvB bei der Aufstellung des HPl oder vom AvB bei dessen Beratung und der Feststellung nicht vorhergesehen wurde oder dessen gesteigerte Dringlichkeit, die es durch Veränderung der Sachlage inzwischen gewonnen hat, nicht vorhergesehen worden ist (E 45, 35). Ein von den Ressorts gesehenes Bedürfnis, das aber der Senatsverwaltung für Finanzen und dem SvB nicht bekannt gemacht worden ist, ist iSd Art. 88 unvorhergesehen. Wenn eine Geldanforderung zur Deckung eines Bedürfnisses bei der Aufstellung des HPl geltend gemacht worden ist oder wenn der SvB im Gesetzgebungsverfahren davon erfährt, ist es nicht unvorhergesehen.

Darüber hinaus muss das Bedürfnis **unabweisbar** sein, dh die vorgesehene Ausgabe muss sachlich unbedingt notwendig und zugleich zeitlich unaufschiebbar sein. Wenn die Einbringung eines Nachtragshaushalts vertretbar ist, liegt ein Fall der Unabweisbarkeit nicht vor (vgl. E 45, 36 f.). Der SvB ist verpflichtet, mit dem Präsidenten des AvB und gegebenenfalls dem zuständigen Hauptausschuss in Verbindung zu treten, ob noch rechtzeitig eine gesetzl. Bewilligung erteilt werden kann.

Absatz 2:   Genehmigung des Abgeordnetenhauses

Das Budgetrecht des AvB wird durch Abs. 2 noch einmal unterstrichen. 5
Auch bei Vorliegen der Voraussetzungen des Abs 1 ist nachträglich die **Genehmigung des AvB** einzuholen. Die Genehmigung erfolgt durch einfachen Beschluss des AvB nach Abschluss der Bücher (§ 37 IV LHO). Eine nachträgliche Genehmigung ist nicht erforderl., sofern dem Budgetrecht des Parl. durch eine vorherige Ermächtigung zur Haushaltsüberschreitung im HG Rechnung getragen wurde. Eine Ermächtigung in Höhe von 5 Mio. €, wie im HG 2004/05 enthalten, begegnet dabei auch unter dem Gesichtspunkt der Spezialität keinen Bedenken (vgl. hierzu BremStGH LVerfGE 7, 192).

Absatz 3:   Vetorecht des Finanzsenators

Das für das Finanzwesen zuständige Senatsmitglied hat im Verfahren 6
der Haushaltsüberschreitung eine besondere Stellung. Abs. 3 gibt ihm ein **eingeschränktes Vetorecht** gegen eine von ihm nicht mitgetragene Senatszustimmung zu einer Haushaltsüberschreitung. In diesem Fall muss das AvB über die Haushaltsüberschreitung vorab beschließen. Der SvB hat keine Möglichkeit, das für Finanzen zuständige Senatsmitglied

zu überstimmen und es zu veranlassen, den Einspruch zurückzunehmen (so aber Pfennig/Neumann, Art. 88 Rn. 6). Die von der Verfassung hier ausnahmsweise gewollte Gegenüberstellung von Finanzsenator und Kollegialorgan SvB würde bei einem solchen Verständnis geradezu konterkariert. Die Vorschrift des Art. 88 III und die darin vorgesehene Parlamentsbeteiligung würden praktisch leerlaufen. Für den SvB besteht im Übrigen die Möglichkeit, durch einen eigenen Nachtragshaushalt die beabsichtigte Ausgabe abzudecken.

Absatz 4: Haushaltsüberschreitung der Bezirke

7 Von der Möglichkeit, entsprechende Regelungen auf **Bezirksebene** zu treffen, hat der Gesetzgeber mit § 37 VII LHO Gebrauch gemacht. Über- und außerplanmäßige Ausgaben bedürfen danach der Einwilligung des Bezirksamtes und sind der BVV zur Genehmigung vorzulegen. Die Senatsverwaltung für Finanzen kann über- und außerplanmäßige Ausgaben in den Bezirkshaushaltsplänen von ihrer Einwilligung abhängig machen, § 37 VII 2 LHO.

Art. 89 [Ausgaben vor Etatgenehmigung]

(1) Ist der Haushaltsplan zu Beginn des neuen Rechnungsjahres noch nicht festgestellt, so ist der Senat zu vorläufigen Regelungen ermächtigt, damit die unbedingt notwendigen Ausgaben geleistet werden können, um bestehende Einrichtungen zu erhalten, die gesetzlichen Aufgaben und die rechtlichen Verpflichtungen zu erfüllen, Bauvorhaben weiterzuführen und eine ordnungsgemäße Tätigkeit der Verwaltung aufrechtzuerhalten. Für den Bezirkshaushalt ist das Bezirksamt zu ergänzenden Regelungen ermächtigt.

(2) Soweit nicht auf besonderem Gesetz beruhende Einnahmen aus Steuern, Abgaben und sonstigen Quellen oder die Betriebsmittelrücklage die Ausgaben gemäß Absatz 1 decken, darf der Senat die zur Aufrechterhaltung der Wirtschaftsführung erforderlichen Mittel bis zur Höhe eines Viertels der Endsumme des abgelaufenen Haushaltsplans im Wege des Kredits flüssig machen.

Art. 89 gestattet dem SvB für den Fall, dass zum Schluss eines Rechnungsjahres der HPl für das folgende Jahr noch nicht durch Gesetz festgestellt ist, Ausgaben zu leisten, die nötig sind, um rechtlich unumgängliche Maßnahmen fortzusetzen, die keine Unterbrechung erlauben. Es handelt sich – wie bei der vergleichbaren Vorschrift des Art. 111 GG – um eine **Ausnahmevorschrift** zum **Grundsatz der Vorherigkeit** des Haushalts und um eine Konfliktbewältigungsnorm für den Fall eines Etatkonflikts zwischen Parl. und Regierung. Art. 89 soll nicht das Haushaltsbewilligungsrecht des Gesetzgebers vorübergehend ersetzen, sondern lediglich für den – von der VvB als kurzfristige Ausnahmesituation geduldeten – etatlosen Zustand eine vorläufige Haushaltsführung ermöglichen (E 45, 33). Es ist keine abschließende Regelung des etatlosen Zustands. Daher findet Art. 88 auch bei einer vorläufigen Haushaltsführung Anwendung.

Absatz 1: Voraussetzungen und Umfang der vorläufigen Regelungen

Einzige Voraussetzung ist, dass ein HG bis zum Schluss des Rechnungsjahres nicht vorgelegt wurde und damit der HPl zu Beginn des neuen Rechnungsjahres noch nicht festgestellt ist. Auf die Gründe, warum dies nicht geschehen ist, kommt es nicht an und kann es nicht ankommen, da die Sicherung der elementaren Verwaltungsfunktionen gewährleistet sein muss (vgl. Sachs, Art. 111 Rn. 5). Art. 89 ist nach der Rspr. des VerfGH (NVwZ 04, 217) auch dann anwendbar, wenn ein Haushaltsgesetz für nichtig erklärt wird (zu Recht krit. zur Praxis in Berlin nach

Nichtigerklärung keine neues Haushaltsgesetz aufzustellen, Pestaolzza LKV 04, 65). Ist der SvB seiner Budgetinitiativpflicht nachgekommen, besteht daher bei einem Budgetkonflikt mit dem AvB keine »nachwirkende Rechtspflicht zur Kompromisssuche« (von Mangoldt/Klein/Starck, Art. 111 Rn. 16). Das AvB hat dann nur die Möglichkeit, den Etat zu genehmigen oder den Weg eines Misstrauensvotums zu gehen, um eine neue Regierung mit parl. Mehrheit zu installieren. Das AvB kann den etatlosen Zustand durch ein vorläufiges HG zwar ebenfalls beenden (krit. zu Haushaltsvorschaltgesetzen Rossi, DÖV 2003, 313). Dieses **Haushaltsnotgesetz** bietet jedoch keine Möglichkeit, den Rahmen der Ausgabenermächtigungen enger zu ziehen als in Art. 89 vorgesehen (von Münch/Kunig Art. 111, Rn. 1; Seifert/Hömig, Art. 111; aA Sachs, Art. 111 Rn. 10; Jarass/Pieroth, Art. 111 Rn. 1). Die Ermächtigung des SvB ist **zeitlich begrenzt** bis zur Verkündung des HG (»vorläufige Regelungen«). Theoretisch kann der SvB gestützt auf Art. 89 aber auch ein gesamtes Haushaltsjahr abdecken. Mit der Verkündung des HG werden die bereits getätigten Ausgaben – soweit sie im Haushaltsplan gedeckt sind – von dessen Ausgabenbewilligungen absorbiert. Für die übrigen Ausgaben bleibt es bei Art. 89 als verfassungsunmittelbarer Ermächtigung.

3   Die Ermächtigung des SvB wird sachlich durch die Aufzählung der erlaubten Ausgaben beschränkt. Es dürfen außerdem nur die **unbedingt notwendigen** Ausgaben geleistet werden. Das Nothaushaltsrecht des SvB erlaubt damit nur die Fortführung bereits begonnener Projekte und die Erfüllung bestehender rechtlicher Verpflichtungen (Erhaltung des Statuts quo). Mit Blick hierauf bedarf die in Art. 89 enthaltene Befugnis zur Leistung von Ausgaben zur Aufrechterhaltung einer **ordnungsgemäßen Verwaltung** einer engen Auslegung (Pfennig/Neumann, Art. 89 Rn. 3 f.).

4   Für die **Bezirke** wird dem Bezirksamt in Art. 89 I 2 die Ermächtigung zu ergänzenden Regelungen erteilt. Damit wird der Eigenverantwortlichkeit der Bezirke, wie sie durch die Globalzuweisungen nach Art. 85 II und die Regelungen über die Aufstellung der Bezirkshaushaltspläne in der LHO zum Ausdruck kommt, Rechnung getragen.

Absatz 2: Kreditermächtigung

5   Das Nothaushaltsrecht gilt nur für die Ausgaben. Für die Einnahmen, z.B. Steuern, bedarf es keines HG. Daher fließen auch in Zeiten, in denen ein Etat noch nicht aufgestellt ist, die Einnahmen weiter. Sofern diese trotz des durch Abs. 1 stark eingeschränkten Ausgabenvolumens auf das Notwendigste nicht ausreichen sollten, kann der SvB **Kredite** aufnehmen. Die Kredite sind ihrer Höhe nach auf ein Viertel der Endsumme des abgelaufenen Haushaltsplans begrenzt.

Art. 90 [Einnahmeminderungen, Ausgabenerhöhungen]

(1) Vorlagen und Anträge über Maßnahmen, die eine Minderung der Einnahmen oder eine Erhöhung der Ausgaben gegenüber dem Haushaltsplan zur Folge haben, müssen vom Abgeordnetenhaus in zwei Lesungen beraten werden, zwischen denen in der Regel 48 Stunden liegen sollen.
(2) Die Beschlüsse müssen Bestimmungen über die Deckung enthalten.

Art. 90 VvB knüpft die Wirksamkeit **ausgabenerhöhender und einnahmemindernder** Vorlagen und Anträge daran, dass sie vom Parl. in zwei Lesungen beraten werden und verlangt zwischen diesen Lesungen eine Überlegungsfrist von 48 Stunden. Damit soll im Interesse der Sicherung der Landesfinanzen für derartige Gesetze eine zusätzliche Hürde aufgestellt werden. Art. 90 VvB bleibt damit hinter Art. 113 GG zurück, der die Wirksamkeit ausgabenerhöhender und einnahmemindernder Gesetze von der Zustimmung der Bundesregierung abhängig macht. Die praktische Bedeutung der Vorschrift ist gering angesichts der Mechanismen der parlamentarischen Demokratie, die nicht mehr die Frontstellung zwischen sparsamem Parl. und ausgabenfreudigem Landesherrn kennt (hierzu ausführlicher Sachs, Art. 113 Rn. 4 ff.; Dreier, Art. 113 Rn. 4 spricht von einer einzigartigen Fehlkonzeption). 1

Absatz 1: Finanzwirksame Vorlagen und Anträge

Art. 90 spricht allg. von **Vorlagen und Anträgen** über ausgabenerhöhende und einnahmenmindernde Maßnahmen. Damit sind nicht nur Gesetzesinitiativen, sondern auch sonstige kostenwirksame Initiativen des Parl. erfasst, die z.B. den Senat zu einer bestimmten kostenauslösenden Maßnahme anhalten (vgl. § 30 II GOAvB). Bei Gesetzesanträgen sind ohnehin stets mindestens zwei Lesungen vorgeschrieben, Art. 59 IV. Bei ihnen kommt durch Art. 90 I also nur die auch beim Misstrauensvotum (Art. 57 II) bekannte 48stündige Überlegungsfrist hinzu. In der Regel »soll« diese Frist zwischen den Lesungen liegen. Da kaum Fälle denkbar sind, in denen eine Ausgabenerhöhung oder Einnahmenminderung derart kurzfristig erfolgen muss, dass nicht einmal 48 Stunden zusätzlich abgewartet werden können, wird stets eine solche Überlegungsfrist einzuhalten sein. 2

Art. 90 hat zur Voraussetzung, dass es sich um **finanzwirksame** Vorlagen und Anträge handelt. Entweder müssen die Einnahmen sich mindern oder die Ausgaben sich erhöhen. Bezugspunkt ist für beide Fälle der HPl. Ob eine Einnahmenminderung vorliegt, ist anhand der bisher geltenden einnahmebegründenden Gesetze, also insb. der Steuer- und

Abgabengesetze zu ermitteln. Vergleichsmaßstab für die Mehrausgaben ist der HPl des SvB, soweit es um Ausgabenerhöhungen im HG selbst geht (Jarass/Pieroth, Art. 113 Rn. 2). Bei sonstigen finanzwirksamen Gesetzen, die nach der Verkündung des HG verabschiedet werden, kann als Vergleichsmaßstab nur der vom AvB im HG letztlich festgestellte HPl zugrundegelegt werden (Seifert/Hömig, Art. 113 Rn. 2; Jarass/Pieroth, aaO). Anders als Art. 113 GG verzichtet Art. 90 darauf, ausdrückl. solche Gesetze einzubeziehen, die Ausgabenerhöhungen oder Einnahmeminderungen in der Zukunft mit sich bringen, wie dies z.B. für die Ausgabenseite bei Verpflichtungsermächtigungen der Fall sein kann. Auch solche zukünftig erst Auswirkungen zeitigenden Gesetze und Vorlagen sind aber nach Sinn und Zweck der Norm erfasst.

3 Für finanzwirksame rechtsetzende Maßnahmen unterhalb der Gesetzesebene ist nach § 40 I 1 LHO die Einwilligung des für Finanzen zuständigen Senatsmitglieds erforderl. Eine solche ist dagegen bei finanzwirksamen Gesetzen nicht vorgesehen und läßt sich auch nicht aus § 40 I 2 LHO herleiten, der die Einwilligung auch für alle »sonstigen Maßnahmen« von grundsätzlicher oder von erheblicher finanzieller Bedeutung vorschreibt. Angesichts des eindeutigen und gegenüber Art. 113 GG auffälligen Verzichts in Art. 90 auf ein Zustimmungserfordernis der Exekutive kann ein solches durch einfaches Gesetz nicht geschaffen werden (dies übersehen Pfennig/Neumann, Art. 90 Rn. 2). Unproblematisch ist dagegen die in § 37 GOAvB vorgeschriebene obligatorische Überweisung von Vorlagen und Anträgen nach Art. 90 an den Hauptausschuss.

Absatz 2: Deckungsverpflichtung

4 Die Beschlüsse des AvB nach Abs. 1 müssen Bestimmungen über die Deckung enthalten. Nach § 37 GOAvB sollen bereits die Anträge mit einem Ausgleichsbetrag zu ihrer Deckung versehen sein. Indem nur die verbindlichen Beschlüsse des AvB Deckungsbestimmungen enthalten **müssen,** wird das Initiativrecht der einzelnen MdA nicht weiter als notwendig eingeschränkt (vgl. E 1, 161 zu einer zu weitgehenden Beschränkung durch die GOBT).

Art. 91 [Schadensersatz]

Die Mitglieder des Senats und der Bezirksämter sowie die übrigen Angehörigen des öffentlichen Dienstes, die gegen die Bestimmungen der Verfassung über das Finanzwesen schuldhaft verstoßen, haften für den daraus entstandenen Schaden. Eine Verpflichtung zum Schadensersatz ist jedoch nicht gegeben, wenn die Handlung zur Abwendung einer nicht voraussehbaren dringenden Gefahr erfolgte und die Verletzung der Vorschriften nicht über das durch die Notlage gebotene Maß hinausgegangen ist.

Art. 91 regelt die Haftung der Mitglieder des SvB und der BzA sowie der übrigen Angehörigen des öffentl. Dienstes bei Verstößen gegen die Bestimmungen der VvB über das Finanzwesen. Art. 91 ist eine verfassungsrechtl. Rarität. Eine vergleichbare Vorschrift findet sich im GG nicht. 1

Eine praktische Bedeutung der Norm im Verfassungsleben ist nicht erkennbar (Mudra, S. 242 bezeichnet sie als »weitgehend überflüssig«). Für die Mitglieder der Bezirksämter und die übrigen Angehörigen des öffentl. Dienstes bestehen einfachrechtl. Regelungen, sodass es keines Rückgriffs auf die Verfassung bedarf (§§ 98, 41 LBG für die Mitglieder der Bezirksämter; § 41 LBG für Beamte; § 14 BAT für Angestellte). Für Senatsmitglieder fehlt eine solche einfachrechtl. Haftungsregelung dagegen, da das Senatorengesetz hinsichtl. der Verantwortlichkeit der Senatsmitglieder ausdrückl. und exklusiv auf Art. 91 VvB verweist und daher die allg. beamtenrechtl. Grundsätze (Art. 21 III Senatorengesetz) insoweit keine Anwendung finden (aA Pfennig/Neumann Art. 91 Rn. 1 ohne Begründung). Eine Anwendung der Haftungsregelung wird allerdings kaum einmal in Betracht kommen: Art. 91 VvB normiert eine Haftung nur bei Verstößen gegen die Verfassungsbestimmungen, also nicht auch bei Verstößen gegen einfaches Recht, insb. die LHO. Ein solcher Verstoß wird aber höchst selten vorliegen. Das Verhalten muss darüber hinaus schuldhaft gewesen sein, wobei die Beschränkung auf Vorsatz und grobe Fahrlässigkeit (Art. 34 GG, § 41 LBG, § 31 AO) Anwendung findet (Pfennig/Neumann, aaO Rn. 4). Schließlich enthält Art. 91 2 einen besonderen Haftungsausschluss für den Fall, dass die Handlung zur Abwendung einer nicht voraussehbaren dringenden Gefahr erfolgte. 2

Art. 92 [Eigenbetriebe]

Organisation, Verwaltung, Wirtschaftsführung und Rechnungswesen der nichtrechtsfähigen wirtschaftlichen Unternehmen Berlins (Eigenbetriebe) werden durch Gesetz geregelt. Das Rechnungswesen ist so einzurichten, dass ein klarer Einblick in die laufende Betriebsführung und die Ergebnisse möglich ist.

1 Art. 92 verlangt für die nichtsrechtsfähigen wirtschaftl. Unternehmen Berlins (Eigenbetriebe) eine gesetzl. Regelung der Organisation, Verwaltung, Wirtschaftsführung und des Rechnungswesens. Der Verfassungsartikel, der im GG keine Entsprechung findet, hat erst durch das Eigenbetriebsgesetz (EigG) vom 13. 7. 99 (GVBl S. 374) wieder Bedeutung erlangt. Das Eigenbetriebsgesetz vom 22. 12. 88 (GVBl 89 S. 117) war zuvor mit Wirkung zum 1. 1. 94 durch das Eigenbetriebsreformgesetz (GVBl 93 S. 319) aufgehoben und die bisherigen Eigenbetriebe in rechtsfähige Anstalten des öffentl. Rechts umgewandelt worden (vgl. zur Entwicklung Zivier, S. 303 f.).

2 Mit dem neuen **Eigenbetriebsgesetz** ist den verfassungsrechtl. Vorgaben des Art. 92 Genüge getan worden. In Abschnitt I des Gesetzes werden die Organisation und Verwaltung und in Abschnitt II Wirtschaftsführung und Rechnungswesen detailliert geregelt. Das EigG erfasst dabei nicht nur wirtschaftl. Betriebe, sondern auch solche Betriebe, die Anstalts- oder andere öffentl. Aufgaben wahrnehmen (§ 11 I EigG). Der Anwendungsbereich geht damit über den des Art. 92 hinaus. Die Entstehung eines Eigenbetriebs setzt sowohl im Fall des wirtschaftl. wie des nichtwirtschaftl. Eigenbetriebs den Erlass einer Betriebssatzung und die Zustimmung des AvB oder – im Falle der Gründung eines Eigenbetriebs durch einen Bezirk – der BVV voraus (§ 2 I EigG). Anhand dieses Kriteriums ist eine klare Unterscheidung von den stärker in das Organisationsgefüge eingegliederten Regiebetrieben und den (sonstigen) nichtrechtsfähigen Anstalten des Landes Berlin möglich. Die Eigenbetriebe sind zudem durch eine selbstverantwortliche Wirtschaftsführung mit zwingender kaufmännischer Buchführung charakterisiert (§ 21 EigG), während eine solche bei den Regiebetrieben nur fakultativ ist (§§ 26, 71 LHO).

Eigenbetriebe gibt es zur Zeit weder auf der Ebene der Hauptverwaltung noch auf Bezirksebene. Eigenbetriebe besonderer Art waren bis zur ihrer Privatisierung durch das Krankenhausunternehmensgesetz vom 30.11.00 (GVBl S. 503) die unter der Aufsicht der Bezirke stehenden städtischen Krankenhäuser.

Art. 93 [Umwandlung von Eigenbetrieben]

(1) Die Umwandlung von Eigenbetrieben und von einzelnen Anlagen von bleibendem Wert in juristische Personen bedarf eines Beschlusses des Abgeordnetenhauses.
(2) Die Veräußerung von Vermögensgegenständen wird durch Gesetz geregelt.

Zweck des Art. 93 ist es, dem AvB ein gewisses Aufsichtsrecht über das Vermögen des Landes zu sichern (VerfGH DVBl 00, 54). Die Verfassungsnorm steht damit in engem Zusammenhang mit dem Budgetrecht des Parl. Ebensowenig wie für Art. 92 findet sich für Art. 93 eine vergleichbare Regelung im GG. 1

Absatz 1: Umwandlung in juristische Personen

Seinem eindeutigen Wortlaut nach gilt Abs. 1 nur für die Umwandlung von Eigenbetrieben und werthaltigen Anlagen **in** jur. Personen, nicht aber umgekehrt für die Umwandlung **von** jur. Personen in Eigenbetriebe. Für die Fälle der Umwandlung von jur. Personen in Eigenbetriebe ist die Mitwirkung des Parl. einfachrechtl. durch das EigG sichergestellt. Die Umwandlung von Eigenbetrieben und von Anlagen von bleibendem Wert bedarf nur eines einfachen Parlamentsbeschlusses. Dies ergibt sich aus der Gegenüberstellung des Wortlauts in Abs. 1 und 2. Während Abs. 1 nur von einem Beschluss des AvB spricht, verlangt Abs. 2 ausdrückl. eine Entscheidung durch Gesetz. Diese Differenzierung erscheint auch sinnvoll, da die in Abs. 2 geregelte Veräußerung die weitergehende und einseitig nicht zu revidierende Entscheidung ist. Die Umwandlung oder Auflösung von privatrechtl. Unternehmen, an denen Berlin beteiligt ist, fällt nicht unter Art. 93 I, bedarf aber gemäß § 65 VI Nr. 3 LHO der Einwilligung des AvB. Es genügt ein einfacher Parlamentsbeschluss (ebenso Pfennig/Neumann, Art. 93 Rn. 2). 2

Absatz 2: Regelungsauftrag

Dem Verfassungsauftrag zur gesetzl. Regelung in Art. 93 II ist der Landesgesetzgeber durch die §§ 63, 64 LHO nachgekommen. Diese Regelungen gelten ferner für die landesunmittelbaren juristischen Personen des öffentl. Rechts (§ 105 LHO) und für die Sondervermögen (§ 113 LHO). Die erforderl. gesetzl. Regelung kann in einem Spezialgesetz enthalten sein (VerfGH DVBl 00, 54). 3

Art. 94 [Rechnungslegung]

(1) Im Laufe der ersten neun Monate des folgenden Rechnungsjahres hat der Senat dem Abgeordnetenhaus über die Einnahmen und Ausgaben der Haushaltswirtschaft und über Vermögen und Schulden Rechnung zu legen.
(2) Nach Prüfung der Haushalts- und Vermögensrechnung durch den Rechnungshof beschließt das Abgeordnetenhaus über die Entlastung des Senats. Es beschließt über einzuleitende Maßnahmen und kann bestimmte Sachverhalte ausdrücklich missbilligen.

1   Art. 94 verpflichtet den SvB über die Verwendung der ihm durch das AvB zur Verfügung gestellten Mittel **Rechenschaft** abzulegen. Es geht nicht um die Kontrolle des Haushaltsgesetzgebers, sondern um die Überprüfung, ob die Exekutive sich im Rahmen ihrer durch den HPl vorgegebenen Ermächtigungen gehalten hat. HG und HPl sind nicht Gegenstand, sondern der Maßstab der Kontrolle (E 20, 96; 79, 328). Die Rechnungslegung, Rechnungsprüfung und Entlastung stellen die letzte Station des Haushaltskreislaufes (vgl. hierzu Vorbem Rn. 4) dar. Die Rechnungslegung und Finanzkontrolle durch den Rechnungshof sind für den Bund in Art. 114 GG geregelt.

Absatz 1:   Rechnungslegung

2   Abs. 1 legt die Verpflichtung zur Rechnungslegung dem **SvB als Kollegialorgan** auf. Senatsintern ist die Senatsverwaltung für Finanzen fachlich zuständig. Sie bereitet den Rechnungsabschluss vor, den der SvB beschließt. Da diese Rechnungslegung den Zweck hat, die Feststellung zu ermöglichen, ob der HPl eingehalten worden ist (Soll/Ist-Vergleich), müssen darin die tatsächl. **Einnahmen** und **Ausgaben** nach der im HPl vorgesehenen Ordnung und den Ansätzen des HPl gegenübergestellt werden (Haushaltsrechnung, §§ 81 LHO ff.). Dabei sind der Vollständigkeit wegen auch über- und außerplanmäßige Ausgaben nachzuweisen. Der Haushaltsvollzug wird traditionell durch eine Buchführung (§§ 71 – 79 LHO) in der Form des kameralistischen Rechnungswesens belegt. Die Buchführung kann seit der Änderung der LHO 1999 nach Abstimmung mit der Finanzverwaltung nach den Grundsätzen ordnungsgemäßer Buchführung und Bilanzierung in sinngem. Anwendung der Vorschriften des Handelsgesetzbuchs erfolgen (§ 71 I 3 LHO).
3   Neben der Darstellung der Einnahmen und Ausgaben muss über das **Vermögen** und die **Schulden** Rechnung gelegt werden. Nach § 86 LHO sind der Bestand des Vermögens und der Schulden zu Beginn des Haushaltsjahres, die Veränderungen während des Haushaltsjahres und der Bestand zum Ende des Haushaltsjahres nachzuweisen. Zum Vermögen

gehören sowohl das Verwaltungsvermögen als auch das Finanzvermögen. Beide Vermögensarten werden im Vermögensnachweis betragsmäßig dargestellt. Die Haushaltsrechnung und der Nachweis des Vermögens und der Schulden sind dem AvB im Laufe der ersten neun Monate des folgenden Rechnungsjahres zur Entlastung vorzulegen. Im Laufe der ersten neun Monate des Rechnungsjahres bedeutet, dass bei einem mehrjährigen Haushaltsplan ebenfalls jährlich Rechnung gelegt werden muss, denn auch in diesem Fall wird der Plan nach Jahren getrennt aufgestellt. Damit die Frist eingehalten werden kann, müssen die Haushaltsbücher und Vermögensnachweise spätestens Ende März des Folgejahres geschlossen sein (vgl. Pfennig/Neumann Art. 94 Rn. 6).

Absatz 2: Prüfung durch den Landsrechnungshof; Missbilligung durch AvB

Der Landsrechnungshof (LRH) – zu dessen institutioneller Verfassungsgarantie vgl. Art. 95 – hat die Rechnung zu prüfen. Gegenstand dieser Prüfung ist die vom SvB nach Abs. 1 vorzulegende jährliche Haushalts- und Vermögensrechnung. Das Ergebnis dieser Rechnungsprüfung bildet zusammen mit der Rechnung des SvB die Grundlage des parl. Prüfungs- und Entlastungsverfahrens. Die dem LRH obliegende Prüfung setzt nicht erst ein, wenn der SvB förmlich die Rechnung gelegt hat. Der LRH kann schon vorher abgeschlossene Verwaltungsvorgänge einer Prüfung unterziehen. Die Prüfungstätigkeit des LRH umfasst die Rechnungs-, Verwaltungs- und »Verfassungskontrolle«: **Rechnungskontrolle** ist die rechnerische formelle Prüfung der Belege. Unter **Verwaltungskontrolle** versteht man die Prüfung der Geschäftsvorfälle in sachlicher Hinsicht., insb. ihre Übereinstimmung mit Gesetzen, Verordnungen und Verwaltungsvorschriften. Hierhin gehört auch die Wirtschaftlichkeitsprüfung, dh die Prüfung, ob mit dem geringstmöglichen Aufwand der größtmögliche Nutzen erzielt worden ist (vgl. oben Art. 86 Rn. 3). »**Verfassungskontrolle**« ist die Prüfung daraufhin, ob der gesetzl. festgestellte Haushaltsplan einschließl. der dazugehörigen Unterlagen von der Verwaltung eingehalten worden ist (E 20, 96). Die Prüfergebnisse des LRH finden in sog. Prüfungsbemerkungen nach § 97 LHO ihren Niederschlag. Diese werden dem AvB und dem SvB mitgeteilt.   4

Das Entlastungsverfahren ist ein rein **politisches Verfahren**, das die Haushaltsführung des SvB einer parl. Bewertung unterwirft, ohne rechtl. Konsequenzen entfalten zu können. Dies bedeutet nicht, dass es keine rechtl. Bindungen gibt. Das AvB ist zum einen verpflichtet, über die Entlastung zu entscheiden und das Verfahren möglichst zu beschleunigen und zu fördern; es ist inhaltlich zudem verpflichtet, diese Entscheidung an den sich aus dem Zweck des Verfahrens ergebenden verfassungsrechtl. Maßstäben zu orientieren. Diese sind letztlich die gleichen,   5 wie sie für den LRH gelten (Bonner Kommentar, Art. 114 Rn. 154). Die Entlastung erfolgt durch einfachen **Parlamentsbeschluss**. Da der Entlastung keine Rechtswirkungen zukommen, kann sie die Amtswalter nicht von ihrer zivil-, straf- oder öffentl.-rechtl. Verantwortung freizeichnen (allg. Ansicht, vgl. nur Sachs, Art. 114 GG Rn. 23). Die Verweigerung der Entlastung stellt keinen Misstrauensantrag iSd Art. 57 II VvB dar. Die Berechtigung der Verweigerung kann im Organstreitverfahren gem. Art. 84 II Nr. 1 vor dem VerfGH geklärt werden.

6 Art. 94 II 2 sieht als weiteres Instrument der parl. Kontrolle die ausdrückliche **Missbilligung** bestimmter Sachverhalte vor und berechtigt das AvB über **einzuleitende Maßnahmen** zu beschließen. Die Formulierung »einzuleitende Maßnahmen« ist missverständlich. Das Parl. hat im Rahmen des Entlastungsverfahrens eine Kontrollfunktion, nicht aber die Befugnis, der Exekutive bestimmte Maßnahmen, z.B. für den Haushaltsvollzug, verbindlich aufzugeben. Der Vollzug ist allein Sache der Exekutive. Die »einzuleitenden Maßnahmen« können sich daher nur auf das zur Entlastung anstehende Rechnungsjahr und die Entlastung selbst beziehen. Diesbezüglich kann das Parl. weitere Darlegungen und Aufklärung unklarer Punkte fordern und von deren Erfüllung gegebenenfalls die Entlastungsentscheidung abhängig machen. Stehen die beanstandeten Verhaltensweisen einer Entlastung nicht entgegen, können entsprechende »Auflagen« bei Gewährung der Entlastung gemacht werden. In der Praxis des AvB wird die Entlastung jeweils unter Auflagen und Missbilligungen erteilt, wobei mit den Auflagen Erwartungen für eine Änderung des beanstandeten Verhaltens oder Prüfbitten ausgesprochen werden (»Das AvB erwartet, dass der Senat ...«). Gleichzeitig wird dem SvB eine Berichtsfrist für die von ihm eingeleiteten Maßnahmen auferlegt.

Art. 95 [Rechnungshof]

(1) Der Rechnungshof ist eine unabhängige, nur dem Gesetz unterworfene oberste Landesbehörde. Seine Mitglieder besitzen richterliche Unabhängigkeit.

(2) Der Rechnungshof wird von dem Präsidenten geleitet. Dieser wird auf Vorschlag des Senats vom Abgeordnetenhaus mit der Mehrheit seiner Mitglieder gewählt und vom Präsidenten des Abgeordnetenhauses auf Lebenszeit ernannt. Der Präsident des Rechnungshofes untersteht der Dienstaufsicht des Präsidenten des Abgeordnetenhauses von Berlin.

(3) Der Rechnungshof prüft die Rechnungen (Artikel 94) sowie die Wirtschaftlichkeit und Ordnungsmäßigkeit der gesamten Haushalts- und Wirtschaftsführung Berlins. Er berichtet darüber jährlich dem Abgeordnetenhaus und unterrichtet gleichzeitig den Senat.

(4) Das Abgeordnetenhaus und der Senat können den Rechnungshof ersuchen, Angelegenheiten von besonderer Bedeutung zu untersuchen und darüber zu berichten.

(5) Das Nähere wird durch Gesetz geregelt.

Art. 95 enthält eine **institutionelle Verfassungsgarantie** des Landesrechnungshofes (LRH), seiner Aufgaben und der richterlichen Unabhängigkeit seiner Mitglieder. Einzelheiten über Organisation und Tätigkeit des LRH enthält das nach Abs. 5 ergangene Rechnungshofgesetz (s. Rn. 12). Eine vergleichbare Garantie findet sich für den Bundesrechnungshof in Art. 114 II GG. 1

Absatz 1: Unabhängigkeit des Rechnungshofes

Der Rechnungshof ist trotz der in Abs. 1 enthaltenen Bezeichnung als **oberste Landesbehörde** nicht einfach der Exekutive zuzuordnen, sondern er ist eine behördliche Einrichtung mit einer **Sonderstellung** im Gewaltenteilungsschema, die im Dienst der ordnungsgemäßen Ausübung aller Staatsgewalt steht und als solche ein oberstes Landesorgan ist (allg. Auf., vgl. nur Sachs, Art. 114 Rn. 24; Pfennig/Neumann, Art. 95 Rn. 3; ausf. Groß VerwArch 04, 194). Damit ist der LRH richtiger Ansicht nach im Organstreitverfahren parteifähig vor dem VerfGH, Art. 84 II Nr. 1 (für den Bundesrechnungshof; Sachs, aaO; offengelassen BVerfG EuGRZ 95, 197; anders die ältere Lit., vgl. HStR IV § 89 Rn. 128). Er ist aber mangels unmittelbarer staatsleitender Tätigkeit kein Verfassungsorgan (BbgVerfG DÖV 98, 200; zum Verhältnis Bundesrechnungshof und Landesrechnungshöfe vgl. BVerwGE 116, 92). 2

Damit Kontrolle effizient ausgeübt werden kann, muss die Kontrollinstanz Unabhängigkeit von den zu Kontrollierenden besitzen. Dem trägt 3

Abs. 1 in doppelter Weise Rechnung. Zum einen wird in Satz 1 die **Unabhängigkeit der Behörde** Rechnungshof selbst garantiert (institutionelle Unabhängigkeit), zum anderen wird in Satz 2 den **Mitgliedern** des Rechnungshofes richterliche **Unabhängigkeit** (personale Unabhängigkeit) eingeräumt. Während die institutionelle Unabhängigkeit bereits in der VvB 1950 enthalten war, ist die personale Unabhängigkeit erst durch die VvB 1995 eingeführt worden. Damit ist der Berliner Verfassungsgesetzgeber den Verfassungen in den neuen Bundesländern gefolgt, die sämtlich die doppelte Sicherung der Unabhängigkeit kennen (vgl. Art. 107 BbgVerf, Art. 68 I MVV, Art. 100 I 2 SächsV; Art. 98 I SachsAnhV, Art. 103 I ThürV). Das Grundgesetz und einige Verfassungen der »alten« Länder kennen dagegen nur die personale Unabhängigkeit, andere nur die institutionelle. Durch die mit der VvB 1995 gewährte richterliche Unabhängigkeit werden die Möglichkeiten des einfachen Gesetzgebers zur Gestaltung der Binnenstruktur des Rechnungshofes stark beschränkt und damit die Stellung der Kontrollinstitution gestärkt.

4   Die Mitglieder des Rechnungshofes sind keine Richter. Ihnen kommt aber wie den Richtern die **sachliche** und **persönliche** Unabhängigkeit zu. Sie sind daher weder Weisungen unterworfen noch können sie abgesetzt oder versetzt werden. Die sachliche Unabhängigkeit bedingt, dass sich die Mitglieder des LRH den Gegenstand der Prüfung selbst und ohne äußere Beeinflussung aussuchen und die Prüfungsintensität bestimmen können. Auch die freie Zeiteinteilung wird – wie bei Richtern – von der Unabhängigkeitsgarantie umfasst (krit. zu diesem Aspekt der Unabhängigkeit: Michaelis-Merzbach, S. 75). Die richterliche Unabhängigkeit besteht allerdings nur für die Mitglieder des Rechnungshofes. Hierzu zählen nach § 4 RHG die Leiter der einzelnen Geschäftsbereiche (Prüfbereiche). Sie bilden zusammen mit dem Präsidenten und dem Vizepräsidenten das Kollegium, das insb. die Geschäftsordnung, aber auch alle anderen Fragen von grundsätzl. Bedeutung beschließt, § 5. Für die Mitglieder gelten die Vorschriften für Richter auf Lebenszeit entsprechend, § 7 RHG. Ihnen werden Prüfer und sonstige Dienstkräfte, für die die richterliche Unabhängigkeit nicht gilt, in der notwendigen Zahl beigegeben, § 2 II RHG.

5   Die vom Berliner Landesgesetzgeber vorgenommene Beschränkung der Mitgliedseigenschaft auf die Leiter der Geschäftsbereiche ist mit der Verfassungsgarantie des Art. 95 I 2 vereinbar. Welchen Personen die Eigenschaft als Mitglied zukommen muss, ist aufgrund der dem LRH übertragenen Aufgabe der Finanzkontrolle zu bestimmen. Es muss daher sichergestellt sein, dass diejenigen, die zu Prüfungs**entscheidungen** berufen sind, also die Finanzkontrolle verantwortlich wahrnehmen, richterliche Unabhängigkeit genießen. Dies ist nach dem Berliner Landesrecht der Fall, da die Leiter der Geschäftsbereiche ihre Prüfungsent-

scheidungen »selbständig und in eigener Verantwortung« (§ 4 1 RHG) treffen. Zu dieser Entscheidungsbefugnis gehört auch das Recht, die Prüfungsgegenstände zu bestimmen. Problematisch ist allerdings, dass der Präsident des LRH sich ein Mitwirkungsrecht bei den Entscheidungen eines Mitglieds vorbehalten kann, § 4 I Nr. 1 RHG. Eine solche Mitwirkung des Präsidenten ist mit der richterlichen Unabhängigkeit des einzelnen Mitglieds kaum vereinbar. Auch der Umstand, dass der Präsident, der zudem das Recht hat, jegliche Angelegenheit dem Kollegium zur Entscheidung zu unterbreiten, bei Stimmengleichheit im Kollegium den Ausschlag gibt, ist problematisch. Diese starke Stellung des Präsidenten lässt sich angesichts der expliziten Garantie der richterlichen Unabhängigkeit nicht mit der dem Präsidenten nach Abs. 2 zukommenden Leitungsaufgabe begründen. Vielmehr sind die aus seiner Stellung als Behördenleiter erwachsenden Befugnisse im Lichte der Unabhängigkeit der Mitglieder zu bestimmen. Es sollte daher bei der nächsten Reform des Rechnungshofgesetzes eine Anpassung an die jetzige verfassungsrechtl. Lage vorgenommen werden (krit. zur ähnlichen Problematik auf Bundesebene: von Mangoldt/Klein/Starck, Art. 114 Rn. 111).

Absatz 2: Der Präsident des Rechnungshofes

Mit Blick auf die richterliche Unabhängigkeit unbedenklich ist dagegen, 6 dass dem Senat in Abs. 2 Satz 2 ein **Vorschlagsrecht** für die Besetzung der Position des Präsidenten zusteht. Denn der Vorgeschlagene muss vom Abgeordnetenhaus gewählt werden, und zwar mit qualifizierter Mehrheit (Mehrheit der Mitglieder des AvB). Damit ist aber das Bestimmungsrecht der Exekutive entscheidend eingeschränkt. Diese kann sich nicht selbst den Chef der Kontrollbehörde aussuchen. Der Präsident des LRH wird vom PrAvB auf Lebenszeit ernannt. Die Formulierung ist insofern ungenau, als eine Ernennung zum Beamten auf Lebenszeit (vgl. § 2 I iVm § 6 I RHG) gemeint ist. Es gilt daher in entsprechender Anwendung der Regeln über Richter auf Lebenszeit (§ 7 II RHG) die allg. Altersgrenze von 65 Jahren. Die Ernennung durch den PrAvB stellt eine Neuerung gegenüber der VvB 1950 (früher: Ernennung durch den Senat) dar, die mit sechs Jahren Verspätung auch einfachrechtl. nachvollzogen worden ist (G. v. 23. 7. 01, GVBl S. 289).

Der PrAvB hat die **Dienstaufsicht** über den Präsidenten des LRH. Auch durch diese Regelung wird dem besonderen Status der Institution Rechnungshof Rechnung getragen und der Einfluss der Exekutive auf diese Kontrollinstanz verringert.

Absatz 3: Aufgaben des Rechnungshofes

7   Die Aufgaben des LRH werden in Abs. 3 beschrieben. Sie bestehen in der **Rechnungsprüfung,** die nach den Grundsätzen der Rechtmäßigkeit, Ordnungsmäßigkeit, Wirtschaftlichkeit und Sparsamkeit ausgerichtet ist, **und der rechnungsunabhängigen Finanzkontrolle** der »gesamten Haushalts- und Wirtschaftsführung Berlins«. Der LRH hat darüber hinaus die Aufgabe, beratend tätig zu werden. Diese ihm einfachgesetzl. zugewiesene Aufgabe dient letztlich dazu, die Einhaltung der Maßstäbe des Art. 95 III sicherzustellen und wird mit diesem Verständnis von der verfassungsunmittelbaren Prüfaufgabe umfasst (ebenso HStR IV § 89 Rn. 102).

Die Grundsätze der **Rechtmäßigkeit** und **Ordnungsmäßigkeit** sichern die Lenkungswirkung der Haushaltsgesetzgebung. Sie erfordern die Prüfung der rechnerischen Richtigkeit der Rechnungsnachweise und die Einhaltung der zu beachtenden haushaltsrechtl. Vorschriften, aber auch die Einhaltung der übrigen Rechtsordnung. Die Wirtschaftlichkeitsprüfung geht weit über die Rechtskontrolle hinaus und verlangt eine Prüfung anhand der beiden Maximen der Nutzenmaximierung und der Kostenminimierung. Während die Nutzenmaximierung von vorgegebenen Mitteln ausgeht, mit denen das ebenfalls vorgegebene Ziel bestmöglich verfolgt werden soll, geht es bei der Kostenminimierung darum, das vorgegebene Ziel mit geringstmöglichen Mitteln anzustreben (HStR IV § 89 Rn. 111 f.; ausführlich Bonner Kommentar, Art. 114 Rn. 90). Das Kostenminimierungsziel deckt sich mit dem Haushaltsgrundsatz der Sparsamkeit (vgl. oben Art. 86 Rn. 3.). Vor allem das Prinzip der Nutzenmaximierung macht in gewissem Umfang eine Bewertung des angestrebten Zieles erforderl. Da der LRH aber weder politische Zielvorstellungen formulieren darf noch eine Mitentscheidungskompetenz besitzt, ist bei der inzidenten Bewertung Zurückhaltung geboten (HStR IV § 89 Rn. 112; Dreier, Art. 114 Rn. 29 mwN zu Überlegungen zu neueren Prüfungsformen und Maßstabskorrekturen). Die Prüfung erstreckt sich auch auf Einrichtungen, die öffentl. Aufgaben erfüllen und dabei ganz oder teilweise aus der öffentl. Verwaltung ausgegliedert sind. So sind in den §§ 91, 92, 104 LHO Bestimmungen enthalten über die Prüfung bei Stellen außerhalb der Verwaltung, bei privatrechtl. Unternehmen und bei juristischen Personen des privaten Rechts, an denen Berlin beteiligt ist. In den §§ 105, 111, 113 LHO finden sich Regelungen über die Prüfung von landesunmittelbaren juristischen Personen des öffentl. Rechts, der Sondervermögen und der Eigenbetriebe. Die »Flucht aus dem Haushalt« führt daher nicht zu einem Verzicht auf Kontrolle. Der Prüfung durch den LRH unterliegen auch die Fraktionen des AvB, § 9 FraktG.

9   Der **Zeitpunkt** der Kontrolle ist nicht festgelegt. Soweit es um die Rechnungsprüfung geht, ergibt sich aus der Natur der Sache, dass es sich um

abgeschlossene Vorgänge handeln muss. Dies bedeutet allerdings nicht, dass die Rechnungsprüfung erst erfolgt, nachdem der SvB Rechnung gelegt hat. Die Prüfung erzielt vielmehr ihren größten Nutzen, wenn sie möglichst »gegenwartsnah« vorgenommen wird und dadurch noch Korrekturen angebracht werden können. Dementsprechend bestimmt § 94 I LHO, dass der LRH unter anderem die Zeit der Prüfung festlegt. Die Prüfungsankündigung oder Prüfungsanordnung stellen Verwaltungsakte dar, die bei Vorliegen der Voraussetzungen für vorläufig vollziehbar erklärt werden können (HessVGH DÖV 01, 873; Groß VerwArch 04, 19; a.A. Hauser DÖV 04, 786). Noch wichtiger als bei der Rechnungsprüfung ist ein gegenwartsnahes Tätigwerden des Rechnungshofes bei der Beratung, die auch und gerade bei nicht abgeschlossenen Vorgängen Korrekturen ermöglichen soll.

Das Ergebnis seiner Prüfung hat der LRH in **jährlichen Berichten** (sog. Bemerkungen, vgl. § 97 LHO) dem AvB mitzuteilen. Der Bericht bereitet das politische Entlastungsverfahren vor (vgl. oben Art. 94 Rn. 5). Während eine Berichtspflicht gegenüber dem Parl. auf Bundesebene erst mit der Reform der Haushaltsverfassung 1969 eingeführt worden ist, enthielt bereits die VvB 1950 eine derartige Verpflichtung und betonte damit von Anfang an die besondere Nähe des LRH zum Parl. Gleichzeitig mit der Berichterstattung an das AvB ist der SvB über die Prüfungen zu unterrichten, Art. 95 III 2. In den Bericht, der dem AvB vorgelegt wird, werden nur solche Feststellungen aufgenommen, die für die Entlastung des SvB wegen der Haushaltsrechnung und der Vermögensrechnung von Belang sein können, § 97 I LHO. Die Entscheidung darüber, welche Beanstandungen aufgenommen werden, liegt im Ermessen des LRH. Die einzelnen Prüfungsergebnisse werden vor Erstellung der Bemerkungen zunächst den zuständigen Verwaltungen zur Äußerung zugeleitet mit dem Ziel, Beanstandungen vorab auszuräumen und damit eine Aufnahme in den jährlichen Bericht zu vermeiden, vgl. § 96 LHO. 10

Absatz 4: Untersuchungsaufträge durch Abgeordnetenhaus und Senat

Über die eigentlichen Prüfungs- und Beratungsaufgaben hinaus können AvB und SvB den Rechnungshof ersuchen, Angelegenheiten von besonderer Bedeutung zu untersuchen und darüber zu berichten. Wie aus dem Wort »ersuchen« hervorgeht, besteht keine Pflicht des Rechnungshofes, ein Untersuchungsbegehren anzunehmen. Eine solche Pflicht wäre mit seiner Stellung als unabhängigem obersten Landesorgan nicht vereinbar. Die Entscheidung darüber steht daher in seinem freien, gerichtlich nicht nachprüfbaren Ermessen. Die Zuständigkeit liegt beim Kollegium des LRH, § 5 I RHG, weil es sich stets um Aufgaben von erheblicher Bedeutung handeln dürfte. Da das »Sonderprüfungsrecht« des LRH ver- 11 fassungsrechtl. verankert ist, stellt sich nicht die Frage, ob nicht statt der Prüfung durch den LRH ein anderes verfassungsrechtl. Prüfungs- und Untersuchungsverfahren, z.B. die Beauftragung eines Untersuchungsausschusses, richtiger wäre. Die verschiedenen Verfahren stehen vielmehr nebeneinander zur Verfügung und haben dieselbe verfassungsrechtl. Legitimation.

Absatz 5: Regelung durch Gesetz

12 Der Verpflichtung zum Erlass eines Rechnungshofgesetzes ist der Gesetzgeber bereits 1966 durch das Gesetz über den Rechnungshof von Berlin (GVBl S. 1145) nachgekommen. Zur Zeit gilt die Fassung vom 1. 1.80 (GVBl S. 2), zuletzt geändert durch G. v. 23.7.01, GVBl S. 289.

Abschnitt IX. Übergangs- und Schlussbestimmungen

Art. 96 [Gemeinsame Einrichtungen]

Zwischen Berlin und anderen Ländern können gemeinsame Behörden, Gerichte und Körperschaften, Anstalten und Stiftungen des öffentlichen Rechts gebildet werden. Die Vereinbarung bedarf der Zustimmung des Abgeordnetenhauses. Mit dem Land Brandenburg oder einzelnen seiner Gebietskörperschaften können gemeinsame Behörden oder Gremien geschaffen werden, auf die durch Gesetz einzelne Befugnisse zur Raumplanung und Flächennutzungsplanung übertragen werden können. Die Bestimmungen des Baugesetzbuches und des Raumordnungsgesetzes bleiben unberührt.

Art. 96 ermächtigt – wie zuvor Art. 85 VvB 1950 – Berlin zur Bildung gemeinsamer Einrichtungen mit anderen Ländern. S. 1 enthält eine gleichsam **generelle**, weder auf bestimmte Länder noch auf bestimmte Einrichtungen oder bestimmte Sachgebiete begrenzte Ermächtigung. Dagegen beschränkt sich S. 3 auf die Ermächtigung zur Schaffung ledigl. von gemeinsamen Behörden und Gremien mit dem Land Brandenburg und einzelnen seiner Gebietskörperschaften, und zwar von Behörden und Gremien, die dazu bestimmt sind, durch Gesetz einzelne Befugnisse zur Raumplanung und Flächennutzungsplanung übertragen zu bekommen. 1

Art. 96 verhält sich nicht ausdrückl. dazu, wer für das Land Berlin zur Bildung bzw. Schaffung von länderübergreifenden Einrichtungen befugt ist und in welcher Form das zu geschehen hat. Aus S. 2 lässt sich indes herleiten, dass als Handlungsform nur eine »Vereinbarung«, dh ein **Staatsvertrag** in Betracht kommt. Für den Abschluss von Staatsverträgen ist nach Art. 59 I 1 der RBm zuständig. Gemäß S. 2 bedarf ein solcher Staatsvertrag der Zustimmung durch das AvB. Das folgt bereits aus Art. 50 I 4, so dass S. 2 überflüssig ist. Art. 50 I 3 ordnet an, dass ein Staatsvertrag vor seiner Unterzeichnung durch den SvB dem AvB zur Kenntnis zu geben ist. Erst durch die von S. 2 wie von Art. 50 I 4 geforderte Zustimmung des AvB wird der RBm zum Vertragsabschluss ermächtigt, also zur sog. Ratifikation, mit der der Vertrag dem Vertragspartner gegenüber bestätigt und endgültig geschlossen wird. Die Zustimmung hat in Form eines einfachen **(Vertrags-)Gesetzes** zu erfolgen (vgl. Art. 4 Rn. 5 und Art. 50 Rn. 6); der Staatsvertrag wird zusammen mit dem Vertragsgesetz im GVBl veröffentlicht. 2

Länderübergreifende Einrichtungen, die von der Ermächtigungsnorm des S. 1 (bzw. seiner Vorgängerin in Art. 85 VvB 1950) erfasst werden, 3 sind namentl. im Bereich des **Rundfunkwesens** geschaffen worden, z.B. die gemeinnützige Anstalt des öffentl. Rechts mit dem Namen »Zweites Deutsches Fernsehen (ZDF)«; ihr liegt der ZDF-Staatsvertrag zugrunde (verkündet als Art. 3 des Staatsvertrages über den Rundfunk im vereinten Deutschland v. 31.8.1991 – GVBl S. 310). Eine länderübergreifende Einrichtung ist auch die Ständige Konferenz der Kultusminister der Länder (KMK), die nach ihrer Geschäftsordnung »Angelegenheiten der Kulturpolitik von überregionaler Bedeutung mit dem Ziel einer gemeinsamen Meinungs- und Willensbildung und der Vertretung gemeinsamer Anliegen« behandelt; die laufenden Arbeiten der KMK erledigt das Sekretariat, das aufgrund eines Abkommens der Länder vom 20.6.1959 eine Dienststelle des Landes Berlin ist, dem die Kosten für das Sekretariat von den anderen Ländern anteilmäßig erstattet werden.

4 Die Länder Berlin und Brandenburg haben auf der Grundlage von Staatsverträgen eine ganze Reihe von gemeinsamen Einrichtungen iS des S. 1 gebildet. So sind aufgrund der Staatsverträge v. 21.3.1992 (GVBl S. 226) und v. 20.4.1993 (GVBl S. 380) eine Gemeinsame Akademie der Wissenschaften und eine Gemeinsame Akademie für Künste als Körperschaften des öffentl. Rechts mit Sitz in Berlin entstanden. Ein gemeinsames Gericht haben die Länder Berlin und Brandenburg gemäß Art. 21 II des Staatsvertrags zur Regelung der Volksabstimmungen in den Ländern Berlin und Brandenburg über den Neugliederungsvertrag v. 27.4.1995 (GVBl S. 520) gebildet, das über Beschwerden gegen die Volksabstimmung vom 5.5.1996 zu entscheiden hatte und sich aus den Mitgliedern der Verfassungsgerichtshöfe der beiden Länder zusammensetzte (vgl. LVerfGE 6, 11 und 15). Durch Staatsvertrag v. 24.4.2004 ist von den Ländern Berlin und Brandenburg die Errichtung gemeinsamer **Fachobergerichte** vereinbart worden (ZustimmungsG v.10.9.2004, GVBl S. 380). Danach wurden mit Wirkung v. 1.7.2005 ein gemeinsames Oberverwaltungsgericht (mit Sitz in Berlin) und ein gemeinsames Landessozialgericht (mit Sitz in Potsdam) gebildet, mit Wirkung v. 1.1.2007 werden ein gemeinsames Landesarbeitsgericht (mit Sitz in Berlin) und ein gemeinsames Finanzgericht (mit Sitz in Cottbus) folgen (vg. zur Errichtung dieser gemeinsamen Fachobergerichte Pestalozza LKV 04,396).

5 Auf die ausdrückl. Ermächtigung des S. 3 (bzw. der entsprechenden Bestimmung in Art. 85 VvB 1950) gestützt ist der **Landesplanungsvertrag** v. 6.4.1995 (GVBl S. 408 – LaPlaV –) und – entsprechend Art. 7 LaPlaV – der Staatsvertrag über das gemeinsame Landesentwicklungsprogramm der Länder Berlin und Brandenburg v. 7.8.1997 (GVBl S. 658) oder genauer: die Schaffung der durch dieses Vertragswerk gebildeten gemeinsamen Einrichtungen und die Übertragung von Befugnissen namentl. der Raumordnung auf sie. Zentrale Einrichtung ist

die gemäß Art. 2 I 1 LaPlaV errichtete Gemeinsame Landesplanungsabteilung; sie ist Teil der für Raumordnung und Landesplanung zuständigen obersten Behörden (Ministerien) beider Länder. Ihr sind der Forderung des S. 3 entsprechend durch Gesetz, näml. das Zustimmungsgesetz v. 4.5.1995 (GVBl S. 405), die Aufgaben der für Raumordnung und Landesplanung zuständigen obersten Landesbehörden und deren Befugnisse als Träger der gemeinsamen Landesplanung übertragen worden; sie ist befugt, im Verwaltungsstreitverfahren für beide Länder unter eigenem Namen zu handeln (Art. 2 I 3 LaPlaV). Bemerkenswert ist, dass die Gemeinsame Landesplanungsabteilung als Teil zweier Behörden angelegt ist und nicht etwa als eigenständige gemeinsame Behörde; folgl. gibt es (vgl. Art. 4 I LaPlaV) zwei Dienstherrn bzw. Arbeitgeber für die Mitarbeiter der Gemeinsamen Landesplanungsabteilung (vgl. zu gemeinsamen Einrichtungen von Berlin und Brandenburg im Einzelnen Zivier, S. 387 ff.).

Durch alle auf S. 3 gestützten Vereinbarungen sowie die in deren Vollzug geschaffenen gemeinsamen Einrichtungen und die ihnen übertragenen Aufgaben bleiben – so heißt es in S. 4 – die Bestimmungen des Baugesetzbuchs und des Raumordnungsgesetzes unberührt. Dieser Aussage kommt **keine** nennenswerte Bedeutung zu. Denn der Vorrang der genannten Bundesgesetze wird bereits durch Art. 31 GG begründet und bedarf deshalb keiner Bestätigung durch die VvB. **6**

Art. 97 [Vereinigung Berlin-Brandenburg]

(1) Das Land Berlin kann ein gemeinsames Land mit dem Land Brandenburg bilden.
(2) Ein Staatsvertrag der Länder Berlin und Brandenburg über die Bildung eines gemeinsamen Bundeslandes bedarf der Zustimmung einer Mehrheit von zwei Dritteln der Mitglieder des Abgeordnetenhauses sowie der Zustimmung durch Volksabstimmung nach Maßgabe dieses Staatsvertrages.
(3) Der Staatsvertrag kann vorsehen, dass
1. einzelne Befugnisse des Abgeordnetenhauses und des Senats auf gemeinsame Ausschüsse und Gremien der beiden Länder übertragen werden,
2. die Wahlperiode des Abgeordnetenhauses und die Amtszeit des Senats mit der Bildung des gemeinsamen Landes enden.
(4) Die Rechte des Abgeordnetenhauses bleiben unberührt.
(5) Das Nähere zur Regelung der Volksabstimmung bestimmt ein Staatsvertrag.

1   Art. 97 stellt eine landesverfassungsrechtl. **Ergänzung** zu Art. 118 a GG dar, der seinerseits lex specialis zu Art. 29 GG ist (vgl. Art. 4 Rn. 4). Art. 118 a GG knüpft an Art. 5 EV an und ermöglicht eine Neugliederung iS eines Zusammenschlusses der Länder Berlin und Brandenburg, ohne dass das umständl. Verfahren des Art. 29 GG eingehalten werden muss (LVerfGE 4, 130). Vorgeschrieben ist in Art. 118 a GG lediglich., dass die Neugliederung unter Beteiligung der Wahlberechtigten durch Staatsvertrag der beiden Länder erfolgen kann. Der Begriff »Volksentscheid«, den Art. 29 GG verwendet, wird in Art. 118 a GG vermieden; ebenso fehlen (die in Art. 29 GG enthaltenen) Vorschriften über Mehrheiten und Quoren. Die Beantwortung dieser Fragen bleibt der Vereinbarung der beiden Länder oder dem jeweiligen Landesrecht vorbehalten (vgl. zur Neugliederung der Region Berlin-Brandenburg u.a. Rüß LKV 95, 337, und Gärtner JR 95, 319).

2   Der durch Art. 118 a GG und den seinerzeitigen Art. 85 a VvB, an dessen Stelle Art. 97 getreten ist, gedeckte »Staatsvertrag der Länder Berlin und Brandenburg über die Bildung eines gemeinsamen Bundeslandes (Neugliederungs-Vertrag)« wurde am 27.4.1995 unterzeichnet und vom AvB sowie dem Brandenburger LT am 22.6.1995 durch Zustimmungsgesetz mit Zweidrittelmehrheit gebilligt (GVBl S. 490 – NeugliedV). Die im Staatsvertrag als »Beteiligung ihrer Wahlberechtigten« (Art. 118 a GG) vorgesehenen Volksabstimmungen fanden am 5.5.1996 in beiden Ländern statt, wobei die Mehrheit in Brandenburg verfehlt wurde (vgl. LVerfGE 6, 11 f.). Damit ist zwar dieser Fusionsversuch gescheitert, doch ist weder Art. 118 a GG noch Art. 97 verbraucht. Beide Bestim-

mungen stehen vielmehr für weitere Bestrebungen zur Bildung eines gemeinsamen Landes **zur Verfügung**.

Absatz 1: Bildung eines gemeinsamen Landes

Art. 118 a GG iVm Art. 97 I räumt dem SvB das Recht ein, auf eine Fusion von Berlin und Brandenburg hinzuwirken. Hat er sich auf dieser Grundlage entschlossen, die Vereinigung Berlins mit Brandenburg herbeizuführen, ist er berechtigt, gegenüber der Bevölkerung die Gründe für dieses politische Ziel darzulegen und durch Öffentlichkeitsarbeit auf die Zustimmung der Wahlberechtigten zur Fusion hinzuwirken. Das Verfassungsgebot der grundsätzl. staatsfreien Meinungs- und Willensbildung verpflichtet ihn hierbei zur Sachlichkeit, nicht aber zur Neutralität (LVerfGE 4, 33). Art. 118 a GG weist ebenso wie Art. 97 den Regierungen im Neugliederungsverfahren die Rolle von **Initiatoren** zu. Mit dieser Stellung kommt ihnen auch die Befugnis zu, für ihre Initiative in der Öffentlichkeit in sachl. Form einzutreten (BVerfG LKV 96,333). 3

Weder Art. 118 a GG noch Art. 97 sehen eine **Mitwirkung** des **Bundes** bei einem Fusionsversuch der Länder Berlin und Brandenburg vor. Allerdings ist eine Vereinigung ohne Mitwirkung des Bundes zwar verfassungsrechtl., nicht aber finanzpolitisch vorstellbar. Im Zusammenhang mit dem im Jahre 1996 gescheiterten Fusionsversuch hat der Bund eine wesentliche Basis für die Vereinigung durch die Verabschiedung des Gesetzes zur Regelung der finanziellen Voraussetzungen für die Neugliederung der Länder Berlin und Brandenburg v. 9.8.1994 (BGBl I S. 2066) geschaffen. Danach sollte Berlin-Brandenburg für einen Zeitraum von 15 Jahren, längstens bis zum Jahre 2013, im bundesstaatl. Finanzausgleich so behandelt werden, als seien die Bundesländer Berlin und Brandenburg noch getrennt (vgl. im einzelnen Klein/Kimms LKV 95, 341). Zwar ist dieses Gesetz bisher nicht aufgehoben worden und tritt nach seinem Art. 6 erst am 1.1. des Jahres in Kraft, in dem die Länder Berlin und Brandenburg ein gemeinsames Bundesland bilden. Doch wäre zumindest eine Anpassung des Gesetzes u.a. durch eine zeitl. Verlängerung der Sonderregelung für Berlin-Brandenburg erforderl. 4

Absatz 2: Vereinigungsstaatsvertrag

In Übereinstimmung mit Art. 118 a GG sieht Abs. 2 vor, dass die Bildung eines gemeinsamen Bundeslandes durch Staatsvertrag der beiden Länder Berlin und Brandenburg zu erfolgen hat. Dieser Staatsvertrag bedarf eines **Zustimmungsgesetzes** des AvB, für dessen Verabschiedung – da er der Sache nach auf eine Auflösung des Landes Berlin und damit auch auf eine Aufhebung der VvB einschließl. der Art. 62 f. ausgerichtet ist – schon kraft Art. 100 eine Zweidrittelmehrheit und zusätzl. 5

eine Volksabstimmung erforderl. ist; diese Anforderungen bestätigt Abs. 2 ausdrückl. Soll nach der Abrede der Vertragspartner mit Inkrafttreten einer Verfassung für das gemeinsame Land die VvB gleichsam automatisch außer Kraft treten, dürfte Art. 100 überdies verlangen, dass das Zustimmungsgesetz dies im Text ausdrückt (vgl. Pfennig/Neumann, Art. 97 Rn. 8). Abs. 2 überlässt die Ausgestaltung der Volksabstimmung im einzelnen den Partnern des Staatsvertrags. Im Neugliederungs-Vertrag v. 27.4.1995 (GVBl S. 491) haben seinerzeit die Vertragspartner in Art. 3 I eine getrennte Volksabstimmung in beiden Ländern sowie ein Mindestquorum vereinbart, wonach in jedem Land erforderl. ist eine Mehrheit der abgegebenen Stimmen, die ihrerseits mindestens jeweils ein Viertel der Abstimmungsberechtigten umfassen muss. Weder Art. 118 a GG noch Abs. 2 verlangen eine derartige »Hürde«; verfassungsrechtl. zulässig wäre auch eine Regelung in einem Staatsvertrag, nach der für eine Zustimmung durch Volksabstimmung eine Mehrheit der abgegebenen Stimmen in beiden Ländern gemeinsam ausreichend ist.

Absatz 3: Einzelregelungen im Staatsvertrag

6 Abs. 3 ermächtigt den SvB als Initiator einer Fusion (vgl. Rn. 3) dazu, in einen Staatsvertrag Regelungen über – erstens – die **Übertragung** von **Befugnissen** des AvB und des SvB auf gemeinsame Ausschüsse und Gremien der beiden Länder sowie – zweitens – das Ende der Wahlperiode des AvB und die Amtszeit des SvB aufzunehmen. In Übereinstimmung damit sieht der Neugliederungs-Vertrag v. 27.4.1995 als gemeinsame Ausschüsse der beiden Länderparlamente den Vereinigungsausschuss (Art. 7) und den Übergangsausschuss (Art. 11), als gemeinsame Gremien der beiden Landesregierungen die Vereinigungskommission (Art. 6) und die Übergangsregierung (Art. 13) vor. Der in Art. 10 des Staatsvertrags zur Regelung der Volksabstimmung über den Neugliederungsvertrag v. 27.4.1995 (GVBl S. 520) vorgesehene gemeinsame Abstimmungsausschuss ist ebenfalls durch Abs. 2 gedeckt, das aufgrund des Art. 21 II dieses Vertrages gebildete gemeinsame Gericht durch Art. 96 (vgl. Art. 96 Rn. 4).

7 Als spezielle, insoweit Art. 54 II ergänzende Bestimmung erlaubt Abs. 3 eine Vereinbarung im Staatsvertrag dahin, dass die **Wahlperiode** des **AvB** vorzeitig, nämlich mit der Bildung eines gemeinsamen Landes endet; mit Blick auf das mit einer Zweidrittelmehrheit zu verabschiedende Zustimmungsgesetz handelt es sich gleichsam um ein besonderes Selbstauflösungsrecht des AvB. Eine entsprechende Vereinbarung ist in Art. 10 NeugliedV enthalten; danach soll allerdings das AvB im Anschluss an seine Auflösung als Landesparlament noch bis zum Zusammentritt der 1. Berliner Stadtverordnetenversammlung deren

Aufgaben wahrnehmen. Ferner ermächtigt Abs. 3 dazu, im Staatsvertrag zu verabreden, dass die **Amtszeit** des **SvB** mit Bildung des gemeinsamen Landes endet. Damit wird – was die VvB sonst nur im Rahmen des Art. 57 vorsieht – ein Grund für die Beendigung der Amtszeit nicht nur des RBm, sondern des gesamten SvB geschaffen und zugleich ein Verzicht des AvB begründet, das ihm durch Art. 56 I eingeräumte Recht auf Wahl eines neuen RBm nach Beendigung der Amtszeit des ausgeschiedenen RBm wahrzunehmen. Art. 12 NeugliedV beschränkt sich ausdrückl. auf – soweit es Berlin betrifft – eine Regelung betreffend die Beendigung der Amtszeit des RBm; gemäß Art. 13 NeugliedV nimmt bis zum Amtsantritt des ersten Ministerpräsidenten des gemeinsamen Landes die Vereinigungskommission (Art. 6) die Regierungsgeschäfte für das gemeinsame Land wahr.

Absatz 4: Sicherstellung der Rechte des AvB

Abs. 4 soll die nicht durch Abs. 3 betroffenen Rechte des AvB sicherstellen. Diese Rechte sollen im Zusammenhang mit einem Vereinigungsstaatsvertrag **nicht beeinträchtigt** werden, eine sie beeinträchtigende Vereinbarung wäre verfassungswidrig. Dabei geht es insb. um die durch Art. 50 I 3 und Art. 59 III 2 begründeten Rechte, vor Unterzeichnung eines Staatsvertrags durch den Senat dessen Inhalt sowie rechtzeitig vor Verabschiedung des Zustimmungsgesetzes dessen Entwurf zur Kenntnis zu erhalten. Damit soll die Möglichkeit des AvB eröffnet bleiben, Einfluss auf Konzeption und inhaltl. Gestaltung des Vereinigungsvertrags zu nehmen. Im übrigen soll mit Abs. 3 deutl. zum Ausdruck gebracht werden, dass die Gestaltungsfreiheit des SvB bei den Verhandlungen über einen Vereinigungsstaatsvertrag sowie dessen Vorschläge und Abreden das AvB in keiner Weise binden, es vielmehr bis zur Verabschiedung des Zustimmungsgesetzes rechtl. frei ist (Pfennig/Neumann, Art. 97 Rn. 6).

Absatz 5: Einzelheiten der Volksabstimmung

Abs. 5 überlässt anknüpfend an Abs. 2 das Nähere zur Regelung der Volksabstimmung einem Staatsvertrag. Während Abs. 2 mit dem Merkmal »nach Maßgabe dieses Staatsvertrags« den Eindruck erwecken könnte, es müssten auch schon die Einzelheiten der Volksabstimmung im eigentl. Vereinigungsstaatsvertrag selbst behandelt werden, stellt Abs. 5 klar, diese Einzelheiten im Sinne sozusagen technischer Durchführungsvorschriften könnten in einem vom Vereinigungsstaatsvertrag getrennten Staatsvertrag geregelt werden. Dementsprechend haben die Vertragspartner seinerzeit neben dem Neugliederungs-Vertrag v. 27.4. 1995 einen besonderen »Staatsvertrag zur Regelung der Volksabstimmungen in den Ländern Berlin und Brandenburg über den Neugliederungs-Vertrag« (ebenfalls) am 27.4.1995 abgeschlossen. Inhaltl. Vorgaben für diese Durchführungsvorschriften macht die VvB nicht.

Art. 98 [Weitergeltung von Rechtsvorschriften]

Die zur Befreiung von Nationalsozialismus und Militarismus und zur Beseitigung ihrer Folgen erlassenen Rechtsvorschriften werden von den Bestimmungen dieser Verfassung nicht berührt.

Art. 98 deckt sich inhaltl. mit Art. 139 GG; beide Bestimmungen sind in erster Linie historisch zu verstehen und haben heute keinen unmittelbaren Anwendungsbereich mehr (vgl. etwa Sachs, Art.139 Rn. 4): Bei ihrem Inkrafttreten fanden sowohl das GG als auch die VvB 1950 eine Anzahl von in erster Linie besatzungsrechtl. »Entnazifizierungsvorschriften« vor, deren Fortgeltung Art. 139 GG bzw. (der seinerzeitige Art. 86 VvB und jetzige) Art. 98 VvB unabhängig von deren Übereinstimmung mit GG bzw. VvB anordnen. Der Zweck dieser Übergangsvorschriften erschöpft sich darin, die vorbehaltenen Entnazifizierungsvorschriften unabhängig von ihrer rechtsstaatl. Problematik und ihrer Übereinstimmung mit den Grundrechten (vgl. dazu E 1, 7) in den seinerzeit neugeschaffenen Verfassungszustand zu überführen und den planmäßigen Abschluss der Entnazifizierung ohne Gefährdung ihrer Rechtsgrundlage zu ermöglichen. Da das schon vor vielen Jahren erreicht ist, sind beide Bestimmungen **gegenstandslos** geworden (vgl. Seifert/Hömig, Art. 139 Rn. 2).

Art. 99 [Bezirksamtsbildung]

Bis zum 1. Januar 2010 soll das Bezirksamt aufgrund der Wahlvorschläge der Fraktionen entsprechend ihrem nach dem Höchstzahlverfahren (d'Hondt) berechneten Stärkeverhältnis in der Bezirksverordnetenversammlung gebildet werden. Gemeinsame Wahlvorschläge von mehreren Fraktionen werden bei der Wahl des Bezirksbürgermeisters unbeschadet der Gesamtzusammensetzung des Bezirksamts wie Wahlvorschläge einer Fraktion angesehen. Das Nähere wird durch Gesetz geregelt.

1 Art. 99 enthält eine **Übergangsregelung** zur Bildung des Bezirksamts, das gemäß Art. 74 II aus dem BzBm und den Bezirksstadträten besteht. Nach S. 1 soll für eine Übergangszeit, die ursprüngl. auf das Ende der 13. Wahlperiode des AvB begrenzt war, durch Gesetz v. 3.4.1998 (GVBl S. 82) jedoch bis zum 1.1.2010 verlängert worden ist, das Bezirksamt nicht nach dem Vorbild einer Regierung von der Fraktion, die die absolute Mehrheit in der BVV hat, allein oder – sofern es an einer absoluten Mehrheit mangelt – von einer Koalition allein gebildet werden, sondern die Zusammensetzung des Bezirksamts soll erfolgen proportional, und zwar nach Maßgabe des nach dem Höchstzahlverfahren (d'Hondt) berechneten Stärkeverhältnisses aller Fraktionen in der BVV. S. 1 verwendet den Begriff »soll«; gleichwohl ist diese Sollvorschrift als Mussvorschrift zu verstehen (vgl. schon VG Berlin DVBl 76, 271). Für die Zeit nach dem 1.1.2010 enthalten weder die VvB noch der den Art. 99 ausfüllende § 35 II BezVG Vorgaben für die Bildung des Bezirksamtes, so dass von diesem Zeitpunkt an – sofern nicht entsprechende Anschlussregelungen getroffen werden – der Weg frei ist für das sog. »Politische Bezirksamt«, dh ein Bezirksamt, das nach (partei- bzw. fraktions-)politischen Erwägungen mit der Möglichkeit gebildet werden kann, z.B. die stärkste Fraktion von einer Bezirksamtsbildung auszuschließen (vgl. dazu auch AvBDrs. 12/4376, S. 24).

2 Ledigl. für die Wahl des **Bezirksbürgermeisters** lässt S. 2 schon jetzt im Ergebnis eine (partei- bzw. fraktions-)politische Entscheidung zu. Durch die in dieser Bestimmung wie in § 35 II BezVG enthaltene Regelung, nach der bei der Wahl des BzBm gemeinsame Wahlvorschläge mehrerer Fraktion wie der Vorschlag einer Fraktion gewertet werden, können sich schon heute mehrere kleinere Fraktionen auf einen gemeinsamen Kandidaten verständigen und diesen gegen den Willen etwa der stärksten Fraktion, bei der es nicht zur absoluten Mehrheit in der BVV reicht, zum BzBm wählen. Bis zum 1.1.2010 setzt sich das Bezirksamt zusammen aus einem »politisch« bestimmten BzBm und »unpolitisch« bestimmten Stadträten (Pfennig/Neumann, Art. 99 Rn. 4). Das durch S. 3 angesprochene Gesetz ist das BezVG.

Art. 99a [Zusammenlegung von Bezirken]

(1) Die Bezirke, die in der 14. Wahlperiode des Abgeordnetenhauses von Berlin aus bisherigen Bezirken zusammengelegt werden, werden zum 1. Januar 2001 gebildet.
(2) In der 14. Wahlperiode des Abgeordnetenhauses von Berlin besteht die Bezirksverordnetenversammlung in einem neuen Bezirk, der aus zwei bisherigen Bezirken zusammengelegt wird, aus 69 Mitgliedern und in einem neuen Bezirk, der aus drei bisherigen Bezirken zusammengelegt wird, aus 89 Mitgliedern. Diese Bezirksverordnetenversammlung tritt erstmalig im Oktober 2000 zusammen und wählt das neue Bezirksamt, dessen Amtszeit am 1. Januar 2001 beginnt. Sie besteht aus den Bezirksverordnetenversammlungen der bisherigen Bezirke, deren jeweilige Mitgliederzahl entsprechend dem Verhältnis der Zahl der Wahlberechtigten der bisherigen Bezirke zur Zahl der Wahlberechtigten des neuen Bezirks bei der Wahl zur 14. Wahlperiode des Abgeordnetenhauses von Berlin aus der Gesamtzahl der Mitglieder der Bezirksverordnetenversammlung des neuen Bezirks errechnet wird. Die Mitglieder der Bezirksverordnetenversammlungen der bisherigen Bezirke sind zugleich Mitglieder der Bezirksverordnetenversammlungen der neuen Bezirke. Die Amtszeit der Bezirksverordnetenversammlungen der bisherigen Bezirke endet mit Ablauf des 31. Dezember 2000.
(3) In den bisherigen Bezirken, die zu neuen Bezirken zusammengelegt werden, haben die Mitglieder der Bezirksämter, die zu Beginn der 14. Wahlperiode des Abgeordnetenhauses von Berlin im Amt sind, ihre Ämter bis zum Ablauf des 31. Dezember 2000 weiterzuführen. Eine Abwahl nach Artikel 76 ist nur aus wichtigem Grund zulässig. Eine Nachwahl bis zum 31. Dezember 2000 ist nur zulässig, wenn das bisherige Bezirksamt aus weniger als drei Mitgliedern besteht.
(4) Die Bezirksämter und die Bezirksverordnetenversammlungen der bisherigen Bezirke, die zu neuen Bezirken zusammengelegt werden, bereiten die Zusammenlegung vor und führen die Organisation der Bezirksverwaltungen zusammen.
(5) Das Nähere wird durch Gesetz geregelt.

Der durch Gesetz v. 3.4.1998 (GVBl S. 82) in die VvB eingefügte Art. 99a ist im Zusammenhang mit der Neufassung des Art. 4 I zu sehen und enthält Übergangsregelungen betreffend BVV und Bezirksämter von mit Wirkung vom 1.1.2001 zusammengelegten Bezirken. Der zeitl. Anwendungsbereich des Art. 99a ist beschränkt auf den Zeitraum der 14. Wahlperiode des AvB, d.h. der sich an die Wahl vom 10.10.1999 anschließenden Wahlperiode. Da im Anschluss an die (vorgezogene)

Wahl vom 21.10.2001 die 15. Wahlperiode des AvB begonnen hat, ist Art. 99a seither **gegenstandslos**.

Art. 100 [Änderungen der Verfassung]

Änderungen der Verfassung erfordern eine Mehrheit von zwei Dritteln der gewählten Mitglieder des Abgeordnetenhauses. Ist die Verfassungsänderung auf eine Änderung der Artikel 62 und 63 gerichtet, so bedarf es zusätzlich einer Volksabstimmung.

Anders als Art. 79 I GG schreibt Art. 100 nicht ausdrückl. vor, dass die VvB nur durch ein Gesetz geändert werden darf, das den Wortlaut der Verfassung ausdrückl. ändert oder ergänzt; Art. 100 statuiert also nicht ausdrückl. den Grundsatz »**Keine Verfassungsänderung ohne Textänderung**«. Gleichwohl gilt dieser Grundsatz auch für die VvB (ebenso Mudra, S. 253, und Pfennig/Neumann, Art. 100 Rn. 2). Hierfür spricht bereits der Wortlaut des Art. 100, der auf Änderungen der »Verfassung« abhebt und anknüpft an den schon im Vorspruch und zuletzt in Art. 101 verwandten gleichen Begriff, mit dem hier wie dort zweifellos »Verfassung« iS von Verfassungstext gemeint ist. Die Annahme, der Begriff »Verfassung« in Art. 100 sei als »Verfassungstext« auszulegen, wird durch folgende Überlegung bestätigt: Mit Art. 79 I hat das GG in bewusster Abkehr von der Praxis in der Weimarer Republik die sog. Verfassungsdurchbrechung in Form einzelner mit verfassungsändernder Mehrheit beschlossener Gesetze verboten, und zwar im Interesse des für das Leben in einem Rechtsstaat und damit auch im Land Berlin besonders gewichtigen Grundsatzes der Verfassungsklarheit, der eine Ausprägung des Prinzips der Rechtssicherheit darstellt. Der Bürger soll sich durch die Lektüre des Verfassungstextes ein verlässl. Bild machen können von der verfassungsrechtl. Situation in dem jeweiligen Staat; der Verfassungstext soll die Vollständigkeit des Verfassungsrechts in einem Staat gewährleisten. Das ist nicht erreicht, wenn eine Verfassungsänderung – wie in der Weimarer Republik zulässig – durch verfassungsdurchbrechende Gesetze vorgenommen werden kann, da dann erst die mehr oder weniger zufällige Kenntnis selbst aller dieser Gesetze ein Bild von der verfassungsrechtl. Situation in einem Staat vermittelt. 1

Als zweite formelle Hürde macht Art. 100 die Änderung der Verfassung (des Verfassungstextes) abhängig von einer **qualifizierten Mehrheit**; für ein verfassungsänderndes Gesetz muss eine Mehrheit von zwei Dritteln der gewählten Mitglieder des AvB stimmen. Diese Hürde soll verhindern, dass ggf. sehr folgenschwere verfassungsrechtl. Entscheidungen durch nur schwache oder bloße Zufallsmehrheiten vorgenommen werden. Im übrigen gelten ausschließl. die Vorschriften über das parlamentarische Gesetzgebungsverfahren (Art. 59 f.). Durch Volksbegehren können verfassungsändernde Gesetze nicht eingebracht werden (Art. 62 V), daher kommt auch ein Volksentscheid (Art. 63) über eine Verfassungsänderung nicht in Betracht. 2

3 Ist ein Gesetzentwurf auf irgendeine Änderung oder gar die Abschaffung der Art. 62 und 63 (Volksbegehren und Volksentscheid) gerichtet, ist zu seiner Verabschiedung außer der Zweidrittelmehrheit »zusätzlich« eine **Volksabstimmung** erforderl. Durch dieses (weitere) Hindernis macht die VvB deutl., welche besondere Bedeutung sie dem Volksgesetzgebungsverfahren beimisst. Die VvB verzichtet darauf, für eine Volksabstimmung das Verfahren und die erforderl. Mehrheit festzulegen, sie verzichtet sogar auf den sonst vielfach gewählten Hinweis, das Nähere werde durch Gesetz geregelt. Deshalb liegt die Annahme nahe, für die Durchführung der Volksabstimmung seien die Vorschriften über die Durchführung eines Volksentscheids (insb. §§ 29 ff. VInG) entsprechend anzuwenden (ebenso Pfennig/Neumann, Art. 100 Rn. 4).

4 Anders als das GG in Art. 79 III enthält Art. 100 keine ausdrückl. **materiellen Änderungsschranken**. Allerdings dürften sich derartige Schranken namentl. aus Art. 28 I 1 GG ergeben. Danach muss die verfassungsmäßige Ordnung in den Ländern den Grundsätzen des republikanischen, demokratischen und sozialen Rechtsstaats iS des GG entsprechen. Eine Verfassungsänderung, die den dadurch gesteckten Rahmen überschreitet, ist wegen eines Verstoßes gegen Bundesverfassungsrecht nichtig. Art. 28 III GG gibt dem Bund das Recht und die Pflicht, sicherzustellen, dass die verfassungsmäßige Ordnung der Länder insb. mit den vorbezeichneten Grundsätzen und den Grundrechten des GG übereinstimmt (vgl. von Münch/Kunig, Art. 28 Rn. 101 ff.).

Art. 101 [Inkrafttreten]

(1) Diese Verfassung tritt, soweit in Absatz 2 nichts anderes bestimmt ist, mit Zustimmung in einer Volksabstimmung am Tage nach der Verkündung im Gesetz- und Verordnungsblatt für Berlin in Kraft. Gleichzeitig tritt die Verfassung von Berlin vom 1. September 1950 (VOBl I S. 433), zuletzt geändert durch Gesetz vom 8. Juni 1995 (GVBl S. 339), außer Kraft.
(2) Artikel 99 tritt mit dem Beginn der 13. Wahlperiode des Abgeordnetenhauses von Berlin in Kraft.
(3) Artikel 55 Abs. 2 findet auf den bei Inkrafttreten dieser Verfassung im Amt befindlichen Senat keine Anwendung.

Für die VvB stimmten mehr als die Hälfte, näml. 75,1 v.H., der mit gültigen Stimmen an der Abstimmung am 22.10.1995 Teilnehmenden (vgl. Bekanntmachung vom 9.12.95, GVBl S. 719). Sie ist am 28.11.1995 verkündet worden (GVBl S. 779) und deshalb gemäß Abs. 1 vorbehaltl. der Abs. 2 und 3 am **29.11.1995** in Kraft getreten. Die Vorbehaltsregelungen der Abs. 2 und 3 sind nur aus der Situation in diesem Zeitpunkt verständl. und haben inzwischen ihre Bedeutung verloren.

Stichwortverzeichnis

Die **fett** gedruckten Zahlen weisen auf die Kommentierung des jeweiligen Artikels, die übrigen auf die Randnummern hin.

A
Abgaben **87**, 3
Abgegebene Stimmen **43**, 6; **56**, 3
Abgeordnete **38**, 7, 12 ff.; **39**, 1, 4, 8; **45**, 2 f; **49**, 3; **53**, 1; **54**, 2 ff., 9 f.
Abgeordnetenhaus
– Ausschüsse **44**, 1
– Beschlussfähigkeit **43**, 2
– Enquetekommission **44**, 7
– Geschäftsordnung **41**, 2
– Öffentlichkeit **42**, 4
– Präsident **41**, 4
– Präsidium **41**, 4
– Wahlen **43**, 6
– Zitierrecht **49**, 1
Abschiebung **12**, 6
Abstammung **10**, 14; **13**, 1
Abstimmung,
 s. auch Volksabstimmung **2**, 3; **43**, 5
Abstimmungsmehrheit **43**, 5
Abtreibung **6**, 3; **8**, 4 f.
Administrativenteignung **23**, 1, 8, 10
Ältestenrat **44**, 8
Änderung der VvB,
 s. Verfassungsänderung
Akademische Selbstverwaltung **21**, 6 f.
Akteneinsicht **15**, 6
Alleinerziehende **12**, 16
Allg. Handlungsfreiheit **7**, 1 ff.
Allg. Persönlichkeitsrecht **6**, 7 ff.; **7**, 1; **8**, 5
Alterspräsident **54**, 1, 10

Amnestie **81**, 1
Amtl. Auskunft **15**, 6
Anhörungsrügengesetz **84**, 36
Anleihe **87**, 7
Arbeitsplatzfreiheit **17**, 1, 9
Arbeit, Recht auf **18**, 1 f.
Aufenthalt, freie Wahl **17**, 2
Aufenthaltsrecht **12**, 6
Ausbildungsstätte **17**, 2, 10
Ausfertigung **60**, 2; **63**, 4
Ausgabenerhöhungen **90**, 3
Ausgleichsmandate **38**, 7; **39**, 9
Ausnahmegerichte **Vorspr**, 7; **15**, 25
Ausschüsse
– Öffentlichkeit **44**, 2
– Petitionsausschuss **46**, 2
– Ressortausschüsse **44**, 6
– Unterausschüsse **44**, 6
– Untersuchungsausschuss **48**, 2
– Verfassungsschutzausschuss **46 a**, 2
– Zusammensetzung **44**, 3
Aussperrung **27**, 6 f.
Ausweisung(sermessen) **9**, 2; **17**, 5

B
Bauleitplanung **64**, 10 ff.
Befangenheit, richterliche **15**, 28
Begegnungsgemeinschaft **12**, 6
Begnadigung **81**, 1 ff.

Stichwortverzeichnis

Begründungserfordernis **84**, 29
Behinderte (Behinderung) **11**, 1 ff.
Beistandsgemeinschaft **12**, 6
Bekenntnisfreiheit **29**, 2
Beliehene **Vor 6**, 8
Benachteiligungsverbot **11**, 1
Berufsausübungsfreiheit **17**, 1, 11 f.
Berufs(wahl)freiheit **17**, 1 f., 6 f., 11 ff.
Beschlagnahmeverbot **51**, 6
Beschleunigungsgebot in Haftsachen **8**, 10
Beschlussfähigkeit **43**, 2 ff.
Besitzrecht des Mieters **23**, 2
Bestenauslese **19**, 10
Bestimmtheit von Gesetzen **Vorspr**, 7, 10; **15**, 12 f.
Beteiligtenfähigkeit **84**, 9, 33
Betreuungseinrichtungen **22**, 3
Beurteilungsrecht **19**, 7
Bezirke
– Änderung der Grenzen **4**, 6
– Änderung der Zahl **4**, 4 f.
– Aufgaben **66**, 2
– Gliederung **4**, 2 f.
– Haushaltsplan **85**, 17
– Organe **69**, 1
– Zusammenlegung **4**, 1; **99a**, 1
Bezirksamt **99**, 1 f.; **99a**, 1
– Abberufung eines Mitglieds **76**, 1
– Aufbau **74**, 1
– Wahl der Mitglieder **69**, 2
Bezirksaufsicht **67**, 4; **76**, 3
Bezirksbürgermeister **74**, 3; **75**, 2; **99**, 1 f.
Bezirksliste **39**, 16
Bezirksstadträte **74**, 1; **99**, 1 f.

Bezirksverordnete **72**, 6
Bezirksverordnetenversammlung
– Aufgaben **72**, 1
– Ausschüsse **73**, 1 ff.
– Fraktionen **72**, 5
– Verfahren **72**, 3
– Wahl **69**, 1; **70**, 1 ff.
– Wahlperiode **71**, 1
Bezirksverwaltung
 Vor 66, 3; **75**, 1
Bildung, Recht auf **20**, 1 ff.
Bindung der Grundrechte, s. Grundrechtsbindung
Bindungswirkung **84**, 44
Brandenburg **82**, 9 f.
Briefgeheimnis **16**, 3
Bürgerämter **75**, 1
Bürgerdeputierte **2**, 6; **73**, 6
Bürgermeister **55**, 4 f., 8; **56**, 8 ff.; **57**, 9; **58**, 4
Bundesverfassungsgericht **84**, 6, 23, 28

C

Chancengleichheit, politische **38**, 8 f., 11; **39**, 9, 12

D

Datenschutz **33**, 1 ff.
Datenschutzbeauftragter **47**, 1 ff.
– Aufgaben **47**, 2
– Dienstaufsicht **47**, 4
– Wahl **47**, 3
Dauer des gerichtl. Verfahrens **15**, 23
Deckungsverpflichtung **90**, 4
Demokratie, repräsentative **2**, 5; **38**, 13
Deutscher **2**, 1 f.; **38**, 4, 14
Diäten **53**, 1 ff.
Dienstaufsicht **75**, 2; **79**, 7
Dienstgericht **83**, 2

Differenzierungsverbot **10**, 1 f., 12 ff.
Diskontinuität, Grundsatz der **54**, 9; **58**, 9
Diskriminierungsverbot **12**, 5, 7
Drittwirkung **Vor 6**, 8; **6**, 1; **16**, 4; **19**, 4
Durchsuchungen **28**, 7 ff.; **84**, 38

E
Effektivität des Rechtsschutzes **15**, 22
Ehe, Schutz der **12**, 2 ff.
Eheschließungsfreiheit **12**, 3
Ehre, Schutz der pers. . . . **6**, 10
Ehrenämter **19**, 1 ff.
Eigenbetriebe **92**, 2; **93**, 2
Eigentumsgarantie **23**, 3 ff.
Eignung **19**, 9 ff.
Einnahmen **85**, 3
Eingriffsrecht **67**, 5
Einheitsgemeinde **1**, 4; **3**, 6
Einrichtungen, gemeinsame **96**, 1 ff.
Einspruchsverfahren **62**, 7
Einstellung des Verfahrens **9**, 2 f.
Elternrecht und -pflicht **12**, 10 ff.
Enquete-Kommission **44**, 7
Enteignung **23**, 1, 8 ff.
Erbrecht **23**, 1
Erstausbildung, berufl. **20**, 4
Erziehung(sversagen) **12**, 11 f., 15
Erwiderungsrecht **49**, 8
Ewigkeitsgarantie **6**, 2
Existenzminimum, Belassung des **6**, 8

F
Fachobergerichte, gemeinsame **82**, 9 f.; **96**, 4
Faires Verfahren, Recht auf **8**, 10; **9**, 1; **10**, 13
Familie, Schutz der **12**, 2, 7
Feiertage, gesetzliche **35**, 1 ff.
Fernmeldegeheimnis **16**, 3
Festnahme **8**, 15 ff.
Finanzplanung **86**, 4
Finanzwesen **Vor 85**, 1
Flagge **5**, 1 ff.
Forschungsfreiheit **21**, 5 ff.; **31**, 4
Fragerecht **49**, 3
Fraktion
– Aufgaben **40**, 4
– Disziplin **38**, 14
– Mindeststärke **40**, 3
– Nutzungsrechte an Parlamentsräumen **41**, 8
Frauenquote **19**, 13; **84**, 4
Freiheitsentziehung **8**, 2, 14 ff.
Freizügigkeit **17**, 1 ff.
Friedlichkeit (einer Versammlung) **26**, 3, 5
Frist **84**, 39 f.

G
Gebietsänderung **4**, 3 f.
Gegendarstellung **6**, 11
Gegenvorstellung **84**, 36
Gemeindeverband **3**, 6
Gemeinsame Einrichtungen, s. Einrichtungen
Gemeinsame Gerichte, s. Gerichte
Genehmigung des AvB **88**, 5
Gerechtigkeit, materielle **Vorspr**, 7 f.
Gerichte, gemeinsame **82**, 9

Stichwortverzeichnis

Gesamtinteressen, dringende **67**, 6
Gesamtstädtische Bedeutung **67**, 3; **84**, 21
Gesamtwirtschaftliches Gleichgewicht **87**, 13
Geschäftsverteilungsplan **15**, 26, 28
Geschäftsordnung **41**, 2; **44**, 6; **58**, 9
Geschlecht, Merkmal des **10**, 12 f.; **19**, 12
Gesetzesbeschluss **60**, 1
Gesetzesbindung **80**, 1 ff.
Gesetzesinitiativrecht **59**, 5
Gesetzgebung(sverfahren) **Vor 59**, 1; **59**, 5 ff., **60**, 1 ff.
Gesetzlicher Richter **Vorspr** 7; **15**, 25 ff.
Gesetzesvorbehalt **Vorspr** 7; **Vor 6**, 10; **8**, 1; **16**, 1; **19**, 6; **26**, 6; **27**, 5; **29**, 7; **33**, 1, 4; **36**, 4 ff.; **50**, 8; **59**, 1; **87**, 1
Gesetzesvorlagen **59**, 5
Gewaltenteilung(sgrundsatz) **Vorspr**, 7; **2**, 5; **3**, 1 ff.; **36**, 3; **38**, 1; **58**, 5; **64**, 1
Gewissensfreiheit **29**, 1 f., 6 f.
Glauben(sfreiheit) **10**, 13; **29**, 1 ff.
Gleichberechtigungsgrundsatz **10**, 1, 14 f.
Gleichheitssatz **10**, 1 ff., 14; **39**, 7
Gnadenausschuss **81**, 4
Gnadenentscheidungen, Justitiabilität von **81**, 5
Grundmandatsklausel **39**, 3, 13; **73**, 2
Grundpflichten **Vor 6**, 14
Grundrechte (des GG) **84**, 32
Grundrechtsbindung **Vorspr**, 7; **Vor 6**, 8; **36**, 1 ff.

Grundrechtskollision **Vor 6**, 12
Grundrechtskonkurrenz **Vor 6**, 11
Grundrechtsschutz, doppelter **84**, 26

H

Haftbefehl **8**, 13
Handlungsfreiheit, allg., s. allg. Handlungsfreiheit
Hare-Niemeyer-Verfahren **39**, 9, 16; **69**, 2
Hauptverwaltung **67**, 1 f.
Haushaltskreislauf **Vor 85**, 4
Haushaltsgesetz/Haushaltsplan
– Ausgaben **85**, 3
– Begriff **85**, 2
– Bepackungsverbot **85**, 14
– Bruttoprinzip **85**, 5
– Bezirkshaushalte **85**, 17
– Doppelhaushalt **85**, 6
– Globalsummen **85**, 17
– Haushaltsausgleich **85**, 11
– Haushaltsgrundsätze **85**, 4 ff.
– Pauschale Minderausgaben **85**, 7
– Spezialität **85**, 10
– Vorherigkeit **85**, 9
– Vollständigkeit **85**, 4
Haushaltsvorbehalt **62**, 12
Haushaltsnotlage, extreme **87**, 14
Hausrecht s. Präsident des Abgeordnetenhauses
Heimat, Merkmal der **10**, 13
Herkunft, Merkmal der **10**, 13; **19**, 12
Höchstzahlverfahren (d'Hondt) **39**, 9; **41**, 5; **69**, 2; **70**, 6; **74**, 2; **99**, 1
Homogenitätsgebot **Vorspr**, 6; **3**, 1; **39**, 1

Stichwortverzeichnis

Homosexuelle **10**, 13; **12**, 8

I
Immunität **51**, 7; **72**, 6
Indemnität **51**, 2; **72**, 6
Informationsfreiheit **14**, 1 f, 6 ff.
Informationelle Selbstbestimmung **Vor 6**, 9; **6**, 10 f.; **33**, 1 ff.
Inhalt u. Schranken des Eigentums **23**, 6 f.
Inkrafttreten von Gesetzen **60**, 4
Inkrafttreten der VvB **101**, 1
Inkompatibilitäten **3**, 3; **39**, 18 f.; **70**, 7; **84**, 5
In-Sich-Prozess **66**, 5
Institutionelle Garantie **Vor 6**, 1 f; **15**, 18, 25; **35**, 1
Institutsgarantie **Vor 6**, 1 f.; **12**, 2, 10; **23**, 3

J
Jugendhilfeausschuss **73**, 2, 5
Junktimklausel **23**, 1, 8, 10
Justizverwaltungsaufgaben **3**, 5

K
Kassenverstärkungskredite **87**, 7
Kindeswohl **12**, 10
Koalitionsfreiheit **27**, 1
Kommunale Auslandskontakte **50**, 11
Kommunale Selbstverwaltung **1**, 4
Konkretisierungsgebot **64**, 2
Kontrolldichte, gerichtl. **15**, 23
Kontrollrecht des PrAvB **60**, 2
Konzeption (geschütztes Leben) **8**, 4

Kopftuch, islamisches **29**, 4
Kredite **87**, 7 ff.
Kreditermächtigung **89**, 5
Kreditgrenzen **87**, 11
Kündigungsschutzvorschriften **17**, 7
Kulturförderung **20**, 5
Kunstfreiheit **21**, 1 ff.
Kriegsdienstverweigerung **30**, 1, 3

L
Laienrichter **79**, 14 ff.
Landesgrundrechte, Übereinstimmung mit Bundesgrundrechten **Vor 6**, 5
Landesliste **39**, 13
Landessteuern **87**, 4
Leben, Recht auf **8**, 1, 3 ff.
Lebensgemeinschaften, geschützte **12**, 7 f.
Legalenteignung **23**, 1
Lehrfreiheit **21**, 5 ff.
Leitungsaufgaben **67**, 2
Lesungen **59**, 8 f.
Leistungsgrundsatz **19**, 12 f.

M
Mehrfachbestrafung, Verbot der **15**, 15 f.
Mehrheit
s. Abstimmungsmehrheit
Meinungsfreiheit **6**, 12; **14**, 1 ff.
Menschenwürde(garantie) **Vorspr**, 7; **6**, 1 ff.
Minderausgaben, pauschale **85**, 7
Mitbestimmung **25**, 1
Missbilligung durch AvB **94**, 6
Missbrauch wirtschaftl. Macht **24**, 1

Misstrauensvotum **57**, 1 ff.
Mutterschutz **12**, 14

N

Nachweispflicht, gerichtl. **15**, 7
Neugliederung **1**, 3; **4**, 4; **97**, 1 ff.
Normenkontrolle
- abstrakte **84**, 16 ff.
- konkrete **84**, 23 ff.
- der Zuständigkeitsabgrenzung **66**, 3; **84**, 20 ff.

Nothaushaltsrecht **89**, 2
Nichteheliche Kinder **13**, 1 f.
Nidation **8**, 4

O

Obdachlosigkeit **28**, 2
Öffentliche(s)
- Amt **19**, 8
- Bildungswesen **20**, 3
- Gewalt **15**, 19; **84**, 29, 30
- Notstände **17**, 1

Öffentlichkeit **42**, 4; **44**, 22
- Ausschluss **42**, 5
- Berichtsöffentlichkeit **42**, 4
- Grundsatz der **59**, 6
- Sitzungsöffentlichkeit **42**, 4

Ordentl. Rechtsweg **15**, 24
Organidentität **54**, 2, 9
Organstreitverfahren
- Antragsbefugnis **84**, 11
- Beteiligungsfähigkeit **84**, 9
- Frist **84**, 13
- Rechtsschutzbedürfnis **84**, 14

Opposition **38**, 8 ff.

P

Parlamentsautonomie **41**, 1

Parlamentsvorbehalt **59**, 4
Parabolantenne **14**, 7 f.
Parteien, politische **27**, 3; **39**, 4 f., 9, 11 ff; **54**, 6; **84**, 51
Parteifähigkeit **84**, 9, 33
Persönlichkeitsrecht, allg., s. allg. Persönlichkeitsrecht
Personalausgleich **77**, 4
Personalauswahl **77**, 2
Personalhoheit **77**, 1
Petitionsausschuss **46**, 3 ff.
Petitionsrecht **Vor 6**, 9; **34**, 1 ff.
Pflegeeinrichtungen **22**, 3
Pflichtausschuss **44**, 1; **46 a**, 1
Planungszuständigkeit **64**, 13
Polizeigewahrsam **8**, 15
Postgeheimnis **16**, 3
Präklusionsvorschriften **15**, 10
Präsident, Präsidium der AvB s. Abgeordnetenhaus
Pressefreiheit **6**, 12; **14**, 1
Preußen **1**, 2; **38**, 3
Prozesskostenhilfe **10**, 7; **15**, 3, 10
Prozessstandschaft **84**, 11, 34

R

Rat der Bürgermeister **68**, 1 ff.
Rasse(n)hetze **10**, 13; **29**, 8
Rasterfahndung **33**, 5; **84**, 38
Rechnungshof
- Aufgaben **95**, 7
- Bericht **95**, 10
- Mitglieder **95**, 4
- Präsident **95**, 6
- Unabhängigkeit **95**, 3

Rechnungslegung **94**, 2
Rechtsentscheid **15**, 29
Rechtsfortbildung **80**, 2
Rechts- und Amtshilfe **48**, 9

Rechtl. Gehör
Vorspr, 7; **15**, 2 ff.
Rechtspflege, soziales Verständnis der **78**, 1 ff
Rechtsprechungsmonopol **79**, 12
Rechtssatzverfassungsbeschwerde **84**, 40, 42, 44
Rechtsschutzbedürfnis **84**, 14, 38
Rechtssicherheit **Vorspr**, 7 f.; **100**, 1
Rechtsstaatsprinzip **Vorspr**, 3, 6 ff.; **7**, 3, 6; **9**, 1 f.; **10**, 7; **12**, 5; **15**, 5, 23; **79**,1; **80**, 4
Rechtsverhältnis, verfassungsrechtliches **84**, 10
Rechtsverordnung **Vor 59**, 2; **60**, 7; **64**, 1 ff., 10 ff.
Rechtswegerschöpfung **84**, 36
Rechtsweggarantie **Vorspr**, 7; **15**, 1, 17 ff.
Regierender Bürgermeister
– Amtszeit **56**, 5 f.
– Auftrag zur Senatsbildung **56**, 4 f., 11
– Außenvertretung Berlins **58**, 2
– Rederecht **49**, 7
– Rücktritt **56**, 8 f.
– Vertretung **55**, 8
– Wählbarkeit **56**, 7
– Wahl **56**, 1 ff.
– Zutrittsrecht **49**, 5
Religionsausübung **29**, 1; **31**, 4
Religionsgemeinschaften **19**, 8; **23**, 4; **29**, 2, 5, 7
Religionsmündigkeit **29**, 2
Reklamationsrecht des AvB **51**, 10
Ressortausschüsse **44**, 6; **58**, 1, 10

Ressortprinzip **75**, 3
Richter
– Auswahl **82**, 5, 7
– Ernennung **82**, 1 ff.
– Rechtsschutz **79**, 9
Richteranklage **83**
Richterliche Gewalt **3**, 5
Richterwahlausschuss **2**, 5
Richtlinien der Regierungspolitik **58**, 5 ff., 11
Rückwirkung **Vorspr**, 7 f.; **15**, 14
Ruhen
– des Mandats **39**, 17
– des Wahlrechts **39**, 17

S
Sachverständigengutachten **15**, 6, 8, 29
Satzungen **64**, 4, 12
Schadensersatzpflicht **91**, 1
Schmähkritik **14**, 4
Schrankenschranke **36**, 4
Schrankentrias **7**, 4
Schulaufsicht **67**, 8
Schuldspruchreife **9**, 2, 4
Schwangerschaftsabbruch **8**, 5
Selbstauflösungsrecht **34**, 1, 5; **97**, 7
Selbstbestimmung, s. informationelle Selbstbestimmung
Selbsttötung **8**, 6
Selbstverwaltung, bezirkliche **66**, 2; **72**, 1; **74**, 1
Senat
– Abstimmungen **58**, 4
– Amtszeit **56**, 5 f.
– als Regierung **55**, 1 ff.
– Bildung **56**, 4 ff.
– Budgetinitiative **85**, 2
– Geschäftsbereiche **57**, 10; **58**, 8
– Rederecht im AvB **49**, 5

Stichwortverzeichnis 464

- Unterrichtungspflicht **50**, 2
- Zusammensetzung **55**, 4 ff.
- Zuständigkeit **55**, 7
- Zutrittsrecht im AvB **49**, 5

Senatsmitglieder
- Amtszeit **56**, 5
- Geschäftsbereiche **58**, 6, 10
- Höchstzahl **55**, 4
- Mindestzahl **55**, 5; **57**, 9
- Rechtsstellung **55**, 9
- Rücktritt **56**, 12; **57**, 6 f.
- Vertretung **55**, 8
- Wählbarkeit **56**, 7
- Wahl **56**, 8

Sexuelle Identität **10**, 2, 13
Siegel **5**, 1 ff.
Sittengesetz **7**, 4
Soziale Grundrechte **Vor 6**, 4
Sozialpflichtigkeit des Eigentums **23**, 1
Sozialstaatsprinzip **Vorspr**, 6; **13**, 1; **17**, 7; **19**, 13; **22**, 1
Sperrklausel, 5-v.H. **39**, 1, 3, 12 f.
Sperrvermerk **85**, 15
Spontanversammlung **26**, 4
Sportförderung **32**, 1
Sprache, Merkmal der **10**, 13
Staatenlose **2**, 6
Staatsaufsicht **Vor 66**, 6
Staatsbürgerliche Rechte **19**, 2 f., 6
Staatsgebiet **4**, 3 f.
Staatsrechtliche Vertretung **58**, 2
Staatsvertrag **4**, 4 f.; **50**, 7 ff.; **58**, 3; **82**, 9 f.; **96**, 2, 4; **97**, 1 ff.
Staatsvolk **Vorspr**, 4; **2**, 1; **38**, 4

Staatsziel(bestimmung) **Vor 6**, 1, 4 f., 7; **18**, 1; **20**, 5; **22**, 1
Stadtstaat **1**, 4 f.; **3**, 1, 6 f.
Sterbehilfe, aktive **8**, 6
Steuern **87**, 2 ff.
Straßenkunst **21**, 4
Streikrecht **27**, 1, 6 ff.
Studentenschaft **Vor 6**, 9; **21**, 7
Studiengang, Aufhebung eines **21**, 7
Subjektives Recht **84**, 35
Subsidiarität **34**, 4; **84**, 26, 37, 42

T
Tatsachenbehauptung **14**, 5 f.
Tierschutz **31**, 1, 4
Typisierung, Grundsatz der **10**, 12

U
Überhangmandat **38**, 7; **39**, 9, 16
Überliefertes Recht **65**, 2
Übermaßverbot **Vorspr**, 9; **8**, 11
Überraschungsentscheidung **15**, 5, 9
Umwandlung von Eigenbetrieben **93**, 2
Umweltschutz **31**, 1 ff.
Unabänderlichkeitserklärung **6**, 2
Unabhängigkeit der Richter **Vorspr**, 7; **79**, 1 ff.
- innere **79**, 11
- persönliche **79**, 8
- sachliche **79**, 4
Ungleichbehandlung, direkte und indirekte **10**, 15

Universität **Vor 6**, 2, 9; **3**, 4; **7**, 2; **15**, 3, 18; **21**, 7 f., 10
Unschuldsvermutung **8**, 11; **9**, 2 f.
Untersuchungsaufträge **95,** 11
Untersuchungsausschuss **15**, 19; **48**, 3 ff.
Untersuchungshaft **8**, 12 f.; **12**, 11; **29**, 7
Unterstützungsunterschriften **62,** 5, 9
Unversehrtheit, körperliche **8**, 1, 3 ff.

V

Vereinigung Berlin/Brandenburg **97**, 1 ff.
Vereinigungsfreiheit **27**, 1 ff.
Verfassungsänderung **4**, 2; **62,**11; **100**, 1 ff.
Verfassungsbeschwerde
– Antragsbefugnis **84,** 34 f.
– Beteiligtenfähigkeit **84,** 33
– Bindungswirkung **84,** 46
– Frist **84,** 39 f.
– gegen Normen **84,** 40 ff.
– Prüfungsbefugnis **84,** 43
– Rechtsschutzbedürfnis **84,** 38
– Rechtswegerschöpfung **84,** 36
– Subsidiarität **34,** 4; **84,** 26, 37, 42
– Umfang der Kontrolle **84,** 45
Verfassungsgerichtsbarkeit **8 4,** 6
Verfassungsgerichtshof
– Mitglieder **84,** 3 ff.
– Prüfungsmaßstab **84,** 6, 17, 25
– Zuständigkeiten **84,** 7 ff.

Verfassungsmäßige (Rechts-) Ordnung **7**, 5 ff.
Verfassungsschutzausschuss **46 a**, 1 f.
Verfassungstreue **19**, 11; **21**, 10
Verfolgung auf frischer Tat **28**, 9
Vergabeverfahren **10**, 6
Verhaftung **8**, 12 ff.
Verhältnismäßigkeit, Grundsatz der **Vorspr**, 7, 9; **Vor 6**, 3, 10; **6**, 12; **7**, 6; **8**, 11; **17**, 3, 11; **23**, 6, 10; **26**, 6; **35**, 3; **36**, 6
Verhältniswahlrecht, personalisiertes **39**, 3, 9, 13, 16
Verjährungsvorschriften, strafrechtl. **15**, 14
Verkündung von Gesetzen **60**, 3; **63**, 4
Versammlungsfreiheit **26**, 1 ff.
Verteidiger, Wahl eines **9**, 1
Vertrauensfrage **57**, 5
Vertrauensschutz **Vorspr**, 7
Verwaltung, bürgernahe **66**, 1
Verwaltungsabkommen **50,** 7
Verwaltungsverfahren **59**, 2
Verwaltungsvorschriften **64**, 14; **67**, 7; **84**, 41
Verwaltungsreform **66,** 1; **85,** 10, 17
Verwerfungskompetenz **80**, 1
Verwirkung von Grundrechten **37**, 1
Völker, friedl. Zusammenleben der **30**, 1 f.
Volksabstimmung **Vorspr**, 4; **1**, 4; **2**, 2 f.; **97**, 2, 5, 9; **100**, 3
Volksbegehren **62,** 3 ff.
Volksentscheid **2**, 3; **54**, 1, 7; **63**, 1 ff; **97**, 1; **100**, 2 f.

Stichwortverzeichnis

Volksgesetzgebungsverfahren **3**, 4; **Vor 59**, 4 f.; **62**, 1; **100**, 3
Volksinitiative **61**,1 ff.
Volkssouveränität **2**, 1; **38**, 4
Volksvertretung **2**, 2, 5; **38**, 1 ff.
Vorabentscheidung **84**, 36, 42
Vorbehalt des Gesetzes s. Gesetzesvorbehalt
Vorlage an anderes Gericht **15**, 29
Vorläufiger Rechtsschutz **84**, 53
Vorwegnahme der Hauptsache **84**, 55

W
Wählbarkeit **39**, 15 ff.
Wahl
– allgemeine **39**, 7
– freie **2**, 4; **39**, 11
– geheime **39**, 10
– gleiche **38**, 8; **39**, 6 f., 9
– unmittelbare **39**, 8
Wahlberechtigte **2**, 2 ff.; **39**, 4 ff., 10 f., 14; **84**, 48; **97**, 1 f.
Wahlbestandssicherung **84**, 52
Wahlrecht **2**, 4; **39**, 2
– Ausschluss des **39**, 17
– Ruhen des **39**, 17
Wahlperiode **54**, 2
– Beendigung (vorzeitige) **54**, 2, 5 ff.
– Beginn **54**, 4
– Dauer **54**, 2, 5
– Ende **54**, 9; **97**, 6 f.
– Verkürzung **54**, 3
– Verlängerung **54**, 3 f.
Wahlprüfungsverfahren **39**, 6; **84**, 48 ff.

Waffen(los) **26**, 3, 5
Wappen **5**, 1 ff.
Weltanschauung **29**, 2 f.
Werbung, berufswidrige **17**, 8
Werturteil **14**, 4, 6
Wesensgehaltsgarantie **7**, 6; **36**, 1, 4 ff.
Wesentlichkeitstheorie **59**, 1
Wettbewerbsbeschränkungen **24**, 1
Widerstandsrecht **36**, 7 f.
Wiedereinsetzung **15**, 10, 21
Willkürverbot **10**, 7 f.; **15**, 26 ff.; **84**, 43
Wissenschaftsfreiheit **21**, 1, 5 ff.
Wohl der Allgemeinheit **23**, 9 f.
Wohnraum
– Recht auf **28**, 1
– Unverletzlichkeit des **28**, 4 ff.
Wohnsitz
– Freizügigkeit des **17**, 3 ff.
– wahlrechtl. **2**, 1 f.; **38**, 5; **39**, 3

Z
Zensurverbot **14**, 1, 10
Zeugnisverweigerungsrecht **51**, 5
Zitierrecht **49**, 2 ff.
Zitiergebot **64**, 9
Zugang
– zum Gericht **15**, 21
– zu öffentl. Ämtern **19**, 1, 7 ff.
– zu öffentl. Bildungseinrichtungen **20**, 2
– zu Sporteinrichtungen **32**, 3
Zulassungsvoraussetzungen **17**, 13

Zustimmung des AvB **4**, 4 f.; **50,** 11 f.; **96**, 2; **97**, 5

Zustimmungsgesetz **50,** 12; **96**, 2; **97**, 5
Zwischenverfügung **15**, 27

Das gesamte **Nomos** Programm ▸ suchen ▸▸ finden ▸▸ bestellen unter **www.nomos.de**

»Eine Anschaffung, die sich lohnt.«

Prof. Dr. Wilfried Berg, Bayreuth, in: JuS-aktuell 1/03 zur Vorauflage

Der Kommentar stellt in gelungener Kürze alle für Studenten bedeutsamen zentralen Verfassungsfragen dar. Die 7. Auflage berücksichtigt alle wichtigen neuen Entscheidungen des Bundesverfassungsgerichts.

Der »Seifert/Hömig« setzt seit Jahrzehnten Maßstäbe in Sachen Verständlichkeit der Darstellung und Handlichkeit. Er dient damit schon Generationen von Studenten zur Vorbereitung von Klausuren und Hausarbeiten sowie zur Wiederholung und Vertiefung.

Der günstige Preis macht den Kommentar zum erschwinglichen Arbeitsmittel.

Grundgesetz für die Bundesrepublik Deutschland

Herausgegeben von Karl-Heinz Seifert, Ministerialrat und Dr. Dieter Hömig, Richter am Bundesverfassungsgericht

7. Auflage 2005, 844 S., brosch., 29,– €, ISBN 3-8329-1558-3

Diese Autoren stehen für den Seifert/Hömig:

Michael Antoni, Staatssekretär im sächsischen Ministerium des Inneren; Reinhard Bergmann, Ministerialrat a.D., früher Bundesministerium des Inneren; Hansjörg Dellmann, Oberbundesanwalt beim Bundesverfassungsgericht a.D.; Dieter Hömig, Bundesverfassungsrichter; Horst Risse, Ministerialrat im Sekretariat des Bundesrates; Hans Ruhe, Ministerialdirigent a. D., früher Bundesministerium der Finanzen; Peter Silberkuhl, Vorsitzender Richter am Bundesverwaltungsgericht

Stimmen zur Vorauflage:

»Dieser kleinste Kommentar zum Grundgesetz ist vom Feinsten! Seine sieben Autoren sind ausgewiesene Sachkenner. Vortrefflicher und preiswerter Taschenkommentar«.

RA Dr. Egon Schneider, in: ZAP 24/03

Bitte bestellen Sie bei Ihrer Buchhandlung oder bei:
Nomos Verlagsgesellschaft
76520 Baden-Baden

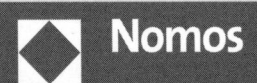

Nomos